Inhaltsverzeichnis

Vorwort ....

1. FUTURING THE CHURCH Einführung 13
1.1 Gemeindegründung ist ‚in' – Gemeindeaufbau das Thema 14
1.2 Das eigentliche Problem 17
1.3 Notwendigkeit einer theologischen Grundlegung 20
1.4 Sind die neuen Gemeinden wirklich neu? 21
1.5 Gesellschaftsrelevanz als Kategorie der Gemeindeakzeptanz 24
1.6 Zur theologischen Grundlegung des Gemeindebaus 26

2. Gemeinde im Neuen Testament 29
2.1 Das Fundament gesucht 30
2.2 Auf den Ansatz kommt es an 32
2.3 Master Images im Neuen Testament 36
2.4 Vom Gemeindebild zur Gemeindepraxis im Neuen Testament 53
2.5 Spurensuche in den Schriften des Neuen Testaments 62
2.6 Zum Wesen der Gemeinde im Neuen Testament 92

3. Ein Blick über den Gartenzaun – Historische Gemeindemodelle 93
3.1 Vergangenheit verstehen – Zukunft gewinnen 94
3.2 Historische Paradigmen des Gemeindebaus 95
3.3 Christentumsparadigma 125

4. Gemeindebau ist Gottes Sache – Theologische Grundlegung des gesellschaftsrelevanten Gemeindebaus 129
4.1 Trinitarische Grundkonzeption 130
4.2 Missio Dei – Gemeindeaufbau ist Gottes Sache 140
4.3 Missio Christi – Gemeindebau folgt einem Vorbild 150
4.4 Missio Spiritu – zur Praxis des Gemeindebaus 163
4.5 Gemeindebau als missionale Aktion des dreieinigen Gottes 168

5. Gemeinde für die Welt – Missiologische Grundvoraussetzungen einer Theologie des gesellschaftsrelevanten Gemeindebaus 169
5.1 Zur Notwendigkeit missiologischer Begründung des Gemeindebaus .. 170
5.2 Gemeindeaufbau und der Auftrag 171
5.3 Gemeinde in der Welt 182
5.4 Von der Kontextanalyse zur kontextuellen Theologie 194

5.5 Von der kontextuellen Theologie zur Theologie
gesellschaftsrelevanten Gemeindebaus 204
5.6 Erlösung und Gemeindebau 205
5.7 Missionale Gemeinde 221

6. Die Gestalt der Gemeinde – Ekklesiologische Grundvoraussetzungen für eine Theologie des gesellschaftsrelevanten Gemeindebaus 229
6.1 Vorbemerkungen 230
6.2 Welche Gemeinde soll gebaut werden? 231
6.3 Wie soll Gemeinde gebaut werden? 241
6.4 Wer kann Gemeinde bauen? 270

7. Ausblick: Putting the Church on the Map 287
Abkürzungen 289
Bibliografie 290
Anmerkungen 322
Bibelstellenverzeichnis 360
Sachverzeichnis 369

Vorwort

Ich konnte es meinem Gesprächspartner von den Augen ablesen. Er traute mir nicht. Mit mehreren anderen nahm er teil an einem Seminar zum Thema „Gemeindeaufbau im dritten Jahrtausend". Ich hatte gerade gesprochen. Hier und da sah man Gruppen von Teilnehmern heftig über meine Thesen diskutieren. Heinz dagegen war empört.

„Das klingt bei Euch Theologen immer alles so einfach. Gewagt – getan – gesiegt. Aber so ist das Leben nicht. Wir sind bereits seit zwanzig Jahren dabei, unsere kleine Gemeinde zu bauen. Viel ist da nicht geschehen. Wir waren klein und wir sind es heute noch. Man hat uns im Ort für Spinner gehalten, und es ist heute noch so. Was Sie heute erzählt haben, klingt für mich wie ein Märchen aus „Tausend und einer Nacht". So etwas gibt es vielleicht in Afrika. Hier bei uns in Deutschland wachsen Gemeinden nicht. Ich glaube es nur, wenn ich es mit meinen eigenen Augen gesehen habe."

„Woher kommen Sie?", wollte ich wissen.

Und dann fing Heinz an zu erzählen. Vor mir entfaltete sich langsam die ganze Tragik eines gläubigen Deutschen, der aus der evangelischen Kirche ausgetreten ist, weil sie ihm zu liberal wurde. Zwischenaufenthalte in zwei kleinen Freikirchen und einer landeskirchlichen Gemeinschaft folgten. Aber weder bei den einen noch bei den anderen fand Heinz eine Heimat. Schließlich gründete er mit ein paar Gleichgesinnten selbst eine Gemeinde. Er hatte die meisten großen Kongresse zum Thema Gemeindebau besucht. „Gebracht haben sie im Grunde wenig. Klar, ich bin sicher klüger geworden. Aber, dass sich diese geballte Weisheit in Gemeindebau-Erfolgen ausgezahlt habe? Nein, so etwas kann ich nicht sagen."

Menschen wie Heinz sind es, die mich bewogen haben, dieses Buch zu schreiben. Nein, auch ich habe keine fertigen Erfolgsrezepte. Und ja, ich habe auch meine Erfahrungen in dreißig Jahren Gemeindebau gesammelt. Gute und weniger gute. Auch ich hätte manchmal lieber aufgegeben. Und dann blieb ich doch und wagte es immer wieder neu, Gemeinde zu gründen und aufzubauen. Und Gott schenkte seinen Segen. Meine Erfahrungen bilden auch in diesem Buch jenen biografischen Hintergrund, ohne den alle Theologie leer und leblos bleibt.

Anfang der 1980er Jahre begegnete ich zum ersten Mal den Evangelikalen für soziale Gerechtigkeit. Es waren Menschen wie Jim Wallis, Rene Padilla, Hugo Zorilla, Antony Campolo und andere. Sie sprachen von Ganzheitlichkeit und einer Theologie, die das Evangelium als transformierende Kraft in die Gesellschaft zu bringen suchte. Sie organisierte in Kalifornien soziale Aktionen für Arme in den Slums der Großstädte, wo ich damals studierte. In den Begegnungen mit diesen Menschen und ihrer Theologie sind meine Überzeugungen gewachsen. Dann folgten Jahre meines Studiums unter der Leitung des großen südafrikanischen Missiologen David J. Bosch und seiner Kollegen an der Universität von Südafrika. Ich lernte Afrika kennen und Christen wie Cesar Molebatsi und Alan Anderson, die ihr Leben für die Evangelisation und den sozialen Aufbau in den Townships des von der Apartheid geplagten Landes bis auf den letzten Tropfen Energie opferten. Und ich sah, wie ihnen die Menschen folgten. Ich sah, wie ihre Gemeinden wuchsen. Ich erlebte ihre evangelistische Leidenschaft und den aufopfernden sozialen Dienst für ihre Mitmenschen. Hier in Afrika bekam eine Theologie Beine und lernte laufen. Und hier in Afrika schenkte Gott mir Hoffnung für die Welt. Wer einmal das unvorstellbare Elend der Menschen in Afrika erlebt hat und dann inmitten des Elends das überdimensionale Schild entdeckt hat, auf dem mit großen Buchstaben geschrieben stand „Gott kann, weil Gott liebt", der wird nicht anders können, als in jeder Situation für die Menschen dieser Welt zu hoffen. Ich habe dieses Schild in einem der schlimmsten Townships in der Nähe Pretorias in Südafrika entdeckt. Jemand hatte es auf einer Müllkippe aufgestellt. Hier zu dieser Kippe kamen Morgen für Morgen die Ärmsten der Armen, um etwas Nahrhaftes zu finden. Jahre später stand ich in einer ärmlichen Baptistengemeinde im gleichen Township, ganz in der Nähe des Müllbergs und lauschte den Zeugnissen von Menschen, die an diesem Schild Hoffnung und Kraft fanden.

Gott kann, weil er die Welt liebt. Deshalb schreibe ich dieses Buch. Es ist ein Buch voller Leidenschaft für die Welt, die Gott verloren hat und die er doch liebt. Es ist ein Buch für Menschen, die wie ich Christen sind und die den Blick für die Welt verloren haben, die Gemeinde bauen und dabei zunächst an sich selbst denken. Sie bauen und wundern sich, wo Gottes Kraft geblieben ist, die doch anderswo, in Afrika zum Beispiel, so mächtig am Werk ist. Dieses Buch will das Geheimnis lüften. Und der provozierende Titel ist hierfür Programm. Ich hoffe sehr, meine Leser entdecken Gottes Geheimnis der Liebe zur Welt.

Wie immer haben mir viele Menschen bei der Abfassung dieses Buches geholfen. Ich danke allen voran den Mitarbeitern und Kollegen in der Gesellschaft für Bildung und Forschung in Europa (GBFE) für ihren wertvollen Rat und ihre Verbesserungsvorschläge am Manuskript. Insbesondere danke ich Prof. Dr. Christof Stenschke für die Durchsicht des Teiles zum Neuen Testament und Dr. Christof Sauer für die Durchsicht des missiologischen Teils. Danken will ich auch dem Verlag für das gute Lektorat. Und dann natürlich meiner Frau, Cornelia. Ihr verdanke ich Jahrzehnte gemeinsamer Suche nach einer Gemeinde, in der Christus wohnt und Menschen sich wohlfühlen.

Die Gemeinde Jesu Christi hat Zukunft! Nichts bewegt mich mehr als das. Ich bin Missionswissenschaftler auf der einen, Gemeindegründer und Gemeindepastor auf der anderen Seite. So gesehen sitze ich genau in jenem garstigen Graben zwischen Theorie und Praxis, wie man ihn seit Langem in der Theologie diskutiert und doch kaum wegzudiskutieren vermag. Als Missionswissenschaftler weiß ich, wie schnelllebig unsere Gedanken zur Mission sein können, wie schnell sich die Rahmenbedingungen, in denen wir Menschen leben, verändern und wie bald die noch heute so klaren und verständlichen Begriffe ihren Sinn verändern. Da sind Bücher wie dieses manchmal schon morgen überholt. Und trotzdem schreibe ich dieses Buch, das am Ende, um mit Hans-Werner Gensichen zu reden, irgendwo „zwischen Forschungsbericht und Neuentwurf, zwischen kurzlebiger Problemanzeige und theologischer Grundlegung, zwischen gemeinverständlicher Orientierung und wissenschaftlich nachprüfbarer Darstellung"[1] liegt. Gensichen sah alle missionswissenschaftliche Reflexion so verortet. Ich kann mich ihm nur anschließen und hoffe, hiermit das Gespräch anzuregen, ein Gespräch über die so dringend gewordene Frage: Wie sollen und wie können wir in der Zukunft die Gemeinde Jesu in einer nachchristlichen Gesellschaft bauen?

Der amerikanische Autor Thomson prägte den Begriff „futuring your church"[2], was so viel wie eine Befähigung der Gemeinde für die Zukunft meint. Eine solche Futurisierung der Gemeinde schwebt mir vor. Nach Thomson setzt eine solche Flottmachung der Gemeinde voraus, dass diese sich bewusst auf die Zukunft ausrichtet, sich über ihr geschichtliches und theologisches Erbe Gedanken macht und ihre historische Platzanweisung im Kontext, in dem sie existiert, ernst nimmt.[3] Das scheint besonders deshalb geboten, weil die Gemeinde Jesu in der westlichen Welt trotz aller Euphorie der Gemeindewachstumsbewegung und der immer höher genannten Zahlen der Mitglieder von Mega-Gemeinden offensichtlich auf dem Rückzug ist. Die Geschichte C. Wayne Zunkels von seiner Begegnung mit einem südkoreanischen Theologie-Professor verdeutlicht die Situation.[4] Zunkel war mit seinem Bekannten in Seoul, der Hauptstadt Südkoreas unterwegs, als sie an einer großen Baustelle vorbeikamen. Hier wurde eine große Kirche gebaut. Der Südkoreaner blieb stehen und sagte nach einer Weile: „Das hier repräsentiert das Beste, was wir heute an Gemeindewachstum in Südkorea sehen." Er hielt für einen Augenblick inne und fuhr dann fort: „Aber es demonstriert auch die Oberflächlichkeit von viel zu vielem, was die christliche Kirche heute hier ausmacht." Zunkel selbst kommentiert diesen Satz mit einer Binsenwahrheit aus der Wirtschaftsphilosophie: „Wenn der Preis runtergeht, steigen die Verkaufszahlen."[5]

Die Oberflächlichkeit der Gemeindewachstumsprogramme, die viele Kritiker der Kirche des Westens bemängeln, geht Hand in Hand mit einer existenzgefährdenden kulturellen Durchdringung der Gemeinde. Immer lauter werden daher die Stimmen jener, die die Befreiung des Christentums aus den Fängen der Kultur verlangen. Nancy Pearceys Buch „*Total Truth. Liberating Christianity from its Cultural Captivity*"[6] ist hierfür programmatisch. Die Erkenntnis, Gemeinde Jesu hat in ihrer Anbiederung an die Kultur ihre eigentliche Substanz verloren, zieht sich wie ein roter Faden durch ihr Buch. Andere ähnliche Entwürfe stehen ihr in der Kritik nicht nach. Die Gründung neuerer Gemeinden, die zwar in Konkurrenz zu den bestehenden treten und möglicherweise andere konfessionelle und frömmigkeitsphänomenologische Züge tragen, jedoch kulturabhängig erscheinen, ist daher noch kein Gemeindeaufbau im Sinne des Aufbaus des Reiches Gottes. Was da schon eher stattfindet, ist eine Kompartmentalisierung der christlichen Gemeinden nach kulturellen Kriterien. Wie schnell so etwas passieren kann, zeigt die um sich greifende

Pentekostalisierung vor allem der jungen Generation in den westlichen Gemeinden, die sich von einem bestimmten pentekostalen Frömmigkeitstyp mit afrikanischen kulturellen Einschlägen mit seinen Liedern und Gebetspraktiken begeistern lässt.[7]

Es gehört daher schon eine gewisse Portion an Mut dazu, gerade das, was anderswo als die eigentliche Falle des Christentums bezeichnet wird, zu verlangen. Kultur- und damit Gesellschaftsrelevanz als wesentliche Kategorie biblischen Gemeindebaus, das ist das Thema dieses Buches. Mir geht es darum, der Kirche ihr menschliches Gesicht wiederzugeben.[8] Mit anderen bin ich zutiefst der Meinung, dass die Verflachung des Glaubens in den Gemeinden des Westens und der Vertrauensverlust der Kirche in der Bevölkerung nicht an der Nähe der Gemeinden zur Kultur liegt, sondern dass ihnen genau diese Nähe fehlt.[9] Mag schon sein, dass nicht wenige Gemeinden sich um ein kulturangepasstes Erscheinungsbild bemühen. Doch sieht man da näher hin, so entpuppt sich das Weltoffene recht bald als „unser eigenes". „Gemeinde für uns" hat Walt Kallestad einmal ein solches Modell genannt.[10] Herein kommen nur Menschen, wie wir es selber sind. Andere bleiben draußen, entweder weil wir sie so nicht wollen oder weil sie uns nicht verstehen. Damit haben die Gemeinden aber den missionarisch so wichtigen Kontakt zu weiten Teilen des sozialen Raumes verloren. Ihre Mitglieder rekrutieren sich binnenkirchlich aus den eigenen Reihen oder aus den Reihen der anderen christlichen Kirchen. Sie bilden eine Art religiös-kirchliche Subkultur.[11] Wir mögen uns schon hier und da mit unseren Kirchen in unseren Stadtteil einfügen. Aber ist das etwa bereits Kulturrelevanz? „Die Krise der christlichen Kirche in Europa und besonders in Deutschland hängt mit der kulturellen Schließung ihres Milieus zusammen ... obwohl ... Religiosität und Glaube auch in anderen Milieus präsent ist und sich Anknüpfungspunkte vielfältiger Art ergeben können."[12] Gefordert wird also eine Wende im kirchlichen Denken, von einer Theologie, die die Gemeinde nach innen fokussiert begreift, zu einer missionalen Sicht nach außen. Dabei sollte man als Evangelikaler nicht gleich den Kopf einziehen, nur weil eine solche Forderung auch anderswo erhoben wird. Und auch nicht, weil sie in ökumenischen Kreisen ihre Wurzel hat.[13]

Kulturelle Relevanz darf nicht mit einer Kulturüberfrachtung verwechselt werden. Und kulturelle Relevanz ist niemals bloße Anpassung des Glaubens- und Gemeindeverständnisses an die Vorstellungen des kulturellen und sozialen Kontextes. Wäre das so, so müsste jeder Versuch einer Kontextualisierung von vornherein als potenziell synkretistisch abgelehnt werden. Nein, es geht nicht um Anpassung, sondern um die rechte missionarische Positionierung der Gemeinde. Wer Gemeinde missional versteht, wird nicht umhin können, sein Gemeindeverständnis missiologisch zu formulieren.[14] Und das kann nun mal nie am Kontext vorbei geschehen. Ist doch das Ziel des Gemeindebaus die Verwirklichung der *missio Dei*, der erklärten Heilsabsicht Gottes.

Dieses Buch plädiert also für eine Gemeinde, die sich bewusst als missionarische, ja missionale Gemeinde und als solche als Gemeinde im missionarischen

Auftrag Gottes versteht. Eine Gemeinde, die Gottes Absichten mit der Welt und den Menschen in der Welt versteht und sie umzusetzen sucht. Kallestad nannte sie eine „Gemeinde für andere"[15]. Eine solche Gemeinde kann nur kultur- und gesellschaftsrelevant gedacht und aufgebaut werden. Ganz besonders im Kontext der „Multikulturalität der westlichen Gesellschaft"[16]. Nur eine solche Gemeinde, so scheint es mir, wird ihre Gefangenschaft in der Selbstbezogenheit[17] überwinden können.

Wer Ziele formuliert, der sollte sich seines eigenen Standpunktes bewusst sein. Das versuche ich hier. Und ich hoffe, es gelingt mir. Rolf Schieder formuliert treffend, wenn er im Bezug auf Ziele im Gemeindebau sagt: „Im Grunde sind Zielbestimmungen Ortsbestimmungen. Indem man ein Ziel formuliert, formuliert man pointiert seinen theologischen Ort und lädt so zum theologischen Diskurs ein."[18] Das ist die ausgesprochene Absicht dieses Buches. Es ist als Einladung zum Gespräch gedacht. Und hoffentlich nicht nur an Befürworter und Freunde des hier beschriebenen und diskutierten missionalen Ansatzes. Die Situation, in der sich die Gemeinde Jesu im Westen und auch in Deutschland heute befindet, lässt wenig Raum für exklusive Positionen übrig. Exklusive Ansprüche wurden in den letzten Jahrzehnten immer wieder laut und vollmundig propagiert. Gebracht haben sie nur wenig. Es ist uns in Westeuropa weder gelungen, ein eigenes Willow Creek, noch Saddleback, noch Pennsicola aufzubauen. Diese gab es und gibt es immer noch nur anderswo, in den USA, Lateinamerika, Afrika oder auch Südkorea. Sie üben eine magnetische Faszination auf uns aus, sie werden zum Teil unter Einsatz enormer finanzieller Mittel propagiert. Das Ergebnis ist jedoch mehr als dünn. Wir sind heute wie nie zuvor auf einen gemeinsamen *thinktank* aller an der Entwicklung der Kirche Jesu in Europa interessierter Kräfte angewiesen. Konfessionelle oder gar dogmatische Abgrenzungen sind fehl am Platz, wenn wir darum ringen, dass die biblische Wahrheit von der menschenverändernden und die Gesellschaft transformierenden Gestalt der Gemeinde Jesu in der Postmoderne umgesetzt wird. Wie sollte man die Gefahren vermeiden, die von einer weltlichen Kultur auf die Gemeinde einstürzen? Wie kann man kontextualisieren, ohne gleichzeitig das Evangelium zu verwässern und, um im Bild von Udo Middelmann zu sprechen, „Limonade mit zu viel Wasser"[19] anzubieten? Wir werden Antworten finden müssen. Ich hoffe, dieses Buch trägt dazu bei.

Positionierungen setzen Entwicklungen voraus. Nicht selten sind diese Entwicklungen sehr persönlicher Natur. Theologie ist ja immer auch eine Frage der eigenen Biografie. In meinem Fall ist es jedenfalls so, dass ich zu den hier dargelegten Gedanken weniger als Folge einer ursprünglichen akademischen Auseinandersetzung gelangt bin. Auch wenn mich diese Gedanken seit Jahrzehnten beschäftigen. Vielmehr ist es die Praxis, der Gemeindebau selbst, der mich gezwungen hat, neu Gemeinde zu reflektieren und nach neuen, alternativen Modellen zu suchen. In den letzten 30 Jahren meines Dienstes habe ich an mehreren Baustellen im Gemeindebau sowohl im In- als auch im Ausland gearbeitet. Dazu kam eine intensive evangelistische Tätigkeit. Tausende von

Menschen sind in dieser Zeit zum Glauben an unseren Herrn Jesus Christus gekommen. Doch von diesen vielen, sehr vielen Menschen fanden nur relativ wenige zur Gemeinde. Mit den Jahren dämmerte es mir, irgendwie schien etwas grundsätzlich falsch zu laufen. Anderswo, in Afrika zum Beispiel, begegnete mir Erweckung und Aufbruch. Zu Hause in Deutschland war alles nur Mühe und Arbeit ohne wirkliche Frucht.

Manche der hier vorgestellten Anfragen an ein traditionelles Bild der Gemeinde sind mir schon Jahre zuvor gekommen. Ich habe sie auch immer wieder mit Kollegen diskutiert. Nur umgesetzt habe ich sie nicht. Zu fremdartig, zu radikal schienen jene Vorstellungen zu sein, die mir da kamen. Vor acht Jahren wagten wir es dann doch. Mit einer Handvoll Leute begannen wir den Aufbau einer Gemeinde im Oberbergischen, und dieses Mal konsequent als „Gemeinde für andere". Heute gehören ein paar Hundert Menschen zu dieser Gemeinde im Dorf. Vieles, was ich nun hier eingebettet in einen akademischen Diskurs zur Diskussion stelle, haben Mitglieder unserer Gemeinde mir vorgelebt. Was ich schreibe, ist in der Praxis Wirklichkeit geworden. In der deutschen Praxis. In einem deutschen Dorf! Und diesen Mitarbeitern möchte ich hiermit herzlich danken. Euch allen widme ich dieses Buch. Möge der Herr euren Mut erhalten, eine Gemeinde für andere zu bauen. Ihr habt euch zurück zu den Menschen begeben und so einen Weg in die Zukunft gewiesen. Ich habe jedenfalls dadurch viel gelernt. Danke!

Johannes Reimer, im Sommer 2008

1. FUTURING THE CHURCH
Einführung

1.1 Gemeindegründung ist ‚in' – Gemeindeaufbau das Thema

1.1.1 Der Ausverkauf des Christentums in Westeuropa

In den letzten vierzig bis fünfzig Jahren erleben die christlichen Kirchen in allen Ländern Westeuropas eine nie da gewesene Austrittswelle ihrer Mitglieder. Ganze Denominationen stehen vor der Frage des Überlebens. Ein Beispiel hierfür sind die Kirchen in Großbritannien. Sollte der Trend anhalten, so wird es in weniger als einer Generation das christliche Großbritannien so nicht mehr geben.[20] Die Kirche von Schottland würde beispielsweise ihre Mitgliedschaft zum Jahre 2033 verlieren[21] und die Methodistische Kirche in Großbritannien würde zum Jahr 2031 aufhören zu existieren.[22] In den vierzig Jahren von 1960 bis 2000 ist die aktive Mitgliedschaft in England von 9,9 Mio. Mitglieder (1960) auf 5,9 Mio. im Jahr 2000 gefallen. Das ist ein Verlust von 40%.[23] Berechnet man das entsprechende Bevölkerungswachstum, so ist das ein Mitgliederverlust von fast 50%.[24] Ähnlich sehen die Zahlen für die Kirche von England aus. In den vierzig Jahren hat die Kirche die Hälfte ihrer Mitglieder verloren, 6000 Kirchen wurde geschlossen und 7500 Pastoren weniger sind im Dienst.[25]

Nicht viel besser ist die Situation in anderen Ländern Westeuropas. In Deutschland verlassen Jahr für Jahr Tausende von Menschen die Kirchen. Im Zeitraum zwischen 1991–2004 haben 201.054 Menschen die Landeskirche in Württemberg verlassen.[26] Das sind durchschnittlich 14.361 Menschen im Jahr. Zur selben Zeit traten nur 2.479 Menschen in die Kirche ein.[27] Und da, wo sie sich noch *de jure* an die Kirche halten, sieht man nur noch einen kleinen Teil der Mitglieder in den Gottesdiensten. Wie die 2003 durchgeführte Untersuchung der Gottesdienstbesucher in 47 von 51 Kirchenbezirken dieser Kirche ergab, machten die über 60-jährigen Gottesdienstbesucher 47,6%; 40–60-Jährige – 28,2%; 20–40-Jährige – 17,9% und die unter 20-Jährigen – 6,4% der Besucher des Hauptgottesdienstes aus.[28] Nimmt man diese Zahlen ernst, so versteht man, warum Willi Beck seine Kirche eine „Seniorenkirche"[29] nennt.

Aufschlussreich in diesem Zusammenhang ist auch die letzte 4. KMU der EKD. Danach besuchen 15% der EKD-Mitglieder nie einen Gottesdienst, 27% einmal im Jahr oder seltener und 35% mehrmals im Jahr. Das macht am Ende 77% der Mitglieder der Kirche aus, die höchstens aus familiären Gründen die Kirche aufsuchen.[30] Fragt man nach regelmäßigen Gottesdienstbesuchern, so dürfte ihre Zahl nicht höher als 5% liegen.[31] Dass Deutschland ein Missionsland ist, steht seit mehr als hundert Jahren fest[32], aber gelernt haben die Kirchen aus dieser Tatsache nur recht wenig. Zugegeben, hier und da melden sich nun Stimmen aus den Kirchen, die nach einer radikalen Neuorientierung verlangen. Europa im Allgemeinen und Deutschland im Speziellen sollen neu evangelisiert werden.[33] Aber wie? Die einen finden die Antwort in Durchhalteparolen, andere in aggressiver Gemeindegründung, die Dritten verlangen wiederum ein radikales Umdenken, ein neues Gemeindeverständnis, einen Paradigmenwechsel im Gemeindebau.

1.1.2 Gemeindegründung – die Lösung?

Gründung neuer Gemeinden ist seit Jahren *das* Thema in der massiv unter Druck geratenen Kirche des Westens. Gelobt als eine wirksame Missionsmethode[34], als die eigentliche Missionsstrategie der 90er Jahre[35], die effektivste evangelistische Methode, die je unter dem Himmel existiert hat[36], als das eigentliche Instrument zum Gemeindewachstum[37], ja „das Hauptziel aller missionarischer Planungen"[38] scheint Gemeindegründung zum endlich gefundenen Rettungsring im postchristlichen Westen zu werden. Mehr noch, sie wird als die einzige wirklich biblische Alternative entdeckt. „Die Gründung von Gemeinden ist der neutestamentliche Weg zur Verbreitung des Evangeliums", behauptet Gladden.[39] Gemeindegründung ist die biblische Strategie zur Ausbreitung des Reiches Gottes, pflichtet ihm Paul Becker bei.[40] Bei so viel Lob ist das wachsende Interesse an der Gemeindegründung fast eine Selbstverständlichkeit. Mancherorts geht man sogar so weit, davon zu sprechen, dass Europa von einer „Gemeindegründungswelle erfasst"[41] wird. Empirische Studien, die sich vor allem auf das zahlenmäßige Wachstum einer Gemeinde oder gar ganzer Denominationen beziehen, scheinen diese Behauptungen bis in die Mitte der 1990er Jahre zu bestätigen.[42]

Eine Trendwende scheint mit dem Anbruch des neuen Jahrtausends angebrochen zu sein. Es fällt auf, dass nach der Dekade der Evangelisation, die in den 1990er Jahren in den USA und anderen Ländern des Westens durchgeführt wurde, zunehmend weniger Gemeinden gegründet werden, als dieses während der Dekade selbst der Fall war.[43] Die britischen Gemeindebau-Analysten Stuart Murray und Anne Wilkinson-Hayes suchen in ihrem 2000 erschienen Buch *Hope from the Margins* nach einer Antwort für diese Abkühlung der Gemeindegründungseuphorie. Neben den pragmatischen Gründen, die damit zu tun haben, dass Gemeinden, die in den 1990er Jahren eine oder mehrere Gemeinden ins Leben riefen, sich noch nicht genug erholt haben, schon wieder eine Gemeinde zu gründen, nennen die Autoren der Studie das Versagen einer beunruhigenden Anzahl von sogenannten Gemeindegründungen.[44] Anstatt zu wachsen, sind diese Gründungen eher klein und unscheinbar geblieben oder bereits wieder geschlossen worden, weil sich die ursprüngliche Vision nicht verwirklichen ließ. In der Regel verzeichneten nur die Gemeindegründungen größere Erfolge, die in Gebieten mit einer christlichen Mehrheit vollzogen wurden. Da, wo es keine Christen gab, schienen die Gründungen nur selten zu funktionieren. Frost und Hirsch führen dieses Ergebnis darauf zurück, dass hier Gemeinden gegründet wurden, die in der Regel Kopien von Muttergemeinden darstellen, die längst eine Beziehung zu der sie umgebenden Umwelt verloren haben.[45] Die Multiplikation von ausgedienten Konzepten scheint so nicht zu funktionieren.

1.2 Das eigentliche Problem

Gemeindegründung als ultimative Lösung für den bedrohten christlichen Westen? Nicht wenige zweifeln daran.[46] Und sogar da, wo man grundsätzlich positiv der Gemeindegründung gegenübersteht, werden Stimmen laut, die die heutige Euphorie in Sachen Gemeindegründung infrage stellen. Zu gering ist das reale Wachstum des Christentums im Westen, und das trotz der seit nunmehr zwei Jahrzehnten propagierten missionarischen Durchschlagskraft der Gemeindegründung. Die Multiplikation der Gemeinde als wichtigstes Instrument des Aufbaus des Reiches Gottes scheint so nicht wirklich zu greifen. Warum? Was bremst die Bewegung, die so verheißungsvoll begonnen hat? Ist es Gemeindegründung an sich, die als Instrument der Mission versagt, oder eher die Art, wie Gemeindeaufbau betrieben wird? Es scheint jedenfalls angebracht, einmal hinter die Kulissen des missionarischen Gemeindeaufbaus zu blicken. Möglicherweise liegt jenseits des institutionellen Gemeindeaufbaus die Antwort.

Hier setzt die seit einigen Jahren sich ausbreitende Forderung nach einer missionalen statt institutionellen Gemeinde an.[47] Nicht bloßes Kopieren methodisch aufpolierter Gemeinden, sondern eine grundsätzliche theologische Neubesinnung wird verlangt. Die Bremsklötze der Bewegung sind nicht methodischer, sondern theologischer Natur. Nicht nur, wie die Gemeinde nach außen sich präsentiert, sondern was sie von ihrem Wesen her ist, muss neu geklärt werden. Kann es sein, dass das eigentliche Problem der Gemeindegründung theologischer und nicht methodologischer und organisatorischer Natur ist? Kann es sein, dass Gemeindeaufbau in einer ähnlichen Krise steckt wie die Mission der Kirche insgesamt und nicht mehr so genau weiß, was nun Grund, Ziel und Werk[48] ihrer Mission ist? Hat das Kirchenparadigma des Christentums insgesamt ausgedient, wie es Autoren wie Frost[49], Murray[50] und andere behaupten? Bedeutet Postmodernismus auch Postchristentum, wie Stuart Murray provozierend feststellt?[51] Hat die Gemeindewachstumseuphorie, wie sie noch in den 1980er Jahren üblich war, ihr zähes Ende gefunden? Es ist erstaunlich, wie einig sich da die Gemeindewachstums-Experten unserer Tage sind, wie das überaus inspirierende Buch von Eddie Gibbs zum Thema zeigt.[52] Die Tatsache, dass Gibbs einer der führenden Vertreter der Schule für Gemeindewachstum am Fuller Theological Seminary in Pasadena (Kalifornien) ist, macht die veränderte Situation überaus deutlich.[53] Der Gemeindeaufbau steht vor einer grundsätzlichen paradigmatischen Wende, die eine gründliche theologische Neuorientierung verlangt.

Dagegen ist seriöse theologische Reflexion dessen, was Gemeindegründung und Gemeindeaufbau beinhaltet, unter den Gemeindegründern selbst eher selten, und es stellt nach Murray wohl das größte Problem dar.[54] Gründung setzt voraus, dass etwas gebaut wird. Neues soll entstehen. Neues wird gepriesen. Umso mehr erstaunt, wie wenig dieses Neue beschrieben wird. Gemeinden sollen gegründet werden. Gut so, aber welche? Wenn alte versagt haben, wenn sie nicht mehr gehört werden, was wäre dann eine Gemeinde, die nun alles besser machen soll? Brian D. McLaren schreibt in seinem provozierenden Buch „The Church on the Other Side"[55], dass es wohl doch nicht genügt, nur die Forderung nach neuen Gemeinden zu erheben. Die wahre Krise der Gemeinde heute ist geistlicher und theologischer Natur.[56] Nichts tut heute so not wie eine biblisch fundierte Theologie der Gemeindegründung. Die Worte Charles Brocks, vor zwanzig Jahren gesprochen, haben nichts an Dringlichkeit verloren: „Die große Not heute liegt auf dem Gebiet der erneuerten Theologie. Denn eine rechte Gemeindegründungs-Methodologie sollte natürlicherweise und unbedingt einer biblischen Theologie entspringen."[57]

Neue Gemeinden entstehen heute fast überall. Doch was bewirken sie für Land und Leute? Man sollte sich über das Wesen dieser neuen Gemeinden Gedanken machen. Wir müssen Fragen an diese Gemeinden stellen. Theologische Fragen, Fragen die unbequem und doch heilsam sein können. Hat doch das Beispiel des Altbischofs Lesslie Newbegin gezeigt, wie heilsam es sein kann, wenn man richtige Fragen zur rechten Zeit formuliert. In seinem Buch „The Other Side of 1984: Questions for the Churches" fragte Newbegin, der sein Leben lang in Indien gearbeitet hat und dann nach England zurückgekehrt war, warum die westliche Kirche so wenig missionarisch erfolgreich ist. Seine Fragen lösten eine Flut von theologischen Veröffentlichungen aus und bereicherten nicht nur die Diskussion, sondern vor allem die Praxis der Mission der Gemeinden.[58]

Newbegins Beispiel ist leider immer noch eines der wenigen positiven Beispiele, wie seriöses theologisches Arbeiten die missionarische Praxis wesentlich verändert. Im Übrigen gilt der Satz Gensichens, dass das Verhältnis zwischen Mission und akademischer Theologie „durch kühle Distanz gekennzeichnet ist"[59]. Und der garstige Graben zwischen der Theologie und der Gemeindepraxis ist mittlerweile fast sprichwörtlich. Nichts wäre so notwendig wie der Aufbau einer stabilen Brücke über diesen Graben gerade in der Frage des Gemeindeaufbaus. Diese Erkenntnis ist so nicht neu. Schon Ende der 70er Jahre verlangte Mette vom praktischen Theologen einen grundsätzlichen Gesinnungswandel. Er schreibt: „Es gilt nicht mehr: Hier der Theoretiker und dort der Praktiker; sondern Theoretiker und Praktiker kommen in ein und derselben Person zusammen."[60]

Freilich wird es nicht genügen, nach einem Paradigmenwechsel in unserem Kirchenverständnis, nach einer neuen Art zu denken zu verlangen, wie Christian Schwarz es tut[61], dann aber über Praxismodelle versucht wird, die Theologie zu verändern.[62] Wohin so etwas führen kann, zeigt das Paradebeispiel der Willow Creek Community Church (WCCC) in den USA. Hier scheint die offensichtlich fehlende theologische Reflexion der amerikanischen Kultur das gepredigte Evangelium selbst zunehmend zu verflachen, wie die Studie von Graig A. Pritchard, der eine längere Zeit in der Gemeinde gelebt hat, belegt. [63] Gemeindeaufbaupragmatismus ohne gleichzeitige theologische Ausbildung der verantwortlichen Mitarbeiter der Gemeinde führt hier zum Verlust der biblischen Wahrheit. Eine vom „Markt getriebene Kirche"[64] lebt in der Gefahr, von der dominanten Kultur so stark vereinnahmt zu werden, dass sie ihr eigentliches Profil zu verlieren droht. Middelmann zeigt das anschaulich am Beispiel der Entwicklungen in den USA.[65] Nötig ist also beides, eine tiefe biblisch-theologische Grundlegung der Gemeinde und eine grundlegende Einsicht in die Kultur des Raumes, in dem Gemeinde gebaut werden soll. Die Mission der Gemeinde Jesu darf sich nicht von den Normen und Werten des westlichen Kulturbereichs vereinnahmen lassen. Diese Warnung Hans-Werner Gensichens behält auch hier und heute ihre Geltung.[66] Das amerikanische *Gospel and our Culture Network* (GOCN) stellt richtigerweise fest:

„Eine missionale Gemeinde vertritt Gott in der Auseinandersetzung zwischen Gott und der Kultur. Sie existiert nicht aufgrund von menschlichen Vorstellungen und Bedürfnissen, sondern als Resultat kreativer und heilsbringender Arbeit Gottes in der Welt. Es ist eine sichtbare Manifestation der Guten Nachricht von Jesus Christus im Lebensalltag der Menschen, und es transformiert die Kultur der Menschen, um somit Gottes Absichten mit seiner Schöpfung deutlicher zu reflektieren. Es ist eine Gemeinschaft, die sichtbar und aktiv an Gottes Werk in der Welt teilnimmt, so wie Jesus es im Gleichnis andeutete, als er es mit Salz, Sauerteig und Licht verglich."[67]

Gemeinde theologisch zu reflektieren ist also nicht nur angebracht, sondern essenziell wichtig, wenn Gemeindeaufbau kulturrelevant auf der einen Seite und kulturtransformierend auf der anderen Seite sein will. Eine Theologie des Gemeindebaus muss als „Reflexionswissenschaft"[68] verstanden werden. Sie gestaltet sich aus der missionarischen Praxis für die Praxis. Dabei darf sie jedoch nicht als Praxisbericht missverstanden werden. Theologie ist zunächst und vor allem eine Vorstellung, eine theoretischen Grundlegung, die zur Praxis einlädt. Es gilt, was Mette zur praktischen Theologie insgesamt sagt: „Die praktische Theologie ist selbst nicht Praxis, sondern Theorie. Nur so kann sie ihre Funktion für die Praxis am sinnvollsten erfüllen."[69]

1.3 Notwendigkeit einer theologischen Grundlegung

Wie bereits oben erwähnt, fördert bereits eine flüchtige Durchsicht der Gemeindegründungskonzepte die traurige Erkenntnis zutage, dass „… die meiste Literatur über Gemeindegründung nur wenig theologische Diskussion beinhaltet"[70]. Das mag sicher auf der einen Seite an der schon von Rudolf Bohren im Jahre 1975 beklagten „Disfunktion der akademischen Theologie"[71] liegen. Aber im Gegensatz zu Bohren sehe ich auch bei den Praktikern nur wenig Interesse für eine tiefer gehende theologische Besinnung. Auf beiden Seiten des Zaunes scheint man in der Selbstbespiegelung stecken geblieben zu sein. Gefragt ist dagegen ein Ineinander von Theorie und Praxis. Nur so kann es zu einer Handlungstheorie kommen, die fähig wäre, den Gemeindebau in neue Dimensionen zu bringen. Und darum soll es in dieser Darstellung gehen.

Eine fundierte theologische und missiologische Befragung des Gegenstandes wird Kriterien legen, die manch ein heute so gelobtes Modell der Gemeindegründung und Gemeindebaus infrage stellen muss.[72] Das wird wehtun. Aber wie wollte man anders den Weizen von der Spreu trennen? Wie sonst wollte man zu einem gesunden biblischen Fundament kommen, auf dem das Haus der Gemeinde gebaut werden kann, ohne zugleich befürchten zu müssen, dass bereits der erste Sturm alles zerstört? Eine theologische und missiologische Fundierung der Gemeindegründung und des Gemeindeaufbaus legt jenes Fundament für die Vision und Mission und die Methodologie und Praxis des Gemeindebaus, die dringend gebraucht wird. Soll die Gemeinde eine Lebenschance haben, so bedarf es, wie Manfred Beutel es richtig ausdrückt, einer „Lebensaussage der Gemeinde"[73], die sowohl die Vision von der Gemeinde als auch deren Verwirklichung bestimmt. Eine solche Lebensaussage ist ohne sorgfältige theologische Reflexion nicht zu machen.

Die Notwendigkeit einer theologischen Grundlegung des Gemeindeaufbaus ergibt sich aber nicht nur aus der Praxis der Gemeindegründung und der dort fehlenden theologischen Reflexion. Auch nur eine oberflächliche Durchsicht gängiger Entwürfe zur Systematischen Theologie zeigt – das Thema ist kaum je behandelt worden. Ekklesiologische Entwürfe scheinen sich eher an der gängigen Praxis der Kirche zu orientieren. Gemeindeaufbau ist hier nicht im Blick, wie Murray mit Recht bemängelt.[74] Übrigens kann das Gleiche auch von der Mission der Kirche insgesamt behauptet werden. Die Forderung nach einer missionarischen Ekklesiologie, wie sie etwa der südafrikanische Missiologe W. A. Saayman erhoben hat, ist daher berechtigt.[75]

1.4 Sind die neuen Gemeinden wirklich neu?

Gemeindegründung ist in – Gemeindeaufbau in aller Munde. Sogar die großen Kirchen sind dabei, diese für sie ungewöhnlichen Themen zu bewegen.[76] Man erhofft sich von der Gemeindegründung und Neuorientierung einen neuen Zugang zu den Menschen, die der Kirche den Rücken gekehrt haben. Die Erschließung neuer sozialer Räume, die Re-Evangelisierung des Landes – das sind Themen, die die Tagesordnung kirchlicher Konferenzen der letzten Jahre bestimmen.[77] In der Tat weisen die unterschiedlichen Neugründungen nachdenkenswerte Modelle auf. Murray nennt eine Reihe von neuen Gemeindetypen, die er für interessant hält.[78] Unter anderem erwähnt er *Seeker-Targeted Churches, Network Churches, Cell Churches* u.a. Seine Liste lässt sich bestimmt verlängern, vor allem wenn man über den amerikanischen Markt hinausblickt. Die Frage ist aber, wie neu und wie effektiv diese Konzepte in Wirklichkeit sind. „Neue Gemeinden: Alles frisch?", fragt Johannes Naether.[79] Oder sind die als neu verkauften Ideen und Modelle letztendlich doch nur „alte Muster ... nur eben frisch aufpoliert, damit sie Attraktivität vorgaukeln"[80]. Wen sollte es überraschen, hinter vielen als neu verkauften Fassaden stecken in der Tat nur alte Konzepte. Brian McLaren behauptet, alle heute in den USA gängigen Modelle lassen sich mühelos in Grundkategorien gruppieren. Er unterscheidet zwischen drei typischen Modellen von Gemeinden, die auf dem amerikanischen Markt der Möglichkeiten gehandelt werden:

1   die erneuerte
2   die restaurierte
3   die rekonzeptierte Gemeinde.[81]

Unter einer **erneuerten Gemeinde** versteht er eine Gemeinde, die, nachdem sie den Bezug zu ihrer Umwelt verloren hat, durch einen Prozess der Anpassung geht, um wieder gehört und verstanden zu werden.[82] Hierbei geht es weniger um eine theologische, sondern nur um eine soziale Korrektur. Nicht das Wesen, sondern die Form soll verändert werden.

In ihrer großen Mehrheit stellen die Gemeindegründungsprojekte der Gegenwart dieses Modell dar.[83] Oft ist dabei Gemeindegründung mit einer Spaltung verbunden. Die Muttergemeinde ist nicht mehr aktuell. Junge Leute verlassen sie, weil sie nach neuen Formen des Gottesdienstes, des Gesangs und der Mission suchen. Aber eine Generation später kann auch die erneuerte Gemeinde wieder zur alten Garde gehören. Und der Erneuerungsprozess muss neu beginnen.[84] Zum anderen birgt die auf diese Weise vorgenommene Erneuerung der Gemeinde die Gefahr, das Evangelium selbst zu verwässern, also die berühmte Limonade mit zu viel Wasser zu verdünnen. So geht dann Erneuerung auf Kosten der theologischen Klarheit der Gemeinde, und diese verliert ihre geistliche Relevanz.

Nirgendwo sonst kann man diesen Prozess besser beobachten als in den USA. Hier scheint die amerikanische Kultur mit ihrer Konzentration auf die Glücklichstellung des Individuums längst wesentliche Teile des Evangeliums verändert zu haben. Bedürfnisorientierte Gemeinden, die sich weitgehend entlang der in der Kultur vorhandenen „felt needs" definieren, haben Gott selbst zur Randnotiz des Glaubens gemacht. Middelberg nennt diesen Prozess „Islamisierung des Christentums"[85].

Erneuerung der Gemeinde als bloße Anpassung an die Kultur kann also auch existenziell bedrohlich werden. Franzis A. Schaeffer verlangte mit Recht von der Gemeinde Jesu eine Praxis „of purity in the church"[86], jene Reinheit in der Gemeinde, die das eigentliche Wesen der Gemeinde Jesu widerspiegelt, wobei er sich auf Gott und den Absolutheitsanspruch seiner Heiligkeit bezog, die in der Gemeinde sichtbar werden müsse. Die Gemeinde Jesu kann sich demnach nicht beliebig anpassen, ohne ihr Wesen zu verlieren.

Die restaurierte Gemeinde geht hier schon prinzipieller vor. Man hinterfragt sich grundsätzlicher. Hat man vielleicht den biblischen Weg verlassen? Ist man vom neutestamentlichen Ideal der Gemeinde abgewichen? McLaren nennt diesen Typ von Gemeinde auch „The Church of the Lost Detail"[87] – die Gemeinde des vergessenen Details. Da heißt es dann, wir haben den Heiligen Geist zu wenig betont, bei uns spricht man nicht in Zungen, die Anbetung hat nicht ihren eigentlichen Stellenwert und so weiter. Und natürlich erwartet man bei der Wiederentdeckung der vermissten Dimension Erneuerung. Eine Gemeinde des vollen Evangeliums wird dann eventuell die neu gegründete Gemeinde genannt. McLaren hinterfragt auch diesen Typ von Gemeinde. Oft hat eine restaurierende Gemeindeidee nicht die gewünschten Resultate, sondern eher die Spaltung im Leib Christi verursacht. Zu divers sind die neutestamentlichen Bilder von der Gemeinde. Den Interpretationen dieser Bilder kann man kaum ein Ende setzen. Und so wird es auch immer wieder den nächsten Versuch geben, die wirkliche Kopie des neutestamentlichen Originals zu gründen.

McLaren selbst schlägt das Modell der **„reinvented church"**[88], der neukonzipierten Gemeinde, vor. Diese neue Gemeinde sucht nicht nach bloßer soziokulturelle Adaption oder kopiert die Urgemeinde weitgehend, sondern versucht zu verstehen, wie die neutestamentliche Gemeinde ihr Heilsangebot für die auch damals schon so unterschiedlich gestaltete Welt formulierte und sich dann entsprechend in die jeweilige Kultur hinein kontextualisierte. Die neu konzipierte Gemeinde ist also ein kontextuell-theologisches Konzept, das beides ernst nimmt, die Botschaft des Neuen Testaments und auch den Kontext, in dem diese Botschaft Fleisch werden soll, damit die Herrlichkeit des Wortes gesehen und verstanden werden kann (Joh. 1,1-16). Dabei ist die Diskontinuität zu dem ursprünglichen Gemeindetypos nicht ein Übel, sondern der gesuchte Vorteil. McLaren verlangt gar nach einer maximierten Diskontinuität zu dem Bestehenden.[89] Um Gemeinde neu zu konzipieren, muss zuallererst neu gedacht werden. „Re-imagining" dessen, was Kirche ist und nicht sein darf, ist demnach ein wichtiger erster Schritt in Richtung einer Gemeindetheorie für das 21. Jahrhundert.⁹⁰ Ähnlich, jedoch um einiges vorsichtiger, äußert sich Lindner, der ermutigt, statt an der Endgestalt der Ortsgemeinde zu basteln, die Gemeinde als Modell des Angebots Gottes für seine geliebte Welt in der gegebenen Lebenssituation der Menschen zu sehen.⁹¹

Sicher wirft ein solches Konzept Fragen auf. Viele Fragen. Denn alles, was hinterfragt, hat mit einer Frage zu tun, die auf Antworten drängt. Antworten, die kurzsichtig gegeben werden, Antworten, die sich um die Festschreibung des Status quo bemühen, solche Antworten helfen wenig weiter. Deshalb verlangt McLaren nach einer konsequenten Überprüfung unserer Gemeindetraditionen. Nein, nicht die Loslösung von der christlichen Tradition an sich. Das wäre fatal. Zur Debatte stehen Gemeindetraditionen, Sondererkenntnisse und Regeln. „Trade your traditions for tradition"⁹², verlangt McLaren und schlägt damit einen innerchristlichen Dialog vor. Was richtig und wichtig ist, kann weniger unserer guten systematischen Theologie entnommen werden, sondern einem ehrlichen Nachfragen im Horizont der Geschichte der ganzen Gemeinde Jesu.⁹³ Freilich ist ein solches Nachfragen nicht leicht, und Angst kann es einem auch machen. Doch eben hier liegt die Herausforderung einer missionarischen Theologie des Gemeindebaus. Die postmoderne Welt mit allen ihren Herausforderungen verlangt nach einer solchen neuen Besinnung. Frost formuliert es treffend, wenn er sagt: „Es ist Zeit, aus der Box des Christentums herauszutreten, damit die Probleme erkannt werden, die das Christentum geschaffen hat."⁹⁴ Mit diesem Buch versuche ich diesen Schritt aus der Box des Angestammten heraus. Und es wäre konsequent zu erwarten, dass auch meine Leser es mit mir wagen.

1.5 Gesellschaftsrelevanz als Kategorie der Gemeindeakzeptanz

McLarens Analyse macht auch deutlich, dass erfolgreicher Gemeindeaufbau unmittelbar mit der Frage zusammenhängt, ob eine Gemeinde zu einer verständlichen und in der Gesellschaft angenommenen Form und Struktur gefunden hat. Ist es doch so, wie George Barna es einmal ausdrückte, dass die Gemeinde zu „einer Insel der Pietät geworden ist, umringt von einem Meer der Irrelevanz"[95].Sowohl „erneuerte" als auch kontextualisierte Gemeindemodelle scheinen sich darum zu bemühen. Wer also missionarischen Gemeindebau betreiben will, der wird nicht umhin können, „Schritte zum Vertrauen"[96] zu gehen.

In einer Theologie des Gemeindebaus muss daher die Frage nach der Gesellschaftsrelevanz gestellt werden.[97] Wer aber die Frage nach der Gesellschaft stellt, kommt an der Kultur nicht vorbei. Gesellschaftsrelevanter Gemeindebau ist kulturrelevanter Gemeindebau. Eine Forderung, die lauter wird, je schonungsloser man bereit ist, die konventionellen Gemeindebauprojekte infrage zu stellen. Die beiden australischen Autoren Michael Frost und Alan Hirsch gehen sogar so weit, dass sie die Gesellschaftsrelevanz zu einem entscheidenden Kriterium der missionarischen Gemeinde machen.[98] In ihren Augen hat das konventionelle Gemeindebaumodell, das sie „Christendom-Mode" nennen, ausgedient und ist so stark korrumpiert, dass es sich im Prinzip als ungeeignet erweist, Gemeinde in der Postmoderne zu bauen.[99]

Es ist die Kultur- und Gesellschaftsrelevanz, die im Wesentlichen darüber befindet, ob eine Gemeinde missional gedacht wird. Gesellschaftstransformation als Auftrag der Gemeinde ist in der Tat „the bottom line"[100] einer missionarischen Durchdringung der Gesellschaft. Mitten in der Gesellschaft Gemeinde zu bauen bedeutet noch nicht, mittendrin zu sein. Michael Frost und Alan Hirsch zeigen den Unterschied zwischen den beiden Typen der Gemeinde in ihrer „Tale of Two Pubs" auf.[101] Sie beschreiben eindrücklich, wie zwei Gruppen von Christen Kneipen zu einer Stätte der Begegnung zwischen Gott und Mensch umgewandelt haben. Die eine Gruppe, eine baptistische Gemeinde in Hamilton (Australien), kaufte einen beliebten Pub in der Hauptstraße der Stadt auf und gestaltete diesen mit viel Liebe zum Detail in ein attraktives Gemeindehaus um. Da, wo früher getanzt und getrunken, gefeiert und einfach Nachbarschaftsbeziehungen gepflegt wurden, erklangen jetzt Evangeliumslieder. Die lokale Presse lobte die Gemeinde für die Klasse, mit der es ihr gelungen war, den Pub umzubauen. Dabei wurden auch Stimmen von Nachbarn abgedruckt, die eher traurig darüber waren, dass ihr beliebter Pub – für Australier wie Engländer ist der Pub die Begegnungsstätte in der Nachbarschaft an sich – nun geschlossen sei und sie nun nie mehr jene Gemeinschaft mit ihren Nachbarn würden haben können, die einmal da gewesen sei. Es klang so, als hätte die Baptistengemeinde den Menschen ein Stück lokaler Identität und Kultur genommen. Ob die Nachbarn das fromme Angebot wirklich wahrnehmen?

Das andere Beispiel, das die beiden Autoren erzählen, stammt aus England, aus einer Arbeitersiedlung in Bradford. Auch hier erwarben Christen einen lokalen Pub. Aber statt diesen ihrer ursprünglichen Bestimmung zu entfremden, unterhielten sie die Kneipe als Kneipe. Die Stätte der Begegnung blieb, nur bot sie jetzt den Christen die Möglichkeit, mit den Stammbesuchern ins Gespräch zu kommen. Dass das nicht plump und direkt sein konnte, versteht sich von selbst. Malcolm Willis, der den Pub mit seiner Familie betreibt, sagt dazu: „Am Anfang lehnen es die meisten ab, über Jesus zu reden. Vielleicht ändert es sich dann, wenn du dir zehn- oder zwanzigmal ihre Geschichten angehört hast – was sehr ermüden kann –, dann können sie auf einmal sagen: ‚Würdest du für mich beten, bitte?' Und dann weißt du, da passiert etwas."

Zwei Konzepte, zwei Versuche, mitten ins Leben zu gelangen. Ein traditioneller und ein missionaler Weg, beide müssen theologisch reflektiert, diskutiert und bewertet werden. Gemeinde sein, wie es vom Auftrag her gedacht ist, kann nur mitten im Leben der Menschen gelingen. Spricht man aber diese Lebenswelt an, so stellt sich die Frage nach der gesellschaftlichen und kulturellen Kompetenz. Und damit ist das soziale Engagement der Gemeinde herausgefordert.

Diese Herausforderung hat seit Jahrhunderten die Gemüter in der Kirche erhitzt. Während die einen eine weitgehende Verantwortung der Gemeinde für die Welt wahrnehmen und als Resultat gar die Symphonie zwischen Staat und Kirche gelebt haben (so im Staatskirchentum, als klassisches Beispiel hierfür kann die byzantinische Orthodoxie gelten), suchten die anderen in einer Aufspaltung der Verantwortung zwischen Kirche und Staat, in einer Art Zwei-Reiche-Lehre (Martin Luther), die Antwort. Wieder andere lehnten jede Verantwortung für das allgemeine Gemeinwesen ab und entzogen sich der Verantwortung für die Welt (so die Täufer und viele in ihrer Tradition entstandene Freikirchen).[102] Eine Theologie gesellschaftsrelevanten Gemeindeaufbaus wird daher die Frage nach der Berechtigung sozialen Engagements der Kirche stellen müssen.

1.6 Zur theologischen Grundlegung des Gemeindebaus

Was ist nun Gemeindeaufbau? Was ist gesellschaftsrelevanter Gemeindeaufbau? Ist es eine evangelistische Methode, wie Peter Wagner[103] und mit ihm andere[104] schreiben? Ist es eine oder gar *die* Gemeindewachstumsstrategie, wie die Church-Growth-Experten behaupten?[105] Oder muss man Gemeindeaufbau prinzipiell von jedem Verdacht, Gemeindewachstum betreiben zu wollen, befreien?[106] Michael Herbst definiert die Aufgabe des Gemeindeaufbaus und reflektiert die beiden Begriffe wie folgt:

> „Gemeindeaufbau ist das Werk des erhöhten Herrn Jesus Christus, der selbst seine ‚Gemeinde von Brüdern' zusammenruft, ihrem Leben Gestalt gibt und sie in seinen Auftrag aussendet. Dieses Werk des Gemeindeaufbaus vollbringt Jesus Christus aber nicht ohne menschliche Mitarbeit. Von uns aus gesehen ist darum Gemeindeaufbau ein planmäßiges Handeln im Auftrag Jesu Christi mit dem Ziel, dem Zusammenkommen, Gestaltgewinnen und Gesandtwerden der ‚Gemeinde von Brüdern' zu dienen. Gemeindeaufbau geschieht also in theonomer Reziprozität: Jesus Christus ist das erste Subjekt des Gemeindebaus; ihm entspricht aber ein entscheidendes und gezieltes menschliches Mit-Tun."[107]

Der Definition von Herbst liegt, wie man unschwer feststellen kann, ein ganz bestimmter Gemeindebegriff zugrunde. Mit Recht verweist er darauf, dass man nur bauen kann, wenn man weiß, was man denn bauen will.[108] Man kann nur gründen, wenn man weiß, was man gründen möchte. Gerade das Fehlen klarer Gemeindevorstellungen führt zu den so oft beklagten Schwierigkeiten im Gemeindeaufbau. Umso mehr erstaunt die Tatsache, dass man in den Anleitungen zum Thema Gemeindegründung und -aufbau nur selten eine biblisch-theologisch fundierte Vorstellung dessen vorfindet, was nun Gemeinde ist.

Ein klassisches Beispiel in dieser Hinsicht ist das von der Heimatmission des Bundes Evangelisch-Freikirchlicher Gemeinden herausgegebene Buch „Gemeinden gründen und aufbauen"[109]. Obwohl die Autoren dieser Praxisanleitung eine klare Vision aus göttlicher Perspektive fordern, erschöpft sich diese Forderung dann in dem Satz, dass eine solche da gewonnen wird, wo „... vertrauensvolles Gebet und die Offenheit für die Bedürfnisse der Menschen oder für eine Gelegenheit, die der Heilige Geist schenkt"[110]. Kein Wort von einer theologischen Perspektive, kein Wort von einer biblischen Sicht der Gemeinde. Man hat den Eindruck, was gebaut werden soll, das steht längst fest, und alle wissen es. Was wirklich dran ist, ist nun die Gelegenheit beim Schopf zu fassen und dabei auf die methodische und strukturelle Führung durch den Heiligen Geist zu achten.[111] Gemeindegründungsvorlagen anderer Verbände weisen Ähnliches auf. Wenn überhaupt das Gemeindeverständnis geklärt wird, dann fällt diese Klärung zumeist sehr kurz und unscharf aus.[112] Die wenigen Ausnahmen bestätigen da eher die Regel.[113]

Doch so einfach ist es nicht. Gerade die vielen Entwürfe zum missionarischen Gemeindeaufbau zeigen deutlich, dass man nur so weit kommt, wie es die Vorstellung von der Gemeinde zulässt.[114] Rein empirisch erhobene und pragmatisch festgeschriebene Gründe für Gemeindegründung und -aufbau reichen nicht aus.[115] Es mag wohl sein, dass Martin Luthers berühmt gewordener Spruch „es weiß ein Kind von sieben Jahren, was die Kirche sei"[116] einmal in Deutschland gegolten hat, heute gilt er so nicht mehr.[117] Für eine Theologie des Gemeindeaufbaus gilt es daher abzuklären, welche Gemeinde denn nun gegründet und aufgebaut werden soll. Wie sollte man sonst über die Frage nach einer Korrelation zwischen der Gesellschaft und der Gemeinde reden, wenn man keine klare Vorstellung über das Wesen der Gemeinde hat? Erst wenn wir diese Fragen entsprechend geklärt haben, können wir mit einer Definition unseres Forschungsgegenstandes aufwarten.

Wir beginnen also damit, das neutestamentliche Bild der Gemeinde zu ergründen, um auf diese Weise wichtige theologische Parameter zu erkennen und zu legen. Eine missionale Gemeinde wird immer zugleich eine Gemeinde des Wortes Gottes sein. Sie ist um den Auftrag Gottes, seine Mission besorgt. Und dieser Auftrag ist allein aus der Heiligen Schrift zu ergründen. Dann versuchen wir in einer historischen Reflexion zu begreifen, wie die biblisch-theologischen Grundlagen im Laufe der Kirchengeschichte umgesetzt worden sind. So wird sich uns das im Christentum etablierte Gemeindedenken offenlegen. Diese Übung ist von großer Bedeutung, will man die Box des Christentums verlassen. Denn erst, wenn wir die Grenzen unseres Zustands kennen, können wir diese Grenzen überschreiten und Innovation wirklich wagen. Verlangt man gar nach einer Revolution im Bereich des Gemeindebaus, dann ist eine Analyse der historisch gewordenen Theorie und Praxis unbedingte Voraussetzung.

Die biblisch-theologische und historische Aufarbeitung der Theorie und Praxis des Gemeindebaus allein werden aber noch nicht genügen, um zu einer gesellschaftsrelevanten theologischen Handlungstheorie zu gelangen. Was als nächster Schritt unabdingbar erscheint, ist die Kontextanalyse, die zum Verstehen der Lebenswelt der Menschen, in der Gemeinde gebaut werden soll, führen wird. Missionale Gemeinde definiert sich aus dem Auftrag, und dieser Auftrag geht an Menschen. Kein Wort drückt die Forderung nach Kontextualisierung besser aus als der Johannes-Prolog (Joh. 1). „Am Anfang war das Wort und das Wort war bei Gott und Gott war das Wort ... und das Wort wurde Fleisch und lebte unter uns ... und wir sahen seine Herrlichkeit." Die Inkarnation, die Fleischwerdung des offenbarten Willen Gottes in die somatische Gestalt der Person Jesu Christi wird hier als Voraussetzung begriffen, Gottes Herrlichkeit unter den Menschen einer bestimmten Kultur (das Haus des Volkes Israel) sehen zu können. Missionale Gemeinde ist daher inkarnationale Gemeinde. Und das setzt eine genaue Kenntnis des Kontextes voraus. Man kann daher eine Theologie des Gemeindebaus nur als kontextuelle Theologie entwerfen, ist die Gemeinde doch immer beides: „religiös definierte Wirklichkeit und empirisches Sozialsystem"[118]. Und schließlich ist Theologie nur dann von Belang, wenn sie Beine bekommt. Ein Praxismodell soll daher diese Studie beschließen.

2. Gemeinde im Neuen Testament

2.1 Das Fundament gesucht

Was Gemeinde ist und wie sie zu verstehen ist, wird in der Regel in den Bekenntnisschriften der jeweiligen christlichen Denominationen geklärt. Folgerichtig begnügen sich die meisten praktischen Anleitungen zum Thema Gemeindebau mit einem entsprechenden Hinweis auf die jeweiligen Abschnitte des Glaubensbekenntnisses. Auch wenn das im Einzelfall sehr wohl richtig sein kann, so genügt für eine Theologie der Gemeindegründung und des Gemeindebaus ein solches Verfahren keineswegs. Gerade die erste deutschsprachige Theologie des Gemeindeaufbaus von Fritz und Christian Schwarz[119] weist anschaulich auf, wohin man kommt, wenn man trotz des erklärten Problembewusstseins[120] sich die Mühe spart, eine biblische Ekklesiologie als Grundlage für den folgenden Entwurf zu wagen. Zu unscharf werden so die Konturen dessen, was man da nun aufbauen möchte. Freilich gibt die volkskirchliche Situation, in die Vater und Sohn Schwarz geschrieben haben, schon an sich eine gewisse Unschärfe vor. Doch gerade dann wäre es dringend angesagt gewesen aufzuzeigen, was denn nun Gemeinde ist.

Auch Michael Herbst beginnt seine Ausführungen mit einem Bekenntnistext, der Barmer Theologischen Erklärung.[121] Hieraus gewinnt er seine Gemeindevorstellung und sucht diese dann im Neuen Testament bestätigt zu finden. Auch wenn die Barmer Erklärung mit einem bestechenden Begriff der Kirche als Gemeinde von Brüdern aufkommt, so ist diese in einer Theologie mit Recht zu konsultieren. Zum Maßstab kann sie jedoch nur dann werden, wenn sie die Frage nach dem, was nun Gemeinde biblisch-theologisch gesehen ist, grundsätzlich in den Texten des Neuen Testaments klärt.

Als Quelle theologischer Besinnung zum Wesen der Gemeinde kann nur das Wort Gottes dienen. Die Schrift ist die alles normierende Norm, die *norma normans*, und sie allein kann uns die Grundwahrheiten über die Gemeinde sowie die Gründung von Gemeinden und ihren Aufbau vermitteln. Erst so kann die seit der Reformation herrschende Unklarheit, was nun Gemeinde ist[122] und wie sie auf dem Hintergrund gängiger Formen der Kirche zu verstehen ist, behoben werden. Was Gemeinde ist und was Gemeinde soll, das finden wir nicht in den historischen Modellen und Gemeindebildern des Christentums[123], wie der schärfste Kritiker der damals noch jungen amerikanischen Gemeindewachstumsbewegung Orlando E. Costas[124] mit Recht bemerkt. Die Antworten können nur aus der Schrift, dem Neuen Testament, dem eigentlichen gemeindestiftenden Dokument kommen.

Kritiker weisen zwar darauf hin, dass man im Neuen Testament kein einheitliches Bild von der Gemeinde findet. Vielmehr wird hier in recht unterschiedlichen, zum Teil sogar widersprüchlichen Bildern[125] von der Gemeinde der Gläubigen gesprochen.[126] Eine Vorstellung von einer Gemeinde des Neuen Testaments, die nur einfach in die Gegenwart hineinkopiert werden könnte, wäre dem Neuen Testament sogar wesensmäßig fremd. Deshalb warnen auch sonst wohlwollende Autoren vor einem unkritischen Gebrauch des Neuen Testaments für die Begründung der Gemeindegründung.[127] Eduard Schweizers Satz, dass es keine neutestamentliche Gemeindeordnung gibt[128], dreht in diesem Zusammenhang die Runde. Diese Aussage Schweizers muss aber unbedingt durch seine Feststellung ergänzt werden, dass es in den wesentlichen theologischen Merkmalen doch so etwas wie eine „Einheit der neutestamentlichen Gemeinde"[129] gibt. Schweizer selbst kann sich eine christliche Gemeinde nur dann vorstellen, wenn sich diese an der Botschaft des Neuen Testaments messen lässt. Er schreibt:

> „Rechte Gemeinde wird also immer nur dort sein, wo stets neu wieder, im Achten auf die Probleme, Gefahren und die Verheißungen der jeweiligen Situation, im demütigen Hören auf die bisherige Geschichte, zurückgefragt wird nach dem NT, nicht in gesetzlicher Reproduktion, sondern im evangelischen Hören auf die darin enthaltene Botschaft."[130]

Freilich ist das Neue Testament keine Blauzeichnung für den Aufbau moderner Gemeinden. Die weltweite Kirche hat im Laufe ihrer zweitausendjährigen Geschichte ein wahres *pleroma* an ekklesiologischen Entwürfen vorgelegt. Alle diese Entwürfe bemühen sich um eine biblisch-theologische Grundlegung.[131] Der bloße Blick in das Neue Testament kann also kein allgemeingültiges Konzept bieten. Aber das Neue Testament legt die Grundlagen, das Fundament für Gemeindegründung und zeigt Perspektiven auf, wie eine solche Gründung bzw. ein solcher Aufbau vollzogen werden kann und was unbedingt beachtet werden muss. Die immer wieder geäußerten Bedenken, das Neue Testament *quasi* als Generalplan für Gemeindeaufbau zu missbrauchen, wie es ja zur Genüge geschehen ist und leider immer noch geschieht, sind genügend diskutiert worden.[132] Ohne sie einfach zur Seite schieben zu wollen, verweise ich hiermit auf die entsprechende Diskussion und halte mit anderen daran fest, dass das Neue Testament zwar keinen einfachen und für immer gültigen Plan für Gemeindegründung und Gemeindeaufbau, doch sicher fundamental wichtige Grundwahrheiten und Perspektiven aufzeichnet, ohne deren Berücksichtigung keine Theologie der Gemeindegründung und des Gemeindeaufbaus formuliert werden kann.

Es ist deshalb nur natürlich, dass wir, bevor wir uns mit der Ausformung einer Theologie beschäftigen, die entsprechenden Texte zur Gemeinde und Gemeindegründung und -aufbau ansehen.

2.2 Auf den Ansatz kommt es an

Neutestamentliche Texte und Bilder enthalten eine Botschaft, die Theologie der Gemeinde. Diese zu ergründen ist also die Aufgabe jeder theologischen Erhellung eines auf die Gemeinde bezogenen Themas. Und das Thema Gemeindegründung und Gemeindeaufbau ist ein solches Thema. Dabei kann es im Rahmen dieses Buches nicht um eine ausformulierte Ekklesiologie des Neuen Testaments gehen. Diskutiert werden nur die Aspekte der Ekklesiologie, die das Wesen der Gemeinde an sich erfassen helfen und wichtige Ansichten zur Frage der Gemeindegründung im Kontext ermöglichen. Es gilt zu überprüfen, inwieweit das Neue Testament die Gemeinde als gesellschaftsrelevante Größe kennt und bejaht.

Die Problematik einer neutestamentlichen Gemeindelehre ist bereits angesprochen worden. Es kommt im Wesentlichen darauf an, welchen Ansatz man wählt, wenn man das Neue Testament nach seiner Gemeindelehre abfragt. Wiard Popkes nennt sieben mögliche Ansätze.[133]

a. Der begrifflich-morphologische Ansatz. Hier wird das Neue Testament anhand von Begriffsstudien zum Umfeld des Begriffs Gemeinde und der entsprechenden Bilder abgefragt.[134] Vorteil eines solchen Ansatzes ist das vergleichsweise klare Verfahren. Nachteilig ist, dass Wortstudien alles andere als einfach sind und die Überfrachtung der Begriffe und erst recht der Bilder des Neuen Testaments mit Vorstellungen aus der Gegenwart kaum zu vermeiden ist.[135]

b. Der strukturell-institutionelle Ansatz. Hier werden Kirchenstrukturen, wie sie im Neuen Testament beschrieben werden, formal untersucht.[136] So wichtig die Ergründung der sozialen Gestalt und der Gemeindeordnungen im Neuen Testament ist, so problematisch erweist sich dieser Ansatz, wenn man nach spirituellen Werten dessen, was Gemeinde ist, fragt.

c. Der historisch-genetische Ansatz. Verfechter eines solchen Verfahrens suchen die Gemeinde im Neuen Testaments in ihrer Genese zu verstehen. Hier wird der geschichtliche Verlauf der Entstehung der Gemeinde rekonstruiert und somit Schlüsse auf das Wesen der Gemeinde gezogen.[137] Beliebt ist der Ansatz vor allem unter den kontextuell arbeitenden Theologen. Die Konzentration auf die lokale Entwicklung eröffnet neue Perspektiven, birgt jedoch auch Gefahren einer Nivellierung des Besonderen, was Gemeinde Jesu ist und sein will. Zu leicht wird die kulturelle Gestalt der Gemeinde hier mit ihrem Wesen verwechselt.

d. Der religionsgeschichtliche Ansatz sucht die Kirche vor dem Hintergrund religiöser Entwicklungen der Zeit zu begreifen.[138] Eine solche Perspektive erscheint mir dringend geboten, erst recht, wenn man den Gemeindebau als gesellschaftstransformierende missionale Gemeinde verstehen möchte. Die Gefahr des Ansatzes besteht jedoch darin, dass man wiederum zu leicht das theologisch Besondere an der Gemeinde Gottes aus dem Blick verliert und sie nur noch als ein historisch-religiöses Phänomen versteht.

e. Der soziologische Ansatz. Gemeinde ist nicht nur eine spirituelle Größe. Sie ist immer auch eine konkrete soziale Gestalt. Somit ist es nur konsequent, die neutestamentliche Gemeinde auch soziologisch zu untersuchen. Die Rolle von Frauen und Männern, Familienaufbau, Beziehungen zu Reich und Arm, Vertretern verschiedener Kulturen, Organisationsstrukturen, Wege der Kommunikation etc. – all das sind Fragestellungen der modernen Sozialwissenschaften. Sie bei der Analyse der neutestamentlichen Gemeindemodelle zu missachten wäre fatal.[139] So wichtig jedoch ein solches Verfahren ist, so problematisch kann es werden, wenn die soziologischen Fragestellungen die theologischen unterdrücken.

f. Der funktionale Ansatz fragt nach dem, was die Gemeinde eigentlich will und soll. Worin besteht ihre Bestimmung, ihr Auftrag, ihr Sinn?[140] Dieser Ansatz wird gerne im Bereich der missionswissenschaftlichen Betrachtung der Gemeinde benutzt. Hier werden zentrale Fragen gestellt, die unbedingt beantwortet werden müssen, möchte man eine Ekklesiologie als Handlungstheorie verfassen.

g. Der theologische Ansatz will die Gemeinde aus der Gesamttheologie der Schrift begreifen.[141] Kirche wird hier aus der vertikalen Betrachtungsweise gedacht und verstanden. In welcher Beziehung steht sie zu Gott? Das ist eine enorm wichtige Frage, steht doch die moderne soziologisch ausgerichtete Forschung oft in der Gefahr, die Transzendenz des Gemeindewesens aus dem Blick zu verlieren. Doch auch eine rein theologische Betrachtungsweise tendiert zur Einseitigkeit. Kirche ist eben beides – theologische und soziale Wirklichkeit.

Diese kurze Übersicht über verschiedene Ansätze zeigt wichtige Perspektiven, die berücksichtigt werden müssen. In Reinkultur stellen sie jedoch alle recht fragmentierte Versuche dar, dem Wesen, dem Auftrag und der Praxis der Gemeinde näher zu kommen. Vonnöten ist also eine ganzheitliche Betrachtungsweise, die die erwähnten Perspektiven aufnimmt und sie in einem intrakonzeptionellen Entwurf zur Geltung bringt. Wir sollten es wagen, „über diese Ansätze" hinauszublicken, wie Christopher J. H. Wright das für das Studium der Mission im Neuen Testament vorgeschlagen hat.[142] Er setzt sich in seiner Studie bewusst für eine „missionale Hermeneutik" ein, die Mission im Neuen Testament nicht belegt und dargestellt sucht, sondern der Tatsache Rechnung trägt, dass der Text des Neuen Testaments selbst im Kontext der Mission entstanden ist. Es ist deshalb nicht nur wichtig herauszufinden, was der Text über die Mission sagt, sondern auch, wie er es tut. Hier wird über Mission nicht bloß akademisch reflektiert, hier wird ein missionarischer Prozess begleitet.[143] Es genügt daher nicht, die Texte auf ihren Wissensgehalt hin zu lesen, sie müssen vielmehr in der missionarischen Situation verortet werden.

Das Gleiche ist auch auf die Lektüre der Aussagen des Neuen Testaments zum Gemeindebau zu beziehen. Auch hier begegnet uns nicht eine ausgearbeitete Ekklesiologie, sondern das Werden der Gemeinde im Kontext wird theologisch begleitet.

Methodisch wollen wir daher wie folgt vorgehen. Im ersten Schritt werden die im Neuen Testament üblichen Bilder von der Gemeinde analysiert und nach ihrem Aussagegehalt in Bezug auf das Gemeindeverständnis und, falls gegeben, auf ihre Beziehung zur Welt geprüft. Dabei ist der Kontext, in dem die Aussagen gemacht werden, unbedingt zu beachten. Daraus sollen grundsätzliche Erkenntnisse für eine zu formulierende Theologie des gesellschaftsrelevanten Gemeindebaus gewonnen werden.

Aus der Fülle der etwa 100 neutestamentlichen Bilder für die Gemeinde sind also solche Bilder herauszunehmen, die Grundlegendes zum Thema Gemeindeaussagen und ihre Beziehung zur Welt zu verstehen helfen. Gesucht werden *Master Images*[144] für die Gemeinde. Diese müssten die essenziellen Charakterzüge sowie die Berufung der Gemeinde deutlich machen.[145] Orlando Costas schlägt vier solche Bilder vor, die er für zentral für jedes Gemeindeverständnis hält: Volk Gottes, Leib Christi, Tempel des Heiligen Geistes und Institution.[146] Für Michael Herbst ist das Bild vom Bau in Sachen Gemeindebau alles entscheidend.[147] Der Große Evangelische Katechismus nennt die Bilder von dem Volk Gottes und Leib Christi als konstitutiv für die Formulierung dessen, was Gemeinde ist. Saucy konzentriert sich auf die Bilder des Volkes, Leibes, Tempels, Priestertums und der Braut.[148] Ich würde gerne die Auswahl der Bilder etwas erweitern und weitere dazunehmen. Das ist gerade deshalb von besonderer Bedeutung, wenn man den Gemeindebau gesellschafts- bzw. kulturrelevant zu verstehen sucht. Zentral ist an dieser Stelle zum Beispiel der Begriff der Versammlung, griechisch *ekklesia*.[149]

Im zweiten Schritt werden Texte studiert, die neutestamentliche Gemeindemodelle beschreiben. Verständlicherweise wird man sich auch hier auf eine Auswahl begrenzen müssen. Dabei wollen wir die Genese der Gemeinde in ihrem gesellschaftlichen Kontext zu erhellen versuchen, um somit die Frage zu beantworten, inwieweit die Gestalt der jeweiligen Gemeinde kontextuell bedingt war.[150] Neutestamentliche Schriften sind im Vollzug der missionarischen Expansion entstanden. Sie sind daher allem anderen voran Texte, die die Realisierung der *missio Dei,* der Heilsabsicht Gottes, beschreiben. Und wieder fragen wir nicht nach einer umfassenden Theologie dieser Modelle, sondern ganz gezielt nach der gesellschaftlich relevanten Gestalt und Handlung der beschriebenen Gemeinden, um damit entscheidende Perspektiven für eine Theologie des gesellschaftsrelevanten Gemeindebaus zu gewinnen.

Im dritten Schritt taste ich mich den Spuren ekklesiologischen Denkens in den neutestamentlichen Texten entlang. Dabei orientiere ich mich an den neutestamentlichen Grund-Denkstrukturen, wie sie David J. Bosch in seinem Entwurf zur Missiologie vorgeschlagen hat.[151] Es gilt, diesen Spuren in der Theologie des Matthäusevangeliums, den Schriften des Lukas, Petrus, Paulus und des Johannes nachzugehen, ohne jedoch den Anspruch stellen zu wollen, eine jeweils ausschöpfende Darstellung der Ekklesiologie dieser Texte nachzeichnen zu wollen.

Und zum Schluss ziehe ich Texte zurate, die üblicherweise zur theologischen Begründung des Auftrags der Gemeinde angeführt und auf ihre Relevanz für das gestellte Thema hin überprüft werden. Das Ziel des gesamten Verfahrens ist es, zu einer theologischen Sicht der Gemeinde in ihrem Verhältnis zur Umwelt zu gelangen.

2.3 Master Images im Neuen Testament

2.3.1 Gemeinde als Versammlung

Gemeinde wird im Neuen Testament als Gemeinschaft der Versammelten beschrieben. Zwei griechische Begriffe werden hierfür gebraucht: *synagoge* und *ekklesia*. Während *synagoge* fast durchgehend die Versammlung der jüdischen Gemeinde vor Ort meint, ist *ekklesia* der Bezeichnung der Gemeinschaften der Christen vorbehalten.[152]

Der Begriff *ekklesia* kommt 116-mal im Neuen Testament vor, wovon sich 109 unmittelbar auf die Gemeinde Jesu als Versammlung beziehen. Etymologisch leitet sich der Begriff vom griechischen *ek-kaleo* ab und meint so viel wie „die Herausgerufene"[153]. Der Begriff wurde außerbiblisch seit dem 5. Jahrhundert vor Christus für die Vollversammlung der wahlberechtigten Bürger der griechischen Stadt, der *polis* gebraucht.[154] Diese politische Versammlung war nur den freien Bürgern einer Stadt zugänglich. Nur sie wurden zur *ekklesia* gerufen. In der späteren Entwicklung des Begriffs konnte *ekklesia* jede Versammlung von Menschen meinen.

In der Septuaginta (LXX) wird der Begriff neben *synagoge* als Übersetzung des hebräischen *qahal* gebraucht, mit dem die Versammlung des alttestamentlichen Bundesvolkes, aber auch Versammlung an sich bezeichnet wurde.[155] Der Begriff wird recht weit eingesetzt. Er kann sowohl die Kriegs-, Gerichts-, Lehr- und Kultversammlung oder auch Versammlungen überhaupt bezeichnen.[156] Müller weist darauf hin, dass *qahal* auch da gebraucht wird, wenn die Vollversammlung des Volkes Gottes zu epochalen Entscheidungen ihrer Geschichte vom König bzw. ihrer nachexilischen Führung zusammengerufen wurde (siehe zB 1Chr. 28,8; 29,1.10.20; 2Chr. 29,28.31f; 30,2ff; u.a.).[157]

Die inhaltlichen Parallelen von *qahal* und *ekklesia* müssen den Übersetzern der LXX deutlich vor Augen gestanden haben[158]: In beiden Fällen handelt es sich um einen Begriff des Volkes als Gemeinschaft, die als Resultat besonderer Stellung und damit auch besonderer Verantwortung für das Wohl dieser Gemeinschaft zusammengerufen wird.[159] Sowohl *qahal* als auch *ekklesia* meinen diese Gemeinschaft umfassend, ganzheitlich. Es sind sozio-politische Begriffe mit weitreichenden Folgen für die zugehörigen Mitglieder des Gemeinwesens.[160]

Im Neuen Testament steht *ekklesia* für die Versammlung der Christusgläubigen. Bezeichnend ist die Verbreitung des Begriffes im Neuen Testament. *Ekklesia* fehlt weitgehend in den Evangelien, mit Ausnahme der drei Erwähnungen in Mt. 16,18 und 18,17.[161] Die Apostelgeschichte und dann vor allem die paulinischen Briefe führen den Begriff häufig. Meist bezeichnet *ekklesia* hier die lokale Gemeinde, so in 1Thess. 1,1 „die Gemeinde zu Thessaloniki" oder in 1Kor. 4,17 „jede Gemeinde". Er kann auch eine Gruppe von Gemeinden (Gal. 1,22; 2Kor. 11,8) oder alle Gemeinden (1Kor. 7,17) meinen. Der Ortscharakter der *ekklesia* ist dabei bezeichnend, da hier eine erstaunliche Anlehnung an die *ekklesia* der griechischen *polis* vorgenommen wird. Inwieweit eine solche Anlehnung wirklich vorgenommen wurde, ist allerdings in der Literatur umstritten. Während die einen den Transfer des Begriffes aus der LXX in die Schriften des Neuen Testaments behaupten, lehnen es andere ab und glauben wie Schrage an eine eigenständige hellenistisch-christliche Entwicklung.[162] Ohne in die Diskussion einzusteigen, gehe ich davon aus, dass die Autoren des Neuen Testaments eine deutliche Beziehung zwischen dem alten und dem neuen Volk Gottes sehen, ohne allerdings den Fortbestand Israels infrage zu stellen. Sie begründen das Wesen der Gemeinde Jesu mit der Heiligen Schrift, die für sie nur das Alte Testament gewesen sein kann. Ein Einfluss der LXX auf die Wortgestaltung des Neuen Testaments zu negieren macht nur wenig Sinn.[163]

Es ist von Bedeutung, die Sinnstruktur des Begriffs zu erfassen, wenn man an das Wesen und den Auftrag der Gemeinde als *ekklesia* denkt. Die politische *ekklesia* wurde einberufen, wenn es um das Wohl der *polis*, der antiken Stadt, oder auch in anderen Zusammenhängen um die Interessen einer bestimmten Gruppe von Menschen ging. Die Entscheidungen der wahlberechtigten Bürger gingen nie nur sie selbst an, sondern alle Einwohner der Stadt. Sie hatten unmittelbare Konsequenzen für das Leben in der Stadt.

Ganz ähnlich drückt der hebräische Begriff *qahal* die zur Entscheidung zusammengerufene Gemeinschaft des Volkes Gottes aus. Das Wort entstammt vermutlich der Wurzel *qol* (Stimme). Wo das Volk Gottes als *qahal* zusammenkommt, da äußert es seine Stimme, da wird entschieden. Im Alten Testament konstituiert sich eine solche Versammlung zum Beispiel zum Aufgebot zum Kriegsdienst (Gen. 49,6; Num. 22,4) oder auch als Gerichtsversammlung (1Chron. 29,1.10). *Qahal* kann aber auch die kultische Versammlung meinen (Dtn. 9,10; 10,4; 23,2ff). So gesehen, ist der Begriff ähnlich wie seine griechische Übersetzung voller politisch-sozialer Spannkraft.

Diese Dimension des Begriffs in seiner Anwendung auf die Gemeinde Gottes zu übersehen kann fatale Folgen haben. Als Versammlung der Erwählten Gottes kommt die *ekklesia* nicht nur als kultische Gemeinschaft zusammen. Vielmehr entscheidet sie über alle Bereiche des menschlichen Daseins. Freilich betrifft diese Entscheidung zuerst das Leben innerhalb der Gemeinschaft des Volkes Gottes. Das war schon im alttestamentlichen *qahal* so. Wo das Volk im Namen seines Gottes zusammentraf, da wurde verbindlich entschieden. Jesus verheißt seiner *ekklesia* nicht weniger. Was sie hier bindet, ist auch im Himmel gebunden, und was sie auf Erden löst, ist auch im Himmel gelöst (Mt. 16,16ff).

Die spannende Frage ist aber, wie weit die Verantwortung des Volkes Gottes geht. Sind die Entscheidungen der *ekklesia* rein interne Entscheidungen, oder ist eher davon auszugehen, dass das „Binden und Lösen auf Erden" auch unmittelbare Konsequenzen für die Erde selbst, die Welt also, hat. Hat die *ekklesia* eine gesamtgesellschaftliche Verantwortung? Die Antwort ist – ja! Der Begriff wird im Neuen Testament mit seiner alttestamentlichen inhaltlichen Füllung gebraucht. Für das alttestamentliche *qahal* ist eine exklusive Existenz inmitten der Völker der Welt nicht denkbar. Das Volk Gottes ist als Gottes Zeuge zum

Segen für die Völker da.[164] Es ist aufgerufen, sogar in der Verbannung der Stadt Bestes zu suchen.

Ist das die Gemeinde Jesu auch? Darf man überhaupt einen Begriff wie *qahal Jahwe*, der Israel als geistliche, soziale und politische Einheit beschreibt, bedenkenlos auf die Gemeinde Jesu übertragen? Wäre damit nicht einer theologischen Lehre das Wort gesprochen, die Israel als Volk Gottes jede weitere Existenz nach der Gründung der Gemeinde abspricht? Die Antwort ist: Man sollte das Neue Testament selbst fragen. Wie sehen die Autoren des Neuen Testaments Gemeinde? Ist sie eine rein religiöse, geistliche Wirklichkeit, oder muss sie auch als soziale Gestalt, die mit der Verantwortung für die Welt versehen ist, gedacht werden?

Die *ekklesia* des Neuen Testaments ist nicht irgendeine Versammlung religiöser Menschen. Sie ist die *ekklesia tou theou*, die Versammlung Gottes. Was sie ist und was sie tut, wird von Gott bestimmt. In ihm und seiner Mission gewinnt sie die Begründung für ihre Existenz. Jesus drückt das in Joh. 20,21 mit dem Satz aus: „Wie der Vater mich gesandt hat, so sende ich euch." Die neutestamentliche Gemeinde ist ein Agent der Mission Gottes in diese Welt! Jesus nennt seine Nachfolger deshalb auch „Salz der Erde und Licht der Welt". Unmissverständlich macht er klar, was er damit meint, indem er sagt: „So soll euer Licht leuchten vor den Leuten, dass sie eure guten Werke sehen und euren Vater im Himmel preisen" (Mt. 5,16). Er sendet seine Gemeinde aus zu den Völkern. Sie soll die Völker der Welt zu Jüngern Jesu machen (Mt. 28,19f). Wie macht man aber ein Volk zum Jünger, wenn man nicht bereit ist, das Volk als Volk wahrzunehmen? Ein Volk definiert sich ja nicht aus der Summe der Individuen, die im gegebenen sozialen Raum leben und auch nicht als bloße spirituelle Einstellung der Menschen. *Ethnos* grch. Volk – meint den sozio-kulturellen Raum, die Summe all dessen, was Menschen sind und tun. Wer ein Volk zum Jünger Jesu machen möchte, der wird das Ganze des Lebens im Blick haben müssen. Für Paulus ist die Gemeinde ein Botschafter der Versöhnung Gottes mit der Welt (2Kor. 5,17ff). Sie soll die „Gerechtigkeit, die vor Gott gilt" (2Kor. 5,21) den Menschen vorleben. Hat die Gemeinde eine Verantwortung für die Welt? Diese wenigen Einblicke machen es deutlich – sie hat sie!

Wenn aber die *ekklesia* die Verantwortung für die Welt hat, was ist dann sonst der Sinn ihrer Zusammenkünfte und Entscheidungen, wenn nicht der Wille Gottes für die Welt, seine Königsherrschaft und der Aufbau seines Reiches in der Welt? Darum soll sie sich ja als Erstes kümmern. „Trachtet vielmehr zuerst nach dem Reich Gottes und nach seiner Gerechtigkeit, so wird euch alles andere hinzugefügt werden", verspricht Jesus (Mt. 6,33). Wenn sie zusammenkommt, dann soll sie sich „vielmehr zuerst" des Reiches Gottes und seiner Gerechtigkeit annehmen. Denn was sie entscheidet, hat Folgen. Was sie bindet, bleibt gebunden, was sie löst, kann nicht mehr gebunden werden (Mt. 16,18). Und das gilt nicht nur in geistlichen Belangen, sondern umfassend und ganzheitlich. Denn auch das Reich Gottes ist ganzheitlich und umfassend. Nimmt man aber der *ekklesia* diesen öffentlichen Charakter, dann gestaltet sich die Versammlung zu einer aus der Welt herausgerissenen Masse der um ihr eigenes Heil besorgten Menschen, die keinerlei Verantwortung für die Welt mehr empfindet. Das aber wäre eine völlige Verkennung des hier gebrauchten Bildes. Es ist mit Recht darauf hingewiesen worden, dass sowohl der neutestamentliche Begriff *ekklesia* als auch das alttestamentliche *qahal* eigentlich die „zur Entscheidung versammelte Gemeinde"[165] meinen. Gemeinde als Versammlung hat daher nur dann ihre Existenzberechtigung wenn sie sich von Gott zur Verantwortung rufen lässt.

Ekklesia war in der antiken Welt eine ortsgebundene Erscheinung. Die *polis* oder die griechische Stadt hatte klar umrissene geografische und soziale Grenzen. Ganz ähnlich geht das Neue Testament auch mit den christlichen Gemeinden um. Diese werden als Ortsgemeinden[166] gedacht. Sie erhalten ihre Bezeichnungen nicht von ihren Gründern, sondern von der geo-politischen Lokalität, in der sie liegen.[167] Es sind Gemeinden in Rom, Ephesus, Philippi usw. Als Ortsgemeinden ist auch die primäre Verantwortung dieser Gemeinden ortsgebunden. Die Gemeinden, denen der Evangelist Matthäus schreibt, sind die Stadt auf dem Berge, das Licht, „das allen im Hause leuchtet" (Mt. 5,15-16). Und die Korinther sind zunächst einmal Botschafter an Christi statt für die Welt, in der sie leben (2Kor.5,17ff).

Ein wesentliches Instrument, das zum Gelingen dieser Mission beiträgt, ist dabei die kulturelle Adaption. Der Apostel Paulus ermutigt daher die Korinther, den Juden ein Jude und den Griechen ein Grieche zu werden, damit wenigstens einige von ihnen für Jesus gewonnen werden können (1Kor. 9, 20ff). Offensichtlich stand Jesus selbst Paulus als Vorbild vor Augen, als er diesen Lebensgrundsatz formulierte. Er, das ewige Wort Gottes, Gott in Person, wurde Mensch, und nur so erhielten wir Menschen Zugang zu Gottes Herrlichkeit (Joh.1,1ff). Nach diesem Inkarnationsprinzip muss eine Gemeinde vor Ort so kontextualisiert werden, dass sie den Menschen, unter denen sie lebt, verständlich und zugänglich erscheint.

Herausgerufen darf also nicht im Sinne eines Abschieds von der Welt verstanden werden. Hier geht es vielmehr um den Ruf zur Versammlung, die sich mit den Belangen der Mission Gottes beschäftigt. Und diese ist nun mal eine Mission in und für die Welt. Sicher sind die Mitglieder dieser besonderen Versammlung der Welt, in der sie leben, enthoben. Sie sind nicht mehr von der Welt. Die Gemeinde besteht aus Menschen, die ehemals Sünder waren, Kinder des Zorns, die den Willen ihrer Leidenschaften und Gedanken taten, sie waren geistlich tot und befanden sich unter der Führung des Fürsten, der in der Luft herrscht (Eph. 2,2-3). Sie hat Christus befreit und zum neuen Leben wiedergeboren. Sie sind „sein Werk, geschaffen zu guten Werken, die Gott zuvor bereitet hat, dass sie darin wandeln sollen" (Eph. 2,10). Die Gemeinde ist in diesem Sinne eine Herausgerufene, aus der Finsternis zum Licht, aus dem Leben in der Begierde zum Dienst.

Und doch, das ist ja gerade das Ekklesiale an der Gemeinde – sie ist in der Welt und für die Welt im Einsatz. Das Gebet Jesu in Joh. 17,16-18 trifft hier den Nagel auf den Kopf. Jesus betet für seine Gemeinde und sagt: „Sie sind nicht von der Welt, wie auch ich nicht von der Welt bin. Heilige sie in der Wahrheit. Dein Wort ist die Wahrheit. Wie du mich gesandt hast in die Welt, so sende ich sie auch in die Welt." Gesandt, wie Christus gesandt wurde (Joh. 20,21). In der Welt und doch nicht von der Welt. Die Gemeinde hat eine Mission. Sie ist Gesandte, Botschafterin Gottes, Gesandte in eine Welt, für die sie *ekklesia* sein soll!

Die Praxis der Urgemeinde bestätigt diese Annahme. Unmissverständlich ruft Paulus seine Mitstreiter auf, nicht mehr wie die Heiden zu leben, „dem Leben aus Gott entfremdet", versunken in der Befriedigung der eigenen Begierden (Eph. 4,17ff). Das neue Leben in Christus verlange unter anderem vielmehr „mit eigenen Händen Besitz zu erwerben, um mit den Notleidenden teilen zu können" (Eph. 4,28b). So gehören die Witwen und die Waisen zum besonderen Kreis von Menschen, für den sich die Gemeinde zu sorgen hatte (Apg. 6,1-6; 1Tim. 3,8-12; 5,10). Das christliche Diakonat hat wohl unter anderem hier seine Wurzeln.[168] Dabei ist keineswegs nur an die eigenen Glaubensgenossen zu denken. Ausdrücklich schließt Paulus alle Menschen ein, wenn er im Brief an die Galater formuliert: „Darum, solange wir noch Zeit haben, lasst uns Gutes tun an jedermann, allermeist aber an des Glaubens Genossen."[169] Jedermann ist jedermann, also alle Menschen in der unmittelbaren Umgebung der Gemeinde.

Freilich hat der heidnische Staat der jungen christlichen Gemeinde harte Grenzen für ihr sozial-transformatives Engagement gesetzt. Das Christentum war eine kleine Gruppe im Meer von Völkern und Religionen des gewaltigen römischen Imperiums. Und doch haben sie, wo immer möglich, solche Akzente gesetzt. In der Frage der Arbeitsmoral zum Beispiel. Wenn Paulus die Thessalonicher zur Arbeit aufruft und somit jedem Schmarotzertum einen Riegel vorschiebt (1Thess 4,10-12; 2Thess 3,6-12), dann tut er das nicht nur, weil bestimmte Glieder der Gemeinde einer übertriebenen Parusie-Erwartung anheimgefallen sind. Der freie römische Mann, soweit er keinen Kriegsdienst leistete, gehörte auf die *agora*, auf den Marktplatz. Hier nahm er an politischen und philosophischen Diskussionen teil. Die Arbeit verrichteten die Frauen und Sklaven. Paulus greift diese Arbeitsmoral nicht nur frontal an, sondern sucht mit seinem eigenen Vorbild (2Thess 3,7-9) den Gläubigen ein Vorbild zu geben (Apg. 20,33-35).

Konsequenzen für die gesellschaftliche Relevanz der Gemeinde:
Es ist nicht schwer zu erkennen, welche Konsequenzen die Bezeichnung und das Bild der *ekklesia* für das gesellschaftliche Dasein der Gemeinde Jesu hat:

a. Die Gemeinde besteht aus Menschen, die Gottes Ruf gehört haben. Er hat sie aus der Welt der Sünde gerettet. Sie leben nicht mehr in der Welt.

b. Die Gemeinde steht als Befreite im Dienst der Mission. Sie ist Botschafterin der Versöhnung. Sie ist berufen, das Wort Gottes aufzurichten, d. h. das Wort soll, wie bei Jesus (Joh. 1,1ff), Fleisch werden (2Kor 5,17-20). Gottes Wille soll durch die Gemeinde in der Gesellschaft erfahrene Wirklichkeit werden.

c. Die Gemeinde ist eine ekklesiale und damit auch eine sozio-politische Größe vor Ort. Sie wird als Entscheidungsträgerin, als die eigentlich Verantwortliche in Sachen der Mission Gottes in der Welt begriffen. Ihr Auftrag ist nicht nur, einzelne Menschen zur Nachfolge Jesu zu bewegen, sondern die Völker zu Jüngern zu machen (Mt. 28,19ff). Damit ist aber sowohl eine spirituelle als auch sozio-kulturelle Veränderung im Sinnes des Evangeliums angezeigt.

d. Die Gemeinde ist Botschafterin mit einer Botschaft zur Versöhnung und Veränderung, sie engagiert sich in allen Belangen des menschlichen Lebens.

e. Als ortsbezogene Größe ist die Gemeinde im höchsten Maße kontextualisiert. Sie wird dem Juden ein Jude und dem Griechen ein Grieche sein, um diese für Christus zu gewinnen (1Kor. 9,19ff).

2.3.2 Gemeinde als Bau

Das Bild vom Haus, griechisch *oikos, oikia* (und abgeleitete Begriffe), oder Bau bietet sich für unsere Untersuchung aus mehreren Gründen an. Zum einen impliziert es eine feste Struktur, die ja auch dem Begriff Gemeindegründung und Gemeindebau anhaftet. Hier soll also etwas aufgebaut, geformt werden, was vorher in dieser Form nicht vorhanden war. Zum anderen zeigt die Lektüre des NT, dass dieses Bild für das Verständnis der Gemeinde an sich zentral ist.[170]

In der LXX und später im Neuen Testament wird der Begriff neben einer profanen Bezeichnung von Unterkünften für die irdische Behausung Gottes, den Tempel, verwandt.[171] Auch die Urgemeinde versammelte sich in Häusern (Apg. 2,42), die Verwendung des Begriffs für ein besonderes sakrales Gebäude der Christen ist dagegen nicht bekannt, wohl aber für die Bezeichnung der Gemeinschaft der Gläubigen selbst. Sie sind der *oikos tou theou* (1Petr. 4,17; 1Tim. 3,15), ein geistliches Haus, *oikos pneumatikos* (1Petr. 2,5).[172]

Dabei geht es zunächst um die Frage der Besitzzuweisung. Unmissverständlich macht das Neue Testament klar, wer der eigentliche Eigentümer der Gemeinde ist. Paulus bringt es im Kontext der innerlich zerrissenen Gemeinde von Korinth deutlich zum Ausdruck. Da mögen die unterschiedlichen Parteiungen wie immer laut behaupten, dass ihnen die Gemeinde gehört. Die Wahrheit ist: Die Gemeinde ist Gottes Bau (1Kor. 3,9). Menschen werden zwar berufen, an ihrer Gründung und ihrem Aufbau als Mitarbeiter mitzuhelfen, doch sie gehört allein Gott. Er ist es, der sie will und letztendlich schafft. An Timotheus schreibt Paulus in 1Tim. 3,14f:

> „Solches schreibe ich dir und hoffe, bald zu dir zu kommen; wenn es sich aber verzögert, dass du wissest, wie man wandeln soll in dem Hause Gottes, welches ist die Gemeinde des lebendigen Gottes, ein Pfeiler und eine Grundfeste der Wahrheit."

Die Gemeinde ist also Gottes Wohnstätte und Haus (Eph. 2,22). Darum ist er auch der Hausvater der Hausgenossen (Eph. 2,19). Sie ist seine Gemeinde, sein Eigentum, für ihn ausgesondert, heilig und daher unantastbar (1Kor. 3,16f). Sie wird als Pfeiler und Grundfeste der Wahrheit qualifiziert. An ihr kann man sich also orientieren. Sie zeigt die Richtung an. An ihr werden die Geister geschieden.

Deutlich tritt dabei der trinitarische Charakter Gottes im Bezug auf seinen Bau in den Vordergrund. Gott selbst ist der Erbauer seiner Gemeinde. Zu den Ältesten der Gemeinde in Ephesus sagt Paulus (Apg. 20,32): „Und nun befehle ich euch Gott und dem Wort seiner Gnade, der da mächtig ist, euch zu erbauen und zu geben das Erbe unter allen, die geheiligt sind." Gott baut also seine Gemeinde selbst, und er tut das durch sein Wort. Dieses Wort aber ist Christus (Joh. 1,1ff). Er ist der Bauherr. Er ist als Sohn über das Haus Gottes gesetzt (Hebr. 3,1-6). Jesus selbst kündigt in seinem Wort an Petrus an, dass er die Gemeinde bauen will: „Du bist Petrus und auf diesem Stein will ich meine Gemeinde bauen" (Mt. 16,18f). Es fällt auf, dass er sie auf Petrus, dem Stein, der sein Apostel ist, bilden will. Dass dabei nicht Petrus selbst, sondern er, Christus, das eigentliche Fundament ist, wird aus Stellen wie 1Petr. 2,1-10 oder 1Kor. 3,10f deutlich. Petrus ist hier nicht das Fundament, sondern eher derjenige, der das Fundament benennt, beschreibt, verkündigt. Nicht auf Petrus wird gebaut, sondern auf den, den Petrus verkündigt – Christus.

Auf ihn, Christus, kommt es nun beim Bau der Gemeinde entscheidend an. Nichts kann an ihm vorbei entstehen, wenn es um Gemeinde geht. Ist doch allein in ihm Heil (Apg. 4,12), allein in ihm Leben (Joh. 1,12; 2Kor. 5,17). Das Wort an Petrus offenbart aber auch die wesentliche Bestimmung des zu errichtenden Baus. Jesus sagt: „Ich will bauen meine *ekklesia*." Der Bau kann also nicht beliebig weit interpretiert werden. Die Nähe der Gemeinde als Bau zu dem der *ekklesia* ist angezeigt. Der Bau ist keine bloße Zufluchtsstätte für Christen, sondern allem anderen voran das Gebäude einer Versammlung, in der Entscheidungen für die Mission Gottes in der Welt getroffen werden.

In der Praxis geschieht die Verwirklichung des Baus der Gemeinde nicht ohne den Beistand des Heiligen Geistes (1Kor. 3,16f; Eph. 3,21f). Der Geist Gottes tritt in der Apostelgeschichte als der eigentliche Gestalter seiner Gemeinde auf. Konsequenterweise wird das Wachsen der ersten Gemeinde als Werk des Heiligen Geistes beschrieben. In Apg. 9,31 heißt es: „So hatte nun die Gemeinde Frieden durch ganz Judäa und Galiläa und Samarien und baute sich und wandelte in der Furcht des Herrn und mehrte sich durch den Beistand des Heiligen Geistes." Ja, die Gemeinde wird als Tempel des Heiligen Geistes bezeichnet (1Kor. 3,16).

Bereits in dem oben zitierten Wort Jesu an Petrus in Mt. 16,18f wird deutlich, dass Jesus seine Gemeinde als der Bauherr auf einen Felsen baut, und dieser Fels ist Petrus, ein Apostel. Ohne in die exegetischen Probleme dieses Textes einsteigen zu wollen, halten wir hier fest: Das Fundament, auf das die Gemeinde gebaut wird, ist ein Apostel. Diesen Gedanken führt der Apostel Paulus später konsequent fort. Die Gemeinde wird auf dem Fundament der Apostel und Propheten aufgebaut (Eph. 2,20). Dabei sind nicht sie selbst der Grund, sondern sie legen den Grund. Das wird vor allem deutlich aus der Selbstdarstellung des Apostels. Er versteht seinen Dienst in dieser Linie. Paulus legt den Grund (1Kor. 3,10f), doch dieser kann nur Jesus Christus, der Auferstandene, heißen (1Kor. 3,11). Einen anderen Grund kann auch er nicht legen. Und er legt diesen Grund, weil er dazu berufen ist. Darin besteht seine besondere Vollmacht (2Kor. 10,8; 13,10; 12,19). Andere werden darauf weiterbauen, er aber legt den Grund. Das wird in 1Kor. 3,10ff deutlich. Er ist der *sofos architekton*, der weise Baumeister, der allein den Grund legt (*temelion eteka*). Damit wird der Apostel allem voran seine christozentrische Verkündigung gemeint haben.[173] Er ist berufen „zu predigen, wo Christi Namen nicht bekannt ist" (Röm 15,20b). Ausdrücklich wendet sich Paulus gegen jeden Versuch, einen anderen Grund als Christus zu legen. Den Galatern, die in der Gefahr stehen, ins Gesetz zurückzufallen, droht er gar den Abfall von Christus an (Gal. 3,1ff).

Der Apostel versteht sich grundsätzlich als vollmächtig von Christus zu seinem Werk des apostolischen Dienstes berufen. Trotzdem nimmt er die anderen Apostel ernst. Er nennt sie die „Säulen" (Gal. 2,9). Vorbildlich ist seine Konsultation mit den Aposteln, wovon das Apostelkonzil in Apg. 15 das beste Beispiel ist. Paulus steht demnach in seiner apostolischen Vollmacht nicht über allen anderen, sondern entscheidet sich bewusst für eine mögliche Korrektur durch Gleichberufene. Und diese Gleichberufenen, auf deren Grund nun die Gemeinde gebaut wird, nennt er in Eph. 2,20 Apostel und Propheten.

Wer ist nun damit gemeint? Sind es die Augenzeugen der Auferstehung? Der Zwölferkreis etwa? „Die Zeugen der Anfangszeit"[174]? Oder sind hiermit grundsätzlich Menschen mit einer apostolischen Begabung gemeint? Das Neue Testament begrenzt ja den Dienst des Apostels keineswegs auf den Zwölferkreis und Paulus. Jürgen Roloff zeigt deutlich auf, dass der Apostelbegriff des Neuen Testaments mehrschichtig aufgebaut ist.[175] Man kann wenigstens zwei deutlich voneinander unterschiedene Dienste von Aposteln im Neuen Testament unterscheiden: den Apostel Jesu Christi und den Gemeindeapostel.[176] Insgesamt werden im Neuen Testament 32 Namen aufgeführt, die *expressis verbis* Apostel genannt werden.[177] Es ist daher nicht zwingend, in Eph. 2,20 unter den Aposteln die Apostel Jesu Christi zu sehen. Aber auch wenn die Identifikation der Apostel im Neuen Testament als Apostel Jesu Christi eine mögliche Lösung darstellen könnte, ist damit noch nicht gesagt, wer nun die Propheten in Eph. 2,20 sein sollen. Es erstaunt, mit welcher Beständigkeit Ausleger des Epheserbriefes dieser Frage aus dem Weg gehen. Dabei ist die Frage nicht ohne Belang. Auch Michael Herbst, der richtigerweise die Bedeutung von Eph. 2,20 für den Gemeindebau unterstreicht, lässt die prophetische Dimension heraus. Herbst schreibt: „Nach Eph. 2,20 steht und fällt der Gemeindeaufbau (und damit auch die wissenschaftliche Reflexion über ihn) mit der Bindung an das apostolische Wort."[178] Kann das auch bedeuten, ein Wort im Munde heute in der Gemeinde lebender und tätiger Apostel und Propheten? Ich glaube schon. Jedenfalls zwingt uns der biblische Text, eine solche Annahme nicht zu verweigern, sondern eher zu bestätigen.[179] Roxburgh plädiert aufgrund solcher Erwägungen für eine missionarische Ekklesiologie, die in Zeiten, da die Gemeinde Jesu eher marginalisiert wird, die Bedeutung der prophetischen und apostolischen Dimension der Gemeindeleitung unterstreicht.[180] In seinem Entwurf kommt dem Apostel eine Schlüsselposition zu, wenn es darum geht, Gemeinde in der Welt zu bauen.[181] Seine apostolische Begabung ist es, die ihn befähigt, die Botschaft des Evangeliums so zu formulieren, dass sie beides ist, biblisch korrekt und kulturrelevant. Die apostolische Verkündigung ermöglicht die Entstehung von apostolischen Gemeinden. Der Prophet dagegen hat ein Wort für die jeweilige Situation der Menschen in der Welt. Er sieht, wo sie stehen, und erhält, was sie brauchen. Gemeindebau in einer nachchristlichen Welt wird wieder beides dringend machen – das Wort in die Situation hinein, strategisch in Begriffe und Bilder verpackt, die von der Kultur verstanden und angenommen werden können. Das aber ist, neutestamentlich gesprochen, die Aufgabe der Apostel und der Propheten.

Der Bau der Gemeinde Jesu wird also von Menschen, die hierfür vom Geist Gottes begabt worden sind, also gewissermaßen charismatisch, betrieben. Die Gemeinde wird erbaut, indem die einzelnen Glieder der Gemeinde einander mit den Gaben dienen, die sie dank der gnädigen Zuweisung ihres Herrn erhalten haben (Eph. 4,7-16). Ja, sie haben diese Gaben bekommen zur gegenseitigen Erbauung (1Kor. 12,7). Und da, wo sie ihre Gaben einsetzen, wird die Gemeinde von ihnen erbaut (1Kor. 14,12). Der Missbrauch der Gaben zum eigenen Nutzen macht die Gemeinde dagegen in den Augen der Ungläubigen lächerlich, wie der Gebrauch der Zungenrede im Gottesdienst ohne die dazugehörige Übersetzung deutlich macht (1Kor. 14,23). Gerade in Korinth, wo die Gemeinde nicht nur viele Gaben hatte, sondern auch intensiv nach Gaben strebte, sieht sich Paulus gezwungen, deutlich zu machen, dass die Charismen den Gliedern zum Aufbau der Gemeinde gegeben sind. Im Kapitel 14, wo er die Gabe des Sprachengebets erwähnt, nennt er siebenmal die Erbauung, die *oikodeme*, als den wichtigsten Motivgrund zum rechten Gebrauch der Gaben. In der Tat wird in diesem Kapitel die Erbauung zum eigentlichen *nomen actionis* des Textes.[182]

Die Mitarbeiter am Bau des Hauses Gottes sind also begabt und berufen, Dienste auszuführen, die die Gemeinde wachsen lassen. Doch um diese Aufgabe adäquat wahrnehmen zu können, müssen sie zu ihrem Dienst zugerüstet werden. Eine Aufgabe, die den hierfür besonders gesetzten Aposteln, Propheten, Evangelisten, Hirten und Lehrern obliegt (Eph. 4,11-12). Sie sollen die Heiligen *pros kataptismon*[183], in den ihnen gegebenen Dienst einfügen. Nur so können sie fit für ihre Aufgabe werden und zum Wachstum der Gemeinde beitragen.

Gemeinde wird aus Menschen gebaut, die dem Verderben entrissen werden und die als lebendige Steine in den Bau eingefügt werden (Eph. 2,19f; 1Petr. 2,4-8). Erbauung des Hauses Gottes kann daher auch mit Evangelisation gleichgesetzt werden (Röm. 15,20). „Gemeindebau im Neuen Testament ist stets intensives und extensives Wachstum des begonnenes Hauses"[184]. Das bedeutet, Menschen werden für Christus gewonnen und als lebendige Steine dem Bau zugefügt (1Petr. 2,3-8; 1Kor. 10,32f; 14,23ff). Das bedeutet wiederum, sie erhalten eine Platzanweisung und Dienstanweisung. Sie sind Gottes Werk geschaffen zu guten Werken, die Gott für sie vorher bestimmt hat (Eph. 2,9-10). Und solche, die zugefügt worden sind, werden zugerüstet zu ihrem Dienst (Eph. 4,11-12), sodass sie fähig werden, einander die Hand zu reichen und somit die Gemeinde aufzubauen (Eph. 4,16).

Die Gemeinde als Haus Gottes ist also ein Zufluchtsort. Hierher können die Verlorenen dieser Welt flüchten. Hier werden sie Trost für ihre Seelen finden. Es ist bezeichnend, dass dieses geistliche Haus mit dem „heiligen Priestertum" identifiziert wird, das da ist, „um geistliche Schlachtopfer darzubringen" (1Petr. 2,5). Das Haus Gottes ist eine priesterliche Stätte. Es ist ein Tempel des Heiligen Geistes. Und die Aufgabe des Priesters war es, das Volk in seiner Beziehung zu Gott zu begleiten. Einen der wesentlichen Dienste in diesem Zusammenhang stellte der Opferdienst dar. Genau strukturiert, leitete der Priester den Sünder und Gerechten durch die Schritte seiner Hingabe an Gott (siehe zB Lev. 1ff). Wenn die Gemeinde die Priesterschaft darstellt, dann ist die Menschheit das Volk, dem diese Priesterschaft dient. Und ihr Dienst ist es, „Schlachtopfer zu bringen" und zu verkündigen die Wohltaten dessen, der euch berufen hat von der Finsternis zu seinem wunderbaren Licht" (1Petr. 2,9b).

Das Haus Gottes hat also eine Bestimmung. Es ist für Menschen da, die Schlachtopfer bringen müssen und die der Verkündigung, dem Zeugnis der Erlösten, zuhören sollten. Diese Verkündigung wird auf die *aretas*, die Taten, das Verhalten, die neuen Verhaltensnormen, die Tugenden[185] bezogen. Das Haus ist somit ein Seminarraum, eine Lehrstätte, wo man neues Verhalten einüben kann.

Die Gemeinde als Bau ist kein fertiger Bau. Wer vom Bau spricht, der wird unwillkürlich an eine Baustelle denken. Sie ist im Werden. Schon da und doch noch erst am Formen. Beides zugleich, „Reality and Missionary Project"[186]. Sie kann daher auch nie ein geschlossenes exklusives und selbstgefälliges Gebilde darstellen. Vielmehr entsteht sie,, um ihrem Bauherrn zu gefallen, und sie wird dem geweiht, was der Bauherr mit ihr verbindet.

Konsequenzen für die kultur-gesellschaftliche Relevanz der Gemeinde:
Gemeinde als Haus Gottes beschreibt einen zutiefst missionarischen Begriff. Das Bild hat eine Reihe von Implikationen für die gesellschaftliche Relevanz der Gemeinde:

a. In der Gemeinde kommt Gott zu den Menschen. Sie ist seine Behausung. Sie ist Gottes Missionsstation.

b. Die Gemeinde ist Gottes Säule der Wahrheit. Sie ist ein Lichthaus auf dem Berge. An ihr kann die Welt sich orientieren. In ihr ist die Wahrheit zu finden und sie selbst ist dabei, die „Gerechtigkeit zu werden, die vor Gott gilt".

c. Die Gemeinde ist Gottes Tempel, in dem Sünder zu Gott finden und somit aus der Finsternis zum Licht gelangen können. In ihr kann die Vergangenheit abgeschlossen und die Zukunft in die Gegenwart geholt werden.

d. Die Gemeinde ist Gottes Lernstätte, eine Schule, in der die Menschen alles lernen können, „was er uns anbefohlen hat". Hier werden ihr Gottes Wünsche von unserem Wohlverhalten gelehrt. Dabei geht es nicht nur um rein geistliche Belange. Wohlverhalten meint alles menschliche Verhalten, unser soziales Miteinander, unsere Kultur.

e. Die Gemeinde ist ein Bau aus Menschen unterschiedlicher Begabung. In ihr hat keine Uniformität Platz. Gerade im Zusammenspiel der Begabten wird die missionarische Zweckbestimmung des Baus zur gelebten Praxis.

f. Die Gemeinde ist ein apostolischer Bau. Sie wird von Menschen gebaut, die Gott ganz besonders dazu begabt und beruft.

2.3.3 Gemeinde als Volk Gottes

Für den nordamerikanischen Missiologen Orlando Costas ist das Bild des Volkes Gottes, griechisch *laos,* das wichtigste Image von der Gemeinde in der Heiligen Schrift.[187] Es kommt mehr als 140-mal im Neuen Testament vor. Neben dem profanen Gebrauch bezeichnet es hier sowohl Israel als auch die Gemeinde Jesu. Mehr als die Hälfte der Erwähnungen kommen im lukanischen Doppelwerk vor.[188] Aber auch Matthäus, Paulus, der Schreiber des Hebräerbriefes und Johannes (Offenbarung) benutzen den Begriff relativ oft. In Markus, Johannes, 1 und 2Petrus, Titus und Judas wird der Begriff dagegen eher selten verwendet. Dabei fällt auf, dass die Autoren des Neuen Testaments sich darum bemühen, alttestamentliche Aussagen über Israel für die Gemeinde zu postulieren, ohne jedoch Israel die Existenz als Volk Gottes abzusprechen.[189] Die Gemeinde ist Gottes Schöpfung. Sie entstammt seinem Ratschluss und Willen (Eph. 1,5.11). Und sie besteht aus Berufenen und erwählten Menschen (Eph. 1,4). Als solches sind die Mitglieder des Volkes Gottes „Gottes Erwählte" (Röm. 8,33; Kol. 3,12) oder auch einfach „die Erwählten"[190] (1Petr. 1,2; 2Tim. 2,10). Sie ist das „erwählte Volk". Der Bezug zum Alten Testament ist unverkennbar. In 1Petr. 2,9-10 bezieht Petrus diese alttestamentliche Bezeichnung in einer Reihe von Bildern[191] auf die Gemeinde Jesu. Hier heißt es:

> Ihr seid das auserwählte Geschlecht, die königliche Priesterschaft, das heilige Volk, das Volk des Eigentums, dass ihr verkündigen sollt die Wohltaten dessen, der euch berufen hat von der Finsternis zu seinem wunderbaren Licht; die ihr einst „nicht ein Volk" wart, nun aber „Gottes Volk" seid, und einst nicht in Gnaden wart, nun aber in Gnaden seid.

Im Text fällt das von Petrus direkt in den Text übernommene Zitat aus Hosea 2,25 auf. Der Prophet hatte sein Volk wegen der Sünde *Lo-Ammi* = Nicht mein Volk (Hos. 1,9) bezeichnet, dann aber verheißen, dass die Zeit der Gnade kommen würde (Hos. 1,10). Dass Petrus hier diese Verheißung aufnimmt und sie auf die Gemeinde Jesu deutet, spricht dafür, dass er in der Gemeinde die Erfüllung der alttestamentlichen Verheißung erblickt. Die, die kein Volk war, ist nun Gottes Volk geworden, und zwar nicht nur ein Teil des Volkes. Sie ist ganz und gar Volk. In Vers 9 werden drei Begriffe gebraucht, die die Gemeinde als Volk deutlich machen: *genos, ethnos* und *laos.* Die Begriffe beschreiben ein Volk in seiner Ganzheit. Der Petrustext macht deutlich, dass die Gemeinde Jesu tief in der Heilsgeschichte Gottes im AT verwurzelt ist. Der Apostel zitiert in diesem Wort drei alttestamentliche Stellen (Ex. 19,5; Jes. 43,20 und Jes. 61,6). Die Gemeinde tritt das Erbe des alten Volkes Gottes, Israel, an. Und das nicht aus Verdienst, sondern allein aus Gnaden (1Petr. 2,10).

Als eine von Gott erwählte Volks-Gemeinschaft gehört die Gemeinde Gott. Sie wird deshalb „Volk Gottes" (1Petr. 2,10), „Volk seines Eigentums" (1Petr. 2,9; Titus 2,14) oder recht einfach „mein Volk" (Röm. 9,29f; 2Kor. 6,14ff;

u.a.) genannt. Sie war einst nicht sein Volk, jetzt aber ist sie es. Und ihre Mitglieder werden „Heilige" (1Kor. 1,2; Eph. 4,12 u.a.) genannt. Das aber sind sie „in Christus" (Röm. 5,14f; 1Kor. 15,21f). Denn in ihm sind sie eine neue Kreatur (2Kor. 5,17), geschaffen zu guten Werken, die er zuvor für sie bestimmt hat (Eph. 2,10). Die Gemeinde lebt weder aus sich selbst noch für sich selbst. Vielmehr findet sie ihre Legitimation und Lebenskraft in der Souveränität ihres Herrn.[192]

Als Volk Gottes ist die Gemeinde ein Volk des Bundes. So wie Israel, das alte Volk, ist das neue Volk Gottes ein Bundesvolk. Und der Bund, den sie mit Gott geschlossen hat, ist ein Bund des Geistes (2Kor. 3,1ff). Die Gemeinde als Volk Gottes ist demnach in Verantwortung genommen. Sie ist eine „responsible assembly"[193]. Nicht von ungefähr nennt das Neue Testament die Mitglieder dieses neuen Volkes „Jünger" Nachfolger (Joh. 8,31). Die Bezeichnung Jünger für Glieder der Gemeinde ist der am häufigsten gebrauchte Begriff, und er zeigt deutlich die Abhängigkeit zwischen den Mitgliedern des Volkes und ihrem Meister, dem Herrn Jesus Christus an. Auch die in Antiochien zum ersten Mal gebräuchliche Bezeichnung „Christen" (Apg. 11,26) zeigt die gleiche enge Anbindung an Christus.

Die Gemeinde als Gottes gnädig erwähltes Volk ist eine *pilgrim community*.[194] In Hebr. 13,14 lesen wir: „Denn wir haben hier keine bleibende Stadt, sondern die zukünftige suchen wir." Es ist ein eschatologisches Volk, ein Volk auf die Zukunft hin, ein Volk, das in seiner Natur nicht von den gegebenen Umständen, weder sozialer noch politischen Zwänge her bestimmt werden kann.[195] Ihre Zukunft steht noch aus, deshalb kann sie sich nie absolut auf eine Form, eine normierte soziale Gestalt festlegen. Sie erwartet noch die Herrlichkeit, die in ihrer ewigen Berufung durch Jesus Christus begründet liegt (1Petr. 5,10-11).

Der eschatologische Charakter des Volkes Gottes nimmt jedoch nichts von der Eigenart der Gemeinde als Volk in der Gegenwart weg. Die Gemeinde ist im wahren Sinne des Wortes ein Volk, eine distinkte sozio-politische Wirklichkeit. Und als solche ist sie in allen Bereichen des menschlichen Daseins aktiv. Rainer Riesner zeigt sehr schön auf, wie die paulinischen Gemeinden im Neuen Testament ihr Leben ganzheitlich, nach Leib, Seele und Geist entfalten. Sie sind nicht lebens- und kulturfremd, sondern geradezu umgekehrt lebens- und kulturgestaltend.[196]

> **Konsequenzen für die kultur-gesellschaftliche Relevanz der Gemeinde:**
> Gemeinde ist Gottes Volk und damit auch eine soziale, kulturelle und politische Wirklichkeit. Als solche hat sie sich der realen Lebenswelt der Menschen zu stellen.
>
> a. Die Gemeinde ist Gottes Volk und damit eine geistliche Wirklichkeit. Sie kann nicht einfach aus ihrer Lebenswelt, aus dem sozio-politischen Kontext begriffen werden, genauso wenig wie sie allein diesem Kontext verpflichtet werden kann. Sie ist von Gott und für Gott auserwählt und ist wesensmäßig von hierher zu begreifen.
>
> b. Die Gemeinde als Volk Gottes ist ein Volk von Menschen und muss daher auch als Gesellschaft begriffen werden. Sie ist Gottes Volk und damit eine religiöse, geistliche Größe. Zugleich ist sie aber auch ein Sozialsystem.
>
> c. Die Gemeinde ist ein eschatologisches Volk und damit ein Volk im Werden. Sie kann daher nie idealisiert werden, weil sie in ihrer Endform erst wird. Ihre geistlichen und sozialen Konturen sind beides, auf Transformation angelegt und müssen transformiert werden.
>
> d. Die Gemeinde ist ein beauftragtes, messianisches Volk. Durch sie verwirklicht Gott seinen Plan. Wer sie denken will, der wird den Auftrag Gottes mitdenken müssen. Gottes Volk ist eine missionale Wirklichkeit.
>
> e. Der Auftrag des Volkes Gottes ist es, die Völker zu „Jüngern Jesu zu machen". Sie, die Völker, sollen so werden wie sie ist. Ein Auftrag, der ganzheitlich gestaltet ist und die Lebenswelt der Menschen als Ganzes meint.

2.3.4 Gemeinde als Leib Christi

Gemeinde Jesu ist Leib Christi, griechisch *soma christou*. Das Bild findet sich in den Schriften des Apostels Paulus (1Kor. 12,27; Eph. 1,23; 4,1ff).[197] Wie der Mensch gewordene Christus Gott, sein Wort und Willen in der Welt offenbart, stellt die Gemeinde Christus in der Welt dar. Der Evangelist Johannes macht im Prolog zu seinem Evangelium (Joh. 1,1ff) deutlich, dass Gottes Herrlichkeit dank der Fleischwerdung Jesu Christi sichtbar geworden ist. „Am Anfang war das Wort und das Wort war bei Gott und Gott war das Wort ... es wurde Fleisch und lebte unter uns ... und wir sahen seine Herrlichkeit", heißt es da. Dieses Wort macht deutlich, dass Gottes Heilsgegenwart in der Welt die Inkarnation voraussetzt. Dabei ist die Tatsache, dass die Inkarnation in einen bestimmten sozio-kulturellen Raum, nämlich in das Volk der Juden geschehen ist, ebenso von Bedeutung. „Er kam zu den Seinen", heißt es in der Schrift (Joh 1,11).

Nicht irgendwie und auch nicht irgendwohin. Jesus kommt zu einem konkreten Volk, in eine konkrete Familie, erlernt konkrete Volkssitten und lebt in einer konkreten Kultur.

Wenn der Apostel Paulus das Bild vom Leib bemüht, um die Gemeinde Jesu darzustellen, steht ihm die Leibwerdung seines Herrn vor Augen. Sie präsentiert sich als Gestalt gewordene Gerechtigkeit Gottes (2Kor 5,21), und zwar bewusst als Beziehungs-Netzwerk, als ein lebendiges Wesen. Ihre organische Struktur wird an den vom Heiligen Geist den Mitgliedern der Gemeinde geschenkten Gaben festgemacht, die alle zum Nutzen des Ganzen tätig sind (1Kor. 12,4-7; Eph. 4,16). Das Wachstum der Gemeinde, ihr Aufbau hängt unmittelbar davon ab, ob es zu einem harmonischen Miteinander der einzelnen Glieder gekommen ist und diese „einander die Hand reichen" (Eph. 4,16).[198] Geleitet wird dieses organische Netzwerk von Christus selbst. Er ist das Haupt (Kol. 1,18; Eph. 1,22-23; 4,4.12.16; Röm. 12,5), die Gemeinde sind die Glieder. Das Überleben der Gemeinde hängt damit total von ihrer Beziehung zu Christus ab. Sie existiert von ihm aus, wird von ihm geführt und geleitet und lebt auf ihn hin.[199] Rainer Riesner schreibt:

„Aus dem Organismusgedanken ergibt sich, dass die christliche Gemeinde nicht nach dem Modell des demokratischen Staates verstanden werden kann. Hier organisieren sich prinzipiell (wenn auch nicht wirklich) Gleiche, indem sie teilweise Verantwortung auf Einzelne übertragen, sie ihnen aber auch wieder entziehen können. Dadurch wird verhältnismäßig gut gewährleistet, dass Machteliten abwechseln, bevor sie sich als selbstherrliche Unterdrücker etablieren."[200]

Christen werden Glieder am Leib durch die Taufe des Heiligen Geistes (1Kor. 12,13). Diese Gliedschaft ist offensichtlich mit der Mitgliedschaft in der Ortsgemeinde identisch. Der Leib Christi in der Gestalt der Gemeinde ist die Fleischwerdung des Wortes Gottes in die konkrete Lebenswelt der Menschen. Und die geografische Lokalität ermöglicht diese Konkretisierung. Eine Gemeindegliedschaft ohne lokale Einbindung kennt das Neue Testament daher auch nicht.

Der Leib Christi hat also seinen lokalen Ausdruck. Und es sind geografische und nicht sozio-kulturelle Gegebenheiten, die die Grenzen der lokalen Gemeinde bestimmen. Die Gemeinde ist für alle Menschen vor Ort da. Eine Reduktion ihrer Aufgabe auf eine wie auch immer geartete homogene Gruppe vor Ort ist dem Neuen Testament fremd. So ist die Gemeinde in Jerusalem von Anfang an geprägt von einer ausgesprochenen Multi-Ethnizität (siehe Apg. 2,1ff; 6,1ff). Ähnliches kann auch von Antiochien gesagt werden. Hier finden wir unter den Propheten und Lehrern Vertreter ganz unterschiedlicher Kulturen, sozialer Schichten und wahrscheinlich sogar Rassen (Apg. 13,1).[201]

Gemeinde als Leib Christi ist eine organische Struktur. Glieder am Leib sind Menschen, niemals ganze Gemeinden.[202] Eine denominationelle Festlegung kennt das Neue Testament nicht. Die einzelnen Glieder sind über die ihnen verliehenen Gaben des Geistes identifiziert. Wobei die Gabe dem Dienst zugeordnet wird und der Dienst auf Kraftwirkung zielt (1Kor. 12,4-6). Da wo die Gabe erkannt und der Dienst entsprechend der Gabe aufgenommen wird, wird Kraft, Energie freigesetzt. Dabei ist der Leib auf die gegenseitige Unterstützung der einzelnen Glieder angewiesen. Frucht und Wachstum sind hier ein kollektives Geschehen (Eph. 4,16). Die Dienstbefähigung der einzelnen Glieder am Leib ist laut Eph. 4,11-12 die Aufgabe der Apostel, Propheten, Evangelisten, Hirten und Lehrer. Diese hat Gott selbst eingesetzt, damit „die Heiligen zum Werk ihres Dienstes zugerüstet werden".

Die Gemeinde soll und kann Frucht bringen.[203] Das Bild vom Leib Christi macht deutlich, dass das Haupt des Leibes, Christus also[204], in seiner heilsökonomischen Arbeit in der Welt sich der Hände, Füße, Mund und Stimme des Leibes bedient. Die Gemeinde ist somit nicht nur Gottes Image in der Welt, sondern auch sein Missionsagent.[205] Alles, was sie zur Erfüllung ihrer Missionsaufgabe braucht, hat er ihr gegeben. Sie ist die „Fülle all dessen, der alles in allem erfüllt" (Eph. 1,23).

Konsequenzen für die kultur-gesellschaftliche Relevanz der Gemeinde:
Gemeinde als Leib zu begreifen bedeutet in der Konsequenz für ihre gesellschaftliche Relevanz Folgendes:

a. Die Gemeinde ist immer nur als inkarnierte, als im konkreten Lebenskontext der Menschen Gestalt gewordene Wirklichkeit zu begreifen. Ist das nicht der Fall, verliert sie ihre Bedeutung.

b. Die Gemeinde hat eine sichtbare soziale Gestalt. An ihrem sozialen Wesen kann die Herrlichkeit Gottes abgelesen werden.

c. Die Gemeinde ist eine im Wesentlichen theokratische Gesellschaft. Sie wird von Christus, dem Haupt geleitet, der seine Befehle je nach Aufgabe an unterschiedliche Glieder des Leibes delegiert. Die somatische Struktur der Gemeinde erstickt jeden Konkurrenzgedanken im Ansatz. Hier kommt es nicht auf ein gut aufgebautes hierarchisches System an, sondern eher auf ein aufeinander bezogenes Netzwerk von Begabten.

2.3.5. Andere Bilder

Neben den oben angeführten kennt das Neue Testament andere Bilder, die das Wesen der Gemeinde, ihren Auftrag und ihre Mission in der Welt beschreiben. Viele dieser Bilder entstammen dem Hirten- und Bauernleben der damaligen Zeit.

Die Gemeinde wird mit dem Stall für Schafe verglichen, zu dem es nur eine einzige Tür gibt, die Christus ist (Joh. 10,1-10). Sie ist auch die Herde, und Gott selbst will ihr Hirte sein (vgl. Jes. 40,11; Hes. 34,11ff) und in Christus ist er es auch (vgl. Joh. 10,11; 1 Petr. 5,4), der sein Leben hingegeben hat für die Schafe (vgl. Joh. 10,11-15).[206]

Gemeinde ist die Pflanzung, der Acker Gottes (1 Kor. 3,9), auf dem neben dem guten Weizen auch Unkraut wächst. Sie ist ein Weingarten (Mt. 21,33-43 par.; vgl. Jes. 5,1ff) von Gott selbst gepflanzt. Der wahre Weinstock aber ist Christus, die Reben sind die Gläubigen, die Gemeinde und Gott selbst, der Weingärtner, sorgen dafür, dass sie viel Frucht bringen (Joh. 15,1-5).[207]

Sie ist das Haus Gottes (1 Tim. 3,15), eine Wohnstätte Gottes im Geist (Eph. 2,19-22), ein Zelt Gottes unter den Menschen (Offb. 21,3), ein heiliger Tempel (1Petr. 2,5).

Die Gemeinde ist eine makellose Braut des makellosen Lammes (Offb. 19,7; 21,2.9; 22,17); Christus hat sie „geliebt und sich für sie hingegeben, um sie zu heiligen" (Eph. 5,26). Sein Bund mit ihr ist ewig und er „nährt und hegt" sie (Eph. 5,29). In ihr, seinem Leib, liegt die „Fülle all dessen, der alles in allem erfüllt" (Eph. 1,21).[208]

Konsequenzen für die kultur-gesellschaftliche Relevanz der Gemeinde:

a. Gemeinde ist in diesen Bildern als eine auf Gott bezogene Größe beschrieben. Sie existiert von ihm her und auf ihn hin. Und sie ist auf Frucht angelegt.

b. Gemeinde hat eine organische Natur. Sie ist der Erde, auf der sie existiert, verbunden. Ob man hier an Schafe, an das Weizenfeld oder an den Weinstock denkt – die Bilder sind alle bodenständig.

c. Gemeinde ist als organische Wirklichkeit zugleich auch eine organisierte soziale Größe. Sie ist ein „heiliger Tempel", eine „Wohnstätte des Geistes", und doch eben auch ein Tempel und eine Wohnstätte, ein Stall, ein Ackerfeld etc.

d. Gemeinde ist eine kulturgestaltende Größe. Die Bilder für sie entstammen dem konkreten kulturellen Leben. Was sie ist und was sie tut, hat mit dem Alltag der Menschen zu tun.

2.4. Vom Gemeindebild zur Gemeindepraxis im Neuen Testament

Neutestamentliche Bilder von der Gemeinde Jesu fanden in den uns überlieferten Praxisberichten aus der Urgemeinde ihre Anwendung. Wollte man das Wesen der Gemeinde, wie sie im Neuen Testament verstanden wurde, in der Tiefe erfassen, so wird es bedeutsam, nicht nur die theologische Theorie, sondern die Praxis selbst zu befragen. Das ist verständlicherweise kein leichtes Unterfangen. Zu spärlich sind die uns zugänglichen Informationen, zu fragmentarisch unser Wissen über die Lage der Gemeinden damals. Und doch, Spuren sind gelegt. Diese werden sicher die Argumente nicht wasserdicht machen, aber doch erhärten. Das Wagnis zahlt sich allemal aus.

Wir sehen uns folgende Gemeinden an:
a. Die Urgemeinde in Jerusalem. Hier wurde zum ersten Mal in der Geschichte der christlichen Kirche Gemeinde gelebt. Die Nähe zum alttestamentlichen Volk Gottes zwingt die Gemeinde zu einer Praxis, die ihre theologische Identität bestätigt. Nirgendwo sonst sind wir der Spannung zwischen dem alten und neuen Volk Gottes so nahe auf den Spuren wie in Jerusalem.

b. Die erste Gemeinde außerhalb des Judentums in Antiochien. Hier wird das Evangelium zum ersten Mal direkt zu den Heiden getragen. Die unmittelbare zeitliche und sogar räumliche Nähe zur Urgemeinde und ihre Beteiligung an der Gründung und dem Aufbau der Gemeinde ist von großem Interesse. Hier können wir die Verwirklichung der Gemeinde als missionarisches Projekt in einer heidnischen Gesellschaft beobachten.

c. Die Gemeinde in Ephesus stellt ein besonderes Projekt des Apostels Paulus dar. Hier verbrachte er Jahre im Aufbau der Gemeinde und schrieb der Gemeinde seinen Epheserbrief. Auch die Briefe an Timotheus behandeln Themen dieser Gemeinde, da sein Schüler Timotheus sich zur Zeit der Abfassung der Briefe in Ephesus befindet. Die Gemeinde zu Ephesus offenbart uns etwas vom Denken und der Praxis des Paulus.

2.4.1 DIE GEMEINDE ZU JERUSALEM

Die Gemeinde Jesu nahm ihren Anfang in Jerusalem. Und der Geburtstag der Gemeinde ist Pfingsten (Apg. 2,1ff), ein Tag, an dem die Nationen in Jerusalem versammelt waren. Mit der Ausgießung des Heiligen Geistes wird aus dem Jünger-Jesu-Kreis die Jesus-Gemeinschaft, aus einem kleinen Kreis von an Jesus hingegebenen Männern und Frauen eine Gemeinde mit Tausenden von Mitgliedern, die alle sozialen und kulturellen Schichten der Bevölkerung einschloss. Vor Pfingsten scheuten sie die Öffentlichkeit „aus Angst vor den Juden" (Joh. 20,19), jetzt gingen sie freimütig ins Volk und verkündigten den Menschen die großen Taten Gottes (Apg. 4,1ff). Pfingsten hat die Jünger Jesu in Bewegung gesetzt. Genau wie Jesus es ihnen verheißen hatte: „Ihr werdet meine Zeugen sein ... wenn der Heilige Geist auf euch kommt" (Apg. 1,8).

Gemeinde zu Jerusalem gab es seit der Ankunft des Heiligen Geistes. Allerdings wäre es vollkommen falsch anzunehmen, dass der Heilige Geist aus dem Jüngerkreis eine Separatisten-Gemeinde schmiedete. Alles andere als das ist der Fall. Die erste christliche Gemeinde verstand sich nicht gleich als separate Gemeinschaft.[209] Vielmehr verstehen sich die ersten Christen in Jerusalem als Teil des Volkes Gottes. Sie kommen im Tempel zusammen (Apg. 2,2.46), sie identifizierten sich mit ihrem Volk (Apg. 7,2), seiner Geschichte (Apg. 7,3ff) und dem Gott ihrer Väter (Apg. 5,30; 7,6ff), sie praktizieren die Sitten und Gebräuche der Juden (Apg. 15,1-2.6, sie sind eifrige Gesetzestreue (Apg. 21,20), und sobald das Evangelium auch die Heiden erreicht, sind sie irritiert (Apg. 11,3). Wenn sie etwas auszeichnet, dann ist es ihr deutliches Bestreben, „dem Jude ein Jude zu sein". Sie besuchen den Tempel, die Synagogen der Juden und unterscheiden sich auch sonst kaum von der großen Masse des jüdischen Volkes.[210] Als sich die Juden über die Aktivitäten der Jesus-Nachfolger um Paulus herum in Korinth bei den römischen Behörden beschweren, weist Gallio ihre Beschwerden mit dem Hinweis ab, dass es sich hier um Lehrmeinungsunterschiede unter Juden handelt (Apg. 18,11ff). In den Augen der römischen Administration waren Christen damit eine andere jüdische Sekte. Erst die Ablehnung durch das Judentum wird aus der jüdischen Gemeinschaft eine eigenständige Gemeinde schaffen.

Es geht also der Jerusalemer Gemeinde nicht darum, eine eigenständige Gemeinde zu bauen, sondern das Volk Gottes zu transformieren. Paulus berichtet in Gal. 2,9, wie er sich mit den Führern der Jerusalemer Gemeinde mit „Handschlag der Gemeinschaft" darauf geeinigt habe, dass „wir zu den Heiden, sie aber zu den Beschnittenen gehen sollten". Nein, die Urgemeinde wollte nicht eine separate messianische Bewegung sein, sondern suchte eine messianische Bewegung im Volk Gottes auszulösen. Ihnen geht es um das Heil Jerusalems und nicht so sehr um das eigene Heil. Gerd Theissen macht auf dieser Linie geradezu einen der von ihm postulierten zwei Grundwerte der urchristlichen Gemeinde fest – den Status – Verzicht.[211] Es geht also nicht um Selbstverwirklichung, sondern um die Förderung des Nächsten. Für Theißen verbirgt sich darin sein zweiter Grundwert des Urchristentums – die Nächstenliebe.[212] Das zeigt sich vor allem durch ihre karitative Tätigkeit, durch die sie Gunst vor dem ganzen Volk finden (Apg. 4,32ff). Sie leben ihren Glauben nicht fern der Öffentlichkeit, sondern in der Öffentlichkeit. Die Entscheidungen, die sie fällen, haben unmittelbare Auswirkung auf ihren Stand in der Gesellschaft. Die Glaubensformeln, die sie leben, kommen den Armen und Leidenden zugute.

Jerusalem war natürlich nicht nur eine jüdische Stadt. Hier lebten Menschen aus vielen Ecken des Römischen Reiches. Natürlich waren viele von ihnen Juden, die aus der Zerstreuung kamen, aber in der Masse der Jerusalemer Bevölkerung fanden sich auch viele griechisch sprachige, hellenistisch eingestellte Menschen. Und auch diese erreichte die Gemeinde. Auch diese kamen zum Glauben. Und auch diesen kam die karitativ-soziale Arbeit der Gemeinde zugute.[213] Es ist bemerkenswert, dass der erste Konflikt in der Gemeinde genau entlang dieser kulturellen Grenzen entstand. Da wurden griechisch sprechende Witwen bei der täglichen Fürsorge übersehen (Apg. 6,1). Und es ist noch bemerkenswerter, wie die Gemeinde das Problem löst. Sie schafft eine Struktur, das Institut der Diakone, etwas bis dahin im Judentum Unbekanntes. Und sie beruft Menschen unterschiedlicher Herkunft in dieses sozio-kulturell höchst sensible Amt (Apg. 6,5).

Die Gemeinde zieht sich also nicht aus der Öffentlichkeit zurück. Geradezu umgekehrt, sie scheint öffentliche Themen bewusst anzusprechen. Jerusalem hat ein soziales Problem – die Gemeinde legt eine Form des „frühchristlichen Kommunismus" auf, fußend auf weitgehender Güterteilung, um dem Problem beizukommen (Apg. 4,32ff). Sicher war eine solche Gütergemeinschaft nichts Neues. Die Qumraniten praktizierten sie. Viele Wanderprediger mit ihren Jüngern praktizierten sie. Jesus lebte mit seinen Jüngern in einer solchen Gütergemeinschaft.[214] Für die Apostel war also die Einführung einer solchen Gütergemeinschaft für die Jesus-Nachfolger in Jerusalem in gewisser Hinsicht „eine Fortsetzung der Gewohnheit", die sie bei Jesus gelernt hatten, wie F. F. Bruce richtig bemerkt.[215] Nichtsdestotrotz, die Einführung einer Gütergemeinschaft nicht für eine exklusive in aller Abgeschiedenheit der jüdäischen Wüste lebenden Sekte, sondern für den urbanen Raum einer großen Stadt ist ein Novum. Und das unter denkbar schwierigen politischen und sozialen Verhältnissen. Immerhin bekannten sich die Jesus-Leute zu einem nach römischem Recht verurteilten und am Kreuz hingerichteten Verbrecher, den die Juden für einen Pseudomessias und Volksaufwiegler hielten.

Jerusalem hatte ein Führungsproblem. Die religiöse Elite des Landes gehörte zu der Partei der Sadduzäer, die die Oberpriester und die Tempelbehörden stellte. Weitgehend säkularisiert, hatte diese Partei längst die Macht über das Volk aus der Hand gegeben. Unzählige große und kleine Sekten zerklüfteten den religiösen Körper des Judentums. Anschaulich werden diese Spannungen in den Evangelien in den Auseinandersetzungen zwischen Jesus und den Sadduzäern und Pharisäern dargestellt. Die Apostel entziehen sich der religiösen und politischen Führung des Hohenpriesters und des Hohen Rates und führen die Gläubigen so, wie sie es unter der Führung des Heiligen Geistes für richtig halten (Apg. 5,17ff). Unter ihrer Führung kommt es zum geistlichen Aufbruch, wobei Anhänger vieler messianisch gesinnter Sekten ihren Worten folgen.[216] So gehören zu der Gemeinde der Jesusnachfolger bald ganze Gruppen von Pharisäern (Apg. 15,5). Der Machtkonflikt mit der herrschenden Elite war vorprogrammiert.

Jerusalem hatte ein Integrationsproblem. In der Stadt lebten Diasporajuden aus allen Ecken des römischen Imperiums. Eine Integration dieser hellenistischen Juden in das soziale Gefüge des Jerusalemer Judentums gelang nur mit Mühe. Überall entstanden eigene hellenistische Synagogen. Man kann sich die Spannungen lebhaft vorstellen. Die wahren Juden, allen anderen voran aus der Partei der Pharisäer, kommunizieren nicht mit den Hellenisten. Sprachliche und kulturelle Barrieren waren so längst zu theologischen Hindernissen hochstilisiert worden.[217] Es ist faszinierend, mit welcher Leichtigkeit die Urgemeinde diese Unterschiede überwindet. Bereits bei ihrem Gründungsdatum, dem Pfingstereignis, sind die Juden aus den Nationen anwesend (Apg. 2,5ff). Nicht wenige von ihnen werden unter den ersten 3000 gewesen sein, die auf die Predigt des Petrus mit einer Entscheidung für Jesus den Messias antworten. Die Gemeinde wird zu dem eigentlichen sozialen Integrationsfaktor in der Stadt, die alle zu integrieren weiß. Freilich ist eine solche Integration auch mit Problemen verbunden. Aber unter der Führung der Apostel werden solche Probleme angepackt und gelöst, ohne dass die Gemeinde ihre Einheit verliert.[218]

Die Frauen stellten in der Jerusalemer Gesellschaft eine rechtlose Bevölkerungsschicht dar. Die Gesellschaft war patriarchal organisiert, was einer Frau jedes öffentliche Auftreten verbot oder wesentlich erschwerte.[219] Die Jünger folgen dem Beispiel Jesu und hören dem Zeugnis der Frauen zu, ja dieses Zeugnis wird zu einer entscheidenden Stimme von der Auferstehung ihres Herrn Jesus Christus (Joh. 20,11ff).[220] Mit der Ausgießung des Heiligen Geistes wird für sie die Verheißung Gottes, die er dem Propheten Joel gegeben hatte, wahr (Joel 3,1-5): Söhne und Töchter weissagen und sehen Gesichter. Unmissverständlich weist Petrus in seiner Pfingstpredigt darauf hin (Apg. 2,16ff). Und in der Tat ändert sich die Rolle der Frauen in der Urgemeinde. Die Jerusalemer Gemeinde war bald eine sehr große Gemeinde. Die geistliche Auferbauung geschah in Häusern, und wenn man sich ein Haus aus der damaligen Zeit vorstellt, dann wird es kaum mehr als 10-20 Menschen Platz zum Treffen geboten haben. Nur wenige Häuser waren größer. Es muss daher Hunderte von solchen Häusern gegeben haben. Denn nach den beiden Predigten des Petrus (Apg. 2,3-4) allein kamen 8.000 Menschen zum Glauben! Und die Eigentümer dieser Häuser werden zugleich auch die Leiter der in ihrem Haus versammelten Gruppe von Christen gewesen sein. In diesem Zusammenhang fällt das Haus der Maria auf, der Mutter von Johannes Markus. Nach seiner wundervollen Befreiung aus dem Kerker des Königs Herodes begibt sich Petrus in dieses Haus, in dem viele zum Gebet versammelt waren. (Apg. 12,12ff). Es war demnach ein größeres Haus, denn „viele" waren in diesem Haus versammelt. Und dass die Dienerin Rhode Petrus die Tür öffnet, macht deutlich, dass Maria zu einer gehobeneren, reicheren Schicht in Jerusalem gehörte. War Maria eine der Hausgemeinde-Leiterinnen? Ihr Sohn Johannes Markus ist es jedenfalls nicht. Und ihr Mann wird nicht erwähnt. Wie auch immer, Maria scheint großes Vertrauen des Petrus zu genießen, wenn er gleich nach seiner Verhaftung in ihr Haus geht und dann der Gemeinschaft in Marias Haus den Auftrag gibt, die

Nachricht von seiner Befreiung den anderen Aposteln und dem Jakobus weiterzuleiten (Apg. 12,17). Überhaupt fällt auf, dass die Frauen in Jerusalem eine wichtigere Rolle gespielt haben müssen. So sind die vier unverheirateten Töchter des Evangelisten Philippus, einer der sieben Diakone (Apg. 6,5; 21,8), als Prophetinnen in der Gemeinde anerkannt (Apg. 21,9) und das gottesfürchtige und karitativ herausragende Leben von Tabitha (Apg. 9,12-42) wird hochgeschätzt. Die Gemeinde hat offensichtlich den Frauen eine neue Rolle zugewiesen.

War die Gemeinde zu Jerusalem eine gesellschaftsrelevante Gemeinde? Und ob sie es war! Es ging ihr zuallererst und vor allem darum, das Reich Gottes in ihrer Umgebung zu bauen. Und das schloss alle Bereiche des gesellschaftlichen Lebens ein. Arthur F. Glasser kann den Dienst dieser Gemeinde mit einem Satz zusammenfassen: „Die Jerusalemer Gemeinde proklamiert das Reich Gottes."[221]

Blieb sie es? Sie blieb es nicht. Schon bald stellen sich in der Gemeinde zu Jerusalem Tendenzen ein, die zu einer Judaisierung der Gemeinde führen. Statt eine transformierende Kraft in der Gesellschaft zu bleiben, gerät die Gemeinde unter der Führung von Jakobus immer stärker in den Sog des jüdischen Gesetzes.[222] Die Versuche der Gesetzestreuen, auch den bekehrten Heiden das Gesetz des Mose aufzubürden (Apg. 15,2f), werden bald zu einer Forderung (Apg. 21,20ff), der sich die Gemeindeleitung nicht mehr zu erwehren weiß. Doch alle Annäherung an die Synagoge bringt der Gemeinde nichts. In nur wenigen Jahren wird die Jerusalemer Gemeinde ihren Einfluss, Bedeutung und geistliche Kraft einbüßen. Und es kommt zu einer Krise. Für manche Beobachter gleicht diese Krise gar einem Paradigmenwechsel.[223]

2.4.2 Die Gemeinde in Antiochien

Mit der Verfolgung der Gemeinde in Jerusalem und der geistlichen Krise, die hier mit der Übernahme der Leitung der Gemeinde durch den streng gesetzesorientierten Jakobus einhergeht, verschiebt sich das geistliche Zentrum der noch jungen Gemeinde der Jesus-Nachfolger nach Antiochien, am Orontes im antiken Syrien gelegen.[224] Von Antigonos im Jahre 307 v. Chr. gegründet und dann im Jahre 300 von Seleukus I. nach seinem Sieg über Antigonos an den Orontes verlegt und neu aufgebaut und nach dem Vater Seleukus I. Antiochus Antiochia benannt. Die Seleukiden richteten hier die Hauptstadt ihres Reiches ein, und so entwickelte sich die Stadt zu einer der bedeutendsten Städte in der antiken Welt. Seit dem Jahre 64 n. Chr. gehörte die Stadt zum Römischen Reich und wurde zur Hauptstadt der römischen Provinz Syria. Die Stadt zählte eine halbe Million Einwohner und gehörte zu den vier größten Städten des Römischen Reiches. In der Stadt lebte eine große jüdische Diaspora, die erstaunliche Toleranz anderen Religionen gegenüber entwickelte.[225]

Es ist nicht genau bekannt, wann die ersten Jünger Jesu nach Antiochien kamen. Die Verbindungen zwischen Jerusalem und Antiochien waren ausgezeichnet. In der Jerusalemer Gemeinde gab es Mitglieder, die aus Antiochien stammten. So wird einer von ihnen, Nikolaus, sogar in den Kreis der sieben Diakone der Urgemeinde berufen. Der Beiname „Judengenosse" weist ihn als Proselyten aus.[226] Vielleicht war es Nikolaus selbst, der als Erster in seiner Heimatstadt evangelisierte. Jedenfalls wäre das für einen Diakon der Jerusalemer Urgemeinde nichts Ungewöhnliches. Seine Kollegen Philippus und Stephanus zeichneten sich deutlich durch ihre evangelistische Tätigkeit aus. Lukas berichtet, dass die ersten Jünger Jesu als Folge der durch den Mord an Stephanus entstandenen Verfolgung nach Antiochien kamen und es hellenistische Mitglieder der Gemeinde aus Jerusalem gewesen sind, die usrprünglich aus Zypern und Kyrene stammten, die in Antiochien auch unter den Griechen predigten (Apg. 11,19ff). Fest steht, dass schon bald nach der Verfolgung in Jerusalem hier eine recht große christliche Gemeinde existiert.[227] In Antiochien wurden die Jünger Jesu zum ersten Mal Christen genannt (Apg. 11,26). Der lukanische Bericht in der Apostelgeschichte ist das einzige neutestamentliche Zeugnis über das Leben der Christen in Antiochien. Trotzdem lässt er einige Rückschlüsse auf unser Thema zu.

Da fällt zum einen die soziale Zusammensetzung in der Gemeinde auf. In Apg. 13,1 heißt es: „Es waren aber in Antiochien in der Gemeinde Propheten und Lehrer, nämlich Barnabas und Simeon, genannt Niger, und Luzius von Kyrene und Manaen, der mit dem Landesfürsten Herodes erzogen worden war, und Saulus." Allein an den Namen wird deutlich, dass wir es hier mit einer recht bunt gemischten Gruppe zu tun haben. Während Barnabas, Manaen und Saulus eindeutig jüdischer Herkunft zu sein scheinen, ist Simeon der Niger vermutlich afrikanischer Herkunft. Vielleicht ist aber Luzius ein Afrikaner, denn Kyrene befand sich in Nordafrika. Barnabas ist levitischer Abstammung, Saulus ein jüdischer Gelehrter, Manaen vermutlich der Sohn eines Sklaven des Königs Herodes.[228] Die Gemeinde zu Antiochien war demnach schon in ihrer Leitung recht multikulturell besetzt. Aus ihren Reihen kam der Arzt Lukas, dem wir das lukanische Doppelwerk verdanken, und Titus, einer der treuesten Mitarbeiter des Paulus.[229] Gerade im Fall von Titus, einem unbeschnittenen griechischen Konvertiten, wird deutlich, dass die Gemeinde bewusst auf jüdische Sitten wie Beschneidung verzichtete und stattdessen die Verkündigung auf Jesus Christus ausrichtete. Paulus, der sich Jahre später mit den Judaisierern in Galatien auseinandersetzen muss, zeigt deutlich, dass auch die Jerusalemer Säulen den Titus als unbeschnittenen Bruder akzeptierten (Gal. 2,10). Man kann also mit Recht behaupten, dass die Antiochiner sich bewusst der heidnischen Bevölkerung ihrer Stadt annahmen, wie das die Jerusalemer mit den Juden taten. Dass die Urgemeinde dieses Vorgehen bewusst sanktionierte (Gal. 2,9), spricht für einen wichtigen Charakterzug des frühen Christentums.

Auch an einer anderen Stelle wird die Gesellschaftsrelevanz der Antiochiner deutlich. Als der Prophet Agabus die große Hungersnot ankündigte (Apg. 11,27-30), die in die Zeit des Prokurators Tiberias Julius Alexander (46-48) fiel, reagiert die Gemeinde promt mit einer Spendensammlung für die leidenden Brüder in Palästina und Jerusalem. Paulus und Barnabas bringen die Spende zu den Ältesten in Jerusalem (Apg. 11,29-30). Hier kommt es dann zu dem berühmten Handschlag zwischen den Säulen der Jerusalemer Gemeinde und den beiden Leitern der Antiochiner Barnabas und Saulus, bei dem den Gläubigen aus den Heiden nichts weiter auferlegt wird, als dass sie „der Armen dächten" (Gal. 2,10), was die Gemeinde dann auch entsprechend getan hat.

Antiochien war nicht nur eine reiche, sondern auch eine überaus gelehrte Stadt. Berühmte Philosophenschulen hatten hier ihren Sitz. Gesellschaftliche Akzeptanz hing auch im Wesentlichen davon ab, ob man über die Weisheit verfügte, die das Leben erklärte und wesentlich gestaltete. Gleich zu Beginn der Gemeinde holt Barnabas Saulus, einen der bestgebildeten jüdischen Gelehrten seiner Zeit, in die Stadt. Über ihn schreibt Lukas: „Barnabas aber zog nach Tarsus, Saulus zu suchen. Und als er ihn fand, brachte er ihn nach Antiochia. Und sie blieben ein ganzes Jahr bei der Gemeinde und lehrten viele. In Antiochien wurden die Jünger zuerst Christen genannt" (Apg. 11,25-26). Gesunde Lehre zeichnet diese Gemeinde also wesentlich aus. Ihre Leiter werden Propheten und Lehrer genannt (Apg. 13,1). Nur so konnte die Gemeinde der Bildungsschicht einer Stadt beikommen, nur so ihre Tiefen- und Breitenwirkung in der Bevölkerung erreichen. Noch Jahrhunderte später ist die Stadt für ihre theologische Schule und die namhaften Theologen berühmt. Dabei wurde hier Religion nicht im Sinne einer aus der Welt abgehobenen Philosophie gelehrt, sondern als gute „hebräische" Religion, die alles Leben transzendierte. Durch ihre gesunde, ganzheitlich vorgetragene Lehre gewann die Gemeinde die Gebildeten der Stadt. Lukas, der Arzt, wird einer von ihnen gewesen sein.

Als fast völliger Gegensatz zu den philosophischen Schulen der Stadt sind die vielen Mysterienkulte in der Bevölkerung zu sehen. Hier ging es weniger um das rechte Denken und Weisheit. Hier ging es um die innere Erleuchtung, um mystische Offenbarung. Die Antwort der Antiochiner auf diese missionarische Herausforderung ist das prophetische Wort. Nicht nur stehen die Propheten an erster Stelle in der Bezeichnung ihrer Gemeindeleitung (Apg. 13,1), sondern sie praktizieren es auch deutlich miteinander. So kommt die Berufung der ersten Missionare zustande (Apg. 13,1ff). Und als die Jerusalemer Propheten nach Antiochien kamen und einer von ihnen, Agabus, das Wort ergriff und eine große Hungersnot vorhersagte, da gab es keinen Antiochiner Jünger, der an der Echtheit dieses Wortes zweifelte. Lukas schreibt: „Aber unter den Jüngern beschloss ein jeder nach seinem Vermögen, den Brüdern, die in Judäa wohnten, eine Gabe zu senden" (Apg. 11,29). Das prophetische Wort wurde hier nicht verachtet. Man praktizierte es, und das mit großem Erfolg. Viele Menschen kamen zum Glauben und nicht wenigen wurde effektiv geholfen.

Und schließlich ist es die Gemeinde zu Antiochien, in der die Weltmission der Gemeinde geboren wird. Barnabas und Saulus werden hier in der Mitte der

Gemeindeleitung ausgesondert und auf ihre erste Missionsreise geschickt (Apg. 13,2ff).

War die Gemeinde zu Antiochien eine gesellschaftsrelevante Gemeinde? Aus dem wenigen, was wir aus der Schrift über sie wissen, war sie es! Ihre Gemeindepraxis richtete sich nach den Bedürfnissen der Menschen in der Stadt aus. Ihre Strukturen und ihre Amtsbezeichnungen wurden dem Kontext angepasst. Sie handelte aus dem Glauben an Jesus, aber diesen Glauben gaben sie so weiter, dass die Menschen in ihrer Umgebung sie verstanden.

2.4.3. Die Gemeinde zu Ephesus

Wer aus der Praxis der neutestamentlichen Gemeinden Rückschlüsse auf die Ekklesiologie erwartet, wird nicht umhinkönnen, sich Gemeinden im Umfeld des Wirkens des Apostels Paulus anzusehen. Lukas berichtet von einigen Gemeinden, die der Apostel gegründet und aufgebaut hat. Die Gemeinde in Ephesus verdient unsere besondere Aufmerksamkeit. In kaum einer anderen Stadt hatte der Apostel so viel Zeit und Kraft in den Gemeindeaufbau investiert. War die Gemeinde in Ephesus gesellschaftsrelevant? Lehrte der Apostel sie, eine solche zu werden?

Ephesus war eine der bedeutendsten Städte des Römischen Reiches. Die Haupstadt der Provinz Asia zählte zur Zeit der Abfassung des Neuen Testaments um die 200.000 Einwohner. Hier residierte der römische Prokonsul, dem die Provinz unterstand. In der Stadt blühten das Handwerk und der Handel. Vom Reichtum ihrer Bürger zeugen unter anderem die großen Tempelanlagen, die zu Ehren der Göttin Diana errichtet worden waren.[230]

Die Anfänge der Gemeinde in Ephesus liegen im Dunklen. Jedenfalls leben bereits Christen in Ephesus, als die Stadt vom jungen Evangelisten namens Apollos aus dem ägyptischen Alexandrien besucht wird. Ein jüdisches Ehepaar Priscilla und Aquila laden den in aller Öffentlichkeit und in der Synagoge predigenden jungen Mann zu sich ein und erklären ihm das Evangelium genauer (Apg. 18,26). Allerdings fehlt auch diesen Christen Wissen. Der Apostel Paulus besucht Ephesus auf seiner dritten Missionsreise. Er trifft hier einen Kreis der Jünger an, die nur mit der Taufe des Johannes getauft worden waren und nichts über den Heiligen Geist wussten. Paulus klärt sie auf und nach seiner Predigt kommen sie zum Glauben an Jesus den Messias und werden mit dem Heiligen Geist getauft (Apg. 19,1ff). Um diesen Kreis herum baut Paulus im Laufe von zwei Jahren die Gemeinde auf, die sich in der Schule eines gewissen Tyrannus versammelt. Bald breitet sich seine Botschaft in der ganzen Stadt aus. Die Gemeinde wächst so stark, dass Handwerker, die vom Verkauf der Götzengegenstände lebten, um ihren Gewinn fürchten mussten und einen Aufstand in der Stadt anstiften (Apg.19,23ff). Somit war die Gemeinde in Ephesus in aller Munde. Was verbirgt sich hinter dem Geheimnis des Wachstums dieser Gemeinde?

Zum einen fällt auf, dass Paulus neben seinem intensiven Lehren einen überaus beeindruckenden Befreiungs- und Heilungsdienst in der Stadt betrieb. Die religiöse Stadt mit allem Wunderglauben und okkulten Erwartungen[231] war bald voll von Geschichten der Vollmacht, die von Paulus und seinen Mitarbeitern ausging. Beides, die Verkündigung wie auch die vollmächtigen Taten, erreichten sowohl Juden als auch Griechen. Das Evangelium wurde so wirksam in der Öffentlichkeit, dass sogar einige Geisterbeschwörer versuchten, Paulus nachzumachen und mit dem Namen Jesu böse Geister auszutreiben. Sie sprachen zu den bösen Geistern: „Ich beschwöre euch bei dem Jesus, den Paulus predigt" (Apg. 19,13b). Der Versuch misslang und die sieben Söhne eines jüdischen Hohenpriesters wurden vom Besessenen schwer misshandelt. Als Resultat hieß es: „Dies aber wurde allen bekannt, die in Ephesus wohnten, Juden und Griechen; und Furcht befiel sie alle, und der Name des Herrn Jesus wurde hoch gelobt" (Apg. 19,18). So brach in der Stadt eine Bewegung aus. Menschen suchten Freiheit aus okkulten Bindungen, verbrannten ihre okkulten Bücher und kamen zum Glauben an Jesus.

Dabei fällt auf, die weise Paulus hier vorgeht. Statt das Heidentum direkt anzugreifen, setzt er auf die Kraft des Evangeliums und nicht auf die Polemik gegen die falschen Götter. Als es in der Stadt zum Aufruhr unter der Führung des Goldschmidts Demetrius kommt und die aufgewiegelte Masse Mitarbeiter des Paulus zur Rechenschaft vor den Kanzler schleppt, beschwichtigt dieser die Volksmasse mit den Worten: „Ihr habt diese Menschen hergeführt, die weder Tempelräuber noch Lästerer unserer Göttin sind" (Apg.19,37). Statt auf Polemik setzt Paulus auf die Lehre des Evangeliums und die Kraft des Heiligen Geistes. Statt sich mit den Menschen in Ephesus anzulegen, sucht er das nachbarschaftliche Gespräch. Bald hat er in allen Schichten der Stadt Freunde, sogar unter den Oberen der Provinz Asien, von denen Lukas schreibt, dass sie ihm „freundschaftlich gesinnt waren" (Apg. 19,31).

War die Gemeinde zu Ephesus gesellschaftsrelevant? Und ob sie es war. Sie wandte sich an alle Bewohner der Stadt und packte das wichtigste Thema der Menschen in Ephesus an – die Spiritualität. Noch Jahre später kann Johannes an die Gemeinde schreiben, dass sie das Böse erkannt und mit allen Mitteln bekämpft hatte (Off. 2,2). Freilich muss er die Gemeinde auch ermahnen, dass sie im Laufe der Jahre ihre erste Liebe zum Herrn verloren habe und daher in der Gefahr stand, ihre herausragende Stellung zu verlieren (Off. 2,4ff).

2.5 Spurensuche in den Schriften des Neuen Testaments

Gemeinde wird im Neuen Testament als eine Gemeinde für die Menschen in der Welt gedacht. Sie ist die Gesandte Gottes, die den Auftrag hat, sein Reich in der Welt zu bauen. Dieses Reich umfasst alle Lebensbereiche der Menschen. Somit ist auch die Mission der Gemeinde in der Welt umfassend und ganzheitlich. Das lehrte und das lebte man in den von den Aposteln Jesu gegründeten Gemeinden. Lässt sich eine solche These aus der Lektüre der Schriften des Neuen Testaments erhärten? Oder ist sie eher Wunschdenken? Im folgenden Überblick versuche ich, Spuren für eine Theologie des gesellschaftsrelevanten Gemeindebaus in den einzelnen Schriften des Neuen Testaments zu finden. Dass eine solche Spurenlese nur fragmentarisch vorgenommen werden kann, liegt auf der Hand. Im Rahmen dieser Arbeit ist eine tiefer gehende Auseinandersetzung mit den entsprechenden Texten nicht möglich. Ich hoffe aber, dass der vorgelegte Überblick weitere Studien anregt und die thesenhaft formulierten „Findungen" zu Argumenten erhärtet.

2.5.1 Das Matthäusevangelium

Das Matthäusevangelium eröffnet den Reigen der Schriften des Neuen Testaments. Damit meine ich weniger eine zeitliche Einordnung des Evangeliums und auch nicht eine dem Evangelium heute zugesprochene Platzierung im Kanon des Neuen Testament, sondern die in diesem Evangelium angesprochenen Themen. Matthäus geht es offensichtlich um die Einordnung der Gemeinde Jesu in ein historisches Verhältnis zu Israel. Sein Evangelium ist im wahren Sinne des Wortes ein „ekklesiologisches Evangelium"[232], und das nicht nur, weil es als einziges Evangelium den Begriff *ekklesia* (Mt. 16,18; 18,17) verwendet. Vielmehr nimmt Matthäus eine Reihe von gemeindebezogenen Themen bewusst auf und klärt vor allem die Beziehung zwischen der Jesus-Gemeinschaft und dem Volk Israel.[233]

Wir wissen recht wenig darüber, an welche konkreten Gemeinden das Evangelium gerichtet war, die Häufung der typisch „jüdischen" Themen lässt allerdings vermuten, dass die hier angesprochenen Gemeinden eher im messianischen Judentum zu vermuten sind oder an der Grenze zwischen dem messianischen Judentum und dem frühen Christentum.[234] Man vermutet, dass die Gemeinden, die Matthäus anspricht, eher städtisch waren (aus dem relativ häufigen Gebrauch des Begriffs Stadt).[235]

Was will also Matthäus seinen Gemeinden an Lehre von der Gemeinde vermitteln? Und welche Beziehung hat die von ihm vorgestellte Gemeinde zur Welt?

Folgende Beobachtungen scheinen mir von Bedeutung:

a. Gemeinde ist bei Matthäus die Gemeinde des Christus. Es fällt auf, dass Matthäus als Einziger der Evangelisten den Begriff der *ekklesia* verwendet (16,18;18,17). Hier macht Jesus deutlich, dass er es ist, der die Gemeinde als ekklesiale Wirklichkeit bauen wird: „Ich werde meine Gemeinde bauen und die Pforten der Hölle werden sie nicht überwinden" (Mt. 16,18). Jesus ist damit der eigentliche Erbauer der Gemeinde. Ähnlich muss auch der Missionsbefehl Jesu in Mt. 28,18-20 verstanden werden. Die Jünger werden ausgesandt, weil Jesus die Autorität erhalten hat (V.18), und sie sollen die Völker zu Jüngern Jesu machen, indem sie diese taufen und lehren, alles zu behalten, was Jesus ihnen gelehrt hat. Was Gemeinde ist, wird also an Jesus gemessen![236]

b. Die Gemeinde ist eine Gemeinschaft von Jüngern. Das wird allein durch die Häufigkeit des Gebrauchs des Begriffes Jünger im Matthäusevangelium unterstrichen. 73-mal wird der Begriff verwendet, wobei 45 dieser Erwähnungen so nur bei Matthäus vorkommen.[237] Das „Machen von Jüngern" stellt den eigentlichen Auftrag Jesu an seine Gemeinschaft dar (Mt. 28,19).

c. Gemeinde ist Gottes heiliges Volk. Der Gedanke einer kompromisslosen Lebensführung im Einklang mit den Geboten Gottes durchzieht das Evangelium. Es ist nicht zuletzt die Bergpredigt, die deutlich macht, dass das neue Volk Gottes nicht aus der moralischen Pflicht des alten Volkes herausgenommen ist, sondern umgekehrt, diese Pflicht wird von Jesus radikalisiert (5,21-48). „Das Niveau der Vollkommenheit Gottes soll in der Gemeinde abgebildet werden (5,48)."[238] Allerdings ist der moralische Anspruch, den Gott an seine Gemeinde stellt, nicht losgebunden vom Auftrag „Licht und Salz der Welt zu sein". Die Bergpredigt ist kein gemeindeinternes Papier, sondern das missionarische Gesicht der Gemeinde nach außen.

d. Die Gemeinde ist ein *corpus permixtum*. Für Matthäus ist die Gemeinde keine perfekte, sündlose Gemeinschaft. Geradezu das Gegenteil davon ist der Fall. Nicht jeder, der zur Gemeinde gehört, ist auch wirklich dabei. Manch einer nennt zwar Jesus Herr, wird sich am Ende jedoch als nicht dazu gehörig entpuppen. Vielmehr können es Wölfe in Schafspelzen sein (7,15-27). Was öffentlich zur Gemeinde gehört, wird eines Tages gesiebt werden, und es wird echt von unecht unterschieden werden müssen, wie es in den Gleichnissen vom Weizen und der Spreu (13,24-30) und dem Fischernetz (13,47-50) deutlich wird. Im Gleichnis vom Hochzeitsmahl fügt Matthäus die Szene mit dem Gast ohne Hochzeitskleid ein (22,1-14). Dieser Gast wird erst auf dem Hochzeitsmahl herausgeworfen! Andere Gleichnisse, so das Gleichnis von den zehn Jungfrauen (25,1-13) und von den Talenten (25,14-30) können ähnlich verstanden werden. Die Gemeinde in ihrer irdischen Gestalt ist also alles andere als perfekt. Sie besteht auch aus Menschen, die am Ende der Zeit vor der größten Überraschung ihres Lebens stehen werden.

e. Gemeinde wird wesensmäßig als *ecclesia*, als eine zur Verantwortung gerufene messianische Gemeinschaft verstanden.[239] Zu Jüngern werden nicht nur einzelne Menschen gemacht, sondern die *ta ethne*, Völker, die nicht anders zu verstehen sind als soziale und kulturelle Lebensräume, in denen Menschen leben.[240] Die Gemeinde ist das Licht der Welt und das Salz der Erde (Mt. 5,13ff). Sie kann sich nicht der Welt entziehen. Matthäus unterstreicht diese ganzheitliche Sicht seiner Gemeindevorstellung, indem er immer wieder den Bezug zu Israel schafft. Bei ihm wird deutlich, was für das alte Volk Gottes galt, gilt auch für das neue. Deshalb auch der immer wieder deutlich angebrachte Gerichtston des Evangelisten. Gott hatte Israel seines Ungehorsams wegen nicht verschont, deshalb werden „nicht alle, die zu mir sagen ‚Herr, Herr' ins Himmelreich kommen" (Mt. 7,21). Nicht das bloße Bekenntnis, sondern das gehorsame Tun ist entscheidend (7,26-27).

f. Gemeinde ist im Matthäusevangelium vor allem anderen eine Ortserscheinung.[241] Matthäus scheint die Jesus-Gemeinschaft bewusst mit der Synagoge der Juden zu kontrastieren. Er spricht von „ihren Synagogen" (4,32; 9,35; 10,17; 12,9; 13,54) oder auch „euren Synagogen" (23,24). Die Gemeinde ist hier ein deutliches Gegenüber der lokalen Versammlungen der Juden.

g. Gemeinde ist berufen, Gottes Willen in die Welt zu tragen. Dieser Gedanke ist im Matthäusevangelium allgegenwärtig. Sie soll gehen (Mt. 28,19-20), sie soll in der Welt leuchten (5,14). Durch sie sollen andere Menschen „eure guten Werke sehen und euren Vater im Himmel preisen" (5,16). Die Bewegung geht hier eindeutig nach außen, auf die Straßen und an die Zäune der Gesellschaft. Hier in der Welt wird eingeladen, zum Hochzeitsmahl zu kommen. Hierhin ist die Gemeinde ausgesandt, wie der gute Samen ausgestreut ist zwischen dem Unkraut (13,24ff); ausgesandt „wie Schafe unter die Wölfe" (10,36). Das Ziel ist eine bedürftige Welt, die hungert, dürstet, gefangen gehalten wird. Geht die Gemeinde nicht hin und gibt dem Hungrigen nicht zu essen und dem Durstigen nichts zu trinken und offeriert sie dem Kranken keinen Besuch, so hat sie ihr eigentliches Dasein verfehlt und muss sich dem Gericht Gottes stellen (25,31ff).

h. Die Gemeinde ist Gottes Volk für eine bedürftige Welt. Nichts zeichnet sie daher mehr aus als Barmherzigkeit. Gleich zwei Mal zitiert die Stelle aus Hos. 6,6 „Barmherzigkeit will ich und nicht Opfer", so in 9,13 und 12,7. Die Barmherzigkeit wendet sich dem Kranken und dem Sünder zu (9,12f) und sie verurteilt nicht den Unschuldigen (12,7). Sie geht zu dem Bedürftigen und sucht seine Not zu lindern (25,31ff). Die Barmherzigkeit gestaltet das Leben der Gemeinde sowohl nach innen, indem sie den Geringen in der Gemeinde hervorhebt und nicht überlastet (18,1-14), als auch nach außen (25,31ff).

i. Die Gemeinde ist Gottes Bevollmächtigte in der Welt. Sowohl in der ersten Aussendung der Zwölf durch Jesus (10,1ff) als auch in der Aussendung der Jünger in 28,18ff ist das Motiv der Bevollmächtigung von zentraler Bedeutung. Den Zwölf wird die Vollmacht über die destruktiven Kräfte in der Welt verliehen – die bösen Geister und Krankheiten (10,1.8). Sie sind Träger des Friedens Gottes. Diesen bringen sie in die Häuser der Menschen. Und wird dieser Frieden ausgeschlagen, so hat das enorme Konsequenzen für die Betroffenen beim Jüngsten Gericht (10,11-15). Wo die Gemeinde ist, da ist Jesus mitten unter ihnen (18,20). Sie ist bevollmächtigt zu lösen und zu binden, und zwar so, dass ihre Entscheidungen auf der Erde wie im Himmel gelten (16,19f).

2.5.2 Das Markusevangelium

Im Unterschied zum Matthäusevangelium finden wir bei Markus keine direkten Hinweise auf die Gemeinde.[242] Markus schreibt sein Evangelium vermutlich an Griechisch sprechende Leser, die nur wenig Bezug zu Israel und den Juden hatten.[243] Er muss seine Hörer erst grundsätzlich über Christus informieren. Seine zwei großen Themen sind daher auch Christologie und Jüngerschaft.[244] Aber gerade in der Art und Weise, wie Markus die Jünger vorstellt, lässt sich seine Theologie der Gemeinde herausspüren. Zum anderen klärt der Evangelist das Verhältnis zwischen der Gemeinde und dem Volk Gottes, Israel.[245] Er greift die Thematik des Reiches Gottes auf und stellt den neuen Christus-Glauben in einen heilsgeschichtlichen Zusammenhang.[246] Was will also Markus seiner Gemeinschaft über die Gemeinde vermitteln? Und welche gesellschaftsrelevanten Aspekte lassen sich aus seinem Evangelium für eine Theologie des gesellschaftsrelevanten Gemeindebaus gewinnen?

a. Die Gemeinde ist eine Gemeinschaft von Christus-Nachfolgern. Sie besteht nicht einfach aus der Summe individuell berufener Menschen, sondern ist Gottes Volk, seine Herde, geführt und geleitet von Jesus mit dem Ziel, die Mission Gottes in der Welt wahrzunehmen. Markus stellt die Jünger in einem unzertrennbaren Zusammenhang zu Jesus dar. Jesus ist der Christus der Gemeinschaft der Jünger. Er ist ihr Herr (1,1; 8,31), der Sohn Gottes (1,1; 11,12-13; 8,27-32; 14,61), der seinen Jüngern Geheimnisse offenbart, die ihnen sonst nicht zugänglich sind (4,34; 6,31; 9,28). Die Jünger definieren sich von Jesus her und sie leben in der Erwartung seiner Wiederkunft (13,28-30.35-37).

b. Die Gemeinde ist eine deutlich von der Umwelt zu unterscheidende Größe. Die Welt um sie herum ist ihr feindlich gesonnen. Der Normalzustand dieser Gemeinde ist Konflikt und Verfolgung. Die klare Identifizierung der Jünger mit Jesus steht bei Markus im deutlichen Unterschied zu der spannungsgeladenen Beziehung zwischen den Jüngern und ihrer jüdischen Umwelt (4,34; 6,7 u.a.). Jack Kingsbury hat das Markusevangelium der vielen hier beschriebenen Konflikte wegen „eine Geschichte über Konflikte" genannt.[247] Jesus kommt zu den Seinen und wird von seinem Volk abgelehnt, ja schließlich sogar in die Hände der Römer überliefert und zu Tode gemartert. Und die Jünger sind aufgerufen, ihm nachzukommen. Die Berufung der ersten Jünger im Markusevangelium macht die totale Konsequenz einer solchen Entscheidung recht deutlich (1,16-20). Die Jünger werden aufgerufen, alles hinter sich zu lassen und Jesus nachzufolgen. Wer also Christi Jünger wird, der ist gerufen, in Zukunft alles, was er hat und ist, an Jesus festzumachen!

c. Die Gemeinde Jesu ist ein Volk. Der Ruf in die Nachfolge erfolgt bei Markus zwar individuell (1,15.17.20), die Nachfolge selbst ist dann aber in kollektiven Begriffen beschrieben. Die Jünger Jesu werden zu Mitgliedern einer eschatologischen Familie (3,20f.31-35; 10,28-31), zu Schafen einer Herde Gottes (6,34; 14,27), zum Teil des neuen Weingartens (12,1-11), zur Gemeinschaft des neuen Bundes (14,24). Der Ruf zur Jüngerschaft ist demnach ein klarer Ruf zu einer Gemeinschaft, die Jesus als ihr Zentrum begreift. Und diese Gemeinschaft umschließt alle Bereiche des menschlichen Lebens. Man ist entweder ganz und mit allem oder gar nicht dabei.

d. Die Gemeinde hat einen klaren Auftrag. Der Sinn der Nachfolge liegt nicht in der Konstituierung der neuen Gemeinschaft der Gläubigen. Zu Simon und Andreas sagt Jesus, als er sie in seine Nachfolge ruft: „Folgt mir nach, und ich werde euch zu Menschenfischern machen" (1,17). Was das bedeutete, wird deutlich in der Sendung der Zwölf. Markus berichtet darüber in Kapitel 6,12-13. Hier heißt es: „Und sie zogen aus und predigten, man soll Buße tun, und trieben viele böse Geister aus und salbten viele Kranke mit Öl und machten sie gesund." Jesu Nachfolger sind also nicht für sich selbst und auch nicht an erster Stelle füreinander da, sondern für Menschen, die den Bezug zu Gott und seinen Maßstäben verloren haben.

e. Die Gemeinde ist eine auf Gnade und Hilfe ihres Herrn angewiesene Gemeinschaft. Der scharfe Kontrast zwischen den Jüngern und der jüdischen Umwelt ist allerdings nicht ein markinischer Aufruf zu einer perfekten Gemeinde. Geradezu umgekehrt. Markus stellt die Jünger Jesu als überaus fehlerhafte und launische Menschen dar. Sie verstehen nur schwer, was er ihnen beibringen will (4,34; 6,51f; 7,18; 8,17f), sie sind verängstigt (4,40; 9,5-6), ehrgeizig und statusbedacht (9,13-14.34), anfällig für Reichtum (10,27-31) und besorgt um ihre Zukunft (10,28-31). Ihr Eigensinn scheint grenzenlos zu sein. So stellt sich Petrus seinem Herrn in den Weg, als dieser sein Leiden ankündigt (9,31). Jesus muss ihn scharf zurechtweisen. Nach der dritten Leidensankündigung haben die Jünger nichts Besseres zu tun, als sich über die Rangordnung im Reich Gottes zu streiten (10,35-44). Und am Ende seines Lebens wird Jesus von seinem Jünger Judas verraten (14,17-21). Und die anderen fliehen angesichts der Gefahr (14,50). Petrus, der Fürsprecher der Jünger, verleugnet ihn (14,60-72). Als die Jünger von der Auferstehung Jesu hören, glauben sie es nicht (16,11-13). Jesus muss sie für ihren Unglauben und ihre Herzenshärte schelten (16,14). Nein, die Jünger, wie sie Markus darstellt, sind alles andere als perfekt. Sie sind vielmehr ständig auf die Gnade ihres Meisters angewiesen.

f. Die Gemeinde ist eine Gemeinschaft begabter Jünger. Jeder hat sein Talent erhalten und von jedem wird einmal Rechenschaft verlangt. Der Lebenseinsatz entsprechend der am Talent festgemachten Aufgabe ist hierbei entscheidend. Die schwache und geplagte Gemeinschaft von Jüngern ist es, der der Auferstandene seinen Missionsauftrag gibt, in alle Welt zu gehen und der ganzen Kreatur das Evangelium zu predigen (16,15). Diese Gemeinschaft hat er mit Talenten ausgestattet und von ihr erwartet er Ergebnisse (13,34-37). Dabei kommt es weniger auf eigene Anstrengungen an, sondern vor allem auf den Glauben (16,16ff).

2.5.3 Das Lukasevangelium und die Apostelgeschichte

Das lukanische Doppelwerk stellt den Werdegang der Gemeinschaft der Christus-Gläubigen und ihre anfängliche Ausbreitung im Römischen Reich dar. Die Vorstellung von der Gemeinde ist bei Lukas konsequenterweise allgegenwärtig. Lukas schreibt seinen Bericht nicht für die Gemeinde, sondern für die römische Behörde. Sein Adressat Theophilus (Lk. 1,3; Apg. 1,1) ist mit großer Wahrscheinlichkeit ein hochstehender römischer Beamter.[248] Er will das Phänomen des christlichen Glaubens nach außen verständlich machen. Das wird zum Beispiel an der Tatsache deutlich, dass er weniger kritisch als Markus die Jünger Jesu beschreibt. Da wo Markus den Jüngern Unvermögen vorwirft, sucht Lukas ihr Verhalten zu erklären (Lk. 9,45; 18,34). Während Markus die Jünger nicht näher bestimmt, ist Lukas darum bemüht, zwischen den Aposteln und den anderen Nachfolgern Jesu zu differenzieren (Lk. 6,13; 6,15; 9,10; 17,5; 18,34; 19,37), wohl auch um eine Grundlage zu schaffen, ihre Werke in der Apostelgeschichte näher zu beschreiben. Lukas ist Historiker. Er will die Geschichte festhalten.[249] Und für ihn ist es auch die Geschichte der Gemeindebewegung. So sieht Lukas sich gedrängt, seinen Lesern das Phänomen der christlichen Gemeinde an sich zu erklären.[250]

Was sind nun die Eckdaten des lukanischen Gemeindeverständnisses im Bezug auf deren Beziehung zur Welt? Man wird sich schwertun, eine klare Gemeindevorstellung bei Lukas zu entdecken.[251] Sein Gemeindebegriff ist dynamisch, zusammengesetzt aus einem Pleroma unterschiedlicher Bilder. Lukas scheint seine Gemeindevorstellung immer wieder an die Gegebenheiten des Kontextes anzupassen. Die Konstanten dieses Begriffes sind weniger in der Gestalt, sondern vielmehr in den theologischen Prinzipien zu suchen.

a. Gemeinde ist eine heilsgeschichtliche Größe. Lukas stellt die Gemeinde Jesu in einen geschichtlichen Rahmen. Gemeinde ist somit keine zufällige, sondern eine geschichtliche Erscheinung. Gott selbst baut sie auf (Apg. 9,31; 15,16; 20,32). Sie steht in einer Reihe mit dem heilsgeschichtlichen Werk ihres Meisters, der als Heiland für die Welt angekündigt wurde (Lk. 2,10; 3,18) und dann sich selbst klar und deutlich mit diesem Auftrag identifizierte (Lk. 4,18ff). Er ist der Mittler zwischen Gott und Mensch. Außerhalb seines Namens gibt es kein Heil (Apg. 4,12). In diesem Sinne werden die Jünger seine Zeugen (Apg. 1,8; 5,42). Die Ekklesiologie bei Lukas ist im Wesentlichen von der Soteriologie bestimmt. Es geht um Erlösung, die im Glauben zugänglich ist. Die Gemeinde, die er denkt und beschreibt, besteht aus solchen, die gerettet wurden und nun glauben. Es ist eine Jünger-Jesu-Gemeinde, die sich anschickt, das Erbe des alten Volkes Gottes, Israel, anzutreten und ist somit Gottes heiliges Volk. Die Jünger Jesu stellen im Lukasevangelium somit eine deutlich distinkte Gemeinschaft dar. Sie bekennen Jesus als ihren Herrn im krassen Unterschied zu den anderen, die seine Herrschaft ablehnen. Und die Trennlinie geht auch und vor allem durch das alte Volk Gottes (Lk. 9,51-19,27). Die Ablehnung Jesu zieht das Gericht Gottes über Israel nach. Gemeinde des Christus kommt zwar aus Israel, ist aber nicht länger auf das alte Volk Gottes zu reduzieren. Sie ist eine Gemeinde aus Juden und Heiden (Apg. 20,28).

b. Gemeinde ist eine vom Heiligen Geist geführte Gemeinde (Apg. 16,7). Lukas datiert den Beginn gemeindlicher Aktivitäten mit dem Pfingstereignis (Apg. 2,1ff). Das Kommen des Geistes wird in der Art einer alttestamentarischen Theophanie Gottes beschrieben, wie sie beispielsweise Mose (Ex. 19,16-19) oder Elia (1Kön. 19,11-12) widerfahren ist. Es ist das Kommen des Geistes, wie Gott es seinem Volk verheißen hat. Unmissverständlich weist Petrus in seiner Pfingstpredigt auf Joel 2, 28-32 hin. Was hier geschehen ist, hat Gott seinem Volk längst zugesagt. Und der gekommene Geist eröffnet ein neues Zeitalter des Heils für Israel und die Welt.[252] Der auferstandene Christus regiert vom Himmel aus, und zwar durch den Geist, den er auf die Erde sendet (Lk. 16,7). Der wesentliche Akteur dieses Zeitalters ist die neue Gemeinschaft des Volkes Gottes, die sich über den Glauben an Jesus Christus konstituiert und durch Einheit auszeichnet. Und ihre Ausbreitung ist das Werk des Heiligen Geistes (Apg. 8,10.19). Dabei sind deutliche Manifestationen des Heiligen Geistes an der Tagesordnung (Apg. 4,8; 10,19).

c. Gemeinde Jesu ist Volk Gottes. Lukas nennt die Jünger Jesu „die Brüder" (Apg. 14,2; 15,1; 22,36).[253] Der Begriff wird 23-mal in der Apostelgeschichte gebraucht, was seine enorme Bedeutung für das Gemeindeverständnis des

Lukas unterstreicht.²⁵⁴ Die Glaubenden sind Brüder (Apg. 9,26.30; 11,29; 18,27). Sie gehören zu einer Familie, deren Herr Jesus Christus ist. In ihm sind sie geheiligt und dürfen daher den Titel der Heiligen beanspruchen (Apg. 9,13.32), einen Titel, den Gott für sein erwähltes Volk reserviert hat (Ex. 19,5-6; Deut. 33,3). Ja, die Gläubigen an Jesus sind das *laos* = Volk Gottes (Apg. 15,14; 18,10). In Antiochien wurden sie deshalb konsequenterweise zum ersten Mal Christen genannt (Apg. 11,26). Das neue Volk Gottes ist ein „christliches" Volk! Dieses Volk zeichnet sich durch Einheit aus (Apg. 2,46; 4,24; 5,12; 8,6; 15,25). Wie wichtig diese Einheit für die Gemeindevorstellung des Lukas ist, zeigen auch weitere kollektive Bezeichnungen für Christen. H. J. Cadbury weist ganze neunzehn solcher Benennungen in der Apostelgeschichte nach.²⁵⁵ Die Jesus-Nachfolger sind danach „solche, die glauben" (Apg. 2,44; 4,32; 15,5; 16,34; 18,27; 19,18; 21,20; 22,19), „solche, die gerettet wurden" (Apg. 2,47; vgl. Lk. 13,23); „solche, die das Wort annahmen und getauft wurden" (Apg. 2,41), seine Jünger (Apg. 6,7; 9,26; 11,26). Lukas liegt enorm daran zu zeigen, dass Jüngerschaft nicht als individuelle Beziehung allein missverstanden werden darf. Nur dreimal verwendet er den Begriff Jünger für die Beschreibung eines einzelnen Christen (Apg. 9,10.36; 16,1). Im Übrigen wird der Begriff kollektiv gebraucht (Apg. 6,7; 9,26.30; 11,26.29; 18,27 u.a.). Wer Jesus nachfolgt, folgt ihm mit anderen zusammen!

d. Gemeinde ist eine missionarische Größe. Auch bei Lukas geht die Bewegung in seiner Geschichtsdarstellung von innen nach außen. Der Gläubige ist aufgerufen, sich zu fragen, wem er ein Nächster ist, statt ständig nach seinem Nächsten zu suchen (Lk. 10,29-37). Das Evangelium, wie Lukas es erzählt, überschreitet ständig Grenzen des gesellschaftlich Üblichen, um dabei der Liebe Ausdruck zu verleihen (vgl. zB Lk. 7,36-50 oder Apg. 10). Das wohl erstaunlichste Beispiel dieser permanenten Grenzüberschreitung bei Lukas stellt seine Haltung zu den Frauen dar. Nicht nur schenkt er in seinem Doppelwerk den Frauen erstaunlich viel Aufmerksamkeit, sondern stellt sie in eine überaus privilegierte Stellung.

e. Die missionarische Praxis der Gemeinde ist bei Lukas ganzheitlich begriffen. Jesus versteht seinen Dienst so. Lukas zitiert Jes. 61,1ff und lässt Jesus die Aussagen dieses Textes auf sich selbst beziehen: „Der Geist des Herrn ist auf mir, weil er mich gesalbt hat, zu verkündigen das Evangelium den Armen, er hat mich gesandt, zu predigen den Gefangenen, dass sie frei sein sollen, und den Blinden, dass sie sehen sollen, und den Zerschlagenen, dass sie frei und ledig sein sollen, zu verkündigen das Gnadenjahr des Herrn" (Lk. 4,18-19). So und nicht anders hat Jesus, laut Lukas, seinen Dienst begriffen (Lk. 4,20). Und wie der Meister, so seine Jünger. Die Urgemeinde in Jerusalem ist von Anfang an sowohl sozial als auch proklamatorisch tätig (Apg. 3-8). Ähnlich entwickelt sich die Gemeinde in Antiochien (Apg. 11-

14). Die Verkündigung des Evangeliums sucht von Anfang an den ganzen Menschen: Man sorgt für Arme, heilt Kranke, vertreibt Dämonen, versöhnt Männer und Frauen, Juden und Heiden und predigt das Evangelium vom Reich Gottes.

f. Gemeinde drängt auf eine konkrete Gestalt, wobei der jeweilige Kontext ihre soziale Gestalt wesentlich bestimmt. Es ist recht unschwer, Unterschiede im äußeren Erscheinungsbild der Jerusalemer (Apg. 2-7) Gemeinde im Vergleich mit der Gemeinde in Antiochien am Orontes (Apg. 12-13) festzumachen. Die Leitungsstruktur ist da nur ein Indikator. In Jerusalem wird die Gemeinde von den Aposteln, Ältesten und Diakonen geleitet, in Antiochien von Propheten und Lehrern. Die Unterschiede sind, wie wir weiter oben gesehen haben, kontextbedingt. Lukas scheint sich gegen eine allgemeingültige Form der Kirche zu sperren und befürwortet stattdessen eine kontextualisierte Vielfalt. Die Jünger Jesu sind nach der Apostelgeschichte Gottes *ekklesia*. Ganze 19-mal wird dieser Begriff in der Apostelgeschichte gebraucht.[256] Abgesehen von Apg. 19,32.39, wo Lukas den Begriff im klassischen griechischen Sinn einer Bürgerversammlung verwendet, bezeichnet der Begriff die Gesamtheit der Christen vor Ort (Apg. 5,11; 8,1.3; 9,31; 11,26; 13,1; 14,27; 15,3 u.a.). Die einzige Ausnahme bildet Apg. 20,28, wo Paulus von der *ekklesia* Gottes spricht und damit die Christen überhaupt zu beschreiben scheint.[257]

2.5.4 Die Schriften des Apostels Paulus

Der Apostel Paulus gilt mit allem Recht als der Theologe der Gemeinde. Seine zahlreichen Briefe im Neuen Testament dürfen jedoch nicht als systematisch-theologische Abhandlungen gelesen werden. Paulus schreibt in einer missionarischen Situation. Seine Briefe sind kontext- und problembedingt. Man sucht vergeblich in ihnen nach einer ausformulierten Ekklesiologie. Was und wie Gemeinde ist, kommt auch bei Paulus eher als eines der vielen Themen vor. Es ist jedoch, wie wir sehen werden, ein zentrales Thema für Paulus.

Den Gemeindebegriff in den Schriften des Apostels Paulus in aller Breite zu ergründen würde bedeuten, den gesamten *corpus paulinum* nach einer entsprechenden Gemeindevorstellung zu lesen. Eine solche Forderung ergibt sich allein aus der Tatsache, dass man zum Teil erhebliche Unterschiede zwischen den Aussagen in den einzelnen Briefen ausgemacht hat. Man hat diese Unterschiede mit einer entsprechenden theologischen Entwicklung des Paulus zu erklären versucht. So unterscheidet man heute zwischen drei Gruppen von Paulus-Briefen, die jeweils eine gewisse gedankliche Ausrichtung haben: den frühen Paulinen: die Briefe an die Römer, 1 und 2 Korinther, Galater, Philipper, 1 und 2 Thessalonicher und Philemon; den mittleren Paulinen: Epheser und Kolosser; und den späten Paulinen: 1 und 2 Timotheus und Titus, die man auch die Pastoralbriefe nennt. In diesen jeweiligen Gruppen von Briefen, so wird argumentiert, lässt sich eine innere Fortentwicklung des Gemeindebegriffes verfolgen.[258] Allerdings beweisen Studien, die sich vor allem mit dem sozialen Hintergrund der paulinischen Gemeinden beschäftigt haben, dass eine differenziertere Sicht vonnöten ist.[259] Paulus schreibt seine Briefe sowohl Gemeinden mit einem recht unterschiedlichen sozio-kulturellen Hintergrund als auch Gemeinden, die sich in ihrer Gesamtentwicklung auf unterschiedlichem Niveau befinden. MacDonalds Versuch, die Unterschiede im paulinischen Gemeindenkonzept vom jeweiligen Stand der Institutionalisierung der Gemeinde her zu erklären, verdient unsere Aufmerksamkeit.[260] Aber auch Margaret MacDonald lässt den sozio-kulturellen Kontext, in dem sich die jeweiligen Gemeinden befanden, größtenteils außer Acht. Würde man aber diesen Hintergrund stärker in den Blick nehmen, so müsste eine theologische Entwicklung im Denken des Paulus nicht notwendigerweise postuliert werden. Nichtsdestotrotz werde auch ich mich in den drei oben angezeigten Blöcken bewegen. Aus den frühen Paulinen werde ich mich auf drei seiner Schriften beziehen, um dann in einer Zusammenfassung auch Linien zu anderen Texten des frühen Paulus zu schlagen: den Briefen an die Thessalonicher (1), Korinther (1) und Römer. Im mittleren Block seiner Schriften sehen wir uns den Epheserbrief an und schließen mit dem Brief an den Timotheus (1) ab. Unsere Arbeitsfrage bleibt auch hier: Wie wird die Gemeinde in der Schriften des Apostels Paulus im Bezug auf ihre Umwelt gesehen? Kann man mit Paulus eine Gesellschaftsrelevanz der Gemeinde aufbauen?

2.5.4.1 Der 1 Thessalonicherbrief

Die Gemeinde im nordgriechischen Thessalonich wurde von Paulus innerhalb weniger Wochen vorwiegend aus Heiden gegründet (Apg. 16,1ff; 1Thess. 2,1ff).[261] Sie wird etwa ein halbes Jahr bestanden haben, als Paulus ihr seinen ersten Brief schickte.[262] Ihm geht es in diesem Brief um Ermutigung und Trost und er will der Gemeinde eine Perspektive für die Heilsgeschichte, Grundlagen für das soziale Verhalten und Mission vermitteln.[263] Er will ihre Hoffnung, Liebe und Glaube stärken (1Thess. 1,3).[264]

Wie denkt Paulus in diesem Brief Gemeinde und wie gestaltet sich ihr Auftrag angesichts der Herausforderungen der heidnischen Umwelt?

a. Gemeinde ist die Gemeinschaft der von Gott auserwählten und berufenen Menschen (1Thess. 1,3), die sich zu Gott bekehren, um ihm zu dienen und auf die Erfüllung der Verheißungen zu warten (1,9). Sie besteht aus den Kindern des Lichts, des Tages (5,5), die sich deutlich von den Kindern der Nacht und der Finsternis (5,5bff) unterscheiden. Die Gemeinde hat ihren Anfang und ihr Ende. Sie kommt von der Erlösung durch Christus her und lebt auf die Wiederkunft des Christus hin (5,8-10). Ihre Bestimmung ist „das Heil zu erlangen durch unseren Herrn Jesus Christus" (5,9b). Damit ist die Gemeinde eine heilsgeschichtliche Erscheinung, die eine eschatologische Bestimmung hat. Sie lebt aus der lebendigen „Hoffnung auf das Heil" (5,8). Und sie findet ihre Mitte in Jesus Christus. Was sie ist und was sie tut, wird aus dem Verhältnis zu Jesus bestimmt.

b. Gemeinde ist eine dienende Gemeinde. Sie konstituiert sich [gründet] durch die Bekehrung der Menschen von den Abgöttern zu Gott, um „Gott zu dienen" (1,9). Sie ist erwählt, in der Welt für Gott da zu sein. An ihrem Tun wird Gottes Art sichtbar. Sie kann damit nicht beliebig leben, sondern hat sich darum zu bemühen, so zu leben, „um Gott zu gefallen" (4,1). Leben in der Heiligung nennt Paulus ein solches Dasein (4,3). Was verlangt wird von der Gemeinde, ist eine Gestalt, die dem entspricht, was Gott ist. Er ist heilig und sie, seine Gemeinde, soll heilig sein. Die Anspielung auf das alttestamentliche Heiligkeitsgebot (Lev. 19,2) ist unverkennbar.

c. Gemeinde lebt aus der Gnade und Zuwendung Gottes. Gemeinde ist eine vom Heiligen Geist geführte Gemeinschaft. Der Apostel macht deutlich, dass sowohl die Aufnahme des Wortes Gottes durch die Thessalonicher und damit der Beginn der Gemeinde (1,6) als auch ihr Fortgang davon abhängt, dass sie den Geist Gottes nicht dämpfen (5,19). Geführt vom Heiligen Geist, wird sie geheiligt und umgestaltet in das von Gott gewollte untadelige Bild. Paulus schreibt: „Er aber, der Gott des Friedens, heilige euch durch und durch und bewahre euren Geist, samt Seele und Leib, unversehrt, untadelig für die Zukunft unseres Herrn Jesus Christus" (5,23).

d. Gemeinde ist eine ganzheitliche Gemeinschaft. Paulus wird sehr praktisch, wenn er das soziale Miteinander der Gemeindemitglieder beschreibt. Sie sollen einander ermutigen und erbauen (5,11), arbeiten und sich selbst versorgen (5,12), untereinander Frieden pflegen (5,13), die Schwachen tragen und stärken (5,14), einander Gutes tun (5,15) und Böses meiden in jeder Gestalt (5,18). Die soziale Dimension der Gemeinschaft wird durch die spirituelle ergänzt: Freude, Gebet, Dankbarkeit und Erfahrung des Heiligen Geistes sollen die Atmosphäre in der Gemeinde bestimmen (5,16-20).

e. Gemeinde lebt in der Öffentlichkeit, inmitten der Welt. Die Gemeinde besteht aus Kindern des Lichtes und des Tages (5,5ff). Sie zieht sich nicht aus der Welt zurück, sondern lebt bewusst zu Gottes Ehre „vor denen, die draußen sind" (4,12). Sie soll „jedermann Gutes tun" (5,15). Sie soll jedermann „Liebe erweisen" (3,12). Das Leben im Angesicht der Welt wird die Herzen der Gläubigen stärken und sie untadelig machen am Tag des Herrn (3,13).

f. Gemeinde ist ein Agent der Mission Gottes. Paulus macht das deutlich, indem er sein eigenes missionarisches Vorbild der Gemeinde vorführt (1-2). Und die Thessalonicher sind diesem Vorbild gefolgt. „Ihr seid unserem Beispiel gefolgt und dem des Herrn und habt das Wort aufgenommen in großer Bedrängnis mit Freuden im Heiligen Geist, dass ihr ein Vorbild geworden seid für alle Gläubigen nicht nur in Mazedonien und Achaja, sondern an allen Orten" (1,6-7). Mission ist also eine Mission im Sinne des Herrn. Sie ist von Christus her gedacht. So hat Paulus sie verstanden, und so hat er sie an die Thessalonicher weitergegeben. Damit zeigt sich die Verkündigung der Thessalonicher sowohl in der Weitergabe des Wortes (1,5.7) als auch im Wirken in der Kraft des Heiligen Geistes, was an den praktischen Taten im Glauben deutlich wird (1,8). Jeder persönliche Gewinn und Ehre werden hintenangestellt. Es geht um nichts anderes als um die Ehre Gottes. Und diese wird gewonnen, wenn man den Menschen in und außerhalb der Gemeinde Liebe zeigt (3,12). Gemeinde ist eine seelsorgerliche Gemeinschaft. Das Vorbild des Paulus und seiner Mitarbeiter hat die Thessalonicher gelehrt, dass man sich für die Menschen, die Gott in sein Reich und zu seiner Herrlichkeit beruft, „wie ein Vater für seine Kinder" einzusetzen hat (2,11), wie eine „Mutter, die ihre Kinder pflegt" (2,7). Menschen müssen „ermahnt, getröstet und beschworen" werden, ein gottwürdiges Leben zu führen (2,12). Man wird mit ihnen nicht nur das Evangelium teilen, sondern das eigene Leben (2,7). Ein solcher Einsatz kann nicht nur beschwerlich sein, sondern auch mit großen Hindernissen, ja gar Lebensgefahr verbunden sein (2,2). Er erfordert Mut und Kraft von oben (2,2f). Und ein solcher Dienst ist nur aus Liebe zu den Menschen möglich (2,8b; 3,12). Den Thessalonichern sein eigenes Leben zu geben, ihre Sorgen und Lasten mitzutragen und zugleich in der Nähe Gottes Veränderung und Transformation erleben – das ist Mission, wie sie Jesus gelebt hat.

g. Gemeinde ist eine verfolgte Gemeinde. Die Thessalonicher fanden unter „großer Bedrängnis" (1,6) zum Glauben. Und die Missionare, die sie gründeten, standen unter unvorstellbarem Druck (2,2). Und die Verfolgung legte sich nicht über Nacht. Durch Gründung der Gemeinde wird die Welt um sie nicht einfach anders. Der Versuch des Teams, die Gemeinde wieder zu besuchen, scheiterte am Widerstand Satans (2,18). Gemeinde ist also auch eine umkämpfte Größe, doch gerade das macht sie am Ende zur missionarischen Attraktion für all diejenigen, die ihre Liebe erfahren. Sie vergelten nicht Böses mit Bösem, sondern geben Liebe und tun Gutes an jedermann (3,12; 5,15).

2.5.4.2 Die Korintherbriefe
Der 1. Korintherbrief ist im wahren Sinne des Wortes ein Gemeindebrief. 22-mal verwendet Paulus in diesem Brief das Wort *ekklesia*. Auch andere Bilder für die Gemeinde finden hier ihre Erklärung. So ist das Bild des Leibes Christi ein zentrales Image in Kapitel 12 und das Bild des Baus und der Pflanzung in Kapitel 3.

Paulus hatte die Gemeinde etwa 5 Jahre vor der Abfassung seines ersten Briefes gegründet.[265] Er hatte sie offensichtlich vor der Abfassung seines ersten Briefes noch nicht besucht. Ihn erreichen Briefe (1Kor. 7,1), Gerüchte (1Kor. 1,11; 11,18) und er wird von Mitgliedern der Gemeinde besucht (1Kor. 16,17). Die Botschaften, die er hört, sprechen von groben Fehlentwicklungen in der Gemeinde. Es geht in Korinth zum Teil drunter und drüber. Der Apostel sucht nun mit seinem Schreiben, Ordnung in die schiefe Lage der Gemeinde zu bringen. Dabei sieht er sich gezwungen, gemeindebezogene Themen ganz grundsätzlich anzusprechen. So entsteht seine Lehre von der Gemeinde, die sich zwar an den vorhandenen Missständen in der Gemeinde orientiert, dabei jedoch die jeweilige Antwort auf ein grundsätzlich gefasstes theologisches Fundament stellt. Uns interessiert nun die Frage: Wie verhielt sich diese Gemeinde zur Gesellschaft? Hat ihre Schieflage etwa mit einer zu nahen Beziehung zu der Umwelt zu tun?[266] Wie bestimmt Paulus ihr Wesen? Wie formuliert er ihre Mission? Und ist diese weltoffen? Lassen sich in den Korintherbriefen Spuren einer Theologie des gesellschaftsrelevanten Gemeindebaus finden? Folgende Thesen lassen sich mE der Lektüre der Briefe entnehmen.

a. Gemeinde ist für Paulus die Gemeinde Gottes (1Kor. 1,2; 2Kor. 1,1). Sie gehört Gott, ist von ihm berufen (1Kor. 1,9) und muss daher von ihm aus definiert werden. Was sie ist und was sie tut, liegt daher im Ermessen des dreieinigen Gottes. Der trinitarische Charakter der Gemeinde wird deutlich unterstrichen. Die Gemeinde Gottes ist vor allem die Gemeinde Gottes, die „zur Gemeinschaft mit Jesus Christus" berufen ist (1Kor. 1,9). Er ist ihr Herr (1Kor. 1,9). Die Gemeinde ist Gemeinde durch ihn (1Kor. 1,30; 2Kor. 1,20ff). Nicht die Zugehörigkeit zu dem einen oder anderen Gemeindelehrer, sondern die Zugehörigkeit zu Christus macht sie aus (1Kor. 1,10ff). „Ist jemand in Christus", kann Paulus sagen, „so ist er eine neue Kreatur" (2Kor. 5,17). Die Verwirklichung des von Christus her gedachten Wesens der Gemeinde setzt für Paulus jedoch die Erfahrung des Geistes Gottes voraus. So ist der Glaube, der die Hinwendung zur Gemeinde möglich macht, ein Glaube, der nicht „in überredenden Worten menschlicher Weisheit, sondern in Erweisung des Geistes und der Kraft" (1Kor. 2,5) von Paulus verkündigt worden ist. Die Gemeinde bezieht ihre Erkenntnis, Weisheit und auch sonstige Lebenskraft aus dem Geist Gottes. Paulus bringt diese Erkenntnis auf den markanten Satz: „Wir aber haben nicht den Geist der Welt empfangen, sondern den Geist, der aus Gott ist, und so, dass wir wissen können, was uns von Gott geschenkt ist" (1Kor. 2,12). Gemeinde ist also „Gottes Ackerfeld und Gottes Bau" (1Kor. 3,9). Wer sie bauen will, der muss sie so bauen, wie der Baumeister es sich gedacht hat (1Kor. 3,10f). Und er, der Baumeister, legt den Grund in Christus (1Kor. 3,11) und baut einen Tempel des Heiligen Geistes (1Kor. 3,16).

b. Gemeinde ist der Leib Christi (1Kor. 10,14-22). Sie ist eine organische Wirklichkeit. In ihr hat Gott sein Wort aufgerichtet, d.h. es ist in ihr Fleisch geworden (2Kor. 5,18). Dieser Leib besteht aus Gliedern, die aus den Menschen gebildet werden, die Christus als ihren Herrn annehmen und dann vom Geist Gottes in den einen Leib hineingetauft werden (1Kor. 12,13). Die Platzanweisung erfolgt hier durch die Gabe des Geistes, die für den Dienst gegeben wird (1Kor. 12,4-5). Der Missbrauch der Gabe im eigenen Interesse kommt einer Entwertung der Gabe gleich (1Kor. 14,1ff).

c. Gemeinde ist eine dienende Gemeinschaft. Ihr Auftrag besteht nicht darin zu herrschen, sondern zu dienen, zu segnen, und zwar auch dann, wenn sie für nicht mehr als „Kehricht und Abschaum der Welt" geachtet wird (1Kor. 4,6ff). Das schließt zunächst ein vorurteilsfreies Leben inmitten einer korrumpierten und von der Sünde gezeichneten Welt ein. Die Gemeinde soll diese Welt nicht richten, sondern wie ein neuer Sauerteig in der Welt eine heilige Alternative leben (1Kor. 5,7ff). Und zwar da, wo sie von Gott hingestellt worden ist. In letzter Radikalität kann Paulus deshalb von den Sklaven erwarten, dass sie sich mit ihrem Stand zufrieden geben und darin so leben, dass ihre innere Freiheit in Christus deutlich zum Ausdruck kommt. Sollte sich aber die Chance zu Freiheit ergeben, so soll auch der Sklave lieber Freiheit als seinen sklavischen Stand wählen (1Kor. 7,20-24). Die oberste Maxime der Gemeinde ist also nicht die Verwirklichung eines Lebensstils, der die maximale Selbstbefriedigung ermöglicht, sondern die Hinführung der Welt zum Gehorsam Gottes. Paulus verlangt deshalb radikale Anpassung an den Kontext, eine Inkarnation in die Gesellschaft, in der man lebt. Er selbst will „den Juden ein Jude, dem Griechen ein Grieche, ja allen alles werden, um wenigstens einige für Jesus zu gewinnen" (1Kor. 9,19-23). Durch den Dienst wird die Gemeinde zu einem „Brief des Christus", den der Geist Gottes selbst schreibt (2Kor. 3,3ff). Ja er, der Geist Gottes, ist der Herr im Dienst des Neuen Bundes (2Kor. 3,17). Wo unter seiner Leitung gedient wird, da wird die Herrlichkeit Gottes sichtbar und erfahrbar (2Kor. 3,11ff).

d. Die Gemeinde ist eine heilige Gemeinschaft. Die Gemeinde Gottes ist gesetzt, Gottes Recht in der Welt zum Ausdruck zu bringen. An ihr wird deutlich, was Gott der Welt zu sagen hat. Nicht zuletzt deshalb verlangt Paulus von der Gemeinde eine rigorose Ethik und Moral. Die Welt kann ihr also keine Maßstäbe setzen. Sie ist vielmehr aufgerufen, sich von diesen Maßstäben radikal abzuwenden (2Kor. 6, 14ff). Und da, wo sich Gemeindeglieder nicht daran halten wollen, befiehlt Paulus Gemeindezucht (1Kor. 5,11). Die Motivation hierzu kommt bei Paulus ausschließlich aus der Sorge, dass die Sünden der Gemeindeglieder eine Verherrlichung Gottes in der Welt unmöglich machen (1Kor. 6,7.10).

e. Gemeinde ist Gottes Gemeinde vor Ort. Paulus unterstreicht das mit seinem Nachsatz „Gemeinde Gottes, die in Korinth ist" (1Kor. 1,2; 2Kor. 1,1). Die Gemeinde ist damit im wahrsten Sinne des Wortes *ekklesia*, Gottes zur Verantwortung herausgerufene Gemeinde. Der ekklesiale Charakter der Gemeinde wird auch durch das Bild des Dieners und Haushalters in 1Kor. 4,1 unterstrichen. Der *oikodomus* war der für alle Belange eines Haushalts zuständige Verwalter. In seiner Gewalt lag es, Entscheidungen zu treffen, die dem Interesse des Hauses dienten. Paulus sieht in der Gemeinde den „Haushalter über die Geheimnisse Gottes". Die Verantwortung reicht also weit über den engen Rahmen einer christlichen Gemeinschaft hinaus. Sie schließt Gottes Absichten ein. Was verwaltet werden soll, wird also mit den Mysterien, mit den Absichten und Plänen Gottes begrenzt. Für die Korinther schließt das Gottes Absichten mit dem Ort und seinen Bewohnern ein.

f. Gemeinde ist Gottes richtende Instanz in der Welt. Sie ist berufen, „die Welt zu richten", und sie wird auch eines Tages Engel richten (1Kor. 6,2f). Sie ist daher aufgerufen, sich eine entsprechende Kompetenz in der Beurteilung von Alltagskonflikten anzueignen. Es ist für Paulus undenkbar, dass Gemeindeglieder ihre Konflikte vor weltlichen Gerichten austragen (1Kor. 6,1-8). Vielmehr soll die Gemeinde der Welt vorleben, was Gerechtigkeit ist (2Kor. 5,21).

2.5.4.3 Der Römerbrief

Im Brief an die Römer geht es Paulus zunächst um „sein Thema" Rechtfertigung aus Glauben.[267] Ekklesiologische Fragestellungen kommen eher indirekt vor. Ähnlich wie in seinen anderen frühen Briefen geht Paulus auch hier von der engen Beziehung zwischen Jesus und seiner Gemeinde aus. Gerecht gesprochen werden Menschen, die in Christus sind (10,1-13). Sie gehören zu dem neuen Typos von Mensch, der in Christus begründet ist (5,12-21). Denn nur wer „in Christus ist", ist geistlich lebendig (5,18ff). Wer dagegen im alten Menschen bleibt, in Adam also, ist tot (5,12ff). Das Bleiben hier beschreibt die gesamte Existenz des Menschen. Was das Leben „in Adam" bedeutet, das macht Paulus in seiner Beschreibung der Dekadenz der gottlosen Menschheit deutlich (1,18ff). Sie hat sich von Gott abgewandt und ist nun dem Tod und Zerfall schutzlos ausgeliefert. Der einzige Ausweg ist Christus. Es gibt demnach keine Verdammnis für diejenigen, die in Christus Jesus sind (8,1). Wer in Christus ist, lebt im Geist (8,9) und ist somit vom Fluch seines sündigen Fleisches befreit (8,1f). Er lebt nun auf Hoffnung hin (8,24).

Der Nachfolger Christi findet also seine neue Identität in Christus. Welche Konsequenzen hat das für das paulinische Gemeindeverständnis? Was sagt Paulus dazu im Römerbrief? Und welche Konsequenzen hat sein Gemeindeverständnis für die Beziehung der Gemeinde zur Welt? Folgendes lässt sich aus dem Römerbrief entnehmen.

a. Gemeinde ist zunächst und vor allem eine Gemeinschaft von Menschen, die zu Christus gehören. Hier haben sich Menschen gefunden, die ihr ganzes Leben Christus geweiht haben (6,3). So sind sie zu „einem Leib in Christus" (12,5) geworden. Diese korporative Einheit, so der Text, macht das „in Christus" erst möglich.[268] Christsein ist somit nur als Mitgliedschaft am Leib, an der Gemeinschaft der Gläubigen möglich. Die Gemeinde besteht für Paulus aus einem Kollektiv erwählter und berufener Heiligen. Paulus übernimmt somit eine Ehrenbezeichnung Israels[269] und wendet sie konsequent auf die Glieder der Jesus-Gemeinschaft an (1,7; 8,27; 12,13; 15,25). Sie sind nun die Heiligen (8,27), die Erwählten (8,33), sie, die einst kein Volk waren, sind nun Gottes Volk (9,25). Gemeinde ist Gottes Volk – ein Volk erwählt und berufen zum Dienst!

b. Die Gliedschaft am Leib ist in Diensten oder Aufgaben ausgedrückt (12,4). Wer immer zum Leib gehört, hat Gottes Gnade zu einem besonderen Dienst erhalten, nach dem „Maß des Glaubens, wie Gott es ausgeteilt hat" (12,3). Die Gemeinschaft des Leibes Christi ist somit eine Dienstgemeinschaft. Hierbei wird kein Unterschied zwischen dem Dienst der Frau und dem des Mannes gemacht. Es fällt auf, wie groß die Zahl der Frauen in Leitungspositionen in der Gemeinde zu Rom ist, die Paulus grüßt (16,1.3.6.7.12.15).[270]

c. Gemeinde ist für Paulus die *ekklesia* Gottes vor Ort. Wenn er den Begriff Versammlung verwendet, dann bezieht er ihn auf eine geographische Lokalität. So in 16,1. Hier wird Phöbe als Diakonin der Gemeinde in Kenchrea identifiziert. Der Gruß an Priska und Aquila schließt „die Gemeinde in ihrem Haus" ein (16,5). Sein Brief ist an „alle Geliebten Gottes und berufenen Heiligen in Rom" (1,7) gerichtet. Gemeinde ist hier allem anderen voran eine Gemeinde vor Ort.

d. Gemeinde wird als Hoffung zur Erlösung der ganzen Schöpfung begriffen. Paulus schreibt: „Denn ich bin überzeugt, dass dieser Zeit Leiden nicht ins Gewicht fallen gegenüber der Herrlichkeit, die an uns offenbart werden soll. Denn das ängstliche Harren der Kreatur wartet darauf, dass die Kinder Gottes offenbar werden. Die Schöpfung ist ja unterworfen der Vergänglichkeit – ohne ihren Willen, sondern durch den, der sie unterworfen hat –, doch auf Hoffnung; denn auch die Schöpfung wird frei werden von der Knechtschaft der Vergänglichkeit zu der herrlichen Freiheit der Kinder Gottes. Denn wir wissen, dass die ganze Schöpfung bis zu diesem Augenblick mit uns seufzt und sich ängstigt ..." (8,18-22). Der Horizont ihrer Verantwortung ist die Schöpfung!

e. Die Gemeinde ist aufgerufen, einen Lebensstil zu praktizieren, der sich deutlich von dem der heidnischen Welt unterscheidet. Während diese in jeder Hinsicht moralisch korrumpiert ist und deshalb dem Zerfall ausgeliefert ist

(1,18-32), soll die Gemeinde ein in allen Belangen gottgewolltes Leben führen (12,9ff).

f. Gemeinde definiert ihr Verhältnis zur Welt als missionarische Aufgabe, „das Böse mit dem Guten zu überwinden" (12,21). Das schließt überaus aktive Tätigkeit und Dienst mit ein. Sie soll Gastfreundschaft praktizieren (12,13); segnen, die sie verfolgen (12,12); sich zu den Geringeren halten (12,16); niemandem Böses mit Bösem vergelten, sondern auf Gutes bedacht sein gegenüber jedermann (12,17). Sie soll Frieden mit allen Menschen anstreben (12,18) und sogar ihre Feinde mit Wasser und Brot versorgen (12,20). Paulus bezieht seine Forderung nach einem transformativen Lebensstil bewusst auch auf das Verhältnis der Gemeinde zum Staat (13,1ff). Sie soll da, wo der Staat seinem ihm gegebenen Auftrag, „Gottes Dienerin zum Guten" (13,4) zu sein, von der Gemeinde unterstützt werden durch „Gutes tun" (13,3), Unterordnung (12,5) und ein staatsgerechtes Verhalten: Steuern werden bezahlt, Zoll wird entrichtet, Ehre dem erwiesen, dem Ehre gebührt (13,7).

g. Der Auftrag der Gemeinde ist, Menschen in die Gemeinschaft mit dem lebendigen Gott zu führen, „die Heiden zum Gehorsam zu bringen durch Wort und Werk in der Kraft von Zeichen und Wundern und in der Kraft des Geistes Gottes" (14,18-19). Sie tut das, indem sie, Christus ähnlich, in der Welt den Menschen dient. „Denn auch Christus hatte nicht an sich selbst Gefallen ..." (15,3). Deshalb ruft Paulus die Gemeinde zu Rom auf: „Jeder von uns lebe so, dass er seinem Nächsten gefalle, zum Guten und zur Erbauung" (15,2). Für ihn heißt das in der Praxis, dass nicht religiöse Tradition wie Speise- und Tagesvorschriften (14,1ff), sondern Nächstenliebe die soziale Gestalt und das Leben der Gemeinde zu bestimmen hat. „Das Reich Gottes ist nicht Essen und Trinken, sondern Gerechtigkeit und Frieden und Freude im Heiligen Geist" (14,17), stellt Paulus fest. Ihm geht es nicht um die Festschreibung religiöser Rituale, erst recht nicht auf Kosten von Menschen, die geistlich schwach sind, sondern darum, dass die Gerechtigkeit Gottes, sein Friede und seine Freude zur Erfahrung der Menschen werden.

2.5.4.4 Der Epheserbrief

Der Epheserbrief und der mit diesem Brief eng verwandte Kolosserbrief werden zu den „mittleren" Paulinen gerechnet.[271] Paulus gibt der Gemeinde in beiden Briefen viel Raum. In beiden Schreiben wendet er sich an Heidenchristen (Kol. 2,11.13; Eph. 2,11f; 4,17). In beiden Schreiben geht es ihm darum, Christus als den Herrn der Schöpfung darzustellen und deutlich zu machen, dass Christus das Haupt der Gemeinde ist ((Kol. 1,18; 2,10.19; Eph. 1,22; 4,15; 5,23). In beiden Briefen macht Paulus deutlich, dass die Königsherrschaft Gottes bereits in die Geschichte und damit in das Leben der Menschen eingebrochen ist (Kol. 1,11-13; 2,10; 3,1; Eph. 1,3.13.19; 2,6). Während aber der Kolosserbrief den Akzent vor allem auf die Christologie setzt, nehmen ekklesiologische Themen im Epheserbrief breiten Raum ein. Ich werde mich daher vor allem auf den Epheserbrief konzentrieren, wobei hier und da bewusste Rückbezüge auf den Kolosserbrief gemacht werden.

Wie denkt Paulus Gemeinde im Epheserbrief? Welche Akzente setzt er? Und inwieweit sieht er die Gemeinde in ihrem Bezug zur Welt und Gesellschaft? Folgende Beobachtungen können gemacht werden.

a. Gemeinde ist unter der Herrschaft des Christus. Christus ist der Herr der Welt (Eph. 1,21f; Kol. 1,18ff) und somit auch das Haupt der Gemeinde (Eph. 1,22; Kol. 1,18). Sie ist nur im Bezug auf ihn lebendige Gemeinde und muss daher von ihm aus definiert werden. Sie ist sein Leib und Fülle (Eph. 1,22-23). Paulus nennt die Gemeinde *ekklesia*. Doch im Unterschied zu dem Gebrauch des Begriffs in seinen frühen Schriften verwendet er hier den Begriff generisch. Die *ekklesia* ist hier Gemeinde, wie sie vom Himmel her gedacht wird. Damit wird sie wesensmäßig als universale Größe vorgestellt.[272]

b. Gemeinde ist Gottes Volk. Ähnlich wie auch schon in seinen frühen Briefen wendet Paulus die altestamentlichen Volk-Gottes-Marker auf die Gemeinde an. Menschen, die zur Gemeinde gehören, sind „die Heiligen" (Eph. 1,1), die „Erwählten" (1,4), „Berufenen" (1,5), „Kinder Gottes" (1,5), „Erben" (1,11). Sie sind damit sein erwähltes Volk.

c. Gemeinde ist eine Erbgemeinschaft, die sowohl den Segen des Christus als auch den Auftrag bzw. die Mission des Christus erbt (Eph. 1,11.18). Und dieser Auftrag hat kosmische Dimensionen (1,21).[273] Durch *ekklesia* wird „den Mächten und Gewalten im Himmel die mannigfaltige Weisheit Gottes kundgetan" (3,10). Und sie ist es, die diesen Mächten auf der Erde den Kampf angesagt hat (6,12). Wo die *ekklesia* ist, da wird Gott gelobt (3,20), denn darin findet sie ihre eigentliche Bestimmung, etwas zu sein zum Lob seiner Herrlichkeit (1,3-14).

d. Die Gemeinde ist die Versammlung der Gläubigen vor Ort. Paulus schreibt an die „Heiligen in Ephesus" (Eph. 1,1.4).[274] Der universale Charakter der *ekklesia*, deutlich dargestellt in 4,1-7, wird erst im Vollzug der Gemeinde vor Ort gelebte Wirklichkeit (4,11-16). Erst wenn die Mitglieder des einen Leibes beginnen, konkret ihre ihnen von Gott gegebenen Gaben einzusetzen und damit den ihnen zugewiesenen Dienst zu tun (2,10), wird Gemeinde geistlich stabil und beginnt sich in der Gesellschaft auszubreiten und zu wachsen (4,12-16). Für die Verwirklichung dieser Ziele setzt Gott in die Gemeinde Menschen mit besonderen Gaben: Apostel, Propheten, Evangelisten, Hirten und Lehrer (4,11), „damit die Heiligen zugerüstet werden zum Werk des Dienstes. Dadurch soll der Leib erbaut werden" (4,12).

Gemeindebau ist somit nur durch die konkrete Wahrnehmung des Dienstes der Glieder am Leib möglich. Geschieht diese Konkretisierung vor Ort nicht, so wird auch die Gemeinde als solche weder stabil, noch wird sie wachsen.

e. Die Gemeinde ist eine Gemeinschaft, die aufgerufen ist, alternativ, ausgesondert „heilig und untadelig" vor Gott zu leben (1,4; 5,27). Paulus macht das deutlich, indem er in Kapitel 2 deutlich das Leben vor der Hinwendung zu Jesus dem Leben nach der Hinwendung gegenüberstellt. Vorher tot in Sünden (2,5) – jetzt lebendig gemacht (2,5); vorher Kinder des Zorns (2,3) – jetzt Kinder Gottes (2,28); vorher ohne Christus (2,12) – jetzt in Christus (2,13); vorher Fremde und außerhalb des Bundes Israels (2,12.19) – jetzt Mitbürger und Gottes Hausgenossen (2,19); vorher Fremdlinge (2,12) – jetzt Hausgenossen, eine Familie (2,19); vorher ohne Hoffnung (2,12) – jetzt mit Hoffnung (2,13); vorher fern (2,13.17) – jetzt nah (2,13.17). Die Gemeinde ist also durch Christus versetzt in einen neuen Status. Sie ist ein Raum des Friedens und der Versöhnung, in der alte Feindschaften besiegelt werden können und die scheinbar Unversöhnlichen Frieden finden (2,14-17). In der Gemeinde wird eine neue Menschheit Wirklichkeit (2,15), die Gott entspricht und damit auch mit der Familie Gottes gleichgesetzt werden kann (2,19). Dieses Anderssein der Gemeinde ist für Paulus keineswegs ein theoretisches Gedankenkonstrukt, sondern unbedingt gelebte Praxis. Deshalb ruft er die Gemeinde zu Ephesus auf, ein Leben nach dem Willen Gottes zu leben, nicht wie die Heiden, die der Nichtigkeit ihres Verstandes verfallen und deshalb dem Leben aus Gott entfremdet sind (4,17f). Stattdessen sollen sie sich neue Verhaltensweisen aneignen, die der „Wahrheit in Christus" entsprechen und den neuen Menschen in der Welt identifizieren (4,21.24). Ganz praktisch bedeutet das, nicht mehr zu lügen, sondern die Wahrheit mit seinem Nächsten zu sprechen (4,25), nicht mehr unkontrolliert zu zürnen (4,26); nicht mehr zu stehlen, sondern mit den eigenen Händen zu arbeiten, dass man auch dem Bedürftigen abgeben kann (4,28); kein faules Geschwätz mehr zu praktizieren, sondern so zu reden, dass Worte denen, die sie hören, Segen bringen (4,29). Die Gemeinde ist aufgerufen, im Licht Gottes und in der Kraft der Liebe Gottes zu leben (5,1ff).

f. Gemeinde ist Gottes prophetische Stimme in der Welt. Das alternative Leben in der Welt hat deutlich missionarische Absichten. Paulus schreibt: „Habt nicht Gemeinschaft mit den unfruchtbaren Werken der Finsternis; deckt sie vielmehr auf" (5,11). Das Leben im Licht hat also den Zweck, Menschen in der Finsternis aufzurütteln und von ihrem Zustand aufzuwecken (5,14). Sie sollen im Anderssein der Christen einen Spiegel finden, der ihnen Gottes Willen und Anspruch vor die Augen stellt. Die Sorgfalt in der Wahl des Lebensstils hat also missionarische Gründe (5,15).

g. Gemeinde ist eine vom Geist Gottes geführte Gemeinschaft. Immer wieder macht Paulus deutlich, dass die Verwirklichung dessen, was er nun als *ekklesia* beschrieben hat, nur im Geist Gottes möglich ist. Die Gemeinde wird stark durch den Geist (3,16). Die Gläubigen sollen sich darum kümmern, sich vom Geist erfüllen zu lassen (5,18), und sie sollen das Schwert des Geistes, welches ist das Wort Gottes, im Kampf gegen die Mächte der Finsternis einsetzen (6,17).

2.5.4.5 Die Pastoralbriefe

Die Paulusbriefe an Timotheus und Titus gehören zu den späten Schreiben des Apostels. Seit dem achtzehnten Jahrhundert hat man sie auch Pastoralbriefe genannt, vor allem wegen der gemeindebezogenen Themen, die in diesen Briefen behandelt werden. Es ist vor allem der deutliche Hang zu fest verankerter Institution, die man in diesen Briefen spürt, die die Briefe besonders stellen.[275] Man merkt nur noch wenig von einer charismatischen und organischen Struktur der Gemeinde, wie sie beispielsweise in den frühen Paulinen oder auch im Epheser und Kolosserbrief dominiert. Der fünffältige Leitungsdienst (Eph. 4,11) wird konsequent mit einer festen Struktur, die aus Ältesten und Diakonen besteht, ersetzt (1Tim. 3,1-13; Tit. 1,5-9). Das recht offene Verhältnis des Paulus zum Dienst der Frauen in der Gemeinde in seinen frühen Briefen wird hier mit einem deutlichen Lehrverbot quittiert (1Tim. 2,11-12). Es hat den Anschein, dass hier ein ganz neues Denken aufgezogen ist und die Gemeinde sich angesichts von Verfolgung und doktrinalen Streitigkeiten (1Tim. 1,3-4) neu zu positionieren beginnt.[276] Angesichts einer solchen Entwicklung würde man auch ein wesentlich verändertes Gemeindeverständnis erwarten. Änderte Paulus seine Vorstellung von der Gemeinde? Was sagen die Pastoralbriefe aus über die Gemeinde und ihr Verhältnis zur Welt?

a. Gemeinde ist Gottes Volk. Auch in den Pastoralbriefen benutzt Paulus seine Marker für Gottes neues Volk. Christen sind Gottes Erwählte (Tit. 1,1; 2Tim. 2,10), sein eigenes Volk (*laos*) (Tit. 2,14), „solche, die sein sind" (2Tim. 2,19), eine Formulierung, die direkt aus Num. 16,5 genommen ist. Die *ekklesia* ist somit deutlich als „Gemeinde des lebendigen Gottes" (1Tim. 3,15) identifiziert.

b. Gemeinde ist Gottes missionarischer Agent. Paulus nennt sie „Pfeiler und eine Grundfeste der Wahrheit" (1Tim. 3,15b). An der Gemeinde wird demnach deutlich, was wahr und was unwahr ist. Und deutlich wird es am „Verhalten im Hause Gottes" (1Tim. 3,15a). Die missionarische Berufung der Gemeinde macht eine Forderung nach moralischer Reinheit notwendig (Tit. 3,3ff).

c. Gemeinde ist eine Dienstgemeinschaft für die Welt. Paulus bestimmt das Verhältnis der Christen zum Staat und der Gesellschaft als Dienstverhältnis. Christen sollen der Obrigkeit untertan und zu jedem guten Werk bereit sein (Tit. 3,1). Sie sollen ihre Sanftmut beweisen gegen alle Menschen (Tit. 3,2). Paulus will, dass Titus mit Nachdruck lehrt, „dass alle, die zum Glauben an Gott gekommen sind, darauf bedacht sind, sich mit guten Werken hervorzutun. Das ist gut und nützt den Menschen" (Tit. 3,8). Im Kontext von Kapitel 3 wird deutlich, dass dieser Nutzen sich unmittelbar auf die radikale Veränderung des Lebens durch Jesus Christus bezieht.

d. Gemeinde ist eine gemischte Gesellschaft, „ein großes Haus" (2Tim. 2,20), nicht alle in ihr sind ehrenvoll, aber alle sind berufen, sich zu heiligen, um ein solches Gefäß zu werden, das da vom Hausherrn benutzt werden kann zu allem guten Werk (2Tim. 2,21).

e. Gemeinde ist eine Ortsgemeinde. Paulus benutzt den Begriff *ekklesia* als theologisches Konstrukt für die Gemeinde überhaupt (1Tim. 3,15), aber es geht ihm dabei um die Gemeinden, in denen Timotheus (Ephesus) und Titus (Kreta) tätig sind. Was Titus tut, ist von Paulus so für die Christen auf Kreta bestimmt (Tit. 1,5). Und die häufige Erwähnung des Begriffes Haushalt weist in den Briefen an Timotheus wahrscheinlich auf die Tatsache hin, dass hier die Gemeinde in Hausgemeinden organisiert worden ist.[277] Die Anweisungen an die Gemeinde Gottes sind primär Anweisungen für sie. Der Ortscharakter des paulinischen Gemeindeverständnisses in den Pastoralbriefen wird auch unterstrichen durch den offensichtlichen Kontextualisierungsprozess, den Paulus den Gemeinden als Weg weist. Es fällt auf, wie wichtig es Paulus ist, dass die Gemeinde ihr Verhältnis zu jungen Menschen (1Tim. 4,1-2; Tit. 2,3-6), zu den Bürgern (1Tim. 2,1-3; Tit. 3,1), zu den Sklaven (1Tim 6,1-3; Tit. 2,9-10), zu den Frauen (1Tim. 2,11) und zu den Witwen (1Tim. 5,3ff) kulturbezogen gestaltet.[278] Vermutlich ist auch der Hinweis auf die Leitungstruktur der Gemeinde, die aus Vorstehern und Diakonen besteht, eine deutliche Adaption an die Leitungsgegebenheiten im Kontext.[279] Gemeinde soll sich nicht mit unwesentlichen Themen beschäftigen. „Von törichten und unnützen Fragen weise zurück, denn du weißt, dass sie nur Streit erzeugen. Ein Knecht des Herrn aber soll nicht streitsüchtig sein, sondern freundlich gegen jedermann, im Lehren geschickt, der Böses ertragen kann und mit Sanftmut die Widerspenstigen zurückweist, ob ihnen Gott vielleicht Buße gebe, die Wahrheit zu erkennen und wieder nüchtern zu werden aus der Verstrickung des Teufels, von dem sie gefangen sind, zu tun seinen Willen" (2Tim. 2,23-26). Was Christen ansprechen und wie sie sich benehmen und reden, das soll die ungläubigen Menschen zum Glauben an Gott führen und zu der Befreiung der Betroffenen aus den Fesseln des Teufels. Ganz ähnlich empfiehlt Paulus auch Titus: „Von törichten Fragen aber, von Geschlechtsregistern, von Zank und Streit über das Gesetz halte dich fern; denn sie sind unnütz und nichtig", sagt Paulus dem Titus (3,9), wobei der Begriff „Nutzen" im gleichen Abschnitt das gute Werk der Christen definiert, das da den Menschen nützt (Tit. 3,8). Christen sollen demnach das tun, was den Menschen Gott näher bringt, und all das vermeiden, was sie irritiert und auf ihrem Weg zu Gott eher hindert.

2.5.4.6 Fazit: Gemeinde bei Paulus

Das Thema Gemeinde stellt eines der zentralen Anliegen in den Briefen des Paulus dar. Paulus verwendet viele wesentliche gemeinderelevante Begriffe Bilder und Themen. Der Begriff *ekklesia* wird beispielsweise allein in den frühen Paulinen 46-mal gebraucht. Wenn man bedenkt, dass *ekklesia* insgesamt nur 114-mal im Neuen Testament vorkommt, dann ist das sehr viel. Wie denkt sich Paulus nun die Gemeinde in seinen Briefen? Freilich sind seine Aussagen kontextbezogen und stellen in den wenigsten Fällen geschlossene Lehrtexte dar. Dennoch könnten folgende Aussagen als gemeinsames paulinisches Gedankengut gewertet werden. Die Durchsicht der oben vorgestellten Texte lässt folgende Schlüsse zu.

a. Gemeinde ist bei Paulus die vor Ort versammelte und konkret lebende Gemeinschaft von Jesus-Nachfolgern. Sie sind die „auserwählten", „geliebten", „berufenen" Heiligen, die gemeinsam „in Christus" und in der Kraft des Heiligen Geistes ein gerechtes und von Gott befriedetes Leben leben.

b. Gemeinde lebt nicht sich selbst, sondern steht im Dienst der Mission Gottes. Diese Mission ist auf die Welt gerichtet und umschließt alle Menschen, ja sogar die ganze Schöpfung.

c. Gemeinde ist eine Gemeinschaft von Menschen, die der Heilige Geist mit besonderen Gaben zum Dienst ausgerüstet hat. Durch diese Gaben sind sie Glieder an der Gemeinde und dienen einander und der Welt. So wird Gott in der Welt gepriesen und geehrt.

d. Gemeinde ist eine religiöse, eine spirituelle Wirklichkeit, die allerdings keinen Bereich des Lebens ausspart. Ihr Dienst findet inmitten des Alltags der Menschen statt. Ihr vernünftiger Gottesdienst ist die Aufopferung des Leibes für den Dienst, den Gott ihr auferlegt hat.

e. Gemeinde ist eine soziale, kulturelle, ja politische Gestalt. Sie ist von Gott in die Welt als Botschafterin der Versöhnung der Welt mit Gott gesetzt. An ihr wird deutlich, was Gott unter Gerechtigkeit versteht. Sie ist aufgerufen, den Menschen ein alternatives Leben vorzuleben, und zwar sowohl im Bezug auf die sozialen Beziehungen unter den Menschen als auch im Bezug auf ihre Beziehung zum Staat.

f. Gemeinde ist eine missionarische Größe. Sie soll nicht nur vorleben. Sie soll tun, aktiv mitgestalten, das Böse mit dem Guten überwinden. Und sie soll reden. Wort und Tat gehören bei ihr zusammen.

2.5.5 Der 1. Petrusbrief

Der 1. Petrusbrief ist in vielerlei Hinsicht ein Gemeindebrief. Die Lehre von der Gemeinde dominiert das Schreiben und macht sie zum wichtigsten Thema des Briefes.[280] Petrus geht es primär darum, seinen Lesern deutlich zu machen, was die Parameter einer Gemeindeexistenz in der Welt sind.[281] Dabei sucht er das Wesen, die soziale Gestalt und die Existenz der Gemeinde inmitten einer gottfeindlichen Umwelt darzustellen. Auffallend ist der Verzicht auf sowohl die ekklesiale als auch somatische Sprache, die bei Paulus so zentral ist. Auffallend ist auch die Häufigkeit der alttestamentlichen Bilder (siehe zB 1Petr. 1,1.17; 2,2-4.12; 4,3), die dazu geführt hat anzunehmen, dass es sich bei den Adressaten des 1. Petrusbriefes um Judenchristen handelt, eine These, die allerdings von der breiten Mehrheit der Ausleger abgelehnt wird.[282] Petrus bezieht die Aussagen und Bilder des Alten Testaments vielmehr auf Christen, und wenn er von Heiden spricht, dann sind damit ungläubige Menschen außerhalb der Gemeinde gemeint.

Wie soll nun Gemeinde in der Welt leben? Woher holt sie ihre Fundamente und wie formt sich ihre Gestalt inmitten einer gottlosen Umwelt? Folgende Aussagen sind hierbei für das Thema dieser Untersuchung von Belang.

a. Gemeinde ist die Gemeinschaft der Auserwählten Gottes (1Petr. 1,2; 2,4.6.9). Sie ist erwählt dank der Vorsehung des Vaters (1Petr. 1,2; 1,15; 2,9.21; 3,9; 5,10), der Heiligung des Geistes (1Petr. 1,2.22) und des Gehorsams Jesu Christi (1Petr. 1,2.). Sie ist Gottes Eigentum (1Petr. 2,9). Somit ist sie wesensmäßig trinitarisch festgelegt. Sie hat ihren Ausgangspunkt in der *missio Dei*, ihre Wesensbestimmung in der *missio Spiritu* und ihre soziale Gestalt in der *missio Christi*. Es fällt auf, dass die Konstituierung ihrer sozialen Gestalt mit einem deutlichen Hinweis auf den Sinai-Bund verbunden ist (Ex. 24,3-8). Sie ist damit Gottes neues Volk, erwählt, geheiligt und eingesetzt (1Petr. 2,9-10), ganz im Sinne des Volkes Israel.

b. Gemeinde ist die Gemeinde des Christus. Sie ist, weil er sie durch seinen Kreuzestod erlöst hat. Durch ihn kann sie an Gott glauben und auf Gott hoffen (1Petr. 1,21). In ihm wird sie aufgebaut zu einem geistlichen Haus und findet zu ihrer priesterlichen Berufung (1Petr. 2,4-8). Und er setzt ihr durch sein Leben ein Beispiel für rechtes Verhalten (1Petr. 3,21f).

c. Gemeinde ist Gottes neues missionarisches Volk. Es ist ein königliches und priesterliches Volk (1Petr. 2,9-10). Petrus benutzt alle wichtigsten Termini für eine Volksgemeinschaft in diesem Text. Sie ist das „auserwählte Geschlecht" (*genos*), also ein Volk mit Wurzeln, mit einer Vergangenheit – ein königliches Priestertum. Sie ist ein heiliges Volk (*ethnos*) – ein Volk mit einer aus dem Wesen Gottes und seinem Wort stammenden Kultur. Und sie ist ein Volk des Eigentums *(laos)* – ein Volk mit einer deutlichen Berufung. Dieses Volk lebt also nicht aus den Zufälligkeiten der Geschichte, sondern einer von Gott selbst gesetzten Mission. Es lebt, um „die Tugenden dessen zu verkündigen, der sie aus der Finsternis berufen hat zu seinem wunderbaren Licht" (1Petr. 2,9). Als königliches Priestertum ist die Gemeinde für die sie umgebende Welt verantwortlich. Sie ist mit ihrer Berufung zur Verantwortung berufen.

d. Gemeinde ist ein dienendes Volk. Sie ist aufgerufen, inmitten der Heiden zu leben und diese durch ihren Wandel und die guten Werke auf Gott hinzuweisen. Petrus schreibt: „Und führt einen guten Wandel unter den Heiden, damit sie da, wo sie euch als Übeltäter verleumden, doch aufgrund der guten Werke, die sie gesehen haben, doch Gott preisen am Tag der Untersuchung" (1Petr. 2,12). Und weiter: „Denn das ist der Wille Gottes, dass ihr durch Gutestun die Unwissenheit der unverständigen Menschen zum Schweigen bringt" (1Petr. 2,15). Die Gemeinde ist also berufen, in der Gesellschaft zu leben, ihre Ordnungen zu akzeptieren (1Petr. 2,13ff) und durch Vorbild, Friedfertigkeit und gute Werke das Böse mit Gutem zu überwinden. Ihr Dienst hat also immer transformativen Charakter. Sie erleidet Böses, aber mit dem Ziel, es zu überwinden. Sie dient den Menschen samt den Übeltätern selbstlos, aber mit dem Ziel, mit ihrem Dienst anzustecken und Gott den Menschen näher zu bringen (1Petr. 3,13ff).

e. Die Gemeinde ist eine Gemeinschaft der begabten Diener. Der Dienst in der Gemeinde ist entsprechend der Gaben, die Gott einem jeden Gemeindeglied gegeben hat, aufgebaut. Ein jeder soll mit der Gabe dienen, die er von Gott erhalten hat (1Petr. 4,10-11). In der Gemeinde soll niemand übervorteilt werden. Der Grundton des Zusammenlebens ist Liebe (1Petr. 2,17; 5,9).

f. Gemeinde ist eine Gemeinschaft von Fremdlingen in dieser Welt (1Petr. 1,1.17; 2,11). Das Verhältnis zur Welt ist gezeichnet von Anfechtung (1Petr. 1,6) und Verleumdung (1Petr. 2,12), Kränkungen (1Petr. 2,19), Unrecht (1Petr. 2,19) und Leid (1Petr. 4,12ff). Aber gerade in diesem von Leid gezeichneten Zustand erblickt Petrus Gottes Berufung. „Denn dazu seid ihr berufen, weil auch Christus für uns gelitten und uns ein Vorbild überlassen hat, damit ihr seinen Fußstapfen nachfolgt" (1Petr. 2,21). Das Leiden in der Welt ist also Gnade, weil es stellvertretendes Leiden ist. Durch das geduldige Ertragen des Unrechts wird Gottes Herrlichkeit offenbar (1Petr. 4,13ff) und werden Heiden zum Gehorsam des Glaubens geführt.

g. Gemeinde ist eine Gemeinschaft der Heiligen, die sich in ihrem Wandel radikal vom Lebensstil der Umwelt, dem „nichtigen von den Vätern überlieferten Wandel" (1Petr. 1,18) unterscheidet (1Petr. 1,15; 2,11). Sie kann von der Umwelt missverstanden werden und zur Rechenschaft gezogen werden (1Petr. 4,4). Dazu soll sie jederzeit bereit sein. Und jeder Mensch hat prinzipiell dazu das Recht, von ihr die Rechenschaft für ihre Hoffnung zu verlangen (1Petr. 3,15).

2.5.6 Der Hebräerbrief

„Welche Messlatte man auch immer anlegt – das ist das Werk, das am meisten beeindruckt", schreibt der Neutestamentler Raymond E. Brown über den Hebräerbrief.[283] Der Brief ist in einem sehr guten Griechisch geschrieben. Die Gedanken und Argumente sind wohlgewählt und -geordnet. Es bleibt immer noch ein Geheimnis, wer den Brief an die Hebräer geschrieben hat und an wen. Waren es Judenchristen im Allgemeinen, wie der Briefeingang vermuten lässt, Gemeinden in Jerusalem[284], oder Hausgemeinden in der Nähe Roms, wie Gilles vermutet?[285] Wir wissen es nicht. Fest steht dagegen das große Thema des Schreibers. Der Autor des Hebräerbriefes hat Christus im Blick. Ihm geht es darum, Christus als den Sohn Gottes und Mittler zwischen Gott und Mensch darzustellen und alle konkurrierenden Theorien, so zum Beispiel die Vorstellung, dass Christus geringer sei als die Engel (Hebr. 1,5ff), abzuweisen.[286]

Gemeinde ist nicht das zentrale Thema des Schreibens, aber, wie auch sonst im Neuen Testament, zieht die Christologie auch hier ekklesiologische Konsequenzen mit sich. Man kann nicht über Christus reden und seine Gemeinde außen vor lassen. Die entscheidenden Passagen über die Gemeinde beginnen im Kapitel 2, wo der Autor die Christen ermahnt, ihrem Bekenntnis treu zu bleiben. Folgende Aussagen des Briefes scheinen mir für unser Thema von Bedeutung.

a. Gemeinde ist eine Gemeinschaft des Sohnes Gottes. Sie sind die Söhne, die er zur Herrlichkeit geführt hat (Hebr. 2,10), geheiligt (Hebr. 2,11; 10,10.14) und erlöst (Hebr. 2,15) hat. Er nennt sie „seine Brüder" (Hebr. 2,11.12), Kinder, die ihm Gott gegeben hat (Hebr. 2,13). Sie sind sein Haus, erbaut von Gott (Hebr. 3,4.6). Und er ist ihr „Hoherpriester über das Haus Gottes" (Hebr. 10,11).

b. Gemeinde ist Gottes neues Israel, sein auserwähltes Volk. Der Autor des Hebräerbriefes unterstreicht diesen Gedanken, indem er sowohl seine Begriffe als auch theologischen Argumente allesamt aus dem Alten Testament bezieht und konsequent Aussagen, die ursprünglich Israel meinten, nun auf die Gemeinde bezieht. Die Bezeichnungen „meine Brüder" (Ps. 22,23 – in Hebr. 2,10-11); „Kinder, die mir Gott gegeben hat" (Jes. 8,18 – in Hebr.

2,13); „Kinder Gottes" (Hebr. 6,7; 12,5); „Gottes Haus" (Hebr. 3,6); „die Heiligen" (Hebr. 6,10; 10,24); „Gottes Volk" (Hebr. 2,17; 4,9; 8,10; 10,31; 11,25; 13,12) waren Aussagen über Israel. Jetzt gelten sie der Gemeinde, der *ekklesia* (Hebr. 2,12b). Sie ist das Volk Gottes, für das noch „Ruhe vorhanden ist" (Hebr. 4,9) und für das ihr himmlischer Hoherpriester einsteht – ein Volk des neuen Bundes (Hebr. 8,10ff; 10,11).

c. Gemeinde hat teil an der „himmlischen Berufung", wie sie vom Apostel und Hohenpriester, Jesus, vorgelebt wurde (Hebr. 3,1; 6,20). Der Autor weist dabei auf die hohe Berufung des Menschen (Ps. 8, 5-7), die darin besteht, dass Gott ihm „alles unter die Füße getan hat" (Hebr. 2,8) und damit seinen Herrschaftsanspruch auf der Erde manifestiert. Der von der Sünde korrumpierte Mensch ist jedoch in Knechtschaft des Teufels geraten (Hebr. 2,15). Jetzt befreit durch Jesus Christus, kann er seine Berufung leben. Die Gemeinde kann also wie die fruchtbare Erde sein, auf die der Regen fällt (Hebr. 6,7). Sie kann allerdings auch Dornen produzieren und muss daher vor den schlimmen Konsequenzen gewarnt werden (Hebr. 6,8f). Gerade deshalb ermutigt der Schreiber seine Leser, am Bekenntnis der Hoffnung festzuhalten und „einander anzureizen zur Liebe und zu guten Werken" (Hebr. 10,24) und zu „laufen im Kampf, der uns bestimmt ist" (Hebr. 12,1).

d. Gemeinde ist eine priesterliche Gemeinschaft. Der Schreiber unterstreicht diesen Gedanken durch den ständigen Bezug des Lebens der Christen zu ihrem Hohenpriester. Sie sollen so wie er leben und handeln. Überdeutlich schreibt er: „So lasst uns nun zu ihm hinausgehen aus dem Lager und seine Schmach tragen. Denn wir haben hier keine bleibende Stadt, sondern die zukünftige suchen wir" (Hebr. 13,13-14). Das Bild ist klar. Außerhalb des Lagers befinden sich solche, die die Schuld von denjenigen, die im Lager sind, auf sich genommen haben. Der stellvertretende Charakter des priesterlichen Dienstes ist unverkennbar. Ähnlich sind dann auch die sozialen Aufforderungen. Die Gemeinde soll dem Frieden mit jedermann nachjagen (Hebr. 12,14), gastfrei sein (Hebr. 13,2), an die Gefangenen und die Misshandelten denken (Hebr. 13,3), „Gutes tun und mit anderen teilen" (Hebr. 13,16). Und, natürlich ein heiliges Leben führen (Hebr. 12,14), das der Schreiber des Hebräerbriefes in vielen Details beschreibt.

e. Gemeinde hat, was ihren missionarischen Eifer angeht, Vorbilder, die ihr vorausgegangen sind. Ihnen soll sie nacheifern (Hebr. 6,12). Abraham (Hebr. 6,13) und allen anderen voran Jesus selbst (Hebr. 6,20) werden genannt. Ihr Glauben und Dienst kann sich demnach an Zeugen orientieren (Hebr. 11).

f. Gemeinde ist eine eschatologische Gemeinschaft. Sie hat auf der Erde keine bleibende Stadt (Hebr. 13,14). Sie strebt nach der großen Versammlung der *ekklesia* am Thron Gottes im himmlischen Jerusalem (Hebr. 12,18ff). In dieser himmlischen Versammlung erblickt sie den Zielpunkt allen Strebens, die große Ruhe Gottes nach getaner Arbeit auf Erden (Hebr. 4,9).

2.5.7 Die Schriften des Johannes

Gemeinde und gemeinderelevante Themen finden in den Schriften des Johannes einen erstaunlich breiten Raum.[287] Im Unterschied zu den Synoptikern scheint Johannes immer wieder um eine Art Innenperspektive bemüht zu sein. Deutlich trennt er zwischen Gemeinde und Welt, Licht und Finsternis, Tod und Leben. Es wäre aber grundfalsch, in den Johannestexten das Verhältnis zwischen Gemeinde und Welt dualistisch sehen zu wollen. Die deutliche Absonderung der Gemeinde *von der Welt* steht hier einem überaus klaren Sendungsauftrag der Gemeinde *in die Welt* gegenüber. Beides wird in der Christologie begründet. Die Gemeinde ist in Christus von der Welt verschieden und sie ist wie Christus in die Welt gesandt (Joh. 20,21). Was sind die wesentlichen Parameter des johanneischen Gemeindeverständnisses im Bezug auf ihre Gesellschaftsrelevanz?

a. Gemeinde ist in die Nachfolge Jesu gestellt. Sie wird von Jesus her gesehen und verstanden. Wie er ist sie nicht von der Welt und wie er ist sie in die Welt gesandt (Joh. 17,16-17). Sie ist wesentlich christologisch bestimmt, und zwar sowohl in ihrem Wesen als auch in ihrer Lebenspraxis. Was Gemeinde ist und wie Gemeinde sein und leben soll, muss an Jesus gemessen werden. „Wer sagt, dass er in ihm bleibt, der soll auch so leben, wie er gelebt hat" (1Joh. 2,6). Aus dieser Wesenseinheit leitet Johannes seine Forderung nach dem Leben im Gehorsam ab. „Und daran merken wir, dass wir ihn kennen, wenn wir seine Gebote halten. Wer sagt, ich kenne ihn, und hält seine Gebote nicht, der ist ein Lügner und in dem ist die Wahrheit nicht. Wer aber sein Wort hält, in dem ist wahrhaftig die Liebe Gottes vollkommen. Daran erkennen wir, dass wir in ihm sind" (1Joh. 2,3-5).

b. Gemeinde ist klar von der Welt zu unterscheiden. Johannes nutzt scharfe Kontraste, um den Unterschied zwischen Welt und Gemeinde deutlich zu machen: Licht und Finsternis, Leben und Tod, Wahrheit und Lüge, Liebe und Hass u.a.[288] Er drängt auf Klarheit. Die Christusgemeinde kann kein „Gemischtwarenladen" der Welt sein. Sie ist nicht von der Welt (Joh. 17,14.16). Die Welt ist böse, in ihr herrscht der Geist des Antichrist (1Joh. 4,1ff). Deshalb ist ein Mensch, der sich aus der Welt zu Christus bekehrt, „aus dem Tod zum Leben durchgedrungen" (Joh. 5,24; 1Joh. 3,14). Wer auf Gott hört und mit Gott lebt, wird sich nicht an der Welt, sondern an Gottes Geboten orientieren (1Joh. 3,5ff).

c. Gemeinde ist Gottes Gesandte in die Welt (Joh. 17,17). Sie existiert, „damit die Welt glaube", dass Gott Jesus den Erlöser in die Welt gesandt hat (Joh 17,21). Ihre Sendung hat sie von Jesus selbst (Joh. 20,21). Er sendet und sein Vorbild gibt auch inhaltlich die Ausrichtung der missionarischen Existenz in der Welt vor. Sie ist *wie er* gesandt worden! Jesus, der präexistente Logos, wurde in die Welt als Mensch gesandt. Gerade seine Menschwerdung macht es den Menschen möglich, seine Herrlichkeit zu sehen (Joh. 1,1-14). Die Mission Jesu ist demnach inkarnativ in ihrem Wesen. Wie Jesus vom Vater gesandt wurde, so auch seine Gemeinde. Sie muss daher genauso inkarnativ verstanden werden. Dabei ist Inkarnation bei Johannes kein abstrakter Vorgang. Hier geht es ganz einfach darum, dass Jesus Mensch wurde „und lebte unter uns ... und wir sahen seine Herrlichkeit, eine Herrlichkeit als des eingeborenen Sohnes vom Vater, voller Gnade und Wahrheit" (Joh. 1,14). Und Johannes muss deshalb auch nicht nach abstrakt-philosophischen Kategorien suchen, um die Gemeinschaft mit Gott auf einen Punkt zu bringen. Er formuliert einfach und für alle verständlich: „Was von Anfang an war, was wir gehört haben und was wir gesehen haben mit unseren Augen, was wir betrachtet haben und unsere Hände betastet haben, vom Wort des Lebens – und das Leben ist erschienen und wir haben gesehen und bezeugen und verkündigen euch das Leben, das ewig ist, das beim Vater war und uns erschienen ist –, was wir gesehen und gehört haben, das verkündigen wir auch euch, damit auch ihr mit uns Gemeinschaft habt ..." (1Joh. 1,1,3a). Die Inkarnation Jesu ist ein konkreter Vorgang. Er wird Mensch, geboren in die konkrete Welt der Menschen hinein. Sein Leben war damit konkreten Bedingungen einer Kultur mit all ihren sozialen, politischen, ökonomischen, kulturellen und religiösen Herausforderungen unterworfen. Unter diesen Bedingungen lebte er und blieb ohne Sünde (Hebr. 4,15). Die Sendung der Gemeinde ist nur so zu verstehen. Sie muss in der Welt zur konkreten Gestalt kommen! In ihr ist Christus „der in die Welt Kommende" (2Joh. 7). Wo man das nicht lehrt, da sind Verführer und Antichristen unterwegs (2Joh 7ff).

d. Die konkrete Gestaltwerdung der Gemeinde zwingt Johannes auch erst einmal, die „Innenperspektiven" zu suchen. Wenn die Gemeinde der „Brückenkopf Gottes in der Welt"[289] ist, wenn in ihr ein Stück Himmel auf Erden sichtbar werden soll, wenn die Welt an ihr Gott erkennen soll, dann muss sie heilig sein! Er beschreibt das Leben im Glauben an Christus in umfassenden, ganzheitlichen Begriffen. Ihm geht es um Leben als Ganzes, um Liebe als Daseinskategorie. Und Leben und Liebe äußern sich zunächst in der Gemeinde selbst. An der Bruderliebe wird gemessen, ob die Liebe Gottes einen Menschen durchdrungen hat oder nicht (1Joh. 3,7ff). Die johanneische Forderung „einander" (Joh. 13,34; 15,17), „Freunde" (Joh. 15,12f) und „seinen Bruder" (1Joh. 2,10) zu lieben, ist berechtigt, indiziert doch gerade die Liebe das neue Wesen des wiedergeborenen Menschen (1Joh. 4,7). Die Forderung nach einem intakten, geheiligten Leben der Gemeinde ist für Johannes auch deshalb notwendig, weil sie auf dem Horizont der eigentlichen Mission in der Welt stattfindet. Die Gemeinde soll anders sein, damit die Welt Gott erkennt (Joh. 17,21). Sie ist in die Welt gesandt, weil Gott die Welt liebt (Joh. 3,16). Die Absage an die Welt (1Joh. 2,12ff) ist damit nicht gegen die Welt, sondern geradezu für die Welt notwendig. Die Welt soll überwunden werden. Und es ist der Glaube an Jesus Christus, der über die Welt triumphieren wird. „Denn alles, was von Gott geboren ist, überwindet die Welt, und unser Glaube ist der Sieg, der die Welt überwindet" (1Joh. 5,4).

e. Gemeinde ist eine parakletisch geführte Gemeinde. Ihr Leben und ihre Mission stehen unter der Führung des Heiligen Geistes (Joh. 14,16f.26; 15,26; 16,7ff). Der Geist Gottes ist es, der sie in alle Wahrheit führt. Er tröstet und ermutigt, er bahnt den Weg vor ihr.

f. Gemeinde ist eine verfolgte Gemeinde. Sie befindet sich auf dem Gebiet des Feindes. Sie wird angegriffen und bedroht. Und doch ist sie in der Mitte aller Bedrohung ein Ort des Friedens und des Trostes (Joh. 14,27; 16,33). Sie ist Gottes Heilsraum inmitten einer gottlosen Welt, die sie für Gott zu gewinnen sucht. Sie lebt in eschatologischer Vorfreude, einmal die „Welt" zu überwinden und dann in Gottes Welt ohne Korruption und Sünde leben zu können und das in Wahrheit zu sein, was er ist (1Joh. 3,2). Das Wissen um das kommende Reich Gottes gibt der Gemeinde Hoffnung und Gelassenheit. Sie weiß sich sicher bei ihrem Herrn und Hirten geborgen (Joh. 10,28). Und es ist diese Geborgenheit in Christus, die sowohl ihre Einheit begründet, als auch die Attraktivität für die Menschen in der Welt (Joh. 17,21) ausmacht.

2.5.8 Der Brief des Jakobus

Kein anderer Text des neutestamentlichen Kanons ist so umstritten wie der Jakobusbrief. Es ist unbekannt, an wen und wann das Schreiben geschrieben wurde.[290] Man hat allerdings mit Recht angenommen, dass die Gruppe von Gläubigen, die hier angesprochen wird, eine Gemeinde darstellt, die wahrscheinlich in armen Schichten judenchristlicher Gläubiger vor dem Judäischen Krieg (66-70) zu suchen ist.[291] Die Sprache des Briefes und eine Reihe von Hinweisen aus dem Text selbst lassen einen Gemeindehintergrund des Schreibers annehmen.[292] Liest man den Brief so, dann lassen sich auch aus dem Jakobusbrief wesentliche Aussagen über dessen Gemeindeverständnis gewinnen.[293]

a. Gemeinde ist Gottes Werk. Er hat sie gezeugt „durch das Wort der Wahrheit" (1,18). Ihr Leben und Sein hat sich daher an seiner Heiligkeit zu orientieren. Sünde hat in ihr keinen Platz. Von ihr wird eine „reine und makellose Frömmigkeit" verlangt (1,27), die sich im Hören auf das Wort und im Tun des Willens Gottes zeigt (1,21ff).

b. Gemeinde ist eine dienende Gemeinde. Wahre Frömmigkeit zeigt sich nicht nur im Hören auf Gottes Wort, sondern im Werk des Dienstes. Glaube ohne Werke ist für Jakobus ein toter Glaube (2,20). Jakobus präzisiert: „Eine reine und makellose Frömmigkeit vor Gott, dem Vater, ist es, Waisen und Witwen in ihrer Bedrängnis zu besuchen ..." (1,27). Es ist das Gebot der Nächstenliebe, das für Jakobus eine Schlüsselstellung im sozialen Engagement einnimmt (2,8). Entzieht sich die Gemeinde dieser Verantwortung, dann kommt es einem Lästern des guten Namens Jesu, der über die Gemeinde gestellt ist, gleich (2,7). Gutes tun ist keine Option. Es ist ein Imperativ. Wer Gutes zu tun weiß und es nicht tut, der sündigt (4,17).

c. Die Gemeinde ist eine gerechte Gemeinde. Deutlich unterstreicht Jakobus die Frage nach der sozialen Gerechtigkeit. Er lehnt jedes Ansehen der Person ab und gibt dem Armen eine besondere Stellung in den Augen Gottes und der Gemeinde (2,1-8). Der Reiche in der Gemeinde wird zu einem gerechten Umgang mit seinen Arbeitern ermahnt, und da, wo er sich auf Kosten der Arbeiter bereichert, droht Jakobus ihm Verderben an (5,1ff).

d. Gemeinde ist eine kämpfende Gemeinde. Sie wird vom Teufel angegriffen. Und sein Angriff verläuft über die Begierden des Fleisches. Es ist der Hedonismus der Menschen, der es dem Teufel ermöglicht, Krieg, Tod und Leid in die Welt zu bringen (4,1ff). Und erst wenn die Gemeinde dem Teufel widersteht, flieht dieser von ihr (4,9). Ihr Glaube muss geläutert werden (1,2ff). Gemeindeglieder „verfehlen sich vielfach" (3,2), in ihr herrschen Neid, Streit und andere Laster der Sünde vor (3,14-4,1ff). Sie muss daher ermahnt und zur Buße gerufen werden. Und da, wo sie es tut, da naht sich Gott ihr, vergibt und reinigt sie.

e. Gemeinde ist eine wartende Gemeinde. Sie ist sich dessen bewusst, dass die Zeit des Leidens auf der Erde kurz ist. Der Herr kommt bald (5,8). Geduldiges Warten zahlt sich also aus.

2.6 Zum Wesen der Gemeinde im Neuen Testament

Biblische Bilder von der Gemeinde machen deutlich, dass die Gemeinde von ihrem Wesen her missionarisch ist, oder sie ist keine Gemeinde. Das missionarische Wesen der Gemeinde schließt die erklärte Absicht zur Transformation der Welt, in der die Gemeinde existiert, ein. Die Durchsicht der wesentlichen Schriften des Neuen Testaments bestätigt diese Annahme. Die Autoren des Neuen Testaments haben je nach Situation unterschiedliche Schwerpunkte gesetzt, waren doch ihre Schreiben im höchsten Maße situativ motiviert. Aber in der Frage des Wesens der Gemeinde und der Korrelation zwischen Gemeinde und Welt weisen sie eine erstaunliche Einheit auf. Für eine Theologie des gesellschaftsrelevanten Gemeindebaus können hieraus weitgehende Folgerungen gezogen werden. Mission der Gemeinde muss sowohl die Proklamation des Wortes Gottes als auch die soziale Aktion beinhalten. Erst da wo die Gemeinde ihre transformative Rolle in der Gesellschaft wahrnimmt, wird sie ihrer missionarischen Aufgabe gerecht. Dabei ist sie ihrem Wesen nach heterogen, weil sie keine Unterschiede zwischen den Vertretern verschiedener Ethnien und sozialen Gruppen macht. Sie ist ein neues Volk, ein Volk aus den Völkern, die in Gott ihre Identität gefunden haben. Sie ist Gottes Volk.

Freilich kann das nicht bedeuten, dass sie nun nicht mehr als soziale Wirklichkeit zu begreifen wäre. Vielmehr ist es geradezu umgekehrt – die Gemeinde ist Gottes Volk, und das transzendiert alle Bereiche menschlichen Daseins. Sie ist sowohl am materiellen als auch am sozialen und geistigen Erleben der Menschen interessiert. Deshalb muss sie sowohl als geistliche als auch sozialpolitische Größe begriffen werden.

Wie jedes andere Volk ist die Gemeinde organisiert. In vielen Fragen ihres sozialen Daseins lehnt sie sich dabei an die Kultur der Völker, in denen sie gebaut wird, an. Sie übernimmt die Sprache und sozialen Formen. Doch im Unterschied zu den Völkern dieser Erde ist die Gemeinde nicht diesen Normen und Formen, sondern vor allem anderen Gott verpflichtet. Die Kultur, in der sie entsteht, bietet ihr die Form, das äußere Kleid, den Inhalt setzt Gott. Das bedeutet allerdings nicht, dass die Kultur, in der die jeweilige Gemeinde gebaut wird, unwesentlich wäre. Wie ein Mensch, der dank seines Körpers erst Mensch mit Erfahrungen auf dieser Erde ist, so ist Gemeinde erst dann in aller ihrer Größe Leib Christi, wenn sie in die Kultur inkarnierte Wirklichkeit wird. Und das kann immer nur eine konkret sozio-kulturelle Gestalt sein.

Der Blick in das Neue Testament macht also einen gesellschaftsrelevanten und kulturbezogenen Gemeindebau nicht nur möglich, sondern verlangt geradezu danach.

3. Ein Blick über den Gartenzaun – historische Gemeindemodelle

3.1 Vergangenheit verstehen – Zukunft gewinnen

Die neutestamentlichen Bilder und Beispiele von Gemeinde offenbaren den Charakter der Gemeinde Jesu, die von ihrem Wesen her missionarisch und in ihrer Mission ganzheitlich ist. Dieses Gemeindeverständnis ist in den 2000 Jahren Kirchengeschichte nicht durchgehend präsent. Und doch: Ein Blick in die Geschichte der Gemeinde Jesu macht bald deutlich – die Ausbreitung des christlichen Glaubens ist überall begleitet von einem Bemühen der Kirche um den ganzen Menschen. Maynhard-Reid schreibt: „Ein solides und einfühlsames Lesen der Geschichte der Christen offenbart eine überraschende Tatsache: Erneuerungsbewegungen, die sich in der Mission und Evangelisation beteiligten, verstanden immer auch die soziale Reformation im Leben des Einzelnen und der Gesellschaft als Teil ihres Auftrags."[294]

Der Umfang dieses Buches erlaubt uns keinen detaillierten Einblick in die Geschichte der Gemeinde Jesu, die Geschichte von Aufbruch, Mission, Aufbau, Stagnation, Reform und Erweckung. Es ist eine faszinierende Geschichte. Und Gott ist in jeder Phase dieser Geschichte anwesend! Sie zu studieren kann Perspektiven ganz neuer Art eröffnen, wie das das Werk des südafrikanischen Missiologen David J. Bosch eindeutig bewiesen hat. In seinem Buch „Transforming Mission"[295] geht er durch alle wesentlichen Phasen der Kirchengeschichte und versucht dabei zu begreifen, wie Gott seine Mission in der Welt verwirklicht hat. Ihm fallen dabei wesentliche Entwicklungen auf, die er am Ende seines Werkes in einen Entwurf seiner missionarischen Vision für die Zukunft hineinbringt. Bosch verdankt seinen Zugang der Vorarbeit des katholischen Theologen Hans Küng, der sich zuvor ganz ähnlich der Geschichte der Kirche überhaupt zu nähern versuchte.[296]

Es wäre eine faszinierende Studie, einmal ganz ähnlich die Kirchen- und Gemeindemodelle aus den zweitausend Jahren Kirchengeschichte auf ihre gesellschaftliche Relevanz zu befragen und dann entsprechend Erfolg und Misserfolg, Aufbruch und Niedergang danach zu werten. An dieser Stelle kann das nur im Ansatz vorgenommen werden. Doch schon dieser weit an der Oberfläche verbleibende Ansatz kann wesentliche Aussagen an das Tageslicht befördern, ohne die eine Theologie gesellschaftsrelevanten Gemeindebaus unvollständig bleiben würde. Wir müssen also einen Blick in die Vergangenheit wagen, damit die Zukunft der Gemeinde Jesu gebaut werden kann.

3.2 Historische Paradigmen des Gemeindebaus

Küng und damit auch Bosch lesen die Geschichte des Christentums anhand sogenannter Paradigmenanalyse.[297] Danach haben sich im Laufe der Geschichte auf dem jeweiligen historischen Hintergrund bestimmte konfessionelle Modelle entwickelt, die zwar ihre Zeit widerspiegeln, jedoch nicht notwendigerweise durch einen Paradigmenwechsel in der Geschichte aufgelöst werden. Vielmehr lebt das eine Modell weiter, während sich daneben ein neues entwickelt. Damit erklärt der Theologe die konfessionelle Vielfalt der christlichen Kirche und bietet somit ein erstaunliches Instrument an, auch die missionarische Relevanz der Kirche in der jeweiligen Situation zu überprüfen.

Genau das hat David J. Bosch in seinem monumentalen Werk zur Mission gemacht.[298] Ohne die Ergebnisse der Studie von Bosch an dieser Stelle wiederholen zu wollen, stelle ich im Folgenden ekklesiologische Grundmodelle vor, die in den jeweiligen Epochen der Kirchengeschichte entstanden sind, und frage nach dem neutestamentlichen Bild von der Gemeinde, die diesem Entwurf zugrunde liegt. Analog zu der Behauptung Boschs, dass einem jeden missiologischen Paradigma ein biblischer Text zugrunde liegt, gehe ich von einem gewissen neutestamentlichen Bild aus, das das entsprechende konfessionelle Modell geprägt hat. Hiervon leitet sich dann auch die gesellschaftliche Relevanz des Modells für ihre Zeit ab.

Natürlich wäre es unmöglich, die Fülle der in den Jahrtausenden der Kirchengeschichte gewordenen Modelle auch nur annähernd adäquat auf den wenigen Seiten dieses Buches darzustellen. Zu komplex ist das bunte Bild, zu unüberschaubar die Fülle der vorhandenen Literatur. Es wird also nicht anders gehen, als dass man sich auf einen Fragenkatalog festlegt, der einen wesentlichen Schnitt durch die jeweiligen Modelle ermöglicht. Wiard Popkes hat in diesem Zusammenhang vorgeschlagen, sich auf drei Fragen zu konzentrieren:

a. Was ist Kirche? Damit soll die Frage nach der Identität geklärt werden.

b. Wie gewinnt die Kirche ihre Gestalt? Damit soll die soziale Gestalt der Kirche erfasst werden.

c. Was tut die Kirche? Damit wird die Frage nach der Mission und Funktion der jeweiligen Kirche gestellt.[299]

Popkes erhoffte sich, durch die Beantwortung dieser Fragen zu einer Typologisierung der jeweiligen Kirchenverständnisse kommen zu können.[300] Wir stellen die gleichen Fragen, wobei uns vor allem die Auswertung des jeweiligen Gemeindetyps für die Fragestellung dieses Buches interessiert. Lässt das jeweilige Gemeindeverständnis einen gesellschaftsrelevanten Gemeindebau zu und wenn ja, an welcher Stelle? Ziel der Analyse ist es, entsprechende Konstanten für eine Theologie des gesellschaftsrelevanten Gemeindebaus zu gewinnen.

3.2.1 Orthodoxie – ein Volk im Werden

Die orthodoxen Kirchen sind die ältesten christlichen Gemeinschaften. Obwohl die meisten dieser Kirchen sich um den Patriarchen von Konstaninopol organisieren, verstehen sich die nationalen Gemeindeverbände als unabhängig. Sie alle eint unter anderem auch eine Grundvorstellung von dem, was und wie die Gemeinde Jesu in der Welt zu definieren und zu gestalten sei. Entstanden ist das orthodoxe Gemeindeparadigma in der Patristik.[301]

Gemeindeverständnis
Eine formulierte orthodoxe Ekklesiologie existiert bis heute jedoch nicht. Fest steht, das Konzept der Kirche ist zentral und das orthodoxe Gemeindeverständnis ist vor allem von den östlichen Kirchenvätern geprägt.[302] Es ist daher nur folgerichtig, wenn David J. Bosch die Mission der orthodoxen Kirche inhaltlich in der Patristik festmacht.[303] Nur hier an den Quellen der Orthodoxie wird ihr pneumatozentrisches Kirchenverständnis in die rechte Perspektive gerückt.[304] Die Gemeinde wird zwar als Werk des Geistes Gottes und als Volk Gottes, das sich auf den Weg zur Deifizierung (*theosis*) begeben hat, verstanden. Aber das eigentliche Bild für die Gemeinde ist in der Trinität zu suchen, wie Vladimir Lossky eindrücklich gezeigt hat.[305] So wie die Dreieinigkeit Gottes die ganze Gottheit umschließt, so spiegelt die Kirche das gesamte gottgegebene Leben im Kosmos wider, wo und wie auch immer dieses sich äußern mag: in der Familie, in der Schule, am Arbeitsplatz oder in der kirchlichen Gemeinde selbst.[306] Sie kann sogar in kosmologischen Begriffen beschrieben werden.

Mission
In der Kirche wird Gottes Wille mit dieser Welt verwirklicht.[307] So gesehen ist sie der Heilsraum Gottes *per se*, außer dem kein Heil möglich ist. Die Erlösung wird hier daher auch nicht als einmaliger Akt der Bekehrung, sondern vielmehr als Prozess der Heiligung und Erleuchtung gesehen. Der Christusgläubige wird verwandelt in das Bild Gottes, dem er glaubt und folgt. Das Werden des Gottesbildes im Menschen wird als Erlösung verstanden. Und das ist nur in der Kirche möglich. Denn nur in der Kirche ist jene Gemeinschaft zwischen Gott und Mensch und zwischen Mensch und Mensch zu erreichen, die Gott von Anbeginn der Welt in seinen ewigen Ratschluss gelegt hat. Diese Gemeinschaft ist unmissverständlich eine Gemeinschaft des Geistes.[308]

Soziale Gestalt

Eine so verstandene Heilslehre hat weitreichende Konsequenzen für das Gemeindeverständnis. Kirche wird hier als Heilsraum gesehen, in dem Erlösung stattfindet.[309] In ihr wird das Reich Gottes verwirklicht. Sie ist nie fertig und nur am Tisch des Herrn, in der göttlichen Liturgie der Eucharistie, ganz in die mystische Einheit mit Gott gestellt. Hier ist sie versammelt als sichtbare und unsichtbare Wirklichkeit. Begründet in der Eucharistie, kann die Gemeinde aber auch immer nur als lokale Gemeinde, die am Tisch des Herrn versammelte Gemeinde, gedacht werden. Von hier aus entwickelt sie sich als Gottes erwähltes Volk. Und als solches ist sie natürlich zugleich translokal und global. In der russischen Orthodoxie hat man hierfür den Begriff *Sobornost* geprägt, das so viel wie „versammelt", „allgemein" und „katholisch" bedeuten kann.[310] Man kann Kirche nicht ohne die Eucharistie denken. Orthodoxe Ekklesiologie ist eine eucharistische Ekklesiologie.[311] Und das gilt nicht nur im Bezug auf die gottesdienstliche Gemeinde, versteht doch die Orthodoxie den Alltag der Christen ebenso eucharistisch, als „Liturgie nach der Liturgie"[312]. Inkarniert in eine soziale und nationale Gestalt wird die Kirche zum Grundpfeiler des Staates. Wo Gemeinde zu ihrem missionarischen Erfolg gelangt, da wird das Volk dem Christentum einverleibt. So werden Volk und Gemeinde identisch, und der Auftrag Jesu, die Völker zu Jüngern zu machen (Mt. 28,19-20), findet so seine Erfüllung.

Praxis

Die Geschichte der orthodoxen Kirchen bietet für das oben Gesagte viele herausragende Beispiele. Die Entwicklung der Russisch-Orthodoxen Kirche (ROK) ist sicher nur eine von vielen Baustellen der Orthodoxie. Alle wesentlichen Glaubenszentren dieser Kirche haben ihre Existenz dem missionarischen Mönchtum zu verdanken. Unermüdlich zogen diese Männer und seltener Frauen durch die Weiten ihres Landes, siedelten sich in dunkelsten Wäldern an, bauten hier kleine Kirchen und fingen an, Gott in der heiligen Liturgie Ehre zu geben. Schon bald wurden diese Einsiedler von den Menschen in der Umgebung bemerkt und aufgesucht. Sie bewunderten den Mut und die Überlebungskraft dieser Mönche. Etwas Heiliges schien sie zu umgeben. Immer wieder berichtete man von Wundern, die diesen Männern zuteilwurden. Nicht selten war es die Art und Weise, wie sie das von ihnen in Besitz genommene Land bewirtschafteten, was die Menschen anzog. Menschen suchten allerlei Rat und fanden in den Mönchen willige Ratgeber und schon bald auch geistliche Väter. So wurde das Land „erleuchtet".

Epiphanij, der Hagiograf des Sergej von Radonez, einer der wichtigsten Kirchenväter der russischen Orthodoxie, schreibt über ihn: „Der Teufel wollte den ehrwürdigen Sergej von jenem Ort verjagen, denn er missgönnte uns unser Heil und hatte gleichzeitig Angst, dass diese Einöde durch Gottes Gnade erhöht und mit Geduld ein Kloster errichtet werde und dass Sergej diese Einöde wie ein Dorf füllen und wie eine Siedlung besiedeln, wie eine Burg befestigen, eine heilige Stätte und Wohnung der Mönche errichten werde zur Lobpreisung und ununterbrochenem Gesang für Gott – wie es auch durch die Gnade Gottes geworden ist"[313.] Epiphanij versteht offensichtlich Gemeindebau als Landnahme. Wo geistliches Leben gelebt wird, entstehen nicht nur Klöster und Kirchen, sondern auch Dörfer und Siedlungen, die von der Wahrheit des Evangeliums erleuchtet werden.

Sergej von Radonez

Sergej von Radonez gilt den orthodoxen Russen bis heute als der „Vater ihres Glaubens und ihrer Kultur". Der Ort seines Wirkens – Zagorsk bei Moskau – bildet heute das geistliche Zentrum der Kirche. Das Zagorsker Dreieinigkeitskloster ist weltberühmt. Hierher kommen die orthodoxen Russen, um ihre Inspiration für Glauben und Leben zu holen. Der russische Theologe Florovskij hat daher folgerichtig die Christianisierung Russlands als kulturschaffende Aktion verstanden.[314] Waren es doch die Klöster, die als Stätten der Gelehrsamkeit all das auf den Weg brachten, was die russische Kultur heute ausmacht. Und neben ihrer kulturschaffenden Funktion waren Klöster und Kirchen auch Orte der sozialen Gerechtigkeit.

Kirche und ihre Klöster verstanden sich als Zentren der nationalen Kultur. Hier konnten alle Kräfte der Gesellschaft Inspiration für ihre soziale Verantwortung beziehen. Die ethisch-moralischen Grundsätze des Reiches Gottes, soziale Gerechtigkeit, wie sie von der Heiligen Schrift gelehrt wird, wurden sowohl auf die Kirche selbst als auch auf alle prinzipiell positiven Kräfte der Gesellschaft bezogen. Alexander Webster, ein nordamerikanischer orthodoxer Ethiker, unterscheidet in diesem Fall zwischen *transfigurative* und *civilizing morality*.[315] Da wo die Kirche inmitten der Welt existiert, wird die Welt von ihr erleuchtet.

Es ist daher kaum verwunderlich, dass die ROK nach der Überwindung des kommunistischen Regimes in Russland eines ihrer ersten missionarischen Dokumente der Frage sozialer Verantwortung der Kirche widmete. Die soziale Doktrin der ROK[316] wurde im Jahre 2000 auf der Jubiläumssynode in Moskau angenommen. Sie wird bewusst als missionarisches Dokument verstanden und regelt sowohl das Verhältnis der Kirche zum Staat als auch die soziale Gestalt einer Kirche in sozio-politischer Verantwortung.

Konsequenzen für den gesellschaftsrelevanten Gemeindebau:

a. Gemeinde wird als gottesdienstliche Gemeinde gesehen. Alles, was sie ist und darstellt, gewinnt sie aus der mystischen Gemeinschaft mit ihrem auferstandenen Herrn im Geist und in der göttlichen Liturgie. Hier in der Eucharistie begegnet sie ihrem Ideal. Das, was sie hier ist, soll sie in der Lebenswelt der Menschen werden. Sie ist eine liturgische Wirklichkeit, die dazu berufen ist, ihren Gottesdienst im Angesicht der Welt zu leben.

b. Der Gottesdienst im Angesicht der Welt ist allem anderen voran die liturgische Versammlung von Gläubigen vor Ort. Gemeinde ist daher nur dann wirklich Gemeinde, wenn sie geographisch verortet ist. Wer leuchten will, der sollte sich für einen Berg entscheiden, von dem aus er leuchten möchte.

c. Gemeinde versteht ihr Dasein auf der Erde als Weg der Erleuchtung und Erlösung. Menschen können in ihrem Raum verändert und gottähnlich (*theosis*) werden. Das geschieht, indem sie sich ganz einem Leben im Dienst für die Menschen und ihre Umwelt weihen (*kenosis*).

d. Gemeinde ist berufen, die Grundbedingungen für die Existenz des Volkes, in dem sie existiert, zu formulieren. Eine Trennung zwischen geistlichen und profanen Belangen in der Lebenswelt der Gemeinde ist ihr fremd.

3.2.2 Römisch-katholische Kirche – Volk Gottes inmitten der Völker der Welt

Die römisch-katholische Kirche ist nicht nur eine der ältesten Kirchen der Welt, sondern auch bei Weitem die größte. Etwa die Hälfte aller Christen gehört weltweit dazu. Ihre Gemeindedoktrin hat sich im Mittelalter entwickelt und wird von Hans Küng als das „römisch-katholische Paradigma des Mittelalters"[317] bezeichnet.

Gemeindeverständnis
Was sind die Eckpunkte katholischer Ekklesiologie? Wie sieht Rom Gemeinde?
 Diese Fragen sind nicht einfach zu beantworten. Zum einen haben sich unter dem Dach der größten christlichen Kirche in den vergangenen 2000 Jahren viele, zum Teil recht unterschiedliche Gemeindeformen etabliert. Zum anderen hat das Zweite Vatikanische Konzil (1962-1965) enorme Folgen für die katholische Ekklesiologie gehabt, die immer noch bedacht und verarbeitet werden. Wurde in der Zeit vor Vatikanum II die Kirche vor allem in institutionellen Begriffen verstanden, so änderte das Konzil die Perspektive radikal.[318]
 Die Gemeinde vor Vatikanum II wurde von Rom als *societas perfecta*, ein Mysterium der Inkarnation des Christus in die Welt der Menschen verstanden. Sie ist die Stadt Gottes, wie Augustin es formulierte, in der alles gottgegeben und nichts wandelbar ist. Typisch für eine institutionalisierte Sicht der Gemeinde ist die Enzyklika des Papstes Leo XIII. *divinum illud minus* aus dem Jahre 1897, wonach Christus das Haupt und der Heilige Geist die Seele der Kirche ist. Damit wurde die Kirche vergöttlicht, ihre Strukturen verabsolutiert, ist doch die einzige Aufgabe des Heiligen Geistes, sie zum Leben zu animieren. Auch die Enzyklika *Mystici Corporis* aus dem Jahre 1943 bestätigt diese Sicht. Die Verabsolutierung der Strukturen hat verständlicherweise als Konsequenz zur Folge, dass einer wie auch immer verstandenen Kontextualisierung von vornherein ein Riegel vorgeschoben wird. Was von Gott kommt und also göttlich ist, kann unmöglich in menschliche Formen gepresst werden. Kein Wunder, dass die römisch-katholische Kirche über Jahrhunderte an ihrer lateinischen Messe auch dann noch festgehalten hat, als nach der Reformation andere Kirchen längst nach Wegen suchten, das Evangelium so volksnah wie nur denkbar an die Menschen weiterzugeben. In einer perfekten Gesellschaft musste es natürlich auch perfekte Menschen geben, da dieses aber nicht der Fall ist, behalf sich die römisch-katholische Kirche mit der Vorstellung von einer „ungleichen Gemeinschaft", wie sie Pius X. in *Vehementer Nos* 1906 beschrieb. Klassisch teilte er das Kirchenvolk in Geistliche und Laien ein, wobei den Letzteren keine andere Aufgabe zukam, als das Befolgen der Befehle ihrer Hirten, ähnlich einer Herde, die nicht fragt, sondern nur weidet, die nicht arbeitet, sondern nur existiert.
 Die offiziellen Dokumente Roms dürfen allerdings nicht darüber hinwegtäuschen, dass sich neben dieser offiziellen Position bereits im 19. Jahrhundert,

und dann vor allem in der Mitte des 20. Jahrhunderts, ein neues ekklesiologisches Denken Platz macht.[319] Eines der besonders erwähnenswerten Modelle ist das der Kirche als *communio*, die unter anderem auf die Arbeit der beiden katholischen Systematiker Charles Journet und Yves Congar zurückgeht.[320] Dieses Kirchenverständnis findet wie kein anderes Eingang in das ekklesiologische Denken des Zweiten Vatikanischen Konzils. Die Ekklesiologie dieses für die Theologie und Praxis der römisch-katholischen Kirche heute wichtigsten Ereignisses ist in *Lumen Gentium*, dem bezeichnenderweise als *Licht der Völker* überschriebenen Dokument festgehalten.

Mit *Lumen Gentium*, dem wohl wichtigsten ekklesiologischen Dokument nicht nur des Vatikanum II, sondern überhaupt des 20. Jahrhunderts, kam die radikale Wende. Die alte Vorstellung von der *societas perfecta* wurde mit dem dynamischen Begriff des „Volkes Gottes" ersetzt.[321] Hier wird die Kirche weniger als Institution, sondern als sakramentale Wirklichkeit begriffen, als „Zeichen und Instrument der Gemeinschaft mit Gott und der Einheit unter allen Menschen". Im Text heißt es: „Die Kirche ist ja in Christus gleichsam das Sakrament, das heißt Zeichen und Werkzeug für die innigste Vereinigung mit Gott wie für die Einheit der ganzen Menschheit."[322] Die noch bei Pius X. vorhandene Aufspaltung der Gemeinde in Geistliche und Laien wurde ganz aufgehoben. Die Gemeinde ist laut *Lumen Gentium* Gottes Volk, wo immer es unter der Leitung ihrer Priester und Bischöfe versammelt ist. Im Text heißt es:

> Gottes Sohn hat in der mit sich geeinten menschlichen Natur durch seinen Tod und seine Auferstehung den Tod besiegt und so den Menschen erlöst und ihn umgestaltet zu einem neuen Geschöpf (vgl. Gal. 6,15; 2Kor. 5,17). Indem er nämlich seinen Geist mitteilte, hat er seine Brüder, die er aus allen Völkern zusammenrief, in geheimnisvoller Weise gleichsam zu seinem Leib gemacht. In jenem Leibe strömt Christi Leben auf die Gläubigen über, die durch die Sakramente auf geheimnisvolle und doch wirkliche Weise mit Christus, der gelitten hat und verherrlicht ist, vereint werden. Durch die Taufe werden wir ja Christus gleichgestaltet: „Denn in einem Geiste sind wir alle getauft in einen Leib hinein" (1Kor. 12,13).[323]

Soziale Gestalt

Lumen Gentium macht deutlich: Die Kirche wird nicht als Organisation, sondern als ein lebendiger Organismus verstanden. Nicht eine zweigeteilte Gesellschaft von besonders Berufenen und dem grauen Rest von Laien, sondern ein Leib aus vielen Gliedern, die sinnvoll aufeinander bezogen in der Welt das Reich Gottes bauen. So fährt der Text fort:[324]

> So werden wir alle zu Gliedern jenes Leibes (vgl. 1Kor. 12,27), „die Einzelnen aber untereinander Glieder" (Röm. 12,5). Wie aber alle Glieder des menschlichen Leibes, obschon sie viele sind, dennoch den einen

> Leib ausmachen, so auch die Gläubigen in Christus (vgl. 1Kor. 12,12). Auch bei der Auferbauung des Leibes Christi waltet die Verschiedenheit der Glieder und der Aufgaben. Der eine Geist ist es, der seine vielfältigen Gaben gemäß seinem Reichtum und den Erfordernissen der Dienste zum Nutzen der Kirche austeilt (vgl. 1Kor. 12,1-11). Unter diesen Gaben ragt die Gnade der Apostel heraus, deren Autorität der Geist selbst auch die Charismatiker unterstellt (vgl. 1Kor. 14). Derselbe Geist eint durch sich und durch seine Kraft wie durch die innere Verbindung der Glieder den Leib; er bringt die Liebe der Gläubigen untereinander hervor und treibt sie an. Folglich leiden, wenn ein Glied leidet, alle Glieder mit, und wenn ein Glied Ehre empfängt, freuen sich alle Glieder mit (vgl. 1Kor. 12,26). Das Haupt dieses Leibes ist Christus. Er ist das Bild des unsichtbaren Gottes, und in ihm ist alles geschaffen. Er ist vor allem, und alles hat in ihm seinen Bestand. Er ist das Haupt des Leibes, welcher die Kirche ist. Er ist der Anfang, der Erstgeborene aus den Toten, auf daß er in allem den Vorrang innehabe (vgl. Kol. 1,15-18). Durch die Größe seiner Macht herrscht er über Himmlisches und Irdisches, und durch seine alles überragende Vollkommenheit und Wirksamkeit erfüllt er den ganzen Leib mit dem Reichtum seiner Herrlichkeit (vgl. Eph. 1,18-23).[325]"

Diese Sätze liegen im Herzen dessen, was man in der römisch-katholischen Kirche *Communio* nennt.[326] Kardinal Josef Ratzinger weist in seinem Schreiben an die Bischöfe der Kirche *Schreiben an die Bischöfe der katholischen Kirche über einige Aspekte der Kirche als Communio* ausdrücklich darauf hin, dass das offizielle Kirchenverständnis des Vatikan sich an *Lumen Gentium* orientiert.[327] „Die Kirche, das heißt das im Mysterium schon gegenwärtige Reich Christi, wächst durch die Kraft Gottes sichtbar in der Welt."[328] Sie ist zugleich menschliche Organisation und Göttliche Wirklichkeit.[329] Sie ist heilig und doch immer wieder von der Sünde angegriffen und deshalb der Heiligung bedürftig.[330] Sie ist im Wesen Gottes begründet und steht daher im Prozess der Verwandlung in das Bild des auferstandenen Herrn.

Mission
Mission der Kirche ist mit ihrem Wesen verbunden. *Lumen Gentium* formuliert: „Von daher empfängt die Kirche, die mit den Gaben ihres Stifters ausgestattet ist und seine Gebote der Liebe, der Demut und der Selbstverleugnung treulich hält, die Sendung, das Reich Christi und Gottes anzukündigen und in allen Völkern zu begründen. So stellt sie Keim und Anfang dieses Reiches auf Erden dar. Während sie allmählich wächst, streckt sie sich verlangend aus nach dem vollendeten Reich; mit allen Kräften hofft und sehnt sie sich danach, mit ihrem König in Herrlichkeit vereint zu werden."[331] Und dieses Wachstum ist vor allem ein Wachstum im Dienst an Menschen, die in ihrer Not der Hilfe und des Beistands bedürfen. In *Lumen Gentium* 1,8 heißt es weiter:

Christus Jesus hat, „obwohl er doch in Gottesgestalt war, ... sich selbst entäußert und Knechtsgestalt angenommen" (Phil. 2,6); um unseretwillen „ist er arm geworden, obgleich er doch reich war" (2 Kor. 8,9). So ist die Kirche, auch wenn sie zur Erfüllung ihrer Sendung menschlicher Mittel bedarf, nicht gegründet, um irdische Herrlichkeit zu suchen, sondern um Demut und Selbstverleugnung auch durch ihr Beispiel auszubreiten. Christus wurde vom Vater gesandt, „den Armen frohe Botschaft zu bringen, zu heilen, die bedrückten Herzens sind" (Lk. 4,18), „zu suchen und zu retten, was verloren war" (Lk. 19,10). In ähnlicher Weise umgibt die Kirche alle mit ihrer Liebe, die von menschlicher Schwachheit angefochten sind, ja in den Armen und Leidenden erkennt sie das Bild dessen, der sie gegründet hat und selbst ein Armer und Leidender war. Sie müht sich, deren Not zu erleichtern, und sucht Christus in ihnen zu dienen."[332]

In diesem Zusammenhang nimmt *Lumen Gentium* den Begriff der „priesterlichen Gemeinschaft" auf.[333] Wie der Priester seinem Volk, so dient die Gemeinde des auferstandenen Christus der Welt. Denn das neue Volk Gottes hat wahrlich einen globalen Anspruch. „Zum neuen Gottesvolk werden alle Menschen gerufen. Darum muss dieses Volk eines und ein einziges bleiben und sich über die ganze Welt und durch alle Zeiten hin ausbreiten."[334] Unmissverständlich hält *Lumen Gentium* an der alten Forderung der römisch-katholischen Kirche fest, dass es nur eine Kirche Jesu Christi geben kann, diese jedoch, und das ist ein Novum, auch in Teilkirchen existieren kann. Die eine Kirche bedeutet aber nicht ein strukturelles und kulturelles Einheitsgebilde. Die Einheit ist vielmehr sakral, geistlich zu verstehen. „In allen Völkern der Erde wohnt also dieses eine Gottesvolk, da es aus ihnen allen seine Bürger nimmt, Bürger eines Reiches freilich nicht irdischer, sondern himmlischer Natur. Alle über den Erdkreis hin verstreuten Gläubigen stehen mit den übrigen im Heiligen Geiste in Gemeinschaft, und so weiß „der, welcher zu Rom wohnt, daß die Inder seine Glieder sind"[335]. Und diese geistliche Einheit macht die Vielfalt in Fragen der Kultur und gesellschaftlichen Formen geradezu notwendig. Die Autoren schreiben:

„Da aber das Reich Christi nicht von dieser Welt ist (vgl. Joh. 18,36), so entzieht die Kirche oder das Gottesvolk mit der Verwirklichung dieses Reiches nichts dem zeitlichen Wohl irgendeines Volkes. Vielmehr fördert und übernimmt es Anlagen, Fähigkeiten und Sitten der Völker, soweit sie gut sind. Bei dieser Übernahme reinigt, kräftigt und hebt es sie aber auch. Sie ist dessen eingedenk, daß sie mit jenem König sammeln muß, dem die Völker zum Erbe gegeben sind (vgl. Ps. 2) und in dessen Stadt sie Gaben und Geschenke herbeibringen (vgl. Ps. 71 (72),10; Jes. 60,4-7; Offb. 21,24). Diese Eigenschaft der Weltweite, die das Gottesvolk auszeichnet, ist Gabe des Herrn selbst. In ihr strebt die katholische Kirche mit Tatkraft und Stetigkeit danach, die ganze Menschheit mit all ihren

Gütern unter dem einen Haupt Christus zusammenzufassen in der Einheit seines Geistes."[336]

Somit hat die Gemeinde eine gesellschafts- und kulturtransformative Aufgabe. Diese legt *Lumen Gentium* vor allem in die Hände der Laien in der Kirche. Während der Klerus sich der besonderen Belange des religiösen, kircheninternen Lebens anzunehmen hat, ist die Aufgabe des Laientums vor allem gesellschaftstransformativ zu verstehen.

> „Sache der Laien ist es, kraft der ihnen eigenen Berufung in der Verwaltung und gottgemäßen Regelung der zeitlichen Dinge das Reich Gottes zu suchen. Sie leben in der Welt, das heißt in all den einzelnen irdischen Aufgaben und Werken und den normalen Verhältnissen des Familien- und Gesellschaftlebens, aus denen ihre Existenz gleichsam zusammengewoben ist. Dort sind sie von Gott gerufen, ihre eigentümliche Aufgabe, vom Geist des Evangeliums geleitet, auszuüben und so wie ein Sauerteig zur Heiligung der Welt gewissermaßen von innen her beizutragen und vor allem durch das Zeugnis ihres Lebens, im Glanz von Glaube, Hoffnung und Liebe Christus den anderen kundzumachen. Ihre Aufgabe ist es also in besonderer Weise, alle zeitlichen Dinge, mit denen sie eng verbunden sind, so zu durchleuchten und zu ordnen, daß sie immer Christus entsprechend geschehen und sich entwickeln und zum Lob des Schöpfers und Erlösers gereichen."[337]

Die Begründung dieses gesellschaftlichen Auftrags der Kirche und ihrer Mitglieder findet man in der Schöpfungstheologie. „Die Gläubigen müssen also die innerste Natur der ganzen Schöpfung, ihren Wert und ihre Hinordnung auf das Lob Gottes anerkennen", heißt es in *Lumen Gentium* 4,36. Aus einer positiven Haltung zur Schöpfung Gottes hin kann die Gemeinde und ihre Glieder nun jene gesellschaftstransformative Energie entwickeln, die die Welt erleuchten und im Sinne ihres Schöpfers verändern vermag. Folgende Worte sind in ihrer Deutlichkeit kaum zu überbieten, und sie richten sich wiederum vor allem an das Laientum.

> „In der Erfüllung dieser allgemeinen Pflicht haben die Laien einen besonderen Platz. Sie sollen also durch ihre Zuständigkeit in den profanen Bereichen und durch ihre innerlich von der Gnade Christi erhöhte Tätigkeit einen gültigen Beitrag leisten, daß die geschaffenen Güter gemäß der Ordnung des Schöpfers und im Lichte seines Wortes durch menschliche Arbeit, Technik und Kultur zum Nutzen wirklich aller Menschen entwickelt und besser unter ihnen verteilt werden und in menschlicher und christlicher Freiheit auf ihre Weise dem allgemeinen Fortschritt dienen. So wird Christus durch die Glieder der Kirche die ganze menschliche Gesellschaft mehr und mehr mit seinem heilsamen Licht erleuch-

ten. Außerdem sollen die Laien, auch in Zusammenarbeit, die Einrichtungen und Verhältnisse der Welt, da wo Gewohnheiten zur Sünde aufreizen, so zu heilen suchen, daß dies alles nach der Norm der Gerechtigkeit umgestaltet wird und der Ausübung der Tugenden eher förderlich als schädlich ist. Auf diese Weise erfüllen sie die Kultur und die menschlichen Leistungen mit sittlichem Wert. Gleichzeitig wird dadurch das Ackerfeld der Welt besser für den Samen des Gotteswortes bereitet, und es öffnen sich der Kirche weiter die Tore für die Verkündigung des Friedens in der Welt."[338]

Praxis
Wie ernst Teile der römisch-katholischen Kirche ihre sozio-transformative Verantwortung genommen haben, zeigen viele Beispiele aus Vergangenheit wie Gegenwart. Der Einsatz für die Belange der Armen und Unterdrückten ist besonders in der Geschichte des katholischen Mönchtums sprichwörtlich, man denke da nur an die Mission von Bartholome de Las Casas (1484–1566). Las Casas wurde in Sevilla (Spanien) geboren und gelangte 1502 als Dominikanermönch nach Südamerika.

Bartholome de Las Casas

Es ist die Zeit der Conquista, der Eroberung Südamerikas durch die spanische Krone. Francisco Pizarro (1475–1541), der erfolgreiche Eroberer des Inkareiches, ist einer dieser Konquistadoren. Mit 180 Freischärlern eroberte er seit 1531 das große Inkareich auf dem Gebiet des heutigen Andenstaates Peru.

Dabei hinterließen die Eroberer überall Leid, Not und Armut und nicht selten auch den Tod, unterstützt von dem mitreisenden Klerus der römisch-katholischen Kirche. Böse Zungen nannten deshalb die Eroberung auch einen Kreuzzug, ein Unternehmen, das in „Kommandogemeinschaft von Soldaten und Missionaren durchgeführt" wurde.[339] Gegen diese Unheilsallianz wendet sich Las Casas. Bis zur Erschöpfung setzt er sich für die Belange dieser besiegten Indios ein, stellt die Ungerechtigkeit der Eroberer an den Pranger und versucht die Europäer für die Menschenrechte der einheimischen Bevölkerung Südamerikas zu bewegen. Klaiber schreibt mit Recht: „Bekannt als Apostel der Indios, wird er zurecht für seinen Beitrag zum modernen Konzept der Menschenrechte gelobt"[340].

Neben Las Casas ist es der peruanische Chronist Felipe Guaman Poma de Ayala (1534–1615), der durch das Land reist und seine dreibändige Chronik „Coronica y Buen Cobierno" (Chronik und gute Regierung) schreibt, in der er die Schattenseiten der Conquista für den spanischen König aufschreibt. Liebevoll nennt er die leidenden Indios „pobres de Jesu Christo" (die Armen Jesu Christi). In seinem Werk setzt sich der Chronist vehement für die Rechte dieser Entrechteten ein. Leider ist seine Chronik nie beim König angekommen und blieb daher politisch ohne Bedeutung. Das mindert aber den Einsatz Poma de Ayalas für die Entrechteten nicht. Der lateinamerikanische Befreiungstheologe Gustavo Gutierrez stellt eine direkte Verbindung zwischen den beiden katholischen Vorkämpfern für die soziale Gerechtigkeit her. Sein Buch zu dieser Geschichte trägt den bezeichnenden Titel: „En Busca de las Pobres de Jesu Christo. El Pensamiento de Bartolome de las Casas" (Auf der Suche nach den Armen Jesu Christi. Das Gedankengut Bartolomes de las Casas).[341] Casas Gedanken und Praxis hatten bleibende Bedeutung.

Aber auch in der Gegenwart lassen sich Beispiele sowohl einzelner Gemeinden als auch der Kirche als Ganzes anführen. Hier ist vor allem die theologische Prioritätensetzung in der „Option für die Armen", wie sie von Lateinamerika aus große Teile der römisch-katholischen Kirche ergriffen hat, zu erwähnen. „Option für die Armen" ist eine Formulierung der lateinamerikanischen Bischöfe, die bei ihren Generalversammlungen 1968 in Medellin (Kolumbien) und 1979 in Puebla (Mexiko) die Kirche dazu aufgerufen haben, sich eindeutig auf die Seite der Armen zu stellen. „Die Armen", das sind Menschen, die aufgrund ihrer Armut, gesellschaftlicher Stellung, Hautfarbe, Herkunft etc. gesellschaftlich ausgegrenzt werden. Armut ist ein äußerst vielschichtiges Problem. In ihr kumulieren sich finanzielle, soziale und andere Probleme. Ulrich Thien sprach hier von „Kumulation von Unterversorgungslagen"[342]. Im Herzen dieser Unterversorgung liegt das fehlende oder unzureichende Einkommen. Wo kein oder ungenügend Geld vorhanden ist, kommen bald die anderen Übel der Armutsspirale dazu: Wohnungsnot, gesundheitliche Unterversorgung, fehlende Bildung bzw. Ausbildung, Qualität der vorhandenen Arbeit, soziale Eingebundenheit und fehlende gesellschaftliche Anerkennung.[343] „Option für die Armen" bedeutet für die Kirche und die Christen das Einverständnis mit der besonderen und prioritären Berufung, den Armen, den Notleidenden, den Benachteiligten bevorzugt nachzugehen. In einem im Internet verbreiteten Dokument heißt es dazu:

> Kirche solle deshalb als Kirche der Einfachheit und der Armut leben, sich weniger an der Mittelschicht orientieren und eine klare Option für die Armen unter uns treffen und sich diesbezüglich auch in gesellschaftliche Vorgänge und in die Gesetzgebung zugunsten der Bedrohten und Schwachen einmischen. Die Kirche solle als gesellschaftskritische Instanz Einfluss nehmen auf politisch-wirtschaftliche Entscheidungen, sich einsetzen für soziales Verhalten in der Gesellschaft und vor allem auch zugunsten der Armen, eintreten für die Bewahrung der Schöpfung, für Frieden, weltweite Gerechtigkeit und Menschenrechte. Sie solle noch stärker helfen in Krisen und Kriegsgebieten der Dritten Welt und sich dort für Menschenleben und Menschenrechte einsetzen. Zugleich wird auch gesehen, daß dies nicht nur für die Kirche als Ganze gilt, sondern daß die Gemeinden und auch die einzelnen Christen beauftragt sind, sich in ihrem Umfeld sozial zu engagieren für Alten- und Krankenbetreuung, im Rahmen von Nachbarschaftshilfe, in der Sorge für Suchtkranke, in Kleinkinderbetreuung.[344]

Im Jahre 1972 gründete die Kirche das Sekretariat für soziale Gerechtigkeit, das 1992 offiziell dem Jesuitenorden zugeordnet wurde.[345] In einer Reihe von wissenschaftlichen und sozialen Einrichtungen setzen sich die Jesuitenbrüder vorbildlich für eine sozial gerechtere Welt ein. Auch in Deutschland können viele überaus beeindruckende Beispiele sozial-transformativen Handelns römisch-katholischer Verbände und Gemeinden nachgewiesen werden.[346] Christliche Existenz inmitten der Welt, mit dem Ziel, die Lebenswelt der Menschen zu transformieren, diesem Ziel widmet sich auch die katholische Erwachsenenbildung. Wie stark wertebezogene soziale Veränderung Ziel der katholischen Erwachsenenbildung ist, zeigt nicht zuletzt das Perspektivenpapier der Konferenz der bischöflichen Beauftragten mit dem bezeichnenden Titel „Erwachsenenbildung in der Gemeinde der Zukunft" aus dem Jahre 2003.[347] Danach sucht die katholische Erwachsenenbildung das Gemeindeglied ihrer Kirche zu gesellschaftlicher Verantwortung im Sinne der christlichen Grundwerte zu erziehen.[348]

Konsequenzen für den gesellschaftsrelevanten Gemeindebau

a. Kirche ist wesentlich aus der innergöttlichen Gemeinschaft, der Trinität, her zu begründen. Sie ist eine sakramentale Wirklichkeit, in der Gott Heilsräume seiner Schöpfung angeboten hat, die zur Gemeinschaft zwischen Gott und Mensch sowie den Menschen selbst führen können. Kirche kann daher als *communio* gedacht werden. Sie ist die sichtbare Gemeinschaft des angebrochenen Reiches Gottes auf Erden.

b. Kirche ist Gottes Heilsangebot für alle Völker. Sie ist Gottes neues Volk aus den vielen Völkern. Sie nimmt das Gute der Kultur in sich auf, ist aber ständig darauf bedacht, dieses zu verbessern und zu heiligen. Gottähnlichkeit ist das erklärte Ziel des transformativen Prozesses, in den die Kirche jede Kultur mit hineinnimmt.

c. Kirche ist eine „priesterliche Gemeinschaft". Als Gottes Priesterin für die Welt verwaltet sie die heiligen Sakramente zum Heil der Welt. Damit ist sie aber auch direkt für das Heilwerden der Welt verantwortlich. Sie kann sich nicht auf sich selbst zurückziehen. Ihre wesentliche Bestimmung ist in der Mission zu suchen.

d. Kirche ist eine organische Gemeinschaft, in der alle Glieder eine priesterliche Funktion gemäß den ihnen gegebenen Gaben, haben. Dabei kommt dem Laientum in der Kirche die besondere Aufgabe zu, den Lebensraum der Menschen mit dem Evangelium zu transformieren. Kraft der Gnade, die jedes einzelne Glied erfahren hat, darf es in den Belangen des Alltags seine neue Identität in Christus leben, angeleitet und mentoriert vom Klerus.

e. Kirche lebt als Volk auf dem Weg, harrend auf die Heilsvollendung im Eschaton. Dabei geht es ihr nicht an erster Stelle um sich selbst, sondern um die Erlösung des Kosmos, der Schöpfung Gottes.

3.2.3 Das keltische Gemeindemodell

Es mag überraschen, dass ich an dieser Stelle ein Modell zur Diskussion bringe, das nicht zu den großen Entwürfen der Kirche gehört. Und doch erlebt gerade dieses Gemeindemodell seit mehreren Jahren eine erstaunliche Wiedergeburt.[349] Gemeint ist das keltische Gemeindemodell, das sich zunächst in Irland[350] und infolge der intensiven Mission der iroschottischen Mönche im frühen Mittelalter in ganz Europa ausbreitete.

Mission

Heussi unterstreicht mit Recht das eigene Gepräge dieser Kirche, die sich in der Abgeschiedenheit Irlands anders als die Kirche auf dem europäischen Festland entwickelte.[351] Ausgezeichnet durch ihr monastisches Wesen, die enge Gemeinschaft der Brüder und Schwestern mit hohen spirituellen und ethischen Werten[352], war diese Kirche „durchdrungen von Mission"[353]. Nichts prägt diese Kirche so sehr wie die Bereitschaft zum Martyrium. Wobei sie zwischen dem *Roten Martyrium* – dem Tod um Christi willen, dem *Grünen Martyrium* – dem Leben im Fasten und Arbeiten, um von den eigenen Begierden frei zu werden und dem *Weißen Martyrium* – dem Verlassen der eigenen Heimat um Christi willen unterscheidet.[354] Die Bereitschaft, um Christi willen zu leben und zu sterben, ausgedrückt in den beiden Begriffen *peregrinatio* und *mortificatio*, wurde zur „eigentlichen Triebfeder der intensiven Missionstätigkeit der iroschottischen Mönche auf dem europäischen Festland".

Gemeindeverständnis

Die missionarische Dimension der keltischen Kirche wird allerdings nicht nur von ihrer Bereitschaft, um Christi willen ihre Heimat zu verlassen und ein Leben als *peregrinus*, als Pilger um Jesu willen zu führen, unterstrichen. Sehr bald nach der Gründung der Kirche durch Patrick „passten die Iren ... die Kirchenstrukturen ihrer gesellschaftlichen Realität an"[355]. Wesentlich dabei ist eine aneinander hingegebene Gemeinschaft, die sich nicht aus einer Kirchenordnung, sondern aus der gegenseitigen Verantwortung füreinander und die Welt definiert.[356]

Eindrücklich illustriert wird dies durch den Aufbau der Klöster, die man auch Zellen nannte und die jeweils von einem Abt geleitet wurden. Dieser unterstand jedoch keiner übergeordneten Hierarchie, was auf dem Festland bald zu Konflikten mit der römischen Kirchenverwaltung führen sollte. Die Zelle existierte autonom und agierte autark.[357] Ihr Ziel war es, der Gemeinschaft, dem Stamm, ja dem Volk zu dienen.[358]

Soziale Gestalt

Die Mönche siedelten in lose angeordneten Rundhäusern rund um die im Zentrum liegende Kirche. Die architektonische Anordnung des Klosters hatte Symbolcharakter. Hauck bemerkt mit Recht: „Inmitten des Ganzen steht die Kirche, ein Sinnbild für Christus, dessen erlösende Tat sich auf die ganze Welt erstreckt."[359] Die Kirche ist also da, um die Menschen wieder um Gott herum zu sammeln und so ihr korrumpiertes Leben neu zu ordnen. Dass das nicht nur ein Symbol war, sondern auch gelebte Realität, zeigt die Geschichte der keltischen Mission recht deutlich. Von der Gastfreundschaft der Mönche angezogen, siedeln sich bald Bauern und Handwerker um die Zellen herum an.[360] „Die Missionszellen der Iren waren so Keimzellen ganzheitlichen Lebens für ihr näheres Umfeld."[361]

Praxis

Ein überaus anschauliches Beispiel der keltischen Mission und ihres Gemeindebaus stellt das Lebenswerk Columbans dar (540–615), der im Wesentlichen das Gemeindeverständnis der keltischen Missionare geprägt hat.

Columban (540–615)

McLaren untersucht das Columbanische[362] Gemeindemodell, das sich um das keltische Kloster herum entwickelt hat, und stellt drei wesentliche Elemente dieses Modells heraus:[363]

a. Die keltische Glaubensgemeinschaft war eine klar destinktive Gemeinschaft. Columban gründete Klöster, in denen sich zwar die Mönche und Nonnen einer festen Lebensregel unterwarfen, das Zusammenleben selbst ähnelte aber eher einer dörflichen Gemeinschaft. Es war nicht unüblich, dass sowohl Frauen als auch Männer zu einem Kloster gehörten. Auch sind Fälle bekannt, wo eine Äbtissin ein solches Kloster leitete. Die Klöster wurden in der Regel in eher unbewohnter Gegend angesiedelt. Bald schon baten Menschen aus der Umgebung die Mönche um Rat und Hilfe. Ihr harmonisches Leben zog an und die Bewirtschaftung der Felder zeigte bald auch ökonomisch Erfolge. So siedelten sich immer mehr Menschen um das Kloster an. Menschen kamen zum Glauben. Und bald entstanden feste Gemeindestrukturen. Und obwohl nicht alle den monastischen Lebensstil annahmen, galten auch für die Gemeindeglieder außerhalb des Klosters verbindliche Glaubensvorstellungen.

b. Die keltische Glaubensgemeinschaft war eine inkulturierte Gemeinschaft. Columban organisierte seine Gemeinschaft exakt nach den in der Kultur vorgefundenen sozialen und gesellschaftlichen Mustern.[364] Gerade deshalb fanden die Menschen aus der unmittelbaren Umgebung des Klosters bald zum christlichen Glauben. Sie fanden im Zusammenleben der Mönche und Nonnen zunächst nichts Befremdendes.

c. Die keltische Glaubensgemeinschaft war eine überaus engagierte Gemeinschaft. In der Leitungsstruktur lehnten Columban und seine Mitstreiter jede hierarchische Struktur ab und setzten sich damit radikal von Rom ab. Es ging um den Einsatz jedes Gläubigen, und zwar mit den Gaben und Fähigkeiten jedes Einzelnen. Dabei ist hier nicht nur an die unermüdliche Missionsarbeit der keltischen Mönche zu denken. Columban war auch und gerade sozial und politisch engagiert.

Was man im keltischen Christentum eher nicht antraf, das waren die drei „dirty words", wie McLaren sie nennt: Sektierertum, Nominalismus und Machtzentriertheit.[365]

Konsequenzen für die kultur-gesellschaftliche Relevanz der Gemeinde
a. Gemeinde ist wesentlich eine Gemeinschaft der Gläubigen, die sich gemeinsamen Glaubensregeln unterwirft. Diese Glaubensregeln werden aber in der Sprache und Kultur der Menschen in der Umgebung formuliert. Auf diese Weise wirkt das Anderssein der Gläubigen nicht abstoßend, sondern eher anziehend.

b. Gemeinde ist eine Dienstgemeinschaft. Sie gibt sich bewusst an die Welt, ohne sich jedoch von der Welt absorbieren zu lassen. Ihre Hingabe wird als Martyrium um Christi willen verstanden.

c. Die Gemeinde ist nicht nur gesellschaftschaftlich angepasst, sondern auch überaus in der Gesellschaft engagiert. Dabei kannte man keine Trennung von sakralem und profanem Lebensbereich. Vielmehr war alles Leben gottgegeben und damit sakral.

3.2.4 Gemeinschaft der Heiligen und Sünder – zur Ekklesiologie Martin Luthers

Kein anderer Reformer hat die Kirchenlandschaft in Deutschland und darüber hinaus auch weltweit geprägt wie Martin Luther (1483–1546). Alle protestantischen und von diesen abgeleiteten Gemeindemodelle gehen so oder anders auf Luther zurück. Wie verstand Luther Gemeinde?

Gemeindeverständnis
In den Schmalkaldischen Artikeln (1537) schreibt Martin Luther:

> Wir gestehen ihnen nicht zu, dass sie die Kirche seien, und sie sind es auch nicht, und wir wollen auch nicht hören, was sie unter dem Namen der Kirche gebieten oder verbieten; denn es weiß gottlob ein Kind von sieben Jahren, was die Kirche sei, nämlich die heiligen Gläubigen und „die Schäflein, die ihres Hirten Stimme hören" (Joh. 10,3); denn also beten die Kinder: „Ich glaube an eine heilige christliche Kirche." Diese Heiligkeit besteht nicht in Chorhemden, Platten, langen Röcken und anderen ihrer Zeremonien, durch sie über die Heilige Schrift hinaus erdichtet, sondern im Wort Gottes und im rechten Glauben.[366]

In dieser einfachen Definition finden sich alle wesentlichen Eckdaten lutherischen Gemeindeverständnisses. Für Luther ist die Gemeinde zunächst alles andere als eine Institution mit ihren Zeremonien und Instituten, so typisch für die Kirche seiner Tage, sondern eine „Versammlung der Gläubigen ... bei welchen das Evangelium rein gepredigt und die heiligen Sakramente laut des Evangeliums gereicht werden"[367]. Hier muss besonders die Bedeutung des Wortes für die Konstitution der Gemeinde hevorgehoben werden. Luther kann sagen: „Ubi est verbum, ibi est ecclesia" („Wo das Wort ist, da ist die Gemeinde").[368] 1539 schreibt er in seiner Schrift „Von den Conciliis und Kirchen":

> Gottes Wort kann nicht ohne Gottes Volk sein. Wiederum, Gottes Volk kann nicht ohne Gottes Wort sein. Wer wollte es sonst predigen oder predigen hören, wo kein Volk Gottes da wäre? Oder was könnte oder wollte Gottes Volk glauben, wo Gottes Wort nicht da wäre?[369]

Soziale Gestalt
Die Gemeinde der Gläubigen, die aus dem Wort geboren wird, ist allerdings eine Gemeinschaft des Geistes, die nur für den Glaubenden sichtbar wird. Als solche ist sie eine heilige und ewige Kirche, in der es nicht nötig ist, „gleichförmige Zeremonien, die von Menschen eingesetzt, gehalten werden, um ihre Einheit zu wahren."[370] „Die christliche Kirche ist weder an Ort, Zeit, Person noch anderes gebunden, sondern allein an das Bekenntnis von Christo"[371]. „Es ist nur eine einige Kirche oder Gottes Volk auf Erden, die da einerlei Glauben, Taufe und Bekenntnis hat, und bei solchem einträchtiglich bleibt und hält"[372]. Für Martin Luther darf diese heilige Kirche nicht automatisch mit der sichtbaren Kirche identifiziert werden. Die reine Verkündigung des Evangeliums und die rechte Verwaltung der Sakramente, die wichtigsten Zeichen der wahren Gemeinde (*notae ecclesia*), dürfen nicht formell, sondern müssen eher funktionell verstanden werden. Auch darf man hier nicht den erhobenen Zeigefinger der Moral vermuten.[373] Für Luther ist die Versammlung der Gläubigen immer zugleich eine Versammlung der Heiligen und Sünder zugleich. Seine

soteriologische Maxime *simul justus et peccator* darf auch im Bezug auf sein Gemeindeverständnis nicht aus dem Blick geraten. Die Kirche ist einerseits heilig, jedoch andererseits nicht ohne Menschen, die in Sünde verharren. Das Augsburger Bekenntnis formuliert: „Wiewohl die christliche Kirche eigentlich nichts anderes ist als die Versammlung aller Gläubigen und Heiligen, jedoch weil in diesem Leben viele falsche Christen und Heuchler, auch öffentliche Sünder unter den Frommen bleiben, so sind die Sakramente gleichwohl kräftig ..." (A 8,1) Die Gemeinde ist also ein *corpus permixtum*, eine gemischte Versammlung, in der Heilige und Sünder gleichfalls bis zum Urteil Gottes Platz finden.

Die Versammlung der Gläubigen ist zum anderen eine priesterliche Gemeinschaft. Martin Luther stellt die neutestamentliche Lehre vom allgemeinen Priestertum aller Gläubiger wieder her. In seiner Schrift „De instituendis ecclesiae ministris" („Von der Einrichtung kirchlicher Ämter") aus dem Jahre 1523 schreibt er, „dass alle Christen gleicherweise (*ex aequo*) Priester seien. Denn den Spruch 1Petr. 2,9 ‚Ihr seid das königliche Priestertum' und Off. 5,10 ‚Und hat uns unserm Gott zum Königtum und Priestern gemacht' hab ich mit andern Büchern schon genügsam eingebläut. Es sind aber der priesterlichen Ämter etwa diese: lehren, predigen und das Wort Gottes verkündigen, taufen, konsekrieren oder die Eucharistie austeilen, Sünden binden und lösen, für andre beten, opfern und urteilen über aller Lehren und Geister ... Das Erste aber und Höchste von allen, in dem alle andern hangen, ist das Wort Gottes lehren"[374].

Mission

Der priesterliche Dienst des Gläubigen schließt zunächst die Verkündigung des Evangeliums durch alle Gläubigen mit ein. Als Priester Gottes treffen sich die Gläubigen zum Gebet und belehren einander.[375] Sie werden darin vom Hohenpriester Jesus Christus inspiriert. Dabei ist es Luther wichtig, dass Verkündigung eine Verkündigung in Wort und Tat ist. Während gute Taten nichts zur Erlösung des Menschen beitragen, sind sie der wahre Liebesbeweis des Gläubigen an seinen Nächsten. Von Christus geliebt und vergeben, kann der Christ nun seinen Nächsten lieben und sich dessen Sorgen und Nöte annehmen.[376] Es ist Gottes Liebe, die, einmal erfahren, den Christen zur Aktion für den Nächsten treibt, denn jeder Mensch ist geschaffen und geboren um des anderen Menschen willen.[377]

Menschen, wie auch immer in der Welt verdorben, haben daher ein Recht, dass die Gemeinde Jesu sich ihrer annimmt. Luther geht so weit, die Gemeinde als ein „Hospital für unheilbar Kranke"[378] zu bezeichnen. Die *summa* des Evangeliums ist für ihn im Wort vom Reich Christi, das ein Reich der Barmherzigkeit und Gnade ist.[379] Wer Christi Reich verkündigt, kann sich daher nicht der Taten der Barmherzigkeit entziehen, sondern umgekehrt, er wird sich für das Wohl seines Nächsten in Wort und Tat einsetzen. Christenmenschen müssen ihrem Stand entsprechend zum Nutzen der Gesellschaft leben. In seiner Schrift *An den christlichen Adel* (1520) mahnt Luther, die Pflicht der Obrigkeit an die

Fürsorge für ihre Untertanen ernst zu nehmen. Im gleichen Zusammenhang aber verlangt er auch vom Schuster, Schmied und Bauern, zum Nutzen der Gesellschaft beizutragen.[380] Sehr ähnlich äußert er sich auch im *Großen Katechismus* (1529), wenn er davon spricht, dass Eltern, Obrigkeit und jedermann den Befehl habe, „uns Gutes aller Art"[381] zu tun. Ihm scheint dabei besonders die Bildung der nächsten Generation ein Anliegen zu sein. Er verlangt sowohl von der christlichen Obrigkeit[382] als auch von den Christenmenschen überhaupt, sich für die Bildung einzusetzen. Was ihm den Vorwurf einbringt, „er wolle aus allen Kindern Junker machen"[383] Nur durch die Bildung erwartet Luther die Hebung des Lebensstandarts der Menschen. Die Möglichkeit, dass dadurch aus „gewöhnlicher Leute Kinder" Herren werden, und zwar sowohl im geistlichen als auch im weltlichen Bereich, ist für ihn eine gegebene Tatsache.[384] Es fällt auf, dass Luther seine Forderung nach Bildung auf beide Geschlechter bezieht. Für ihn sind Mann wie Frau Gottes Geschöpfe und verdienen eine besondere Achtung.[385] Und es ist offensichtlich, dass er die Kirche nicht aus der Pflicht nehmen will, an diesem Bildungsauftrag praktisch mitzuarbeiten. In seiner eigenen Praxis führte er den Unterricht für die Kinder im Nachmittagsgottesdienst ein.[386]

Martin Luther versteht den Christenmenschen aus seiner Verantwortung für den Mitmenschen. Jeder Art von Egoismus ist damit ein Riegel vorgeschoben. Der Christenmensch hat die Verantwortung, dem Nächsten zu dienen zum Nutzen der gesamten Gesellschaft. Sogar das Bestreben, nur für die eigene Familie zu leben, wird von ihm abgelehnt.[387]

Das Verhältnis der Christen und damit auch der Gesamtgemeinde der Christen zur Gesellschaft ist also durchaus auf gemeinsame Gestaltung angelegt. Luther akzeptierte zwar die Ständegesellschaft seiner Zeit, wehrte sich jedoch vehement gegen jeden egozentrischen Missbrauch des Amtes und der Macht. Ihm geht es um ein Leben im Frieden und in Harmonie und gegenseitiger Wertschätzung. Hierfür sind die Christen zusammen verantwortlich.[388]

Für Luther und in seinem Gefolge das Luthertum ist Gemeinde allem anderen voran ein „Raum der Gnade"[389]. Menschen sind hier grundsätzlich eingeladen, an der transformierenden Kraft des Heiligen Geistes zu partizipieren. Die historische Gestalt der Kirche hat jedoch bereits in der lutherischen Orthodoxie gezeigt, wie schnell aus dem Raum der Gnade ein Raum der „billigen Gnade" werden kann. Der baptistische Theologe Wiard Popkes sieht den Grund für den inneren Zerfall der Kirche Martin Luthers im Festhalten an der Säuglingstaufe als Eingang in die Kirche.[390] Die Konkretion der Gemeinschaft des Wortes ist ja nur im Festhalten am Wort möglich. Nach Luther ist der wahre Glaube an das Heil in Christus allein fundiert in der Heiligen Schrift allein, die einzige Ermöglichung des Gnadenraumes Kirche. Werden aber diese reformatorischen Prinzipien fallen gelassen, so kann Kirche als Gestalt gewordenes Wort Gottes auch nicht mehr sein.

Praxis

Die Liste gesellschaftsrelevanter Projekte, die aus der Kirche Martin Luthers hervorgegangen sind, ist lang. Erweckte Lutheraner engagierten sich sowohl für Evangelisation als auch für das soziale Wohl der Menschen. Ein Beispiel von vielen ist die Arbeit des Vaters des Diakonischen Werkes der Evangelischen Kirche in Deutschland, Johann Hinrich Wichern (1808–1881). Ausgebildet am Johanneum, dem bereits im 16. Jahrhundert von Johannes Bugenhagen, einem Mitstreiter Luthers, gegründeten Gymnasium, studierte er Theologie in Göttingen und Berlin. Dabei kam er sehr früh in Berührung mit erweckten Kreisen, denen die Not der Armen ein Anliegen war. Wichern wurde von ihrer Liebe zu den Armen angesteckt und gründete am 12. September 1833 in Hamburg-Horn das „Rauhe Haus", eine Anstalt „zur Rettung verwahrloster und schwer erziehbarer Kinder".

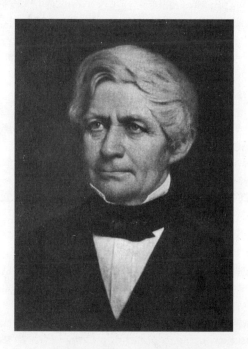

Johann Hinrich Wichern

Die Arbeit wuchs, und schon bald kamen weitere Institutionen dazu. Die Innere Mission war geboren. Am 22. September 1848 hält Wichern auf dem evangelischen Kirchentag in der Lutherstadt Wittenberg einen leidenschaftlichen Vortrag, in dem er zur Gründung einer inneren Mission innerhalb der evangelischen Kirche aufruft. Und am 11. November 1848 konstituiert sich der „Centralausschuß für die Innere Mission der deutschen evangelischen Kirche", der sich der Sache der Armen und Benachteiligten in Deutschland annimmt. Bis 1855 entstehen in Deutschland nach dem Vorbild des Rauhen Hauses in Hamburg über 100 Rettungshäuser.

Für Wichern gehörten der persönliche Glaube an Gott und die Liebe zum Nächsten, Mission und Diakonie, evangelistische Verkündigung und soziale Fürsorge, Erneuerung der Kirche und die Erneuerung der Gesellschaft zusammen. Er setzte sich für die Verkündigung des Wortes Gottes ein und nahm sich der Menschen in ihren Nöten an. Er motivierte seine Kirche, missionarisch und sozial tätig zu werden, und setzte sich für die Erneuerung des Gefängniswesens in Preußen ein. Wichern sah seine Aufgabe darin, Gottes Reich in Wort und Tat zu verkündigen.[391] Ganz im Sinne seines Kirchengründers Martin Luther.

> **Konsequenzen für den gesellschaftsrelevanten Gemeindebau**
>
> a. Für Luther gibt es nur die „eine heilige, christliche Kirche", die ewig bleiben wird. Und diese Kirche ist eine Kirche der versammelten Gläubigen, in der das Wort gepredigt und die Sakramente verwaltet werden. Ihm geht es weniger um eine Organisation, sondern um eine geistliche Wirklichkeit.
>
> b. Die Gemeinde als Versammlung der Gläubigen ist keine perfekte Gesellschaft, sie ist vielmehr eine „gemischte Gesellschaft", in der Heilige und Sünder die heilsame Wirkung der Gnade erfahren können.
>
> c. Die Gemeinde ist eine priesterliche Gemeinschaft, in der alle Gläubigen Priester Gottes sind und den Auftrag haben, in Wort und Tat Gottes Liebe dem Nächsten zu erweisen. Das Ziel ist die Veränderung der Menschen in ein von Gott geschaffenes Leben. Das geistliche Leben des Menschen hat somit immer soziale Konsequenzen.

3.2.5 Die Gemeinde als Bunderwählte – zur reformatorischen Gemeindelehre

Gemeindeverständnis
Ähnlich wie Luther versteht auch **Johannes Calvin** (1509–1564) die Kirche als Gemeinde des Wortes. Er schreibt:

> „Denn überall, wo wir wahrnehmen, dass Gottes Wort lauter gepredigt und gehört wird und die Sakramente nach der Einsetzung Christi verwaltet werden, lässt sich auf keinerlei Weise daran zweifeln, dass wir eine Kirche Gottes vor uns haben"[392].

Doch während Luther den Akzent auf die Selbstwirksamkeit des Wortes legt, das da die Heiligung der Gemeinde zum wahren Volk Gottes bewirkt, steht für Calvin der Erziehungsgedanke im Zentrum des Interesses. Gott erzieht sein Volk zur Heiligung und Vollkommenheit kraft seines Wortes. Nicht dass die

Gemeinde je die Vollkommenheit auf Erden erreichen kann, aber sie ist angehalten, in der Zucht Gottes zu verharren. Hieraus erklärt sich auch der große Raum, den die Kirchenzucht in der Lehre Calvins einnimmt. Popkes schreibt zum Kirchenverständnis der Calvinisten: „Die Kirche wird hier u.a. zur Schule, also zum Ort der Unterweisung in Gottes Wort und Vorhaben, eine Art Erziehungsanstalt für den zukünftigen Gottesdienst im christlichen Leben."[393] Die Folge christlicher Erziehung ist nicht absolute Vollkommenheit, sondern Gehorsam des Glaubens. Calvin definiert: „Danach sollen wir die Menschen als Glieder der Kirche erkennen, die durch das Bekenntnis des Glaubens, durch das Beispiel ihres Lebens und durch die Teilnahme an den Sakramenten mit uns den gleichen Gott und Christus bekennen"[394]. Die Gemeinde ist hier als Bau Gottes inmitten der Welt gedacht. Theologisch wird diese Vorstellung von der Erwählung getragen. Popkes behauptet gar, dass sich ein solches Kirchenverständnis als „Raum der Erwählung"[395] zusammenfassen lässt.

Soziale Gestalt
Die starke Betonung der Heiligung bei Calvin resultiert in seiner Vorstellung von der „sichtbaren Gemeinde". Für ihn ist die Gemeinde vor allem die vor Ort sichtbare Gemeinschaft der Gläubigen.[396] Und diese Gemeinschaft verlangt nach einer klaren Organisation.

Mission
Gott hat die in der Kirche zusammengefassten Menschen erwählt, ihm und seiner Schöpfung zu dienen. Die Erwählung setzt den Menschen in Bewegung. Er ist berufen, zur Verehrung Gottes zu leben. Und dieses Leben ist nur als Leben im konkreten Dienst denkbar. In seinem Dienst für Gott und Mensch findet der Gläubige seine Bestätigung der göttlichen Erwählung und damit der Gnade, die ihm zuteilgeworden ist. Freilich haftet einem solchen Verständnis auch ein gewisser Zwang zum Handeln an. Und die praktischen Beispiele aus der Geschichte calvinistischer Gemeinden bestätigen diese Annahme. Nur zu leicht wird aus der Erkenntnis seiner besonderen Stellung vor Gott der gesetzliche Zwang zur rigorosen Befolgung der in der Heiligen Schrift erkannten Prinzipien. So passiert es, dass „der Erwählungsgedanke ... nicht nur zum Lob der Gnade, sondern auch zur Starrheit und Strenge"[397] führt. Und als Folge zu einer sozialen Gestalt, die fernab der Gesellschaft ein isoliertes Dasein führt. So wird aus dem gut gemeinten Dienst für Gott und Mensch ein angstbesetzes Befolgen von Gesetzen und Vorschriften.

> **Konsequenzen für den gesellschaftsrelevanten Gemeindebau**
> a. Die Gemeinde ist eine Gemeinde des Wortes. In ihr wird die Herrlichkeit Gottes durch das Leben der Gläubigen konkret. Sie ist erwählt von Gott, zum Lob seiner herrlichen Gnade zu leben, indem sie sein Wort ganz konkret in Diensttaten umsetzt.
>
> b. Der Dienst der Christen ist als Dienst an Gott, seiner Schöpfung und den Menschen gedacht. Er ist eingebettet in den Alltag des Dienenden und kann nur als konkrete Tat begriffen werden.

3.2.6 Die Täufer – Gemeinde der Nachfolger

Gemeinde der Gläubigen – das ist das Thema des „linken Flügels der Reformation"[398]. Die Täufer wollten „weder katholisch noch protestantisch" sein, sondern gingen bewusst ihren eigenen dritten Weg. Im Unterschied zu den großen Reformern, die Kirche als integralen Teil des europäischen Christentums dachten und deshalb zwar theologisch das Wesen der Kirche neu definierten, dafür aber auf eine Reform der Strukturen der Gemeinde selbst im Wesentlichen verzichteten, dachten die Täufer die Kirche in konkreter sozialer Gestalt.[399]

Gemeindeverständnis
Für die Täufer gab es die Gemeinde nur da, wo Menschen sich bereit erklärten, Jesus auch in der praktischen Nachfolge zu folgen. Die Gemeinde ist eine Gemeinde der wiedergeborenen Gläubigen.[400] Nicht das bloße Bekenntnis, sondern ein im Alltag gelebtes Bekenntnis definierte Christsein und konsequenterweise dann auch Gemeinde.[401] Es geht, wie Menno Simons es ausdrückt, um „Glauben, der durch die Liebe tätig ist"[402]. Wie stark persönlicher Glaube und Gemeinde korrelieren, zeigt folgendes Zitat Heinold Fasts. Er schreibt:

> „Die Nachfolge Christi ist eine Möglichkeit nicht des einzelnen Christen, sondern der Gemeinde als des Leibes Christi. Denn sie ist nicht Nachahmung (*imitatio*), sondern Teilhabe (*participatio*) .... Christsein ist ein Teilhaben am Kreuzweg Christi ... Nachfolge, so verstanden, ist kein individueller Kraftakt, sondern das Ergreifen der Möglichkeiten, die sich dem Einzelnen als Glied am Leibe Christi bieten. Sie ist nicht Gesetz, sondern Evangelium."[403]

Als Herausgerufene aus der Welt bildet die Gemeinde die Vorwegnahme des Reiches Gottes ab, und zwar im krassen Gegensatz zu der verlorenen Welt, auch wenn diese aus dem offiziellen Christentum mit ihrem Staat und ihrer

Kirche besteht. Sie ist zwar in der Welt, jedoch niemals von der Welt und kann daher auch niemals mit der Welt konform gedacht werden. Es ist der Unterschied zwischen Weltreich und Gottesreich, die die Gemeinde als wesensmäßig anders postuliert.[404] Menno Simons sprach in diesem Zusammenhang von der Absonderung und Meidung.[405] Hieraus ergibt sich dann der rigorose Nonkonformismus der Täufer. „Man muss Gott mehr gehorchen als den Menschen", dieser Satz wird zum Lebensmotto der Täufer, und zwar in allen Belangen des Lebens.

Soziale Gestalt
Die Gemeinde als Verwirklichung des Reiches Gottes auf Erden ist somit nicht eine geistliche Momentaufnahme im Gottesdienst, sie ist gelebte Wirklichkeit im Alltag. Wie aber lebt man einen so rigorosen Nonkonformismus in einer feindlichen Umwelt? Die Antwort der Täufer war eine doppelte. Zum einen lebt man die neu gewonnene Identität in Christus missionarisch. Und zweitens sucht man nach Gemeinschaftsformen, die ein neues soziales Gefüge ermöglichen.

Mission
Aus diesen beiden Punkten leitet sich der enorme missionarische Eifer des frühen Täufertums ab.[406] Die Täufergemeinde ist die christliche Kolonie, in der sie ein eigenes soziales Gefüge aufbauen. Hans Kasdorf hat diese Eigenart der Täufer im Bezug auf die Mennoniten in Russland einmal treffend auf den Punkt gebracht. Er spricht von „Gemeinde und Volk in der Nachfolge"[407]. Und in der Tat, Mennoniten haben sich auf ihren Wanderungen immer mehr zu einer Art Volkskirche entwickelt, die alle Züge einer ethnokonfessionellen Gemeinschaft aufweisen.[408] Ständig auf der Suche nach idealen politischen Verhältnissen, die ihnen die Freiheit zur eigenen sozio-politischen Gestalt ermöglichen, sind die Täufer seit der Reformationszeit immer wieder aus einem Land ins andere geflohen. Verfolgt, gejagt, getötet und doch erstaunlich überlebensfähig, bauten sie ihre Kolonien in Russland, Kanada, USA, Mexiko, Bolivien, Paraguay und in vielen anderen Staaten dieser Welt auf. Die „Mennonite Society"[409], die täuferische Gesellschaft also, hat erstaunliche soziale Erfolge vorzuweisen. Hier ist es vielerorts gelungen, trotz aller Widrigkeiten des Lebens eine blühende Welt aufzubauen, die Wohlstand und Gerechtigkeit in Einklang zu bringen wusste.[410] Man denke da nur an die Entstehung des mennonitischen „Commenwealth" im zaristischen Russland. Hier haben die Täufer es geschafft, in weniger als einem Jahrhundert ein Sozialwesen aufzubauen, das aus den denkbar primitiven ökonomischen Verhältnissen zur beachtlichen Gestalt heranwuchs.[411] Dieses Sozialwesen wurde ihnen zwar in den Wirren der Revolution und der folgenden Sowjetherrschaft genommen, doch sind es im Wesentlichen Elemente dieser sozialen Gestalt, die das Zeugnis der Gemeinde auch in der Sowjetunion begründet und somit ihr Überleben sichert.[412] Dagegen ist es dem nonkonformistischen Täufertum nirgendwo gelungen, die Welt um sie herum nachhaltig zu transformieren. Sozialethisch eine wirkliche Alternative

bot das täuferische Experiment missionarisch gesehen nur selten Erfolge. Fähig, sich selbst zu erhalten, hat es sich als unfähig erwiesen, die Welt zu verändern.[413]

Nicht zuletzt deshalb hält das moderne Täufertum zwar grundsätzlich an der Vorstellung der Gemeinde als Konkretisierung des Reiches Gottes in der Welt fest, lehnt aber den rigorosen Nonkonformismus ab.[414] Statt Flucht aus der Welt wird hier die Transformation der Welt im Sinne des Reiches Gottes verlangt.[415] Die Welt wird geradezu als unbedingte Konstante der Mission der Gemeinde begriffen. In den Worten John Howard Yoder's: „Wo es keine Welt gibt, kann es auch keine Mission geben." Der Welt Gottes Vision vom menschlichen Zusammenleben in der Gemeinde vorzuleben, oder, wie Yoder es sagte, ihr das Paradigma einer gerechten Gesellschaft zu geben[416], darin erblicken Täufer heute den missionarischen Auftrag der Gemeinde. Das ist aber nicht nur im Sinne eines stillen Zeugnisses zu verstehen. Yoder gebraucht das Bild vom Pult, mit dem er die Gemeinde beschreibt, um zu zeigen, dass die Gemeinde in Sachen einer gerechten Welt nicht nur vorzuleben, sondern zu führen hat.[417] Soziale Verantwortung ist somit keine Option für das moderne Täufertum, sondern Auftrag. Und das auch und vor allem über die Grenzen der eigenen Gemeinde hinaus.[418]

Praxis
Ein herausragendes Beispiel sozialen Engagements stellt das Leben und Wirken des mennonitischen Sozialreformers Johann Cornies (1789–1848) und des von ihm gegründeten landwirtschaftlichen Vereins dar. Geboren in Westpreußen, wanderte Cornies mit seiner Familie 1804 nach Südrussland aus. Bereits als Jugendlicher erweist Cornies eine außerordentliche Begabung. Er will Gott und den Menschen dienen. Bald setzt er sich unermüdlich für eine moderne Schulbildung in den mennonitischen Kolonien ein und reformiert die Landwirtschaft. „Die Geschichte der Entwicklung der Mennoniten-Kolonien in Russland ist ohne die außergewöhnliche Persönlichkeit von Johann Cornies kaum denkbar", schreibt George K. Epp[419], einer der besten Kenner des russischen Mennonitentums. Das Gleiche gilt aber auch von der Entwicklung des deutschen Gemeinwesens im Schwarzmeerraum überhaupt. Man hat ihn das „deutsche Bauerngenie am Schwarzen Meer"[420] genannt. Minister und Zaren suchten ihn auf, um Rat zu erhalten. Menschen aller Schichten fanden in ihm einen Helfer. Jakob Stach schreibt über Cornies: „Es gab kaum einen zweiten Menschen, der sich so mit Leib und Seele für das Allgemeinwohl einsetzte. Glaubensbekenntnis und Nationalität machten für ihn keinen Unterschied. Freilich haben seine Glaubensgenossen an der Molotschna mehr von ihm gehabt, aber er diente auch Russen, Nogajern, Duchoborzen und Molokanern wie ein Bruder."[421]

Johann Cornies

Die wichtigsten Verdienste Cornies' hängen mit dem landwirtschaftlichen Verein der Mennoniten zusammen. Die hier entwickelten Methoden der Bewirtschaftung des Steppenlandes wurden für Jahrzehnte zum Vorbild für den russischen Ackerbau überhaupt. Und das aufgebaute koloniale mennonitische Wesen wurde zum Vorbild für autarke Siedlungsstrukturen von christlichen Kolonisten, das weit über die Grenzen Russlands seine Wirkung zeigte und bis heute zeigt.[422] Mennonitische Missionare setzten die gleichen Strukturen zum Beispiel beim Aufbau eines christlichen Gemeinwesens in Indonesien ein, was zum erheblichen Wachstum der Gemeinden in Indonesien führte.[423]

> **Konsequenzen für eine Theologie des gesellschaftsrelevanten Gemeindebaus**
> Das täuferische Gemeindemodell weist deutliche Hinweise für einen gesellschaftlich relevanten Gemeindebau. Folgende Positionen scheinen mir von besonderer Bedeutung.
>
> a. Gemeinde wird von Jesus und seinem Auftrag her gedacht. In der Christologie und dem jesuanischen Vorbild sehen die Täufer Gemeinde begründet. Jesu Sendung wird somit zum Maßstab jeden Gemeindeseins und ihres Lebens.
>
> b. Gemeinde wird als besondere Gemeinschaft der Gläubigen gedacht, die sich über die praktische Nachfolge Christi definiert. Die Betonung liegt hier auf dem ganzen Menschen, der als solcher Christus im Alltag nachzufolgen hat. Die Gemeinde kann somit nur eine Nachfolgerin im ganzen Lebensvollzug sein. Eine Aufteilung des Lebens in sakrale und profane Bereiche ist ihr somit fremd.
>
> c. Gemeinde wird von ihrem Auftrag her verstanden. Sie ist Gottes Gesandte in die Welt. An ihr manifestiert sich Gottes Reich. An ihr wird Gottes Gerechtigkeit sichtbar. Das fordert die Gemeinde zu einem heiligen Lebenswandel, aber auch zum Einsatz für Gerechtigkeit auf. Sie ist Gottes Paradigma für eine neue Welt.
>
> d. Mission der Gemeinde macht nur Sinn, weil die Gemeinde in der Welt lebt. Sie ist nicht von der Welt, aber auf der Erde kann sie nur als weltverortet existieren. Wo immer man die Gemeinde aus der Welt nimmt, verliert sie ihre missionarische Berechtigung.

3.2.7 Pietismus – Gemeinde kleingeschrieben

Die distanzierte Objektivität des Kirchenbebegriffs, wie er sich vor allem in der lutherischen Orthodoxie entwickelt hatte, führte zu einer wesentlichen theologischen Korrektur in geistlich erweckten Kreisen im Europa des 17. und 18. Jahrhunderts. Nicht Kirche denken, sondern Kirche erleben war hier die durchgehende Vorstellung. Die Bewegung, die so entstand, nennen wir heute Pietismus.

Gemeindebegriff
Popkes siedelt den Gemeindebegriff des Pietismus im „Raum des Erlebens" an.[424] Gemeinschaft der Glaubenden steht hier über allen anderen ekklesialen Vorstellungen. Gemeinsam Gott erleben und aus dieser Glaubenserfahrung

gemeinsames Leben zu gestalten, das steht im Mittelpunkt. Kirche als Organisation wird recht kleingeschrieben und kaum reflektiert.

Aus dem Pietismus ist eine Reihe von Gemeindemodellen hervorgegangen, die das persönliche Erleben Gottes zur zentralen Konstante ihres Denkens und ihres Gestaltungsrahmens macht. Genannt werden kann an dieser Stelle der Methodismus und die unzähligen Konfessionen, die aus den Erweckungsbewegungen in Nordamerika und Europa im 18. und 19. Jahrhundert hervorgegangen sind. Heute sind es neben den landeskirchlichen Gemeinschaften die charismatischen Gemeinden, die sich an diesen Typus von Gemeinde anlehnen.[425]

Soziale Gestalt
Glaubenserfahrung wurde im Pietismus nicht nur spirituell gesucht. Der Pietismus ist keine kontemplative Bewegung der „Stillen im Lande". Man suchte zwar die persönliche Erfahrung Gottes, aber wo diese erfahren wurde, war ein frommes Leben im Alltag die Folge. Und das schloss durchaus alle Bereich des persönlichen und gesellschaftlichen Daseins ein. Die soziale Gestalt der Kirche selbst ist dabei eher zweitrangig. Die Väter des Pietismus propagieren das Konzept der *ecclesiola in ecclesia*. Gemeindegestalt wird hier eher kleingeschrieben. Nicht die Gemeinde, sondern der einzelne Gläubige steht hier im Mittelpunkt des Interesses, nicht die objektive Organisation der Kirche, sondern das spirituelle Erleben des Einzelnen.

Mission
Aus dem persönlichen Glaubenserlebnis der Gläubigen schöpft der Pietismus seine enorme missionarische Kraft. Diese hat sowohl Verkündigung des Evangeliums als auch soziale Aktion, sowohl den Aufbau geistlicher Strukturen als auch gesellschaftsgestaltende Aktion im Sinn. Im Zentrum der Mission steht der erlösungsbedürftige Mensch. David J. Bosch ordnet daher auch konsequenterweise den Pietismus in sein Paradigma der Aufklärung. Die enorme Mission des Pietismus ist allem anderen voran menschenzentriert, auch wenn die Motive anders sein mögen.

Praxis
August Hermann Francke (1663–1727) ist einer der ganz großen Väter des deutschen Pietismus. Sein Name steht für geistlichen Aufbruch in der Kirche und weitreichende soziale Reformen, deren Wirkung bis heute anhält.[426]

August Hermann Francke

Franckes eigentliches Lebenswerk sind die Franckeschen Stiftungen in Halle an der Saale. 1695 begann der Pfarrer in seiner Gemeinde Glaucha, Kinder im Glauben und Leben zu unterrichten. Drei Jahre später wurde der Grundstein für das erste Waisenhaus gelegt. Bald kamen Schule, Werkstätten, weitere Wohngebäude, Apotheke usw. hinzu. Am Ende lebten und arbeiteten bis zu 2500 Menschen in der Schulstadt Franckes, inspiriert von der Idee, die Gesellschaft christlich zu verändern. Francke beschränkte sich nicht darauf, solche Reformen in seiner Wirkstadt Halle umzusetzen. Die Tätigkeit der Dänisch-Halleschen Mission und der Cansteinschen Bibelanstalt zeigen deutlich, dass sein missionarisches Herz die ganze Welt umfasste.

Konsequenzen für den gesellschaftsrelevanten Gemeindebau

a. Gemeinde ist ein Raum, in dem Menschen Gott erleben können. Es ist nicht einfach eine Organisation, keine religiöse Gestalt, sondern eine spirituelle Wirklichkeit, die alle Bereiche des menschlichen Lebens durchzieht.

b. Gemeinde kann man nur zusammen mit Menschen gestalten, die Gott erlebt haben und darauf aus sind, Gott zu erfahren. Gotteserfahrung ist nur im Gehorsam seinem Wort gegenüber und im an ihn hingegebenen Dienst möglich.

c. Nicht die äußere Gestalt der Kirche, sondern der gemeinsame Einsatz für Gott konstituiert Gottes Kirche unter den Menschen.

3.3 Christentumsparadigma

Die Analyse der vorherrschenden historischen Modelle des Gemeindeverständnisses lässt bestimmte Schlüsse auf die Validität des untersuchten Themas zu. Wo immer sich die Gemeinde Jesu im Rahmen ihrer historischen Gegebenheiten definierte, bildete das soziale Engagement eine wichtige Fragestellung. Sicher sind weder die Akzente noch die praktischen Auswirkungen dieser sozialen Orientierung miteinander zu vergleichen. Zu unterschiedlich waren der historische Kontext und zu unterschiedlich auch die theologischen Vorentscheidungen. Und doch schließt keines der besprochenen Gemeindemodelle die Frage nach dem gesellschaftlichen Engagement aus. Und in Zeiten des geistlichen Aufbruchs und der Reform wurden die Christen in der Regel immer gesellschaftstransformativ aktiv.

Das Festhalten an traditionellen Gemeindevorstellungen trotz eingetretener paradigmatischer Veränderungen im Kontext führte dagegen zur Dogmatisierung des Verständnisses und zur Institutionalisierung des jeweiligen Gemeindetypus und damit auch zur Stagnation des Gemeindeaufbaus in der jeweiligen Kirche. In der Regel kam es dann zur Gründung neuer Gemeinden und auch zur Entstehung neuer Gemeindetypen, die dem veränderten Gesellschaftsparadigma näher waren. Die erneute Veränderung des Gesellschaftsparadigmas zwang auch diese zur Entscheidung, und blieb man bei der nun zur Tradition gewordenen Vorstellung, so zeigten auch die „neuen Gemeinden" die gleichen Tendenzen zu Dogmatisierung und Institutionalisierung.

So haben sich im Laufe der Geschichte gewisse Charakteristika herausgebildet, die heute von der weiten Mehrheit der Christen trotz der zum Teil signifikanten Unterschiede im Gemeindeverständnis geteilt werden. Frost und Hirsch nennen diese Charakteristika „Christendom thinking".[427] Für sie schließt diese Christentumsdenke folgende drei Postulate ein:[428]

1. Gemeinde ist eine geographisch versammelte Wirklichkeit. Sie zieht die Aufmerksamkeit der von ihr angesprochenen Menschen durch ihre nach außen getragene Attraktion an. Das können Kirchengebäude, Programme etc. sein. Frost nennt dieses Denken „attractional" im Gegensatz zu „incarnational".[429] Eine solche Gemeinde lebt vor den Menschen und nicht mit den Menschen. Ihre Mission gestaltet sich klassisch in einer Komm-zu-uns-Struktur.

2. Gemeinde ist eine von ihrer Umwelt deutlich getrennte Wirklichkeit. In ihr wird Sakrales deutlich vom Profanen getrennt, das Heilige vom Unheiligen, Religiöses vom Weltlichen. Sie ist somit dualistisch in ihrem Wesen[430], was ihren Rückzug auf eine missionarische Komm-zu-uns-Struktur erklärt. Die Konsequenz einer solchen Haltung ist die Trennung des Lebens in einen religiösen und einen profanen Bereich. Robert Banks hat sich mit den Folgen eines solchen Dualismus auseinandergesetzt und stellt erschreckt fest,

dass der christliche Glaube dabei ist, jeden Bezug zum wirklichen Leben der Menschen, auch der gläubigen Menschen, zu verlieren.[431] Symptomatisch für diese Haltung ist der Bericht eines gewissen William Diel, führender Manager eines Stahlkonzerns, der in seinem Buch „Christianity and Real Life" (1976) schreibt:

> „In den fast dreißig Jahren meines Berufslebens hat meine Gemeinde kein einziges Mal von mir Rechenschaft für meinen On-the-Job-Dienst an andere verlangt. Meine Gemeinde hat kein einziges Mal mir angeboten, meine entsprechenden Fähigkeiten darin zu verbessern, noch wurde ich gefragt, ob ich Hilfe und Unterstützung brauchte in dem, was ich tat. Man hat mich nie befragt, welche ethischen Entscheidungen ich zu treffen habe und in welcher Art ich meinen Glauben an meine Mitarbeiter weitergebe. Ich bin nie in einer Gemeindeversammlung gewesen, in der man mich öffentlich für meinen Dienst im Beruf ermutigt hätte. In anderen Worten, ich sehe mich gezwungen zu folgern, dass meine Gemeinde keinerlei Interesse daran hat, dass und wie ich in meinem Alltag Christus diene."[432]

Eine so dualistisch gesonnene Gemeinde wird nur begrenzten missionarischen Erfolg in der Lebenswelt der Menschen, unter denen sie existiert, haben können.

3. Gemeinde ist eine hierarchisch organisierte Gemeinschaft. Hierbei handelt es sich um die Leitungs- und Führungskultur der meisten Kirchen des Christentums im Westen. Die Unterscheidung zwischen dem geistlichen Stand der Priester und den Laien ist eine der viel diskutierten Folgen des hierarchischen Konstrukts. Die biblische Wirklichkeit einer Gemeinde des allgemeinen Priestertums wird somit infrage gestellt und die missionarische Aktion auf die Schulter einiger weniger Spezialisten gelegt.

Seit Jahrzehnten ist die Gemeinde Jesu in Europa dabei, sich aus dem öffentlichen Leben zu verabschieden. Andere Weltanschauungen dominieren unsere Kultur. Die Kirche ist auf ihrer jahrhundertelangen Reise in einer Sackgasse angekommen. In vielen Ländern existiert sie zwar noch als gesellschaftliche Institution, aber längst ohne öffentliche Bedeutung. Sie ist zum Papiertiger, zum Relikt aus vergangenen Zeiten geworden. Hat das Christentumsparadigma versagt?

Nicht wenige befürchten genau das und fordern radikale Veränderung.[433] Ist das Christentumsparadigma gar unbiblisch? Hat Frost recht, wenn er fast selbstverständlich konstatiert: „Christendom is not the biblical mode of the church"? Und erinnern seine Worte nicht an ähnliche Aussprüche aus der Geschichte der Kirche? Man denke nur einmal an die großen Reformatoren Luther, Calvin und Zwingli. Oder an die frühen Täufer. Und dann die Erweckungsbewegungen.

Waren alle diese Bewegungen des Geistes nicht auch immer mit einer radikalen Kritik des vorherrschenden Kirchenbildes verbunden? Und hat man nicht dann immer wieder darum gerungen, das Bild der Gemeinde des Neuen Testaments zu restituieren? Ist es je zufriedenstellend gelungen? Man hat den Eindruck, dass es vielen dieser Erneuerungsbewegungen gelang, Menschen in einer neuen, frischen und kulturbezogenen Art anzusprechen. Und die Fakten belegen es – geistliche Aufbrüche, Erweckung waren nicht selten die Folge. Leider verflachte der Glauben schon wenige Generationen danach wieder, und neue Bewegungen waren nötig, um das geistliche Leben erneut zu entfachen.

Warum? Was verursacht diesen Zyklus aus Erweckung, Verflachung und erneuter Erweckung? Man wird den Eindruck nicht los, dass es die Frage nach der Kulturrelevanz ist, die eine wesentliche Rolle bei der Lebenstauglichkeit von Gemeindekonzepten spielt. Die Gemeinde Jesu ist eine irdische Gestalt. Sie ist untrennbar mit der Lebenswelt der Menschen, in der sie existiert, verbunden. Verliert sie den Bezug zu dieser Lebenswelt, entfremdet sie sich der Kultur, in der sie sich entfalten will, so scheint sie sich die Lebensadern durchzuschneiden und erstirbt trotz aller Durchhalteparolen der Ewig-Treuen. Gemeinden als subkulturelle Biotope sind über kurz oder lang dabei, den Überlebenskampf zu verlieren. Ganz ähnlich wie jedes Gewässer, das von der Frischwasserzufuhr abgeschnitten ist und nur noch vom Regen abhängt, versandet und austrocknet. So ist die Gemeinde auf einen festen Kontakt zur Welt angewiesen, um zu überleben. Besinnt sich eine Gruppe von Christen dann aber auf den eigentlichen missionarischen Auftrag der Gläubigen und wendet sie sich an die Menschen ihrer Umgebung mit dem Evangelium, ohne diese den überkommenen Traditionen der ausgedienten Kirche auszuliefern, so entsteht ein geistlicher Aufbruch in der Gesellschaft. Und beide, die Kirche und die Gesellschaft, werden verändert.

Die Erkenntnis aus der historischen Studie der Gemeindebauentwicklung ist eine Warnung und ein Zeichen der Hoffnung zugleich. Eine Warnung, weil sie zeigt, dass alle exklusiven und kulturfeindlichen Gemeindemodelle früher oder später von der Lebenswelt der sie umgebenden Menschen erstickt werden. Aber sie zeigt auch, dass eine bewusste Rückkehr zum missionarischen Auftrag im Kontext der gelebten Kultur Aufbruch und Erweckung zur Folge haben. Wir, die wir heute in einer Welt leben, die sich zunehmend von alten paradigmatischen Vorgaben der Moderne verabschiedet, sind also gut beraten, unseren Kontext genau zu studieren, unsere eigene Kultur zu erfassen, um kompetent zu werden, diese vom Evangelium her zu transformieren. Nicht die Flucht aus der Welt, sondern die Sendung in die Welt ist das Gebot der Stunde. Nichts braucht die postchristliche Lebenswelt der Menschen in Europa heute mehr als Gemeinden, die missional und kontextbewusst denken und leben.

4. Gemeindebau ist Gottes Sache

Theologische Grundlegung des gesellschaftsrelevanten Gemeindebaus

4.1 Trinitarische Grundkonzeption

Gemeindebau ist Gottes Sache. Wer Gemeinde denkt, muss sich mit Gott beschäftigen. Und wer über Gott „wahrhaft reden will", der muss über Gott in seiner Dreifaltigkeit reden.[434] Er, der Vater, Sohn und Heilige Geist, ist ein Gott der Mission und damit auch der Gemeinde. Die Durchsicht der neutestamentlichen Texte und Bilder hat evident gemacht, dass die Gemeinde in ihrem Wesen missional gesehen wird. Nicht Gemeinde, sondern Mission steht im Zentrum der Theologie im Neuen Testament.[435] Und diese ist trinitarisch zu verstehen. Gottes Heilshandeln ist im Neuen Testament trinitarisch angelegt, wie Ulrich Wilkens es am Beispiel des lukanischen Doppelwerkes deutlich gemacht hat.[436] Hahn spricht von der „impliziten trinitarischen Struktur des neutestamentlichen Zeugnisses"[437].

Es ist daher Grund genug, eine Theologie des missionalen Gemeindebaus trinitarisch anzulegen. Smith formuliert daher richtig: „Das Wesen der Gemeinde muss im Lichte der Trinität gesehen werden"[438]. So weisen die Bilder vom Volk und Haus Gottes, dem Weingärtner und dem Weinstock auf die enge Beziehung der Gemeinde zum Vater; die Bilder vom Leib, Braut Christi auf die Beziehung zum Sohn, und die Praxis dieser geistlichen Wirklichkeiten ist durchzogen von der allgegenwärtigen Präsenz des Geistes. Die Gemeinde ist Gottes Bau (Eph. 2,22), in dem Jesus der Bauherr ist, und der Geist ist ihr Schöpfer. Die Gemeinde ist am Pfingsttag entstanden. Lukas bringt das deutlich zum Ausdruck. Kein einziges Mal benutzt er den Begriff *ekklesia* in seinem Evangelium. In der Apostelgeschichte benutzt er dagegen den Begriff gleich 24-mal. Die Gemeinde beginnt mit dem Heiligen Geist. Er ist ihr Feldherr (2Kor. 3,17).

Wie wichtig der trinitarische Denkrahmen für eine Theologie des Gemeindebaus ist, macht die jesuanische Taufformel „im Namen des Vaters, des Sohnes und des Heiligen Geistes" deutlich.[439] Taufe konstituiert die Mitgliedschaft im Leib der Gemeinde (1Kor. 12,13). Wenn diese im Namen der Trinität vorgenommen wird, dann ist das mehr als nur bloße Liturgie. Dahinter verbirgt sich vielmehr ein Programm. Die Taufformel markiert das Wesen der Gemeinde, in die man nun hineingetauft wird. So hat man sowohl in der östlichen wie westlichen Gemeindetradition gedacht und die weiter oben vorgestellten historischen Gemeindeverständnisse machen das besonders für die Orthodoxie und den römischen Katholizismus recht deutlich.[440] Dagegen ist eine trinitarische Begründung der Gemeinde in der protestantischen Tradition, besonders für die Freien Gemeinden, eher unüblich. Hier wird Gemeinde christologisch begründet, was in letzter Konsequenz zu vielfältigen Problemen geführt hat.[441] Gerade das schwierige Verhältnis der Gemeinde Jesu zur Welt wird hier nicht selten aus einer dualistischen Sicht bestimmt. Dualistische Vorstellungen gedeihen da, wo man trinitarisch denkt, wenig. Die Trinität steht für Einheit und Ganzheitlichkeit. Bemüht man sich jedoch nicht um ein trinitarisches Grundverständnis, ist einseitiges Denken vorprogrammiert.[442]

Gemeinde ist ein Spiegelbild der Trinität, schlägt Fernando vor.[443] Ist eine solche Vorstellung nicht gewagt? Freilich birgt jede bloße Parallelisierung von Konzepten Probleme. Man kann nicht einfach die innergöttlichen Beziehungen auf die Gemeinde übertragen. Die Gemeinde ist nicht einfach ein Spiegelbild der Trinität. Gott bleibt uns Menschen immer noch ein unergründetes Mysterium. Er lebt im für uns undurchdringlichen Licht (1Tim. 6,16), und es wäre vermessen zu behaupten, wir könnten sein Wesen auch nur im Geringsten zu einer Vergleichsebene herunterziehen. Muss das nun heißen, dass wir nichts, aber auch gar nichts aus dem Wesen Gottes für unser Leben übertragen können, wie das Kant postulierte?[444]

Sicher nicht. Die Schrift spricht über Gott in menschlicher Sprache. Gott offenbart sich in Kategorien der menschlichen Lebenswelt. Und da, wo er es tut, sind auch Übertragungsebenen gegeben. Aber eben nur da! Jede spekulative Ausweitung der Korrespondenz zwischen den Konzepten der Trinität und der Gemeinde muss deutlich in Schranken gewiesen werden.[445]

Zum anderen ermutigt die Schrift selbst zu einer solchen Übetragung. Ist doch der Mensch als Ebenbild Gottes geschaffen worden (Gen. 1,27). Man kann damit den Mensch letztendlich nicht allein anthropologisch verstehen, ohne dem biblischen Schöpfungsakt unrecht zu tun. Die *imago-Dei*-Konzeption ermöglicht und erzwingt sogar den Vergleich. Wie sonst wollten wir den Menschen in der letzten Konsequenz verstehen, wenn wir uns den Vergleich zu dem, dem er gleicht, vebieten?

Und schließlich bezieht Jesus selbst die Einheit, die für Gott typisch ist, auf die Gemeinde seiner Jünger. Ja, er hält diese Einheit für eine missionarische Notwendigkeit (Joh. 17,17-21). Nur so werden die Menschen in der Welt von der Gemeinde auf Gott schließen können. Mission setzt Einheit der Christen voraus, und diese Einheit ist in der Einheit Gottes begründet.

Weitere Parallelen lassen sich etablieren.[446] Wir haben also allen Grund dafür anzunehmen, dass eine trinitarische Grundkonzeption einer biblischen Ekklesiologie nicht nur theologisch möglich, sondern gar notwendig ist.

Vom trinitarischen Wesen der Gemeinde muss nun auch die Theologie eines kultur- und gesellschaftsrelevanten Gemeindebaus konzipiert werden. Dabei ist zu beachten, dass es nicht die Absicht dieses Buches sein kann, eine ausführliche trinitarische Ekklesiologie zu entwickeln. Es geht hier vor allem um Gemeindegründung und Gemeindebau, um im höchsten Maße sozialdefinierte Vorgänge. Naturgemäß kann auch der trinitarische Rahmen, der aufgebaut werden soll, nicht die innergöttlichen Beziehungen *in toto* meinen, sondern nur insofern diese die sozio-psychologische Gestalt der Dreieinigkeit beschreiben. Fragen wie die Einheit der lokalen Gemeinden mit der universalen Kirche, die die Konzepte trinitarischer Ekklesiologie stark prägen[447], kommen hier nur bedingt zur Ausführung.

4.1.1 Trinität – was ist gemeint?

Wer sich anschickt, trinitarisch zu denken, der sollte klären, wie man die Trinität denken kann. Je nach Perspektive wird man ganz andere Folgerungen für eine missionale Ekklesiologie ziehen müssen. Es ist daher von großer Bedeutung, die eigene Perspektive zu klären, bevor man sich an eine theologische Übertragung wagt.

Wie ist nun die Dreieinigkeit zu sehen? Was ist das Wesen der einzelnen Personen Gottes? Wie verhalten sich diese Personen zueinander? Was ist ihre Aufgabe in der Gottheit? Schon ein relativ oberflächlicher Einblick in die entsprechenden Positionen macht den perspektivischen Unterschied zwischen westlicher und östlicher Theologie deutlich.

Im Westen hat man versucht, die Trinität vor allem aus den Beziehungen zwischen den einzelnen Personen zu begreifen, relational also. *Persona est relatio* – das augustinische Konzept der Trinität, das auch heute noch gerne ins Feld geführt wird[448], birgt eine Reihe von Problemen. Definitionen, die aus Beziehungenkategorien herrühren, zwingen zum einen die Frage nach der Superiorität der einen Person über die andere auf. Zum anderen aber eliminieren sie die eigentliche Substanz der Person. Beides aber scheint im Bezug auf Gott und sein Wesen völlig unangebracht. Volf merkt dazu an: „Wenn hinter den heiligen Personen sich kein ‚Ich' dieser Personen verbirgt, dann sind die Personen nivelliert in der Ökonomie der Erlösung und die Beziehung des dreieinigen Gottes zu uns ist ... unitaristisch."[449] Und schließlich führt die relationale Festlegung der Personen der Trinität zu einer schnellen Auflösung der Person in Beziehungskategorien. So wird der Vater zur Vaterschaft, der Sohn zur Sohnschaft und der Geist zur Prozession. Damit aber wird die Verbindung der Person zur Aktion faktisch unmöglich und unsere Beziehung zu den einzelnen Personen der Dreieinigkeit reduziert sich auf Meditation und Anbetung. Eine solche Perspektive erweist sich für eine Theologie des Gemeindebaus völlig ungeeignet. Eine rein relationale Vorstellung von der Trinität hilft also im Zusammenhang mit unserem Thema nicht weiter.

Die Personen der Trinität müssen vielmehr als *Subjekte* gesehen werden.[450] Ein Subjekt definiert sich sowohl aus seinem eigenen Sein als auch aus den Beziehungen zu anderen. Nur so gelingt die Überwindung der relationalen Engführung, wie Jürgen Moltmann in seinen Schriften zu Trinität deutlich macht.[451] Die Personen der Trinität sind in ihrer personalen, wesensmäßigen Eigenart ernst zu nehmen. Nur so können sie und ihre heilsökonomischen Aktionen voneinander unterschieden werden. Freilich haftet auch dieser Perspektive ein Problem an. Zu leicht kann bei einer strikten Unterscheidung der Personen aus der Dreinigkeit eine Dreiheit werden, was in der Masse des Kirchenlaientums sicher oft der Fall ist. Aus dem einen Gott werden dann im Handumdrehen drei, aus der Dreieinigkeit die enge Gemeinschaft von drei Göttern.

Die Überwindung solcher Probleme sehe ich im orthodoxen Versuch, die Trinität als *perichoresis* zu fassen. Der Kirchenvater Johannes von Damaskus (675–749)[452] war eine der ersten prominenten Stimmen in der Kirche, die das Konzept propagierte.[453] *Perichoresis* (griechisch Rundtanz), steht an dieser Stelle für eine reziproke Interiorität[454], die davon ausgeht, dass jede Person der Dreieinigkeit in der anderen wesensmäßig vorhanden ist, ohne jedoch dabei aufzuhören, eine distinkte Person zu sein. Hier wird zyklisches Denken appliziert, das die Gleichzeitigkeit der Wirklichkeit an unterschiedlichen Punkten einer rotierenden Bewegung möglich macht. Wir finden dieses Denken vor allem in der johanneischen Theologie. Hier ist der Vater im Sohn und der Sohn im Vater (Joh. 17,21) gedacht. Göttliche Einheit wird als ein Ineinandersein definiert. Zugleich löst dieses Ineinandersein die Eigenständigkeit des Vaters und Sohnes nicht auf.

Niemand hat diese reziproke Interiorität besser dargestellt als der berühmte russische Ikonenmahler Andrej Rublew (1360/1370–1430) in seiner Ikone der Heiligen Dreifaltigkeit, die er für das berühmte Dreifaltigkeits-Kloster in Radonezh im Jahre 1425 malte.[455] Die Ikone macht das Konzept deutlich und begründet zugleich seine missiologische Validität als Rahmenbedingung theologischer Reflexion.

Andrej Rublews geistliches Leben formierte sich im Kloster der Heiligen Dreifaltigkeit in Radonezh.[456] Gegründet von Sergej von Radonez (1313/14 oder 1321/22–1392)[457], wurde das Kloster bald zum eigentlichen Zentrum der russisch-orthodoxen Spiritualität.[458] Sergej floh aus der von ständiger Revalität unter den russischen Feudalherren geprägten Welt mit all der Not, die dies mit sich brachte, in die Stille der Wälder um Radonezh, unweit Moskaus, und gründete hier ein Kloster, in dem er, ganz getreu seinem großen geistlichen Vorbild, dem Hesychasten Gregori von Palamas, ein Leben in Kontemplation und Frieden zu führen suchte.[459] Fasziniert von der tiefen Einheit und dem Frieden, die vom Konzept der Trinität ausgehen, widmete er sein Kloster der Heiligen Dreifaltigkeit. Jahrelang lebte der Mann als Eremit allein im Wald. Dann siedelten sich die ersten Brüder in seiner Nähe an. Das Kloster wuchs schnell und gab im Laufe der Jahre Anstoß für eine Reihe neuer monastischer Gründungen bis weit in den hohen Norden hinauf.

Die Flucht aus der Gesellschaft bedeutete für Sergej allerdings nicht beschauliche Distanz vom Leben seines Volkes. Das Gegenteil ist eher der Fall. Der Asket Sergej greift immer wieder aktiv in die Politik und Gesellschaft ein. Er prangert den Egoismus der Fürsten an und predigt Einheit der Nation, die aus dem Glauben an den dreieinigen Gott kommt. Sein größtes Verdienst ist der Einsatz für die Befreiung des Landes von dem Joch der Tataren. Bis heute gilt Sergej als der eigentliche russisch-orthodoxe Theologe, der den tiefsten Eindruck auf seine Nachfolger über Generationen hinweg hinterlassen hat.[460] Seine Vita wurde von seinem Jünger, dem Moskowiter Ephiphanius dem Weisen, in den Jahren 1417–18 bald nach dem Tod von St. Sergius verfasst.[461]

Die Theologie des Sergej ist wesentlich vom Konzept der Trinität bestimmt. Hier fand der Asket sein theologisches Fundament für die Einheit in der Kirche und im Volk, für die Frage nach Macht, Harmonie und Frieden im persönlichen Leben und in der Gesellschaft und für die Dynamik göttlicher Intervention. Epiphanius der Weise schreibt, dass das Kloster mit dem Ziel gegründet wurde, damit durch die „Kontemplation der Heiligen Trinität die verhasste Angst, die der Verlorenheit der Welt entspringt, überwunden werde."[462]

Es fällt auf, wie missional die trinitarische Theologie Sergejs ist. Er sucht die Erlösung des Individuums, seine Transformation in die verlorene *imago Dei*[463], getrieben von der Idee einer möglichen *theosis* der Menschheit.[464] Die Erlösung des Einzelnen mündet in dem Dienst für den Nachbarn, das Volk, die Nation. Und das verlangt eine bewusste Hingabe, ja die Aufopferung des eigenen Lebens für die anderen.[465] Mit anderen Worten, *kenosis* geht der *theosis* voran. Die Mission Gottes in der Welt ist für ihn eine kenotische Aktion.[466] Sie zielt auf die spirituelle Erleuchtung des Landes und seiner Menschen.[467] Das beste Bild hierfür findet Sergej in der Eucharistie, der göttlichen Liturgie, die für ihn das Sinnbild der aufopfernden Beziehung der Dreieinigkeit selbst ist.

Der Ikonograph Rublew versucht nun, mit seiner Ikone der Heiligen Dreifaltigkeit der Theologie des Sergej eine Stimme zu verleihen. Er tut das in typisch byzantinischer Manier.[468] Seine Figuren sind eingefroren in tiefer geistlicher Harmonie. Jede äußere Bewegung ist aus dem Bild genommen. Es kommt ihm vielmehr auf die innere, dem bloßen Auge verborgene Bewegung an. Diese wird durch die Position der Figuren auf dem Bild angedeutet und bildet seit Jahrhunderten die eigentliche Faszination des Bildes. Das gelingt dem Maler nur durch eine perfekte Komposition.

Den äußeren Rahmen für die Ikone gibt das alttestamentliche Narrativ aus Gen. 18,1-2 vor. Drei Männer besuchen Abraham und Sarah, um dem alten Paar die Geburt ihres Sohnes Isaak anzukündigen. Die Erzählung wird seit dem frühen Mittelalter auf den Besuch des dreieinigen Gottes bei Abraham gedeutet und auf Ikonen im Westen wie im Osten festgehalten. Doch während die Vorgänger von Rublew das Narrativ porträtieren, distanziert sich dieser fast völlig von seiner Vorlage. Nur mit Mühe erkennt man im Hintergrund einige Insignien aus der Geschichte, das Haus Abrahams, die Eiche Mamre, den Berg. Was Rublew erzählt, ist eine völlig andere Geschichte. Nicht die Rahmenerzählung ist für ihn entscheidend, sondern die Charaktere der drei Personen. Was der Maler sucht, ist eine Innenperspektive. Er will das Wesen der Dreieinigkeit verstehen und die Beziehungen der drei zueinander erkunden.

Natürlich malt Rublew allem anderen voran eine Ikone. Die Ikonografie ist „secret art". Als solche war und ist sie bestimmten Konventionen unterworfen. Zwei Traditionen haben sich in Rublews Zeit in Bezug auf die Darstellung der Trinität durchgesetzt.[469] Der erste Typ kann als „christologischer Typ" bezeichnet werden. Dabei gilt es bei der Darstellung der Dreifaltigkeit darauf zu achten, dass man die drei Figuren um eine zentrale Figur gruppiert. Diese stellt Jesus dar, und er überragt die anderen beiden Figuren von der Größe her. Die Christusfigur blickt den Betrachter direkt an. Sie dominiert so die Gesamtkomposition der Ikone. Die Botschaft einer solchen Ikone ist klar: Die Dreieinigkeit erschließt sich dem gläubigen Betrachter nur über Jesus Christus. Er ist der Schlüssel zu Gott. Der zweite Typ, der „trinitarisch" bezeichnet werden kann, stellt die drei Personen gleich groß in einer Reihe vor den Betrachter. Die Botschaft ist auch hier klar: Gott ist dreieinig und die drei Personen der Trinität sind gleich.

Rublew wählt eine vollkommen neue Komposition. Er sucht beide Typen miteinander zu vereinen. Dabei holt er den Betrachter aus seiner Position vor der Ikone hinein in das Innere der Ikone. Seine Figuren sind nicht zum Betrachter gewandt. Rublew malt sie in einer umgedrehten Perspektive. Der zentrale Engel nähert sich dem Abendmahlstisch, was in der orthodoxen Tradition bedeutet, dass er nun mit dem Rücken zu der versammelten Gemeinde steht, mit seinem Gesicht dem Altarraum zugewandt.[470] Der Betrachter wird somit hinter den Altar mit den Abendmahlsgaben gebracht. Er befindet sich im Allerheiligsten. Was er beobachtet, das ist sonst dem natürlichen Menschen verborgen. Rublew will also seinen Betrachter zur Kontemplation der Dreieinigkeit selbst führen. Es soll ihm eine himmlische Perspektive, ein Fenster zum Mysterium der Dreieinigkeit geöffnet werden. Die drei Engel auf dem Bild sollen also Gott als Vater, Sohn und den Heiligen Geist darstellen. Der gläubige Betrachter soll in den Formen, Farben und Figuren Gott als den Dreinigen entdecken. Was macht der Maler, um sein Ziel zu erreichen? Welche Komposition wählt er? Welche Farben und Formen bemüht er?

Die erste überraschende Entscheidung des Malers – er ordnet seine Figuren zyklisch an. In der Ikonografie ist eine solche Komposition für Querformate vor Rublew völlig unbekannt. Zyklische Bewegung war dagegen seit den Arbeiten von Dionysius Areopagites[471] ein Sinnbild für Ewigkeit. Will Rublew mit seiner zyklischen Anordnung sagen, dass alles, was die Dreieinigkeit darstellt, ewigen Bestand hat? In ihr und nur in ihr allein findet der gläubige Betrachter den eigentlichen Maßstab für sein Sein und Tun. Die detaillierte Analyse der drei Charaktere bestätigt unsere Annahme.

Rublew: Die Ikone der Heiligen Dreifaltigkeit
Gott der Vater ist durch den Engel auf der linken Seite des Bildes dargestellt. Das ist unterstützt durch das Haus über dem Kopf des Engels. Das Haus stellt das Haus der Schöpfung dar. Der Vater ist der Schöpfer des Universums. Zu ihm beugen sich die beiden anderen Engel. Der Engel im Zentrum steht für Jesus, den Sohn Gottes, deutlich unterstrichen durch den Baum über seinem Kopf. Der Baum symbolisiert das Kreuz. Und der Berg über dem dritten Engel identifiziert den Geist Gottes. Berge sind in der alttestamentlichen Sprache Orte der spirituellen Begegnung mit Gott.[472]

Die drei Engel sitzen um einen Tisch, der deutlich als Opfertisch identifiziert ist. Auf dem Tisch steht ein Opferbecher mit dem Kopf eines Lammes. Ein deutlicher Hinweis auf das Lamm Gottes, das sein Leben gibt für die Sünden der Menschheit (Phil. 2,5-11). Es fällt nicht schwer, im Bild das eucharistische Mahl zu entdecken. Die drei sitzen um den Abendmahlstisch und unterhalten sich über das Opfermahl. Und das Opfer sind sie selbst. Die von Rublew gewählte Komposition unterstreicht diesen Gedanken deutlich. Die beiden Seitenengel scheinen mit ihrem Körper (Knie) den Tisch zu heben, auf dem der Becher steht. Der Tisch wiederum umschließt den zentralen Engel. Sie unterhalten sich und das Gespräch konzentriert sich auf das Opfer. Die Botschaft der Ikone ist unmissverständlich: Das Werk der Erlösung ist ein Werk der Dreieinigkeit. Die Zentralität des Opfers Jesu in diesem Werk ist nur zu begreifen aus der Totalität des Opfers Gottes.

Die Gesten der drei Engel unterstützen eine solche Lesart. So zeigt die Handbewegung des linken Engels auf den Opferbecher, worauf der zentrale Engel mit einer leichten zustimmenden Neigung seines Kopfes zu ihm sein Einverständnis gibt. Der Betrachter kann es fast hören, wie er sagt: „Nicht mein Wille soll geschehen, sondern dein Wille" (Mt. 26,39). Und der rechte Engel ist als Zeuge dargestellt, als Tröster, der jederzeit dem Gehorsamen beizustehen bereit ist. Dabei leuchten die drei Figuren aus ihrem Inneren heraus. Der Maler hat das Licht so angeordnet, dass es die drei Figuren sind, die den Rest des Bildes ausleuchten. Eine faszinierende malerische Leistung!

Die drei Engel sind gleich gestaltet. Eine wie auch immer dargestellte Hierarchie fehlt dem Bild völlig. Die drei sind wesensmäßig eins und die Unterordnung ist gegenseitig. Diese Einheit wird auch durch die zyklische Bewegung, den perfekten Kreis, den die drei Körper bilden, unterstrichen. Es wird deutlich, wer den einen verstehen will, der muss den anderen ansehen, und wer den anderen gesehen hat, der wird nicht umhinkönnen, den Dritten sehen zu müssen.

Diese innere Einheit ist dargestellt in erstaunlicher Diversität der drei Figuren. Sie unterscheiden sich wesentlich voneinander in Kleidung, Form ihrer Körper und Position. Die drei sind nicht einfach ein Spiegelbild voneinander. Das Gegenteil ist der Fall. Sie sind verschieden. Ihre Aufgaben sind verschieden, ihre Rollen nicht zu verwechseln. Sie haben die gleiche Mission, sie sind total konzentriert auf die Erlösung, aber ihre Ämter scheinen sich deutlich voneinander zu unterscheiden. Und doch, was immer sie tun, es scheint den anderen und seinen Dienst zu unterstützen und zugleich der gemeinsamen Zielsetzung zu dienen. Der Betrachter ist unfreiwillig in eine Art Rotation hineingenommen, in eine Art Rundtanz. Man kann sich den dreien nur über den Einzelnen und dem Einzelnen über die drei nähern. Genau das meinte Johannes von Damaskus, als er die Dreieinigkeit als Perichoresis beschrieb.

Die zyklische Bewegung im Bild kreist den Betrachter ein. Sein Blick wird, wo immer er auch beginnen mag, am Ende auf dem Tisch mit dem Opferbecher landen. Das ist es, was der Maler seinen Betrachter sehen lassen will. Darüber reden seine drei Figuren. Ihr Gespräch ist in ikonografischer Momentaufnahme eingefroren. Und wieder wird deutlich: Was sie da reden, ist nicht nur ein Wort, es ist das **Wort**. Und sie sind das Wort. Ihr Akt der Selbstaufopferung ist das Wort. Unwillkürlich muss der Bibelkenner an dieser Stelle an den Johannes-Prolog denken. Die humanen Gesichter der drei Figuren unterstreichen diesen Effekt. Hier ist das Wort Gottes Mensch geworden und der Betrachter kann nun Gottes Herrlichkeit sehen.

Rublew hat sich wohl bewusst für seine Farbenwahl entschieden. Die Ikone ist in einer Blende zwischen tiefem Blau und Dunkelrot gemalt. Das lässt für den Betrachter den Eindruck entstehen, dass das Licht buchstäblich aus der Ikone herausscheint. Die Idee hierzu scheint von den Hesychasten entnommen, deren Lehren sich sowohl Sergej als auch der Maler Rublew verpflichtet wussten. Danach bedarf es dieser Begegnung zwischen dem gläubigen Menschen und dem Licht, wie es die drei Jünger auf dem Berg der Verklärung erlebt hatten, um effektiv in die Welt gehen zu können. Rublew will also mit seiner Ikone mehr als nur einen Platz der Anbetung schaffen. Die Dreieinigkeit zu verstehen bedeutet für ihn offensichtlich, eine individuelle Transformation, das Beseeltwerden von verklärendem Licht aus der Höhe, verwandelt werden in sein Ebenbild. Nichts weniger als das erwarteten die Hesychasten. Theosis, die Wiederherstellung der verlorenen Ebenbildlichkeit, war ihr Ziel. Und genau das scheint Rublew sagen zu wollen: Wer sich der Dreieinigkeit nähert, der wird verwandelt in sein Bild.

Wie gesagt, das Bild kreist den Betrachter förmlich ein und konzentriert ihn auf das Opferlamm. Aber dann, dem Licht des Bildes folgend, wird er gezwungen, aus dem Bild zu steigen. Die umgekehrte Perspektive, die den Betrachter hinter den Altar stellt, verschwindet, und der Betrachter muss zurück vor den Altar, da wo auf ihn all jene Menschen warten, die das Licht der Dreieinigkeit noch nicht erfahren haben.

Spätestens hier wird klar, wie tief der Maler Rublew seinem Meister Sergej verpflichtet ist. Sein Bild ist zutiefst missional festgelegt. Die göttliche Liturgie, die der Betrachter erleben darf, führt ihn hinaus in den Lebensalltag und der Alltag wird zur Liturgie nach der Liturgie. Der im Angesicht der Dreinigkeit Transformierte wird zum Agenten der Transformation, der von der Trinität Erleuchtete wird zum Licht im Dunkel der Welt.

4.1.2 Das theologische Rahmenkonzept für Gemeindegründung

Was sind nun die wichtigsten theologischen Grundlagen, wenn es um Fragen der Gemeindegründung und um Gemeindebau geht? Auf welchem theologischen Hintergrund kann, ja muss Gemeindebau gedacht und praktiziert werden? Die Analyse der biblischen Texte zum Thema Gemeinde und Gemeindebau macht deutlich, dass es wenigstens drei Eckpunkte eines missio-ekklesiologischen Zyklus sind, die bei der Begründung des Gemeindebaus zu beachten sind:

- der missiologische Horizont,
- die methodologische Form,
- der kontextuelle Bezug, in dem Gemeindegründung gedacht wird.

Dabei wird der missiologische Horizont, auf dessen Hintergrund Gemeinde entsteht, als *missio Dei*, die methodologische Form als *missio Christi* und die theologische Handlungstheorie, die sich in der Mission des Geistes, der *missio Spiritu*, äußert, gesehen.

Diese drei Eckpunkte ergeben jenen theologischen Denkrahmen, der eine biblische Reflexion des Gemeindeaufbaus auf ein gutes Fundament stellt.[473] Es ist ein trinitarischer Zyklus, der die Trinität als reziproke Interiorität versteht, was jegliche Voranstellung der drei Prinzipien gegeneinander ausschließt. Es ist, um in den Worten des Kirchenvaters Johannes von Damaskus zu sprechen, ein perfekter Rundtanz, eine *perichoresis*, ganz im Sinne der vorangegangen Ausführungen.

Grafisch gesehen, kann dieses perichoretische Denken als Zyklus wie folgt dargestellt werden.

Perichoresis als Rahmenbedingung einer Theologie der Gemeindegründung

4.2 Missio Dei – Gemeindeaufbau ist Gottes Sache

Mission ist Gottes Anliegen und Gottes Werk.[474] Nichts ist daher heute so wichtig, als dass wir die Mission der Kirche bei Gott festmachen. Auch und gerade in evangelikalen Kreisen.[475] „Die biblische Überzeugung, dass Gott in der Welt aktiv ist, aktiv in der Geschichte der Menschen durch Menschen, die er beruft und sendet – das ist das Herzstück der Mission."[476] Und als solche ist sie trinitarisch zu denken. Nichts wäre so falsch wie die Rückkehr zu einer ekklesiozentrischen Sicht der Mission. Die Gemeinde ist weder das primäre Ziel[477], noch setzt sie den Rahmen der Mission Gottes. Gottes Mission lässt sich nicht auf den Gemeindebau reduzieren. Das sollte spätestens nach dem Vaticanum II für alle Christen gelten.[478]

Die Gemeinde ist Gottes missionarisches Instrument. Es geht Gott um die Welt, und um seine geliebte Welt zu gewinnen, bedient er sich der Gemeinde. Sie ist daher Gottes Missionsinstrument und von ihrem Wesen her missionarisch. Emil Brunner hat diesen Gedanken in seiner Dogmatik treffend auf den Punkt gebracht. Er schreibt:

> „Die Kirche ist zunächst nichts anderes als das Organ, der Träger der Verkündigung. Alles, was dieser Verkündigung dient, ist Kirche, und nichts anderes als diese Funktion ist es, was Kirche zu Kirche macht: verkündigende Existenz als das geschichtliche Kontinuum der Offenbarung. Freilich müssen wir dabei im Auge behalten, dass diese Verkündigung sich nicht im Verbalen erschöpfen kann. Darum sagen wir ‚verkündigende *Existenz*'. Es gilt ja nicht nur Worte auszurichten, sondern das Leben, in dem Gott sich selbst mitgeteilt hat, weiterzutragen."[479]

Gemeinde Gottes ist also nur als verkündigende Existenz, als Kommunikationsträger, als Botschafterin an Christi statt zu denken. Außerhalb einer solchen Existenz hört sie auf, Gemeinde zu sein.[480] Gemeinde kann man somit nur im Rahmen der Mission Gottes denken. Und diese Mission darf nicht einseitig als Proklamation missverstanden werden. Sie hat sowohl geistliche als auch soziale Komponenten.[481] Sie muss existenziell begriffen werden.

Gerade hier liegen die Gefahren der Gemeindegründungs- und Gemeindewachstumsbewegung. Allzu oft vermittelt man hier den Eindruck, dass Gemeindegründung und Gemeindeaufbau das eigentliche Anliegen Gottes ist. Aber Gott hat sein Volk in dieser Welt nicht zum Selbstzweck. Sein missionarisches Interesse ist die Welt und nicht die Kirche. Joh. 3,16 macht es überaus deutlich: „Also hat Gott die Welt geliebt, dass er seinen eingeborenen Sohn dahingab, auf dass jeder, der an ihn glaubt, nicht verloren gehe, sondern das ewige Leben habe." Die Welt ist Gottes große Liebe. Sie ist das Ziel seiner missionarischen Bemühung. Sie will er erreichen. Mit ihr hat er sich in Christus versöhnt (2Kor. 5,18).

Robert Warren schreibt in diesem Zusammenhang: „Eine Gemeinde, die sich effektiv in der Mission engagiert, wird sehen, dass die Teilnahme an der *missio Dei* eine Verlagerung des Fokus vom Leben der Gemeinde ... auf die Sorge um die Welt und ihre Bedürfnisse Freuden und Kämpfe mit sich zieht."[482] Eine Gemeinde, die Gottes missionarische Vision zu ihrer eigenen macht, wird sich nie mehr nur um sich selber kümmern, sondern die Geschicke dieser Welt auf ihre Fahne schreiben!

Gott ist also an der Rettung, an der Transformation der Welt in das von ihm ursprünglich gedachte Bild interessiert. Deshalb kann Gemeindegründung und Gemeindebau niemals ein Ziel an sich sein. Die Gemeinde ist Gottes missionarischer Arm und nicht das Ziel der Heilsökonomie Gottes. *Missio Dei* ist viel umfassender, als das Evangelisation und Gemeindegründung und -bau es je sein können. Gemeindebau muss daher in diesem Kontext der umfassenden Sendung Gottes gesehen werden.

Die Verankerung des Gemeindebaus in der *missio Dei* hat weitreichende Konsequenzen für die Formulierung einer Theologie des gesellschaftsrelevanten Gemeindebaus. Sie setzt entscheidende Marker für die Fragen nach Grund und Motiv, Ziel und Umfang dessen, was gebaut werden soll.

4.2.1 Aus Liebe zur Welt

Warum engagiert sich Gott für diese Welt? Was bewegt ihn, wenn er sich selbst zum Missionar für die Welt macht? Die einfache Antwort lautet – Gott will die Welt, die er geschaffen hat und liebt, retten! Seine Liebe zur Welt ist das starke Motiv hinter der *missio Dei*.[483] Es würde völlig gegen sein Wesen sprechen, wenn er die von ihm geschaffene und vom Satan korrumpierte Welt fallen lassen würde.

Dieses Getriebenwerden von der Liebe wird schon im Verhältnis zu Israel im Alten Testament deutlich. Das Wort in Jesaja 63,9 bringt den eigentlichen Grund seines Heilsverhältnisses zu Israel zum Ausdruck: „Der Herr erlöste sie. Weil er sie liebte und Erbarmen mit ihnen hatte. Er nahm sie auf und trug sie allezeit von alters her." Gott erlöste, weil er liebt und Erbarmen hat. Das ist der eigentliche Grund der Mission Gottes in der Welt.

Der Satz „Gott liebt" steht aber nicht im Zusammenhang einer funktionierenden Beziehung, die auf Gegenseitigkeit angelegt ist. Denn Gott liebt, bevor eine solche Beziehung aufgebaut werden kann. „Er hat uns geliebt, als wir noch Sünder waren." Der Grund seiner Liebe liegt nicht im Verhalten der Menschen, die er liebt, sondern ganz und allein in seinem Entschluss. Er entscheidet sich zu lieben. Er wählt das Objekt seiner Liebe aus. Und diese Erwählung setzt keine Geschichte voraus. „In Christus hat Gott uns erwählt, ehe der Welt Grund gelegt war ..." (Eph. 1,4). Gott hat sich dazu entschieden, uns zu lieben.

Die Liebe Gottes ist immer konkret. Sie drängt auf Praxis. Sie bleibt nicht auf der Haltungsebene, sondern sucht den Alltag. Für Israel bedeutete das: „Er nahm sie auf und trug sie allezeit von alters her." Gott hat sie mit ihrer Lebenswelt in seinen Heilsraum aufgenommen. Und das gleich am Anfang ihrer Geschichte, in der Berufungsgeschichte ihres Urahnen – Abraham. Ja die Geschichte des Volkes Israel begann mit einer Verheißung des Heils, die da nicht nur für sie, sondern durch sie für alle Völker der Erde reichen sollte (Gen. 12,1ff). „Von alters her", was heißt das sonst, als eben gleich vom ersten Tag an?

Doch *aufgenommen* bedeutet nicht *entmündigt*. Und *getragen werden* kann nicht heißen, der *Selbstständigkeit beraubt*. Gott macht aus seinen Erwählten keine Marionetten. Niemals! Er nimmt uns in seinen Heilsraum, in seine Heilsabsicht auf. Er verpflichtet sich in seinen Bundesschlüssen, uns beizustehen und uns zu tragen. Aber er tut das nie auf Kosten unseres eigenen Willens. Nichts ist ihm so wichtig wie die Tatsache, dass er uns nach seinem Ebenbild geschaffen hat (Gen. 1,26). Wir sind Menschen, die denken, entscheiden und handeln können. Diese Handlungsfreiheit ist ein hohes Schöpfungsgut und wird dem Menschen niemals genommen. Gott will unser Heil. Er schafft die Rahmenbedingungen für unser Heil, aber zwingen tut er uns nicht.

Das setzt einen sehr langen Atem voraus. Gottes Liebe kann nur tragen, weil sie langmütig ist (1Kor. 13,3ff). Sie denkt nicht in engen Zeiträumen. Sie hat Zeit. Viel Zeit. Nicht weil sie nicht auf einmal verändern könnte. Nein. Sie kann. Er kann. Und wenn er es nicht tut, dann nur, weil er uns zur Selbstständigkeit erzieht. Weil er liebt, können wir lieben lernen (1Joh. 4,7f).

Die Mission Gottes ist in der Liebe Gottes zur Welt verankert. Kein anderes Kennzeichen des Handelns des Sohnes Gottes ist so gravierend ausgeprägt wie das des „Erbarmens".[484] Jesus ist Gottes Lebensgeschenk an die Welt (Joh. 3,16). Und diese Liebe Gottes nimmt sich der Schwächsten und Ärmsten in der Gesellschaft an. Ja darin findet sie ihre eigentliche Berufung (Lk. 4,18ff).

Wer in diese Mission einsteigt, steigt in den Liebesstrom Gottes ein. Man kann seine Mission nur liebend machen, und zwar aus Liebe zu ihm und aus Liebe zum Nächsten. Das wird überdeutlich, wenn Jesus seinen Jüngern die unzertrennbare Einheit dieses Doppelgebotes der Liebe deutlich macht (Mk. 12,28-34 par).[485] Wer nichts in der Welt liebt, wird auch nichts in der Welt verändern! Wer nichts in der Welt liebt, wird immer große Mühe haben, für die Welt sein Leben zu opfern. Liebe ist der Grund der Mission. Ohne Liebe geht es nicht. Konsequenterweise nimmt David J. Bosch an, dass das Hauptmotiv der Mission der ersten Christen, die Liebe zur Welt war und Joh. 3,16 den textualen Grund für ihre Motivation bildet.[486]

Nächstenliebe ist bei Jesus und später bei den Jüngern allerdings kein theoretisch-philosophisches Gedankenkonstrukt. Es ist vielmehr eingebettet in die Lebenspraxis. Ulrich Wilkens hat sich die unterschiedlichen Texte aus der Verkündigung Jesu genauer angesehen und resumiert: „Alle Sprüche dieser Reihe legen das Gebot der Nächstenliebe in Lev. 19,18 im Blick auf seine Erfüllung in der Lebenspraxis im Licht der Königsherrschaft aus."[487]

Von diesem Grund für ihre missionarische Tätigkeit hat sich das Christentum im Laufe seiner Geschichte immer wieder entfernt. So dominiert die Mission im Mittelalter der Drang nach der Ausbreitung der Kirche. In ihr wird das letztgültige Ziel des missionarischen Willens Gottes erblickt. Sie ist der Heilsraum, und konsequenterweise gilt es mit allen Mitteln, die Kirche zu bauen und die Menschen zu „nötigen hereinzukommen, auf dass das Haus Gottes voll werde". Lk. 14,23 stellt für Bosch daher den Schlüsseltext für die missionarische Motivation des Mittelalters dar.[488] Andere Motive kommen dazu.[489]

Spätestens in der zweiten Hälfte des 20. Jahrhunderts ist klar – Mission ist in einer tiefen Grundlagenkrise. Es ist nicht mehr klar, was nunmehr Grund, Ziel, Motiv und schließlich Werk der Mission sein soll.[490] Hans Dürr verlangte in seinem viel beachteten Aufsatz zur Reinigung der Missionsmotive[491] bereits 1951 eine Neubesinnung auf eine in Gottes Wort verankerte Begründung der Mission. Seine Forderung löste sowohl im ökumenischen als auch evangelikalen Raum einen Prozess aus, der heute zu einer weitgehenden Akzeptanz der *missio Dei* als theologischen Denkrahmen für Grund, Motiv und Ziel der Mission führte.

Dabei wurden zunächst deutliche Unterschiede in der ökumenischen vs. evangelikalen Lesart des *missio Dei* Begriffes deutlich. Während man sich in der Ökumene bald in einem recht umfassenden Missionsbegriff, der alles zu vereinnahmen drohte, wiederfand[492] und deshalb konsequenterweise allem anderen voran die Humanisierung der Welt und einen konsequenten Dialog der Religionen forderte[493], setzten die Evangelikalen deutlich spirituelle und proklamative Akzente.[494] Die Schlusserklärung des Lausanner Kongresses für Weltevangelisation, das Lausanner Manifest, bringt diese Entwicklung deutlich zum Ausdruck.

Auf beiden Seiten setzte jedoch bald eine erneute Suche ein. Man verlangte die konsequente Rückkehr zur biblischen Begründung der Mission[495] und eine deutliche Rückkehr zur Ganzheitlichkeit des Missionsbefehls. Seither haben sich die Positionen deutlich angenähert. Heute ist man sich weitgehend einig: Mission ist begründet im Wesen Gottes, und dieses Wesen ist Liebe.

Während in der Missionstheologie eine deutliche Rückkehr zur theologischen Begründung der Mission zu beobachten war und ist[496], ging die Gemeindebau-Theorie andere Wege, hier vor allem angeregt durch die nordamerikanische Gemeindewachstums-Bewegung, deren Hauptvertreter Donald McGavran[497], Winfried C. Arn[498], Peter C. Wagner[499] und andere sind. Nicht Theologie, sondern soziologische Gesichtspunkte, begleitet von einer deutliche Ekklesiozentrik, bestimmten den Ton. Die Kritik ließ nicht auf sich warten. Die Kritiker hinterfragen mit Recht die biblisch-theologische Fundierung des Ansatzes[500] und die theologische Tragfähigkeit einiger Schlüsselbegriffe der Gemeindewachstumsbewegung, allem voran des für das Konzept zentralen *Homogenius Unit Principle (HUP* = Prinzip der homogenen Einheit).[501] Lateinamerikanische Theologen wie Rene Padilla[502] und Orlando E. Costas[503] weisen auf Gefahren einer Theologie, die weder biblisch-theologisch begründet noch missionswissenschaftlich durchdacht ist.

Trotzdem setzt die Bewegung bald einen Siegeszug durch die Welt an. Auch in Deutschland erscheinen die wichtigsten Texte der Väter der Bewegung[504] und mit Fritz Schwarz versucht ein Deutscher gar eine erste Theologie des Gemeindebaus in deutscher Sprache.[505] Seine Abhängigkeit von den amerikanischen Vorlagen ist unverkennbar. Hier wie da steht der Gemeindebau und nicht das eigentliche Anliegen der *missio Dei* – die Veränderung der Welt, das Jüngermachen der Völker – im Vordergrund, auch wenn die benutzte Terminologie gerade dies zu suggerieren scheint.

Nichts scheint mir daher heute wichtiger als die Überwindung der Engführungen der Gemeindewachstumsbewegung. Gelingen kann es nur dann, wenn man konsequent zu Gottes eigentlicher Mission zurückkehrt. Gemeindebau ist dann biblisch, wenn er der Absicht Gottes, seinem ewigen Ratschluss entspricht. Für eine Theologie des Gemeindebaus bedeutet das zunächst Folgendes:

a. Gemeindebau kann nur aus Motiven betrieben werden, die den Motiven Gottes entsprechen. Und der eigentliche Grund seines Handelns war Liebe zur Welt. Wo Gemeinde gottgewollt gebaut wird, da kann das nur aus Liebe zur Welt geschehen.

b. Gemeindebau ist niemals Ziel und Zweck der Mission Gottes. Es geht Gott nicht um die Gemeinde, sondern um die Welt. Gemeindebau um der Gemeinde willen oder Gemeinde um der Gemeindeglieder willen ist so undenkbar. Wo Gemeinde Gläubige sammelt, damit diese an sich gepflegt werden, damit es ihnen an sich gut geht, da findet Gemeinde als Gottes Botschafterin der Versöhnung nicht statt.

c. Gemeindebau ist notwendig, weil die Welt selbst nicht mehr leben kann, wie sie in Gottes Augen leben sollte. Sie ist vom Satan korrumpiert. Gemeindebau geht von einer sündigen, kranken, erlösungsbedürftigen Welt aus. In einer gesunden Welt macht sie keinen Sinn. Sie ist, um mit Jesus zu sprechen, zu den Kranken, nicht zu den Gesunden gesandt. Wo es keine Kranken mehr gibt, wird die Gemeinde nicht mehr gebraucht.

4.2.2 Reich Gottes und Gemeindebau

Gott liebt die Welt, und er selbst kommt zu ihr, um sie zurück in seine Nähe zu bringen. Er ist ihr Schöpfer. Er weiß, was ihr guttut. Und er weiß, was ihr fehlt. Und was der von ihm abgefallenen Welt fehlt, ist er – ihr Schöpfer und Erhalter. Man kann es auch anders sagen, der *missio Dei* geht es um die Königsherrschaft Gottes in der Welt.

Um nichts anderes ging es Jesus. Er beginnt seine öffentliche Tätigkeit mit den Worten: „Kehrt um! Denn nahe gekommen ist die Herrschaft Gottes" (Mt.

4,17). Gottes Herrschaft und Reich sind das „zentrale Thema Jesu".[506] Er predigt die Nähe der Königsherrschaft und proklamiert ihre Gegenwart in seiner eigenen Person.[507] Er heilt Kranke, treibt Dämonen aus und setzt somit Zeichen des anbrechenden Reiches Gottes.

Wie kein anderer Text setzt Lk. 4,18ff die Rahmenbedingungen für Dienst und Verkündigung Jesu. Jesus liest in der Synagoge Jes. 61,1ff, den Text, der in der rabbinischen Tradition auf den endzeitlichen Messias bezogen wurde, und beschließt seine Lesung mit den Worten: „Heute ist dieses Wort in Erfüllung gegangen." Ohne Frage, er versteht sich als der endzeitliche Messias. In ihm, in seiner Person geht das Wort des Jesaja in Erfüllung. Dabei ist gerade dieses Wort des Propheten durch und durch politisch. Die Zusagen zu Beistand, Befreiung, Hilfe und Wiederherstellung werden auf dem Hintergrund des eintreffenden Jubeljahres gemacht. Jubeljahr steht für die auf die sieben Sabbatjahre folgende Forderung Gottes nach einer umfassenden Neudefinition der Gesellschaft. Alle ungerechten und den Menschen versklavenden Umstände werden aufgelöst, die ursprüngliche, jungfräuliche Freiheit der Persönlichkeit wiederhergestellt. Keine Frage, die Ankündigung des anbrechenden Jubeljahres hat zutiefst politische Konsequenzen.

Das Reich Gottes, das nun anbricht, ist in jeder Hinsicht ein wirkliches Reich. Es umschließt alle Bereiche des Lebens. Konsequenterweise spart die Verkündigung Jesu den Alltag nicht aus, sondern geradezu umgekehrt, Alltagsfragen durchdringen seine Verkündigung. Überdeutlich tritt das Königreich in Jesu Gleichnisreden zum Ausdruck.[508] Die Verkündigung und Lebensgestaltung Jesu geschehen in deutlicher Beziehung zu der Königsherrschaft Gottes.[509] Wenn Jesus seine Jünger lehrt, wie sie in Zukunft beten sollen, dann beginnt das Gebet mit den Worten: „Unser Vater im Himmel. Geheiligt werde dein Name. Es komme deine Königsherrschaft" (Lk. 11,2b).

Gott will die Welt so transformieren, dass sie seiner Vorstellung entspricht. Jesus verzichtete zwar ganz im Unterschied zu den entsprechenden Schulen seiner Zeit auf eine inhaltliche Festlegung, wie denn diese Welt aussehen würde.[510] Seine Vorstellung wird vom alles umfassenden „neu" überschattet.[511] Aber gerade in dieser Qualifizierung des Reiches Gottes als „neu" ist deutlich die Verheißung des Propheten Jesaja herauszuhören, der Gott sagen hört: „Siehe, nun schaffe ich Neues" (Jes. 43,19). Immer wieder nimmt Jesus das Bild des Propheten vom eschatologischen Mahl auf (Mt. 8,11; Mk. 14,25 par; Lk. 22,29f; u.a.), das Gott den Völkern bei der Vollendung der Zeiten zubereitet (Jes. 25,6). Jesus nimmt die alttestamentliche Verheißung des Reiches Gottes auf.[512] Er setzt das Wissen um die Gestalt des Reiches bei seinen Hörern voraus. Und woran werden seine Zuhörer gedacht haben? Sicher an die Aussagen Jesajas zum eschatologischen Friedensreich.

Die mit Gott versöhnte Welt hat eine konkrete, sichtbare Gestalt. In Jesaja 65,17-25 wird diese neue Welt Gottes plastisch dargestellt. Hier heißt es:

„Denn siehe, ich schaffe einen neuen Himmel und eine neue Erde, sodass man an die früheren nicht mehr gedenkt und sie nicht mehr in den Sinn kommen werden; sondern ihr sollt euch alle Zeit freuen und frohlocken über das, was ich erschaffe: denn siehe, ich erschaffe Jerusalem zum Jubel und sein Volk zur Freude. Und ich selbst werde frohlocken über Jerusalem und mich freuen über mein Volk, und es soll kein Klagelaut und kein Wehgeschrei mehr darin vernommen werden. Es soll dann nicht mehr Kinder geben, die nur ein paar Tage leben, noch Alte, die ihre Jahre nicht erfüllen, sondern wer hundertjährig stirbt, wird noch als junger Mann gelten, und wer nur hundert Jahre alt wird, soll als ein vom Fluch getroffener Sünder gelten. Sie werden Häuser bauen und sie auch bewohnen, Weinberge pflanzen und auch deren Früchte genießen. Sie werden nicht bauen, damit es ein anderer bewohnt, und nicht pflanzen, damit es ein anderer isst; denn gleich dem Alter der Bäume wird das Alter meines Volkes sein, denn was ihre Hände erarbeitet haben, werden meine Auserwählten auch verbrauchen. Sie werden sich nicht vergeblich mühen und Kinder für einen jähen Tod zeugen; denn sie sind der Samen der Gesegneten des Herrn, und ihre Sprösslinge mit ihnen. Und es wird geschehen: Ehe sie rufen, will ich antworten; während sie noch reden, will ich sie erhören. Wolf und Lamm werden einträchtig weiden, und der Löwe wird Stroh fressen wie das Rind, und die Schlange wird sich von Staub nähren. Sie werden nicht Schaden noch Verderben anrichten auf meinem ganzen heiligen Berg, spricht der Herr."

Gottes neue Welt, wie sie vom Propheten gesehen wird, ist eine sozial gerechte Welt. Wer in dieser Welt lebt, der wird nicht benachteiligt, der lebt vom Werk seiner Hände, der hat ein Dach über seinem Kopf und ist medizinisch bestens versorgt. Es ist eine Welt, in der der Segen regiert. Gottes Segen! Eine Welt, in der die Harmonie sogar in die Welt der Tiere eingezogen ist. Eine Welt, in der Gottes Gegenwart näher ist, als Worte es auszudrücken vermögen. Diese gerechte Welt ist Gottes erklärtes Missionsziel.

Gott baut sein Reich! Wenn Gemeindebau im Rahmen der Missionsabsicht Gottes gedacht werden muss, wie oben dargestellt, dann ist die Frage nach der Korrelation zwischen Gemeinde und Reich Gottes unbedingt zu klären.

Ist die Gemeinde Gottes Reich, wie das die ältere römisch-katholische und orthodoxe Ekklesiologie andeuten? Haben diejenigen unter den Täufern recht, die eine solche Identifikation für möglich halten? Die Antwort ist – nein. Das Reich Gottes ist nicht die Gemeinde. George Eldon Ladd ist beizupflichten, wenn er die Identifikation der Gemeinde mit dem Reich Gottes ablehnt, zugleich aber deutlich macht, wie eng die Beziehung zwischen der Gemeinde und dem Reich Gottes ist. Danach ist das Reich Gottes umfassende Herrschaft, die Gemeinde aber eine Gemeinschaft von Menschen, die sich dieser Herrschaft unterstellen. Die Gemeinde gehört zum Reich Gottes, sie ist es nicht an sich.[513]

Jesus und die ersten Christen predigten das Reich Gottes, nicht die Gemeinde, das Evangelium vom Reich, nicht das Evangelium von der Gemeinde (Apg. 8,12; 19,8; 20,25; 28,23.31). Die Gemeinde ist aufgerufen, das Evangelium vom Reich überall in der Welt zu predigen (Mt. 24,14). Sie ist der Vorbote dieser neuen Schöpfung, ihre Botschafterin der Versöhnung, der Spiegel der Gerechtigkeit (2Kor. 5,17-21). An ihr, an der Gemeinde wird deutlich, was Gott vorhat. Sie ist sein heiliges Volk, das königliche Priestertum, sein eigenes Volk (1Petr. 2,9), gesandt, die Völker dieser Welt zu Jüngern zu machen.

Gemeinde ist also nicht das Ziel der Mission Gottes. Sie ist vielmehr Gottes Instrument, mit dem er sein Ziel zu erreichen sucht.[514] Man kann daher nicht Gemeinde um ihrer selbst willen bauen. Vielmehr wird Gemeinde gebaut, um das Reich Gottes zu bauen! Gemeinde kann nicht ein auf sich selbst bezogenes Dasein praktizieren. Vielmehr ist alles, was sie ist und tut, der Königsherrschaft Gottes untergeordnet. Ist das nicht der Fall, so verliert die Gemeinde ihren Sinn und Gemeindebau wird zu einer sinnlosen Übung.[515] Daraus ergeben sich entscheidende Folgerungen für eine Theologie des Gemeindebaus:

a. Gemeindebau ist dem Bau des Reiches Gottes untergeordnet. Gott baut sein Reich und der Bau der Gemeinde dient diesem und nur diesem Zweck. Wo die Gemeinde andere Ziele verfolgt, da verlässt man Gottes Ziel und Absicht und wird sich den Vorwurf gefallen lassen müssen, im Ungehorsam zu leben.

b. Gemeindebau als Bau des Reiches Gottes kann nur ganzheitlich geschehen. So wie man das Reich Gottes nicht auf rein spirituelle Inhalte reduzieren kann, so wird man auch den Gemeindebau nicht auf die Gestaltung von geistlichem Leben reduzieren dürfen.

c. Gemeindebau ist ein öffentliches Ereignis. Wenn Gemeinde für die Welt gebaut werden soll, wenn sie Licht und Salz für die Welt sein soll (Mt. 5,13-15), wenn man an ihr die Gerechtigkeit, die vor Gott gilt, ablesen soll (2Kor. 5,21), dann kann sie sich unmöglich aus dem sozio-kulturellen Raum, aus dem Lebensraum der Menschen, verabschieden. Geradezu umgekehrt – sie gehört in die Mitte dieses Raumes.

d. Gemeindebau drängt damit auf eine soziale Gestalt, die dem Reich Gottes entspricht. Sie muss zum Modell des Reiches Gottes inmitten der vom Satan korrumpierten Welt werden.

4.2.3 Gemeindebau und Welterneuerung

Gemeindebau dient der Durchsetzung der Königsherrschaft Gottes auf Erden. Gemeinde ist das „Volk der Gottesherrschaft"[516]. Die Völker dieser Welt zu Jüngern zu machen (Mt. 28,19-20) – was ist damit anderes gemeint, als dass man in diesen Völkern die soziale Gestalt einer gottgewollten Gesellschaft verwirklicht? Man kann dafür auch den Begriff der Umgestaltung, der Transformation, bemühen. Somit dient Gemeindebau der Welterneuerung!

Nein, es geht nicht um Humanisierung der Welt. Ein solcher Versuch, den man in der Ökumene sowohl theologisch als auch praktisch propagiert hat, kann getrost als gescheitert angesehen werden. Der Traum von der gerechten Kommune, in der die Menschen selbst ihr Schicksal in brüderlicher Harmonie in die Hand genommen haben, ist in der Agonie der sterbenden Sowjetunion abrupt unterbrochen worden. Die Welt um uns herum ist durch unseren Einsatz für mehr Demokratie nicht notwendigerweise besser geworden. Wenn überhaupt, dann ist sie kapitalistischer geworden.

Nicht menschlicher soll die Welt werden – göttlicher! Es geht nicht um die Verwirklichung einer sozialen Utopie, wie das beispielsweise im Sozialismus versucht worden ist. Es geht um die Verwirklichung dessen, was Gott in seine Schöpfung hineingelegt hat. Und das, genau das ist in der Gemeinde Jesu möglich. Sie ist somit die Avantgarde der neuen Welt. In ihr verwirklicht Gott sein Modell von einer versöhnten Welt. In ihr richtet er sein Wort von der Versöhnung auf (2Kor. 5,18). Wo sie gebaut ist, da können Menschen sehen, was mit der Gerechtigkeit Gottes gemeint ist (2Kor. 5,21). Sie ist das neue Volk Gottes, das vorher kein Volk gewesen ist, nun aber Gottes erwähltes Volk ist (1Petr. 2,9-10).

So gesehen kann man Gemeinde nur ganzheitlich bauen. Wird sie als Volk gedacht, dann muss sie alle Lebensbereiche eines sozio-kulturellen Raumes abdecken. Sie kann sich nicht aus der Verantwortung zurückziehen und bestimmte soziale, kulturelle oder politische Entscheidungen anderen Kräften in der Gesellschaft überlassen. Nein, als Gottes soziales Modell für die Welt ist sie regelrecht genötigt, die umfassende Verantwortung für das Gemeinwesen zu übernehmen.

Ist das der Grund, warum Jesus seine Gemeinde als *ekklesia tou theou* baut (Mt. 16,18)? Ist das der Grund, warum die Autoren des Neuen Testaments unermüdlich darum bemüht sind, den *laos*-Charakter der Gemeinde zu postulieren und die Aussagen des Alten Testaments über Israel konsequent auf die Gemeinde, das neue Volk Gottes zu übertragen? Die *ekklesia* ist Gottes „zur Verantwortung versammelte Gemeinschaft", die der Welt seine Alternative vorleben und predigen soll. Sie ist Licht und Salz der Erde. So wie sie werden soll, will Gott alle Menschen werden sehen. Ja, sogar die Schöpfung erwartet die Erlösung der Kinder Gottes.

Dabei ist festzuhalten, dass die *ekklesia* immer geografisch verortet ist. Sie ist allem anderen voran die Inkarnation des Willens Gottes vor Ort, das lokal sichtbar aufgerichtete Wort Gottes. Ihr Auftrag ist freilich nicht an die gegebene Lokalität gebunden. Vielmehr führt er sie immer zu „allen Völkern der Erde". Sie wird **nur** als Versammlung vor Ort, trägt aber, nachdem sie vor Ort geworden ist, die Verantwortung für die ganze Welt.

Fassen wir zusammen.

a. Gemeinde hat einen sozial-transformativen Auftrag. Sie soll Gottes Königsherrschaft in dieser Welt in Wort und Tat aufrichten.

b. Gemeinde hat einen ganzheitlichen Auftrag. Alles in ihrem Lebensalltag ist der Mission Gottes untergeordnet. Sie hat damit ein missionarisches Wesen und kann daher auch nur missional gebaut werden. Eine Teilung des Gemeindelebens in einen spirituellen und einen sozialen Bereich ist missionarisch nicht möglich. Wort und Tat gehören in ihr unzertrennbar zusammen.

c. Gemeinde hat einen lokalen Auftrag, der globale Konsequenzen hat. Gott will Gemeinde als *ekklesia*, als die zur Verantwortung vor Ort herausgerufene Gemeinschaft. Sie ist seine Botschafterin in Jerusalem, in Judäa, in Samaria und bis ans Ende der Welt. Ihr Auftrag ist immer konkret verortet und doch niemals darauf allein fixiert. Sie ist die Stadt auf dem Berg, die als Licht der Welt allen sichtbar erscheint, und sie ist gesandt zu allen Völkern dieser Erde, diese zu Jüngern zu machen.

4.3 Missio Christi – Gemeindebau folgt einem Vorbild

Jesus war „Gottes bester Missionar"[517]. Niemals zuvor hat ein Mensch so genau den Ruf Gottes gehört, so absolut gehorsam gelebt und so erstaunlich viel vollbracht wie Jesus. Deshalb hat Gott ihm einen Namen gegeben, der über alle Namen ist (Phil. 2,11).

So wie Jesus sollen seine Jünger hören, gehorchen und leben. Jesus fasst seinen Missionsbefehl an die Jünger in Joh. 20,21 in recht einfache Worte. Er sagt: „So wie der Vater mich gesandt hat, so sende ich euch." Damit beschreibt er sowohl eine inhaltliche als auch eine methodische Festlegung. Gemeinde ist mit dem gleichen Auftrag und in der gleichen Weise gesandt, wie Jesus es war. Es gibt für sie keine extra Sendung! Sie ist die Gemeinde Jesu. Er ist beides für sie, „ihre Botschaft und ihr Missionsmodell"[518]. Sie ist, weil er sie will. Er baut sie (Mt. 16,18). Und sie ist auf ihn hin geschaffen. Was Jesus verkündigte und warum und wie er es tat, ist damit gemeint.

Jesus ist also das missionarische Modell für seinen Leib – die Gemeinde.[519] Auf nichts wird es im Gemeindebau so sehr ankommen als darauf, dass wir Christus recht folgen. Die *imitatio Christi* stellt die eigentliche methodologische Herausforderung für die Mission der Gemeinde in der Welt dar.[520]

Und womit begann seine Mission? Sie begann mit der Inkarnation, mit der Fleischwerdung in die Lebenswelt der Menschen hinein (Joh. 1,1-12). Paulus kann hierfür den Begriff der totalen Hingabe, der *kenosis* verwenden (Phil. 2,7). Hier in seiner Fleischwerdung sehen die Autoren des Neuen Testaments das eigentliche Zentrum seiner Mission. Es ist der „focal point of missio dei"[521]. Gottes Heilswort, Gottes Heilskonzept ist Jesus (Hebr. 1,1). Und Jesus ist für seine Zuhörer zunächst und vor allem Mensch – ein Mensch wie sie, ein Jude, der unter Juden lebte (Joh. 1,14), der ein vitales Interesse an ihrem gesellschaftlichen Leben zeigte, der allen ihren Versuchungen ausgesetzt war, jedoch im Gegensatz zu ihnen ohne Sünde blieb (Hebr. 4,15).

In der Geschichte wird Jesus als Jesus von Nazareth bekannt. Sein humanes, menschliches Gesicht wird dadurch sichtbar. Er ist wahrer Mensch, weil Maria und Josef[522] seine Eltern sind und Nazareth seine geografische Heimat ist. Seine Inkarnation ist also eine Fleischwerdung in ein konkretes soziales und kulturelles Milieu hinein. Gott macht seine Heilsabsicht durch die Inkarnation Jesu deutlich, und diese findet im vollen Sinne des Wortes lokal statt.

Die Hingabe Jesu ist also eine konkrete Hingabe an konkrete Menschen. Die *martyria* Jesu findet ihren tiefsten Ausdruck in seiner Hingabe an die „Seinen". Zu ihnen, dem Volk der Juden, ist er gekommen, deretwillen nimmt er die Leiden und Schmach auf sich. Er ist der *ebed Jahwe*, der leidende Gottesknecht für Israel. Deutlich wird das schon in den messianischen Verheißungen des Jesaja. Für sie wird er kommen und ihnen wird er dienen. Er ist der „einzigartige König, der sich zum Diakon, zum Diener macht, um Blinden und Gefangenen (Jes. 42,7), dem zerknickten Rohr und dem glimmenden Docht (42,3), den Krankheit und Schmerz Leidenden, den versprengt in die Irre Laufenden (53,4-6) Hilfe, Heilung und Heil zu bringen"[523].

Wollen wir also die volle Tragweite des Inkarnationsprinzips des göttlichen Heilshandelns begreifen, so kommen wir nicht umhin, die lokale, sprich soziokulturelle Bindung dieses Prinzips näher zu studieren. Inkarnation als Heilshandeln muss damit immer im konkreten kulturellen Umfeld gedacht werden.

Ein paar Beispiele aus dem Leben Jesu verdeutlichen das Gesagte. Da ist sein erstes großes Wunder. Jesus verwandelt Wasser in Wein auf der Hochzeit zu Kana (Joh. 2). Auf den ersten Blick mag dieses Ereignis nicht viel besagen. Doch blickt man tiefer, dann sieht man, wie stark Jesus daran interessiert ist, dass den betroffenen Menschen in ihrer gesellschaftlichen Not geholfen wird. Es ist sein erstes Wunder. Zum ersten Mal ist er, der Wunder wirken kann, in der Öffentlichkeit. Zum ersten Mal werden seine Jünger die übernatürliche Kraft ihres Meisters erleben. Seine Herrlichkeit wird sich ihnen offenbaren. Und sicher wird er sein erstes Wunder nicht an Belanglosigkeiten verschwenden. Der erste Ton bestimmt die Melodie. Das gilt erst recht, wenn die Musik von einem solchen Meister wie dem Sohn Gottes bestellt wird! Und dann ist das Wunder da. Aus Wasser wird Wein. Und das nur, um die bereits recht erheiterte Gesellschaft nicht in Schwierigkeiten zu bringen. Wen wundert es da, dass sich sogar der Zeremonienmeister überaus erstaunt zeigt. Einen solch guten Wein serviert man doch nicht zu einer solch späten Stunde. Aber Jesus tut es! Er sorgt sich um die menschlichen Belange seiner Leute, und dann wird seine Herrlichkeit sichtbar.

Und die anderen großen Taten des Meisters? Seine Heilungen, seine Totenauferweckungen und die Speisung der Fünftausend? Wie ein roter Faden lässt sich durch all diese Geschichten das soziale Interesse Jesu erkennen. Nein, er predigt nicht nur – er predigt und handelt (Lk. 9,11). Seine guten Worte sind immer wieder unterstrichen durch gute Taten (Apg. 10,36-38). Und als er seine Jünger aussandte, das Reich Gottes zu verkündigen, befahl er ihnen zu predigen und zu heilen, zu verkündigen und zu befreien (Lk. 9,2). Im Dienst Jesu gehörten Worte und Taten zusammen. Seine Mission war es, Gottes Herrlichkeit zu offenbaren, und er tat es, indem er sprach und demonstrierte.

Dabei ging es ihm nicht in erster Linie um solche Menschen, die ihm von vornherein zujubelten. In der Tat erhielt er von vielen Menschen, die er geheilt hatte, nicht einmal ein Wort des Dankes. Ihm ging es darum, Gottes Gegenwart zu demonstrieren. Wo er hinkam, da erschien das Reich Gottes mit *ihm!* Der Dienst, den er an den Menschen tat, war seine Berufung. Nicht die Gesunden, sondern die Kranken bedürfen eines Arztes, pflegte er zu sagen. „Der Menschen Sohn ist nicht gekommen, um bedient zu werden, sondern um zu dienen."

Gott begegnet dem Menschen im Menschen Jesus von Nazareth. Wer Gott in Zukunft suchen wird, wird ihn im Menschen Jesus finden (Joh.1,18; 14,9)! Theologisch bedeutet das, dass alle Theologie letztendlich christologisch festgelegt ist. Was wir über Gott und sein Werk auf Erden sagen, sagen wir durch das Wesen und Werk Christi. Im Christusereignis finden wir Christen unseren Referenzpunkt für unser Wissen und Leben, für Theorie und Praxis, für Theologie und Strukturen. Und das gilt auch und vor allem für unser Gemeindeverständnis. Das Wesen und die Mission der Gemeinde Jesu müssen christologisch begründet und verstanden werden. Und diese wird sich am missionalen Zyklus des Lebens Jesu ableiten lassen. Ein solcher Zyklus inkludiert folgende Eckdaten des Lebens Jesu: Hingabe an Gottes Auftrag, Inkarnation als Rahmenbedingung und Ermöglichung seines Dienstes, Dienst an bedürftigen Menschen, messianische Verkündigung in Wort und Tat und Jüngerschaft als Aufbau einer alternativen Lebensgemeinschaft.

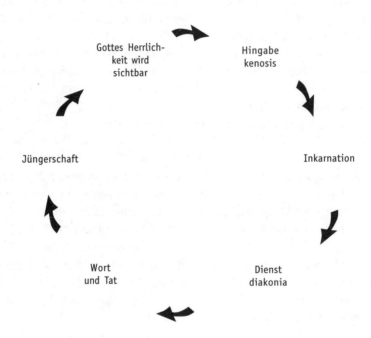

Lebenszyklus Jesu

4.3.1 Bereit zum totalen Gehorsam

Der Dienst Jesu beginnt mit seinem absoluten Gehorsam Gott gegenüber. Er weiß sich eins mit Gott (Phil. 2,5) und entleert sein Leben im totalen Gehorsam an den Vater in den missionarischen Auftrag des Vaters hinein (Phil. 2,6ff). Der Vater liebt die Welt und Jesus „hat die Liebe dieses Vaters durch sein Verhalten Wirklichkeit werden lassen"[524]. Paulus gebraucht hierfür den Begriff *kenosis*, was so viel wie entleeren heißt.[525] Jesus entleerte sich demnach, und zwar bis zum Tode am Kreuz. Sein Leben ist gezeichnet von totalem Gehorsam, der nichts, auch nicht den Tod, scheut. Seine wiederkehrende Formulierung „Ich und der Vater sind eins" erfährt erst vor diesem Hintergrund ihre wahre Bedeutung.[526] Mission Jesu ist eine kenotische Aktion, die aus dem Gehorsam dem missionarischen Auftrag gegenüber lebt. Und im Sinne dieser Einheit sendet Jesus seine Jünger bzw. seine Gemeinde in die Welt (Joh. 17,18ff). Wie er, so sollen auch sie in der totalen Einheit mit dem Willen des Vaters leben. Denn ohne eine solche Einheit wird die Welt nicht glauben (Joh. 17,21). Die Versöhnung der Welt mit Gott setzt also eine von der *kenosis* geprägte Verkündigung voraus.

Wie wichtig Jesus dieser Zusammenhang war, zeigt sein Befehl an die Jünger, den er ihnen gleich nach seiner Auferstehung gab. Sie sollten sich in Jerusalem versammeln und warten, bis der Heilige Geist auf sie kommt und sie dadurch zu Zeugen gemacht werden würden (Apg. 1,8). Der Begriff Zeuge (griechisch *martys*) leitet sich vom griechischen *martyria* ab und meint so viel wie „für eine Sache das Leben geben können". Wir haben diesen Begriff heute noch in unserem deutschen Begriff Märtyrer. Gemeinde kann also erst werden, wenn die Jünger Jesu zu Zeugen geworden sind, zu Menschen also, die für die erfahrene Gnade bereit sind, ins Martyrium zu gehen.

Was bedeutet das für eine Theologie des Gemeindeaufbaus? Folgendes ist denkbar:

a. Authentisch können nur Menschen Gemeinde bauen, die bereit sind, Gott zu folgen, wo immer er sie hinführt. Man kann demnach nicht Gemeinde aus sekundären Motiven bauen. Ein Verein zur Pflege christlicher Kultur, eine Kirche für Christen, die sonst keinen Ort zur Versammlung haben, eine Gemeinde, die mir passt – all das geht nicht. Wenn es um die Gemeinde Gottes geht, dann bleiben alle unsere Wünsche zurück. Was Gott verwirklichen will – das ist seine Gemeinde. „Ich will bauen meine Gemeinde, und die Pforten der Hölle werden sie nicht überwinden" (Mt. 16,18), stellt Jesus fest. Es kann demnach nie um „unsere Gemeinden" gehen.

b. Authentisch können nur Menschen Gemeinde bauen, die im Auftrag Gottes stehen und sich total in diesen Auftrag hinein entleeren. Für Jesus bedeutete das, ein Jude zu werden. Er kam zu den Seinen. Für Paulus hieß es, zu den Heiden zu gehen. Der Auftrag war also immer konkret. Und die Hingabe an den Auftrag hatte ebenso konkret zu sein. Jesus entleerte sich für die Juden, Paulus mühte sich Tag und Nacht für die Thessalonicher (1Thess. 2,1ff). Und so ging es weiter. Zeugen sind Zeugen in Jerusalem, Judäa, Samaria und bis ans Ende der Welt. Jeder aber ist Zeuge an seinem Platz! Man kann also nicht beliebig Gemeinde Jesu bauen. Und nicht jeder ist immer und überall berufen. Gott ist es, der sowohl den Platz als auch die Zeit kennt und benennt.

4.3.2 Inkarnation – die Rahmenbedingung des Dienstes Jesu

Jesus ist gehorsam und deshalb tut er, was Gott von ihm erwartet. Und *er* erwartet von ihm zuallererst Menschwerdung. Das ewige Wort, ja Gott in Person wird Mensch, der Schöpfer – ein Geschöpf. Eine tiefere Herablassung und Entleerung kann man kaum denken. Warum? Nun, weil nur so Menschen die Herrlichkeit Gottes sehen und schlussendlich verstehen konnten. Unmissverständlich konstatiert Johannes: „Am Anfang war das Wort und das Wort war bei Gott und das Wort war Gott ... und es wurde Mensch und lebte unter uns ... und wir sahen seine Herrlichkeit" (Joh. 1,1.14). Die Fleischwerdung Jesu ist Gottes Weg, Menschen von seiner Herrlichkeit zu überzeugen. Anders ging es offensichtlich nicht. Die Inkarnation setzt daher den Rahmen für das soteriologische Geschehen in Christus. Ohne Inkarnation keine Erlösung!

Niemand hat diese Tatsache besser begriffen als der Apostel Paulus. Seine Bereitschaft, sich an die Kultur seines Gegenübers anzupassen, also den Griechen ein Grieche und den Juden ein Jude zu werden, ist durch die Erkenntnis getragen, dass er so einige von ihnen für Christus gewinne (1Kor. 9,19-21). Die Inkulturation ist hier soteriologisch motiviert. Das Wort wird Fleisch, damit die Menschen Gottes Herrlichkeit sehen und zur Erkenntnis der Wahrheit kommen. Wer Christus nachfolgen will, der wird Paulus folgen dürfen.

Die Implikationen des theologischen Konzeptes der Inkarnation für die Gemeindegründung sind vielfältig. Ist doch die Gemeinde selbst der Leib Christi (Eph. 1,23), d.h. in ihr findet die Fleischwerdung des Wortes statt. Das inkarnatorische Wesen der Gemeinde enthebt sie der Beliebigkeit ihrer Inhalte und Formen. Sie kann somit niemals ganz von dieser Welt sein. Wäre sie es und würde sie sich total mit der Welt, in der sie existiert, identifizieren, so hätte sie keine Botschaft mehr. Sie wäre überflüssig.

Auf der anderen Seite ist eine Gemeinde, die dieser Welt enthoben ist, die nicht „in der Welt" lebt, eine Gemeinde, die nicht verstanden werden kann, und so bleibt sie, egal, wie laut nun ihre Stimme erschallen mag, ohne Gehör. Das Prinzip der Inkarnation verlangt nach einer Gemeinde, die in der Welt und doch nicht von der Welt ist (Joh. 17,13). Sie ist anders als die Welt und doch nicht von ihr losgelöst. Oder wie Murray es treffend sagt: Sie ist „distinctive but not disconnected"[527].

Eine Gemeinde in der Welt, die sich anschickt, für diese Welt eine göttliche Botschaft zu haben, ist auf jeden Fall eine kontextualisierte Gemeinschaft. Sie verkündigt das Evangelium im Kontext. Und die Mittel der Verkündigung entstammen der Kultur selbst. So wird das Evangelium nicht importiert, sondern inkarniert. Das hat für die Praxis der Gemeindegründung und des Gemeindebaus vielfältige Konsequenzen.

a. Das inkarnatorische Wesen der Gemeinde ermöglich es ihr, das Evangelium in eine gegebene Kultur zu bringen, ohne den betroffenen Menschen die kulturellen Grundlagen zu nehmen, die ihnen den Sinn und die Bedeutung ihres Daseins vermitteln.[528] David J. Bosch hat in seinem monumentalen Werk zur Mission die unterschiedlichen historischen Missions-Paradigmen untersucht und festgestellt, dass die Gemeinde Jesu eine erstaunliche Flexibilität und Anpassungsfähigkeit an die philosophischen und ideologischen Gegebenheiten der jeweiligen Epoche aufweist. Seine Folgerung ist bezeichnend. Er schreibt: „... es sollte uns nicht beunruhigen, dass der christliche Glaube in den unterschiedlichen Epochen immer wieder in neuen und recht unterschiedlichen Formen verstanden und erfahren wurde. Der christliche Glaube ist intrinsisch inkarnatorisch."[529] Beunruhigen sollte uns dagegen die Tatsache, dass die Gemeinde in den Jahrhunderten ihrer Geschichte immer wieder versucht hat, am inkarnatorischen Prinzip vorbei Mission und Gemeindebau zu betreiben. Dass sie dabei scheiterte, ist verständlich. Entspricht doch eine monokulturelle Festlegung der Gemeinde nicht dem Wesen dessen, was das Neue Testament unter dem Leib Christi verstanden hat.

b. Das inkarnatorische Wesen der Gemeinde verlangt von der Mission der Gemeinde ein bewusstes Eingehen auf die Lebenswelt derer, die man mit dem Evangelium erreichen will. Jesus hat sich mit den Menschen, zu denen er kam, identifiziert. Paulus tat das Gleiche. Und die Gemeinde Jesu ist angewiesen, die Gesinnung zu haben, die in Christus war (Phil. 2,5ff). Er entäußerte sich selbst, wurde Mensch, um den Menschen Gott zu offenbaren. In der *kenosis* Christi liegt die Kraft und der Erfolg seiner Mission. Mission der Gemeinde, die sich der gleichen Gesinnung stellt, wird daher nicht ohne diese Identifikation mit dem Adressaten auskommen. Die in der orthodoxen Missiologie ausformulierte Vorstellung von der Mission als kenotische Aktion muss neu entdeckt und gelehrt werden.[530] Freilich kann es bei der Identifikation mit den Menschen, unter denen wir Gemeinde bauen, nicht nur um die Armen dieser Welt gehen, wie es zuweilen von der Befreiungstheologie gefordert wird, sondern um jede Gruppe von Menschen. Identifikation setzt Kenntnis der Kultur und die Bereitschaft zur Inkulturation voraus. Geschieht diese nicht, so ist die Gefahr groß, dass man kulturelle Expansion statt missionarische Durchdringung einer Kultur betreibt. Das Ergebnis liegt auf der Hand. Gemeinden, die nicht kontextsensitv gebaut werden, bleiben ein Fremdelement in der Kultur. Der Erfolg solcher Gemeindegründung ist in der Regel kurzatmig. Michael Frost stellt mit Recht fest: „Der kurzfristige Erfolg weicht bald vor einer langfristigen Ineffektivität, was uns dazu veranlasst zu glauben, dass alle nichtinkarnatorischen missionarischen Bemühungen am Ende selbstzerstörend sind"[531].

c. Das inkarnatorische Wesen der Gemeinde impliziert die Ortsgebundenheit der Gemeinde. Hierbei geht es im wahren Sinne des Wortes um die materielle Präsenz der Gemeinde in der Mitte der Menschen, die sie erreichen will. Den Griechen ein Grieche zu werden bedeutet für Paulus weit mehr als nur die Übernahme der griechischen Sprache als Kommunikationsmittel des Evangeliums. Es implizierte seine materielle Präsenz in den griechischen Städten, die Auseinandersetzung mit den Themen der Menschen in diesen Gebieten. Nicht von ungefähr gebraucht er den höchst politischen Begriff *ekklesia* für die Bezeichnung dessen, was er unter der Gemeinde versteht. Sie ist die zur Verantwortung für alle Lebensbelange der Menschen vor Ort herangezogene Gemeinschaft der Vollbürger. Wie keine andere Institution der Gesellschaft ist sie für die Lebensfähigkeit der Menschen in den Räumen, wo sie existiert, vor Gott verantwortlich. Inkarnatorische Gemeinde kann daher auch immer nur inmitten der Menschen, für die sie gebaut wird, entstehen. Das hat gerade für den modernen Gemeindebau enorme Konsequenzen. Um es auf den Punkt zu bringen: Eine Gemeinde für Menschen in Sindelfingen, in der sich vor allem Böblinger treffen, ist so undenkbar.

d. Das inkarnatorische Wesen der Gemeinde setzt voraus, dass die Gemeinde sich als Gesandte versteht. Inkarnation kann nur gedacht werden, wenn der Prozess der Verwandlung mitgemeint ist. Man war früher anders als das, was man nun wird. Man spricht daher auch von der neutestamentlichen Mission der Gemeinde als zentrifugaler statt zentripetaler Aktion. Eine inkarnatorische Gemeinde lebt in der Geh-, nicht in der Komm-Struktur. Sie geht zu den Menschen, sie sucht ihre Gestalt unter den Menschen, statt zu warten, dass die Menschen sich zu ihr begeben.

4.3.3 Dienst als Herzenssache

Jesus wird Mensch. Er lebt unter den Menschen. Und das Erste, was er tut – er dient den Menschen. Nichts ist für ihn so selbstverständlich wie das. „Der Menschensohn ist nicht gekommen, um sich dienen zu lassen, sondern um zu dienen und sein Leben zu geben als Lösegeld für viele" (Mt. 20,28), sagt Jesus zu seinen Jüngern. Er will unter ihnen sein wie „ein Diener" (Lk. 22,27). Für ihn ist der Dienst eine Herzenssache.

Überdeutlich wird dieser Zug an Jesus in der Geschichte von der Fußwaschung (Joh. 13,4ff). Jesus will seinen Jüngern die Füße waschen, Simon Petrus aber wehrt sich dagegen. Wie sollte der Meister seinen Jüngern die Füße waschen? So etwas passt nicht in den Höflichkeits- und Benimmkatalog der frommen Juden. Es ist der Geringere, der dem Höheren die Füße wäscht. Jesus stellt mit seiner Aktion die Regel auf den Kopf. Da kommt Petrus nicht mit. Und Jesus hat Verständnis mit seinem übereifrigen Jünger. „Was ich tue, verstehst du jetzt nicht. Du wirst es aber darnach erkennen", sagt er und ergänzt nach dem wiederholten Protest seines Jüngers: „Wenn ich dich nicht wasche, so hast du keine Gemeinschaft mit mir." Da gibt Petrus seinen Widerstand auf.

Jesus versteht Dienst als einen Weg zur Gemeinschaft mit dem Menschen, dem er dient. Er ist gekommen, sein Leben als Lösegeld für viele zu geben.

Aber damit die vielen ihn sehen, muss er ihnen dienen. Deshalb nimmt er die Gestalt eines Dieners an (Phil. 2,7). So und nur so wird er dem Doppelgebot der Liebe gerecht (Mt. 22,34ff). Es ist der Dienst bzw. die Liebestat, die den Menschen umstimmt und seine Distanz abzubauen hilft. Ohne Dienst geht es also nicht. Konsequenterweise postuliert Jesus mit seiner Tat ein Vorbild für die Jünger und verlangt von ihnen das Gleiche (Joh. 13,13f).

Die Gemeinde ist Jesu Dienerin in der Welt. Das dienende Vorbild Jesu motiviert sie zum Dienst an Menschen, mit denen sie Gemeinschaft sucht. Das hat Konsequenzen für den Gemeindebau.

a. Gemeinde muss den Menschen, denen sie Gottes Liebe weitergeben will, Liebe erweisen. Nächstenliebe äußert sich in Liebestaten. Matthäus schreibt an seine Gemeinde in den Worten Jesu: „So lasst euer Licht leuchten vor den Leuten, damit sie eure guten Werke sehen und euren Vater im Himmel preisen" (Mt. 5,16). Ähnlich ermutigen Lukas (Lk. 6,35), Paulus (1Tim. 6,18; Tit. 2,7), Petrus (1Petr. 2,12) und Jakobus (2,17f u.a.) ihre Gemeinden zum Werk der Nächstenliebe.

b. Gemeinde zeigt durch ihren Dienst in der Welt Gottes Herrlichkeit. Petrus bringt das auf den Punkt, wenn er schreibt: „Und führt ein rechtschaffenes Leben unter den Heiden, damit die, die euch verleumden als Übeltäter, eure guten Werke sehen und Gott preisen am Tage der Heimsuchung" (1Petr. 2,12). Die Inkarnation des Wortes Gottes verlangt also den Dienst als Darstellung des Wortes. Das Wort braucht die Tat, wenn es nicht leer bleiben will. Jakobus kann in dieser Hinsicht recht scharf formulieren: „Der Glaube ist ohne Werke tot" (Jak. 2,17).

c. Gemeinde baut durch ihren Dienst an Menschen das Reich Gottes. Es erstaunt nicht schlecht, wenn man sich die Kriterien ansieht, die Gottes Gericht bestimmen werden. Ob jemand als Bock oder Schaf erkannt wird, oder mit anderen Worten, ob jemand als gut oder böse erkannt wird, hängt nach Jesus in Mt. 25,31ff unmittelbar davon ab, wie viel Nächstenliebe er dem Hungrigen, Durstigen, Nackten usw. erwiesen hat. Der soziale Dienst in der Welt ist also nicht ein Anhängsel an die Verkündigung, sondern wird hier als integraler Part der *missio Dei* gesehen.

4.3.4 MISSION ALS TRANSFORMATION

Neben dem inkarnatorischen Wesen Jesu ist sein Werk der Heilsvermittlung zu nennen. Es ist sein Name, in dem den Menschen Heil versprochen wird (Apg. 4,12). In Jesus finden die voneinander getrennten Juden und Heiden zusammen (Eph. 2,13ff). In *ihm* versöhnt Gott die Welt mit sich selbst (2Kor. 5,18). Jesus ist demnach der Vermittler zwischen Mensch und Gott und Mensch und

Mensch. In ihm ist weder Frau noch Mann, weder Sklave noch Freier (Gal. 3,28). Nein, er nivelliert nicht die Unterschiede, er hebt sie auch nicht auf, er führt die Menschen zueinander. Sein Leben und sein Werk sind durch und durch von einem messianischen Grundanliegen getragen. Jesus will und kann die Menschen nicht so belassen, wie *er* sie vorfindet. Er ist Christus, der Messias, und wer mit *ihm* in Berührung kommt, bleibt nicht so, wie er war. Und das nicht nur in spiritueller Hinsicht. Wer zu Jesus kommt, der muss damit rechnen, dass sein gesamtes Dasein transformiert und verändert wird.

John Howard Yoder (1927–1997) zeigt in seinem 1972 erschienenen Buch „The Politics of Jesus"[532], wie stark Jesus in das soziale Schicksal seiner Mitmenschen eingebunden ist. Er betrachtet darin Jesus als den Urheber des sozialen Wandels.[533] Sein soziales Verhalten sei normativ für eine christliche Sozialethik[534] und müsse auf dem Hintergrund des alttestamentlichen Jubeljahr-Gesetzes verstanden werden.[535] Yoder schreibt:

> „Jesus proklamierte im Jahre 26 tatsächlich ein Jubeljahr nach den mosaischen Sabbatvorschriften: ein Jubeljahr, das in der Lage war, die sozialen Probleme Israels durch Schuldenerlass und durch die Befreiung von Schuldnern, deren Zahlungsunfähigkeit sie zur Sklaverei erniedrigt hätte, lösen zu können."[536]

Unmissverständlich weist Paulus der Gemeinde eine ähnliche Rolle zu, wenn er sie zur Botschafterin der Versöhnung macht, die alle Menschen zur Versöhnung mit Gott aufzurufen hat (2Kor. 5,18). So wie Jesus zu dem *homo mediator* geworden ist, soll die Gemeinde zu einer *ecclesia mediator* werden. Sie hat einen Rettungsauftrag! Sie soll Menschen, ja ganze Völker verändern. Wo die Gemeinde hinkommt, da können die sozialen und kulturellen Räume nicht einfach beim Alten bleiben. Sie wird als Licht der Welt ihre Umwelt erleuchten. Sie wird als Salz der Erde den sozio-kulturellen Boden der Gesellschaft fruchtbar machen. Tut sie das nicht, dann hört sie auf, Gemeinde zu sein. Wie ihr Herr Messias ist, so ist sie messianisch festgelegt. Das hat weitreichende Konsequenzen für das Gemeindeverständnis.

a. Das messianische Wesen der Gemeinde weist auf ihren besonderen Status hin. Sie ist die Berufene Gottes, die aus der Welt Ausgesonderte, Heilige (Eph. 1,3ff), „ohne Flecken und Runzeln" (Eph. 5,27). Sie ist anders als die Welt. Ja, Gesinnung der Welt ist ihr fremd und da, wo sie doch in das Denken der Welt gerät, ist es Verrat an Gott selbst, ist doch weltliche Gesinnung Feindschaft gegen Gott (Röm. 8,7; Jak. 4,4).

b. Das messianische Wesen der Gemeinde weist der Gemeinde einen Platz gegenüber der Welt zu. Wo die Gemeinde Jesu entsteht, gibt es ein Drinnen und Draußen, Licht und Finsternis (1Thess. 5,4ff), Heilige und Sünder. Und die Gemeinde stellt dabei den ärgerlichen Anspruch, auf der Lichtseite des

Lebens zu stehen. Das führt, wie wir im 1. Petrusbrief anschaulich gesehen haben, zu Antagonismen mit der Welt (1Petr. 3-4). Die Gemeinde wird missverstanden, verachtet, verfolgt. Sie ist wahrhaft fremd in dieser Welt.

c. Das messianische Wesen der Gemeinde weist auf den Auftrag der Gemeinde hin. Sie ist keine zufällige Erscheinung auf dem religiösen Horizont der Welt. Vielmehr ist sie die Gesandte an Christi statt, durch die Gott ermahnt: „Lasst euch versöhnen mit Gott" (2Kor. 5,19-20). Was immer die Gemeinde tut, redet und ist – sie ruft Menschen zur Entscheidung für ein Leben mit Gott. Damit wird sie zum Herold der Bekehrung und zur Stimme die Erneuerung, die Transformation anmahnt. Geschieht das in der Gemeinde nicht mehr, so verliert sie ihren messianischen Charakter und damit jede Berechtigung, Gemeinde Jesu zu sein.

4.3.5 Gemeinschaft des Reiches Gottes

Gemeinde ist Leib Christi. Christus ist ihr Haupt (Eph. 1,23). Wer Gemeinde verantwortungsbewusst und im Sinne des Neuen Testaments bauen will, der wird sie christusähnlich bauen müssen: inkarnatorisch, messianisch und verortet als Gemeinde für den konkreten Kontext der Menschen.

Aus dem Wesen der Gemeinde leitet sich ihre Aktion ab. Die *missio* geht der *actio* der Gemeinde voran. So war es bei Jesus. Er „hielt es nicht für einen Raub, Gott gleich zu sein" (Phil. 2,5), war sich also seines Wesens bewusst. Und deshalb entäußerte er sich selbst – gab sich hin (Phil 2,6f). Jesus war Messias und deshalb handelte er als Messias! Wie er, so seine Gemeinde. Sie ist aufgerufen, in der gleichen Qualität und Intensität zu wirken, wie er gewirkt hat. Die Werke, die er tat, wird auch sie tun.

Und was tat er? Allem anderen voran – er stellte das Reich Gottes dar, und zwar in Wort und Tat. Mission im Sinne Jesu muss unweigerlich das zentrale Thema der Verkündigung Jesu aufnehmen, das Thema des Reiches Gottes. Kein anderes Thema dominiert seine Predigt und sein Leben so stark wie dieses. Wenn die Gemeinde Jesu seinen Auftrag weiterführt, dann ist das der Auftrag, das Reich Gottes zu proklamieren und aufzubauen. Im Neuen Testament gründeten die Apostel Gemeinden, weil sie auf diese Weise Gottes Reich ausdehnten. Gemeindegründung ist somit eine biblische Strategie zur Ausbreitung des Reiches Gottes, wie Paul Becker und andere richtig feststellen.[537]

Es ist wichtig zu sehen, dass die Gemeinde nicht das Reich Gottes und das Reich Gottes nicht die Gemeinde ist. Wo das übersehen wird und die Gemeinde mit dem Reich Gottes identifiziert wird, so z. B. bei Augustinus, da findet unweigerlich eine Glorifizierung der Gemeinde statt und jene Akzentverschiebung, die jeder missionarischen Ausrichtung der Gemeinde die Kraft nahm.[538] Die Gemeinde steht vielmehr im Dienste des Reiches. Sie ist das Volk des Reiches, in dem Gott als König herrscht. Aber dieser König ist nicht nur der König der

Gemeinde, sondern des Universums (Mt. 28,18). Weder ist er auf die Gemeinde allein zu begrenzen, noch ist sein Wirken in der Welt exklusiv auf die Gemeinde bezogen. Howard Snyder bemerkt mit Recht den Unterschied[539], den die Orientierung auf das Reich Gottes in der Theologie und die Haltung der Gemeinde verursacht. Er schreibt:

„Die Gemeinde bekommt Probleme, wo immer sie denkt, sie sei mit dem Gemeindegeschäft beschäftigt, statt an die Belange des Reiches Gottes zu denken. Im Gemeindegeschäft sind die Menschen mit Kirchenaktivitäten, mit religiösem Verhalten und geistlichen Dingen beschäftigt. Im Geschäft des Reiches Gottes beschäftigen sich die Menschen dagegen mit den Aktivitäten des Reiches, mit dem Verhalten aller Menschen, mit allem, was Gott geschaffen hat, sichtbar oder unsichtbar. Gemeindeorientierte Menschen suchen danach, Menschen in die Gemeinde zu bekommen. Reichs-Gottes-orientierte Menschen suchen danach, die Gemeinde selbst in die Welt zu bekommen. Gemeindeorientierte Menschen sind darum besorgt, wie die Welt die Gemeinde verändern kann, Reichs-Gottes-orientierte Menschen arbeiten daran, wie die Gemeinde die Welt verändert."

Gemeindegründung und Gemeindebau sollen dem Bau des Reiches Gottes dienen. Und das bedeutet, dass ihr Wesen und ihr Auftrag vom Reich Gottes her definiert werden müssen. Somit kann der Auftrag nicht einseitig formuliert werden. Er kann sich weder von den Bedürfnissen noch von den Überzeugungen der Christen allein bestimmen lassen, sondern muss ganzheitlich gedacht werden und den ganzen Menschen und seine Welt meinen, ganz im Sinne des Missionsauftrags in Mt. 28,18ff: „Gehet hin in alle Welt und machet zu Jüngern alle Völker." Der Bau des Reiches Gottes auf Erden wird somit zur Transformation der Völker und ihrer sozio-kulturellen Räume.

4.3.6 Eine Gemeinde der Jünger

Hatte Jesus vor, eine Kirche zu gründen? Wollte er die Gemeinde, so wie sie heute verstanden wird, als feste Gemeinschaft von Menschen, die ihr Leben an *ihm* orientieren? Die Antwort ist – *er* wollte sie! Sicher, die Jesus-Gemeinschaft ist zu seinen Lebzeiten nie groß geworden. Jesus wurde zwar von einer Masse von Hilfesuchenden, Neugierigen und religiösen Diskutanten begleitet. Aber nur wenige hielten zu ihm. Sein Siebziger-Kreis verkraftete zum Beispiel die Radikalität seiner Aussagen nicht und verließ ihn. Jesus versuchte sie nicht festzuhalten. Geradezu umgekehrt, er bot seinen zwölf Jüngern ebenso an, *ihn* zu verlassen. Hätte er es auf eine Massenbewegung abgesehen, wäre es ihm dann ein Problem gewesen, diese zu gründen? Wohl kaum. Nein, Jesus hat offensichtlich keine Massenbewegung zu gründen versucht. Stattdessen setzt er alles auf einen kleinen Kreis von Jüngern. Sie sind es, die er vorbereitet, seine Mission zu übernehmen. Und die Mission, die sie übernehmen werden, ist die gleiche, die auch er schon vom Vater anvertraut bekommen hat. Auf diese Jünger baut er, nicht auf die Masse, Einzelne sind es, wie zum Beispiel Petrus. Dieser Hitzkopf und notorische Besserwisser entpuppt sich am Ende in der schlimmsten Stunde des Meisters als Versager. Petrus ist es, dem Jesus sagt: „Du bist Petrus und auf diesem Stein will ich meine Gemeinde bauen und die Pforten der Hölle werden sie nicht überwinden" (Mt. 16,18). Jesus setzt auf Petrus. Er soll einmal die Gemeinde als *ekklesia* bauen. Ihn belehrt er. Ihn führt er. Ihm vertraut er am Ende seine Mission an. Man kann also folgern, Jesus baut seine Gemeinde über Einzelpersonen. Er gewinnt Einzelne, schult sie und setzt sie zum Aufbau des Reiches Gottes in der Welt ein. Nicht die Masse, der Einzelne ist das Fundament, auf dem er, Jesus, Gemeinde baut.

Für den Gemeindebau hat eine solche Einsicht enorme Bedeutung.

a. Gemeinde kann man, baut man sie jesuanisch, nicht als Massenphänomen gestalten. Was er baut, ist eine Gemeinschaft von Individuen, denen er jeweils ihren besonderen Platz zuweist. „Wir sind sein Werk geschaffen zu guten Werken, die er zuvor für uns bereitet hat, damit wir darin wandeln sollen", fasst Paulus einmal für die Epheser zusammen (Eph. 2,10). Und konsequenterweise lehrt er dann seinen Schüler Timotheus: „Du nun, mein Kind, sei stark in der Gnade, die in Jesus Christus ist. Und was du von mir gehört hast vor vielen Zeugen, das vertraue treuen Menschen an, die fähig sein werden, auch andere zu lehren" (2Tim. 2,1-2). *Ekklesia* ist die Gemeinschaft der Herausgerufenen. Es sind nicht alle Menschen. Es ist nicht die Masse. Aber es sind immer die Treuen. Es sind Mitarbeiter (1Kor. 4,1), die die Verantwortung für die Mission Gottes in der Welt übernehmen wollen.

b. Man sollte allerdings den individuellen Ansatz Jesu und damit des Neuen Testaments nicht mit einem wie auch immer gearteten Individualismus verwechseln. Jesus baut zwar sein Haus aus einzelnen lebendigen Steinen, aber er baut ein Haus (1Petr. 2,5). Seine Jünger sind alle wertvolle Glieder seines Leibes, aber sie sind Glieder zum Nutzen aller (1Kor. 12,7).

c. Und Jesus baut nicht eine gesellschaftliche Nische, einen frommen Konventikel-Kreis, der sich möglichst tief im Keller der Gesellschaft versteckt. Nein, er ruft seine Jünger in aller Öffentlichkeit, er belehrt sie vor „vielen Zeugen". Seine Gemeinde ist eine Gemeinde des Lichts. Man stellt sie nicht unter den Scheffel, sondern hoch auf den Berg, sodass alle sie sehen können (Mt. 5,14).

Missio Christi als Methode und Modell Gottes für die Verwirklichung der missionarischen Absicht, des ewigen Ratschlusses Gottes, ist somit eine bedeutende Kategorie in der Grundkonzeption eines gesellschaftsrelevanten Gemeindebaus.

4.4 Missio Spiritu – zur Praxis des Gemeindebaus

Gemeinde gibt es seit Pfingsten. Die Ankunft des Heiligen Geistes in Jerusalem[540] markiert ihre Geburtsstunde. Der Geist ist es, der die Gemeinde Jesu baut! In keiner Frage sind sich die neutestamentlichen Autoren so einig wie in dieser.[541] David Ewert formuliert deutlich: „Durch den Geist ist die Gemeinde gegründet, und durch den Geist wird sie erhalten"[542]. Fernando bestätigt: „Der Geist ist der göttliche Implementator der Mission Gottes"[543]. Es verwundert daher, wie wenig die Rolle des Heiligen Geistes in ekklesiologischen Entwürfen zum Neuen Testament berücksichtigt wird.[544] Auch in systematisch-theologischen Entwürfen zum Thema Gemeinde kommt dem Heiligen Geist eine eher untergeordnete Rolle zu.[545] Dabei wäre eher Emil Brunner zu folgen, der seine Ausführungen zur Lehre von der Kirche mit der Korrelation „Kirche und Geist" beginnt.[546] Die Rolle des Heiligen Geistes in der Verwirklichung der Mission Gottes in der Welt und im Speziellen im Aufbau der Gemeinde Jesu in der Welt muss daher neu bedacht werden.[547] Howard Marshall hat recht, wenn er vor der einseitigen Darstellung dieser Rolle warnt und nach einer Theologie verlangt, die ihre „Aufmerksamkeit auf die Rolle des Heiligen Geistes in Befähigung und Leitung der Gemeinde in der Mission und Wachstum lenkt"[548].

Es geschieht durch den Heiligen Geist, dass Menschen an Jesus glauben (1Kor. 12,3). Es geschieht durch den Geist, dass die Jünger Jesu in den einen Leib Christi getauft werden (1Kor. 12,13), durch ihn erhalten sie ihre Gaben (1Kor. 12,4) und damit ihre Dienstanweisung (1Kor. 12,5). Sie sind die Gemeinschaft des Geistes, Gottes Haus, in dem der Geist Gottes lebt (1Kor. 3,16), ein „geistliches Haus" (1Petr. 2,5). Die Gemeinde wird demnach zu Gottes Tempel (1Kor. 6,19), in dem der Geist Gottes in ihr seine Wohnung bezieht (1Kor. 3,16).

Das Werden und das Werk der Gemeinde sind unzertrennbar mit dem Geist Gottes verbunden. Er ist ihr Herr auf Erden (2Kor. 3,17). Die Vision Gottes wird durch den Geist entsprechend der vom Sohn Gottes gesetzten methodischen Rahmenbedingungen in der Praxis verwirklicht. Er ist sozusagen Gottes Hand, der seine Absichten verwirklicht.[549]

Eine Theologie des Gemeindebaus kann ohne Klärung der Beziehung zwischen Geist und Gemeinde nicht auskommen. Wenn der Geist die Gemeinde baut, dann hat die Gemeinde zu wissen, wann, wodurch und in welcher Art und Weise der Geist Gottes die Gemeinde baut.

4.4.1 Der Geist als *creator fidae*

Jesus Christus versprach seinen Jüngern, sie nach seinem Weggehen nicht allein zu lassen, sondern der Vater würde ihnen den Tröster, den Parakleten senden, der sie alles lehren und sie an alles erinnern wird, was Jesus ihnen gesagt habe (Joh. 14,26). Er wird seine Jünger in die ganze Wahrheit leiten

(Joh. 16,13). Und dieser Geist ist es, der die Welt überzeugen wird von der Sünde, der Gerechtigkeit und dem Gericht (Joh. 16,8). Die Jünger sollten nach der Himmelfahrt Jesu Jerusalem nicht verlassen, sondern auf das Kommen des Geistes warten, und dann, wenn er gekommen ist, würden sie seine Zeugen werden bis an das Ende der Welt (Apg. 1,8).

Die Verheißung Jesu ging in Erfüllung. Seit Pfingsten ist das Schicksal der Jesus-Nachfolger unzertrennbar verbunden mit dem Geist Gottes. Paulus schreibt den markanten Satz: „Niemand kann Jesus einen Herrn nennen außer durch den Heiligen Geist" (1Kor. 12,3). Wer Jesus nachfolgen will, der wird eine Beziehung zum Geist Gottes eingehen müssen. Ferdinand Hahn schreibt dazu: „Im Neuen Testament wird einheitlich bezeugt, dass in nachösterlicher Zeit der Geist unter den Glaubenden wirkt. In dieser Gestalt geht die Heilsverwirklichung, die mit Jesu Person und Botschaft begonnen hat, weiter. Das Offenbarungshandeln Gottes in der Geschichte Jesu Christi setzt sich fort als Offenbarungsgeschehen durch den Heiligen Geist, der von Gott oder dem erhöhten Jesus Christus ausgeht und Heil stiftet."[550]

Der Geist Gottes steht am „Ausgangspunkt des Glaubens"[551]. Wer Gottes Gemeinschaft begehrt, der wird von Neuem geboren werden müssen (Joh. 3,5). Und diese Wiedergeburt ist ein Bad des Heiligen Geistes (Tit. 3,5). Nur Menschen, die vom Heiligen Geist überführt und erneuert, die von ihm versiegelt worden sind (Eph. 1,13f), die den Geist Gottes „haben" (Röm. 8,9), sind fähig, in der Kraft und Herrlichkeit des Vaters zu leben. Denn es ist der Geist Gottes, der gekommen ist, die Mission Jesu zu verwirklichen (Joh. 16,7). Clowney bringt es auf den Punkt, wenn er schreibt: „Der Geist führt uns nicht weiter als Christus, sondern zu Christus."[552] Ohne Geist Gottes kann es keine Beziehung zu Christus geben. Und ohne diese Beziehung gibt es kein Verhältnis zum Vater. „Denn alle, die durch den Geist Gottes geleitet werden, die sind Söhne Gottes. Denn ihr habt nicht einen Geist der Knechtschaft empfangen, dass ihr euch wiederum fürchten müsstet, sondern ihr habt den Geist der Sohnschaft empfangen, durch den wir rufen: Abba, Vater! Der Geist selbst gibt Zeugnis unserem Geist, dass wir Gottes Kinder sind" (Röm. 8,14-16).

Die Gemeinde Jesu ist die Gemeinschaft der durch Jesus erlösten Kinder Gottes, und diese Erlösung wird ihnen dank der Wirksamkeit des Geistes Gottes zuteil. Diese Erkenntnis hat entscheidende Konsequenzen für eine Theologie des Gemeindebaus.

a. Gemeindebau setzt die Wirksamkeit des Heiligen Geistes voraus. Er überführt Menschen von ihrer Sünde, von der Gerechtigkeit und dem Gericht Gottes. Ohne Geisteswirken gibt es keinen Glauben in der Welt.

b. Gemeindebau ist nur mit Menschen möglich, die vom Heiligen Geist zum Glauben an Christus geführt worden und zu einem neuen Leben wiedergeboren sind. Es geht hier in der Tat um den Aufbau eines geistlichen Hauses, das aus lebendigen Steinen gebaut wird. Nur da, wo man die

Gemeinde aus wiedergeborenen Menschen baut, kann man auch von der Gemeinde reden.

c. Gemeindebau setzt demnach die Bekehrung der Menschen aus der Welt ohne Gott in die Gemeinschaft mit Gott voraus. Es ist der Geist Gottes, der bekehrt. Und wo der Geist Gottes bekehrt, da wird die Welt überzeugt von ihrer Sünde, von der Gerechtigkeit und dem Gericht Gottes. Gemeindebau ohne diese Basisverkündigung ist unmöglich.

d. Die soziale Gestalt der Gemeinde setzt somit eine geistliche, spirituelle, d. h. eine Geistes-Wirklichkeit voraus. Wo diese nicht vorhanden ist, ist Gemeinde nicht mehr als ein Verein mit gemeinsamen religiösen Interessen.

4.4.2 DER GEIST ALS *CREATOR ECCLESIAE*

Gemeinde Jesu entstand an Pfingsten. Gottes Volk dagegen nicht. Gott hatte sich in Israel ein Volk erwählt. Dieses wurde untreu und degenerierte zu einem Nicht-Volk (Hos. 1,9). Deshalb erwarteten die Propheten die Wiederherstellung Israels als eines neuen eschatologischen Volkes, dessen Ermöglichung sie mit dem Kommen des Heiligen Geistes verbanden (Vgl. Jes. 32,15; 44,3; Hes. 11,19; 36,26f; 37,14; Joel 3,1f). Konsequent erklärt Petrus den erstaunten Juden aus den Völkern das Pfingstereignis als Erfüllung der Verheißung, die Gott den Propheten gegeben hatte. Und er ruft sie auf, Buße zu tun und sich taufen zu lassen (Apg. 2,37f). Menschen, die seinem Ruf folgen, erfahren den Geist und werden der Gemeinde hinzugetan.

Die Gemeinde entsteht in der Gegenwart des Geistes Gottes.[553] Sie entsteht aus allen Völkern. Jeder Partikularismus ist aufgehoben und jede Volksreligiosität wurde für beendet erklärt. Der Jüngerkreis Jesu formiert sich hier neu. Waren sie alle Juden, so werden sie nun über die Grenzen ihres Volkes zu den Nationen gesandt (Apg. 1,8). Durch das Pfingstereignis findet der Jüngerkreis seine globale messianische Identität.[554]

Der Geist ist es, der geistliches Leben schafft und Menschen in den „Leib Christi", die neue Struktur des Volkes Gottes auf Erden einbaut (1Kor. 12,13). Was Jesus Christus verkörpert und gelehrt hat, das wird jetzt unter den Menschen dieser Welt zur gelebten Wirklichkeit. Durch den Geist wird die Gemeinschaft der Nachfolger Christi zum Lobpreisteam seiner Herrlichkeit (Eph. 1,3ff).

Der Heilige Geist baut die Christusgemeinde, die „nicht dieser Welt entstammt" (Joh. 17,17ff). Sie wird als spirituelle Größe aufgebaut. Und doch hat dieses geistliche Gebilde eine konkrete soziale Gestalt. Menschen, die zum Glauben an Christus kommen, werden zum „Tempel des Heiligen Geistes" (1Kor. 6,19). Er ist es, der in ihnen wohnt. Zusammen aber bilden sie den „Tempel Gottes" (1Kor. 3,16), in dem der Geist wohnt. Dabei ist es unwesentlich, welcher Abstammung die Menschen sind. Ob Jude oder Heide, sie werden „durch den einen Geist" zu einer neuen Volkseinheit zusammengestellt (Eph. 2,18). Und diese Einheit wird als somatisch, als organisches Kollektiv begriffen.

Die Gemeinde des Geistes ist ein Organismus, ein Gebäude, das aus lebendigen Steinen besteht. Sie ist der Leib Christi (1Kor. 12,13; Eph. 1,23 u.a.). Nichts an ihr kann sich daher an der Vision und dem Lebensbeispiel Jesu vorbeientwickeln. Wie er war, wie er sprach und lebte, so wird sie durch den Geist gestaltet, geführt und eingesetzt. Und wie er im Menschen Jesus seine Konkretion erfuhr, so findet sie als lokale, verortete *ekklesia* ihre soziale Gestalt. Ja sie ist universal, global, weltumfassend, aber als sichtbarer Ausdruck ist sie allem anderen voran Gemeinde vor Ort.

Jeder Mensch, der Christus sucht und findet, ist in ihr willkommen. Der Christ findet in ihr seinen Platz. Und die Platzanweisung nimmt der Geist Gottes vor, der dem einzelnen Glied Gaben gibt, die seinen Dienst bestimmen (1Kor. 12,4-6). Und da, wo die Gabe in rechter Weise in der Aufgabe ihre Verwirklichung findet, entsteht Kraft Gottes (1Kor. 12,4-6). So baut der Geist über seine begabte Gemeinde das Reich Gottes in der Welt.

Wir fassen zusammen:

a. Gemeindebau ist eine Sache des Heiligen Geistes. Wer Gemeinde will, der muss den Geist Gottes wollen. Er ist der Schöpfer der Gemeinde. Sie ist im Wesentlichen sein Werk!

b. Gemeindebau ist eine spirituelle Angelegenheit. Das bedeutet allerdings nicht, dass sie jede Gestalt vermissen lässt. Das Umgekehrte ist der Fall, wo der Geist Gottes baut, da entsteht der Bau Gottes, da wird das „Wort aufgerichtet". Die Gemeinde des Geistes hat eine konkrete soziale Gestalt.

c. Gemeindebau ist eine Sache der Verherrlichung Christi. Der Geist Gottes baut den Leib Christi in der Welt. Es geht immer nur darum, dem Wort des Christus Gestalt zu verleihen. Die Gemeinde des Geistes ist deutlich als Christusgemeinde qualifiziert.

d. Gemeindebau ist eine charismatische Angelegenheit. Der Geist baut seine Gemeinde dadurch, dass er Menschen unterschiedlich begabt und sie somit zu einer funktionalen Einheit zusammenfügt. Wer Gemeinde bauen will, der kann das nur durch bewussten Einsatz der Charismen des Geistes.

e. Gemeindebau ist umfassend, heterogen und schließt eine Sonderstellung einer Gruppe von Menschen prinzipiell aus. Da wo der Geist die Gemeinde Jesu baut, kann es kein Prinzip der homogenen Einheit geben. Vielmehr schafft er aus den Vielen ein Ganzes. Segregation, wie auch immer gedachte Selektion und Voranstellung einer oder mehrerer Gruppen von Menschen ist somit ausgeschlossen.

4.4.3 Der Geist als *dominus missii*

„Wo der Geist Gottes wirkt, geht es um das Zeugnis in der Welt, die vollmächtige Verkündigung des Evangeliums."[555] Jesus selbst macht das deutlich, als er den Jüngern aufträgt, nach seiner Himmelfahrt in Jerusalem auf die Verheißung des Heiligen Geistes zu warten. „Ihr werdet die Kraft des Heiligen Geistes empfangen und werdet meine Zeugen sein in Jerusalem und Judäa und Samarien und bis an das Ende der Welt" (Apg. 1,8). Die Gemeinde entsteht an Pfingsten, und sie entsteht als Zeugengemeinschaft. Sie ist von ihrer Geburt an gesandte Gemeinschaft.

Die Bedeutung des Heiligen Geistes für die Mission der Jünger wird auch durch die Sendung und Geistvermittlung Jesu selbst an seine Jünger unterstrichen. In Joh. 20,21f sendet der Auferstandene seine Jünger „wie der Vater mich gesandt hat". Er haucht sie an und übergibt ihnen seinen Geist. Wo immer Jünger Jesu nun sich in der Mission engagieren, wird ihr Ausweis nicht Rhetorik, sondern wie beim Apostel Paulus „Geist und Kraft sein" (1Kor. 2,4). Christen sind Diener des neuen Bundes, „nicht des Buchstabens, sondern des Geistes" (2Kor. 3,6). Und er, der Geist Gottes, ist der Herr der Gemeinde im Dienst des Reiches Gottes. Und wo der Geist ist, da ist Freiheit. (2Kor. 3,17).

Der Geist Gottes kann von der Gemeinde nur als Geist der Mission empfangen werden. Und wo er empfangen wird, da geschieht Mission. Diese Erfahrung lässt sich durchgehend im Neuen Testament nachweisen, wie Harry Boer in seiner Studie zu Mission im Neuen Testament zeigt.[556] Man kann demnach nicht eine pneumatische Ekklesiologie entwerfen, ohne die Frage der Mission anzusprechen, wie das Fee zum Beispiel tut.[557]

Was bedeutet das für eine Theologie des Gemeindebaus?

a. Gemeindebau kann nur in missionarischer Absicht erfolgen. Die Kirche des Heiligen Geistes ist eine missionarische Kirche oder sie ist keine Kirche.

b. Gemeindebau darf nicht als Selbstzweck betrieben werden. Gemeinde wird vom Geist Gottes gebaut, damit das Reich Gottes gebaut werden kann. Nicht die Kirche, sondern das Reich Gottes steht im Blick des missionarischen Geistes.

4.5 Gemeindebau als missionale Aktion des dreieinigen Gottes

Gemeindebau ist Gottes Missionswerk in der Welt. Er geschieht, weil es Gott um die Welt geht. Sie will er retten. Es geht um seine Königsherrschaft in der Welt. Nicht mehr und nicht weniger! Und Gott ist der eigentliche Missionar. In ihm finden wir Grund, Ziel, Mittel und Methoden zur Verwirklichung dieser Mission. Somit ist der Gemeindebau im Prinzip als eine missionale Angelegenheit beschrieben. So verstanden ist Gemeindebau eine extern fokussierte, auf die Welt bezogene Aktion. Die Gemeinde des dreieinigen Gottes kann nur gesellschaftsrelevant gebaut werden. Wenn nicht, so verliert sie ihre eigentliche missionarische Bestimmung und hört auf, das zu sein, was sie eigentlich sein möchte – Gemeinde Gottes.

Ist die Gemeinde aber von ihrem Wesen her missionarisch, so bedarf es einer missiologischen Begründung des gesellschaftsrelevanten Gemeindebaus. Tief im Wesen Gottes gegründet, wird die Gemeinde auf eine Welt bezogen, die ihren Blick von Gott abgewendet hat, in dieser Welt herrscht ein anderer, der sich „Fürst dieser Welt nennt" (Eph. 2,1). Eine Welt voller Widerspruch und Gefahr. Die missionarische Gemeinde muss daher ihre Beziehung zur Welt klären und sich ihrer Kraft im Kampf um die Welt bewusst werden.

5. Gemeinde für die Welt

Missiologische Grundvoraussetzungen einer Theologie des gesellschaftsrelevanten Gemeindebaus

5.1 Zur Notwendigkeit missiologischer Begründung des Gemeindebaus

Gemeindebau ist eingebettet in die *missio Dei*. Man kann Gemeinde biblisch gesehen nur missional denken. Und Gemeinde Jesu ist im Kontext missionarischer Arbeit entstanden. Man kann daher Gemeinde auch nur missional reflektieren. Beide, die Theorie des Gemeindebaus und die entsprechende Praxis, verlangen nach missiologischer Begründung.

Eine solche ist jedoch nur selten gegeben. Sogar da, wo man sich um missionalen Gemeindebau bemüht, fehlt oft eine entsprechende missiologische Grundlegung. Folgende Grundüberlegungen sollen an dieser Stelle weiterhelfen.

5.2 Gemeindeaufbau und der Auftrag

Die Untersuchung zum Wesen der Gemeinde machte deutlich: Die Gemeinde des Neuen Bundes ist ein Agent der Mission Gottes.[558] Keine andere Dimension der kirchlichen Existenz gehört so wesentlich zur Gemeinde wie Mission. Sie ist, um es in den Worten des Vaticanum II zu fassen, missionarisch von ihrem Wesen her. „Die christliche Gemeinde ist geboren als Mission Gottes in die Welt hinein. Sie ist apostolisch – gesandt in die Welt mit einem göttlichen Auftrag. Dieser apostolische Charakter gehört zu ihrem Wesen."[559]

In ihrem Wesen liegt die tiefste Begründung für die Gründung und den Aufbau von Gemeinden.[560] Das Wort *ekklesia* selbst bezeichnet eine Versammlung, die zum besonderen Zweck zusammengerufen wurde. In 1Petr. 2,9-10 wird diese besondere Berufung sehr deutlich: berufen zur Verkündigung der Herrlichkeit der Gnade in Jesus Christus! Diese Gnade ist allen Menschen offen (Tit. 2,11-14). Aus allen Menschen wird daher auch die *ekklesia* zusammengerufen (Apg. 15,14).

Wie baut man eine Gemeinde, die sich grundsätzlich als Agent der Mission versteht? Wie bildet man Agenten aus? Die einfache Antwort ist: Agenten werden vom Auftrag her geprägt. Was immer sie sind und können, muss sich den Zielen ihrer Mission unterordnen. Gemeindebau muss sich so gesehen den Zielen der Mission beugen. Aber was sind Ziele einer Mission, die sich als *missio Dei*, als Heilsabsicht Gottes versteht?

Die missiologische Diskussion über die Ziele der Mission ist nicht neu. Über lange Zeiträume wurde sie von den Vorstellungen des holländischen Theologen Giesbertus Voetus bestimmt. Dieser postulierte drei aufeinanderfolgende Ziele der Mission:

- Bekehrung der Heiden,
- Gründung von Gemeinden,
- Verherrlichung Gottes und Manifestation seiner göttlichen Gnade.[561]

Das dreifache Ziel der Mission, wie Voetus es formuliert, mündet in der Verherrlichung Gottes. Hier soll Gott zu seinem Recht gebracht werden. Man kann Voetus abspüren, dass es ihm um das Reich Gottes geht. Die Zielgerade ist also ganz im Sinne der *missio Dei* formuliert worden. Doch die Zwischenziele zeugen von erstaunlicher Einseitigkeit. Gott soll verherrlicht werden, indem Heiden bekehrt und Gemeinden gebaut werden. Lässt sich darin die Königsherrschaft Gottes erschöpfend festmachen? Wie wir oben gesehen haben – nein!

So wichtig wie die Bekehrung der Menschen zu Gott und der Bau von Gemeinden Jesu ist – als alleinige Ziele auf dem Weg zum Reich Gottes vermögen sie nicht zu dienen. Es sei denn, dass man sowohl die Bekehrung der Heiden als auch den Gemeindebau ganzheitlich fasst. Tut man es nicht, so bleiben viel zu viele Themen der „verkündigenden Existenz" Jesu unberücksichtigt. Und die Gefahr, dass das Evangelium nur noch als verbales Konstrukt weitergegeben wird, ist nicht zu unterschätzen.[562]

Was gesucht wird, ist ein ganzheitliches Modell, das die Liebe Gottes zur Welt und seine Heilsbemühung weltumfassend formuliert.[563] Ein solches Konzept kann nur im Rahmen der Theologie des Reiches Gottes gedacht werden. Gottes Programm in dieser Welt ist nicht Kirchengründung, sondern der Aufbau der Königsherrschaft. Es geht allem anderen voran um Gottes Reich. Die Jünger Jesu sind aufgerufen, „sich zuerst des Reiches Gottes anzunehmen" (Joh. 6,33). Arthur F. Glasser zeigt in seiner Monografie zur Korrelation zwischen der Mission und dem Reich Gottes in der Bibel, dass die Idee der Ankündigung des Reiches Gottes die ganze Schrift durchzieht.[564]

Die Gemeinde ist berufen, an diesem Programm teilzunehmen. „Die Beziehung der Kirche zum Reich ist von allergrößter Bedeutung ..., wenn es darum geht, den Platz der Kirche im Programm Gottes zu finden."[565] Warum? Nun, der Auftrag der Gemeinde kann nicht anders als die „Verlängerung des Dienstes Jesu"[566] gesehen werden. Und seine Mission steht ganz und gar im Dienste des Reiches Gottes.[567] Jesus gibt sich für die Versöhnung der Welt hin, er dient den Menschen, er hat mit ihnen Gemeinschaft, und zwar sogar da, wo man ihn dafür beschimpft, dass er mit Sündern und Zöllner verkehrt, und er verherrlicht seinen Vater im Himmel. Seine Mission kann in vier Begriffen zusammengefasst werden:

- *martyria* oder Zeugnis,
- *diakonia* oder Dienst,
- *koinonia* oder Gemeinschaft und
- *leiturgia* oder Anbetung.

Nichts anderes ist die Mission der Gemeinde.[568] Von Hase hat recht, wenn er schreibt: "*Martyria, leiturgia und diakonia* sind die Dienste der Kirche, weil sie den Dienst ihres Herrn für die Welt ausmachen."[569] Dieser dreifache Dienst ist unbedingt durch *koinonia*, den Dienst der Gemeinschaft zu ergänzen.[570]

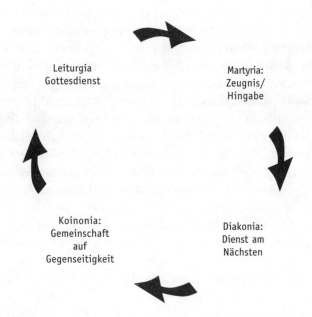

Der missionarische Auftrag der Gemeinde

Die Gemeinde Jesu ist eine „kingdom focused church"[571]. Das hat deutliche Konsequenzen für eine Theologie des Gemeindebaus.

5.2.1 Die kerygmatische Dimension des Auftrags

Gemeindebau gibt es seit Pfingsten. Erst das Kommen des Heiligen Geistes setzte die Jünger in Bewegung. Und das entscheidende Merkmal dieser Bewegung ist das *Zeugnis* (Apg. 1,8). Zeugnis ist die Weitergabe der Guten Nachricht von der persönlich erfahrenen Erlösung in Christus Jesus. Durch das Zeugnis wird Jesus Christus als Herr der Geschichte bezeugt und bekannt.[572] Durch das Zeugnis wird die Welt gewahr, wer Christus ist. Das Zeugnis hat daher immer kerygmatischen Charakter. Im Zeugnis findet Verkündigung statt.

Es wäre allerdings falsch, wenn man *Zeugnis* mit einer rein verbalen Verkündigung verwechselt. Das moderne Wort *Zeugnis* neigt dazu, einen solchen verbalistischen Zug zu unterstützen. Allerdings meint das griechische Wort *martyria* etwas völlig anderes. Ein *martys* = (Zeuge) ist eine Person, die bereit ist, für die Sache, für die sie einsteht, zu sterben. Das Wort indiziert totale Hingabe.[573] Hierher stammt auch unser deutscher Ausdruck *Märtyrer*. Der *martys* ist demnach ein total an die Sache hingegebener Mensch. Alles an ihm legt Zeugnis ab. Sein Wesen ist Zeugnis. Jesus verheißt seinen Jüngern, dass sie nach der Taufe mit dem Heiligen Geist *seine Zeugen sein werden* (Apg. 1,8). Es geht also nicht um zeugnishaftes Reden allein. Gemeint ist die ganze Existenz der Jünger als Zeugnis. So gesehen schließt die kerygmatische Dimension des Auftrags der Gemeinde alle Lebensbereiche als Verkündigung ein. Verkündigung ist hier ganzheitlich gemeint. Es ist eine Verkündigung in Wort und Tat, im Leben und im Reden!

Eine zeugnishaft lebende Gemeinde wird also nicht umhinkönnen, ihr Leben so zu organisieren, dass es das Evangelium verkündigt! Eine proklamationslose Gemeinde kann es im Sinne des Neuen Testaments nicht geben! Freilich wird eine solche Gemeinde weise handeln müssen und gut beraten sein, deutlich zu erwägen, wann und wo sie redet und wann und wo sie vorlebt. Aber eine „mundstille" Gemeinde, die den Anspruch stellt, die Welt verändern zu wollen, kann es nicht geben. Um das Bild aus dem Täufertum aufzunehmen: Christen können nie die „Stillen im Lande" sein!

5.2.2 Die diakonische Dimension des Auftrags

Gemeindeaufbau folgt dem Vorbild Jesu. Und Jesus definiert seine Mission zunächst als Dienst. Er ist der *diakonos* Gottes in der Welt, der gekommen ist, um zu dienen und sein Leben zu geben für viele (Mt. 20,28). Hierfür nahm er die Knechtsgestalt an (Phil. 2,7). Und wie er, so soll auch seine Gemeinde gesinnt sein (Phil. 2,5). Er sendet sie, wie der Vater ihn gesandt hat (Joh. 20,21).

Die Durchsicht der neutestamentlichen Texte zur Gemeinde zeigte deutlich, wie wichtig der diakonische Auftrag der Urgemeinde war. Er ist in allen von uns untersuchten Texten an prominenter Stelle verzeichnet und scheint von der Urgemeinde und den Aposteln als wesensmäßig zu dem, was Gemeinde ist, dazuzugehören. Konsequenterweise formuliert Hans Christoph von Hase: „,Lebens- und Wesensäußerung der Kirche' ist dieser persönliche, liebevoll-barmherzige, rettende und heilende Dienst am Nächsten, weil er Kennzeichen des Dienstes Jesu Christi selbst ist."[574] Oder wie David J. Bosch es ausdrückt „Diakonie beschreibt die Gemeinde, die Grenzen überschreitet durch den Dienst."[575]

Dabei lässt sich Diakonie nicht nur auf Dienst an Menschen mit körperlichen Nöten begrenzen. „Gutes tun" ist im Neuen Testament ein umfassender Begriff, und es ist Bosch beizupflichten, dass christliche Diakonie jedes gute Werk sowohl an Individuen als auch an der Gesellschaft miteinzuschließen hat.[576]

Gemeinde, wie Jesus sie will, ist eine dienende Gemeinde. Sie geht nicht an den Nöten der Welt unbeteiligt vorbei. Vielmehr begreift sie ihren Dienst in diesen Nöten als Chance, den Menschen Gutes zu tun, damit sie ihren Vater im Himmel preisen (Mt. 5,15ff). Eine solche Gemeinde wird nicht auch und unter anderem einmal sozial aktiv. Nein, sie begreift ihre Existenz in der Lebenswelt der Menschen als Dienst. In Worten von Dietrich Bonhoeffer:

„Die Kirche ist nur Kirche, wenn sie für andere da ist. ... Sie muss an den weltlichen Aufgaben des Gemeinschaftslebens teilnehmen, nicht herrschend, sondern helfend und dienend. Sie muss den Menschen aller Berufe sagen, was ein Leben mit Christus ist, was es heißt ‚für andere da zu sein'."[577]

Die Gemeinde kann niemals ihren sozialen, dienenden, diakonischen Auftrag abgeben, an niemanden: weder an den Staat noch an sonstige Wohltat-Organisationen. „Die dienende Gemeinde lässt sich nicht vertreten."[578] Von Hase bringt diesen Gedanken auf den Punkt, wenn er schreibt: „Nicht eine Versammlung von Musterknaben ist der Beweis für die hereinbrechende Herrschaft Gottes, sondern die Kraft der Gemeinde, den Armen, den Kranken, den Arbeitsunfähigen oder -unwilligen, den Schwierigen, Unsympathischen, ja Widerlichen, den Verwahrlosten und Gefährlichen in ihrer Mitte aufzunehmen und zu integrieren."[579]

Diakonischer Dienst, der so weit gefasst ist, der gesamtgesellschaftlich angelegt ist, hat einen klaren politischen Auftrag. Wer so dient, der will verändern. Wer so dient, dem geht es um mehr als nur darum, einmal in Ruhe gelassen zu werden, damit man die lieb gewordene und dogmatisch als richtig geglaubte Frömmigkeit ohne Störung leben kann. Diakonie nimmt den „Stillen im Lande" die Ruhe.

Es geht auch um mehr als um gesellschaftliche Anerkennung und Akzeptanz. Eine dienende Gemeinde kann niemals eine angepasste Gemeinde sein. Sie orientiert ihren Dienst nicht daran, was Lob und Anerkennung bringt, sondern daran, wo „der Schuh in der Gesellschaft wirklich drückt". Sie nimmt sich nicht der Themen der Mächtigen, sondern der Armen, der ungerecht Behandelten, der Witwen und Waisen an. Daran wird Gott sie eines Tages vor dem Völkergericht messen (Mt. 25,31ff). Diakonie lässt die Gemeinde zur Kontrastgesellschaft werden.

In der Diakonie geht es um Transformation des sozio-kulturellen Raumes. Und in diesem Sinne um das Jüngermachen des Volkes (Mt. 28,18ff). Hier wird gedient, um zu überzeugen. Der Dienst leuchtet wie das Licht auf dem Berg. Der Dienst reichert den Volksboden mit Mineralien an wie das Salz die Erde. Verliert das Salz seine Kraft, reichert es die Erde nicht mehr an, so ist es zu nichts nutze. Es wird herausgeworfen und die Menschen trampeln auf ihm herum (Mt. 5,14ff).

Spätestens hier wird deutlich, wie wenig man den kerygmatischen vom diakonischen Auftrag trennen kann. Wort und Tat gehören zusammen. Verkündigung ist ein ganzheitliches Geschehen, und es lässt sich keine Verkündigung denken, die nicht zugleich am Dienst festgemacht wird. Und der Dienst ist ein transformatives Geschehen. Er ist immer selbstlos, aber nie zwecklos!

In der Erklärung „Pattaya II – Erklärung des Lausanner Forums 2004"[580] heißt es wegweisend für evangelikale Christen:

Wir erkennen an, dass wir immer wieder neu Umkehr und Umwandlung brauchen. Wir müssen uns immer weiter öffnen für die Führung durch den Heiligen Geist und für die Herausforderung durch Gottes Wort. Es ist nötig, dass wir zusammen mit anderen Christen in Christus wachsen. All dies soll in einer Weise geschehen, die zu sozialer und wirtschaftlicher (gesellschaftlicher) Veränderung führt. Wir erkennen an, dass die Breite des Evangeliums und der Bau des Reiches Gottes Leib und Seele sowie Verstand und Geist brauchen. Deshalb rufen wir zu einer zunehmenden Verbindung von Dienst an der Gesellschaft und Verkündigung des Evangeliums auf.[581]

5.2.3 Die koinonitische Dimension des Auftrags

Die Gemeinde Jesu ist eine Versammlung. Sie ist herausgerufen aus der Welt, um Verantwortung für die Welt zu übernehmen. Und sie tut es in Gemeinschaft. Deutlich unterstreichen die Autoren des Neuen Testaments den gemeinschaftlichen Charakter der Gemeinde. Von den Anfängen der Gemeinde in Jerusalem an (Apg. 2,42f) finden Menschen in ihr zu einem gegenseitig befruchtenden Miteinander. Lukas nennt diese Gemeinschaft *koinonia*, was so viel wie „Gemeinschaft auf Gegenseitigkeit" meint.[582] Es ist ein dialogisches Miteinander. Da braucht der eine den/die anderen, weil die andere die/den einen brauchen. Jeder ist hier begabt, jeder hat einen Beitrag, der wertvoll ist, und jeder kann zum allgemeinen Nutzen beitragen (1Kor. 12,4-6).

Der koinonitische Charakter der Gemeinde findet gerade in der Verantwortung für die Welt ihren besonderen Ausdruck. Die *ekklesia* lebt ihre dialogische Existenz im Angesicht ihrer Verantwortung für die Welt. Und so wie sie nach innen lebt, erscheint sie auch nach außen. Die Gemeinde hat einen dialogischen Auftrag. Gott bietet sie der Welt als ein Mustergespräch bzw. als eine Muster-Beziehung an. An ihr kann die Welt gemeinsames Leben lernen. Die Gemeinde ist Gottes soziales Kompetenzzentrum.

Daraus leitet sich die Forderung nach sozialer Kompetenz im Gemeindebau ab. Verkürzt kann man mit Manfred Beutel[583] sagen, dass „mit sozialer Kompetenz die Fähigkeit gemeint ist, zwischenmenschliche Beziehungen so weit wie möglich zur Zufriedenheit der Beteiligten zu gestalten". Soziale Kompetenz ist auf gegenseitiges Vertrauen und damit Verständnis aus. Menschen, die unfähig sind, anderen Menschen mit Respekt und entsprechender Würde zu begegnen, werden sich auch unfähig erweisen, Gemeinde Jesu effektiv zu bauen. Sozialkompetente Menschen dagegen wissen sich selbst recht einzuschätzen und vermitteln ihren Mitmenschen den Eindruck, diese zu schätzen. Soziale Kompetenz ist ein Ausdruck der dialogischen Kultur, die Gott von seiner Gemeinde erwartet.

Das Neue Testament legt großen Wert auf den „rechten Umgang" der Menschen miteinander. So wird beispielsweise von den Leitern der christlichen

Gemeinden ein Höchstmaß an sozialer Kompetenz und Integrität verlangt. Die Qualifikationskataloge für leitende Mitarbeiter in 1Tim. 3 und Titus sehen unter anderem folgende Tugenden für diese Mitarbeiter vor: Die Leiter sollen ohne Tadel sein, nüchtern, maßvoll, bescheiden, würdevoll, gastfreundlich, kommunikationsfreundlich, suchtfrei, gütig, nicht geldgierig, vorbildlich in Ehe und Familie, fürsorgerlich, beliebt bei Außenstehenden, ehrbar und eindeutig. Sie sollen durch ihren Lebenswandel „dem Geheimnis des Glaubens Ehre machen" (1Tim. 3,9). Es fällt auf, dass die Tugendliste bewusst das Verhältnis zu den Menschen außerhalb der Gemeindebeziehungen einschließt.

Gemeindebau muss den dialogischen Charakter des Auftrags berücksichtigen. Die Gemeinde ist nicht da, um besserwisserisch die Welt zu belehren, sondern sie führt das Gespräch mit dem Ziel, die beste, göttliche Lösung zu finden und zu leben. Nirgendwo wird die Welt ein besseres, gerechteres, demokratischeres Miteinander der Menschen finden als in der Gemeinde des Christus. Sie ist das Kriterium der „Gerechtigkeit, die vor Gott gilt" (2Kor. 5,21). Sie wirft demnach nicht mit Imperativen um sich, sondern sucht den Dialog, auch mit Menschen außerhalb der Gemeinde, in der Welt, auf jeder Ebene des menschlichen Daseins.

Kein geringerer als Jesus selbst lebt ihr diese dialogische Existenz vor. Denken wir da z.B. an seine Begegnung mit der Samariterin (Joh. 4,1ff). Wie keine andere Frau ist sie gefallen. Wie keine andere Frau ist sie gesellschaftsunfähig. Nicht einmal Wasser kann sie mehr in der Gemeinschaft der anderen Frauen holen. Ausgegrenzt und abgestempelt. Mit fünf Männern war sie verheiratet und immer noch ist sie nicht fest gebunden. Sollte man einer solchen Frau nicht Befehle erteilen? Jesus tut es jedenfalls nicht. Stattdessen sucht er in dieser Frau einen positiven Zug, einen Rest Würde. Er will bei der Würde und nicht bei der Sünde ansetzen. Und Jesus wird schließlich fündig. Demütig bittet er sie, ihm Wasser zu geben. Daraus folgt ein Gespräch. Ein religiöser Dialog. Und aus dem Dialog geht eine überzeugte Nachfolgerin hervor.

Die koinonitische Dimension des Auftrags macht die dialogische Existenz der Gemeinde zu einem deutlichen Imperativ. Man wird Gemeinde nur im Gespräch mit der Gesellschaft bauen können, wenn man dialogisch denkt. Erst wo man das zuweilen schwierige Miteinander mit den Menschen in der Welt sucht, wird Transformation möglich. Mette hat recht, wenn er im Bezug auf die praktische Theologie formuliert:

> „Die praktische Theologie bliebe abstrakt, wenn sie nicht auf die gesellschaftliche Unterdrückung von Freiheit und die Zerstörung möglicher Identitäten von Subjekten aufmerksam wäre ... Erst im Kontext einer Gesellschaftstheorie ist sie auch in der Lage, die die jeweilige Realität überbietende Kraft des christlichen Glaubens überzeugend unter Beweis zu stellen."[584]

Freilich ist die Forderung nach dem dialogischen Verständnis des Missionsauftrags umstritten. Dialog wird als offenes Fenster in eine wesensmäßig veränderte Kirche gesehen, als Instrument synkretistischer Theologie, die nicht mehr am Wort Gottes, sondern am Zeitgeist orientiert ist. Wo Dialog gefordert, ja sogar praktiziert wird, da bestimmt Pluralismus die Tagesordnung, und die Einzigartigkeit Jesu Christi wird infrage gestellt. Vieles an dieser Kritik ist richtig. Zu auffällig und durchsichtig sind entsprechende Programme im Bereich der Ökumene. Zu oft hat man Dialog gesagt und Religionsvermischung gemeint.

Doch aller Kritik zum Trotz – Fragen dürfen nicht verboten sein. Ist denn Dialog tatsächlich die Wurzel allen Übels? Muss man denn automatisch pluralistisch werden, wenn man den Dialog propagiert? Gibt man die Einzigartigkeit Jesu auf, wenn man das Gespräch mit dem Andersdenkenden oder Andersglaubenden sucht?

Sicher nicht. Dialog will Gespräch. Nicht mehr und nicht weniger. Jesus setzt bei der Würde des Gesprächspartners an, egal, woher dieser kommt. Er geht davon aus, dass Gott der Herr der Geschichte ist und die Korruption der Welt durch Satan keineswegs seinen Sieg über die Welt darstellt. Nein, Gott ist immer noch Gott, auch da wo der Satan im Leben der Menschen seine Triumphe feiert. Und das gilt für das Leben aller Menschen, aller Kulturen, aller Gesellschaften. Das zu negieren würde bedeuten, die Allmacht Gottes infrage zu stellen. Gott ist und bleibt Herr der Geschichte. Er kann sich das Gespräch auch mit der von ihm abgefallenen Welt leisten. Mehr noch, er leistet sich dieses Gespräch, weil er die Welt liebt.

Die Frage nach dem Dialog ist daher nicht irgendeine Frage unter anderen. Es ist eine Frage nach dem Wesen dessen, wie der liebende Gott mit seiner Schöpfung kommuniziert. Eine missionarische Gemeinde, die ihre Motivation aus der Liebe Gottes zur Welt bezieht, wird immer eine dialogische Gemeinde sein. Sie wird das Gespräch mit der Welt suchen, weil sie nur im Gespräch sich selbst verständlich machen kann.

Dabei darf Dialog nicht als rein verbales Geschehen missverstanden werden. Die dialogische Existenz der Gemeinde schließt alle Ebenen der Kommunikation ein. Es geht um einen Lebens-Austausch, um ein koinonitisches Miteinander, das den anderen in seiner Würde ernst nimmt, ohne jedoch die Augen vor seinen Schwächen und Sünden zu verschließen.

5.2.4 Die liturgische Dimension des Auftrags

Die Gemeinde Jesu ist geschaffen zum „Lobpreis seiner Herrlichkeit" (Eph. 1,3ff). John Piper schreibt: „Mission ist nicht das ultimative Ziel der Mission. Anbetung ist es. Mission existiert, weil Anbetung nicht vorhanden ist. Anbetung ist das ultimative Ziel, nicht Mission, weil es am Ende um Gott geht, nicht um Menschen."[585] Die Gemeinde ist berufen, Gott zu verherrlichen. In und durch sie stellt sich Gott selbst der Welt dar. Sie ist das Haus, in dem Menschen

Gott finden können. Sie ist das priesterliche Königtum, das die Menschen zu Gott geleitet. Wo Gemeinde Jesu Gemeinde ist, da wird Gott geehrt und gepriesen. Sie bietet den Menschen den Raum für Anbetung und Gottesdienst an. Damit ist die liturgische Dimension ihres Auftrags recht gut beschrieben. Wer Gemeinde bauen will, der wird eine gottesdienstliche Gemeinde bauen müssen. Da wo in der Kirche der Raum für den Gottesdienst fehlt, hört die Kirche auf, Gemeinde Jesu zu sein. Die in die Welt gesandte Botschafterin an Christi statt ist „Gottes Tempel", in dem Menschen dem lebendigen Gott ihre Ehre erweisen.

Doch eine Kirche, die zunächst einmal der Welt Räume zum Gottesdienst bieten soll, steht vor enormen Herausforderungen. Sie kann unmöglich zur Anbetung geleiten, ohne diese Anbetung mit Sinn zu versehen. Der Gottesdienst ist zunächst und vor allem ein Gottesdienst im Namen Gottes und nicht „im Namen der Welt".[586] Da wo man Gott in „Kauderwelsch" anbeten will, verliert die Anbetung jeden Sinn. Man kann demnach kaum Gott in einer lateinischen Messe dienen, wenn man selbst kein Latein versteht. Es macht wenig Sinn, Gottes Größe in Altslawisch zu besingen, wenn man keinen Zugang zu dieser Sprache mehr hat. Anbetung ist der Ausdruck des menschlichen Wesens. Es schließt das Herz ein, aber das Herz ohne Verstand vermag den Geist des Menschen nicht zu befriedigen. Paulus weist deutlich auf dieses Problem hin, indem er die Gemeinde in Korinth vor einem gedankenlosen Gebrauch der Zungenrede im Gottesdienst warnt (1Kor.14,1ff). Gemeinde, die Gott vor der Welt ehren will, muss es in Begriffen tun, die der Welt verständlich sind. Sie wird eine Sprache und Ausdrucksformen finden müssen, die dem Juden jüdisch und dem Griechen griechisch vorkommen. Sonst kann sie die Menschen nicht gewinnen, Gott, ihrem Schöpfer, Ehre zu geben. Was hat es für einen Sinn, einem Tauben beispielsweise die besten Evangeliumslieder vorzusingen? Was hat es für einen Sinn, einem Blinden die schönsten Ikonen der Welt zu präsentieren, wenn er nichts sieht? Was hat es für einen Sinn, in einer Kultur, die von klassischer Musik geprägt ist, Rock-Rhythmen zu bemühen? Die Gemeinde Jesu muss kulturangepasste Formen für ihre Liturgie suchen und finden, wenn sie Gottes Ehre in der Welt mehren will.

Die liturgische Dimension des Auftrags umfasst aber nicht nur die verbalen und gottesdienstlichen Formen der Ehrerbietung. Jesus verlangt von seinen Jüngern ein Leben, das wie ein Licht vor den Menschen leuchtet und diese „die guten Werke sehen und euren Vater im Himmel preisen" (Mt. 5,16). Gottesdienst, wie Paulus ihn sieht, ist eine Frage der Hingabe des Leibes an das Werk des Herrn. In Röm. 12,1 schreibt er: „Ich ermahne euch nun, ihr Brüder, angesichts der Barmherzigkeit Gottes, dass ihr eure Leiber darbringt als ein lebendiges, heiliges, Gott wohlgefälliges Opfer. Das sei euer vernünftiger Gottesdienst!" Osborne kommentiert diesen Text mit dem Satz: „Das meint, dass unser ganzes Leben als Gottesdienst begriffen werden muss. Jeder Augenblick unseres Lebens wird so zum Akt des Dienstes an Gott und der Verherrlichung Gottes."[587]

Kirchen sind liturgische Gemeinschaften. Ob allerdings die jeweilige Liturgie missional verstanden und missional geeignet ist, ist eine andere Frage. Gemeindebau, der sich darum bemüht, Gemeinde im Sinne Gottes zu bauen, wird sich dieser Herausforderung stellen.

5.2.5 Die politische Dimension des Auftrags

Gemeinde in der Welt, die sich anschickt, die Geschicke der Welt wesentlich zu bestimmen, ist „politisch, ob sie will oder nicht"[588]. Das liegt in der Natur des Auftrags. Wie sollte sie in der Welt gerechte Strukturen leben und fördern und sich aus den Debatten über die soziale Ungerechtigkeit heraushalten? Wie sollte sie sich als Botschafterin der Versöhnung verstehen und in Fragen des Unfriedens und der Unversöhnlichkeit schweigen wollen? Wie soll sie Völker zu Jüngern machen, aber diesen Völkern nichts über das sozio-politische Miteinander sagen wollen? Auch wenn sie das täte und still wäre – ihre Andersartigkeit wird sie politisch verraten. Licht kann in der Dunkelheit kaum übersehen werden. Die Gemeinde ist berufen, Licht der Welt zu sein. Fritz Schwarz formuliert richtig, wenn er schreibt: „Eine christliche Gemeinschaft hat sich niemals zu fragen, ob sie politisch orientiert sein will oder nicht. Sie kann sich lediglich fragen, wie sie ihr politisches Mandat – das sie unter allen Umständen hat – am besten ausfüllen kann."[589] Ein totaler Rückzug aus diesem Mandat ist unmöglich.

Freilich ist politische Inaktivität eine Möglichkeit. Man ist anders, aber man redet nicht darüber, man tut Gutes, aber möglichst nur an den Mitgliedern der eigenen Gruppe, man pflegt eine andere soziale Kultur, aber man öffnet diese nicht für Andersglaubende, man lobt Gott, aber ohne dass man auch die anderen dazu einlädt. Man kann sich so der Welt entziehen. Hat man sich damit auch der Verantwortung entzogen? Wohl kaum. Eine solche apolitische Haltung ist im höchsten Maße politisch, weil sie die Welt sich selbst überlässt. Natürlich wäre das Ungehorsam Gott gegenüber. Natürlich würde das zu einem total unerwünschten Ergebnis am Tage des Gerichts führen. Man kann die Hungrigen, Durstigen, Verletzten und Gefangenen dieser Welt nicht sich selbst überlassen, ohne dass man hierfür die Rechnung am Tag des Gerichts bekommt. Gott wird von uns Rechenschaft verlangen (Mt. 25,1ff). Sein Mandat bleibt also bestehen. Sein Auftrag wird nicht infrage gestellt.

5.2.6 Und der Missionsbefehl?

Die *missio Dei* setzt die Parameter für den missionarischen Auftrag der Gemeinde. Was ist aber mit dem Missionsbefehl Jesu, so zum Beispiel in Mt. 28,19ff? In der Geschichte der christlichen Mission hat der Gehorsam gegenüber dem Missionsbefehl eine enorme motivatorische Rolle gespielt. Auch in den Entwürfen zur Theologie des Gemeindebaus wird dem Missionsbefehl eine zentrale Rolle zugewiesen. Ganz im Gegensatz zum Neuen Testament, wie Harry Boer in seiner Studie zum Neuen Testament und zur Mission deutlich macht. Die Sendung der Jünger in die Mission ist nicht so sehr an den Auftrag, sondern an die Erfüllung mit dem Heiligen Geist gebunden.[590] Nicht Mt. 28,18ff, sondern Apg. 1,8 gibt den Ton an. Jesus verheißt hier: „Ihr werdet den Heiligen Geist empfangen und werdet meine Zeugen sein." Die Erfahrung des Geistes führt zur missionarischen Aktivität. Nicht der missionarische Imperativ, sondern das missionarische Wesen der vom Heiligen Geist gegründeten Gemeinde treibt die Mission an.

Das wertet allerdings die Bedeutung des Missionbefehls nicht ab. Der Missionsbefehl unterstreicht vielmehr die Verantwortung der Gemeinde für die Missionierung der Völker. Jesus sendet seine Jünger zu den Völkern. „Gehet hin und machet zu Jüngern alle Völker", sagt er (Mt. 28,19). Die Völker gilt es zu taufen und zu lehren, alles zu behalten, was er, Jesus, seine Jünger gelehrt hat. Die Völker gilt es zu Jüngern zu machen. Diese Aufgabe unterstreicht die Multidimensionalität des Auftrags, wie sie oben besprochen wurde.

5.3 Gemeinde in der Welt

Die Gemeinde ist Gottes Missions-Agent, ein Botschafter der Versöhnung. Sie hat eine klare Bestimmung. Gott baut durch sie sein Reich in der Welt. Sie ist damit eine Gemeinde für die Welt. Sie ist nicht von der Welt, sie ist niemals weltlich. Und doch ist sie in der Welt, ausgestattet mit einer enormen Verantwortung für die Welt. Wer ihre Mission verstehen will, der wird sich mit der Welt beschäftigen müssen. Mission der Gemeinde ist ohne die Existenz einer missionsbedürftigen Welt undenkbar. Wo es keine Welt gibt, da wird es auch keine Mission mehr geben müssen. Dieses einfache Wort des amerikanischen Theologen John Howard Yoder bringt die Erkenntnis auf den Punkt. Wer die Gemeinde als missionales Kollektiv bauen will, der wird sie auf dem Hintergrund der Welt oder besser noch in die Welt hinein bauen müssen. Wir brauchen somit einen neuen Blick für die Welt, wie Samuel Escobar mit Recht fordert.[591]

Freilich hat sich diese Erkenntnis in der Geschichte der Beziehung zwischen Welt und Gemeinde als höchst problematisch erwiesen. Geprägt von der Spannung zwischen Weltflucht und Gleichschaltung mit der Welt, sind hier wohl kaum Fragen aufgetaucht, die eindeutig beantwortet worden sind. Strebte die Kirche im Mittelalter ihre Gemeinschaft mit dem Staat an, so setzten sich viele Orden und Erneuerungsbewegungen deutlich von dieser Kirche ab und praktizierten einen radikalen Nonkonformismus. Die Täufer sind nur eines der vielen Beispiele.

Am Verhältnis zur Welt scheiden sich bis heute die Geister. Während die einen sie als böse, korrumpiert und unter der Herrschaft des Satans, der in der Luft herrscht (Eph. 2,1), sehen und sich mit allen Mitteln von ihr distanzieren, getreu dem Bibeltext „habt nicht lieb die Welt und was in der Welt ist" (Jak. 4,4), betonen andere die Verantwortung der Gemeinde für die Welt und weisen darauf hin, dass es die von Gott geschaffene und geliebte Welt ist (Joh. 3,16).

Und entsprechend dieser verschiedenen Vorstellungen wird dann auch die Gemeinde gebaut. Ob weltoffen, nach außen fokussiert, transformativ und dialogisch oder umgekehrt weltfremd, eskapistisch, nonkonformistisch und nach innen fokussiert – das entscheidet am Ende die Theologie, der man sich angeschlossen hat.

Wer hat recht? Wo liegt die biblische Wahrheit? Ich finde es recht hilfreich, wie Peter Beyerhaus die Frage im Bezug auf die Weltreligionen gelöst hat. Er spricht vom tripolaren Verständnis der Religionen. Danach sind drei Faktoren oder auch Dimensionen der jeweiligen Religion zu unterscheiden: die theonome, die sich in der Besorgnis Gottes um den gefallenen Menschen äußert, die anthropologische, nach der die gefallenen Menschen nach Gott suchen, und schließlich die dämonische, nach der die Menschen durch die Macht des Bösen verführt werden.[592]

Wendet man dieses Verständnis auf die Welt an sich an, so ergibt sich ein durchaus hilfreiches Konstrukt, das uns hilft, die Welt differenziert zu sehen. Sie ist in der Tat Gottes Welt und Gott, ihr Schöpfer und Erhalter, hat sie keineswegs aufgegeben. Zugleich aber ist die Welt vom Satan korrumpiert. Er ist der „Fürst dieser Welt", der in der Luft herrscht, und unter seiner Knute haben wir Menschen alle einmal gelebt (Eph. 2,1-3). Und schließlich ist die Welt von Gott selbst dem Menschen zur Herrschaft übergeben worden (Gen.1,26f). Vieles in der Welt ist seinem Genius zu verdanken.

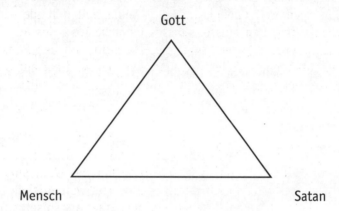

Tripolares Verständnis der Welt

Die tripolare Sicht der Welt hat entscheidende Konsequenzen für eine Theologie des Gemeindeaufbaus. Wenn Gemeinde weltadäquat gebaut werden soll und diese Welt differenziert gesehen werden muss, dann hat das Folgen.

5.3.1 Gott in der Welt – eine Einladung zur Zusammenarbeit

Gott hat die Welt geschaffen. Nichts, was geschaffen worden ist, entstammt den Gedanken Satans. Gott ist der *creator ex nihilo*. Alles, was in der Welt ist, ist, weil er es wollte und schuf. Unsere physische, psychische und geistige Welt ist sein Werk. Niemand in dieser Welt denkt, weil er es sich selbst oder jemand anders im Universum verdankt. Gott hat unser Denken ermöglicht. Niemand spricht, niemand baut, niemand arbeitet an sich. Hinter all dem steht unser Schöpfer. Sünde legt vieles in dieser Welt lahm, aber die Eckdaten der Schöpfung bleiben bestehen. Würden sie vernichtet, dann zöge der Tod in unsere Welt ein. Solange es in dieser Welt Leben gibt, wird Gottes Herrlichkeit in der Schöpfung bestehen bleiben und kann darin auch ersehen werden (Röm. 1,18).

Gott ist der Schöpfer, aber er ist auch der Erhalter. Er ist es, der seine Welt in ihren Grundfesten erhält. Er ist es, der ihre Geschicke lenkt. Wo aber Gott wirkt, da kann die Gemeinde mit Recht Partner im Bau des Reiches Gottes vermuten. Die Heilige Schrift weist eine Fülle solcher Beispiele auf. Da spielen Weltereignisse, Königreiche und ihre heidnischen Herrscher eine Rolle. Diese Menschen kennen zwar Gott nicht, dennoch tun sie seinen Willen. Selbst die Prostituierte Rahab übernahm eine entscheidende Rolle in der Verwirklichung des Willens Gottes! Und in der Tat ist vieles, was Menschen an Gutem tun, nur so zu erklären, dass es Gott ist, der es in ihnen wirkt. So werden sie zu Transformations-Agenten in der welterhaltenden und transformierenden Mission Gottes.

Extern fokussierter Gemeindebau, der sich der Mission Gottes verpflichtet weiß, wird sich immer in den Spuren des Schöpfers bewegen. Was Gott in der Welt geschaffen hat, ist *gut!* Und was Gott in der Welt schafft, ist *gut*. Nichts wäre so fatal, als dass man die Welt an sich aufgibt und sich von all dem lossagt, was *er* gewirkt hat und immer noch wirkt. Dass aber gerade das in der Geschichte der Kirche immer wieder passiert ist, davon zeugen all jene nonkonformistischen Gemeindetypen, die um der Heiligkeit willen die Welt verlassen wollen. Nur zu schnell werden Dinge, die einem fremd vorkommen, als böse und falsch abgetan. Gerade im Bereich der Kultur ist eine solche Ablehung an der Tagesordnung.

Ich finde es bezeichnend, wie der Heilige Geist seinen Apostel Petrus auf den Einsatz im Hause des römischen Hauptmanns Kornelius vorbereitete. Lukas berichtet diese Geschichte in Apg. 10,1ff. Petrus geriet im Gebet in Verzückung. Da sah er auf einmal eine Vision. Ein Tuch mit allerlei Tieren und Vögeln wurde vor ihm niedergelassen und eine Stimme befahl ihm aufzustehen und zu essen. Seine Reaktion war bezeichnend. „Keineswegs, Herr! Denn ich habe noch nie etwas Unreines gegessen." Petrus, der fromme Mann, wollte sich der Verunreinigung enthalten. Doch das hier war anders. Hier bot Gott selbst ihm Essen an. Es passte nicht in die Vorstellung des Petrus und schien sogar seiner jüdischen Tradition zu widersprechen. Und doch, Petrus hatte nicht das Recht, Gottes Angebot auszuschlagen. Die Stimme vom Himmel macht es klar: „Was Gott gereinigt hat, das halte du nicht für unrein" (10,15).

Gott wirkt in der Welt, und die Gemeindebauer tun gut daran, in seinen Spuren zu wandeln. So wie mein guter Freund Paul Negrut aus Rumänien. Seine kleine Baptistengemeinde wuchs in einem Sommer Ende der 1970er Jahre um ganze 600 Mitglieder. Schwer beeindruckt vom Gemeindewachstum, fragte ich ihn, was denn die Ursache für dieses phänomenale Wachstum sei. Seine Antwort kam prompt: „Wir sehen zu, wo der Heilige Geist schon in der Gesellschaft arbeitet, und schließen uns ihm an." Gesellschaftsrelevanter Gemeindebau lebt von der Mitarbeit der Gemeindebauer auf der Baustelle Gottes, die dieser inmitten der Welt eingerichtet hat. Sie haben vor der Welt, wenn Gott sie reinigt, keine Angst. Sie wissen, dass die „Welt nur Welt ist", wie Friedrich Gogarten es einmal treffend ausdrückte.[593] Nichts an der Welt kann zum Heil der Welt beitragen. Gott wirkt das Heil. Aber er wirkt es in der Welt und für die Welt.

5.3.2 Der Mensch in der Welt – Einladung zum Dialog

Gott übergab die Erde Adam und Eva und sagte: „Seid fruchtbar und mehret euch, füllet die Erde und herrschet über sie ..." (Gen. 1,28). Der eigentliche Herr auf dieser Erde ist der Mensch. Ihn hat Gott sich selbst zum Ebenbild gemacht (Gen. 1,26). Ihn hat er mit einem Genius ausgestattet, diese Welt zu verwalten (Ps. 8).

Die Geschichte der Menschheit beweist anschaulich, zu welchen Höhen wir Menschen fähig sind. Ob man da vor der Cheops-Pyramide in Ägypten steht, dem Eiffelturm in Paris oder vor dem neuen Airbus 380 – das Staunen wird kein Ende haben. Es ist schon gewaltig, was der Mensch alles kann. Und er kann es, weil Gott ihn dazu begabt hat. Nichts von dieser erstaunlichen Fähigkeit ist an sich böse. Wir Menschen sind Gottes Geschöpfe! Wir haben vom Schöpfer und Erhalter der Welt unser Kulturmandat erhalten.[594] Somit ist alles, was wir schaffen, auch ein Beitrag zur Verwaltung der Welt. Man darf die Menschen und ihre Geschichte nicht von vornherein schlechtreden. Menschheitsgeschichte ist auch Gottes Geschichte. Und ob der Mensch bereits an Gott glaubt und ihm gehorsam folgt oder nicht; ob er sich selbst seine Vorstellungen von Gott macht oder gar jede dieser Vorstellungen ablehnt – er bleibt, was er ist – Gottes Geschöpf.

Überdeutlich wird das in der biblischen Lehre vom Staat und seinen Ordnungen. Paulus kann dazu sagen: „Jede Obrigkeit ist von Gott ... Sie ist Gottes Dienerin zum Guten" (Röm. 13,4). Gott hat Menschen beauftragt, die Welt zu verwalten. Und dabei ist es geblieben. Er nimmt seinen Auftrag nicht zurück, auch dann nicht, wenn diese Menschen ihn nicht kennen. Wenn er es dann tut, dann ist das Maß seiner Geduld voll. So kommen und verschwinden Weltreiche. So werden Könige ein- und abgesetzt. Und Gott weiß darüber genauestens Bescheid. Er hat am Lauf dieser Geschichte einen wesentlichen Anteil.

Alles, womit wir Menschen uns heute rühmen, unsere besten Kulturgüter haben einmal im Hause des Kain begonnen. Seine Nachkommen haben die ersten Städte gebaut, die ersten Industrieanlagen hingestellt, Chöre und Orchester gegründet – mit einem Wort: Gesellschaft gestaltet (Gen. 4,17ff). Die Menschen sind Kains-Kinder. Sie leben jenseits von Eden. Ihre Sünde hat sie aus dem Paradies vertrieben. Aber Gott hat sie weder vergessen noch allein gelassen. Er ist sogar Kain treu geblieben (Gen 4,15). Er geht ihnen nach, und wo immer sie erkennen, wer er ist und was er will, da lässt er sich auch erkennen (Röm. 1,18).

Die Gemeinde muss wissen, dass sie nicht allein das Reich Gottes auf dieser Erde baut. Alle Menschen tragen dazu bei. Freilich ist die Menschheit von Gott abgefallen. Sicher gibt es auf dieser Erde niemanden mehr, der ohne Sünde lebt (Röm. 3,23). Aber sosehr dieses Urteil stimmt, sosehr bleibt die Wahrheit bestehen, dass wir Menschen trotzdem im Sinne Gottes denken, arbeiten, gestalten und verwalten können. Nur so wird Rahab zur Glaubensheldin (Hebr. 11,31) und der König Kyrus zum „auserwählten" Diener (Jes. 45,1). Gott weiß sich der Menschen zu bedienen, um seine Geschichte mit den Menschen zu machen.

Gemeindebau, soweit dieser als Aufbau des Reiches Gottes auf Erden verstanden wird, wird sich deshalb bewusst des menschlichen Genius bedienen. Nicht gegen die Menschen, sondern mit ihnen wird Gemeinde gebaut. Nicht gegen die Kultur, sondern in der Kultur. „Den Juden ein Jude und den Heiden ein Heide", so hat Paulus seine missionarische Arbeit verstanden (1Kor. 9,19ff). Und deshalb sucht er im Götterwald der Griechen nach Spuren Gottes und findet sie im unbekannten Gott. Deshalb studiert er die Poeten der Griechen und findet darin die Verehrung des wahren Gottes (Apg. 15). Und deshalb appelliert er an das römische Gesetz und erwartet von einem kaiserlichen Gericht in Rom größere Gerechtigkeit als vom Synedrium der Juden in Jerusalem (Apg. 20). Nein, der Gemeindebau-Stratege Paulus scheut die Menschen nicht. So wird der Gemeindebau zu einem Gemeinwesen-Projekt. Hier entsteht eine Gemeinde für die Menschen, sie ist ein Ort, an dem sie ihren Genius und ihre Verantwortung neu bedenken und ausleben können.

In der Praxis bedeutet das Dialog und Zusammenarbeit mit allen Menschen, die sich göttlicher Inhalte annehmen. Wer Frieden auf der Welt will, kann nur ein Gesprächspartner der Gemeinde sein, die berufen ist, den Frieden in der Welt zu stiften. Wer soziale Gerechtigkeit in der Welt will, kann nur ein willkommener Mitarbeiter am Bau des Reiches Gottes sein. Wer das Wohl des Nächsten sucht, wie sollte man ihn übersehen oder gar ablehnen, am Wohl des Nächsten mitzuarbeiten. Nein, die Kirche sollte sich weder von den humanistischen Projekten der Menschen vereinnahmen lassen, noch sollte sie sich darin auflösen. Sie ist und bleibt Gottes „Agent" der Transformation der Welt. Und doch kann, ja sollte sie alle Menschen einladen, an dem großen Werk der *missio Dei* mitzuarbeiten. Und zwar da, wo die Welt es kann und sogar oft besser kann als die Kirche selbst.

Natürlich ist dabei Weisheit angesagt. Natürlich lauern in einer solchen Zusammenarbeit Gefahren. Natürlich kann man hier Fehler machen. Aber nichts wäre ein größerer Fehler, als den Menschen die Hand der Zusammenarbeit zu verweigern. Man würde sich des Vertrauens der Menschen berauben. Und hören sie einmal auf, der Kirche zu vertrauen, so wird jede Evangelisation scheitern. Und nichts wäre eine größere Dummheit, als den Menschen in der Welt den Kampf anzusagen. Nein, unser Kampf ist nicht gegen Fleisch und Blut, sagt Paulus, sondern wir kämpfen gegen die Mächte der Finsternis, die eindeutig anderer Natur sind (Eph. 6,12ff).

5.3.3 Das Böse in der Welt – Einladung zum Kampf

Die Welt ist eine gefallene Welt. Seit dem Sündenfall leben wir Menschen jenseits von Eden. Der „Fürst dieser Welt, der in der Luft herrscht" (Eph. 2,1) hat unsere Welt und uns Menschen korrumpiert. Er beherrscht unsere Gedanken und schafft in uns unersättliche Begierden, die uns zu Kindern des Zornes verwandeln (Eph. 2,3). Sein Name ist Diabolos, Satanas, Beelzebub. Er ist der Durcheinanderbringer, das Chaos-Prinzip in dieser Welt. Was er in die Hände bekommt, das wird immer zerstört. Er ist unser Feind. Gegen ihn sind wir aufgerufen zu kämpfen (Eph. 6,12). Wo er auftritt, da werden geniale Ideen zu tödlichen Waffen, da gestaltet sich Demokratie als Ausgeburt von Machtgelüsten, da wird aus der Atomspaltung eine Atombombe, da werden Friedensbemühungen im Handumdrehen zu einem Weltkrieg. Und das gilt im Großen wie im Kleinen, in der breiten Masse der Gesellschaft wie im kleinen Kreis einer Familie. Es ist Satan, der die Welt zugrunde richtet. Er ist unser Feind und unser Widersacher (1Petr. 5,8; Off. 2,10).

Niemals kann die Gemeinde Jesu mit ihm zusammenarbeiten. Der Apostel Paulus ist da eindeutig, wenn er schreibt: „Gebt nicht Raum dem Teufel" (Eph. 4,27). Die Gemeinde ist vielmehr aufgerufen, ihm zu widerstehen (Jak. 4,7; 1Petr. 5,9), seine verführerischen Machenschaften zu entlarven (Eph. 6,11) und die von ihm Gefangenen freizulassen. Hierfür hat der Heilige Geist die Gemeinde mit außerordentlichen Gaben ausgerüstet. Sie reichen von der Gabe der „Geisterunterscheidung" (1Kor. 12,10)[595] bis zur Gabe der Dämonenaustreibung (Mt. 10; Mk. 16,17)[596].

Die Welt zu verstehen bedeutet also, sie auch als vom Bösen korrumpierte Welt zu sehen. Man kann nicht einfach Konzepte dieser gefallenen Welt blindlings übernehmen. Die Weltanschauungen, die in den entsprechenden Etagen der Welt formuliert werden, haben immer einen Mitautor, und deshalb müssen sie grundsätzlich hinterfragt werden. Da ist der Sozialismus eines Karl Marx nicht besser als die Marktwirtschaft in den westlichen Industrienationen. Paulus warnt deutlich, dass die Gemeinde sich nicht in das Denkschema der Welt einbauen lassen soll (Röm.12,2), vielmehr soll sie dieses aufdecken. Sie braucht also ein kritisches Auge für das, was die Welt denkt[597], eine begründete und gesunde Skepsis, geistliches Unterscheidungsvermögen.[598] Das Böse in dieser Welt ist bei Weitem nicht nur persönlich, es ist auch strukturell, sozial und politisch konkret zu fassen.

5.3.4 Die Welt verstehen

Gemeinde in der Welt kann man nur bauen, wenn man die Welt, in der man baut, kennt. Jesus warnt uns davor, auf Sand zu bauen (Mt. 7,24ff). Man sollte den Grund kennen, auf dem man baut, und man sollte das Material kennen, aus dem man zu bauen beabsichtigt. Man sollte die Welt verstehen, wenn man in der Welt bauen will, und das gilt erst recht, wenn man damit beabsichtigt, die Welt zu verändern. Wie sonst will ich verändern, wenn ich nicht weiß, was zu verändern ist? Die Gefahr, Dinge zu verändern, die eigentlich keiner Veränderung bedürfen, und andere unberührt zu lassen, die unbedingter Veränderung bedürfen, ist sonst zu groß. Gemeindebau kann somit nur dann adäquat vorgenommen werden, wenn man den Kontext ergründet hat. Theologie, die am Kontext vorbei formuliert wird, die den Kontext negiert und unberücksichtigt lässt, kann nur zu Vorstellungen gelangen, die weltfremd sind. Wer danach Gemeinde baut, wird Kulturtransfer im Sinne einer Kolonialisierung betreiben, und statt die Welt zu transformieren, wird diese den Menschen entfremden.

Dass diese Gefahr alles andere als hypothetisch ist, beweist die Missionsgeschichte der letzten Jahrhunderte aufs Anschaulichste. Samuel Escobar fasst zusammen: „Die Missionsarbeit des neunzehnten und ein Großteil des zwanzigsten Jahrhunderts geschah im historischen Rahmen europäischer und nordamerikanischer imperialer Expansion."[599] Westliche Missionare waren von der Superiorität ihrer Kultur und der Minderwertigkeit der jeweiligen Zielkultur dermaßen überzeugt, dass sie sich kaum Zeit nahmen zu einem detaillierten Studium des Kontextes, in dem sie arbeiteten. Vielmehr suchten sie mit allen Mitteln den Einfluss der endogenen Kultur auf die Entwicklung lokaler Gemeinden zu unterbinden.

Freilich gab es auch hier Ausnahmen. Roland Allen äußerte bereits 1912 Bedenken, ob das unsensible Vorgehen der Missionare so zu verantworten ist. Er entdeckte für sich die missionarischen Methoden des Apostels Paulus und damit eine ganz neue Sicht für die Menschen, die er in Asien für Christus zu gewinnen suchte.[600] Die dramatischen Entwicklungen nach dem Zweiten Weltkrieg (1939-1945), die zur Entkolonisierung der europäischen Kolonien führte und damit ein neues Selbstbewusstsein in der Zwei-Drittel-Welt auslösten, führten schließlich auch in der Theologie zu einer Bereitschaft, stärker auf die Rolle der Kultur bei der Auslegung des Willens Gottes für die Menschen zu achten. Die Theologen in den jungen Kirchen Asiens, Afrikas und Südamerikas waren nicht länger willens, den Primat westlicher Theologie zu akzeptieren. In den Ländern der Zwei-Drittel-Welt regte sich der Protest gegen einen missionarischen Imperialismus des Westens. Nicht den Gott der Europäer brauchen sie, sondern den Gott des Himmels.

Heute akzeptieren auch Evangelikale den notwendigen Dialog zwischen den Theologen aus unterschiedlichen Kulturen. Dyrness schreibt: „Die Zeit ist sicherlich vorbei, wo wir einfach davon ausgingen, dass die Gläubigen in der Dritten Welt fragten, während die Theologen aus dem Westen gültige Antworten auf ihre Fragen vorbereiteten. Heute wissen wir, wenn wir genau zuhören, dann werden wir merken, wie unsere eigenen Vorentscheidungen hinterfragt werden und somit das Denken geschärft wird."[601]

Wir müssen also die Welt um uns verstehen, wenn unsere Theologie Relevanz haben soll und die Gemeinde, die wir bauen, von den Menschen im Kontext verstanden und angenommen und damit ihre Lebenswelt verändert werden soll. „Missionstheologie muss die fundamentale Berufung der Gemeinde neu entdecken, die darin besteht, Menschen zu helfen, Gott in ihrem Kontext zu entdecken", schreibt Charles van Engen.[602]

Aber wie nähert man sich der Lebenswelt der Menschen? Wie analysiert man den Kontext? Wie versteht man die Welt? Die Antwort hierauf ist die Kontextanalyse.

5.3.5 Kontextanalyse – wie macht man das?

5.3.5.1 Analyse aus der Sicht der Theologie
Die Welt, in der wir leben, ist komplex. Wie nähert man sich einer solchen komplexen Wirklichkeit? Wie erforscht man sie, ohne wichtige Teile zu übersehen? Wie entdeckt man Gottes Spuren, menschliche Genialität oder dämonische Verstrickung? Eine komplexe Wirklichkeit verlangt einen entsprechenden Ansatz. Und einen solchen bietet uns die empirische Theologie.

Johannes A. van der Ven, der niederländische Theologe, den man mit Recht den Vater der zeitgenössischen empirischen Theologie nennen kann, legte mit dem Buch „Entwurf einer empirischen Theologie"[603] die wichtigsten Grundlagen für empirisches Arbeiten in der Theologie. Sein empirisch-theologischer Zyklus[604] geht davon aus, dass empirische Untersuchungen in der Theologie nur Sinn machen, wenn „die Frage von der theologischen Weise der Problem- und Zielentwicklung zur Diskussion gestellt" wird.[605] Eine rein sozialwissenschaftliche Analyse der Lebenswelt der Menschen wird notwendigerweise zu kurz greifen, vermag sie doch weder Gottes Spuren in der Welt noch die dämonische Korruption wirklich adäquat zu erfassen. Die Welt muss theologisch wahrgenommen werden, wenn man sie adäquat theologisch beurteilen soll. Wahrgenommen wird sie dagegen in konkreten Erscheinungen der Kultur.

5.3.5.2 Kultur – Summe des menschlichen Daseins
Kein anderer Begriff hat die Köpfe der gelehrten Anthropologen, Sozialwissenschaftler und Theologen im vorigen Jahrhundert mehr beschäftigt als der der Kultur. Man pries die Klärung dieses Begriffes als die größte Errungenschaft des Jahrhunderts. Und wenn man die vielfältigen Implikationen für die Wissenschaft und Gesellschaft berücksichtigt, kann man nicht umhin, die Begeisterung der Gelehrten zu teilen. Und doch verraten die mittlerweile auf über 300 Definitionen angewachsenen Begriffsbestimmungen dessen, was nun Kultur ist[606], wie schwierig das Thema ist. Was ist nun Kultur?

Traditionellerweise versteht man im deutschen Sprachgebrauch unter Kultur denjenigen Bereich des Alltags, der mit Kunst, sei es in Wort oder Bild, zu tun hat. Folgerichtig wird dann das Kulturleben eines Ortes von der lokalen Kulturbehörde und die Kultur des Landes vom jeweiligen Kultusminister verwaltet. Aber es genügt ein Blick in die Zeitung, um festzustellen, dass eine so enge Definition des Begriffes nicht genügen kann. Hier spricht man von der politischen und sozialen, materiellen und immer wieder von der Alltags-Kultur der Menschen.

In der Tat umschreibt der ursprünglich lateinische Begriff *cultura* mehr. In der Anthropologie/Ethnologie versteht man unter Kultur nicht nur ein Teilgebiet des menschlichen Lebens, sondern die Gesamtheit des Verhaltens und die Grundlage dieses Verhaltens einer jeweiligen Gesellschaft bzw. Gruppe. Edward Burnett Tylor bestimmte Kultur als „… jene komplexe Größe von Wissen, Glaube, Kunst, Moral, Gesetz, Sitte und andere Verhaltenseigenschaften und Gewohnheiten, die der Mensch sich als Mitglied der Gesellschaft aneignet". Im Gefolge Tylors haben sich die meisten heutigen Vorstellungen von Kultur entwickelt. Sie unterscheiden sich meist entsprechend dem ideologischen oder philosophischen Vorverständnis bzw. Weltanschauungsmodell des Betrachters. Ob jemand den Menschen und seine Lebenswelt aus dem Blickwinkel der angenommenen Evolution (Evolutionismus) oder eher aus seinem sozial-wirtschaftlichen Gefüge (Marxismus) oder aus seiner ethnischen Geschichte (Ethnohistorismus) zu ergründen sucht, entscheidet schlussendlich, wie Kultur definiert wird.

Jedes dieser Modelle hat seine Vor- und Nachteile. Kultur ist eine komplexe Erscheinung. Da sie sich mit den Grundlagen für das Verhalten und die zugrunde liegende Ideenwelt befasst, kann ein einzelnes Modell alle nötigen Facetten nicht befriedigend erfassen. Von daher kann nur ein ‚mehrschichtiges' Verständnis den Begriff der Kultur adäquat definieren. Sie ist, wie Louis Luzbetaks treffend formuliert, „das gesellschaftliche Design zum Leben" oder wie Lothar Käser es nannte „Strategien zur Gestaltung des menschlichen Daseins"[607]. Ein solcher Lebensplan, ein solches Design, eine solche Strategie besteht aus:

- normativen Vorstellungen von Recht und Unrecht, gut und schlecht, Sitte und Gewohnheit,
- Verhaltensregeln und
- religiösen Vorstellungen, die den Alltag der Gruppe bestimmen.

Nur im Bewusstsein der Vielschichtigkeit oder Vielseitigkeit der menschlichen Beweggründe, Handlungen und Verhältnisse kann verhindert werden, dass grobe Verzerrungen geschehen durch unangebrachte Erklärungen von kulturellen Phänomenen. Es ist gerade in diesem Zusammenhang klar, dass weltanschauliche Prämissen wie z.B. die materialistische Ansicht der Geschlossenheit des Universums und der Nichtexistenz von Geistwesen irgendwelcher Art einen entscheidenden Einfluss auch auf das Verständnis der Einflüsse auf die Kultur haben.

Was ist also Kultur?

Kultur, so wie der Begriff in diesem Buch gebraucht wird, ist „a way of life of a people"[608] oder auch „die Gesamtheit von Attitüden, Annahmen, Werten und Wertvorstellungen, Verhaltensnormen und Grundeinstellungen, die von einer Gruppe geteilt werden, die das Verhalten der Gruppenmitglieder beeinflussen und mit dessen Hilfe diese das Verhalten anderer interpretieren"[609]. Ferraro schlug vor, Kultur nach vier Grundkomponenten oder Schichten einzuteilen:[610]

Dinge, die wir haben – materielle Objekte
Dinge, die wir tun – Verhaltensmuster
Dinge, die wir denken – Ideen, Werte, Attitüden
Dinge, die wir glauben – religiöse Wahrheit

Grafisch dargestellt, ergibt sich dabei folgendes Bild.

Kulturschichten

Das gleiche Modell kann auch in konzentrischen Kreisen dargestellt werden, wie es Spencer-Oatey 1999 getan hat.[611] Am Fuße des Kulturberges oder in der äußersten Schicht liegen die materiellen Werte. Sie sind es, die einem Betrachter als Erstes ins Auge fallen. Dazu gehören auch bestimmte Verhaltensweisen und Rituale, die man sofort erkennt, weil sie an der Oberfläche liegen. So erkennt man eine islamische Frau in Deutschland sofort an ihrem äußeren Erscheinungsbild, genauso wie man einen Griechen vom Türken an der Bezeichnung ihres Anisschnapses unterscheidet. Für die Griechen ist es Ouzo, für den Türken Raki. In der Substanz handelt es sich um das gleiche Getränk.

Die nächste Kulturschicht stellen die Dinge, die wir tun, dar. Es geht um Verhaltensnormen und Muster und die dazugehörigen Institutionen und Systeme. Unter Systemen werden hier sowohl soziale, wirtschaftliche, politische als auch legislative Institutionen verstanden. So verlangt das von der Großfamilie bestimmte Verhaltenssystem unter einigen Völkern des Kaukasus vom jungen Mann, der sich in ein Mädchen verliebt hat, dass er seine Wahl von der Großfamilie bestätigen lässt. Oder das legislative System in Deutschland schreibt vor, dass man bei Rot nicht über die Straße gehen darf. Verhaltensnormen in den Kulturen werden demnach von den Institutionen und Systemen der betroffenen Kultur bestimmt. Oft erschließen sich die Systeme erst über die intensive Beobachtung des Verhaltens.

Die nächste Schicht stellen Denkstrukturen, Wertvorstellungen und Normen dar. Sie beeinflussen wesentlich die Systeme, die darunterliegen.

Im Herzen der Kultur liegt der Glaube, die Religion oder, wie es Kultur-Anthropologen ausdrücken, die Weltanschauung.

Die inneren Kreise der Kultur bestimmen, wie die äußeren gestaltet werden.

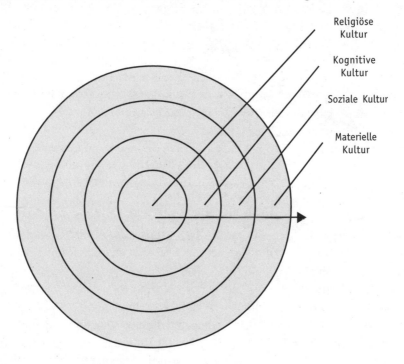

Interpendenz der Kulturebenen

Wer Kulturschichten verändern will, der wird nicht umhinkönnen, zum kulturellen Kern vorzustoßen. Geschehen kann das nur von außen nach innen. Denn so und nicht anders lernen wir Kulturen kennen. Erst bewundern wir die materiellen Errungenschaften einer Kultur, dann wundern wir uns über das soziale Geflecht, dann fangen wir an zu verstehen, wie man im gegebenen Kulturkreis denkt, und schließlich gehen uns die Augen über die Glaubensvorstellungen auf. Wir lernen Kulturen von außen nach innen kennen.

5.3.5.3 Kontextanalyse
Wir lernen den Lebenskontext der Menschen kennen, indem wir ihre Kultur studieren. Und das bedeutet, wir ergründen Dinge, die sie haben, die sie tun, denken und glauben. Wir tun das mittels sozialwissenschaftlicher Instrumente, die bewusst an theologisch-empirische Untersuchungen angepasst werden. Dabei ist darauf zu achten, dass die empirische Datenerhebung noch nicht das

analytische Ergebnis darstellen kann. Erhobene Daten müssen theologisch reflektiert werden.[612] Kulturgüter müssen der Kritik der Heiligen Schrift standhalten. Ob Strukturen, Werte, Verhaltensweisen einer Kultur Gottes Spuren in der Welt oder eher dämonische Korruption darstellen oder die Errungenschaft des menschlichen Genius widerspiegeln – das erkennt man nur aus dem direkten Vergleich des erhobenen Sachverhalts mit den Aussagen der Heiligen Schrift. Ob Bedürfnisse und Sehnsüchte der Menschen in einem Kulturraum befriedigungswert sind oder eher problematisch, darüber bildet der Theologe sich im direkten Vergleich dieser Bedürfnisse mit der Heiligen Schrift eine Meinung. Die Schrift stellt hierbei die alles normierende Norm dar. Nur so kann ein theologisch relevantes Bild von der Lage, in der sich die Welt befindet, entstehen.

5.4 Von der Kontextanalyse zur kontextuellen Theologie

Das rechte Verständnis vom Kontext ist also unabdingbar zur Schaffung einer authentischen Handlungstheorie des Gemeindebaus.[613] Michael Frost und Allan Hirsch fassen ihre theologischen Überlegungen zu einer Gemeinde der Zukunft so zusammen, dass sie die Gemeinde der Zukunft als „incarnational, messianic und apostolic" sehen.[614] Inkarnatorischer Gemeindebau ist wesentlich kontextualisierter Gemeindebau. Die Theologie, die einen solchen Gemeindebau möglich macht, muss daher eine kontextuelle Theologie sein. Was gefragt ist, ist eine Theologie, die im Kontext umgesetzt werden kann. Eine Theologie, die von den Menschen verstanden und geschätzt werden kann, die Vertrauen weckt, die Beine hat und deshalb lokal laufen lernen wird. Eine solche Tat-Theologie nennt man kontextuelle Theologie.[615]

Dabei kann es nicht einfach um die Konstruktion eines von der Kultur weitgehend dominierten theologischen Denkgebäudes gehen. Es kann nicht mehrere Gute Nachrichten geben. Gottes Offenbarung ist ganzheitlich, aber nicht schillernd. Es ist daher van Engen beizupflichten, der ein „kritisches Theologisieren" verlangt, das sowohl von der einen Gemeinde Gottes in der Schrift ausgeht, als auch unterschiedliche kontextuelle Gemeindeausprägungen kennt, das sowohl von einer biblischen Grundtheologie ausgeht, als auch lokale Umsetzung meint, das Kontextualisierung will, aber auch eine Rekontextualisierung nicht scheut.[616] Was gebaut werden soll, ist allem anderen voran Gottes Gemeinde. Es geht nicht um europäische, nordamerikanische, afrikanische oder asiatische Gemeinde, es geht vielmehr um Gottes Gemeinde in Europa, Afrika und Asien. Um nichts weniger geht es.

Richtig verstandene Kontextualisierung polarisiert nicht, sondern führt zu Authentizität.[617] Morea definiert daher richtig: „Im Herzen der Sache liegt das Anliegen, das Evangelium in den neuen Kontext zu bringen und nach geeigneten Wegen der Kommunikation zu suchen, sodass es von den Menschen im betroffenen Kontext verstanden wird. Kontextualisierung bezieht sich auf mehr als nur Theologie, sie schließt auch die Entwicklung des Gemeindelebens und ihres Dienstes selbst mit ein, sodass diese bibeltreu und kulturell adäquat zugleich sind."[618] Es erscheint daher nur richtig, die Theologie des Gemeindebaus als kontextuelle Theologie zu entwerfen.

Doch so leicht man eine solche Forderung aufstellen kann, so schwierig erweist sich das Unternehmen in der Praxis. Vielen Evangelikalen erscheint kontextuelles Arbeiten prinzipiell suspekt. Ein kurzer Überblick in die Geschichte und Methode soll daher helfen, solche Ängste abzubauen.

5.4.1 Kontextuelle Theologie – Ursprung, Motive, Fragestellungen

Kontextuelle Theologie ist außerhalb Europas entwickelt worden. Es ist ein relativ neues Vorgehen, auch wenn man sicher schon viel früher entsprechend gearbeitet hat, ohne dafür die besagte Bezeichnung gebraucht zu haben. Heute ist das Anliegen, kontext-bewusst Theologie zu betreiben, zum zentralen Problem der missiologischen Forschung geworden. Kein anderes Thema bewegt die Gemüter mehr als dieses.

Begonnen hat der Prozess in den sechziger Jahren des vorigen Jahrhunderts. Bereits 1965 brachte der Nigerianer Bolaji Idowu in seinem Buch „Towards an Indigenous Church" die wichtigsten Anliegen einer kontextbewussten Theologie zum Ausdruck. Idowu definiert die kontextuelle Theologie für Nigeria als „eine Theologie, welche geprägt ist von dem Denken und Reflektieren der Nigerianer"[619]. Eine solche Theologie, sagt Idowu, kann unmöglich von Christen formuliert werden, die gefangen sind in einer Denkstruktur, die im Ausland formuliert wurde.[620] Er verlangt daher nach der Befreiung der Theologie von fremder Dominanz. Diese Forderung wurde im Laufe der letzten Jahre immer lauter erhoben. So z.B. von Appiah-Kubi, einem anderen afrikanischen Theologen, der sagt: „Wir verlangen danach, Gott in unseren Begriffen dienen zu dürfen, ohne vorher in euro-amerikanische oder semitische Bastarde verwandelt zu werden."[621] Der evangelikale lateinamerikanische Theologe Emilio Antonio Nunez fordert eine lateinamerikanische Theologie, weil man nur so den geistlichen, sozialen und ethischen Bedürfnissen der Menschen beikommt.[622]

Die Entkolonisierung der jungen Kirchen in der Zwei-Drittel-Welt hat die Entwicklung kontextbewusster Theologien beflügelt. Seit den 1970er Jahren geht das Anliegen nicht von den Tagesordnungen der internationalen Konferenzen, vor allem im ökumenischen Raum. Im Bericht der Sektion „Kultur und Identität" der Weltmissionskonferenz in Bangkok 1973 wird das erkannte Problem wie folgt beschrieben:

„Das Problem aber lautet: Wie können wir selbst voll verantwortlich sein, wenn wir das Heil von Christus empfangen? Wie können wir mit eigener Verantwortung der Stimme Christi antworten, anstatt fremde Bekehrungsmuster nachzuahmen, die uns auferlegt wurden, die wir aber nicht wirklich angenommen haben?... Der *eine* Glaube muß in jedem Kontext heimisch werden, und doch kann er niemals ganz identisch damit sein. Daher wird es eine reiche Vielfalt sein ... Christus erwartet unsere Antwort aus unserer konkreten Situation. Viele Menschen versuchen, ihrer besonderen Antwort allgemeine Gültigkeit zu verschaffen, statt anzuerkennen, daß die Vielfalt der Antworten gerade deshalb wesentlich ist, weil jede Antwort in der Bezogenheit auf ihre konkrete Situation wichtig wird und alle einander ergänzen."[623]

Die treibende Kraft kontextuell-theologischer Arbeit ist seit 1976 die *Ecumenical Association of Third World Theologians* (EATWOT). In mehreren Veröffentlichungen forderte und entwarf man eine Theologie, die den Kontext der Menschen und den Text der Offenbarung Gottes in Beziehung zu setzen und eine Einbindung des Evangeliums in die Lebenswelt der Menschen sucht. In einer von Sergio Torres aus Chile herausgegebenen Sammlung der EATWOT-Dokumente schreibt der Herausgeber: „Die Dritte-Welt-Theologie stellt die Existenz einer universalen Theologie infrage. Eine Theologie kann nicht zugleich universal und kontextuell oder relevant für alle Menschen aller Zonen sein."[624] Damit ist einer der wichtigsten Grundsätze der kontextuellen Theologie formuliert: „Es gibt keine universale Theologie, es gibt nur kontextuelle Theologien."[625]

Dazu kommt ein zweiter Grundsatz: Eine Theologie für die konkrete Situation der Menschen, so sagt man, muss auch eine Theologie sein, die zum Handeln führt. Eine Theologie, die nur die Köpfe von Akademikern beschäftigt, wird als belanglos abgewiesen. Die dritte Generalversammlung der lateinamerikanischen römisch-katholischen Bischöfe in Pueblo/Mexiko formuliert 1979 schließlich die griffige Formel, mit der Theologie im Kontext betrieben werden soll: **Sehen – Urteilen – Handeln**. Und der Altmeister der Befreiungstheologie, Leonardo Boff, spezifiziert: Es geht um

- Analyse der Wirklichkeit,
- hermeneutische Interpretation dieser Wirklichkeit nach den Kriterien des Glaubens,
- Erarbeitung von Schwerpunkten für die Gemeindearbeit.[626]

Den Vätern der kontextuellen Theologie geht es also um eine Theologie, die aus der Praxis kommt und in die Praxis führt. Carlos Mesters hat dieses Programm in dem Buchtitel seiner Hermeneutik festgehalten: „Vom Leben zur Bibel, von der Bibel zum Leben".[627] Nicht eine Theologie, die im Denken stecken bleibt, sondern eine Tat-Theologie, die den Menschen in ihrem Alltag begegnet, wird hier verlangt. Wer aber die Praxis verändern will, der wird nicht umhinkönnen, sich zunächst mit dem Kontext der Menschen zu befassen. Damit es zu einer veränderten Praxis kommen kann, muss die Theorie in die Praxis gehen. Dort kommt es zu einer erneuerten Theorie, die wiederum zu einer veränderten Praxis führt.

Die Heilige Schrift wird somit nicht am Arbeitstisch eines Theologen, sondern im Alltag der Menschen und mit diesen Menschen gelesen. Und darin liegt der dritte wichtige Grundsatz kontextuell-theologischen Denkens verborgen: Die Bibel soll bewusst aus dem Blickwinkel und auf dem Erfahrungshorizont des jeweiligen Kontextes gelesen werden. Die dabei zu befürchtende Einseitigkeit erschreckt die kontextuellen Theologen nicht, da sie davon ausgehen, dass alle Theologie, auch die des Seminarprofessors im Westen, einseitige Theologie ist. Man sollte nur den Mut haben, den eigenen Standpunkt offenzulegen.

Und diesen Mut haben die kontextuellen Theologen. Sie gehen in den Kontext, identifizieren sich mit dem Kontext und formulieren eine Theologie für den Kontext, die die Veränderung des Lebens in diesem Kontext anstrebt. Hans Waldenfels fasst diese Vorstellungen zusammen, wenn er definiert:

„Unter kontextueller Theologie versteht man die heute notwendige Gestalt der christlichen Theologie, insofern diese angesichts eines wachsenden Bewußtseins der Vielzahl von Religionen und Weltanschauungen, Philosophien und Kulturen, politischen und gesellschaftlichen Systemen ihre Gestalt und Sprache auf das jeweilige geschichtlich-gesellschaftliche Umfeld hin finden muß."[628]

5.4.2 Die Frage nach der gültigen Wahrheit

Seit der Entstehung der kontextuellen Theologie ist eine Fülle von Veröffentlichungen erschienen. Während die einen den neuen Ansatz als revolutionär preisen[629], warnen wiederum andere vor den Gefahren einer Theologie, die potenziell synkretistische Züge trägt, weil sie bewusst einseitig auf den Kontext hin konzipiert wird.[630] Die Gefahr, dass damit die Einheit der christlichen Theologie und des Bekenntnisses verlassen wird, also ihre Katholizität aufgegeben wird, ist nicht zu übersehen. Die Forderung nach der Klärung der Frage nach der Einheit des biblischen Zeugnisses und der Katholizität der jeweiligen Theologie wird lauter. Wenn die offenbarte Wahrheit beliebig interpretiert werden kann, ist sie dann immer noch, was sie beansprucht zu sein – Gottes Offenbarung?

Die Weltmissionskonferenz in Salvador 1996, die sich das eine Evangelium in verschiedenen Kulturen zum Thema genommen hatte, formulierte:

„Jedes authentische Verständnis des Evangeliums ist sowohl kontextuell wie katholisch. Katholizität erfordert, dass verschiedene Kontexte miteinander in Gemeinschaft stehen, einander respektieren und einander in der Freiheit des Geistes herausfordern. Zusammengenommen werden Kontextualität und Katholizität zu Kennzeichen der Authentizität der lokalen wie auch der globalen Wirklichkeit der Kirche."[631]

Doch so schön diese Worte klingen, so problematisch erweisen sie sich da, wo die Annäherung an den Kontext merkwürdige Blüten produziert. Freilich kann niemand letztendlich „das letzte Wort in der Frage der rechten Interpretation der Schrift beanspruchen"[632]. Aber kann das denn bedeuten, dass die Interpretation der Bibel der Beliebigkeit des jeweiligen Interpreten ausgeliefert werden kann? Wohl nicht. Die Bejahung der Kontextualität jeder Theologie muss mit dem Bemühen um die Katholizität Hand in Hand gehen. Sicher wird dieses Bemühen nicht ohne Spannungen auskommen.[633] Bescheidenheit ist also angesagt. Robert Schreiter und mit ihm eine ganze Reihe jüngerer Missiologen sucht deshalb eine neue Katholizität, die er als sich zunehmend plural ausdifferenzierende Christenheit begreift, die doch in interkultureller Kommunikation miteinander verbunden bleibt.[634] Schon länger fordern die Anhänger der kontextuellen Theologien eine polyzentrische Kirche, eine Katholizität, die mehr als ein Zentrum zulässt.

So verständlich, wie diese Forderung angesichts der traditionellen euro-amerikanisch theologischen Dominanz ist, so gefährlich erweist sie sich. Das Christentum kann niemals mehrere Zentren haben. Es ist in der Person Jesu Christi begründet. Er und nur er allein ist ihr Zentrum. Und das Christentum verdankt seine Denkweise dem Text der Bibel. Hier entdeckt es mit Recht die einzige Quelle für ein gottwohlgefälliges Leben (2Tim. 3,16). Wer an Jesus als Zentrum des christlichen Glaubens rüttelt, der verlässt die Grundlage des christlichen Glaubens. Und wer an der letztendlich gültigen Wahrheit der Offenbarung rüttelt, der rüttelt an mehr als nur an einer konservativen hermeneutischen Position, der rüttelt an den Grundfesten des christlichen Glaubens selber. Kontextuelles Arbeiten hat also seine Grenzen. Wohin ein grenzenloses Kontextualisieren führt, kann an der Theologie der Deutschen Christen oder auch an der Theologie der Apartheid in Südafrika studiert werden.

Die Anerkennung der Grenzen der Pluralität in der christlichen Theologie allein vermag noch nicht zu überzeugen. Die Grenzen liegen nicht da, wo „menschliche Gemeinschaft zerstört wird"[635]. Sie liegen da, wo das Bekenntnis zu Christus als Herr der Gemeinde und zur Heiligen Schrift als die normierende Norm des christlichen Glaubens verlassen wird. Die Forderung nach kontextuell-theologischer Arbeit muss daher mit der Forderung nach der Begründung der Theologie im Text der Heiligen Schrift Hand in Hand gehen.

5.4.3 Kontextualisierung – ein Imperativ

Kontextuelle Theologie will Theologie im Kontext betreiben. Traditionellerweise herrschte die Ansicht vor, dass theologische Entwürfe universal gültig seien. In der kontextuellen Theologie hat man sich von einer solchen Vorstellung verabschiedet. Der Begriff *Kontextualisierung* wurde durch eine Veröffentlichung des *Theological Education Fund* (TEF) im Jahr 1972 ins theologische Vokabular eingeführt bzw. populär gemacht.[636] Obwohl der Begriff nicht auf einhellige Zustimmung traf[637], scheint er sich aber doch generell durchgesetzt zu haben. Andere in der Missiologie gebräuchliche Termini wie Akkulturation, Indigenisation, Inkarnation des Evangeliums, Akkomodation, Inkulturation werden aber auch immer noch benutzt. Getragen wird der Begriff von der generellen Erkenntnis, dass die Offenbarung Gottes immer die Inkarnation in die Kultur der Menschen voraussetzt. Gott spricht zu uns Menschen mittels menschlicher Sprache und inmitten menschlicher Lebenswelten. Diese Grundvorstellung prägt den Begriff Kontextualisierung. Morea definiert daher richtig:

> „Der Hauptgedanke ist, das Evangelium zu einem neuen Kontext zu bringen und geeignete Wege zu finden, es so zu kommunizieren, dass Menschen im Kontext es verstehen. Kontextualisierung bezieht sich auf mehr als nur Theologie, es schließt auch die Entwicklung des Gemeindelebens und Dienstes mit ein, sodass diese beiden biblisch und kulturell angemessen erscheinen."[638]

Kontextualisierung ist damit keine Option. Sie ist, wie Stephan Bevans es ausdrückt, „ein theologischer Imperativ"[639] oder, wie die evangelikalen Autoren Hesselgrave und Rommen es in ihrem Buch über Kontextualisation ausdrücken, „eine Notwendigkeit"[640].

Ein kurzer Überblick über die Haltung der wichtigsten christlichen Traditionen in dieser Frage beweist, dass diese Forderung Allgemeingut der globalen Kirche geworden ist.

Im Raum der Ökumene ist diesem Zusammenhang die *Weltkonferenz für Mission und Evangelisation in Melbourne* im Jahr 1980, die vom Thema der Armut und dem Kampf gegen die Armut in der Welt geprägt war, von Bedeutung. Von der Konferenz ging die Forderung aus, dass die Kirchen die Armen in der Welt in ihrem Kampf für die Veränderung ihrer Situation zu unterstützen habe.[641] Deutlich fordert die Konferenz jeden Menschen auf, in jeder Kultur und Sprache die Botschaft von der persönlichen Fürsorge Gottes zu bringen.[642] Das wiederum setzt voraus, dass das Evangelium in „jede Kultur zu kontextualisieren ist"[643]. Die Forderung der Kontextualisation als Aufgabe der Kirche in der Erfüllung ihres Missionsauftrages wird hier sehr deutlich ausgesprochen.

Ähnliche Stimmen sind bereits sehr früh auch von der evangelikalen Bewegung zu hören gewesen. Das Lausanner Komitee für Weltevangelisation veranstaltete bereits im Jahre 1978 in Willowbank die *Consultation on Gospel and Culture* mit dem Untertitel „Die Kontextualisation des Wortes und der Kirche in der missionarischen Situation"[644]. Auch hier ist von der Kontextualisation sowohl des Wortes als auch der Kirche nicht als Option, sondern als zwingende Aufgabe und Befehl die Rede.

In der römisch-katholischen Kirche und in den orthodoxen Kirchen wird der Begriff seltener verwendet. Stattdessen benutzt man in der römisch-katholischen Kirche eher Inkulturation als *terminus technicus* der Übersetzung des Evangeliums in die jeweilige Kultur. Von der Sache her aber ist auch in der römisch-katholischen Kirche die Notwendigkeit der Kontextualisierung unbestritten.[645] Ähnlich ist es in der orthodoxen Kirche. In ihrem Abschlussbericht der Konsultation für Weltevangelisation und Evangelisation in Neapolis 1988 bekennen sich die orthodoxen Kirchen deutlich zu einer weitgehenden Anpassung des Evangeliums an die Sprache und Kultur, ohne jedoch zugleich „den besonderen Weg des Evangeliums" aufzugeben.[646] Bischof Anastasios Yannoulatos fordert zwar deutlich, das richtige Verhältnis zwischen Evangelium und Kultur sowohl in Akzeptanz als auch in Kritik der jeweils positiven bzw.

negativen Elemente einer Kultur zu sehen, spricht sich aber auch für die Notwendigkeit der Kontextualisierung aus.[647]

Es lässt sich also bei allen großen Strömungen des christlichen Glaubens aufzeigen, dass die Kontextualisation als eine Notwendigkeit gefordert wird. Allerdings stellt sich bei näherem Hinsehen dann bald heraus, dass noch lange nicht alle mit der Forderung der Kontextualisation oder Inkulturation inhaltlich dasselbe meinen. Die entscheidende Frage dabei ist die nach einem theologischen Modell.

5.4.4 Von der Methode zur Theologie

Kontextuelle Theologie arbeitet mit einer festgelegten Formel. Danach wird Theologie in drei Schritten betrieben:

1. Analyse der Wirklichkeit,

2. hermeneutische Interpretation dieser Wirklichkeit nach den Kriterien des Glaubens,

3. Erarbeitung von Schwerpunkten für die Gemeindearbeit.

Diese Formel birgt die Gefahr der Glaubensverfälschung in sich, weil die Themen für das Theologisieren von der sozialen Analyse vorgegeben werden. Gesucht wird eine Methode, die die Gefahr des Synkretismus auf ein Minimum bringt und doch eine Theologie, „die zur Aktion führt"[648], ermöglicht. Eine solche Methode glauben die Missiologen an der UNISA im Praxis Cycle gefunden zu haben.[649] Aufbauend auf von Holland und Henriot popularisierten „pastoral cycle"[650] wird hier eine Methode konstruiert, die fünf wichtige Schritte des theologischen Prozesses vorsieht:[651]

1 Involvierung (persönliche Beteiligung)
2 Kontextanalyse
3 Theologische Reflexion
4 Spiritualität
5 Planung

Die Arbeitsschritte sind zyklisch angeordnet und können immer wieder bei entsprechendem Klärungsbedarf wiederholt werden.

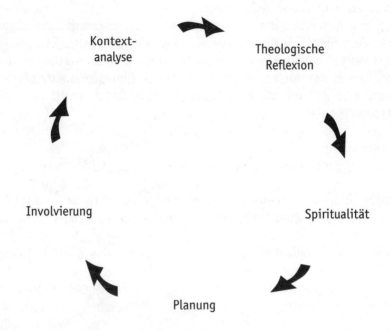

Praxiszyklus nach Kritzinger

Nach Kritzinger kann man verantwortlich nur dann Theologie betreiben, wenn man sich als Theologe unter die Menschen mischt, für die man theologisch arbeiten will. Theologie entsteht nicht am grünen Tisch, sondern im Kontext der Menschen und damit auf dem Missionsfeld. Theologische Arbeit setzt persönliche Involvierung voraus. Sie kann nur unter den Menschen und damit auch nur mit den Menschen für sie verständlich erarbeitet werden. Wer sich theologisch betätigen will, der wird mit Jesus fragen: „Was sagen die Leute über mich? Was sagt ihr?" (Mk. 8,27-29). Die Antwort auf diese Frage setzt voraus, dass man sich mit der Lebenswelt der Menschen bewusst auseinandersetzt. Die Folge wird notwendigerweise eine sozio-kulturelle Analyse sein. Ohne eine solche Analyse steht man in der Gefahr, an den Bedürfnissen und Fragen der Menschen vorbei das Evangelium zu formulieren, und die besten theologischen Glaubenssätze bleiben den Menschen fremd. Was aber nützt eine Gute Nachricht, wenn sie für die Menschen keine Nachricht ist?

Erst wenn man weiß, wo die Menschen stehen, was sie bewegt und was sie wirklich bedürfen, kann der Theologe nach theologischen Antworten fragen. Theologie kann nur als Antwort des Glaubens auf reale Fragen des Alltags eine relevante Theologie sein. Hat man aber die Fragen der Menschen in Sprache gekleidet, so kann die Antwort des Glaubens gesucht und gefunden werden. Und gesucht wird sie allem anderen voran im Text der Bibel. Der Theologe wird also fragen: „Was sagt der Text zum Thema des Tages"? Hier ist die exegetische Arbeit mit dem biblischen Text gefragt.

Freilich ist die Antwort auf eine solche Frage alles andere als einfach. Ist doch der Text selbst in eine bestimmte Zeit und Kultur gesprochen und damit kontextualisiert worden. Er muss erst „verstanden werden", bevor man ihn für die Menschen im Kontext fruchtbar machen kann. Eine große Hilfe bietet dem Theologen dabei die christliche Tradition. Die christliche Kirche blickt nunmehr auf mehr als 2000 Jahre der Schriftauslegung zurück. Die Bibel ist immer wieder in unterschiedliche kulturelle und soziale Räume hineininterpretiert worden. Der Theologe wird sich daher fragen: „Was sagt die Tradition zum Thema des Tages?" Der Vergleich mit der Auslegung des Textes über die Jahrhunderte wird dem Ausleger wertvolle Einsichten in die Wahrheit der Schrift ermöglichen und zum besseren Verständnis beitragen.

Die Bemühung des christlichen Theologen um eine kontextrelevante Theologie ist damit noch nicht zu Ende, will er doch seinen Zuhörern im Kontext das Evangelium verständlich machen. Er wird daher seine dritte Frage stellen müssen, sie lautet: „Was sagen wir jetzt zum Thema des Tages?" Dabei muss ihm das „wir" in seiner Frage wichtig sein. Schließlich geht es ja bei der Frage nicht einfach um seine Frage. Es ist die Frage der Menschen um ihn herum. Sie stellen sie. Und er will sie für die Menschen beantworten. Damit das adäquat geschehen kann, muss er mit diesen Menschen ins Gespräch kommen. Wie sonst wollte er Antworten geben, wenn niemand fragt? Wie sonst wollte er wissen, dass seine Antwort verstanden wurde, wenn niemand seine Antwort reflektiert? Theologie ist ein Kind der Kommunikation, und diese ist prinzipiell dialogischer Natur. Matthias Scharrer und Bernd Jochen Hilberath fordern deshalb prinzipiell, Theologie als kommunikative Wissenschaft zu verstehen.[652] Ihr Vorschlag, Theologie im Kontext als themenzentrierte Aktion (TZI) zu betreiben[653], verdient große Aufmerksamkeit.

Die theologische Reflexion, wollte diese dem Anspruch einer am Evangelium interessierten Theologie gerecht werden, muss eine vom Heiligen Geist durchdrungene Theologie sein. Schließlich ist er es, der die Menschen in alle Wahrheit führen soll (Joh. 16,13). Kritzinger verlangt daher vom christlichen Theologen eine Spiritualität, die sich aus der Erfahrung des Heiligen Geistes speist. Drei charakteristische Merkmale werden einen solchen Theologen auszeichnen:

- Er wird eine geistliche Grundeinstellung haben. Ihm wird es immer und vor allem darum gehen, Gottes Geist zu Wort kommen zu lassen.
- Er wird auf persönliche Erfahrung mit Gott zurückgreifen können. Für ihn ist die Sache mit Gott nicht eine intellektuelle Übung, sondern gelebte Wirklichkeit.
- Er wird von einer tiefen Verantwortung und damit auch Respekt gegenüber dem anderen leben.

Theologie ist immer auch eine Sache der Biografie. Persönliche Spiritualität, die sich durch Nähe zu Gott und Menschen auszeichnet, die von der Liebe zu Gott und Liebe zum Nächsten getragen wird, ist eine Grundbedingung für die Formulierung der Guten Nachricht für die Menschen.

Und ist die Antwort auf die Fragen der Menschen gefunden, so kann der Theologe sich nicht eher zurückziehen, bis diese Antwort in dem Alltag der Menschen angewendet und umgesetzt wird. Denn erst wenn das Wort Fleisch wird, sehen die Menschen die Herrlichkeit Gottes (Joh. 1,1ff). Kontextuelle Theologie versteht sich als Handlungstheorie, die auf die Umsetzung der gewonnenen Erkenntnisse in die theologische Praxis der Gemeinde drängt.

Der Praxiszyklus will also den Prozess des Theologisierens als einen handlungstheoretischen Prozess begreifen. Dabei ist ein ständiger Dialog zwischen den einzelnen Stationen des Prozesses von größter Bedeutung. Erst so entsteht ein am Ende annehmbares Ergebnis. In der Praxis des Theologisierens wird aus dem Zyklus eine Spirale, da das Konzept an sich nie abgeschlossen ist.

5.4.5 Kontextuell und bibeltreu

Was wir brauchen, ist eine Theologie, die sich mit dem ganzen Menschen, der das ganze Evangelium in seinem ganzen Leben umzusetzen hat, beschäftigt. Nur so wird die Theologie gesellschaftsrelevant. So betreibt man eine ganzheitliche Theologie, wie C. Wayne Zunkel[654] sie nannte. Der Praxiszyklus setzt deutliche Akzente auf dem Weg zu einer solchen Theologie. Freilich kann der Praxiszyklus in seiner vorgestellten Gestalt die grundsätzlichen Bedenken in Richtung potenzieller Synkretismen nicht abstellen. Weder ist die Involvierung noch die Kontextanalyse noch die theologische Reflexion davor gefeit, Wege einzuschlagen, die der Offenbarung Gottes in der Schrift entgegengesetzt sind. Eine solche Entwicklung ist aber im Prinzip vermeidbar, indem der Heiligen Schrift jene normative Stellung eingeräumt wird und der Geist Gottes jeden der genannten Schritte transzendiert. So gesehen kann man nur dann von einer Involvierung in der Welt reden, wenn diese im Rahmen der *missio Dei*, der Vision Gottes für die Welt gedacht wird. Man wird nur dann von einer adäquaten Kontextanalyse reden können, wenn diese ganzheitlich vorgenommen wird und der tripolaren Gestalt der Welt Rechnung trägt. Und man wird nur dann von einer theologischen Reflexion reden können, die diese Bezeichnung verdient, wenn sich diese Reflexion vor allem auf die Offenbarung Gottes in der Heiligen Schrift stützt. Die Spiritualität wie die Praxisanwendung müssen sich dem Primat der Schrift und des Geistes beugen. So wird der Zyklus zu einer Art Rad, dessen Nabe die Heilige Schrift und dessen Speichen den Heiligen Geist darstellen.

5.5 Von der kontextuellen Theologie zur Theologie gesellschaftsrelevanten Gemeindebaus

Der Praxiszyklus ermöglicht uns, Theologie als Handlungstheorie des gesellschaftsrelevanten Gemeindebaus zu formulieren. Und zwar nicht allgemein, sondern direkt kontextbezogen. Eine allgemeingültige Theologie gesellschaftsrelevanten Gemeindebaus kann es an sich nicht geben. Zu unterschiedlich sind die Gesellschaften und Kulturen, in denen Menschen leben.

Wer eine solche Handlungstheorie will, der wird sich den Menschen vor Ort, da wo Gemeinde gebaut werden soll, anschließen müssen. Man muss zu den Menschen ziehen, um mit den Menschen Gemeinde zu bauen. Involvement wird hier zum konkreten Akt. Man braucht eine Innenperspektive des soziokulturellen Raumes, den man missionieren und damit transformieren will. Diese ist auf Distanz nicht zu haben.

Vom Involvement kommt man zur Kontextanalyse. Gesellschaftsrelevanter Gemeindebau setzt ein detailliertes Verständnis der Gesellschaft voraus, in der man Gemeinde bauen will. Ein solches Verständnis ist nicht ohne entsprechende Kompetenz in empirischer Feldforschung und geistlicher Einsicht zu erreichen. Man wird also beides brauchen, den empirisch geschulten Mitarbeiter und den Mitarbeiter mit der Gabe, Geister zu unterscheiden. Nur so kann gewährleistet werden, dass die vorgenommene Kontextanalyse zu einer tripolaren Erhellung der Gesellschaft führt. Am Ende eines solchen Verfahrens kennt man die Bedingungen vor Ort, weiß Gottes Wirken im Kontext zu beschreiben und kennt Menschen, derer sich Gott bedient um das Leben im Kontext lebenswerter zu gestalten. Man wird aber auch die Seite des Feindes kennen und Sünde im Kontext mit Namen bezeichnen können.

Die Kontextanalyse gibt uns Themen vor. Diese umfassen die Bedürftigkeit der Menschen vor Ort, ihre Sehnsüchte und Träume, Fähigkeiten und Sünden, Ängste und Hoffnungen. Erst jetzt kann man nach Wegen fragen, wie man diesen Menschen Christus als das „Gestalt gewordene Wort Gottes" nahebringen kann. Erst jetzt wissen wir, wo Licht und Salz dringend benötigt werden. Und erst jetzt wird man sich mit den Fragen nach der möglichen sozialen Gestalt der zu bauenden Gemeinde beschäftigen. Die Kontextanalyse ermöglicht Fragen zu formulieren, auf die wir nun Antworten in der Schrift und der Theologie suchen müssen. Und sind diese Antworten gefunden, wissen wir, wie man sich den Bedürfnissen der Menschen, ihren Nöten und Sehnsüchten nähern könnte, dann beginnen wir, den Gemeindebau technisch zu planen. So gewinnt die Handlungstheorie Gestalt.

5.6 Erlösung und Gemeindebau

5.6.1 Erlösung als Hauptanliegen der Mission Gottes in der Welt

Gemeindebau folgt dem Missionsauftrag Gottes. Gott will das Heil der Welt.

Das Evangelium ist die Gute Nachricht von der Erlösung in Christus. In Christus hat sich Gott mit der Welt versöhnt (2Kor. 5,18). Seine Mission ist auf Erlösung aus. Und Gemeinde als Gottes Missions-Agent wird nicht umhinkönnen, sich die Frage nach der Erlösung und die Frage nach dem Heil bringenden Evangelium zu stellen. Sie ist die Botschafterin an Christi statt. Durch sie spricht Gott zur Welt: „Lasst euch versöhnen mit Gott."

Somit ist die Gemeinde die Gemeinschaft der Erlösten, die sich mit der Botschaft von der Erlösung an die Welt wendet. Und ihre Botschaft ist „das in ihr aufgerichtete Wort". Sie selbst ist das Ergebnis der Heilsbemühung Gottes. An ihr kann die Welt sehen, was Gott mit der Welt vorhat. Sie ist „die Gerechtigkeit, die vor Gott gilt". Heil und Erlösung durchziehen somit sowohl das Wesen als auch den Auftrag der Gemeinde. Eine Theologie des Gemeindebaus wird sich notwendigerweise mit der Frage des Heils beschäftigen müssen. Und es ist nicht schwer zu erraten, dass je nach Antwort recht unterschiedliche Gemeindetypen zu erwarten sind.

Die wesentlichen Fragen liegen damit auf der Hand. Es gilt zu klären, was nun das Heil in Christus beinhaltet. Warum, wovon und wodurch erlöst Gott die Welt? Es gilt zu klären, wie dieses Heil den Menschen zuteilwird. Und schließlich ist zu klären, woraufhin Gott erlöst. Was ist der Heilzustand der Menschen, der als Ergebnis der Mission erwartet wird? Von der Beantwortung dieser Fragen hängt am Ende einerseits die Kontextanalyse ab, denn wonach man sucht, das wird man ja auch nur finden. Davon hängt andererseits auch die theologische Reflexion ab. Eine Theorie gesellschaftsrelevanten Gemeindebaus kann nicht ohne die Klärung der obigen Fragen adäquat formuliert werden.

Wie schwierig diese Fragen sind, beweist der seit Jahren tobende Streit zwischen den unterschiedlichen Gruppierungen der Christenheit. Spätestens seit den großen evangelikalen Kongressen in Wheaton (1966) und Berlin (1966) erheben auch die Evangelikalen ihre Stimme zur Sache. In Deutschland wurde gar mit der *Frankfurter Erklärung zur Grundlagenkrise der Mission* im Jahre 1970 ein deutliches evangelikales Fundament geschaffen, das Heil, Erlösung und Evangelium allem anderen voran mit der Frage der persönlichen Beziehung zwischen Mensch und Gott verbindet und deutlich mit dem Heilswerk Jesu in Verbindung bringt.[655] Diese Erklärung, wie die meisten anderen Erklärungen aus den unterschiedlichen christlichen Traditionen, behandelt drei wichtige Fragen:

- Ist das Heil rein persönlich oder aber auch sozial zu sehen?

- Ist das Heil nur in Christus möglich?

- Ist das Heil auch außerhalb der Gemeinde denkbar?

Die Frage, ob das Heil in Christus nur persönlicher oder auch sozialer Natur ist, hat die missiologische Diskussion in der zweiten Hälfte des 20. Jahrhunderts im Wesentlichen bestimmt. Die Grundlagenkrise der Mission war vor allem eine Krise des Heilsverständnisses. Und das gilt nicht nur in der ökumenischen Bewegung. In der evangelikalen Diskussion sind es die Evangelikalen für Soziale Gerechtigkeit (ESG), die sich unermüdlich für ein ganzheitliches Heils- und Missionsverständnis einsetzen.

5.6.2 Die Evangelikalen für Soziale Gerechtigkeit

5.6.2.1 Zu den Wurzeln der ESG

Die Wurzeln der ESG liegen in den geistlichen Aufbrüchen der letzten Jahrhunderte. Eckhart Schnabel identifizierte fünf Hauptquellen, aus denen sich die Theologie der ESG vor allem speist: der frühe Evangelikalismus, das Täufertum, die Bewegung des Social Gospel, die Befreiungstheologie in Lateinamerika und kontextuell-theologische Erwägungen in der ökumenischen Bewegung.[656]

Die ESG verstehen sich als Erben des frühen Evangelikalismus, der in den Erweckungsbewegungen des 18. und 19. Jahrhunderts entstand und der keine strikte Trennung zwischen Evangelisation und sozialer Verantwortung kennt.[657] Bekannt sind Namen wie John Wesley (1703–1791)[658], William Wilberforce (1759–1833)[659], Charles G. Finney (1792–1876)[660], Jonathan Edwards (1703–1758)[661] oder auch William Booth (1829–1912)[662]. Gerade Booth polemisiert mit seinen Worten und der Gründung der Heilsarmee gegen eine Gemeinde, die den sozialen Auftrag zunehmend aus dem Blick verloren hat, ja diesen regelrecht auf den zweiten Platz zu schieben suchte, was schließlich auch weitgehend gelungen ist.[663]

Die ESG setzen bewusst im frühen Evangelikalismus an. Ronald Sider äußert seinen Wunsch, dass „der Herr der Geschichte auch in unseren Tagen wiederholen möge, was er durch die britischen und amerikanischen Evangelikalen im 18. und 19. Jahrhundert erreicht hat"[664]. Schützenhilfe bekommen die ESG von dem großen amerikanischen Sozialethiker Carl F. Henry (1913–2003), der nach Berneburg „der eigentliche Pionier für ein neues Nachdenken über die soziale Verantwortung in der evangelikalen Theologie"[665] ist. Mit seinem Buch „The Uneasy Conscience of Modern Fundamentalism" hatte Henry bereits 1947 auf Fehlentwicklungen im theologischen Denken der Evangelikalen hingewiesen und ein neues Interesse für die soziale Frage unter den Evangelikalen in Nordamerika ausgelöst. Hier knüpfen die ESG an.[666]

Eine zweite Hauptquelle der Evangelikalen für Soziale Gerechtigkeit stellen die nordamerikanischen Anabaptisten dar. Ronald Sider, einer ihrer exponiertesten Vertreter, stellt 1979 fest, dass sie „viel gelernt haben von den mennonitischen Autoren über die teure Nachfolge, Sorge um die Armen und die Gemeinde als alternative Gemeinschaft, die sich über ihre Werte von dem Rest der Gesellschaft unterscheidet"[667]. Es sind vor allem die Arbeiten des Culmann-Schülers John Howard Yoder (1927–1997), die das Denken der ESG prägen.[668] Sein 1972 erschienenes Buch „The Politics of Jesus"[669] wird zu dem wohl meist gelesenen und zitierten Buch der Bewegung. Yoder betrachtet darin Jesus als den Urheber des sozialen Wandels.[670] Sein soziales Verhalten sei normativ für eine christliche Sozialethik[671] und müsse auf dem Hintergrund des alttestamentlichen Jubeljahr-Gesetzes verstanden werden.[672] Yoder schreibt: „Jesus proklamierte im Jahre 26 tatsächlich ein Jubeljahr nach den mosaischen Sabbatvorschriften: ein Jubeljahr, das in der Lage war, die sozialen Probleme Israels durch Schuldenerlass und durch die Befreiung von Schuldnern, deren Zahlungsunfähigkeit sie zur Sklaverei erniedrigt hätte, lösen zu können."[673]

Diese Position wurde von der Bewegung aufgenommen und stellt ein Hauptargument in ihrer Theologie dar.[674] Christopher Wright spricht an dieser Stelle neuerdings sogar vom biblischen Modell für die Restauration der Welt.[675]

Eine dritte Quelle der Theologie der Evangelikalen für Soziale Gerechtigkeit stellt die Theologie des Social Gospel dar, wie sie in den USA in den 1870er Jahren entstand und in dem baptistischen Theologen Walter Rauschenbusch (1869–1918) ihren wichtigsten Vertreter fand. Sein 1917 erschienenes Buch „A Theology of the Social Gospel" ist das Hauptwerk der Bewegung. Darin unterstreicht Rauschenbusch die soziale Seite des Evangeliums und versucht die zentralen Lehren des Evangeliums sozial zu interpretieren. Sowohl Sünde als auch Erlösung werden sozio-strukturell begriffen und das Reich Gottes in der Herstellung einer gerechten sozialen Ordnung gesehen. Die ESG nehmen Rauschenbuschs Forderung nach einem sozialen Verständnis der Sünde und Erlösung auf, ohne jedoch die persönliche Dimension fallen zu lassen. Sider begrüßt zwar die Korrektur der im Individuell-Ethischen stecken gebliebenen Theologie der Evangelikalen durch Social Gospel, fordert aber zugleich eine ganzheitliche Theologie, die sowohl die persönliche als auch soziale Sünde, sowohl die Bekehrung als auch soziale Veränderung ernst nimmt.[676]

Eine vierte Quelle ist die lateinamerikanische Theologie der Befreiung. Es sind vor allem lateinamerikanische Theologen wie Orlando E. Costas (1942–1987), die die Anliegen der Befreiungstheologie aufnehmen und nach einer Befruchtung der evangelikalen Positionen seitens der Befreiungstheologie fragen. Costas setzt sich damit in seinem viel beachteten Buch „Christ outside the Gate" auseinander, das 1982 erschien. Darin übernimmt er die kontextuelle Hermeneutik der Befreiungstheologie und fordert eine evangelikale Theologie aus der Sicht der Armen.[677] Gleichzeitig wendet er sich gegen eine rein akademisch betriebene Theologie und verlangt nach einer Theologie der Tat.[678] Andere folgen darin seinem Vorbild.

Und die letzte Quelle, aus der sich das Denken der ESG speist, ist die missiologische Diskussion innerhalb des ÖRK. Hier entwickelten sich seit 1961 eine Fülle sozialkritischer Entwürfe. In Lateinamerika kommt die Befreiungstheologie auf, die wiederum Pate steht für die Entstehung einer ganzen Fülle von politischen Theologien. Die Evangelikalen sehen sich durch diese Erscheinungen herausgefordert. Einige wenige von ihnen suchen bewusst den Kontakt und übernehmen aus kritischer Distanz eine Reihe von Positionen der Ökumeniker. Aus diesem Kreis rekrutieren sich später die ESG.

Was finden diese Evangelikalen im ökumenischen Denken anziehend? Hierbei ist zunächst der kontextuelle Zugang zur Theologie zu nennen. Costas Werk „Liberating News. A Theology of Contextual Evangelization"[679] von 1989 setzt hier die Akzente. Darin behauptet Costas, dass alle christliche Theologie ihrem Wesen nach kontextuell ist und daher auch nur kontextuell betrieben werden kann.[680] Und es ist der Kontext, der die Themen setzt, die vom Adressaten der christlichen Botschaft als Gute Nachricht empfangen werden.

Aus der ökumenischen Diskussion stammt auch der erweiterte Reich-Gottes-Begriff der ESG, die das Reich nicht auf die bekennende Gemeinde beschränken wollen. Chris Sugden bemerkt richtig: „Wo immer Dinge nach den Maßstäben des Reiches Gottes geschehen – ganz gleich, wer sie tut und wie unbedeutend sie erscheinen mögen –, wird Gottes Herrschaft verwirklicht."[681]

5.6.2.2 Eine Bewegung formiert sich

Radikal-evangelikales Denken entsteht nicht im Vakuum. Wer diese Theologie und damit auch den Einfluss verstehen will, den sie auf die Vertreter der sogenannten „Post-Christendom-Theologie" haben, wird gut daran tun, diese Quellen ernst zu nehmen. Dazu kommt die konkrete geschichtliche Situation, in der sich die Evangelikalen für Soziale Gerechtigkeit formieren und theologisch positionieren. In folgendem Überblick versuche ich diese Entwicklung nachzuzeichnen.

Die Bewegung als distinkte evangelikale Richtung gibt es erst seit dem Lausanner Kongress 1974. Formiert hat sich die Bewegung dagegen bereits seit den Kongressen für Mission und Evangelisation in Wheaton und Berlin, die beide im Jahr 1966 stattfanden. Zwar wurde auf diesen Kongressen der Evangelisation deutlich Priorität vor der sozialen Verantwortung eingeräumt, gleichzeitig aber wurde in Wheaton bedauert, dass die Evangelikalen den sozialen Fragen zu wenig Aufmerksamkeit widmen.[682] Diese Sorge trugen vor allem Vertreter der Zweidrittelwelt.

Eine Reihe evangelikaler Theologen nahm das Anliegen auf. Drei Jahre später, im Jahre 1969, findet in Bogota der lateinamerikanische Evangelisationskongress statt, auf dem Samuel Escobar die Evangelikalen aufruft, ihre soziale

Verantwortung für die Welt ernst zu nehmen. Er stellt einen deutlichen Zusammenhang zwischen der Verkündigung des Evangeliums und dem Einsatz für soziale Gerechtigkeit her.[683] Der Kongress folgt seinen „radikalen" Empfehlungen. Ein Jahr später formen einige Teilnehmer des Kongresses die Arbeitsgemeinschaft Lateinamerikanischer Theologen[684], zu der neben Escobar auch René Padilla, Orlando Costas und andere in der späteren Bewegung der radikalen Evangelikalen gehören.

Es ist unter anderem diesen Persönlichkeiten zu verdanken, dass 1973 in Chicago ein „Thanksgiving Workshop on Evangelicals and Social Concern" stattfindet. Ronald Sider koordiniert das Treffen, das mit der berühmten „Chicago Declaration of Evangelical Social Concern" abschließt, einem Dokument, das an Deutlichkeit und Schärfe nichts zu wünschen übrig lässt. Es fordert von den Evangelikalen radikale Jüngerschaft und eine konsequente Aufhebung der Dichotomie zwischen Evangelisation und sozialem Engagement.[685] René Padilla sieht später in der Deklaration einen entscheidenden Meilenstein in der Formulierung einer ganzheitlichen Theologie der Mission.[686] Carl F. Henry und Billy Graham begrüßten die Deklaration. Es ist das wichtigste evangelikale Dokument im Vorfeld des Lausanner Kongresses für Weltevangelisation im Jahre 1974.

Der 1974 in Lausanne (Schweiz) stattgefundene Kongress für Weltevangelisation kann mit Recht als die Geburtsstunde der Evangelikalen für Soziale Gerechtigkeit bezeichnet werden. Die Frage nach der Beziehung zwischen der Evangelisation und dem sozialen Engagement erfährt auf dem Kongress großes Interesse. Billy Graham äußert gleich zu Beginn des Kongresses seinen Wunsch, dass die Korrelation auf dem Kongress eine biblische Lösung finde.[687] Im Laufe des Kongresses sammelt sich ad hoc die sogenannte „Radical Discipleship Group". Sie entwirft ein Positionspapier unter der Überschrift „A Response to Lausanne", das von fast 500 Teilnehmern des Kongresses unterschrieben wird und deutlich Themen der sozialen Gerechtigkeit aufnimmt. Die Trennung zwischen Evangelisation und sozialer Verantwortung wird hier als dämonisch zurückgewiesen.[688] Es war das bis dato stärkste Statement der Evangelikalen, das für ein ganzheitliches Missionsverständnis eintrat und Heil als sowohl persönliche als auch soziale, globale, ja gar kosmische Kategorie begreift. Aus der Radical Discipleship Group formiert sich in den folgenden Jahren die Bewegung der Evangelikalen für Soziale Gerechtigkeit, oder wie sie auch genannt wurden, die Radikalen Evangelikalen.[689]

Den Radikalen gelingt es in Lausanne zwar nicht, die Aufhebung der Trennung zwischen Evangelisation und sozialer Verantwortung zu erreichen. Die Lausanner Verpflichtung betont in Artikel 4 immer noch deutlich die Priorität der Verkündigung vor dem sozialen Engagement. In Artikel 5 wird aber der Einsatz der Christen für soziale und politische Gerechtigkeit als allgemeine Pflicht der Christen unterstrichen. Damit ist der Einsatz der Christen für soziale Belange deutlich hervorgehoben und ein entscheidender Schritt in Richtung eines ganzheitlichen Missionsverständnisses getan. Entsprechend fallen die

Reaktionen aus. Johnston bedauert, dass der Artikel 5 aufgenommen wurde, weil die Bedeutung der Evangelisation auf diese Weise abgeschwächt worden sei.[690] Beyerhaus freut sich, dass soziale Verantwortung nicht als zum Missionsauftrag dazugehörig verhandelt wird, sondern eher zu den allgemeinen Pflichten der Christen gerechnet wird[691], und Vertreter der Radikalen äußern sich positiv; ist es doch zum ersten Mal gelungen, die soziale Verantwortung in einem gesamtevangelikalen Dokument festzuschreiben. Gill meint gar einen „Wendepunkt im evangelikalen Denken" ausmachen zu können.[692] Und Costas sieht in Lausanne den Aufbruch in ein neues Missionszeitalter.[693] Diese Wende kommt auch durch die bemerkenswerte Wendung im Denken des *spiritus rector* des Kongresses, John Stott, zustande. Stott hatte noch in Wheaton 1966 für eine klare Identifikation des Missionsauftrags mit der Evangelisation plädiert, die er ausschließlich als Verkündigung versteht. 1975 weitet Stott seinen Missionsbegriff aufgrund seines Studiums von Mt. 28,20 deutlich aus und sieht die soziale Verantwortung fortan als integralen Teil des Missionsbefehls.[694]

Lausanne 1974 hat den Radikalen Evangelikalen eine Plattform geboten. Sie konnten sich als distinkte Gruppe theologisch artikulieren und ihre Anliegen fanden Eingang in die Lausanner Verpflichtung. Wie deutlich ihre Stimmen gehört wurden, zeigen die Worte Billy Grahams. Auf einer Pressekonferenz nach dem Kongress sagte Graham: „Wenn dieser Kongress ein Ergebnis gebracht hat, dann ist es die Erkenntnis, dass wir Evangelikalen soziale Verantwortung übernehmen müssen. In kleineren Diskussionsgruppen ist eindringlich erörtert worden, was radikale Jüngerschaft heute bedeutet."[695] Kein Wunder, dass die Evangelikalen für Soziale Gerechtigkeit in Lausanne 1974 die „Wasserscheide, was die soziale Verantwortung unter den Evangelikalen"[696] betrifft, erblicken und das Ereignis als Initialzündung für den Siegeszug des ganzheitlichen Missionsverständnisses feiern.[697]

5.6.2.3 Von Ablehnung zur breiten Akzeptanz

Lausanne 1974 beflügelte die Radikalen Evangelikalen. Im Laufe der folgenden Jahre setzen sich ihre führenden Vertreter intensiv mit dem Anliegen eines ganzheitlichen Missionsverständnisses in Schrift und Wort auseinander.[698] Eine Reihe von Konferenzen markiert hier den Weg.

1979 treffen sich in Lima 260 lateinamerikanische Theologen zum zweiten lateinamerikanischen Kongress für Evangelisation (CLADE II). Der Kongress verabschiedet das sogenannte Lima-Papier, in dem die Lausanner Verpflichtung bestätigt und in Fragen der Untrennbarkeit von Evangelisation und sozialer Verantwortung ergänzt wird.[699]

Im gleichen Jahr findet die „All India Conference on Evangelical Social Action" in Madras statt. In der Schlussdeklaration verpflichten sich die Teilnehmer der Konferenz, sich für soziale Gerechtigkeit einzusetzen und ungerechte Strukturen zu bekämpfen.[700] Ein Jahr später findet in Hoddesdon bei London die „Intenational Consultation on Simple Lifestyle" unter der Schirmherrschaft der WEA und des Lausanner Komitees für Weltevangelisation (LKWE) statt. Die Konsultation wird paritätisch von John Stott und Ronald Sider geleitet. Entsprechend deutlich sind die Radikalen Evangelikalen auf der Konferenz vertreten. Das Abschlussdokument der Konsultation, die Hoddesdon-Verpflichtung (HV) „An Evangelical Commitment to Simple Lifestyle", trägt deutlich die Handschrift der Radikalen Evangelikalen. Die HV bezieht sich auf Artikel 9 der Lausanner Verpflichtung und versteht sich als deren Auslegung in Fragen des einfachen Lebensstils. Der Text der HV geht aber weit über das Thema hinaus. Zwar wird im Artikel 8 die hohe Priorität der Evangelisation unterstrichen, doch nicht minder deutlich akzentuiert man das soziale und politische Engagement in Artikel 7. Im Zentrum der Verpflichtung stehen die sozialethischen Implikationen des Missionsauftrags. Soziale Aktion wird in der Hoddesdon Verpflichtung unmissverständlich in den Missionsauftrag integriert.

Die Reaktionen ließen nicht auf sich warten. Die Leitung des LKWE distanzierte sich öffentlich von einigen Aussagen der HV.[701] Der Konflikt bricht offen auf dem Missionskongress in Pattaya, Thailand aus, der 1980 unter dem Thema „How shall they hear?" stattfand. Schon in der Vorbereitungsphase des Kongresses wird klar, dass die Leitung des Lausanner Komitees die Frage der sozialen Verantwortung weitgehend ausklammert.[702] Das führte auf dem Kongress selbst zu massiven Auseinandersetzungen und schließlich zur Abfassung des Resolutionspapiers unter der bezeichnenden Überschrift: „A Statement of Concerns on the Future of the Lausanne Committee for World Evangelization." Verfasst von einer Gruppe Radikaler Evangelikale[703], unterzeichneten innerhalb eines Tages mehr als ein Drittel der Kongressteilnehmer die Sondererklärung.[704] Die Erklärung setzte sich zwar für die Fortsetzung des Mandats des Lausanner Komitees ein, nannte aber vier deutliche Empfehlungen, denen sich das Komitee in den kommenden Jahren widmen müsste und die sich deutlich auf die Überwindung des einseitigen Missionsverständnisses beziehen.[705] Die Verfasser forderten die Einberufung eines Weltkongresses zur Klärung der Frage nach der sozialen Verantwortung der Evangelikalen.[706] Die Leitung des Lausanner Komitees reagiert kühl. Sie lehnt die Forderungen der Sondererklärung ab und beschwört damit eine tiefe Krise unter den Evangelikalen herauf. Berneburg fasst zusammen: „Am Ende des Jahres 1980 war die evangelikale Bewegung zerrissener als zu Beginn desselben Jahres. Während die Simple-Life-Consultation deutlich die Handschrift der Radikalen Evangelikalen trug, hatte sich in Pattaya die konservative Church-Growth-Bewegung mit ihrem eng definierten Missionsbegriff durchgesetzt ... Die gesamte Lausanner Bewegung stand in der Gefahr, ihre Autorität zu verlieren, wenn es nicht gelänge, neu Brücken zwischen den unterschiedlichen evangelikalen Richtungen zu schlagen."[707]

Schwer enttäuscht verließen vor allem die Teilnehmenden aus der Zweidrittelwelt Pattaya. Das von westlichen Theologen dominierte Lausanner Komitee schien nicht mehr für die meisten von ihnen zu sprechen. 1982 treffen sich zum ersten Mal überhaupt 25 besorgte Evangelikale aus der Zweidrittelwelt in

Bangkok, um die missionarischen Herausforderungen in ihren Ländern unter diesem Aspekt zu besprechen. Führende Radikale Evangelikale setzen im Abschlussbericht dieser Konsultation ihre Akzente.[708] Dabei wird die Kluft zwischen dem westlichen und dem ganzheitlichen Missionsverständnis aus der Zweidrittelwelt überdeutlich. Eine Spaltung der Evangelikalen drohte, zur Spaltung zwischen Süd und Nord zu werden.

Das Lausanner Komitee und die WEA handeln. 1982 berufen sie die „Consultation on the Relationship of Evangelism and Social Responsibility" nach Grand Rapids (USA) ein. Mit Ronald Sider, René Padilla, Vinay Samuel und Chris Sugden auf der Seite der Radikalen und Peter Beyerhaus, Patrick Johnson und Harold Lindsell auf der Seite der Konservativen stehen sich überaus kompetente Evangelikale gegenüber. Die Konferenz verläuft sachlich und auf hohem Niveau. Zu einer gemeinsamen Lösung gelangt man zwar nicht, doch behält die Konsultation, welche unterschiedliche Positionen auflistet und mögliche Kompromisse denkt, durchaus ihre Bedeutung. Die wichtigste liegt in der Tatsache, dass man nun bereit ist, miteinander konstruktiv über die Beziehung zwischen Evangelisation und sozialer Aktion zu reden. Klaus Bockmühl schreibt:

> In unserer Diskussion wurde deutlich, daß es nicht nur eine, sondern wenigstens drei gleichermaßen gültige Beziehungen [zwischen Evangelisation und sozialer Verantwortung] gibt. Erstens, soziales Handeln ist eine Folge der Evangelisation: die Verkündigung ist das Mittel, durch das Gott den Menschen zu einer neuen Geburt bringt, und ihr neues Leben manifestiert sich im Dienst für andere ... Wir können jedoch weitergehen: Soziale Verantwortung ist mehr als eine Folge der Verkündigung; sie ist auch eines ihrer Hauptziele ... Zweitens, soziales Handeln kann eine Brücke zur Verkündigung sein. Es kann Misstrauen und Vorurteile abbauen, geschlossene Türen öffnen und dem Evangelium Gehör verschaffen. Jesus selbst tat manchmal Werke der Barmherzigkeit, bevor er die gute Botschaft vom Reich Gottes verkündigte ... Drittens, soziales Handeln folgt der Verkündigung nicht nur als Konsequenz und Ziel, es geht nicht nur als Brückenschlag voraus, sondern begleitet sie auch als Partner ... [Jesus] sendet uns in die Welt, um beides zu tun: zu predigen und zu dienen ... Das heißt jedoch nicht, dass man sie als identisch ansehen sollte, denn Verkündigung ist nicht soziale Verantwortung, und soziale Verantwortung ist nicht Verkündigung. Aber jedes bringt das andere mit ein.[709]

Die positive Erfahrung von Grand Rapids ermutigt die WEA, 1983 in Absprache mit dem LKWE zur Konferenz unter dem Thema „Ich will meine Gemeinde bauen" nach Wheaton, USA einzuladen. In drei Teilkonsultationen, in denen jeweils separate Abschlussberichte vorgelegt wurden[710], bekommen die Radikalen viel Gestaltungsraum. Kuzmic[711] im Track 1, Samuel und Sugden[712] im Track 2 sowie Vinay Samuel und René Padilla in Track 3[713] setzen deutliche Akzente für ein ganzheitliches Verständnis der Mission der Gemeinde. In den ersten beiden Berichten wird zwar immer noch an der Priorität der Evangelisation festgehalten, aber auch der sozialen Aktion wird deutlich mehr Gewicht eingeräumt. Zum ersten Mal fällt im Zusammenhang mit den Zielen der Mission der Begriff „Transformation".[714] Der Bericht der dritten Konsultationsgruppe wird von René Padilla verfasst und die radikal-evangelikale Handschrift ist schon deutlich in der Überschrift erkennbar. Der Bericht heißt: „Transformation: The Church in Response to Human Need". Die Konsultation plädiert für einen ganzheitlichen Missionsbegriff, der das Gesamtleben der Menschen in den von Gott ursprünglich gedachten Zustand voraussetzt.[715]

In den folgenden Jahren verschwindet die Frage in evangelikalen missiologischen Kreisen nicht von der Tagesordnung. Dass immer noch Klärungsbedarf besteht, zeigt schließlich der zweite Lausanner Kongress für Weltevangelisation, der 1989 in Manila stattfindet. Schon das Thema des Kongresses verrät, wo die Schwerpunkte gesetzt werden sollen: „Verkündigt Christus, bis er kommt – ein Ruf an die Gemeinde, das ganze Evangelium der ganzen Welt zu bringen"[716]. 60% der Teilnehmer sind aus der Zwei-Drittel-Welt, 25% sind Frauen – beides ein Novum für evangelikale Zusammenkünfte dieser Größe. Die Radikalen Evangelikalen nehmen an der Konferenz aktiv teil. Cesar Molebatsi aus Südafrika und Peter Kuzmic aus Kroatien äußern sich zu den sozialen Fragen im Plenum. Viel Beachtung findet der Vortrag von Tom Houston, der sich ausgehend von Lk. 4,18ff vehement dafür einsetzt, „die Gute Nachricht in Wort, Tat und Zeichen"[717] zu verkündigen.

Peter Kuzmics Beitrag kulminiert in dem Satz: „Das Neue Testament treibt keinen Keil zwischen ein persönliches Evangelium und ein soziales Evangelium, denn es enthält nur ein Evangelium, das von Jesus Christus. Dieses Evangelium ist sowohl persönlich als auch sozial, weil es zwei Brennpunkte hat, und zwar den einzelnen Menschen und das Reich Gottes."[718]

Am deutlichsten setzt sich der Südafrikaner Cesar Molebatsi mit der Verantwortung der Evangelikalen für die Ungerechtigkeit und Unterdrückung in der Welt auseinander. Er fordert ein Missionsverständnis, das sich für die Armen und Unterdrückten dieser Welt einsetzt.[719] Andere stimmen ihm zu.

Zum ersten Mal bei einer evangelikalen Konferenz wird der sozialen Frage ein ganzer Track, der Social Concern Track, gewidmet, geleitet von Vinay Samuel. Trotz dieser massiven Präsenz der Radikalen bleibt die Meinung der Evangelikalen auch nach Manila geteilt. Das Manila Manifest (MM) spiegelt diesen Zwiespalt deutlich. Und doch, nach Manila werden die Anliegen der Radikalen nicht mehr einfach beiseitegeschoben. Sie gehören ab jetzt deutlich zu einer der Hauptstimmen der Evangelikalen in der Welt. Berneburg teilt die Evangelikalen nach Manila in drei Gruppierungen ein: die Social-Concern-Evangelikalen, vertreten durch Persönlichkeiten wie Padilla, V. Samuel, Sider u.a.; die evangelistischen Evangelikalen wie Luis Palau, Peter Beyerhaus oder Donald McGavran und die Vermittler zwischen den beiden Gruppen, die er Wort-und-

Tat-Evangelikale nennt. Die Letzteren sieht er vertreten durch John Stott und Tom Houston.[720]

In den Jahren nach Manila nähern sich große Massen der Evangelikalen dem erweiterten und ganzheitlichen Missionsverständnis der Radikalen. Das wird recht deutlich, wenn man sich die Abschlussdokumente der großen evangelikalen Missionskonferenzen ansieht. Zehn Jahre nach Manila veanstaltet die WEA eine internationale missiologische Konsultation in Iguaçu, Brasilien. William Taylor, der Exekutivdirektor der Kommission für Mission in der WEA, berichtet, die Teilnehmer der Konsultation realisierten die Reduktion des Missionsauftrags auf die Verkündigung des Evangeliums als Fehler.[721] Folgerichtig setzen sich die Iguaçu-Erklärungen deutlich für die sozialen Belange in der Welt als Teil des missionarischen Auftrags der Christen ein.

Ähnlich zeichnet sich die 11. Generalversammlung der WEA aus, die 2001 in Kuala Lumpur tagt.[722]

Wie stark das Missionsverständnis der ESG die breiten Massen der Evangelikalen zu diesem Zeitpunkt bestimmt, zeigt beispielsweise das von René Padilla geleitete, 1999 gegründete Micah-Netzwerk, welches mittlerweile über 300 christliche Entwicklungsorganisationen in 70 Ländern umfasst. Die „Micah Declaration on Integral Mission", das wichtigste Dokument dieser Bewegung, wurde auf dem 1. Kongress des Netzwerkes 2001 in Oxford verabschiedet und ist durchgängig von radikal-evangelikaler Theologie getragen.[723]

Und schließlich bleibt die letzte große Missionskonferenz der Evangelikalen zu erwähnen, die vom 29. September bis 5. Oktober 2005 in Pattaya, Thailand unter dem Thema „Eine neue Welt. Ein neues Herz. Erneuerte Berufung" stattfand. Aus der Konferenz ging die Erklärung „Pattaya II – Erklärung des Lausanner Forums 2004" hervor. Fast selbstverständlich heißt es darin unter anderem:

> Veränderung (Transformation) war ein Thema, das in den Arbeitsgruppen immer wieder in den Vordergrund trat. Wir erkennen an, dass wir immer wieder neu Umkehr und Umwandlung brauchen. Wir müssen uns immer weiter öffnen für die Führung durch den Heiligen Geist und für die Herausforderung durch Gottes Wort. Es ist nötig, dass wir zusammen mit anderen Christen in Christus wachsen. All dies soll in einer Weise geschehen, die zu sozialer und wirtschaftlicher (gesellschaftlicher) Veränderung führt. Wir erkennen an, dass die Breite des Evangeliums und der Bau des Reiches Gottes Leib und Seele sowie Verstand und Geist brauchen. Deshalb rufen wir zu einer zunehmenden Verbindung von Dienst an der Gesellschaft und Verkündigung des Evangeliums auf.[724]

Eine der 31 Issue Groups des Forums, die „Holistic Mission Issue Group", widmet ihr Interesse gänzlich der Frage praktischer Umsetzung eines ganzheitlichen Missionsverständnisses.[725] Man kann sagen, die ESG sind in der Lausanner Bewegung und damit bei den Evangelikalen angekommen. Und mit ihnen ein ganzheitlicher Begriff des Heils. Heil ist für sie beides, persönlich und sozial, weil die Strukturen der Sünde beides sind, persönlich und sozial.

5.6.3 Das Exodusmotiv – Gottes Modell für Erlösung

Was ist Erlösung? Was beinhaltet Heil? Das Metanarrativ für Erlösung in der Bibel ist der Exodus Israels aus Ägypten. Hier wird Gott zum ersten Mal als Erlöser (hebr. *go´el*) vorgestellt (Ex. 6,6). Der Exodus setzt sowohl für die alttestamentliche[726] als auch neutestamentliche Vorstellung von der Erlösung entsprechende Parameter.[727] Immer wieder wurde dieses Motiv auch als Ausgangspunkt für eine Theologie der Mission begriffen. Das ist besonders in den Entwürfen der Befreiungstheologie, aber neuerdings auch in eher evangelikalen Kreisen[728] der Fall.

Die Exodus-Geschichte offenbart Gottes erlösendes Handeln an seinem Volk als ganzheitliches, alles Leben umfassendes Handeln. Es ist politisch, ökonomisch, sozial und geistlich.[729] Israel ist in ägyptischer Sklaverei, ausgebeutet, erniedrigt, ohne Stimme und Staat. Die Befreiung des Volkes aus dem Joch des Pharao wird mit Recht als politisches Ereignis gefeiert. Der Exodus ist eine offene Tür in die politische Selbstständigkeit eines überaus gebeutelten Volkes. Konsequenterweise steht am Ende dieses Prozesses der israelische Staat.

Der Exodus ist aber auch eine Befreiung in die ökonomische Selbstständigkeit. In Ägypten arbeiten die Hebräer als Sklaven für den Staat (Ex. 1,11-14), nach Ägypten arbeiten sie für sich selbst. Gott verspricht seinem Volk vor dem Exodus explizit ein eigenes Land (Ex. 6,8). In Ägypten ist das Land im Besitz des Pharao. Land als Privateigentum ist unbekannt. In Israels eigener Staatlichkeit wird das Land auf die Stämme und schließlich auf die Haushalte, die Familien verteilt.

Der Exodus ist eine soziale Befreiung. Unter den Ägyptern wurde das soziale Leben des Sklavenvolkes bis in die Fragen der Fortpflanzung geregelt. Die systematische Tötung der männlichen Nachkommen durch die Machthabenden (Ex. 2,1-2) kam einem Genozid gleich. Nach Ägypten sind die Hebräer allein ihrem Gott und dem eigenen Gewissen in Fragen des sozialen Zusammenlebens verantwortlich. Und Gott setzt mit dem Passahmahl ein Zeichen für seine Treue (Ex. 4).

Natürlich ist der Exodus auch eine geistliche, religiöse Befreiung. Israel findet durch den Exodus zu einem Verhältnis zu seinem Gott Jahwe zurück. Die sklavische Unterdrückung durch die Ägypter hat das Volk zu Gott schreien lassen (Ex. 2,23). Die Befreiung offenbart Gott in seiner Kraft und Macht. Er, Jahwe selbst, nimmt seine Rückkehr zum Volk in die Hand. Deutlich wird das sowohl in der Art, wie Gott sich dem Mose vorstellt (Ex. 3,7-10), als auch in dem Konflikt zwischen Mose und dem Pharao, der schlussendlich zu einem geistlichen Wettstreit zwischen den ägyptischen Priestern auf der einen und Mose auf der anderen Seite ausartet. Immer geht es dabei um Gott und seinen

Machtanspruch. Und schließlich ist der Auszug selbst damit begründet, dass das Volk seinem Gott huldigen und ihn anbeten will. In der Hinwendung zu Gott findet das Volk den Fluchtweg aus der ägyptischen Sklaverei.

Die geistliche Befreiung wird aber auch durch die Tatsache unterstrichen, dass der Kampf des Mose mit dem Pharao eindeutig in einen religiösen Kontext gestellt wird. Es geht hier nicht nur um die Sturheit eines Herrschers, der befürchten muss, dass ihm Hunderttausende von Sklaven entfliehen. Es geht vielmehr auch um „alle Götter Ägyptens" (Ex. 12,12). Israels politische und sozio-ökonomische Gefangenschaft entpuppt sich als religiöse Abhängigkeit. Es geht darum zu beweisen, wer am Ende der wahre Gott ist.

Der Exodus hat also eine spirituelle Dimension. Gott drückt es deutlich aus, indem er Mose verheißt:

> „Siehe, ich will einen Bund machen vor allem deinem Volk und will Wunder tun, dergleichen nicht geschehen sind in allen Landen und unter allen Völkern, und alles Volk, darunter du bist, soll sehen des Herrn Werk; denn wunderbar soll sein, was ich bei dir tun werde" (Ex. 3,10).

Freilich gestaltet sich die Hinwendung der Masse des Volkes zu seinem Gott eher schwierig. Vierzig Jahre Wüstenwanderung sind am Ende die Folge. Eine ganze Generation der Untreuen muss erst sterben, bevor der Exodus mit dem Eintritt ins verheißene Land abgeschlossen werden kann.

Die Exodus Erzählung stellt Gottes Erlösung als einen alle Lebensbereiche umfassenden Akt dar. Gottes Heil meint den ganzen Menschen. Nichts wird hier ausgelassen. Und dieses ganzheitliche Handeln an seinem Volk ist durch die Liebe und Treue Gottes zu seinem Volk motiviert. Gott sieht die Situation seines Volkes und eilt ihm entgegen, sobald dieses nach ihm ruft (Ex. 2,23). Er erinnert sich an seinen Bund mit Israel und beweist somit seine Bundestreue.

Die Exodus-Erzählung hat für die alttestamentliche Theologie der Erlösung einen deutlichen Modelcharakter.[730] Die Propheten erinnern Israel in Zeiten externer oder auch interner Unterdrückung an Gottes Handeln im Exodus und weisen darauf hin, dass Gott genau so wieder handeln wird (Jes. 40; 45,21-24; Jer. 2,6; 7,22-26; 23,7-8; Hos. 11,1; Micha 6,4; Amos 2,10; 3,1 u.a.).

Kann das auch für das Neue Testament gesagt werden? Die Antwort ist ja! Es ist unbestritten, dass das Exodus-Motiv im Neuen Testament auf Christus und sein Heilswerk gedeutet wird. Umstritten ist nur, inwieweit die Typologie zu verstehen ist. Während die einen eher nach geistlichen Prinzipien in der Geschichte suchen und diese dann auf persönliche, vor allem spirituelle Fragen des Einzelnen beziehen (so in weiten Kreisen der Evangelikalen), unterstreichen die anderen die sozial-politischen Aspekte des Narrativs (beispielsweise in der Befreiungstheologie). Beide Positionen führen eine Fülle von Argumenten für ihre Haltung an.[731] Und es fällt schwer, sich nicht mit den Argumenten anzufreunden. Denn nicht, was sie sagen, ist das Problem, sondern was sie nicht sagen. Notwendig ist eine integrierte Interpretation des Exodus-Narrativs, die beide Aspekte ernst nimmt, den sozio-politischen als auch den spirituell-geistlichen. So und nur so wird man dem Text selbst wie auch der Wirkungsgeschichte des Textes in der Bibel gerecht.

5.6.4 Das Erlassjahr – Gottes Modell für Erneuerung?

Während das Exodusmotiv das Meganarrativ für Erlösung darstellt, finden wir in der Verordnung des Erlassjahres[732] den grundlegenden theologischen Text für die biblische Theologie der Restauration. Diese Verordnung findet sich in Lev. 25,1ff und bezieht sich darauf, dass Israel jeweils im 50. Jahr[733], also im Jahr nach den sieben Sabbatjahren, alle Schulden zu erlassen hatte und die ursprünglich von Gott verordnete sozio-ökonomische Ordnung wiederherzustellen hatte.[734] War ein Hebräer in den zurückliegenden Jahren in eine ökonomische Abhängigkeit gekommen, sah er sich gar gezwungen, sein Land abzugeben oder im schlimmsten Fall sich selbst und seine Familie in den Frondienst zu verkaufen, so bot ihm das Erlassjahr die völlige Befreiung aus dieser Abhängigkeit. Er erhielt sein Land zurück und er bzw. seine Familie sah sich imstande, zu seiner Sippe zurückzukehren und neu anzufangen. Im Text heißt es: „Das ist das Erlassjahr, da jedermann wieder zu dem Seinen kommen soll" (Lev. 25,13).

Das Erlassjahr verfolgte offensichtlich mehrere Ziele:

Erstens unterstrich es das Prinzip der Gleichheit aller Mitglieder des Volkes Gottes in Fragen des Landbesitzes und damit der Hauptexistenzquelle der Menschen damals. Jede hebräische Familie hatte Land zugeteilt bekommen, und zwar Land, das weder einem Herrscher noch einem Gutsbesitzer gehörte. Israels Land gehörte Gott und Gott allein (Lev. 25,23). Als solches war es im Grunde unverkäuflich. Die Misswirtschaft eines Hebräers entledigte ihn keineswegs seines Zugangs zu den Ressourcen für die Lebensgestaltung. Im Erlassjahr bekam jeder die Chance zum Neuanfang! Das Jubeljahr führte daher notwendigerweise zu einer *ökonomischen Erneuerung* des Volkes. Es wurde zum Garant für soziale Gerechtigkeit im Volk Gottes.[735]

Zweitens unterstrich es das Prinzip Familie als Basiseinheit der hebräischen Gesellschaft. Im Jubeljahr erhielt jeder Haushalt seine Chance zu einem gemeinsamen Neuanfang zurück.[736] In die Sklaverei verkaufte Familienmitglieder erhielten ihre Freiheit und kehrten zu ihrer Sippe, zum Haushalt ihres Vaters zurück (Lev. 25,10). Die Konzentration sozialer Macht in einigen wenigen Händen, Familien oder Clans war damit auf Dauer unmöglich und der Familienverband einem regelmäßigen Erneuerungsprozess unterzogen. Das Jubeljahr setzte daher den Prozess *sozialer Erneuerung* in Gang.

Drittens unterstrich das Erlassjahr Gottes Anspruch auf Volk und Land. Deutlicher konnte sein Machtanspruch nicht ausfallen. Mit dem Jubeljahr setzt Gott jedem Machtgelüste der Menschen ein Ende. Er ist es, der Israel regiert. Es ist sein Volk. Er hat es aus der Sklaverei Ägyptens befreit. Niemals mehr sollen sie zu Sklaven werden. Auch nicht zu Sklaven im eigenen Volk (Lev. 25,38). Ihm und ihm allein haben sie zu gehorchen. Auf ihn allein sollen sie sich verlassen. Paul House hat recht, wenn er die Tatsache unterstreicht, dass die Vorschrift des Erlassjahres auf der Beziehung Israels zu seinem Gott ruht.[737] Das Erlassjahr kann nur funktionieren, wenn vier wichtige Voraussetzungen erfüllt werden, wenn nämlich die Hebräer

- Gott fürchten (Lev. 25,17),
- sich auf Gottes Fürsorge verlassen (Lev. 25,18-22),
- ihr Land Gott, dem eigentlichen Landbesitzer, überlassen, der es ohne Ansehen der Person verteilt (Lev. 25,23-24),
- schließlich sich selbst als sein Eigentum sehen (Lev. 35-55).[738]

Es ging demnach im Erlassjahr im Wesentlichen um Gott und die Beziehung seines Volkes zu ihm und zueinander. Da ist es verständlich, dass dem Jubeljahr eine *religiös-spirituelle Erneuerung* folgte.

Viertens nahm das Jubeljahr schließlich das Volk Israel als Ganzes selbst in die Verantwortung für das Schicksal der eigenen Volksgenossen. Das Erlassjahr schließt darüber hinaus auch die Verantwortung für die Ökologie ein. In diesem Jahr sollte das Land nicht bearbeitet werden und durfte sich von der Ausbeutung durch den Menschen erholen.[739] Somit ist das Erlassjahr auch ein Jahr *der Erneuerung des missionarischen Auftrags Gottes an sein Volk*.

Es ist bezeichnend, wie das Erlassjahr in den Schriften des Alten Testaments rezipiert wird. Hesekiel nennt das Erlassjahr ein Jahr der Vergebung (Hes. 46,17). Jesaja erblickt im Jubeljahr das Vorbild für die messianische Erneuerung Israels (siehe zB Jes. 49). Jesaja 61,1ff nimmt die Sprache des Jubeljahres auf, um auf das Werk des kommenden Messias hinzuweisen. Vergebung und Wiederherstellung im Alten Testament folgen dem Vorbild des Erlassjahres.[740]

Die Frage ist natürlich berechtigt, was die Verordnung des Sabbatjahres mit der neutestamentlichen Gemeinde zu tun hat. Weder lassen sich die ökonomischen noch die sozialen Verhältnisse der Zeit mit den Verhältnissen zur Zeit Jesu, ganz zu schweigen von unseren komplexen Verhältnissen heute, vergleichen. Oder doch? Die Berechtigung, die Rolle des Erlassjahres im Zusammenhang einer Theologie des Gemeindebaus zu diskutieren, kommt aus den Worten Jesu. Sein Selbstverständnis scheint eng mit der Vorstellung vom Erlassjahr zusammenzuhängen.[741] Jesus bezieht die Erfüllung der prophetischen Verheißung des Kommens des Erlösers Israels in Jes. 61,1ff auf sich selbst

(Lk. 4,16-30) und schließt sein Zitat mit dem Hinweis auf das gebrochene Gnadenjahr, das es nun zu verkündigen gilt (Lk. 4,19). Für Jesus ist der Anbruch des Reiches Gottes, der mit seiner Person geschieht, mit der Ausrufung des Jubeljahres verbunden.[742]

John Howard Yoder (1927–1997) begründet in seinem 1972 erschienenen Buch „The Politics of Jesus"[743] seine Forderung nach einer Theologie, die an der gesellschaftlichen Veränderung interessiert ist und sozialen Wandel fördert, mit der Lehre und dem Leben Jesu.[744] Sein soziales Verhalten sei normativ für eine christliche Sozialethik[745] und müsse auf dem Hintergrund des Jubeljahr-Gesetzes verstanden werden.[746] Yoder geht so weit zu behaupten, dass „Jesus im Jahre 26 tatsächlich ein Jubeljahr nach den mosaischen Sabbatvorschriften proklamierte: ein Jubeljahr, das in der Lage war, die sozialen Probleme Israels durch Schuldenerlass und durch die Befreiung von Schuldnern, deren Zahlungsunfähigkeit sie zur Sklaverei erniedrigt hätte, lösen zu können"[747].

Die deutliche Verbindung des Selbstverständnisses und des Dienstes Jesu mit dem Erlassjahr macht die Annahme des Meganarrativs für die Wiederherstellung der Herrschaft Gottes in der Vorschrift des Erlassjahres zwingend. Mit Jesus ist also das Gnadenjahr angebrochen (Lk. 4,19). Jetzt kann die Realisierung des Erlassprogramms beginnen. Durch göttliche Gnade ist die Amnestie allen Verschuldeten, die Freilassung der Gefangenen und die Wiedereinsetzung der Gebeugten in ihren von Gott bestimmten Besitz zu einer erfahrbaren Wirklichkeit geworden. Freilich ist das nur in Christus möglich! In ihm findet die Erfüllung des Erlassjahres statt. Die Sprache der Evangelien macht deutlich, wie stark das Motiv des Erlassjahres Jesu Worte und Taten durchzieht.[748] Nur wer in Christus ist, ist jene Kreatur, die dabei ist, in allem neu zu werden (2Kor. 5,17). In ihm ist die Versöhnung möglich.[749]

Und die Gemeinde ist die Botschafterin dieser Versöhnung. Ihr obliegt es, das Gnadenjahr zu verkündigen, genauso wie es Jesus tat (Joh. 20,21). Dabei sollte sie sich davor hüten, ihren Auftrag zu schnell zu spiritualisieren oder zu sozialisieren. Extreme greifen in der Regel zu kurz. Haben wir den Mut und bleiben bei dem Wortlaut des Textes. Paul Hertig hat recht, wenn er im Bezug auf Lk. 4,16-30 schreibt: „Lukas erlaubt uns nicht, diese Jubeljahr-Sprache als blumige Metapher oder geistliche Allegorie auszulegen ... Jesus hat das Jubeljahr erfüllt. Seine radikale Mission war dieselbe Mission Gottes, wie sie in der alttestamentlichen Verkündigung des Erlassjahres festgelegt ist. In vier Aspekten ist diese Mission im Lukasevangelium erhalten:

- Es ist beides Verkündigung und Tat,
- es ist beides geistlich und sozial,
- es ist beides für Israel und die Nationen,
- es ist beides gegenwärtig und eschatologisch."[750]

5.6.5 Ein ganzheitliches Verständnis von Heil und Erlösung in der Theologie des Gemeindebaus

Geht man von den beiden Meganarrativen der Bibel aus, so kann man Heil bzw. Erlösung nur als einen, das gesamte Dasein des Menschen umfassenden Akt sehen. Jeder Versuch, Gottes Heilsangebot zu kompartmentalisieren, muss daher zurückgewiesen werden. Gottes Heilsangebot an die Welt schließt sowohl das persönliche und spirituelle als auch das soziale, ökonomische, kulturelle und politische Dasein des Menschen ein.

Eine solche Folgerung hat enorme Konsequenzen für den Gemeindebau. Es ist eine Sache, Gemeinde als Stätte der geistlichen Kontemplation zu bauen, wo der Mensch Frieden, Vergebung, Rechtfertigung und Ermutigung für sein Leben im Glauben an Gott erfährt. Es ist aber eine ganz andere, wenn die Gemeinde sich auch für die Umsetzung des Friedens, der Vergebung und der Gerechtigkeit in der Lebenswelt der Menschen einsetzt. Im ersten Fall genügt es, eine Kapelle aufzubauen, die immer und für jeden offen steht. Im zweiten ist es mit einer Kapelle nicht getan. Da bestimmt die Tagesordnung der Welt mit all ihren Problemen, all ihrer Friedlosigkeit und Ungerechtigkeit die Agenda. Im ersten Fall sind richtige Worte gefragt. Im zweiten erwartet man, dass den Worten Taten folgen. Im ersten Fall ist die Gemeinde Kirche am Sonntag. Im zweiten feiert sie ihren Gottesdienst im Alltag des Menschen.

Wenn Gemeindebau auf eine missionarische Konkretisierung des Heilswortes Jesu inmitten der Völker drängt, dann kann es sich nur um eine Gemeinde des Wortes und des Werkes handeln. Eine Gemeinde des Wortes – und noch weniger eine Gemeinde unter dem Wort allein vermag biblisch nicht zu genügen. Das Diktum der *Confessio Augustana*, eine Gemeinde sei „Versammlung der Gläubigen ... bei welchen das Evangelium rein gepredigt und die heiligen Sakramente laut des Evangeliums gereicht werden"[751], greift eindeutig zu kurz. Menno Simons forderte daher, die lutherischen Zeichen der wahren Gemeinde durch mindestens vier weitere zu ergänzen: heiliges Leben, brüderliche Liebe, Zeugnis und Leiden.[752] Andere schlossen und schließen sich ihm an.[753] Was gefragt ist, ist eine missionale Gemeinde, die im Wort Gottes lebt, in der das Wort Gestalt gewinnt.

5.7 Missionale Gemeinde

Gemeinde ist Gottes Missionsarm in der Welt. In der neueren Literatur wird sie deshalb als „missionale Gemeinde"[754] postuliert. Was bedeutet das?

Der Begriff „missional" stammt aus dem Englischen, wo er zunächst als Synonym für „missionarisch" gebraucht wurde und so bereits im Oxford English Dictionary von 1907 zu finden ist.[755] Die heutige Bedeutung geht dagegen auf die Diskussionen um das Konzept der *missio Dei,* wie es seit der Missionskonferenz in Willingen 1952 diskutiert wurde, zurück. Hier wurde die Gemeinde als von ihrem Wesen her missionarisch verstanden.[756] Seit den siebziger Jahren wird hier und da der Begriff „missional" verwendet, um damit das mssionarische Wesen der Gemeinde anzudeuten. Doch erst die Publikation des Buches „The Missional Church: A Vision for the Sending of the Church in North America" im Jahre 1998 brachte den Durchbruch.[757] Das Buch wurde vom *Gospel and Our Culture Network (GOCN)* in Nord-Amerika publiziert und erreichte sehr schnell weite Aufmerksamkeit.

Was meint missional? Einfach ausgedrückt, steht es für nicht mehr und nicht weniger als „vom Wesen her missionarisch"[758]. Doch was so einfach gesagt ist, ist im Detail doch komplizierter als angenommen. Wer heute missional sagt, meint in der Regel eine Kirche mit folgenden drei Charakteristika:[759]

- Gemeinde ist Gottes Gesandte in die Welt, die den Auftrag hat, seine Mission zu verwirklichen.

- Gemeinde ist Gottes besonderes Angebot für den bestimmten Kontext.

- Gemeinde hat einen ganzheitlichen Auftrag.

5.7.1 Vom Wesen her missionarisch

Gemeinde ist im Wesen Gottes begründet. Sie hat ihren Platz in der Mission Gottes, ihre Handlungstheorie in der Mission Christi und ihre Praxis in der Mission des Geistes. Sie ist trinitarisch und missionszentriert zu denken. Das ist das Ergebnis unseres Studiums der Thematik bis jetzt gewesen: Gemeinde ist missional. Das bedeutet: Nichts am Dasein der Gemeinde kann aus dem Rahmen der Mission Gottes in der Welt entfernt werden. Es gibt keinen ekklesialen Bereich mehr, kein innen und außen, sondern was innerhalb der Gemeinde geschieht, muss nach außen gerichtet sein. Somit ist die Gemeinde grundsätzlich extern fokussiert. Ihre Mission drängt sie nach außen zur Welt. Die Welt ist ihr eigentlicher Bezugspunkt, die Welt ist ihr Auftrag und ihre erste Adresse. Die Welt setzt die Tagesordnung für die Gemeinde. Freilich kann das nicht heißen, dass die Welt ihre „Tagesordnung bestellt". Die Gemeinde ist die Gesandte Gottes. Von ihm hat sie ihren Auftrag, ihre methodischen und praktischen Anweisungen. Sie ist zwar in die Welt gesandt, aber sie ist keineswegs von der Welt bestimmt.

Diese „kreative Spannung", wie David Bosch es einmal nannte, bestimmt nun den Alltag der missionalen Gemeinde. In der Welt, nicht von der Welt, für die Welt und doch nicht weltlich, der Welt hingegeben und doch nicht von der Welt vereinnahmt. Niemals will die Gemeinde werden, wie die Welt ist, denn sie ist geheiligt, und ihr Bestreben ist es, eine heilige Gemeinde zu sein, „geheiligt dem Herrn, ohne Flecken und Runzeln" (Eph. 5,25). Niemals darf die Gemeinde zulassen, sich in das Denkschema der Welt einbauen zu lassen, wenn sie den Willen Gottes für sich erkennen möchte (Röm. 12,2). Nur als Heilige, als bewusste Kontrastgesellschaft zur Welt kann sie ihren eigentlichen Auftrag, die Transformation der Welt, wahrnehmen.

Und doch kann die Gemeinde in der Welt nur Gemeinde sein, wenn sie sich in die jeweilige Kultur der Menschen hineinbegibt und inkulturiert. Sie kann nur missional sein, wenn sie zugleich da ist, wo ihre Mission zu geschehen hat – in der Welt. Sie muss die Welt umarmen, sie durchdringen wie Licht, das keiner Finsternis Raum gewährt. Inkulturation ist für die Gemeinde unvermeidbar, will sie eine missionale Gemeinde sein. Sie wird, um mit Jesus zu sprechen, das Weizenkorn werden müssen, das da in die Erde fällt und erstirbt, um viel Frucht zu bringen.

Einer meiner pastoralen Kollegen gebrauchte an dieser Stelle das Bild von der Kartoffel. Diese wird bekanntlich aus dem Dreck der Erde geerntet, gewaschen und sauber gelagert. Wollte man, dass die Kartoffel Frucht bringt, dann wird es im Frühling unvermeidbar, die Kartoffel auszusetzen, und zwar da, wo sie herkam – im Dreck des Feldes. Viele Gemeinden scheinen an dieser Stelle einen anderen Weg gehen zu wollen. Sie ernten die Kartoffel, lagern sie in wohltemperierten Gemeindehäusern und Frömmigkeitsnischen der Gesellschaft ein und warten, bis die Kartoffeln etwas Gemeinsames entwickeln. Und diese tun es. Erstaunlich schnell sieht man sie keimen. Doch schon bald ist dies mit einem penetranten Gestank verbunden, der aus der Ecke, in der die Kartoffeln gelagert sind, seinen markanten Duft verbreitet. Die Kartoffeln haben sich in enger Gemeinschaft miteinander verkeilt und ... verfaulen langsam.

Eine missionale Gemeinde ist immer kenotischer Natur. Sie wird sich für die Welt hingeben müssen, für die Welt entleeren, wie Jesus es ihr vorgemacht und anbefohlen hat. Einen anderen Weg zum missionarischen Erfolg gibt es für sie nicht.

5.7.2 Gemeinde für den Kontext

Die Analyse der Texte des Neuen Testaments hat deutlich gezeigt – Gemeinde ist vor allem und zuerst Ortsgemeinde.[760] Sie ist die *ekklesia* des Ortes, ausgerüstet mit den entsprechenden Kompetenzen und der Verantwortung für die

Mission Gottes im Lebensraum der Menschen, in dem sie gebaut wird. Nur so kann sie sichtbare Gestalt werden. Nur so kann sie Zeugnis sein. Der Wohnort ist „Orientierungsraum für elementare Grundbedürfnisse ... Ort der Hilfe in den Wechselfällen des Lebens"[761]. Hier kann und wird Nachbarschaftshilfe geübt, soziale Netze werden geknüpft und gepflegt. Hier gestaltet sich soziales Leben. Will die Gemeinde dieses Leben prägen, so kann sie nur bestehen, wenn sie zum Ort gehört. Entfernt man die Gemeinde aus dem konkreten Lebensraum der Menschen, so beraubt man die Menschen der göttlichen Präsenz. Aber das Gleiche gilt auch umgekehrt: Nimmt man der Gemeinde den Ortscharakter, so verliert sie ihre Bedeutung für die Menschen. Ihre Botschaft ist dann nicht mehr als ein theoretisches Konstrukt, das wenig bis nichts mit dem Alltag zu tun hat. Begibt die Gemeinde sich aber in den konkreten Lebensraum der Menschen und nimmt sich der Fragen und Herausforderungen des Kontextes an, dann entsteht Vertrauen zur Gemeinde und ihrer Botschaft.

Daran hat sich auch heute nichts geändert. Trotz aller Mobilität der Menschen gilt das Wort Herbert Lindners immer noch: „Der Wohnort hat bleibende Funktionen behalten, die für die Standortbestimmung der Ortsgemeinde heute entscheidend sind. Wenn sie ‚Kirche am Ort' ist, dann darf und muss sie nicht gegen die Situation am Ort leben und an ihr vorbei zu arbeiten versuchen."[762]

Missional Gemeinde zu bauen heißt, die Gemeinde zu den Menschen bringen und ihr ihren Ortscharakter wiedergeben.

Nun mag diese Forderung für all diejenigen, die in ihren Ortsgemeinden engagiert sind, recht merkwürdig klingen. Sind die Kirchen mit ihrer parochialen Struktur nicht Ortsgemeinden? Sind Freikirchen mit ihrem Konzept der Glaubensgemeinde nicht Ortsgemeinden? Wird hier nicht gefordert, was längst Realität ist? Mag schon sein. Aber eine Gemeinde, die sich vor Ort als solche etabliert, ist noch lange keine verortete Gemeinde. Eine Kirchengemeinde, die die Einwohner mit einer Parochie abdeckt, ist zwar vor Ort anwesend, aber ist sie deshalb schon bei den Menschen und ihrem Lebensraum angekommen?

Missionale Gemeinde ist eine kontextualisierte Gemeinde. Sie ist allem anderen voran für die Menschen da, die sie unter die Königsherrschaft Gottes führen will. Ihre Strukturen und Angebote sind an die Gegebenheiten des Lebensraums, dem sie dienen will, angepasst. Ihre Dienste haben die Menschen im Blick. Ihr Programm will den Lebensraum verändern. Ihre Verkündigung sucht die Menschen in die rettende Nähe des Herrn Jesus Christus zu führen. Die Verortung ist hier im wahren Sinne des Wortes reale Wirklichkeit. Ihr missionales Selbstverständnis ermöglicht ihr eine bewusste Neuschaffung der Gemeinde für den jeweiligen Kontext.[763]

Eine missionale Gemeinde ist somit extern fokussiert. Sie wird immer mehr dem Ort ähneln als der Denomination, zu der sie gehört. Sie wird immer mehr im Ort arbeiten als in den eigenen vier Wänden. Ihr Leben läuft weniger im Gemeindezentrum als in der Welt ab. Ihre Programme laden nicht ins Gemeindezentrum ein, sondern laufen unter den Menschen, und die Menschen selbst werden daran so weit wie nur möglich beteiligt. Die Grundstruktur der missionalen Gemeinde ist vom Geh-Prinzip gestaltet. Aber nur eine verschwindend kleine Minderheit der Gemeinden lebt heute so.

Im Gegensatz dazu ist die intern fokussierte Gemeinde vor allem auf sich selbst bezogen. Nichts sucht diese Gemeinde mehr, als ihre Reinheit und Heiligkeit zu bewahren. Sie folgt einer grundsätzlich nonkonformistischen Theologie und betont ihre Andersartigkeit. Mitglieder einer solchen Gemeinde werden sich hüten, mit Menschen aus der Welt gemeinsame Sache zu machen. Ihre Angebote und Programme laufen grundsätzlich im Gemeindezentrum ab. Ihre Evangelisation findet auf eigenem Territorium statt. Auch da, wo man sie in ein Zelt auslagert, ist das immer noch ein „christliches" Zelt. Und geht man mit einem Konzert in die Stadthalle, so ist diese „von den Christen" gemietet. Die Grundstruktur der intern fokussierten Gemeinde ist vom Komm-Prinzip gestaltet. Die absolute Mehrheit der Gemeinden bei uns ist diesem Gemeindetypus zuzurechnen, obwohl man ihn so im Neuen Testament nicht findet.

5.7.3 Gemeinde mit einem ganzheitlichen Auftrag

Gemeinde ist für das Heil der Menschen vor Ort verantwortlich. Das bestimmt ihren Auftrag, und dieser schließt, wie wir gesehen haben, Verkündigung in Wort und Tat, dialogische Existenz und Gottesdienst im Angesicht der Welt ein. Ihr gesamtes Leben ist missionarisch ausgerichtet. Eine Trennung von Verkündigung und sozialer Tat ist im Rahmen einer missionalen Gemeinde für immer überwunden. Was allerdings nicht bedeuten kann, dass immer alles und gleichzeitig vonstatten gehen muss. *Ekklesia* als Gemeinde der für die Mission in der Welt Verantwortlichen besteht aus ganz unterschiedlich begabten und berufenen Menschen. Nicht jeder macht hier alles, sondern jeder tut sein Werk, zu dem Gott ihn berufen hat. Doch jeder tut, was er tut, sagt, was er sagt, lebt, was er lebt – zum allgemeinen Nutzen (1Kor. 12,7).

Ganzheitlicher Dienst und charismatische Struktur der Gemeinde gehen demnach Hand in Hand. Man kann das eine nicht ohne das andere haben. Der gesellschaftlich-transformative Auftrag der Gemeinde fordert regelrecht eine kollektive Herangehensweise. Einzelkämpfe werden hier nie viel ausrichten. Konsequenterweise weist *Lumen Gentium* dem Laientum in der römisch-katholischen Kirche die eigentliche missionarische Rolle zu. Damit ist das reformatorische Priestertum aller Gläubigen sogar für die römisch-katholische Kirche wiederentdeckt. Ähnlich macht die orthodoxe Kirche in ihrem Begriff der *Sobornost* den völkischen, kollektiven Charakter des missionarischen Volkes Gottes fest. In ihrer „sozialen Doktrin" wehrt sich die russisch-orthodoxe Kirche mit Recht gegen die individualistische Engführung der westlichen Kirche, wie sie beispielsweise in der Rede von den Menschenrechten zutage tritt.[764] Nein, nicht gegen die Menschenrechte wird hier zu Felde gezogen, sondern gegen die Vorstellung, es gebe ein absolutes Primat der Rechte des Einzelnen über jedes andere Prinzip in der Welt und Gesellschaft. Wer das Reich Gottes bauen will, der wird erkennen müssen, dass es zuerst um das Reich Gottes gehen muss, bevor man sich der Rechte des Einzelnen annimmt (Mt. 6,33).

Ganzheitlichkeit des missionarischen Daseins der Gemeinde impliziert somit die korporative, kollektive Wirklichkeit der Gemeinde. Sie ist ein Volk, ein Leib, eine Versammlung. Nur in dieser Einheit ist sie missionarisch attraktiv und erfolgreich. Jesus kann das auf einen einfachen Punkt bringen. Er wünscht sich die Einheit der Gläubigen, weil auf diese Weise die Menschen in der Welt Gott erkennen werden (Joh. 17,20).

Ganzheitlichkeit im missionalen Gemeindebau impliziert aber auch die Aufnahme der gesamtgesellschaftlichen Verantwortung der Gemeinde vor Ort. Die *ekklesia* kann sich niemals nur für bestimmte Aufgabenbereiche oder Schichten, Gruppen und Klassen in der Gesellschaft entscheiden. Ihr Auftrag lässt sich nicht beliebig kompartmentalisieren, wie das die amerikanische Gemeindewachstumsbewegung uns glauben machen will. Die meisten Entwürfe zur Gemeindegründung und zum Gemeindeaufbau gehen davon aus, dass der Missionsbefehl Jesu (Mt. 28,18ff) und auch die Missionspraxis des Paulus (1Kor. 9,19-23) die Evangelisation und Gemeindegründung mit einer Zielgruppenorientierung bewusst fordern.[765] Entsprechend orientieren sich die meisten Anleitungen zur Gemeindegründung an den Zielgruppen.[766] Manfred Beutel, der ein Gemeindeaufbaukonzept vertritt, kann sogar sagen: „Ihre Gemeinde wird nur wirklich weiterkommen, wenn Sie sich auf eine Zielgruppe spezialisieren".[767] Nur so kann wirkliche Kulturrelevanz erreicht werden.[768] Die Betonung der Zielgruppe geht auf die Arbeit des amerikanischen Gemeindewachstums-Theologen Donald A. McGavran zurück. Sein Buch *Understanding Church Growth*[769] ist zu einer Art Bibel der amerikanischen Gemeindewachstums-Bewegung geworden. Eines der wichtigsten Prinzipien, die McGavran darin postuliert, ist das Prinzip der homogenen Einheit.[770] McGavran stellt fest, dass Gemeinden da außerordentliches Wachstum vorweisen, wo sie sich an Menschen wenden, die zu einer besonderen homogenen Gruppe gehören.[771] Er schreibt: „Menschen werden gerne Christen, wenn sie dazu nicht Rassen-, Klassen- oder Sprachbarrieren überwinden müssen"[772].

Zu diesem Schluss kommt McGavran infolge jahrelanger weltweiter Untersuchungen von Gemeindewachstumsphänomenen. Er sieht daher in der so beschriebenen Tatsache ein Prinzip, das Gemeindewachstum unmittelbar von der Einhaltung der Konzentration der Evangelisation und anderer Gemeindeaktivitäten auf die eigene homogen umrissene Gruppe, oder wie McGavran sie nennt, homogene Einheit (*homogenious unit*).[773] Gesellschaftliche und kulturelle Relevanz wird in der Gemeindearbeit nur dann effektiv erreicht, wenn man sich konsequent dem Prinzip der homogenen Einheit stellt.

So argumentieren im Gefolge McGavrans die meisten Gemeindewachstums-Experten. Das wohl herausragendste Beispiel hierfür ist Rick Warrens „Kirche mit Vision"[774]. Warren gibt unumwunden zu, stark von McGavran beeinflusst zu sein.[775] Er schreibt: „Alle möglichen Arten von Gemeinde sind notwendig, um alle möglichen Arten von Menschen zu erreichen"[776]. Jede Gemeinde hat somit „eine spezifische Begabung, einen bestimmten Typos von Menschen zu erreichen"[777]. Und dieser Typos wird sozio-kulturell festgemacht. Warren schreibt: „Die Menschen, die Ihre Gemeinde am ehesten erreichen kann, sind diejenigen, die zu der im Moment existierenden Kultur Ihrer Gemeinde passen."[778] Er empfiehlt daher berufs- und sogar altersspezifische Gemeinden zu bauen.[779]

Ein weiteres auf McGavran zurückgehendes Prinzip des Gemeindeaufbaus bezieht sich auf die religiöse Ansprechbarkeit oder Rezeptivität der Menschen dem Evangelium gegenüber.[780] Seine Empfehlung lautete, Gemeindebau da zu betreiben, wo Menschen am offensten sind.[781] Ganz ähnlich Warren: „Wachsende Gemeinden konzentrieren sich darauf, aufnahmebereite Menschen zu erreichen. Nicht wachsende Gemeinden konzentrieren sich darauf, inaktive Mitglieder wieder für das Gemeindeleben zu gewinnen."[782]

McGavrans Ausführungen brillieren nicht durch theologische Begründungen. Man hat ihn sehr früh einen „task theologian"[783] genannt. C. Rene Padilla untersuchte diese Theologie auf ihren biblischen Bezug und kommt in seiner Studie zum Ergebnis, dass die Theologie der homogenen Einheit keine biblische Begründung hat.[784]

Wie schwierig das Festhalten am Prinzip der homogenen Einheit ist, zeigen die Erfahrungen des Gemeindebaus in urbanen Räumen.[785] Eine Stadtbevölkerung befindet sich kontinuierlich in Bewegung. Menschen kommen und gehen. Stadtteile, die noch gestern beste Adressen darstellten, können schon morgen dem Zerfall nahe sein. Einkaufstraßen, die noch vor wenigen Jahren reges Geschäftsleben aufwiesen, können durch den Aufbau von Mega-Supermärkten auf der grünen Wiese in kürzester Zeit menschenleer sein. Wo noch gestern eine homogene einheimische Bevölkerung das Straßenbild prägte, kann schon heute ein buntes Bild von Menschen aus aller Herren Länder vorherrschen. Städte sind im Prinzip heterogen.[786] Gemeinden, die dem Prinzip der homogenen Einheit folgen, haben hier nur schlechte Karten. Wenn überhaupt, dann entwickeln sie sich in den Vorstädten, in den Wohnlandschaften der Mittelklasse am besten. Gerade im gelobten Land der Gemeindewachstumsbewegung ist dieser Prozess am deutlichsten zu verfolgen. Während hier die Gemeinden in den Innenstädten zerfallen, entstehen draußen in den Suburbs die Megakirchen der besser Betuchten.

Solche Gemeindewachstums-Prinzipien erweisen sich auch als völlig untauglich für den Gemeindebau im Bereich des Islam, wie David Shenk anschaulich gemacht hat.[787] Shenk weist darauf hin, dass ein Modell, das prinzipiell auf eine Kompartmentalisierung der Gesellschaft aus ist, konträr zu der Basis-Vorstellung von der islamischen Glaubens- und Lebensgemeinschaft, der Ummah, sowohl theologisch als auch sozial eher Probleme als Erfolge tätigen wird. Shenk plädiert daher für einen Gemeindebau, der die Kultur der Menschen, unter denen Gemeinden gebaut werden soll, ernst nimmt und nach weitestgehender Kontextualisierung sucht.[788]

Missionaler Gemeindebau kann sich nicht an Gruppen und Grüppchen der Gesellschaft wenden. Er ist Gottes Angebot an die Menschen vor Ort. Und diese Menschen bestimmen, was und wie die Gemeinde in ihrer sozialen Gestalt aussehen wird. Missionaler Gemeindebau ist an ganzheitlichem Gemeindewachstum interessiert.[789] C. Wayne Zunkel spricht von zwei Arten von Blindheit, mit der Christen und Gemeinden oft befallen sind. Er nennt sie „Peoples and Kingdom Blindness"[790]. Missionaler Gemeindebau überwindet eine solche Blindheit, und er wendet sich an die Gesellschaft als Ganzes mit dem Evangelium des Reiches, das keine Bereiche des Lebens ausspart.

6. Die Gestalt der Gemeinde

Ekklesiologische Grundvoraussetzungen
für eine Theologie des gesellschaftsrelevanten
Gemeindebaus

6.1 Vorbemerkungen

Gemeinde hat einen Platz in „Gottes Programm"[791] mit dieser Welt. Sie ist auf seine Mission hin geschaffen. Aber geschaffen ist sie als Gemeinde. Und als solche ist sie organisiert. Alle Bilder, mit denen die Gemeinde im Neuen Testament beschrieben wird, machen dies deutlich. Ob Haus, Bau, Volk oder Leib – es handelt sich bei diesen Vorstellungen immer auch um organisierte und in sich harmonische Gebilde. Gott ist in der Tat nicht ein „Gott der Unordnung, sondern des Friedens" (1Kor. 14,33). Und sein Friede kennt Ordnung!

Deshalb muss eine Theologie des Gemeindeaufbaus ekklesiologische Erkenntnisse mitberücksichtigen. Der amerikanische Gemeindegründungsexperte Elmer Towns geht davon aus, dass die Mehrheit der gescheiterten Gemeindegründungsprojekte auf Kosten einer inkorrekten Ekklesiologie gehen.[792] Dabei ist die Frage nach der rechten Gemeinde, wie wir oben gesehen haben, die am seltensten gestellte Frage in den Anleitungen zum Gemeindebau.

Was sind also die ekklesiologischen Voraussetzungen eines gesellschaftsrelevanten Gemeindebaus? Welche Fragen der Organisation des Aufbaus sind unbedingt zu klären? Welche Struktur ist angebracht? Welche Leitung ist adäquat?

6.2 Welche Gemeinde soll gebaut werden?

6.2.1 Die Frage nach der Identität

Gemeindebau hat mit dem Bau von Gemeinden zu tun. Eine Theologie der Gemeindegründung und des Gemeindeaufbaus muss daher nicht nur die Voraussetzungen zum Gemeindebau, sondern auch das eigentliche Objekt, die Gemeinde selbst, ins Visier nehmen. Einfach ausgedrückt geht es um die Frage, was denn nun gebaut werden soll. Oder wie soll das Gebilde aussehen, das da gebaut wird? Aus der Praxis der Gemeindegründung ist es längst bekannt: Wo Fragen nach Form und Struktur nicht im Vorfeld geklärt werden, werden sie später zum Problem. Man kann eine solche Entwicklung deutlich in den protestantischen Kirchen beobachten. Man hat hier zwar immer wieder die Fragen nach Glauben und Glaubenspraxis bewegt, ließ aber die Frage nach der sozialen Gestalt der Kirche weitgehend unbeantwortet. Christian Schwarz konstatiert mit Recht:

> Es ist das Verdienst der ersten Reformation, dass sie die Dimension des persönlichen Glaubens und des allgemeinen Priestertums *wiederentdeckt* hat. Es ist das Verdienst der zweiten Reformation, dass sie darangegangen ist, persönlichen Glauben und allgemeines Priestertum praktisch *einzuüben*. Es bleibt die Aufgabe der dritten Reformation, die Kirche so zu strukturieren, dass das, wofür die ersten beiden Reformationen gekämpft haben, zum Normalfall werden kann.[793]

Schwarz verlangt ein Umdenken, ja einen Paradigmenwechsel in der Kirche, der „Glaube, Gemeinschaft und Dienst *Ereignis werden*"[794] lassen kann. Andere schließen sich Schwarz in seiner Forderung nach einem grundsätzlichen strukturellen Umdenken an. Gibbs und andere[795] sehen sogar eine Bewegung der „New Paradigm" oder auch „New Reformation Churches" in den USA aufkommen. Frost und Hirsch verlangen nach einer Revolution im Gemeindebau und einer grundsätzlichen Absage an ein im Christentum festgefahrenes Paradigma.[796] Stattdessen propagieren sie das neue Paradigma der missionalen Gemeinde.[797] Auch wenn diese Forderungen zuweilen plakativ vorgetragen werden und in ihrer Zuspitzung polemisch klingen, so ist in ihnen eine Tendenz zu spüren, die unbedingte Befürwortung verlangt. Es ist in der Tat nicht egal, was man baut, wenn man sich anschickt, Gemeinde Jesu zu bauen.

Die Frage nach der Identität der Gemeinde ist in den wachsenden und erfolgreichen Gemeinden das eigentliche Thema. Ein Beispiel hierfür stellt die Willow Creek Community Church in Chicago dar. Nichts scheint den Vätern dieser Gemeinde so wichtig zu sein wie eine adäquate Vision von der Gemeinde. Manfred Beutel, der sich intensiv mit dem Willow-Creek-Konzept und der Praxis auseinandergesetzt hat, verlangt in seinem leidenschaftlichen Aufruf, von

Willow Creek zu lernen, an erster Stelle über die Identität und Vision der Gemeinde nachzudenken.[798] Erst wenn man weiß, was wir bauen wollen, kann das Projekt Erfolg versprechend gestartet werden. Im Falle von Willow Creek bedeutet das, eine klare Wesens- und Strukturbeschreibung der Gemeinde zu formulieren, und zwar in einer Sprache, die jedem potenziellen Kirchenbesucher zugänglich ist. Diese sind in den zehn Grundwerten der Willow Creek Community Church (WCCC) niedergelegt und beinhalten Folgendes:[799]

1. Wir sind überzeugt, dass vollmächtige Lehre Veränderung im Leben eines Menschen und in der Gemeinde bewirkt (Röm. 12,7; 2Tim. 3,16-17; Jak. 1,23-25).

2. Wir sind überzeugt, dass verlorene Menschen Gott wichtig sind und daher der Gemeinde wichtig sein sollten (Lk. 5,30-32; Lk. 15; Mt. 18,14).

3. Wir sind überzeugt, dass die Gemeinde kulturell relevant sein sollte, ohne ihre Identität und Lehre zu verleugnen (1Kor. 9,19-23).

4. Wir sind überzeugt, dass Christus-Nachfolger authentisch leben und stetes geistliches Wachstum erstreben sollten (Eph. 4,25-26.32; Hebr. 12,1; Phil. 1,6).

5. Wir sind überzeugt, dass die Gemeinde eine Gemeinschaft von Dienern ist, die ihre geistlichen Gaben vereint zum Dienst an der Welt einsetzt (1Kor. 12 und 14; Röm. 12; Eph. 4; Psalm 133,1).

6. Wir sind überzeugt, dass liebevolle Beziehungen jeden Aspekt des Gemeindelebens prägen sollten (1Kor. 13; Neh. 3; Lk. 10,1; Joh. 13,34-35).

7. Wir sind überzeugt, dass die Veränderung des Lebens durch den Glauben sich am besten in Kleingruppen vollzieht (Lk. 6,12-13; Apg. 2,44-47).

8. Wir sind überzeugt, dass exzellente Qualität Gott ehrt und Menschen inspiriert (Kol. 3,17; Mal. 1,6-14; Spr. 27,17).

9. Wir sind überzeugt, dass die Gemeinde von denen geleitet werden soll, die die Gabe der Leitung haben (Neh. 1 und 2; Röm. 12,8; Apg. 6,2-5).

10. Wir sind überzeugt, dass volle Hingabe an Christus und seine Sache normal für jeden Christen ist (1Kön. 11,4; Phil. 2,1-11; 2Kor. 8,7).

Diese zehn theologischen Grundwerte setzt die WCCC in einzelne strategisch wichtige Schritte um. Bill Hybels kann diese Prinzipien, nach denen er seine Gemeinde gestaltet, auch auf fünf einfache Begriffe reduzieren: Gnade, Gedeihen, Gruppe, Gaben und Geben.[800] Da wo Menschen in der Gnade Gottes leben, wo sie auf Wachstum aus sind, sich in eine Gruppe integrieren lassen und so Gemeinschaft praktizieren und ihre Gaben leben, und da wo sie bereit sind, ihr Leben im Dienst für andere zu gestalten, da ist Gemeinde. So etwas ist einfach, einprägsam und leicht vermittelbar. Was am Ende jeder weiß, ist die sogenannte „Fünf-G-Gemeinde".[801] Die WCCC setzt auf die Entwicklung einer Glaubensgemeinschaft, die ihre Mitglieder zu aktivieren sucht, ihr eigenes Potenzial zu leben. Es ist eine im wahren Sinne des Wortes „aktivierende Gemeindearbeit"[802].

Aber ist das Konzept von WCCC auch gesellschaftsrelevant? Reflektiert die hier beschriebene Identität das Wesen und die Mission Gottes?[803] Sieht so eine missionale Gemeinde aus? Anklänge an mehrere in diesem Buch diskutierte Positionen sind zwar ersichtlich, aber eine klare Linie ist nur schwer zu erkennen. Man hat eher den Eindruck, hier sind Prinzipien zusammengetragen, die aus dem einen oder anderen Grund für die Gründer der Gemeinde wichtig waren und sind. Aber was sind die Kriterien, die uns für die eine oder doch andere Grundposition entscheiden lassen?

6.2.2 IDENTITÄTSFINDUNG AUS TEXT UND KONTEXT

Fassen wir einmal die theologischen und missiologischen Einsichten aus dieser Studie zusammen. Gemeinde ist Gottes Volk, der Leib Christi, eine Gemeinschaft des Heiligen Geistes. Was und wie sie ist, entscheidet zuallererst Gott in seinem Wort. Man kann Gemeinde nicht beliebig bauen. Sie ist eine theologische Größe. Und als solche stellt sie Gottes unter den Menschen aufgerichtetes Wort von der Versöhnung in Christus dar. Sie ist in allem, was sie tut und sagt, zuallererst auf die Wiederherstellung der Königsherrschaft Gottes aus. Die Gemeinde ist die Inkarnation des Wortes Gottes! Damit ist sie verortete Gemeinde, eine Gemeinde im Kontext, die ihre Gestalt aus der Nähe zu den Menschen, für die sie gesandt wurde, und aus ihrer Kultur gewinnt. Sie will den Juden jüdisch, den Griechen griechisch und den Deutschen deutsch entgegenkommen, damit sie eben diese Juden, Griechen und Deutschen für Jesus gewinnen kann.

Es ist enorm wichtig, dass wir auf den Kontext, in dem die Gemeinde gebaut wird, hören. Auf diese Weise wird nicht nur eine Zukunftsvision, sondern auch eine machbare Gemeindetheorie entstehen.[804] Die Gemeindevision ist danach immer ein Konstrukt zwischen der biblischen Vision und den Anforderungen des Kontextes.[805] Sie wird jedes Mal neu konzipiert werden müssen. Ihre Form wird wesentlich von der Lebenswelt der Menschen bestimmt werden, in der sie entwickelt werden soll. Eine immer und überall gültige Form der Gemeinde, so in der Art von modernen Franchise-Unternehmen, ist somit im Prinzip ausgeschlossen.

Gesellschafts- und kulturrelevante Gemeindearbeit beschäftigt sich mit der Arbeit der Gemeinde im konkreten Lebensraum der Menschen. Gesellschaft ist die Praxis sozialer Beziehungen in konkreten sozialen und kulturellen Räumen. Gesellschaftsrelevanter Gemeindeaufbau ist an der Veränderung der Lebenswelt im Sinne des Evangeliums interessiert. Er gibt sowohl der Gemeinde selbst als auch ihrer missionarischen Arbeit eine soziale Gestalt. Diese „konstituiert sich durch die persönliche Gottesbeziehung des Einzelnen und die Entäußerung der Gemeinde an das Gemeinwesen"[806]. Die Gemeinde ist somit grundsätzlich kenotisch in ihrem Charakter. Erst die Entäußerung in die Gesellschaft, die Inkarnation in die gegebene Kultur der Menschen verleiht ihr ihre christologische Mitte.

Diese Tatsache ist in der neueren Literatur zum Gemeindeaufbau erkannt und wird von mehreren Autoren als entscheidender Schritt auf dem Weg zum Erfolg gewertet.[807] Im Laufe der letzten Jahre sind eine Reihe von neuen Modellen von Gemeinden entstanden, die die Hoffnung aufkommen lassen, dass die theologische Erkenntnis sich auch einen Weg in die Praxis des Gemeindebaus bahnt.

Gesellschaftsrelevanter Gemeindebau ist somit kontextueller Gemeindebau. Hier wird die Gemeinde für einen bestimmten sozio-kulturellen Raum gebaut, und dieser Raum entscheidet, welche Form des gemeindlichen Lebens, welche Sprache des Gottesdienstes und welche soziale Gestalt die Gemeinde letztendlich finden muss, damit sie den Menschen dient und unter ihnen Gottes Reich bauen kann. Will man als Gemeindegründer oder Gemeindebauer die Frage der Identität einer solchen Gemeinde klären, so wird man es adäquat nur tun können, wenn man sich dem oben beschriebenen Verfahren des Praxiszyklus stellt. Denn welchen Sinn macht es, in einer kulturell heterogenen Landschaft eines Stadtteils in einer deutschen Großstadt eine ethnische Gemeinde zu bauen, die ihre Tore für Menschen öffnet, die im Stadtteil selbst nicht wohnen? Genausowenig nachvollziehbar ist eine Gemeinde, die ihre Gottesdienste in türkischer Sprache anbietet, wenn dort keine Türken leben. Welchen Sinn würde eine Gemeinde machen, die sich vor allem an junge Familien richtet, wenn vor Ort keine jungen Familien leben? Was ist von einer Gemeinde in Kleingruppen zu halten, wenn die Kultur eine solche Kleingruppen-Zusammenkunft als sippenwidrig sieht und deshalb jede solche Zusammenkunft als Verrat an der Sippe, an der Familie und am Volk ahndet?

Beispiele dieser Art gibt es viele. Sie sind überall in unserem Land anzutreffen. Und es gibt kaum eine Denomination, die sich damit brüsten könnte, über solche Beispiele erhaben zu sein.

Die „Evangelische Freikirche am Heldenplatz"[808] in einer westdeutschen Großstadt ist eine solche Gemeinde. Sie hat ihr Gemeindezentrum vor gut fünfzig Jahren gebaut. Damals, gleich nach dem Krieg, strömten Tausende von Flüchtlingen aus dem Osten in den Westen Deutschlands. Viele von ihnen waren aus landeskirchlichen Gemeinschaften. So entstand diese Gemeinde in einem der ärmeren Stadtteile der Stadt. Doch dann kamen bessere Jahre. Unser Land hatte sein Wirtschaftswunder und die Flüchtlinge bauten ihre Häuser und häuften Reichtum an. Natürlich war das im besagten Stadtteil unmöglich. Sie zogen in die Vorstädte. Was zurückblieb, war die Gemeinde, ihre Gemeinde. Hier hatten sie Trost und Kraft zum Wiederaufbau gefunden. Für kein Geld der Welt würden sie ihre Gemeinde aufgeben. Und so kommen sie nun Sonntag für Sonntag. Manch einer leistet dabei Erstaunliches und durchquert die ganze Stadt, sitzt eine Stunde und mehr im Auto. Und alles nur für die eine Stunde Gottesdienst. Wenn das nicht Treue ist?! Im Stadtteil selbst leben heute andere Menschen. Nur wenige von ihnen sprechen ein passables Deutsch. Es sind die neuen Mitbürger. Sie kommen aus vielen Ländern der Welt – Migranten aller Art. Doch diese Menschen sieht man nicht im Gottesdienst der Gemeinde.

Die Treue der Gemeindeglieder ihrer Gemeinde gegenüber mag begeistern, aber darf man auch einmal fragen, ob die hier beschriebene Gemeinde noch Gemeinde im Sinne Gottes ist? Oder ist sie eher ein sozialer Treff von Christen, die längst ihren missionarischen Auftrag aus dem Auge verloren haben? Was müsste diese Gemeinde tun, um zu einer missionalen und gesellschaftsrelevanten Vision zu gelangen? Welche Schritte würden die Verantwortlichen gehen müssen, um zu einem Gemeindeaufbau-Konzept zu kommen, das den Aufbau einer missionalen Gemeinde ermöglicht? Im Praxiszyklus gedacht, sind es drei wichtige Schritte:

a. Die Gemeinde müsste sich für den Stadtteil, in dem sich ihr Gemeindehaus befindet, als ihr eigentliches Missionsfeld entscheiden. Sie müsste vom Gemeindehaus vor Ort zu einer Ortsgemeinde werden.

b. Die Gemeinde müsste sich mit den Menschen in ihrer unmittelbaren Umgebung beschäftigen, ihre Bedürfnisse und Sehnsüchte kennenlernen, um ihnen dann entsprechend dienen zu können.

c. Die Gemeinde sollte mit den Bedürfnissen der Menschen zu Gott kommen, diese theologisch auf der Grundlage der Schrift reflektieren und dann eine konkrete Gestalt mit den ihr von Gott gegebenen Möglichkeiten anbieten. So wird das Wort des Evangeliums für die Menschen zur Guten Nachricht, die sie verstehen und annehmen können.

Das Gemeindekonzept entsteht also da, wo sich die drei Kreise treffen – das Angebot Gottes, die Gaben der Gemeinde und die Bedürfnisse der Menschen.

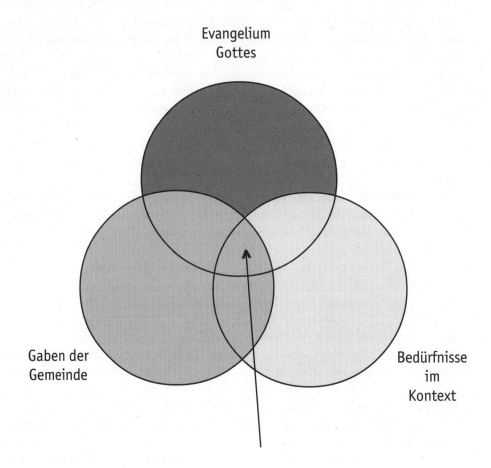

Konzept gesellschaftsrelevanten Gemeindebaus

6.2.3 Identitätsfindung aus Wort und Tat

Gesellschaftsrelevanter Gemeindebau hat mit der Mission Gottes in der Welt zu tun. Diese Mission ist ganzheitlich. Sie nimmt sowohl Verkündigung als auch den sozialen Dienst ernst. Professor Paul Philippi ist beizupflichten, wenn er schreibt: „Kirche entsteht erst, wenn der Heilige Geist Predigt- und Diakoniekirche zusammenbringt."[809]

Nirgendwo in der westlichen Welt hat Religion einen solchen Einfluss auf gesellschaftliches Dasein wie in den USA. Nicht von ungefähr spricht man hier von „a nation with the soul of the church". Ohne diese Entwicklung im Detail beurteilen zu wollen, muss doch positiv herausgestellt werden, dass gerade in den USA, und hier vor allem in urbanen Räumen, eine Gemeindeaufbauarbeit sich konstituiert hat, die modellhaft ist.[810] Einer der Gemeindewachstumsspezialisten in Nordamerika, Roger S. Greenway, nennt vier Basisprinzipien, die wesentlich dafür verantwortlich sind, dass eine solche Bewegung zustande gekommen ist.[811]

- In Christus allein ist die Erlösung der Menschen.
- Christusgläubige Menschen sollten sich in Glaubensgemeinden zusammenschließen.
- Gemeinden sind Gottes missionarisches Instrument.
- Fürsorge für die Umwelt ist eine Aufgabe der Christen.

Das bestätigt meine Annahme, gesellschaftsrelevante Gemeinde entwickelt ihre Vision aus dem Wort Gottes und der Situation in der Welt. Sie drängt darauf, „Gottes aufgerichtetes Wort" in der Welt der Menschen zu werden.

6.2.4 Gemeinde mit einer Außenperspektive

6.2.4.1 Die Perspektive entscheidet

Gemeindebau ist da, wo er bewusst betrieben wird, ein Unternehmen mit einer bestimmten Perspektive. Und die Perspektive entscheidet. Gemeinden, die ihre Aktivitäten eher auf den Aufbau des inneren Lebens der Gemeinde selbst konzentrieren, nennen wir intern fokussierte Gemeinden.[812] Diese Gemeinden konzentrieren sich in der Regel darauf, ein recht attraktives geistliches Angebot zu formulieren, das die Besucher anzieht und sie somit für den Glauben an Jesus Christus gewinnen lässt. Frost und Hirsch zählen solche Gemeinden zum Christentumsparadigma und sehen sie durch drei Kriterien ausgezeichnet. Diese Gemeinden sind vom Bestreben nach Attraktion, Andersartigkeit und klaren hierarchischen Strukturen geprägt.[813] Sie können durchaus ein attraktives missionarisches Programm aufweisen und von einer starken Leidenschaft für die Gewinnung der verlorenen Menschen aus der Welt geprägt sein. Aber was immer diese Gemeinden tun, sie tun es, um sich selbst als Gemeinde aufzubauen und noch attraktiver erscheinen zu lassen. Die intern fokussierte Gemeinde konzentriert sich auf Programme, die innerhalb der Gemeinde laufen. Geistliche Zurüstung der Menschen, die Gott folgen wollen, steht hier im Mittelpunkt.

Gesellschafts- und kulturrelevante Gemeinden sind dagegen Gemeinden, die ihren Blick nach außen richten. Sie sind extern fokussiert. Sie messen die eigene Effektivität nicht an der Anzahl der Veranstaltungen im Gemeindezentrum und Besucherzahlen, sondern daran, ob sich die Lebenswelt der Menschen, in deren Umgebung sie leben, im Sinne des Reiches Gottes transformiert. Das schließt durchaus auch einen internen Aufbau der Gemeinde mit ein, doch die eigentliche Ausrichtung des Gemeindelebens ist die Lebenswelt der Menschen außerhalb der Gemeinde.

Die Außenperspektive ist dabei nicht so sehr eine Frage von Programmen, sondern vielmehr eine Frage der Gesinnung. Es ist auch nicht eine Frage der Gemeindegröße, sondern eher eine Frage der Vision.

Gemeinden mit einer Außenperspektive haben ein besonderes Profil. Sie sind charakterisiert durch folgende Merkmale:[814]

Erstens sind es Gemeinden, die ihre Worte und Taten in Einklang bringen. Wie Jesus (Lk. 9,11) und seine Jünger (Lk. 9,2) verkündigen sie das Wort und dienen den Menschen da, wo dieser Dienst benötigt wird. Sie predigen und sie heilen. Sie versorgen die Armen und sie öffnen ihnen die Augen für die Erlösung in Christus Jesus. Das Evangelium, das hier gepredigt wird, ist ganzheitlich. Es meint den ganzen Menschen und kann daher auch nur in Wort und Tat präsentiert werden. Nichts anderes lehrt uns die Heilige Schrift. Gott ruft uns in seine Nachfolge, er ermöglicht es durch seine Gnade. Wir sind sein Werk geschaffen zu guten Werken (Eph. 2,10). Sein Wort ist gut genug, uns zu jedem guten Werk tauglich zu machen (2Tim. 3,17), und wir werden aufgerufen, einander zur Liebe und guten Werken anzuspornen (Hebr. 10,24). Glaube, so lehrt uns Jakobus (2,17), ist ohne Werke tot. Deshalb ruft er uns auf, nicht bloß Hörer, sondern auch Täter des Wortes zu sein (1,22).

Zweitens sind es Gemeinden, die sich selbst für verantwortlich für das Wohlbefinden der Menschen in ihrer Umgebung halten. Sie sind die *ekklesia*, die Gemeinschaft der Herausgerufenen, um für das Heil der Stadt zu entscheiden. Sie sind Salz und Licht (Mt. 5,13-14) der Kultur, in der sie leben, und deshalb nehmen sie sich auch bewusst der sozialen Belange ihrer Mitmenschen an.

Drittens sind es Gemeinden, die den Dienst an ihren Mitmenschen als einen natürlichen Bestandteil ihres geistlichen Lebens verstehen. Wie Christus sehen sie sich an erster Stelle gesandt zu dienen. Sie wissen, dass der Dienst am Nächsten der eigentliche Ausdruck ihrer Liebe zu Gott ist (Mt. 22,34ff) und die Rechenschaft, die sie eines Tages vor ihrem himmlischen Vater werden ablegen müssen, sich unmittelbar darauf bezieht, ob sie einem Hungrigen Brot, einem Durstigen Wasser gegeben und einen Kranken besucht haben (Mt. 25,31ff).

Viertens sind es Gemeinden, die verstanden haben, dass der Dienst am Nächsten Evangelisation ermöglicht. Wie die ersten Jünger helfen sie den Menschen in ihrer Not, und einige dieser Menschen wenden sich aus Dankbarkeit für die erfahrene Nächstenliebe an den Gott, der ihre Helfer zu der guten Tat motiviert hat (Apg. 9,33-35). Mit Recht schreibt Rick Russaw: „In unserer Leidenschaft für Evangelisation denken wir oft, dass Menschen mehr oder auch bessere Information bedürfen, um zu glauben. Aber wonach diese sich wirklich sehnen, ist Echtheit. Wo Menschen im Licht Gottes leben und wo sie Salz der Erde sind, dahin wird es andere Menschen ziehen."[815]

6.2.4.2 Gemeinschaft für solche, die keine Gemeinschaft haben

Extern fokussierte Gemeinden sind missionarische Gemeinden, weil sie ihr Dasein missional begreifen. Sie sind, weil Gott einen Auftrag für sie hat, und dieser besteht nicht im Selbstzweck. Mit anderen Worten, die Gemeinde existiert nicht um ihrer selbst willen. Sie existiert für andere! Und diese anderen sind Menschen, die die Liebe Gottes noch nicht kennen. Für sie ist Jesus auf die Erde gekommen (Joh. 3,16). Zu ihnen ist die Gemeinde gesandt (Joh. 20,21).

Dabei benennt die Heilige Schrift durchaus eine Prioritätenliste, wie die Gemeinde die Menschen außerhalb der Heilsräume anzusprechen hat. Für sich selbst hat Jesus diese Priorität an Menschen festgemacht, die von sich aus nicht mehr imstande waren, Hilfe zu holen. „Nicht die Gesunden bedürfen des Arztes, sondern die Kranken", hat er gesagt, und fügte dann hinzu: „Der Menschensohn ist gekommen zu suchen und zu retten, was verloren ist." In seinem Gleichnis vom großen Hochzeitsmahl wird dieser Gedanke noch einmal unterstrichen. Und Jesus macht es deutlich, wo einmal die Beurteilungskriterien für unser Leben auf der Erde liegen werden – in den Liebesdiensten, die wir unseren Nächsten erweisen (Mt. 25,35-36).

In der Tat ist Gott besonders an Menschen interessiert, die sich selbst nicht mehr helfen können. In Dtn. 10,18 wird über Gott gesagt, dass er „der Waise und der Witwe Recht schafft und den Fremdling lieb hat, sodass er ihm Speise und Kleidung gibt". Daraus ergeben sich für das Volk Gottes unmittelbare Konsequenzen: „Und auch ihr sollt den Fremdling lieben, denn auch ihr seid ebenfalls Fremdlinge gewesen im Lande Ägypten" (Dtn. 10,19).

Gott nimmt sich also der Benachteiligten in der Gesellschaft an. Und sein Volk ist ebenso dazu aufgerufen. Ja, Gott macht seinen Segen am Volk davon abhängig, ob sich dieses der Benachteiligten annimmt. In Dtn. 14,28-29 heißt es: „Nach Verlauf von drei Jahren sollst du den ganzen Zehnten von jenem Jahr aussondern und es in deinen Toren lassen. Da soll dann der Levit kommen, weil er weder Teil noch Erbe mit dir hat, und der Fremdling und die Waise und die Witwe, die in deinen Toren sind, und sie sollen essen und sich sättigen, damit dich der Herr, dein Gott, segne in allen Werken deiner Hände, die du tust."

Israel ist demnach aufgerufen, dafür zu sorgen, dass die Witwen, Waisen und Fremdlinge unter ihnen versorgt werden. Den Armen sollte immer ein Teil der Ernte zur Verfügung stehen (Dtn. 24,19-22). Und wo die Armen versorgt wurden, da sollte es mit einem dienenden Herzen geschehen (Dtn. 15,10-11). Dabei ist sicher nicht nur materielle Versorgung gemeint. „Gott setzt den Einsamen in die Familien", sagt der Psalmsänger (Ps. 68,6).

Gott sorgt für die Armen. Jesus nahm sich der Benachteiligten an. Und wir, seine Gemeinde, sind berufen, das Gleiche zu tun. Jesus lehrte seine Jünger, ihr Licht vor den Leuten scheinen zu lassen, sodass sie die guten Werke sehen mögen und den Vater im Himmel preisen (Mt. 5,16). Als die Apostel die Frage nach der Heidenmission klärten, da beauftragten sie Paulus mit dieser Mission und beschlossen, die zum Glauben kommenden Heiden mit nichts anderem zu belasten als nur damit, dass sie sich der Armen annehmen sollten (Gal. 2,9-10). Erwin McManus, Pastor der Mosaic-Gemeinde in Los Angeles, bringt diesen Gedanken auf den Punkt, wenn er schreibt, dass die Gemeinde „Gemeinschaft für diejenigen anbietet, die keine Gemeinschaft haben"[816].

Der Einsatz für die Ärmsten der Armee und die Benachteiligten muss nicht bedeuten, dass man als Gemeinde dann bald eine Gemeinde der Asozialen wird. Geradezu umgekehrt zeigen es viele Beispiele. Die Vineyard Community Church in Cincinnati (USA) ist ein solches Beispiel. Gegründet im Herzen der Stadt, hat diese Gemeinde im Laufe der letzten Jahre viele effektive Dienste für Menschen in Not geschaffen, die von Notunterkunft bis zur Finanzierung von Kleinbetrieben reichen.[817] Der Gründungspastor der Gemeinde, Steve Sjogren, reflektiert die Erfahrung seiner wachsenden Gemeinde und sagt: „Fange nicht eine Gemeinde an ... fange damit an, der Stadt zu dienen. Diene denen mit Liebe, und wenn du dich um Menschen kümmerst, die sonst niemand haben will, wirst du bald Menschen bekommen, die jedermann will"[818].

6.3 Wie soll Gemeinde gebaut werden?

Wie kann eine solche Gemeinde gebaut werden, die sowohl dem Anspruch Gottes als auch der Not der Welt gerecht wird? Craig Ott empfiehlt, mithilfe einer Matrix die Umsetzung eines Gemeindeaufbaukonzepts in die jeweilige Kultur festzulegen.[819] Eine solche Matrix bietet der oben diskutierte Praxiszyklus. Er ermöglicht sowohl die Entstehung einer theologischen Handlungstheorie als auch die Umsetzung des Konzepts in die Praxis des konkreten Gemeindebaus. Der Zyklus ist höchst flexibel und stringent zugleich. Theorie und Praxis werden sinnvoll aufeinander bezogen und ermöglichen die Entstehung kontextueller Modelle. Allerdings bedarf es in der Kontextanalyse und der theologischen Reflexion, wie wir gesehen haben, gewisser Instrumente, die probate Ergebnisse erzielen lassen. Diese Instrumente verdanken wir der empirischen Sozialwissenschaft. Auch die konkrete Planung und Umsetzung des gesellschaftsrelevanten Gemeindebaus verlangt nach einer Rahmentheorie. Diese finden wir in der Gemeinwesenarbeit.

6.3.1 Gemeinwesenarbeit (GWA) – zur Rahmentheorie gesellschaftsrelevanten Gemeindebaus

6.3.1.1 Gemeinwesenarbeit – was ist gemeint?

Gemeinwesenarbeit ist eine Kategorie der Gesellschaftsgestaltung. Sie bietet sich hervorragend an, missionalen Gemeindebau zu betreiben, weil sie bewusst auf die Veränderung und Transformation der Lebenswelt von Menschen aus ist. Lebenswelten beschreiben Räume, in denen Menschen ihre sozialen und kulturellen Beziehungen pflegen und gestalten. Der Raum, der alle Wege und Handlungen der Menschen erfasst, wird auch Sozialraum genannt.[820]

Sozialräume gestalten sich nicht ohne erhebliches Konfliktpotenzial. Da wo Menschen zusammenleben, wird es immer divergierende Vorstellungen geben. Konflikte gehören zu den Konstanten menschlichen Zusammenlebens. Und es sind Konflikte, die Risse im sozialen Gefüge der Menschen verursachen. Diese zu beheben ist eine der wichtigsten Aufgaben der Gemeinwesenarbeit (GWA).

Das Gemeinwesen stellt einen eingegrenzten Raum in der Lebenswelt der Menschen dar. Wir verstehen darunter „ein soziales Gefüge, in dem Menschen und Systeme gemeinsame Merkmale haben und in Interaktion zueinander stehen"[821]. Ein Gemeinwesen kann sowohl ein Stadt- oder Ortsteil als auch eine Gruppe von Menschen mit einem gemeinsamen Nenner sein.

Gemeinwesenarbeit (GWA) wird von den Vereinten Nationen wie folgt definiert:

„Gemeinwesenarbeit bezeichnet einen Komplex von Initiativen und methodischen Schritten, die ... veranlasst wurden, um Benachteiligung und Ohnmacht von Bevölkerungsgruppen zu überwinden. Dazu bedient sie sich der Situationsanalyse, der Förderung von Problembewusstsein, der Mobilisierung, Politisierung und Solidarisierung der Betroffenen zur Durchsetzung ihrer Rechte und Ausschöpfung aller Hilfsquellen. Sie zielt kurzfristig auf die Beseitigung akuter Notstände und intendiert langfristig, die Ursachen der Benachteiligung, Unterdrückung und verhinderter Selbstbestimmung abzuschaffen. Die Möglichkeiten und Grenzen der Gemeinwesenarbeit werden jeweils determiniert von der durch Organisation und Koalition erreichbaren Macht und der Macht der ihr entgegenstehenden Interessen."[822]

Gemeinwesenarbeit ist „das Arbeitsprinzip der Sozialarbeit"[823], wie Renate Schnee mit Recht feststellt. Sie richtet sich demnach an die Gestaltung sozialer Räume, wobei die Beteiligung und Ermächtigung der Bürger im sozialen Raum von herausragender Bedeutung ist. Man spricht in diesem Zusammenhang auch von der Demokratisierung der Gestaltung sozialer Räume. Ein solches bürgerliches Engagement ist nur durch enge Zusammenarbeit aller in der Gesellschaft aktiver Individuen, Initiativen und Institutionen, also aller lokalen Akteure im Sozialraum[824] zu erreichen. Eine solche Vernetzung ist nur möglich mit dem Einsatz enormer mediativer Energie. Damit sind die drei wichtigsten Begriffe der Gemeinwesenarbeit auf den Punkt gebracht: Aktivierung der Bürger, Vernetzung im Sinne einer Veränderung und Mediation und Versöhnung divergierender Positionen der im Sozialraum aktiven Kräfte.

Obwohl Projekte der Gemeinwesenarbeit seit Längerem bekannt sind[825], begann erst in den fünfziger Jahren des vorigen Jahrhunderts eine wissenschaftliche Auseinandersetzung mit dem Thema. M.G. Ross veröffentlichte sein 1955 bekannt gewordenes Buch „Community Organizations. Theory and Principles", das eine Reihe von weiteren Publikationen nach sich zog.[826] Seit den 1990er Jahren erlebt die Gemeinwesenarbeit auch in Deutschland eine Art „Renaissance"[827]. Hinter vielen Modebegriffen in der gegenwärtigen sozialen Diskussion stehen Konzepte dieser Arbeit.

6.3.1.2 Formen der Gemeinwesenarbeit
Die Gemeinwesenarbeit ist immer an dem Gemeinwohl der Menschen interessiert. Sie orientiert sich an den sozialen Bedürfnissen und an den Interessen der im Gemeinwesen lebenden Menschen und aktiviert, nutzt und stärkt die bereits vorhandenen Ressourcen.[828]

In der Regel unterscheidet man zwei Formen der Gemeinwesenarbeit, die territoriale und die kategoriale. Unter territorialer Gemeinwesenarbeit versteht man eine Arbeit, die sich an Menschen in abgesteckten geografischen Räumen richtet. Hier geht es um das Dorf, das Stadtviertel oder auch Nachbarschaftsverbände. Das Arbeitsfeld der territorialen Gemeinwesenarbeit ist somit der sozio-geografische Raum. Ihr erklärtes Ziel ist es, soziale Netzwerke aufzubauen mit dem Ziel, die Lebensverhältnisse im Sozialraum zu verbessern, sie entsprechend auszurüsten und für die erklärten Ziele zu aktivieren.

Dagegen richtet sich die kategoriale Gemeinwesenarbeit an Gruppen von Menschen mit spezifischen Merkmalen. Das können gewisse Berufsgruppen, soziale Gruppen oder auch Gruppen mit besonderen Interessen und Bedürfnissen sein. Ziel dieser Form ist das Herstellen von sozialen Netzwerken mit dem Ziel der Verbesserung von Notlagen der Gruppe und Befriedigung ihrer gemeinsamen Bedürfnisse. Letztendlich geht es um die Verbesserung der Lebensumstände.

6.3.1.3 Ansätze

Man unterscheidet drei typische Ansätze in der Gemeinwesenarbeit: den integrativen, aggressiven und katalytisch-aktivierenden Ansatz.

Der integrative Ansatz bemüht sich um starke Kooperation im Arbeitsfeld mit dem Ziel harmonischer Anpassung aller Interessen in das Gemeinwohl. Es geht dabei nicht nur darum, die Bedürfnisse des Arbeitsfeldes insgesamt festzustellen, sondern um die gemeinsamen Bedürfnisse der Mehrheit im Arbeitsfeld. Es geht darum, alle Bewohner des Arbeitsfeldes für die Lösung dieser gemeinsamen Probleme zu gewinnen.

Ein klassisches Beispiel einer solchen Arbeit ist die Aktion meiner damals 9-jährigen Tochter und ihrer Freundinnen. Sie beschwerten sich bei uns Eltern darüber, dass es in unserer Nachbarschaft keinen Spielplatz gab. Ich empfahl ihnen, alle Kinder und auch ihre Eltern für das Anliegen zu gewinnen. Es gab im Stadtteil ein entsprechendes Grundstück. Es war hervorragend geeignet, einen Spielplatz unterzubringen. Aber die Anrainer hatten ganz unterschiedliche Vorstellungen, was mit diesem Grundstück zu geschehen hatte. Die Kinder folgten meinem Rat. Sie gewannen alle Kinder und ihre Eltern für die Idee des Spielplatzes. Und wir Eltern gewannen die kinderlosen Nachbarn. Eine wunderbare nachbarschaftliche Aktion entwickelte sich daraus. Und bald schon reichten die Kinder eine entsprechende Petition beim Stadtrat ein. Ein halbes Jahr später baute die Stadt den Kindern einen Spielplatz. Damit war das Projekt abgeschlossen. Wir Eltern hatten aber einen Eindruck über die in unseren Händen liegenden kommunalen Möglichkeiten bekommen. Was geschah hier? Das Anliegen der Kinder wurde von allen Einwohnern unseres Stadtteiles verstanden, aufgenommen und in unsere nachbarschaftlichen Vorstellungen und Pläne integriert. Am Ende hatten die Kinder ihren Spielplatz, und wir Erwachsenen eine bessere Nachbarschaft.

Die aggressive Gemeinwesenarbeit wird zum Instrument politischer Intervention genutzt. Hier will man das Denken der Menschen bewusst in eine bestimmte Richtung lenken. Man nimmt weniger Anliegen aus der Bevölkerung auf, sondern versucht die Bevölkerung für ein bestimmtes Anliegen zu gewinnen. Und schließlich sucht die *katalytisch-aktivierende Gemeinwesenarbeit* Hilfe zur Selbsthilfe. Hier geht es um Aktivierung statt Fürsorge und darum, Empowering zu ermöglichen.

6.3.1.4 Sozialräume – wo kann man ansetzen?

Wir leben längst in einer „Risikogesellschaft", wie sie der Soziologe Ulrich Beck Ende der 80er Jahre des 20. Jahrhunderts prophetisch vorhersah.[829] Die Gesellschaft ist einer tiefen Erosion sozialer Werte unterworfen, der der Staat mit seinen sozialen Sicherungsmechanismen nicht mehr beikommt. Heute sind die Menschen erneut aufgefordert, ihren sozialen Raum selbst menschenwürdig zu gestalten. Damit sind Räume für die Gemeinwesenarbeit entstanden, die sinnvoll gefüllt werden wollen.

Wie werden diese erkannt? Die Antwort bietet eine entsprechende Kontextanalyse, die mittels entsprechender sozialwissenschaftlicher Messverfahren vorgenommen wird. Informationen werden über partizipierende Beobachtung im sozialen Raum, Befragung, aktivierende Befragung[830], durch Gespräche mit „Meinungsträgern" im Raum, Bewohnerversammlungen und Initiativgruppen beschafft. Enorm wichtig ist hier die Rolle des Mediators, der die Konflikte erkennt und nach kreativen Wegen zur Lösung der sozialen Konflikte Ausschau hält. In der Literatur spricht man an dieser Stelle von der „community mediation", der transformativen Mediation oder auch einfach der Gemeinwesenmediation.

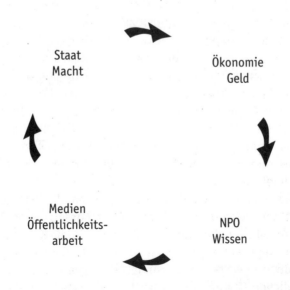

Machtfaktoren der Gesellschaft

Gemeinwesenarbeit gestaltet sich zwischen und im Dialog mit den vier wichtigen
Machtfaktoren der Gesellschaft: der Wirtschaft, den Wissensträgern in der Gestalt der Non-Profit-Organisationen (NPO), den Medien und dem Staat.

Das Ziel der Gemeinwesenökonomie ist die Implementierung eines „lokalen ökonomischen Basisbereiches außerhalb der weltmarktorientierten Ökonomie"[831]. Es geht nicht um ein völlig anderes ökonomisches Modell, sondern um Prinzipien gegenseitiger ökonomischer Unterstützung, die das Gemeinwesen aus sich heraus entwickelt und dafür das im sozialen Raum vorhandene ökonomische Potenzial nutzt. Das Kapital wird hier im Sinne „dienender Funktion"[832] eingesetzt. Oskar Negt schreibt dazu:

> „Es geht um eine Ökonomie, die nicht das Ökonomische verabsolutiert, sondern im ursprünglichen Sinn des Wortes *oikos* für das *ganze Haus* sorgt, also für die Arbeitslosen ebenso wie für die Umwelt, für die Gesundheit ebenso wie für die Verteilung der Arbeit zwischen den Geschlechtern."[833]

Ähnlich sucht die Gemeinwesenarbeit im sozialen Raum vorhandenes Wissen, Macht und Medienpotenzial zu nutzen.

6.3.1.5 Die kirchliche Gemeinwesenarbeit

Die Kirche war schon immer diakonisch aktiv. Sie hat sich um Arme und gesellschaftlich Benachteiligte gekümmert. Auch Projekte, die als typische Gemeinwesenarbeit identifiziert werden können, gab es recht früh. In ihren *Trierer Thesen zur gemeinwesenorientierten sozialen Arbeit* unterstreichen die Autoren die besondere Rolle, die ihrer Ansicht nach den Kirchen in der sozialen Gestaltung der Gesellschaft zukommt. Die Kirchen „haben die Funktion, Zusammenhänge zwischen den unterschiedlichen AkteurInnen des kooperativen Veränderungsprozesses herzustellen"[834]. Gerade da, wo die Kirche sich „nahe bei den Menschen hält", wird sie am besten geeignet sein, Prozesse und „Entwicklungen von unten"[835] anzustoßen. Im Rahmen des innerkirchlichen Pietismus haben seit Anfang des 20. Jahrhunderts Diakonissen intensiv sozialmissionarisch gearbeitet, ihr Selbstverständnis kann daher durchaus als missional bezeichnet werden.[836]

Landeskirchliche Gemeinwesenarbeit als Instrument kirchlicher Arbeit wird dagegen erst seit dem Ende der fünfziger Jahre eingesetzt.[837] Anfang der 70er Jahre verzeichnete Lyle Schaller vor allem in den USA ein wachsendes Interesse an der Gemeinwesenarbeit im Raum der Kirche. Die Gründe hierfür sind recht unterschiedlich und Schaller benennt sie für die USA recht genau.[838] Für ihn ist die kirchliche „Gemeinwesenarbeit ... eine Methode der Entwicklung menschlicher Reserven, ein Mittel, durch das die Kirche dem Individuum helfen kann, intensiver das Potenzial aufzudecken, das der Schöpfer in jedes menschliche Wesen gelegt hat"[839]. Als solches ist diese Arbeit ein herausragendes Instrument zur Aktivierung der eigenen Gemeindeglieder. Zum anderen bietet sie den christlichen Gemeinden die Möglichkeit, aktiv am Leben der Gesellschaft, an ihren Entscheidungen und ihren Bedürfnissen teilzunehmen. Nirgendwo ist sie so nahe bei den Menschen wie hier.

Wie oben gesehen, entwickelte sich die Gemeinwesenarbeit vor allem aus kirchlichen Bemühungen um soziale Transformation.[840] In Deutschland steht diese Entwicklung der Kirche als diakonischer Dienstleister für die Gesellschaft vor allem im Zusammenhang mit dem Namen Johann Hinrich Wicherns (1808–1881).[841] In seiner Denkschrift aus dem Jahre 1849 formuliert er: „Die Innere Mission ist nicht eine Lebensäußerung außer oder neben der Kirche, sie will auch weder jetzt noch einst die Kirche selbst sein …, sondern sie will eine Seite der Kirche selbst offenbaren, und zwar das Leben des Geistes der gläubigen Liebe, welche die verlorenen, verlassenen, verwahrlosten Massen sucht …"[842].

Die kirchliche Diakonie erlebte in Deutschland eine besondere Blüte in den Jahren des Wiederaufbaus des Landes in der jungen Bundesrepublik. Damals verband man mit der Gemeinwesenarbeit große Hoffnungen nicht nur für den Wiederaufbau kirchlich-diakonischer Strukturen, sondern auch im Blick auf die Erneuerung der Kirche selbst. Diese Erwartungen haben sich nur selten erfüllt[843], sodass der Ansatz selbst gegen Ende der 70er Jahre des 20. Jahrhunderts in den Hintergrund gedrängt wurde. Reiner Lingscheid, der diese Entwicklung reflektiert, glaubt das Problem vor allem in der mangelhaften theologischen Reflexion und deren gesellschaftlicher Funktionen auf der einen, und der Unfähigkeit der Kirche selbst, sich den sozialen Belangen der Gesellschaft zu öffnen, auf der anderen Seite auszumachen.[844] In der Tat lassen sowohl die Offenheit der Kirche der Gesellschaft gegenüber als auch die entsprechende Begründung des gesellschaftlichen Engagements zu wünschen übrig. Diese Begründung dient in eklektischer Art und Weise bestimmter biblischer Motive und vermag nicht recht zu überzeugen. In der Regel wird sie auf die Stufe der Illustration von Glaubenspraxis gestellt und somit eines eigenständigen Rechts auf eine Funktion der Mission der Kirche beraubt.

6.3.1.6 Zur theologischen Begründung im Rahmen einer kirchlichen Gemeinwesenarbeit

Der Einsatz der Gemeinwesenarbeit als Instrument kirchlicher Arbeit wird in der Regel mit dem missionarischen Gebot, „eine Kirche für andere zu sein", begründet.[845]

Annette Peters schreibt: „In theologischer Hinsicht dienen Modelle der Gemeinwesenarbeit als Hilfsmittel, um Verkündigung und Handeln miteinander zu verschmelzen, das Wort glaubhaft zu machen und die Tat vom Vorwurf des reinen Aktionismus zu befreien."[846]

Die Problematik liegt damit auf der Hand. Kirchliche Gemeinwesenarbeit als Hilfsstruktur neigt dazu, missverstanden und missbraucht zu werden. Auf der einen Seite wird sie zu einem bloßen Köder für die evangelistische Arbeit der Gemeinde. Das Motto lautet dann etwa: Man gewinnt durch Hilfsangebote Freunde und dann geht man zum Wesentlichen über – zur Verkündigung des Evangeliums. Auf diese Weise wird heute manches evangelikale gesellschaftliche Engagement begründet. Peter ist ein klassisches Beispiel eines so aktiven Christen. Gefragt, warum er sich dem örtlichen Fußballklub angeschlossen habe, antwortete er: „Wo sonst kann ich Menschen persönlich kennenlernen, um sie dann zu Jesus zu führen?" Verständlich, dass eine solche soziale Arbeit auch bald wieder aufgegeben wird, wenn sie ihr eigentliches Ziel der Evangelisation verfehlt.

Auf der anderen Seite verselbstständigt sich die soziale Arbeit bald so sehr, dass man nur noch mit großer Mühe darin kirchliches Engagement entdeckt. Viele bekannte soziale Projekte der Kirche sind auf diese Weise säkularisiert worden. Man braucht da nur mal an solche herausragenden Leistungen der Christen wie die Bethel-Anstalten in Bielefeld zu denken. Hier wurde eine Arbeit in der Minden-Ravensberger Erweckung geboren. Der große Bodelschwingh würde sich heute sicher sehr wundern, was aus seinem Anliegen, Menschen das Evangelium durch gute Werke zu predigen, geworden ist.

Es bedarf daher einer theologischen Begründung, die die Gemeinwesenarbeit theologisch zu einem Instrument der kirchlichen Mission selbst erhebt. Sie ist das Mittel kirchlicher Sozialarbeit. Und dieses soziale Handeln der Christen begründet sich aus dem Handeln und der Verkündigung Jesu. Sie ist ein konkreter Akt der christlichen Nächstenliebe. Wo unser Glaube zur Tat greift, ist soziales Handeln an der Tagesordnung. Somit ist die kirchliche Gemeinwesenarbeit der Ausdruck des gelebten Glaubens, ein wesentlicher Teil der christlichen Existenz in der Welt. Jeder Versuch, christliche Existenz allein sozial zu definieren, wird notwendigerweise zu kurz greifen, genauso wie jeder Spiritualisierungsvorgang. Der Mensch kann nur als ganzes Wesen begriffen werden. Und der Auftrag der Gemeinde ist daher auch immer ein ganzheitlicher.

6.3.1.7 Zum Ort der kirchlichen Gemeinwesenarbeit

Gemeinwesenarbeit ist Arbeit vor Ort. Kirchengemeinden sind Ortsgemeinden. Ihre Mitglieder leben im Idealfall am gleichen Ort, in dem sich das Gemeindezentrum der Gemeinde befindet. Somit wäre die Ortsgemeinde aufgerufen, an ihrem Ort Gemeinwesenarbeit zu betreiben. Hier kann sie ihren Dienst an den Menschen entfalten. Hier kann sie in Wort und Tat dienen und die Menschen in die konkrete Beziehung zu Gott rufen. Hier, mitten unter ihren Nachbarn, kann sie eine „glaubwürdige Kirche für die Zukunft sein"[847]. Gesellschaftsrelevanter Gemeindebau bedient sich somit der territorialen Gemeinwesenarbeit als Handlungsrahmen. Kirchliche Gemeinwesenarbeit unterstreicht das Prinzip der Lokalgemeinde, vor allem wenn sie territorial gestaltet wird.

Doch der oben beschriebene Idealfall existiert nur in den seltenen Fällen. In der Regel kommen die Gemeindeglieder oft von weither zum Gottesdienst, der in einem Kirchengebäude stattfindet, das sich gegebenenfalls in einem Stadtteil befindet, wo niemand mehr von den eigenen Gemeindegliedern wohnt. Eine territorial gefasste Gemeinwesenarbeit lässt sich so nur mit Mühe durchführen.

Kategoriale Gemeinwesenarbeit richtet sich dagegen an deutlich definierte Gruppen. So können ethnische Gemeinden gebaut werden, eignet sich doch gerade die diasporale Arbeit hervorragend zur Aktivierung von Menschen gleicher nationaler Zugehörigkeit. Oder man gestaltet die Gemeinwesenarbeit um bestimmte soziale Gruppen herum. Dieser Handlungsrahmen kann in beiden Fällen angewandt werden. Allerdings sind im Bezug auf kategoriale Modelle kirchlicher Gemeinwesenarbeit andere Bedenken anzumelden, die eher theologischer Natur sind. Ich habe diese bereits in Verbindung mit der Diskussion über das Prinzip homogener Einheit besprochen.

6.3.2 Der Arbeitszyklus der kirchlichen Gemeinwesenarbeit

Viele Modelle werden linear gedacht und sind in der Regel von kurzer Dauer. Klassisch beschreibt Annette Peters ein vor Ort erprobtes Modell. Es sieht vier wichtige Schritte vor:[848]

a. Sozialanalyse, die sich mit der Lebenssituation der Gemeindeglieder beschäftigt und nach Problemen sucht, die vielen gemeinsam zu schaffen machen;

b. Aktivierende Befragung, die sich zum Ziel setzt, in der Zusammenarbeit mit den Betroffenen nach Lösungs- und Verbesserungsmöglichkeiten zu suchen;

c. Aktion. Hier wird in bewusster Zusammenarbeit mit anderen sozialen Institutionen ein Netzwerk des Hilfshandelns gebildet;

d. Begleitung des Hilfsangebots durch die Gemeinde, wobei es bewusst um eine ganzheitliche Begleitung handelt. Diakonische Elemente werden in den Gottesdienst und andere gemeindliche Arbeitsbereiche eingebracht.

Es ist nicht schwer, in diesen vier Schritten die wesentlichen Bestandteile des oben besprochenen Praxiszyklus zu entdecken. Ich schlage daher vor, kirchliche Gemeinwesenarbeit zyklisch anzuordnen. Der Vorteil eines solchen Verfahrens liegt auf der Hand. Der Zyklus ermöglicht ein Höchstmaß an Flexibilität. Man wird von jeder Position aus neu beginnen können und somit am tatsächlichen Ergebnis arbeiten, statt nur am Prozess selbst.

Der Praxiszyklus, angewandt auf die Handlungstheorie gesellschaftsrelevanter Gemeindearbeit, wird hier *Zyklus gesellschaftsrelevanter Gemeindearbeit* (ZGG) genannt und schließt folgende Stationen ein:

Identifikation des Zielgebietes, Kontextanalyse, Vision, Konzeptualisierung, Planung, Aktion, Evaluation.

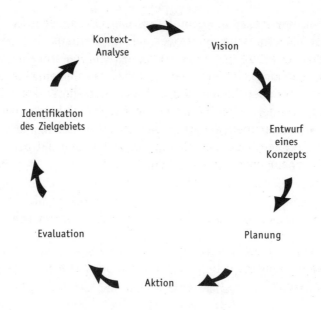

Zyklus der gesellschaftsrelevanten Gemeindearbeit (ZGG)

6.3.2.1 Identifikation des Zielgebietes

Bauen kann man nur, wenn man sich für einen Bauplatz entschieden hat. Nirgendwo kann man *nicht* bauen. Wer Gemeinde gesellschaftsrelevant bauen will, der wird sich für einen sozio-kulturellen Raum entscheiden müssen. Die Tatsache, dass die Gemeinde vor Ort ihr Gemeindehaus hat, genügt an dieser Stelle nicht. Will die jeweilige Gemeinde gesellschaftsrelevant bauen, so wird sie sich für ein klar umrissenes Zielgebiet entscheiden müssen. Dabei sind einige wichtige Punkte zu beachten.

Erstens, territoriale Gemeinwesenarbeit setzt einen überschaubaren sozio-kulturellen Raum voraus. Das Zielgebiet sollte deutlich geografisch eingegrenzt werden. Zu beachten ist, dass das gewählte Gebiet erreichbar ist. Gemeinwesenarbeit lebt von der Bürgernähe, von der Nachbarschaft. Nur hier können dauerhafte Beziehungen aufgebaut werden. Nur hier ist man sowohl dem gesellschaftlichen Problem als auch dem Lösungspotenzial am nächsten. Je weiter man vom Zielgebiet entfernt lebt, desto schwieriger wird sowohl die Kontaktaufnahme als auch die konkrete Arbeit.

Zweitens, der anvisierte Lebensraum sollte über eine gewisse sozio-kulturelle Schnittmenge verfügen. Divergierende, widersprüchliche Interessen und Problemlagen von Bürgern machen die Arbeit schwierig. Man sollte daher darauf achten, das anvisierte Zielgebiet nicht nur geografisch, sondern auch sozial einzugrenzen. Gemeinwesenarbeit in urbanen Räumen zum Beispiel ist in der Regel Stadtteilarbeit. Stadtteile entwickeln ihre sozialen Brennpunkte, ja sogar soziale Charaktere. Es ist ratsam, sich auf einen Stadtteil zu konzentrieren.

Drittens, das Gemeindezentrum bildet als Versammlungsraum der jeweiligen christlichen Gemeinde ein gewisses Zuhause, eine Adresse, ein sichtbares Zeichen der Zugehörigkeit zum Ort. Für die meisten bestehenden Gemeinden wird deshalb der Stadtteil, in dem sich das Gemeindezentrum befindet, das eigentliche Zielgebiet sein. Das ist allein deshalb von großer Bedeutung, weil die gesellschaftsrelevante Gemeindearbeit sich zwar der Gemeinwesenarbeit bedient, aber sich nicht in der sozialen Arbeit erschöpft. Gemeindebau will mehr. Er will nicht nur die Lebensqualität der Menschen verbessern, sondern das Reich Gottes unter den Menschen aufrichten! Und das geht nur da, wo die Menschen nicht nur besseres Leben, sondern den Schöpfer allen Lebens, Gott, kennenlernen. Die Gemeinwesenarbeit spricht in der Regel den Alltag der Menschen an. Gesellschaftsrelevanter Gemeindebau will dagegen sowohl den Alltag als auch den Sonntag, sowohl den Körper als auch den Geist des Menschen mit dem Evangelium erreichen. Deshalb ist die Nähe zum geistlichen Zentrum der Gemeinde von unbedingter Relevanz. Wo diese Nähe fehlt, ist eine Reduzierung der Gemeindearbeit auf eine rein soziale Arbeit bald eine reale Gefahr.

6.3.2.2 Kontextanalyse
Gemeinwesenarbeit ist ein Dienstangebot an Menschen, ihre Lebenswelt lebenswerter zu gestalten. Ein solches Angebot zu formulieren setzt voraus, die Lebenswelt im Gemeinwesen mit allen dort vorhandenen Stärken und Schwächen, Träumen und Bedürfnissen, Nachteilen und Nöten zu kennen. Eine intensive Kontextanalyse geht demnach der Gemeinwesenarbeit voraus. Wie kann eine solche Analyse gemacht werden? Folgende Empfehlungen können hilfreich sein.

a. Wir machen uns ein Bild über Strukturen, Institutionen und Angebote in besagten Gemeinwesen. Unsere Dörfer, Städte und Gemeinden können nur funktionieren, weil sie sozio-politisch organisiert sind. Wir fragen die Menschen, denen wir dienen wollen. Das kann zum Beispiel bedeuten, dass wir Leiter der gesellschaftlichen Institutionen einladen, in die Gemeinde zu kommen und ihre Sicht über die Probleme in den von ihnen geleiteten Institutionen darzulegen. Ein Beispiel hierfür ist die Desert Spring Bible Church in Phoenix (USA).[849] Mitglieder der Gemeinde waren seit Jahren besorgt über den Zustand der öffentlichen Schule. Aber statt Vermutungen anzustellen, was wohl die Ursache der Missstände an der Schule sein könnte, luden sie den Schulleiter ein, über seine Schule zu berichten. Der Pastor der Gemeinde teilte dem Schulleiter mit, dass seine Gemeinde der Schule selbstlos helfen wollte, und zwar wo immer Not an Geld, Resourcen oder Personal war. Der Schulleiter kam, und schon bald begann ein überaus imposantes Schulunterstützungsprogramm der Gemeinde. Ähnliches passierte in Builder, Colorado.[850] Auch hier sah die Schule bald anders aus und das kritische Verhältnis der Lehrer zur Kirche und zum Glauben änderte sich radikal.

b. Wir informieren uns über vorhandene Untersuchungen zur sozialen, ökonomischen und politischen Lage in unserem anvisierten Gemeinwesen. Sind solche Untersuchungen nicht vorhanden, so führen wir eine eigene Untersuchung durch. Dabei interessiert uns nicht nur die Schieflage in der Nachbarschaft, sondern auch die Träume und Visionen der Menschen. Folgende Fragen könnten als Vorbild dienen:

- Leben Sie gern an diesem Ort?
- Was gefällt Ihnen hier besonders gut?
- Was muss Ihres Erachten verändert werden?
- Was halten Sie für unerträglich?
- Was würde das Leben vor Ort zum Besseren verändern?

Es empfiehlt sich, immer mit den Fragen auch eine gewisse Einladung zum Mitmachen zu verbinden. Aktivierende Befragung ist der erste Schritt zum Vertrauen und zur Zusammenarbeit.

c. Wir konzentrieren uns besonders auf klassische Schieflagen von Menschen. Jesus selbst nennt uns diese Notlagen in Mt. 25,35-36. Er identifiziert folgende Problemlagen: Hunger und Durst, soziale Vereinsamung, materielle Versorgung, gesundheitliche Versorgung, gesellschaftliche Isolierung.

d. Wir identifizieren das Beziehungsgeflecht im Gemeinwesen. Wo werden im Gemeinwesen Beziehungen gepflegt und wie? Welche Vereine gibt es und von wem werden diese besucht? Wer verkehrt mit wem und mit wem nicht? Beziehungen sind wichtig.

Kontextanalysen verlangen eine gewisse analytische Kompetenz und Professionalität. Diese ist in den bestehenden christlichen Gemeinden nur selten vorhanden. Eine Gemeinde ist gut beraten, sich fremde Hilfe zu holen.

6.3.2.3 Vision formulieren

Gemeinden, die sich dem gesellschaftsrelevanten Gemeindebau verschrieben haben, entwickeln eine Vision von einer im Sinne des Evangeliums veränderten Gesellschaft. Vision meint noch nicht ein durchdachtes Konzept. Bill Hybels definiert diese Vision in seinem Buch über Führung treffend als „ein Bild von der Zukunft, das Leidenschaft verursacht"[851]. Wem ein solches fehlt, der kann nicht leiten, auch wenn er eine Leitungsposition bekleidet. Hybels schreibt:

> „Vision gehört zum Kern dessen, was Leiterschaft ausmacht. Nimm dem Leiter die Vision und du nimmst ihm oder ihr das Herz. Vision ist der Brennstoff, der Leiter in Bewegung hält. Es ist die Energie, die Aktionen ermöglicht. Es ist das Feuer, das die Leidenschaft der Nachfolger entzündet."[852]

Vision ist eine Sicht für die Zukunft, die sich allerdings nicht beliebig entwickeln kann. George Barna definiert Vision als „Voraussicht mit Einsicht, die auf Rücksicht baut"[853]. Er will damit eine Haltung beschreiben, die den Blick in die Zukunft wagt, ohne zugleich die Gegebenheiten der Gegenwart und die Erfahrungen der Vergangenheit zu negieren. Vision ist demnach ein Bild, das man vor Augen hat, ein Bild, wie die Dinge in der Zukunft sein könnten oder sein müssten. Im Bezug auf den geistlichen Dienst bringt Barna es auf den Punkt: „Vision für den Dienst ist ein mentales Bild über die ersehnte Zukunft, das Gott seinen erwählten Dienern schenkt."[854] Gott teilt also seinen Dienern mit, was er in der Zukunft für den Aufbau seines Reiches tun möchte. Und sie sind es, die diese Pläne und Konzepte ausführen sollen.

Die Botschaft oder Vision ist zwar nur ein Bild, aber ein Bild, das sich im Denken der Leiter längst materialisiert hat. Ein Traum wird in einen Aktionsplan transformiert. Noch ist nichts umgesetzt, noch ist nichts greifbar, und doch kann der Visionär bereits alles fühlen, alles betasten. Die Vision ist für ihn zum Greifen nahe. Beispiele von Visionen der Gemeinden machen das Gesagte deutlich.

Die Römisch-Katholische Kirchengemeinde Luzern definiert ihre Aufgabe z. B. wie folgt:

> „Wir orientieren uns in unserer Arbeit an der Lebenspraxis von Jesus. Wir verstehen uns als kommunikative Kirche, die den Menschen und ihren Anliegen offen und aufmerksam begegnet und sich auf sie ausrichtet. Mit ihnen zusammen setzen wir uns im Sinne der Frohen Botschaft für eine Welt ein, in der niemand vom Leben ausgeschlossen wird. Wir verstehen Veränderung im gesellschaftlichen Umfeld als Herausforderung und nehmen Entwicklungstendenzen in unseren Fachbereichen auf."[855]

Wie entsteht eine mögliche Vision der Gemeinde für gesellschaftsrelevante Gemeindearbeit? Es sind vor allem folgende zwei Faktoren, die visionäre Festlegungen wesentlich mitprägen: der Auftrag Gottes und die Not der Menschen.

Hinter diesen beiden Faktoren steht der ausgesprochene Wille Gottes, der seine Gebote uns Menschen gegenüber durch Jesus Christus in den zwei Forderungen zusammenfasst: „Du sollst den Herrn, deinen Gott, lieben von ganzem Herzen, von ganzer Seele und von ganzem Gemüt" ... und: „Du sollst deinen Nächsten lieben wie dich selbst" (Mt. 22,37-39).[856] „In diesen beiden Geboten hängt das ganze Gesetz und die Propheten", sagt Jesus (Mt. 22,40).

Eine Vision der Gemeinde zum Thema gesellschaftsrelevanter Gemeindearbeit wird sich daher zum einen um die Frage nach dem Willen Gottes, nach seinem Auftrag mühen müssen, zum anderen aber die Situation des Nächsten zu begreifen suchen. Damit ist auf der einen Seite sorgfältige theologische Arbeit, auf der anderen Seite sorgfältige Kontextanalyse vonnöten. Ein deduktiv-induktives Verfahren im ständigen Gespräch der Findungen aus beiden Bereichen ist also vonnöten.

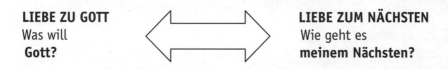

Prozess der Visionsdefinition

6.3.2.4 Entwurf eines Konzepts

Eine Vision ist noch kein Konzept. Konzepte gehören eher in den Bereich von Machbarkeitsstudien. In einem Konzept werden nicht nur Auftrag und Bedarf, Gottes Wille und die Not des Nächsten, sondern noch andere Faktoren berücksichtigt. Dabei stellen die vorhandenen Mittel und Mitarbeiter in der Gemeinde und im anvisierten Gemeinwesen die wichtigsten Faktoren dar. Man sollte Konzepte zirkular entwickeln. Folgendes Modell kann dabei Hilfe leisten. Es schließt folgende Schritte ein: Vision formulieren, Resourcen in der Gemeinde identifizieren, Ansätze wählen, Partner in der Gesellschaft finden, Arbeitsschritte festlegen, Aktion, Auswertung.

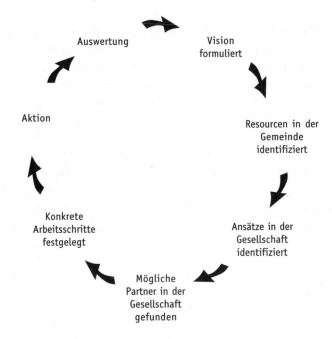

Arbeitsschritte zum gesellschaftsrelevanten Gemeindeaufbau

6.3.2.5 Planung

In der Planung wird das Konzept in konkrete Arbeitsaufgaben umgesetzt. Gute Planung lässt sich von den berühmten W-Fragen leiten:

WAS
macht
WER
und
WIE
soll es gemacht werden?
WANN
und
WOMIT
wird es gemacht
und
WAS
erwarten wir als Ergebnis?
WIE
soll es ausgewertet werden und
WAS
ist dann der nächste Schritt und
WOHIN
soll er dann führen?

6.3.2.6 Aktion

Unter der Aktion verstehen wir die Durchführung, die praktische Anwendung des schriftlich formulierten Konzepts für eine gesellschaftsrelevante Arbeit. Hier findet die eigentliche Gemeinwesenarbeit statt. Dabei ist es nicht unwesentlich, dass man sich bei der Durchführung an das Konzept hält, jedoch mit einer entscheidenden Portion an Flexibilität. Wie im Zyklus gesellschaftsrelevanter Gemeindearbeit (ZGG) dargestellt, ist der ständige Dialog zwischen der erarbeiteten Theorie und der Erfahrung in der Praxis vonnöten. Veränderungen können und dürfen vorgenommen werden, allerdings verlangen sie eine fundierte Neubesinnung auf alle wesentlichen Faktoren des Zyklus. Es ist beispielsweise nicht möglich, theologische Erwägungen, die bestimmte Arbeitsschritte wichtig erscheinen ließen, einfach außer Acht zu lassen, wenn sich die geplanten Schritte als undurchführbar erwiesen haben. Jede Veränderung im Bereich der Methode setzt eine Reflexion sowohl des Scheiterns der geplanten Methode als auch den Vorschlag eines neuen Verfahrens auf dem Hintergrund der Vision voraus. Geschieht das nicht, droht die kirchliche Gemeinwesenarbeit, ihren kirchlichen Charakter und die eigentliche Mission aus dem Auge zu verlieren.

6.3.2.7 Evaluation

Die Evaluation stellt ein Instrument der Qualitätssicherung dar und die Chance, eine festgefahrene Arbeit neu auszurichten. Dabei ist nicht nur eine Gesamtbeurteilung der erzielten Ergebnisse gemeint. Ein gutes Konzept des gesellschaftsrelevanten Gemeindebaus wird Messinstrumente für Qualitätssicherung für jeden abgeschlossenen Arbeitsschritt vorsehen. Nur so kann festgestellt werden, ob man das anvisierte Ziel der missionarischen Durchdringung der Gesellschaft immer noch im Blick hat und inwieweit die eingeleiteten Maßnahmen Frucht zeigen. Eine Beurteilung der Arbeit sollte immer konstruktiv-kritisch vorgenommen werden. Die Instrumente der Beurteilung leiten sich von der Vision ab und müssen auf diese zurückführbar sein. Letztendlich geht es ja nicht einfach um eine Gemeinwesenarbeit, sondern um kirchliche Gemeinwesenarbeit, die ihre besonderen, vom Evangelium her gesetzten Ziele verfolgt.

Es ist wichtig, die Gemeinwesenarbeit sowohl aus der Innen- als auch Außensicht her beurteilen zu lassen. Programmgestalter können zuweilen berufsblind werden und sehen nicht mehr die Mängel in der eigenen Arbeit. Sie brauchen daher neutrale Augen. Außenstehende werden auf Dinge aufmerksam, die einem Insider oft verborgen bleiben, weil man diese als Selbstverständlichkeiten übersieht. Gemeinwesenarbeit ist eine Arbeit im klar definierten Kontext. In ihrem Zentrum stehen Menschen. So ist es wichtig, zunächst einmal diese Menschen zu der Wirksamkeit des Programms zu befragen. Schließlich sind sie die Nutznießer der Arbeit. Doch die Perspektive der Nutznießer kann zu einer finalen Beurteilung nicht ausreichen. Man sollte daher von Zeit zu Zeit Experten von außen bitten, sich die Arbeit anzusehen und entsprechend festzustellen, ob man immer noch gesellschaftsrelevant und reichsgottesorientiert ist.

6.3.3 Beispiele von Gemeindebau mit einer Gemeinwesenarbeit-Orientierung

6.3.3.1 Evangelische Gemeinde Freiburg-Landwasser[857]

Der Stadtteil Landwasser im Westen der Stadt Freiburg im Breisgau entstand in den Jahren 1965–1970. Auf einem 60 Hektar großen Gelände entstanden damals 2410 Wohnungen. Schon bald lebten im Stadtteil fast 8000 Menschen, wobei sich etwa ein Drittel der Menschen zum evangelischen Glauben bekannte. Der Beschluss, eine evangelische Gemeinde in Landwasser ins Leben zu rufen, fiel bereits 1965. Im Herbst 1967 wurde der Gemeinde ein Pfarrvikar zugeteilt und ein Jahr später erhielt die Gemeinde auch kirchenrechtlich ihre Selbstständigkeit.

Der „Evangelische Arbeitskreis Freiburg-Landwasser", der das Anliegen des Gemeindeaufbaus vorantrieb, legte von Anfang an eine Vision der Gemeinde fest. Im Zielvorstellungs-Statement heißt es:

> „Die Gemeinde hat den Auftrag, durch ihr Sein von der versöhnenden Botschaft Jesu Christi zu berichten. Sie lebt aus der Überzeugung, dass sich diese versöhnende Kraft konkret darstellen lässt. Die Gemeinde – als Institution – darf hierbei nicht als Endziel der Wirksamkeit Gottes in der Welt gesehen werden, sondern vielmehr als Instrument. Zielsetzung des Gemeindeaufbaus muss demnach sein, ständig die Widersprüche zwischen christlicher Botschaft, Umweltsituation und Gemeinde aufzudecken und die Gemeinde herauszufordern, diese Widersprüche abzubauen. Diese Zielsetzung erfordert ein neues Gottesdienstverständnis. Es darf keine Nachordnung der Seelsorge, der Jugendarbeit, der Diakonie unter den sonntäglichen Gottesdienst mehr geben. Vielmehr muss das ganze Leben der Gemeinde, die gesamten Aufgaben als Gottesdienst aufgefasst werden. Gottesdienst heißt demnach, Zeichen der Hoffnung zu setzen, Strukturen und Lebensbedingungen zu schaffen, die das Evangelium sichtbar werden lassen. Konkret bedeutet dies, dass die gesellschaftlichen Fragen der Einwohner Landwassers zugleich immer Fragen der Gemeinde sein müssen."[858]

Die Verwirklichung einer solchen Vision verlangte von den Gemeindegründern, von vornherein auf das Konzept des allgemeinen Priestertums zu setzen und nach Wegen zu suchen, so viele Mitarbeiter wie möglich zu gewinnen. Von

Anfang an stellte die Gemeinde neben dem Pfarrer einen Sozialarbeiter, zwei Erzieherinnen und eine Gemeindeschwester ein. Weiteres Personal kam dazu.[859]

Dem aktiven Aufbau der Gemeinde ging eine intensive Gesellschaftsanalyse voraus, die die Gemeindeglieder unter der Beratung von Dr. Koi vom European Clearing House für Gemeinwesenarbeit durchführten. Dieser empfahl der Gemeinde keine aktivierende Umfrage, sondern eine Gesamtumschau zu versuchen. Die Untersuchung ergab einen detaillierten Problemkatalog. Die junge Siedlung hatte einen offensichtlichen Mangel an Treffpunkten, an Einrichtungen für die Arbeit mit Kindern. Es fehlten Kinderspielplätze, Krabbelstuben und Kinderhorte. Außerdem blieben die Jugendlichen ohne Betreuung, was den Anstieg an Jugendkriminalität zur Folge hatte. Auch unter Erwachsenen zeigten sich erhebliche Problemfelder, so fehlte jegliche Ehe- und Familienberatung vor Ort. In vielen Arbeiterfamilien taten sich große Lücken im Umgang mit Finanzen auf. Oft arbeiteten beide Elternteile, ihre Kinder blieben ohne Versorgung. Ein Pflegedienst schien dringend vonnöten.

Die in der Analyse gewonnenen Erkenntnisse wurden nun problematisiert und entsprechende Schritte in Richtung einer Lösung angedacht. So entstanden Arbeitskreise, die sich der sozialen Probleme annehmen sollten, wenn Mitarbeiter vorhanden waren. Wo aber keine Mitarbeiter auszumachen waren, ging die Gemeinde an die Öffentlichkeit und thematisierte die Problemlage. Die Veröffentlichung geschah durch die Bekanntmachung in den kircheninternen Veranstaltungen, im lokalen Bürgerverein, in der Zeitung, auf Plakaten und Flugblättern. Auf diese Weise entstand in der Bevölkerung ein entsprechendes Problembewusstsein.[860]

Unter anderem hatte die Gesellschaftsanalyse unmittelbare Konsequenzen für die Planung der Gemeinderäume. In den neuen Räumen entstand von Anfang an ein Dialog-Café, das gemütlich eingerichtet war und täglich öffnete und den Menschen in Landwasser Möglichkeiten zur Gemeinschaft anbot. Auf dem Parkplatz der Gemeinde wurde ein Kinderspielplatz eingerichtet. So entstand eine offene Kinderarbeit, die den Müttern des Ortes die Freiheit verschaffte, einmal in der Woche ihren Einkauf in der Stadt zu erledigen. In der Folge entstanden nacheinander Kindergärten, eine Gemeindekrankenpflegestation, ein Club für ältere Menschen, ein Gymnastikkurs für Frauen, Hausaufgabenhilfe für Schulkinder usw.

Auch das Gottesdienst-Angebot am Sonntag richtete sich nach der Analyse. So entschied sich die Gemeinde, zwei Gottesdienste am Sonntag anzubieten, wobei der erste eher traditionell-liturgisch, der zweite am Abend frei gestaltet wurde. Somit konnten unterschiedliche Bevölkerungsgruppen das gottesdienstliche Angebot der Gemeinde wahrnehmen.[861]

Der erstaunliche Anfang dieser Gemeinde versandete aber bald. Die Gemeinde merkte schnell, dass die Gesellschaftsrelevanz ihres Angebots nur durchzuführen ist, wenn einige „lieb gewordene Traditionen" aufgegeben werden. Martin Schofer erinnert sich:

„Das einzelne Gemeindeglied, der einzelne Mitarbeiter sieht sich auf einmal gezwungen, seine persönliche und berufliche Rolle neu bestimmen zu müssen. Erfolgt diese Neuorientierung nicht, wird die persönliche Verunsicherung so stark, dass anfangs progressive Mitarbeiter eine konservativ-restaurative Haltung einnehmen. Eine weitere Gefahrenquelle für den Gemeindeaufbau entsteht, wenn die funktional notwendige Rollenbestimmung als persönliche Macht- und Prestigefrage gesehen wird. ‚Gefährdete' in diesem Sinne sind die traditionellen kirchlichen Funktionsträger wie Pfarrer und Älteste. In Landwasser traten diese Konflikte sehr massiv auf. Der Ältestenkreis unter dem Vorsitz des Gemeindepfarrers sicherte sich durch repressive Beschlüsse (wie z. B. einseitige Annullierung der Beschlüsse über die Zusammenarbeit mit der Gemeindediakonie) die traditionelle Alleinverantwortung in der Gemeinde. Der Rückzug auf kirchenrechtlich abgesicherte Positionen begann; das Postulat der Öffnung der Gemeinde zur Gesellschaft wurde aufgegeben."[862]

Das Ergebnis ließ nicht lange auf sich warten. Heute stellt die Kirchengemeinde kein Modell mehr dar und hat wie viele andere Kirchengemeinden massiv mit dem Mitgliederschwund zu kämpfen.

6.3.3.2 Willow Creek Community Church in Chicago, USA

Die Willow Creek Community Church in Chicago ist weltweit zum Begriff einer wachsenden, innovativen und missionarischen Gemeinde geworden. Dem Gründer und Hauptpastor dieser Gemeinde geht es im Gemeindebau zunächst und vor allem um die Verwirklichung der Vision einer nach „biblischem Vorbild funktionierenden Gemeinde"[863]. Das Herzstück dieses Gemeindeaufbauprogramms ist der Dienst. Hybels führt diese Haltung seiner Gemeinde auf die Lehre Dr. Bilezikians zurück, der davon träumte, eine Gemeinde zu verwirklichen, in der Arm und Reich zusammen Gott dienen und ihren Reichtum miteinander teilen würden. Hybels schreibt: „Aus diesem Grund haben wir alle möglichen Dienste in Willow Creek eingerichtet, um die Wohlhabenden für die Nöte der Bedürftigen zu sensibilisieren, sowohl innerhalb als auch außerhalb der Gemeinde. Es gibt eine Armenküche und Hilfe für Obdachlose, es gibt einen Wohltätigkeitsverein, der finanzielle Unterstützung gibt; es gibt Freiwillige, die Häuser für arme Menschen bauen und bei Projekten in der Innenstadt von Chicago mitarbeiten. Und es gibt einen Dienst von Automechanikern, die von sich aus den Entschluss gefasst haben, zwei Mal pro Woche umsonst die Autos von alleinerziehenden Müttern zu reparieren"[864].

Diese und andere Projekte der Gemeinde haben Erstaunliches in der Bevölkerung bewirkt. Die Gemeinde betreibt beispielsweise eine *Food Pantry*, eine Art Selbstbedienungsladen mit Nahrungsmitteln, in die die reicheren Gemeindeglieder oder Einwohner des Ortes Nahrungsmittel spenden, die dann von den ärmeren kostenlos abgeholt werden können. Die Nahrungsmittel werden entweder in der Kirche abgegeben oder auch von freiwilligen Helfern bei der Bevölkerung abgeholt.[865] Und an den Donnerstagen werden Hunderte von Obdachlosen in der Gemeinde gespeist. Manch einer dieser Leute hat sich entschlossen, Mitglied der Gemeinde zu werden.[866]

Einen anderen Dienst, den die Gemeinde der Bevölkerung zur Verfügung stellt, ist CARS (Christian Auto Repairman Service), ein christlicher Autoreparaturdienst. Hier werden 20–25 Autos in der Woche von freiwilligen Mitarbeitern instand gesetzt. Viele dieser Autos werden von Mitgliedern der Gemeinde gespendet und nach ihrer Reparatur an bedürftige Menschen verschenkt; das sind oft alleinerziehende Mütter, denen auch später jede Reparatur kostenlos angeboten wird.[867] Das Dankesschreiben einer betroffenen Frau spricht Bände über die Tragweite eines solchen Dienstes:

„Als ich das alleinige Sorgerecht für meinen Sohn zugesprochen bekam, hatten wir nichts – nur unsere Kleidung, kein Auto, kein Haus, kein Kindergeld. Ich hatte das Glück, eine Arbeit nur eine Meile von unserer Wohnung entfernt zu finden, so konnte ich zur Arbeit zu Fuß gehen. Menschen schienen sich in Scharen meiner anzunehmen und liehen mir von Zeit zu Zeit ihre Autos. Auf diese Weise konnte ich einen zweiten Teilzeitjob annehmen, um die Rechnungen zu bezahlen, die ich mit der anderen Arbeit nicht bezahlen konnte. Ich lernte, einen Tag nach dem anderen zu leben, dankbar für jedes Auto, das ich fuhr, dankbar für Willow Creek, wo ich zu Christus geführt wurde, dankbar für die Jugendarbeit, die so etwas wie ein Vater für meinen Sohn wurde, dankbar für die Dienste der Gemeinde, die mich lehrten, dass Gott mir ein Ehemann und so vieles mehr sein wollte. Unser Leben hat sich auf wunderbare Weise verändert, weil diese Gemeinde, weil Menschen sich ausstrecken und andere so anrühren, dass wir das Gefühl haben, von Gott selbst angerührt zu sein. Ich möchte, dass Sie wissen, wie schwer es ist, alleinerziehende Mutter zu sein. Wir wissen nicht, wie wir Dinge reparieren können, wenn sie kaputtgehen, und oft haben wir kein Geld, sie von jemand anderem reparieren zu lassen, und so gehen wir mit Mühe und Not weiter und beten, dass das Auto, das wir fahren, uns nur noch dieses eine Mal dahinbringt, wo wir hinmüssen. Ich habe, so lange ich denken kann, mit diesem ‚Nur noch dieses eine Mal'-Gebet gelebt, dass ich erstaunt bin, dass Gott dieses Gebet so lange erhört hat. Ich kann es kaum glauben, dass ich dieses Auto wirklich haben soll. Ich möchte jedes Mal weinen, wenn ich einsteige. Es ist für mich wie ein anderes ausgeliehenes Auto – aber dieses Mal ist Jesus derjenige, der es ausleiht. Ich fahre sein Auto. Ich fühle mich gesegnet und kann bezeugen, dass er seinen Kindern wirklich Gutes gibt."[868]

Dieses Zeugnis spricht für sich. Soziale Fürsorge führt Menschen in die Arme Gottes und gibt ihnen die verlorene Würde zurück.

Ein recht einfallsreiches Angebot bieten die Friseurinnen der Gemeinde an. Sie schneiden hilfsbedürftigen und alten Menschen kostenlos die Haare und führen Schönheitstage durch, an denen Frauen, die in Not geraten sind, verwöhnt werden. Diese werden nicht nur schön gemacht, sondern bekommen auch Kleider und Dinge, die sie benötigen, geschenkt. An einem solchen Tag können auch Mädchen aus geschiedenen Ehen oder auch Teenies, die ungewollt schwanger geworden sind, verwöhnt werden. Bill Hybels reflektiert diesen Dienst mit Worten einer Teilnehmerin namens Roberta: „Am Ende jedes Schönheitstages sind wir alle in Tränen aufgelöst vor Dankbarkeit, dass wir unsere von Gott geschenkten Fähigkeiten und unsere Neigungen dazu einsetzen konnten, das Leben von anderen Frauen positiv zu verändern"[869].

Weitere Dienste in Willow Creek sind eine Beratungsstelle für Menschen mit finanziellen Schwierigkeiten und *Special Friends,* eine Arbeit, die sich an behinderte Kinder und Erwachsene richtet. Dazu kommt *Storehouse*, ein Baustoffhandel, der von anderen Firmen gespendetes Baumaterial kostengünstig an bedürftige Familien vermittelt, die ihr Haus bauen oder renovieren wollen. Außerdem gibt es eine Krankenversicherungs-Beratungsstelle, in der Menschen beraten werden, die durch die Maschen des sozialen Netzes gefallen sind. Und anderes.[870]

Die Philosophie der Gemeinde, wie sie von Bill Hybels gelehrt wird[871], ist einfach. Christen sind zum Dienst an ihren Mitmenschen berufen. Sie sollten sich dazu gegenseitig anspornen. So wird das Reich Gottes vor Ort gebaut und die lokale Gemeinde wird wachsen. Der Dienst der Christen orientiert sich zum einen an den Bedürfnissen der Mitmenschen vor Ort, zum anderen aber an den in der Gemeinde vorhandenen Fähigkeiten, Neigungen und Begabungen. So entsteht eine Gemeinschaft von Menschen, die „voller Leidenschaft miteinander durch die Probleme und Schmerzen des Lebens gehen; in der sich jeder ermutigt fühlt, mit seiner geistlichen Gabe etwas zu verändern ... in der die Reichen ihre von Gott gegebenen Mittel mit den Armen teilen; und in der Menschen so sehr Schmerz um ihre kirchendistanzierten Freunde empfinden, dass die Gemeinde Strategien entwickelt und Risiken auf sich nimmt, um diese Freunde mit dem Evangelium zu erreichen"[872].

Nicht jede Initiative und jedes Projekt ist erfolgreich gewesen. Manches erwies sich als Flop. Anderes hat sogar Menschen geschadet. Das geben die Verantwortlichen offen zu. Aber Ehrlichkeit und eine richtig verstandene Leidenschaft haben sich trotz allem ausgezahlt.[873]

Seit 2003 richtet sich Willow Creek stärker multikulturell und vor allem rassenübergreifend aus. Während die Gemeinde von ihren Anfängen her als zielgruppenzentrierte Gemeinde galt, ist die 2003 eingeleitete Wende durch den Erkenntniswandel ihres leitenden Pastors Bill Hybels verursacht.[874]

6.3.3.3 First Baptist Church in Flushing, New York[875]

Die First Baptist Church in Flushing wurde im Jahre 1856 gegründet. Die nun 150 Jahre alte Gemeinde liegt in einem der Vororte New Yorks mit einer Bevölkerung von etwa 250.000 Einwohnern. Es ist eine ethnisch gesehen recht bunte Bevölkerungsmischung, die sich im Laufe der letzten 40 Jahre immer wieder verändert hat. Die Gemeinde begann in den fünfziger Jahren des letzten Jahrhunderts damit, ethnische Minoritäten evangelistisch zu erreichen. Heute erreicht die Gemeinde neben der eingesessenen Bevölkerung spanische, chinesische, indische, jüdische, afghanische und andere Einwanderer.[876] Zurzeit versucht die Gemeinde, Menschen aus über 50 ethnischen Gruppen mit dem Evangelium zu erreichen.

Die Vorgehensweise der Gemeinde zeigt ein deutliches Profil auf. Die Strategie der Gemeindeleitung scheint recht einfach. Wird eine neue ethnische Gruppe missionarisch angegangen, so sucht die Gemeinde nach Mitarbeitern, die aus der Gruppe selbst kommen und mit den kulturellen und sozialen Besonderheiten der Gruppe vertraut sind. In der Berufung dieser Mitarbeiter sieht der gegenwärtige Pastor der Gemeinde das wichtigste Moment im erfolgreichen multiethnischen Gemeindebau.[877]

Die Gemeinde versteht sich zwar als eine Einheit, aber alle wesentlichen Gemeindeaktivitäten werden gruppenspezifisch gestaltet. So haben die einzelnen ethnischen Gruppen ihre eigenen Kleingruppen und auch gottesdienstlichen Veranstaltungen. Wichtig ist auch die grundsätzliche Orientierung des kirchlichen Kalenders an den Eckdaten des Jahreskalenders der jeweiligen ethnischen Gruppe. So feiern die indischen Gemeindeglieder mit voller Unterstützung der Gesamtgemeinde den indischen Unabhängigkeitstag, die Afghanen feiern ihr neues Jahr und so weiter. Sozio-kulturell sollen die Mitglieder der Gemeinde in ihren respektiven ethnischen Gruppen „heimisch" bleiben. Die Gesamtgemeinde sorgt dafür, dass die jeweilige ethnische Arbeit genug Finanzen und Unterstützung besitzt, um das Programm auch verwirklichen zu können. Das bezieht sich sowohl auf soziale als auch evangelistische Programme.

Neben der ausdrücklichen Spezialisierung der Gemeinde auf die jeweilige ethnische Gruppe, ihre Sprache und Kultur bietet die Gesamtgemeinde Gottesdienste und Programme für alle an, die in der Hauptsache in Englisch oder in einer Übersetzung ins Englische angeboten werden. Außerdem bietet die Gemeinde eine Schule für Englisch und allerlei Integrationsprogramme für Einwanderer an. Dazu kommen Kindergarten und Schulangebote für Kinder. Außerdem nimmt die Gemeinde an den Stadtfestivals teil, um so die multikulturelle Vielfalt des Ortsteils zu feiern.

Die First Baptist Church in Flushing ist eine wachsende Gemeinde. Als Baptistengemeinde mit einer langen Geschichte hätte die Gemeinde keine Chance gehabt, in der multikulturellen und flexiblen Bevölkerungslandschaft zu überleben. Als multikulturelle Gemeinde ist sie nun eine höchst attraktive und wachsende Kirche.

6.3.3.4 New Song Community Church

Die New Song Community Church ist eine erstaunliche Gemeinde in einem der ältesten Stadtteile Baltimores (USA). Der Stadtteil Sandtown-Winchester liegt im Herzen der Stadt und ist seit Jahrzehnten gezeichnet vom sozialen Niedergang. Menschen, die hier leben, sind arm, asozial und arbeitslos. Viele Ausländer bevölkern den Stadtteil. Und typisch für solche Verhältnisse begleiten Drogenhandel und eine hohe Kriminalität das Leben der Menschen in Sandtown.

Die New Song Community Church wurde von Mark Gornik im Jahre 1988 ins Leben gerufen. Es war ein bescheidener Anfang, der bald dazu führte, dass die Gemeinde am Sonntag Hunderte von Gottesdienstbesuchern zählte. Gornik verstand seinen Gemeindeaufbau von Anfang an ganzheitlich. Er fühlte sich berufen, zu den Nachbarn mit ihren Problemen und Nöten zu gehen. Und die Gemeinde, die sie bauen wollten, sollte von Anfang an eine *inter-racial* Gemeinde werden, die allen Einwohnern des Stadtteils offen stand.[878] Versöhnung dieser Menschen mit Gott und miteinander war das erklärte Zeil der missionarischen Arbeit Gorniks und seines Teams. Dabei galt für sie der Satz Robert J. Schreiters, dass Versöhnung nicht eine Sache der Strategie, sondern vielmehr der Spiritualität ist.[879] Sie nahmen sich vor, allem anderen voran ihre Mission zu leben. In den so aufgebauten Beziehungen zu den Menschen in Sandtown würde sich Gottes Liebe und Größe sicher bald herausstellen.

Die Gorniks begannen 1986 ihre Arbeit. Zwei Jahre arbeiteten sie an den Beziehungen zu den Menschen ihres Stadtteils. 1988 begannen sie dann in ihrem Wohnzimmer mit den Gottesdiensten. Gornik schreibt:

„Im Jahre 1988 begann die Gruppe, die New Song gegründet hat, sich in unserem Wohnzimmer zu Gottesdiensten zu versammeln. Als Gemeinde hatten wir vor, uns der Lebensfragen der Menschen in unserer Umgebung anzunehmen. Wie aber sollten wir die Gute Nachricht einer gesamten Nachbarschaft verkündigen? Zunächst beschlossen wir, unseren Gottesdienst so zu konzipieren, dass dieser sowohl biblisch als auch kontextuell war. Ausgerichtet auf die unkirchlichen Menschen, versucht unser Gottesdienst, Menschen in die lebensverändernde Gegenwart Gottes zu ziehen. Zum anderen erkannten wir, dass wir nur dann in den Augen der jungen Leute Vertrauen gewinnen würden, wenn wir in der Stadtteilgemeinschaft selbst Präsenz zeigen würden. Wir würden Gottes Liebe, Kraft und Barmherzigkeit demonstrieren müssen und nicht nur darüber reden (Jes. 58,6-10; Jak. 1,16-17; 1Petr. 2,12)."[880]

So begann eine Gemeindearbeit, die sich intensiv der Bedürfnisse des Stadtteils annahm. Gornik und seine Mitarbeiter luden *Habitat for Humanity* ein, eine Organisation, die armen Menschen humane Lebensverhältnisse schafft. In der Regel bauen die freiwilligen Helfer von *Habitat* den Not leidenden Menschen Häuser. Eine der Prominentesten *Habitat* Unterstützer ist der ehemalige Präsident der USA, Jimmy Carter. Das *Habitat* Projekt begann in Sandtown im

Jahre 1988. 1992 verantwortete die kleine New Song Gemeinde das Jimmy Carter Work Projekt, an dem 4000 freiwillige Helfer teilnahmen und in wenigen Wochen Dutzende von Häusern renoviert oder neu gebaut wurden. Bis zum Jahre 1994 waren es bereits über 200 renovierte und 27 neu gebaute Häuser, die die Gemeinde und ihre Helfer kostenlos ihren neuen Besitzern übergaben.[881]

1991 eröffnete die Gemeinde das *New Song Community Learning Center*, ein Schulungsangebot für Kinder in der Nachbarschaft. Man betreute zunächst Vorschulkinder und bot Nachhilfeunterricht nach der Schule an. Aber schon bald wurde daraus eine eigene Schule und mehrere Beschäftigungsprogramme für Kinder und Jugendliche.

Neben der Betreuung der Kinder und Jugendlichen eröffnete die Gemeinde das *New Song Health Center*. Hier bieten nun ausgebildete Krankenschwestern und Ärzte der Gemeinde Menschen ohne eine Krankenversicherung kostenlose medizinische Hilfe an.

Und dann entstand 1994 *EDEN (Economic Development Employment Network)*, die Beschäftigungsgesellschaft der Gemeinde. Das Ziel war bereits 1994 die Vermittlung von 50 Jobs an die arbeitslose Bevölkerung des Stadtteils. In den nächsten Jahren plante man, diese Zahl auf 100 zu erhöhen.[882]

Seitdem sind mehrere andere Programme dazugekommen. Und die Gemeinde? Sie ist dabei, kontinuierlich zu wachsen. Menschen, denen man geholfen hat, suchen die Gemeinschaft mit ihren Helfern und finden Gott. So wächst die Gemeinde und Sandtown wird verändert.

6.3.3.5 Der StadtTeilLaden Grumme

Grumme ist ein Stadtteil von Bochum. Er grenzt im Norden an die Innenstadt dieser 374.000 Einwohner zählenden Großstadt im Ruhrgebiet. Seit 1904 gehört Grumme zur Stadt. Gut 13.000 Menschen leben hier.[883] Viele von diesen Menschen sind alt. Fast ein Drittel der Bevölkerung Grummes ist über 60.[884] Die Geschichte des Projekts mit dem bezeichnenden Namen „StadtTeilLaden" beginnt mit der Situation dieser alten Menschen. Die Veröffentlichung des Diakonischen Werkes der Evangelischen Kirche von Westfalen mit dem Thema: „Lebenssituation und Zukunftsperspektiven alter Menschen – eine Herausforderung an Kirche und Gesellschaft" aus dem Jahre 1986 hatte die Studierenden der Evangelischen Fachhochschule Bochum bewogen, in Kooperation mit der Evangelischen Johannes-Kirchengemeinde eine Stadtteilanalyse in Grumme durchzuführen. Das Ergebnis dieser Studie zeigt einen sehr hohen Anteil alter Menschen in Grumme und offenbart zugleich zum Teil eine katastrophale soziale Unterversorgung dieser Menschen im Stadtteil. Die Johannes-Kirchengemeinde reagiert auf diesen Zustand und ruft eine aktivierende Gemeinwesenarbeit ins Leben, aus der 1987 der „Grummer Treff" wird, wo alle Beteiligten ins Gespräch über die Situation im Stadtteil kommen. Außerdem richtet die Kirchengemeinde im gleichen Jahr ein Projektbüro mit dem Schwerpunkt „Altenarbeit im Stadtteil" ein.[885] 1990 wird das Projektbüro erweitert und es entsteht der StadtTeilLaden als Anlaufstelle für alte Leute. Über die westfälische Kirche wird ein Sozialarbeiter eingestellt, dessen Beratung schon nach wenigen Wochen gerne angenommen wird. Ein Jahr später entschließt sich die Johannes-Kirchengemeinde, ihr jährliches Gemeindefest zu einem Straßenfest um den StadtTeilLaden herum umzufunktionieren, und lädt unterschiedliche Vereine aus dem Stadtteil ein, bei der Organisation und Durchführung des Festes mitzumachen. Das Fest wird ein Erfolg und zu einer jährlichen Einrichtung.[886]

Die Stadtteilarbeit der Kirchengemeinde offenbarte schnell tief greifende infrastrukturelle Probleme des Stadtteils Grumme. Die meisten Einkaufsmöglichkeiten im Stadtteil waren geschlossen worden, der öffentliche Verkehr im Stadtteil erheblich eingeschränkt. Die Versorgung älterer Menschen war nicht mehr gewährleistet. 1993 wird deshalb auf Initiative der Kirchengemeinde der „Förderverein Grumme e.V. – Leben im Stadtteil" gegründet. Der Verein setzt sich sowohl aus Vertretern verschiedener politischer Parteien als auch mehrerer Kirchen zusammen. Ziel des Vereins ist die Verbesserung der Lebenssituation älterer Menschen im Stadtteil. Es entsteht die Idee eines Bäckerei-Shops mit einem anliegenden Begegnungs-Café für ältere Menschen. Beides wird bis Mitte 1995 in unmittelbarer Nachbarschaft vom StadtTeilLaden realisiert.[887] 1998 schlossen sich schließlich die Johannes-Kirchengemeinde und der Förderverein Grumme e.V. zu der neuen Trägergemeinschaft des StadtTeilLadens zusammen. Seither hat sich die Arbeit des StadtTeilLadens ständig erweitert. Heute arbeitet diese GWA in folgenden Feldern:[888]

- Stadtteilcafé (Begegnungszentrum)
- Jugendtreff „Sit down"
- Grummer Treff (Seniorengruppe)
- Kontaktgruppe für Menschen mit Psychiatrie-Erfahrung
- Selbsthilfegruppe für Eltern mit essgestörten Kindern und Jugendlichen
- Café Domino – Betreuung für Menschen mit Alzheimerdemenz
- Grummer Stadtteilkonferenz (runder Tisch von verschiedenen öffentlichen und privaten sozialen Einrichtungen)
- Unterstützendes Wohnen Grumme
- Beraterpool: Kooperation zwischen Schule und Jugendhilfe
- Kunstatelier Fabula (Durchführung von kulturellen Veranstaltungen im Stadtteil)
- Familienzentrum

Der bei Weitem größte Teil der Arbeit im StadtTeilLaden wird von ehrenamtlichen Mitarbeitern getan. Die meisten Mitarbeiter rekrutieren sich aus der entkirchlichten Bevölkerung. Nur wenige kommen aus der Johannes-Kirchengemeinde.[889] Die Sozialarbeiterin Silke Neufeld sieht den Grund hierfür in der starken Belastung der Kirchenmitglieder mit der internen Gemeindearbeit der

Kirche. Ihnen bleibt für die Mitarbeit im StadtTeilLaden keine Zeit.[890] Die Kirche ist zwar offiziell Initiator und Mitträger der Gemeinwesenarbeit, ihre Mitglieder scheinen dagegen nur wenig Interesse für die Arbeit aufzubringen. Sie garantiert dem Projekt eine gewisse Vertrauenswürdigkeit in der Bevölkerung, was sich nicht zuletzt in der Finanzierung des StadtTeilLadens äußert. Diese wird über Social Sponsoring aufgebracht. So stellt die Bochumer Wohnungsgesellschaft VBW GmbH, die im Stadtteil seniorengerechte Wohnungen anbietet, dem StadtTeilLaden die Räumlichkeiten für das Projekt kostenlos zur Verfügung und leistet auch finanziell ergebliche Hilfe. Für die VBW GmbH erhöht die Arbeit des StadtTeilLadens die Attraktivität des Standorts. Sie fördert also nicht nur mit Herz, sondern auch mit Verstand. Das Projekt „Unterstützendes Wohnen" ist z. B. ganz von der VBW gesponsert. Ähnlich verhält sich die Firma Unitymedia, die dem Projekt die Telefon- und Internetanschlüsse kostenlos zur Verfügung gestellt hat.[891]

Auch andere soziale Institute sind unmittelbar am Gelingen der Gemeinwesenarbeit StadtTeilLaden in Grumme beteiligt. Unter anderem ist die Evangelische Fachhochschule Bochum (EFH) zu erwähnen. Die Hochschule begleitete von Anfang an das Projekt wissenschaftlich und hat dadurch wesentlich zum Gelingen des Projekts beigetragen. Studenten der EFH absolvieren ihre Praktika in Grumme und nehmen auch sonst aktiv an der Entwicklung teil. Pfarrer Rottmann zählte allein bis zum Jahr 1998 über 100 Studenten, die im StadtTeilLaden ein Praktikum gemacht haben.[892] Die enge Betreuung durch die EFH gibt dem Projekt die nötige Glaubwürdigkeit und ist wesentlich für die Solidität des Projekts verantwortlich.

Das Gemeinwesenarbeitsprojekt „StadtTeilLaden" ist in sozialer Hinsicht ein überaus erfolgreiches Unterfangen. In zwanzig Jahren ist es den Trägern gelungen, einen Großteil der Bevölkerung für die Gestaltung des Lebensraumes, in dem sie zu Hause sind, zu gewinnen. Das Projekt begann als eine Initiative der Kirche. Und obwohl die Johannes-Kirchengemeinde immer noch zum wichtigsten Träger des Projekts zählt, profitiert die Gemeinde selbst von dieser Entwicklung nicht. Das Projekt existiert neben dem Angebot der Kirche. Selbst die Gemeindeglieder erkennen darin nicht einen eigenen kirchlichen Auftrag. Konsequenterweise sind unter den Mitarbeitern der Gemeinwesenarbeit kaum Mitglieder der Kirche wiederzufinden. Pfarrer Volker Rottmann, der Initiator des Projekts, hat zwar 1998 in seiner Schrift „Kirchengemeinde und Stadtteilarbeit" versucht, seiner Gemeinde die Bedeutung der Stadtteilarbeit für die Gemeindeentwicklung auch theologisch zu begründen, diese ist aber bei den Mitarbeitern selbst nach Auskunft von Sozialarbeiterin Silke Neufeld[893] nie wirklich angekommen. Sie selbst will sich allem anderen voran nur als Sozialarbeiterin verstanden wissen.[894]

Das StadtTeilLaden-Projekt präsentiert sich heute als rein soziale Gemeinwesenarbeit. Ihre Darstellung im Internet und die Ziele und Prinzipien der Arbeit sind primär auf die Verbesserung der sozialen Situation der Menschen im Stadtteil bezogen. Grundlage der Arbeit heute sind folgende Prinzipien:

- Orientierung an der Lebenssituation und dem Lebensalltag der im Stadtteil lebenden Menschen.
- Orientierung an dem, was die Menschen mit ihren Stärken, Fähigkeiten und Interessen einbringen.
- Orientierung an und Erschließung von Möglichkeiten und Ressourcen, die beteiligte Organisationen zur Gestaltung der Lebenssituation im Stadtteil miteinbringen können.
- Die Hilfe zur Selbsthilfe stärken.
- Die selbstständige Lebensführung im Alter unterstützen.
- Den Austausch zwischen den Generationen fördern.
- Die Vernetzung von sozialen Hilfsangeboten.
- Eine Plattform für kulturelle, künstlerische Aktivitäten schaffen.[895]

Eine wie auch immer geartete theologische Zielsetzung ist hier fallen gelassen worden. Kein Wunder, dass es den Kirchenmitgliedern und kirchenfremden Mitarbeitern schwerfällt, in der Arbeit die Kirche und ihren Auftrag zu entdecken. Man kann mit Recht behaupten, die Gemeinwesenarbeit hat hier ihren kirchlichen Charakter völlig eingebüßt und damit auch die Chance, soziale Arbeit und Evangelisation miteinander zu verknüpfen.

Die Gemeinwesenarbeit ist jedoch nicht spurlos an der Kirchengemeinde vorbeigegangen. Viele Gemeindeglieder verstanden nicht, welchen Sinn eine ausgesprochen sozial ausgerichtete Arbeit im Stadtteil für den Gemeindebau an sich hat. Es kam von Anfang an zu entsprechenden Auseinandersetzungen, und die Gemeindeleitung sah sich gezwungen, Gemeindeversammlungen mit Diskussionscharakter einzuführen, um dem Gesprächsbedarf Rechnung zu tragen.[896] Doch es ist ihr offensichtlich nicht gelungen, die Gemeinde für das Projekt zu gewinnen.

6.3.3.6 LifeBridge – eine Gemeinde denkt um

Wie gestaltet man eine in sich gekehrte Gemeinde, die zwar missionarisch interessiert ist, jedoch trotz intensiver missionarischer Bemühungen nur wenig Einfluss auf ihre Umwelt hat? Wie wird man zu einer gesellschaftsrelevanten Gemeinde? Die Geschichte der LifeBridge Christian Church in Longmont, im amerikanischen Bundesstaat Colorado, hat den Prozess durchgemacht und bietet ein anschauliches Beispiel, wie so etwas geschehen kann.

LifeBridge wurde vor über 100 Jahren gegründet und hat sich im Laufe der Jahrzehnte immer wieder als missionarisch aktive Gemeinde erneuert. Die evangelistischen Aktionen dieser Gemeinde wurden weit über die eigene Region bekannt.[897] Besonders bekannt war das große Weihnachtsevent der Gemeinde, zu dem Tausende von Menschen eingeladen wurden. Viele Mitarbeiter der Gemeinde nahmen an der Vorbereitung und Durchführung dieses Ereignisses teil und ein Großteil der Gemeindespenden floss in das Projekt. Und obwohl durch diese und ähnliche Aktionen immer wieder Menschen zum Glauben fanden, konnte niemand so richtig damit zufrieden sein. Die Mühe schien in keinem Verhältnis zum Ergebnis zu stehen. 1996 begann die Gemeindeleitung umzudenken. Zu diesem Zeitpunkt zählte man bei LifeBridge 1.100 Mitglieder. 2004 waren es mehr als 3.000.[898]

Was war passiert? Wie kam dieses phänomenale Wachstum zustande? Rick Rusaw bringt es mit der grundsätzlichen Veränderung der Gemeindeorientierung in Richtung gesellschaftsbezogener Gemeindearbeit zusammen. Die Gemeinde ging dabei sechs wichtige Schritte:

1. Sie fokussierte ihre Arbeit nach außen.

2. Sie vermied es, Institutionen und Organisationen zu schaffen, die bereits existierten.

3. Sie öffnete sich für eine Zusammenarbeit mit anderen gesellschaftlichen Institutionen.

4. Sie entschloss sich, die Gesellschaft, in deren Mitte sie existierte, wirklich kennenzulernen, um diese lieben und ihr dienen zu können.

5. Sie lud alle Mitglieder und Interessierte zur Mitarbeit ein.

6. Sie entschloss sich dazu, Partnerschaften einzugehen, wenn diese dem Ziel der Transformation der Gesellschaft dienten.[899]

Und alles begann 1996 mit der Entscheidung, statt eine große Weihnachtsaktion für die Bevölkerung viele kleine Aktionen in der Bevölkerung anzubieten. Früher hatte man die Bevölkerung ins Gemeindezentrum eingeladen, jetzt entschloss man sich, zu den Menschen zu gehen und ihnen da zu dienen, wo sie lebten und ihre Nöte erfuhren. Man nannte die Aktion „A Time to Serve". Für mehrere Wochen vor Weihnachten nahmen sich Mitglieder der Gemeinde nun vor, Menschen in ihrer Umgebung zu dienen. Die Aktionen wurden gut durchdacht und dann im Gemeindebrief veröffentlicht. Im November begannen sich die Gemeindemitglieder für die entsprechende Aktion einzutragen und nahmen dann im Laufe der nächsten Wochen ihren Dienst wahr. Die Liste der vorgeschlagenen Aktionen war lang. Sie reichte vom Reinigen und Putzen von Häusern älterer Mitbürger, Renovierung einer Kindertagesstätte während der Weihnachstferien, Reinigung und Instandsetzung der öffentlichen Schulen, Aufräumen der öffentlichen Parks, Renovierung des Schwangerschaftsberatungszentrums bis zur Verteilung kostenloser Lebensmittelpakete an Notleidende und Verteilung von Weihnachtsgeschenken an Einsame und Alleinstehende.[900] Die Teilnahme der Gemeindeglieder am Programm war überwältigend. Und nicht nur sie ließen sich mitreißen. Ihre Verwandten fanden die Idee so gut, dass auch sie mitmachten. Mehr als 1500 Menschen dienten auf diese Weise anderen Menschen. Am Ende kamen 6000 Stunden an freiwilliger Arbeit für die Gesellschaft zusammen.[901]

Aus der einen Weihnachtsaktion wurde ein Programm, das nun das ganze Jahr hindurch läuft. Die Gemeinde, die sich vor allem um ihr eigenes Wachstum kümmerte, begann ein neues Leben, ein Leben des Dienstes für die Gesellschaft. Dabei entschloss sie sich sehr bald, weniger neue gesellschaftliche Angebote in die Öffentlichkeit zu bringen, sondern die bereits existierenden Institutionen zu unterstützen und zu transformieren, die dem Wohl der Gesellschaft und des Lebens der Menschen dienten. Ein Beispiel hierfür ist der Dienst der Gemeinde an und in den öffentlichen Schulen. Amerika ist ja bekannt für den desolaten Zustand der öffentlichen Schulen. Ein Grund, warum viele christliche Gemeinden, die über eine entsprechende Größe verfügen, eigene Schulen gründen. Auch LifeBridge überlegte immer wieder, eine christliche Schule zu beginnen. Die Leitung der Gemeinde rechnete sich aus, dass Hunderte von Kindern die Schule besuchen würden und man auf diese Weise den eigenen Kindern eine viel bessere und vor allem christliche Erziehung geben könnte. Doch dann stellte jemand die Frage nach der Gesellschaftsrelevanz einer solchen Schule. Die Rechnung war bald gemacht und man stellte fest, dass eine christliche Schule bestenfalls 2,5% der Kinder und Jugendlichen des Ortes erreichen würde. War das der Auftrag der Gemeinde? So entschied man sich für einen völlig anderen Plan. Statt eine eigene Schule zu gründen, würde die Gemeinde die bestehenden Schulen auf jede nur denkbare Art und Weise stärken. So entstanden Programme, die die Schulgebäude instand setzten, Schulmaterial erneuerten und Lehrern wie Schülern halfen, bessere Ergebnisse zu erzielen. In wenigen Jahren veränderte sich das Bild der öffentlichen Schule in der Nachbarschaft von LifeBridge. Heute gehören Hunderte von Lehrern dieser Schulen zur Gemeinde, und in den Räumen der Gemeinde selbst wurde ein öffentliches Kolleg eingerichtet, das dem gesamten Gemeinwesen dient.[902]

Die Entscheidung, bestehende Institutionen der Gesellschaft zu unterstützen, führte die Gemeinde dazu, eine denkbar enge Zusammenarbeit mit den politischen Verantwortungsträgern und anderen sozialen Gruppen zu suchen. Und wieder war die Gemeinde überrascht, wie offen sich diese Institutionen erwiesen, sobald sie die Selbstlosigkeit des Dienstes der Gemeinde erlebten.

„Wir wollten das Herz des Gemeinwesens bilden und nicht zur Peripherie der Gesellschaft gehören", resümierte einer der Pastoren diese Entwicklung.[903]

LifeBridge ist heute eine andere Gemeinde, als sie es vor 1996 noch war. Damals bemühte sie sich zu evangelisieren. Heute dient sie der Gesellschaft in vielen guten Werken, die das Leben der Menschen unmittelbar zum Besseren verändert. Damals gab sie viel Geld aus, um die Menschen in ihre Veranstaltungen zu bekommen. Heute bemüht sie sich darum, Menschen, allen voran ihre eigenen Gemeindeglieder, im Dienst am Nächsten zu unterstützen. Damals war sie ein Vorbild für viele Christen. Heute ist sie ein Vorbild für ihre Umgebung.

Damals war sie ein Fremdkörper in der Gesellschaft, heute gehört sie als willkommener Diener dazu.

Und die Evangelisation? Hat die soziale Orientierung nicht genau das bewirkt, was die Befürworter einer absoluten Priorität der Proklamation vor jeder Art sozialem Dienst schon lange predigen – das Evangelium wird verwässert und Menschen kommen nicht mehr zum Glauben? Nein, nicht in LifeBridge. Die Gemeinde ist in den letzten 10 Jahren um das Dreifache gewachsen, wobei 80% ihrer neuen Gemeindeglieder als Kirchenfremde dazukamen.[904] Die Gemeinde hat gedient und jetzt scheinen auch ihre Worte gehört zu werden. Die guten Werke haben der Guten Nachricht den Weg gebahnt. Und Evangelisation ist zum lebendigen Alltag einer dienenden Gemeinde geworden.

6.4 Wer kann Gemeinde bauen?

Die dritte wichtige Strukturfrage für den gesellschaftsrelevanten Gemeindebau nach der Klärung der Vision und der Handlungsweise bezieht sich auf die Gemeindebauer selbst. Eine missionale Gemeinde verlangt nach einer missionalen Leitung. Eine extern fokussierte gesellschaftsrelevante Gemeinde kann nicht von traditionellen Leitern gebaut werden, die in der Regel nach innen denken.[905] Gefragt ist ein neuer Typ von Leitung.[906] Wer kann, ja wer soll gesellschaftsrelevante Gemeinden bauen?

Keine Frage, es ist Gott selbst, der in Christus und durch den Heiligen Geist seine Gemeinde baut. Und doch tut er das mit den Menschen. Welche Menschen sind es? Was bringen sie mit?

Im Gemeindeaufbau werden heute in der Regel eines von fünf Leitungsmodellen implementiert:[907]

- Ältestestenkreis.
  Hierbei handelt es sich um ein Leiterschaftsmodell, dass mehrere Leiter-Ältesten vorsieht, die in der Regel unterschiedliche Begabungen, nicht selten nach dem sogenannten fünffältigen Dienst aus Eph. 4,11[908] gestaltat, vorweisen.[909] In der Regel ist einer der Ältesten der koordinierende Leiter, der sich allerdings als *primus inter pares*, der Erste unter den Gleichen, versteht. Das Modell wird zum Beispiel in den Brüdergemeinden praktiziert.

- Pastor und Älteste.
  In der Regel handelt es sich hierbei um eine Ältesten-Leitung, wobei der eine Älteste vollzeitlich tätig ist und damit eine geistliche Leitungsfunktion übernimmt. Er ist der „Erste unter Gleichen" und ist im Prinzip vollberuflich in der Gemeinde tätig. Das Modell wird in den meisten Baptisten- und Freien Evangelischen Gemeinden praktiziert.

- Pastor und Gemeindeleitung.
  Der Pastor oder Pfarrer ist der eigentliche Leiter der Gemeinde. Die Gemeindeleitung, Vorstand oder auch Presbyterium, wird als unterstützendes Gremium für seine geistliche Arbeit berufen. Sie stellt eine Art Gemeindeparlament dar, das zwar beratende, jedoch selten weisende Funktion hat. Das Modell wird von vielen unterschiedlichen Gemeinderichtungen praktiziert.

- Gemeindeleitung und der Pastor.
  Bei dieser Form der Leitung ist der Pastor ein Angestellter der Gemeindeleitung und sie hat eindeutig die Leitung inne. Ein weit verbreitetes Leitungsmodell unter freien Gemeinden.

- Pastor.
  Hierbei hat der Pastor die alleinige Leitung der Gemeinde inne. Ein korrektives Gremium zu seiner Leitung existiert in der Gemeinde nicht. Manchmal wird die Gemeindeversammlung als solches verstanden, was dem Leiter allerdings eine Fülle von manipulativen Instrumenten in die Hände legt. Das Modell wird in unabhängigen freien und sehr weit verbreitet in charismatischen Gemeinden praktiziert.

Alle diese Modelle sind theologisch so oder anders begründet worden. Welches Modell nun in der jeweiligen Gemeinde übernommen wird, hängt stark von der Beantwortung folgender Fragen ab:

1. Ist das Modell biblisch-theologisch begründet? Verbindet die Heilige Schrift mit einem solchen Modell Autorität oder fördert sie eher Machtmissbrauch? Hinter dieser Frage steht ein entsprechendes Kirchenverständnis.

2. Ist das Modell in der entsprechenden Kultur brauchbar? Verstehen die Menschen, die wir für Christus gewinnen, wie und warum so geleitet wird? Hinter der Frage steht eine entsprechende Einsicht in die Kultur.

3. Fördert und erleichtert die Struktur Leben in der Welt? Hinter der Frage steht eine entsprechende Vorstellung vom Leben, die der Einzelne für sich selbst und die Gemeinschaft, in der er lebt, hat.

Kenneth L. Callahan hat in seinem Buch zur effektiven Gemeindeleitung die vier angesprochenen Kategorien in ein Koordinatensystem gesetzt, das deutlich macht, wie stark die einzelnen Kategorien von den anderen abhängen.[910]

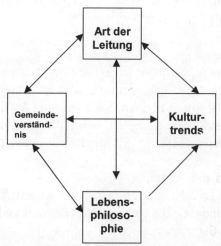

Kategorien, die das Modell der Gemeindeleitung bestimmen (nach Callahan)

Dem Korrelationssystem Callahans folgend, fragen wir nun nach einem Gemeindeleitungsmodell, das eine gesellschaftsrelevante und missionale Gemeinde ermöglicht.

6.4.1 Theologisch adäquate Leitung

Wir haben gesehen, dass sich Gemeindeaufbau, biblisch gesehen, strukturell von der *missio Christi* abzuleiten hat. Wie geleitet wird, das wird an Jesus sichtbar. Er ist der Meisterhirte, der als Guter Hirte für jede christliche Leitung Pate steht (Joh. 10,11.14). Ihn nennt Petrus den Chef-Hirten (1Petr. 5,4). Von ihm leiten sich alle Gemeindeleitungsmodelle ab, falls sie den Anspruch auf biblisch begründete Autorität erheben. Die Gemeindeschafe, die der Fürsorge ihrer Hirten ausgeliefert sind, müssen sich sicher sein, dass der Hirte kein Mietling ist und seine Aufgabe als eine von Gott gegebene Aufgabe versteht.[911] In 1Petr. 5,1-4 werden die Ältesten daher besonders ermahnt, Diener zu sein, die diesen Namen verdienen. Als solche Diener der Gemeinde sind die Ältesten besonderer Ehre würdig (1Tim. 5,17).[912]

Es gilt also zu fragen, ob ein Leitungssystem christusgemäß ist. Mission im Sinne Christi verlangt eine von dieser Mission inspirierte Leitung. In seinem viel beachteten Werk „Mission on the Way" fordert Charles van Engen die Einsetzung von Pastoren als missionarische Leiter als Bedingung für die Belebung der missionarischen Begeisterung der Gemeinden im nachchristlichen Westen. Er schreibt: „Die Person des Leiters erfüllt eine sehr wichtige Rolle im komplexen Gebilde der Faktoren, die eine lokale Gruppe von Gottes Leuten zur Beteiligung in Gottes Mission in der Welt bewegen."[913] Van Engen bezieht seine Forderung ausdrücklich auf den Text in Eph. 4,11-12. Die in diesem Text genannte Vielfalt von Aufgaben ist nur in einem Team zu bewältigen. Paulus schreibt:

> Jedem Einzelnen von uns ist die Gnade nach dem Maß der Gabe Christi gegeben worden ... Und er hat die einen als Apostel gegeben und andere als Propheten und andere als Evangelisten und andere als Hirten und Lehrer zur Ausrüstung der Heiligen für das Werk des Dienstes, für die Erbauung des Leibes Christi, bis wir alle hingelangen zur Einheit des Glaubens und der Erkenntnis des Sohnes Gottes, zur vollen Mannesreife, zum Vollmaß des Wuchses der Fülle Christi (zit. nach *Elberfelder Bibelübersetzung*).

Die Erwartung van Engens, ein Pastor wäre imstande, die genannten Aufgaben für den Aufbau seiner Lokalgemeinde zu bewältigen, ist eher illusorisch.[914] George Barna behauptet gar, dass eine Ein-Mann-Leitung prinzipiell ungeeignet ist, die Mitglieder der Gemeinde zu ihrem Dienst zu erziehen.[915] Der Genius der neutestamentlichen Leitung ist ein Team aus Aposteln, Propheten, Evangelisten, Hirten und Lehrern. Dieses Team ist von Gott eingesetzt, um die „Heiligen zum Dienst ihres Werkes" einzusetzen.[916]

6.4.1.1 Der Missionsstratege gibt die Richtung an

Das Leitungsteam in der lokalen Gemeinde, wie es der Apostel Paulus in Eph. 4,11 zusammengestellt hat, führt den Apostel und seinen Dienst an erster Stelle auf. Warum wohl? Welche Aufgabe hatte Paulus dem Apostel zugedacht? Wie ist seine Rolle als Mit-Leiter der Gemeinde zu verstehen? Nur wenige Entwürfe zur Ekklesiologie bemühen sich hier um eine Antwort. Das mag vor allem daran liegen, dass man den apostolischen Dienst vor allem als eine historisch begrenzte Erscheinung des Apostelamtes im Institut der zwölf Jünger Jesu gesehen hat. Diese Sicht lässt sich vom Neuen Testament her nicht rechtfertigen. Vielmehr kennt das Neue Testament eine Reihe von Namen, die ebenfalls Apostel genannt werden. Unter ihnen: Matthias (Apg. 1,26), Jakobus (Gal. 1,19), Barnabas (Apg. 14,3.4.14), Apollos (1Kor. 4,6-9), Timotheus (Apg. 19,22), Silas/Silvanus (Apg. 15,22), Tychikus (2Tim. 4,12), Judas (Apg. 15,22; 1Thess. 2,6), Andronikus (Röm. 16,7) und sogar Junia, eine Frau (Röm. 16,7). Insgesamt sind es 32 Namen, die *expressis verbis* Apostel genannt werden.[917]

Auch da, wo man sich den Dienst eines Apostels grundsätzlich für heute vorstellen kann, hat man mit der Bezeichnung enorme Schwierigkeiten. Wayne Grudem schreibt mit Recht: „Wenn irgendjemand in unserer Zeit den Titel Apostel für sich beansprucht, zieht er im selben Moment einen Verdacht auf sich, von unangemessenem Stolz und dem Wunsch nach eigener Anerkennung angetrieben zu sein und von einem übereifrigen Ehrgeiz und dem Wunsch nach deutlich mehr Autorität in der Gemeinde erfasst zu sein, als eine Person rechtens besitzen sollte."[918] Apostel haben es nicht leicht, ihren Dienst in der Gemeinde zu legitimieren.[919]

Ein anderer, überaus wichtiger Grund für den ängstlichen Umgang mit dem Apostelbegriff und dem apostolischen Dienst in den evangelikalen Kirchen heute, allem voran in Deutschland, liegt im Gebrauch des Begriffs in der Neuapostolischen Kirche. In dieser Sekte wurde im Apostelamt die ganze Machtfülle des Christus auf Erden zusammengeführt und damit eine Amtshierarchie geschaffen, die nicht im Geringsten mit dem Dienstverständnis des Neuen Testaments zu tun hat.[920] Um jeder Verwechslung mit der Neuapostolischen Kirche aus dem Weg zu gehen, verzichtet man lieber ganz auf die Verwendung der Bezeichnung Apostel in Verbindung mit Diensten in der Kirche und Gemeinde.

Eine Vorsichtsmaßnahme wurde in den christlichen Gemeinden des Südens längst aufgegeben. Apostolische Dienste sind sowohl in den charismatischen als auch nicht charismatischen Gemeinden in Afrika, Asien und Lateinamerika völlig selbstverständlich. Die gleiche Entwicklung ist auch im Bereich der Gemeindeentwicklung in Europa und Nordamerika zu beobachten. Es ist diese Entwicklung, die mich ermutigt, ganz bewusst den Begriff Apostel und apostolische Begabung in meinem Buch zu gebrauchen.[921]

Doch wofür steht Apostel im Neuen Testament? Im Sprachgebrauch des Neuen Testaments bezeichnet der Begriff *apostolos* einen „bevollmächtigten Gesandten", dessen wichtigste Aufgabe die Ausbreitung der Botschaft vom Reich Gottes ist und damit der Bau der Gemeinde Jesu auf Erden. Apostel sind nicht Gemeindebeamte, sondern haben ihr Amt von Christus erhalten, und zwar zum Bau der weltweiten Gemeinde.[922] Der klassische Vertreter des Apostolats im Neuen Testament ist Paulus.[923] Über das Leben und den Dienst dieses Apostels, der von sich selbst behauptete, mehr als alle anderen gearbeitet zu haben (1Kor. 15,10), lassen sich Konturen des apostolischen Dienstes und apostolischer Leitungsverantwortung rekonstruieren. Danach erscheint der Apostel als Gemeindegründer, als einer, der die Gemeinde „pflanzt" (1Kor. 2,6) und sie geistlich „befestigt" (Röm.1,11) und diese dann zur missionarischen Verantwortung erzieht. Er ist allem anderen voran ein Missionar und Missionsstratege.[924]

Wie leitet der apostolisch begabte Leiter seine Gemeinde? Wie hilft er ihr, das missionarische Potenzial zu entdecken und strategisch einzusetzen? Wie wird der Gehorsam dem Missionsbefehl Jesu gegenüber vermittelt? Der Apostel Paulus schreibt in 1Kor. 3,5-9:

> „Was ist denn Apollos? Und was ist Paulus? Diener, durch die ihr gläubig geworden seid, und zwar wie der Herr einem jeden gegeben hat. Ich habe gepflanzt, Apollos hat begossen. Gott aber hat das Wachstum gegeben. So ist weder der da pflanzt etwas noch der da begießt, sondern Gott, der das Wachstum gibt. Der aber pflanzt und der begießt, sind eins; jeder aber wird seinen eigenen Lohn empfangen nach seiner eigenen Arbeit. Denn Gottes Mitarbeiter sind wir; Gottes Ackerfeld, Gottes Bau seid ihr."

Nach Paulus lässt sich der apostolische Dienst mit zwei Begriffen zusammenfassen: *Sie pflanzen und sie begießen den Glauben*. Durch sie kommen Menschen zum Glauben und werden Menschen im Glauben fest. David Cannistraci, der sich wie kein anderer mit dem Dienst des Apostels beschäftigt hat, sieht in diesen beiden Begriffen die wichtigsten Eckdaten des apostolischen Dienstes. Er schreibt:

> „Obwohl die Bibel eine Menge an Persönlichkeiten beschreibt, die Apostel waren, existiert doch eine beeindruckende Übereinstimmung bei dem, was sie taten. Als ihr Ruf sie zu den Juden oder den Griechen leitete, waren ihre grundlegenden Funktionen doch immer dieselben: Apostel sind erfahrene und erfolgreiche Ernteeinnehmer. Ihr Leben ist von der Leidenschaft erfüllt, etwas Neues zu pflanzen und zu begießen, damit Wachstum möglich wird."[925]

Paulus nennt sich in 1Kor. 3,6-7 einen *ho psyteuon,* einen Pflanzer, und Apollos *ho potizon,* einen Begießer. Beides, das *Pflanzen* und das *Begießen,* ist für das Wachstum des Glaubens von entscheidender Bedeutung. Beide Begriffe haben eine weite biblische sowohl alttestamentliche als auch neutestamentliche Tradition[926] in ihrem Bezug auf geistliche Hilfestellung. Worum geht es aber beim Pflanzen und Begießen des Glaubens konkret? Mit Recht hat man sowohl unter dem Pflanzen als auch unter dem Begießen Dienste vermutet, die mit der Lehre zu tun haben, die dem Gemeindebau dienen soll.[927] Heinz-Dietrich Wendland (1976:33) kommentiert die oben zitierte Stelle aus dem 1. Korintherbrief mit den Worten: „Der Unterschied zwischen dem Pflanzen und Begießen ist der zwischen der Gründung der Gemeinde durch Paulus und der Fortführung seines Werkes durch Apollos."

Im Leben und Dienst des Apostels Paulus lassen sich beide Aspekte sehr genau nachvollziehen. Unermüdlich reiste er durch das Römische Reich, predigte und gründete, pflanzte mit einer erstaunlichen kulturellen und kontextuellen Vielfalt von Formen Gemeinden. Dann blieb er aber auch längere Zeitabschnitte an einem Ort und lehrte, pflegte, „begoss" hier die junge Pflanze der Gemeinde, so z. B. in Antiochien (Apg. 11,26), Korinth (Apg. 18,11), Ephesus (Apg. 19,9; 20,31). Und sobald er den Eindruck hatte, die von ihm gegründete Gemeinde könne auf eigenen Beinen stehen, setzte er eine lokale Leiterschaft ein und zog weiter.[928] Die zurückgelassenen Gemeinden besuchte er immer wieder, lehrte sie und suchte sie für sein eigentliches Anliegen – den Aufbau des Reiches Gottes in den vom Evangelium noch nicht erreichten Gegenden – zu gewinnen (siehe z.B. Röm. 1,1ff).

Der Apostel ist demnach an der Verkündigung des Evangeliums mit dem Ziel der Gemeindegründung und der Gemeindefestigung für die Sache des Reiches Gottes interessiert. Er ist der Missionsstratege, der sowohl den Inhalt als auch die Form der Evangeliumsverkündigung zu bestimmen weiß.

Biblischer Gemeindebau ist im Wesentlichen apostolischer Gemeindebau. Die Frage nach „biblischer Gemeindeleitung" ist somit eine Frage nach der Apostolizität der Leitung. Fehlt einer Gemeinde apostolische Leitung, so ist sowohl die missionarische Vision als auch die missionarische Praxis gefährdet.

6.4.1.2 Der Missionsanalytiker erkennt die Herausforderungen

An zweiter Stelle nennt der Apostel Paulus in seiner Liste der von Gott in die Gemeinde gesetzten Leitung in Eph. 4,11 den *Propheten.* Auch er ist einer der Leiter, die Gott in der Gemeinde eingesetzt hat, damit die Heiligen zu ihrem Dienst zugerüstet werden.[929] Die Verwirklichung der Mission der Gemeinde kommt ohne den Dienst des Propheten nicht aus. Wie aber sieht die Heilige Schrift das Amt des Propheten? Was tut der Prophet? Wie leitet er die Gläubigen zu ihrem Dienst an? Einige Anmerkungen dazu sollen das Bild erhellen.

Im Alten Testament ist der Prophet[930] ein von Gott berufener Mensch, der von ihm eine Offenbarung bekommt sowie den Auftrag, diese öffentlich mitzuteilen.[931] Unter der göttlichen Inspiration erblickt der Prophet im geschichtlichen Ereignis Gottes Handeln und leitet es dann an das Volk weiter. Erst durch das prophetische Wort werden aus politischen und sozialen Ereignissen theologische Schlüsse gezogen. Würde der Prophet zum Fall Samarias im Jahre 721 v. Chr. zum Beispiel schweigen, so könnten daraus auch keine religiösen Schlüsse gezogen werden.[932]

Der Prophet ermöglicht durch sein Wort den Einblick in eine andere Perspektive der geschichtlichen Ereignisse, die allem voran von Gott her kommt. Dabei wird deutlich, dass es Gott ist, der sozio-politische Ereignisse ermöglicht, ja sie steuert. Deshalb ist der Fromme gut beraten, sein Leben entsprechend einzurichten, will er nicht vom Zorn des göttlichen Gerichts getroffen werden. So sind Verheißung, Heilsankündigung und Gericht als Ausdrucksformen des prophetischen Wortes im Alten Testament immer eingebunden in die konkrete Geschichte. „Im Ganzen wurde Prophetie verstanden als ein Akt, in dem der Gott Israels seinem Volk seinen unmittelbaren Willen offenbarte."[933]

Eine sehr ähnliche Rolle kommt der Prophetie auch im Neuen Testament zu.[934] Auch hier geht es um die Offenbarung des unmittelbaren Willens Gottes im Leben eines Einzelnen oder der Gemeinde. Da wird missionarisches Personal berufen (Apg. 13,1ff), Lösungen für schwierige Probleme gefunden (Apg. 15,28ff), persönliche Führung und Gewissheit im missionarischen Dienst erfahren (Apg. 16,6-13; 18,10), vor Naturkatastrophen gewarnt (Apg. 11,28) und persönliches Schicksal vorausgesagt (Apg. 20,23; 21,4.11). In jedem dieser Akte ist die unmittelbare Offenbarung Gottes wichtige Voraussetzung. Croucher folgert daher richtig: „Prophetie ist die direkte Kommunikation von Gott für bestimmte Menschen in einer/m bestimmten Zeit und Ort, mit einem besonderen Anliegen."[935] Der Apostel Paulus ermahnt die Thessalonicher, „die Weissagungen nicht zu unterlassen" (1Thess. 5,20-22).

Im Neuen Testament findet sich eine Fülle von Beispielen prophetischer Rede. Aune[936] und in seinem Gefolge Turner[937] benutzen fünf Kategorien, um prophetische Aussprüche im Neuen Testament zu identifizieren:

1. Wird der Spruch auf eine übernatürliche Quelle bezogen?
2. Enthält der Spruch eine Vorhersage oder besonderes Wissen?
3. Wird der Spruch durch eine Formel eingeleitet oder zusammengefasst, die anderswo in der Schrift als prophetisch gilt?
4. Wird der Spruch durch eine Erklärung des Sprechers über seine besondere Inspiration vorqualifiziert?
5. Ist der Spruch eher in den Text eingeschoben?

Mithilfe dieser Kriterien entdeckte Aune 59 Prophetien, die in den Text des Neuen Testaments aufgenommen worden sind.[938] Diese Prophetien können laut Aune in folgende sechs Kategorien eingeordnet werden:

1. Sprüche der Gewissheit (Apg. 18,9; 23,11; 27,23-24; 2Kor. 12,9 u.a).
2. Sprüche mit Vorschriften (Gal. 5,21; Apg. 13,2; 21,4; 2Thess. 3,6 u.a.)
3. Sprüche, die Heil voraussagen (Offb. 14,13; 19,9 u.a.)
4. Sprüche der Gerichtsankündigung (Apg. 13,9-11; 1Kor. 14,37-38; Gal. 1,8-9)
5. Sprüche der Legitimation (1Kor. 12,3) und Selbstempfehlung (Offb. 1,8.17);
6. Sprüche mit Vorausschau eschatologischer Ereignisse (Röm. 11,25-26; 1Kor. 15,51-52; 1Thess. 4,16.17).

Dieser Überblick macht deutlich, dass sich das prophetische Wort im Neuen Testament nicht so sehr durch seine Form oder den Inhalt, sondern vor allem durch seine Unmittelbarkeit und die Begründung im unmittelbaren Wort Gottes hervorhebt.[939] Der Prophet ist also gesandt, Gottes Wort in einer überaus konkreten Situation zu sagen. Prophetie so verstanden ist die Aktualisierung des Wortes Gottes in der Gegenwart. Der Sinn der prophetischen Rede wird von Paulus in 1Kor. 14,3 in dreifacher Weise beschrieben: „Wer aber prophezeit, redet zu den Menschen zur Erbauung und Ermahnung und Tröstung."

Erbauung (grch. *oikodome*) meint, hilfreiche Weisungen zu geben, die der Selbstfindung des Christen dienen, seinen Platz in der Nachfolge Jesu zu finden. Prophetie ist somit Orientierungshilfe auf dem Weg mit Gott. Ein hervorragendes Beispiel hierfür bieten die unterschiedlichen Stationen und Situationen im Leben des Apostels Paulus. So findet seine Berufung in den missionarischen Dienst als prophetisches Ereignis statt (Apg. 13,1ff) und in einer wichtigen Phase seines Lebens wird ihm sein Leidensweg offenbart (Apg. 20,23). Ermahnen (grch. *paraklesis*) meint Korrektur durch Aufdecken der falschen Wege, Strukturen und Gedanken, die sich gegen den Willen Gottes stellen, und den Rückruf auf den Weg der Nachfolge.[940]Trost (grch. *paramythia)* meint den gnädigen Zuspruch Gottes. Er geschieht, wo neue Perspektiven eröffnet werden, wo man lernt auf die Zukunft hin (1Kor. 14,29ff). Die drei Begriffe zusammengenommen beschreiben Gottes unmittelbares Eingreifen in das Leben eines Einzelnen oder einer ganzen Gemeinde, um Aufbau und geistliches Wachstums des Reiches Gottes zu bewirken.

Nach 1Kor. 14,29-32 sollen Propheten in der Gemeinde und hier besonders im Gottesdienst zu Wort kommen. Das Auftreten des Propheten im Gottesdienst unterlag besonderer Bestimmungen. Frauen, denen Gott ein prophetisches Wort gab, mussten zum Beispiel in Korinth ähnlich wie die Männer ihren Kopf bedecken (1Kor. 11,5) und waren somit den Männer gleichgestellt. Die Propheten sollten nacheinander sprechen. Paulus schreibt: „Propheten aber lasst zwei oder drei reden und die anderen lasst urteilen. Wenn aber einem anderen, der da sitzt, eine Offenbarung zuteilwird, so schweige der Erste. Denn ihr könnt einer nach dem anderen alle weissagen, damit alle lernen und getröstet werden" (1Kor. 14,26f). Nach der gesprochenen Prophetie musste Raum für eine kritische Beurteilung gelassen werden. Das prophetische Wort im Gottesdienst war demnach nur möglich, wenn dafür Raum und Rahmen geschaffen wurde.

Andere Beispiele aus dem Neuen Testament zeigen, dass die prophetische Rede nicht allein auf den Gottesdienst begrenzt war. Man denke zum Beispiel an den Propheten Agabus (Apg. 21,10ff) und sein Wort an Paulus. Es wurde im Haus des Evangelisten Philippus in eher privater Atmosphäre gesprochen. In seinem Haus wurde das prophetische Wort offensichtlich intensiv praktiziert. Alle vier seiner noch nicht verheirateten Töchter besaßen die Gabe und praktizierten sie auch (Apg. 21,9).

Prophetische Rede hatte also ihren festen Platz im Leben der neutestamentlichen Gemeinde. Sie ermöglichte der Gemeinde und dem Einzelnen in der Gemeinde konkrete Führung durch den Heiligen Geist. So konnten Situationen erkannt und eine angemessene Antwort gefunden werden. Durch den Dienst des Propheten hatte die Gemeinde den rechten Durchblick. Gerade angesichts der vielen falschen Propheten, die hier und da in den Gemeinden aufgetaucht waren (2Petr. 2,1ff), warnt der Apostel Petrus, „umso fester am prophetischen Wort festzuhalten" (2Petr. 1,19).

Missionaler Gemeindeaufbau setzt Leiter voraus, welche die Heiligen zu ihrem Dienst der Mission ausrüsten (Eph. 4,11). Unter diesen Leitern sollten Menschen sein, denen Gott eine prophetische Begabung gegeben hat.[941] Wie sonst sollte Gott seinen Kindern konkrete Orientierung in Fragen der Begabung, der Berufung, der Heiligung und der Missionspraxis vermitteln wollen? Wie sonst sollten sie die sozio-kulturelle Situation geistlich beurteilen? Wie sonst sollten sie die rechte Situation für das rechte Handeln erkennen? Wie sonst sollten sie die Perspektive Gottes in der Kontextanalyse erkennen? Der Prophet als Gemeinde- und Missionsanalytiker ist für den gesellschaftsrelevanten Gemeindebau unabdingbar. Er ist das analytisch-kritische Auge Gottes für die Mission der Gemeinde in der Welt. Das Unterlassen der Prophetie führt die Gemeinde Jesu dazu, eine „geistlose Organisation"[942] zu werden, in der zwar alles noch nach alter, gewohnter Manier funktioniert, der Geist Gottes aber nicht mehr weht, wie und wann er will. Fehlt der prophetische Dienst in der Leitung einer Gemeinde, dann fehlt bald der Sinn für die Perspektive Gottes und das Erkennen sowohl der missionarischen Herausforderungen als auch der missionarischen Möglichkeiten und Chancen. Eine prophetenlose Gemeinde ist bald nicht mehr als ein religiöser Verein, der nur noch um den Erhalt eigener dogmatischer Überzeugungen bemüht ist.

6.4.1.3 Der Evangelist bahnt den Weg zu den Herzen der Menschen

Mission heißt, Gottes Wort zu den Menschen in Wort und Tat zu bringen. Den Weg zum Herzen der Menschen kennt der *Evangelist*. Er ist nach Eph. 4,11 der eigentliche Missionsrekruiter. Wer sind Evangelisten? Was zeichnet ihren Dienst aus? Welche Rolle fällt ihnen im gesellschaftsrelevanten Gemeindebau zu?

In der Verbform bedeutet das Wort „evangelisieren": „die Gute Nachricht verkündigen" und es kommt mehr als fünfzig Mal im Neuen Testament vor. Das Substantiv „Evangelist" kommt nur dreimal im Neuen Testament vor, und zwar in der Liste der von Gott eingesetzten Gaben, die dem Aufbau der Heiligen zum Dienst dienlich sein sollen (Eph. 4,11); sodann wird Philippus (Apg. 21,8) als Evangelist bezeichnet und Timotheus wird von Paulus ermahnt, „das Werk eines Evangelisten zu tun" (2Tim. 4,5). Was ist damit gemeint? Das Studium der entsprechenden Begriffe im Neuen Testament lässt mehrere Vorstellungen zu.[943] Walter Klaiber versucht, sich dem neutestamentlichen Begriff vom Alten Testament her zu nähern, und leitet Evangelisation vom alttestamentlichen Verb *bsr* (pi) ab, wobei er an die Ansage eines frohen Ereignisses und der Heilshilfe Gottes denkt.[944] Das Bild vom Friedensboten[945], der die Heilsbotschaft den Elenden verkündigt, steht hier Pate. In der Tat liegt der Wortstamm *angellos (= Bote)* den neutestamentlichen Begriffen *euangelizesthai, euangelion* zugrunde. Ein *euangelos* ist der Bote, der eine Siegesnachricht oder eine frohe Botschaft überbringt. David J. Bosch fasst hierzu zusammen: „Evangelisation entstammt dem griechischen Verb *euangelizein/euangelizesthai*, das im Neuen Testament im Grunde die Proklamation der Inauguration der Herrschaft Gottes in der Person und dem Dienst Jesu und den Ruf zur Buße und Glauben meint (Mk. 1,15)."[946] Evangelisation ist damit als Proklamation der Herrschaft Gottes in Jesus Christus mit dem Ziel der Bekehrung des Ungläubigen zu Gott definiert.[947]

Am Beispiel des Philippus und des Timotheus wird deutlich, was die Aufgabe der Evangelisten in der Urgemeinde war:[948] Philippus predigte vom „Reich Gottes und von dem Namen Jesu Christi" (Apg. 8,12) und ähnlich war Timotheus ein Mitarbeiter am Evangelium Christi (1Thess. 3,2). Als Evangelisten hatten sich beide der Verkündigung des Evangeliums an Menschen, die das Evangelium noch nicht verstanden hatten, gewidmet. Das taten sie sowohl selber als auch durch die Gemeinde, welche sie zu einem solchen Dienst zu motivieren suchten. Die kurze und prägnante Definition der „Internationalen Konferenz für reisende Evangelisten" in Amsterdam 1983 bringt diese Vorstellung auf den Punkt: „Ein Evangelist ist jemand, der vom Heiligen Geist die besondere Gabe bekommen hat, das Evangelium zu verkündigen."[949] In seiner Untersuchung der Tätigkeit von großen angelsächsischen Evangelisten wie Whitfield, Wesley, Finney, Moody oder auch der Deutschen Schrenk und Keller kommt Otto Riecker zu dem Ergebnis, dass es die göttliche Sendung des Evangelisten ist, die im Wesentlichen den Erfolg des Dienstes ausmacht. Riecker schreibt:

> „Zwischen wahrem inneren Auftrag und geistlicher Fruchtbarkeit besteht eine tiefe Beziehung. In der starken Auswirkung der Tätigkeit der Evangelisten wie überhaupt eines Predigers darf eine *Legitimation*, eine göttliche Bestätigung ihrer Sendung erblickt werden."[950]

Es ist dabei wichtig anzumerken, dass die Berufung zum Evangelisten sich nicht aus einer allgemeinen pastoralen Berufung ableiten lässt. Allen großen

Evangelisten, die von Riecker untersucht wurden, ist ein persönlicher Ruf eigen, gegen den sich der Evangelist in der Regel zunächst sperrt. Erst der Schritt in den bewussten Gehorsam bringt dann den „Frieden wie einen Strom"[951]. Der persönliche Ruf geht Hand in Hand mit einer besonderen Geistbegabung, die vom Evangelisten entweder während seiner Hinwendung an Gott (Bekehrung) oder auch später im Dienst erfahren wird.[952] Und diese Geistbegabung wird dann vom Geist Gottes zur gegebenen Zeit so instrumentalisiert, dass es zum geistlichen Aufbruch kommen kann. Riecker konstatiert: „Das Wirken des Pneuma ist für das Tun des Predigers das konstitutive Prinzip."[953]

Was tut ein Evangelist? Wie leitet er die Gemeinde im Aufbau des Reiches Gottes in dem jeweiligen Kontext? Wie nutzt er das missionarische Potenzial der Gemeinde?

Der Evangelist ist das Sprachorgan der Gemeinde. Ihm ist das Wort des Evangeliums geschenkt. Und er weiß, wie man die Aufmerksamkeit, „das Ohr der Zuhörer" findet.[954]

Der Evangelist, der die Gemeindeglieder zu ihrem Dienst anleiten soll, vermittelt ihnen genau diese Fähigkeiten. Nicht nur wird er die Gemeinde darin trainieren, sondern auch jede denkbare Gelegenheit nutzen, um mit der Gemeinde auf Menschenfang zu gehen. Er ist in gewisser Hinsicht der Meister-Menschenfischer, der seine Angler in der Kunst des Fischens anleitet. Fehlen der Gemeinde Evangelisten, so wird sie bald still. Ihr Wort verstummt und das Evangelium wird nicht länger gehört. Und wie soll dann Glaube in der Welt entstehen? Kommt doch der Glaube aus dem Gehörten (Röm. 10,10). Der Evangelist sorgt in der Gemeinde für den Erhalt und den Fluss der Kommunikation des Evangeliums. Eine gesellschaftsrelevante Gemeinde, die sich dem Aufbau des Reiches Gottes in der Welt widmet, die den Glauben an Gott in der Welt kultivieren will, kann daher nicht ohne den Dienst eines Evangelisten auskommen. Er ist Gottes Evangeliumsherold in der Welt, das Sprachorgan und der Kommunikationstrainer der gesellschaftsrelevanten Gemeinde.

6.4.1.4 Der Missionsmentor garantiert innere Stabilität

Missionaler Gemeindebau braucht die strategische Ausrichtung auf die *missio Dei* und damit die *apostolische Kompetenz* der Leitung. Missionaler Gemeindebau kommt aber auch nicht ohne eine geistliche Schau der Wirklichkeit und damit der *prophetischen Kompetenz* der Leitung aus. Schließlich benötigt missionaler Gemeindebau die klare Kommunikation des Evangeliums und damit die *evangelistische Kompetenz*. Missionaler Gemeindebau erfordert Reife und Stabilität in der Beziehung der Gemeinde und ihrer Mitglieder zu Gott, zueinander und zu der Welt, die sie erreichen will. Nach Eph. 4,11 ist es die Aufgabe des *Hirten*, für genügend Unterstützung im Reifungsprozess der Gemeinde zu sorgen.[955] Er ist der Seelsorger der Gemeinde, ihr Mentor, der sie zu einem seelsorgerlichen Miteinander führt, das Paulus mit folgenden Worten beschreibt: „Was euch betrifft, meine Brüder, bin ich überzeugt, dass ihr voller

Güte seid, erfüllt mit aller Erkenntnis und fähig einander zu ermahnen" (Röm. 15,14). Paulus spricht hier von der ganzen Gemeinde. Für ihn ist Seelsorge daher auch nicht nur eine Sache gewisser Spezialisten in der Gemeinde. Alle Heiligen in der Gemeinde sind dazu aufgerufen, einander zu ermutigen und zu ermahnen (Kol. 3,16).[956] Ziemer drückt es in Anlehnung an Dietrich Bonhoeffer treffend aus, wenn er schreibt: „Die Gemeinde ist Ort der Liebe und des ‚Füreinanderwirkens', sie ist in diesem Sinne der Leib Christi."[957]

Neben dieser gemeindeinternen Seelsorge sieht der Apostel aber auch eine seelsorgerliche Aufgabe der Gemeinde, die sich an alle Menschen richtet. Paulus schreibt: „Ihn verkündigen wir, indem wir jeden Menschen zurechtweisen" (Kol. 1,28). In diesem Wort sind zwei Begriffe zusammengeführt – Verkündigung (im Griechischen *kataggello*, was so viel wie öffentliche Proklamation bedeutet[958]) und Zurechtweisung (im Griechischen *noutetein*, ein recht schwieriger Begriff, der am besten mit „den Sinn zurechtrücken" übersetzt werden sollte und sich auf die Weisung zur konkreten Umsetzung des Willens Gottes im praktischen Leben bezieht).[959] Seelsorge ist damit auch ein wichtiges missionarisches Instrument, das sich an alle Menschen richtet. Und der verantwortliche Hirte erweist sich als Missionsmentor.

Gemeinde Jesu ist Gottes Heilsangebot an die Menschen. Hier werden sie gesund, reif und stark. In ihr entstehen Räume der geistlichen Reife, von denen sowohl die Gläubigen selbst als auch die Menschen überhaupt profitieren. Die Gestaltung dieses Raumes obliegt Menschen mit der besonderen Gabe des Ermahnens (Röm. 12,8). Nicht alle Glieder am Leib Christi werden mit einer solchen besonderen Gabe beschenkt, und nicht alle sind berufen, den Hirtendienst zu tun (Eph. 4,11). Während alle berufen sind, seelsorgerlich miteinander zu leben, sind einige besonders ausgerüstet, Menschen in ihrem Leben zurechtzuweisen. Seelsorge kann ein sehr komplexes Unterfangen sein. Wer Menschen in ihren so unterschiedlichen Lebenswelten zum Leben im Glauben, zur inneren Reife und eine im Wort Gottes verwurzelte Identität anleiten will, der wird sich bald mit der überaus verwinkelten und verschachtelten Innenwelt der menschlichen Seele konfrontiert sehen. Und hier geht es um „seelsorgerliche Kompetenz"[960], Gott hat diese Kompetenz dem Hirten[961] zugedacht.

Ziemer konkretisiert seelsorgerliche Kompetenz[962] in folgenden Kategorien: Personenkompetenz, kommunikative Kompetenz, hermeneutische Kompetenz, geistliche Kompetenz und Theoriekompetenz.[963] Mit anderen Worten, der Seelsorger sollte sein:

- eine reife Persönlichkeit,
- kommunikationsfähig,
- Menschenkenner und -analytiker,
- geistlich, er sollte eine persönliche tiefe Beziehung zu Gott unterhalten,
- sachkundig in Fragen der Theologie und Psychologie oder besser im Wort Gottes und Menschenkunde.

Es wäre allerdings falsch, eine Kompetenz-Hierarchie in dieser Liste zu erblicken. Alle Bereiche sind wichtig. Weder kann eine unreife Person effektiv Seelsorge betreiben, noch wird es jemand tun, der unfähig ist, ein Gespräch zu führen. Und wie sollte man Menschen helfen, wenn man unfähig ist, ihr Problem zu erkennen? H. Tacke fordert mit Recht vom Seelsorger „ein feines Gehör zum Vernehmen des Hilferufes"[964].

Der Hirte ist also ein Mensch, der über Fähigkeiten verfügt, die das komplexe Unternehmen Seelsorge ermöglichen. Und Fähigkeiten sind ja immer beides: Sie werden Menschen verliehen, geschenkt und in fleißiger Arbeit erworben. So ist der Hirte ein charismatisch begabter Mensch, der sich das nötige Grundwissen in Theorie und Praxis angeeignet hat.

Missionaler Gemeindebau ist ganzheitlicher Gemeindebau. Man holt den Menschen da ab, wo er ist, und führt ihn zu einer reifen Persönlichkeit, die fähig ist, das Leben sinnvoll und gottgemäß zu gestalten. Gesellschaftsrelevanter Gemeindebau ist somit immer Anleitung zum Leben. Und eine solche Anleitung setzt pastorale Kompetenz voraus. Wo diese fehlt, zieht bald soziale Kälte in die Gemeinde ein. Das Ergebnis ist dann eine unreife, minderwertigkeits-komplexbeladene, rechthaberische Sekte der Ewigrichtigen. Eine solche Gemeinde wird die Welt nicht verändern. Pastorale Kompetenz im Gemeindebau ist daher keine Option, sondern eine unbedingte Notwendigkeit.

6.4.1.5 Der Missionslehrer sorgt für festen Grund unter den Füßen

Missionaler Gemeindebau ist schließlich inkarnativer Gemeindebau. Es geht hierbei nicht weniger als um die Fleischwerdung des Wortes Gottes, damit die Menschen die Herrlichkeit Gottes sehen (Joh. 1,1ff). Das Wort Gottes soll unter den Menschen aufgerichtet werden. Das Wort von der Versöhnung soll Gestalt gewinnen (2Kor. 5,18). Missionaler Gemeindebau ist damit biblischer Gemeindebau. Gemeinde wird hier auf dem Fundament des Wortes Gottes gebaut! So gesehen ist die biblische Lehre ein zentrales Anliegen des missionalen Gemeindebaus (Lk.1,4).

Wie wichtig die Lehre im Aufbau der Gemeinde Jesu ist, wird an mehreren Schlüsselstellen des Neuen Testaments deutlich. Zwei davon sind von herausragender Bedeutung. Zum einen handelt es sich um den Missionsbefehl Jesu in Mt. 28,18ff. Hier wird der Befehl, alle Völker zu Jüngern Jesu zu machen, mit dem Aufruf verbunden: „Lehret sie halten alles, was ich euch befohlen habe!" Wie stark die Urgemeinde sich an diese Aufforderung ihres Meisters gehalten hat, zeigt die zweite Bibelstelle aus der Apostelgeschichte 2,42. Lukas konstatiert hier aus dem Alltagsleben der Gemeinde: „Sie blieben beständig in der Lehre der Apostel ..."

Ohne Lehre kann sich geistliches Leben in der Gemeinde nicht entwickeln. Was aber ist unter Lehre in der Gemeinde zu verstehen? Welche Inhalte sollen vermittelt werden? Geht es hier primär um die Vermittlung von biblischen Normen und Dogmen? Oder geht es vielmehr um Anwendungsrezepte für den schwierigen Lebensalltag der Gläubigen? Und wer ist für die Lehre in der Gemeinde verantwortlich? Laut Eph. 4,11 ist die Vermittlung der biblischen Lehre in der Gemeinde vor allem eine Aufgabe des Lehrers. Der Vorsteher der Gemeinde soll lehren können (1Tim. 3,1ff). Ohne Lehrer kann Gemeinde nicht funktionieren.

Angesichts einer so herausragenden Stellung der Lehre im Leben der Christen verwundert es schon, wie wenig sich gerade im Bereich der Lehre bewegt und wie unerfahren viele Pastoren und Gemeindeleiter in Sachen lehrhafter Verkündigung sind. Mehrere Untersuchungen in den USA zeigen, dass die große Mehrheit der Pastoren in den Gemeinden dort wenig bis gar nicht für die Aufgabe der pädagogischen, lehrhaften Leitung vorbereitet sind.[965] In Deutschland wird die Situation keineswegs besser, eher noch problematischer aussehen.

Wer sind die Lehrer-Leiter in der Gemeinde Jesu, die für einen gewissen Erfolg in geistlicher Lehrvermittlung sorgen können? Gangel verlangt von einem lehrenden Leiter in der Gemeinde vor allem Geisterfüllung.[966] In der Tat ist die Fähigkeit der Vermittlung der biblischen Wahrheiten in der Heiligen Schrift eine Gabe des Heiligen Geistes – die Gabe der Lehre (Röm. 12,6-7; Eph. 4,11; 2Tim. 2,2). Nicht jeder Prediger ist somit begabt und damit auch berufen, in der Gemeinde zu lehren. Gott selbst setzt den Lehrer in das Leitungsteam der Gemeinde ein (Eph. 4,11). Lehrkompetenz ist damit eine Frage der geistlichen Berufung. Jesus selbst ist hierfür das beste Beispiel. Er ist der Lehrer! Nikodemus drückt das wie folgt aus: „Rabbi, du bist ein Lehrer, von Gott gekommen" (Joh. 3,2f). Was tat dieser Lehrer, der von Gott kam und damit das göttliche Modell eines Lehrers darstellte?

a. Er legt die Heiligen Schriften aus. Immer wieder zeigen die Evangelisten uns Jesus in der Synagoge die Schrift auslegen. Er tut, was seit Esra der Schriftgelehrte in Israel tat – er erklärt dem Volk den Willen Gottes anhand der Schrift.

b. Er lehrt in Vollmacht. Jesus unterscheidet sich von den übrigen Gesetzeslehrern seiner Zeit durch seine Vollmacht. Über ihn stellt man erstaunt fest, dass er in „Vollmacht lehrt und nicht wie die Schriftgelehrten" (Mt. 7,29). Und was macht seine Vollmacht aus? Wo Jesus lehrt, da geschehen Wunder und Zeichen. Seine Erklärungen des Willens Gottes, offenbart in der Schrift, münden in konkrete Erfahrungen und Konkretion dieses Wortes im Alltag der Zuhörer.

c. Er lehrt aus der unmittelbaren Gemeinschaft mit Gott. Jesus selbst begründet seine Vollmacht mit den Worten: „Wie mich der Vater gelehrt hat, so rede ich." (Joh. 8,28). Er lehrt nicht einfach systematisch-dogmatisch, sondern geführt „von oben". Er ist ein Lehrer, „von Gott gekommen", und nicht einfach ein Spezialist für Gotteslehre.

d. Jesus lehrt kontextuell. Es ist schon faszinierend, wie dieser Rabbi von Gott lehrt! Zum einen benutzt er alle ihm zur Verfügung stehenden Kommunikationswege, um zu lehren. Man trifft ihn beim persönlichen Lehrgespräch mit einem Nikodemus (Joh. 3,1ff), am Sabbat in einer Synagoge (Mt. 4,23; 9,35 u.a.), im Streitgespräch mit seinen Kritikern und Feinden (Mk. 12,13; Mt. 9,10-14 u.s.w.) und im persönlichen Gespräch mit seinen Jüngern (Mt. 5ff). Doch wo immer Jesus lehrt, er tut es im Kontex der unmittelbaren Lebenssituation. Oft nimmt er diese zum Anlass und manchmal, so scheint es, da führt er die Situation durch den Erweis seiner übernatürlichen Kraft herbei. In der Tat sind es diese Erfahrungen der Menschen um Jesus herum, die die Fragen entstehen lassen, auf die Jesus dann antwortet.

e. Jesus hat Zeit. Immer wieder erstaunt mich in den Evangelien, mit welcher Geduld Jesus seine oft unverständigen Jünger lehrt. Da ist die eine Sache schon so oft besprochen worden, da haben sie es mit eigenen Augen gesehen, wie Kranke gesund und Besessene frei werden, und dann mangelt es ihnen doch an Glauben und sie kriegen nichts zustande. Und Jesus geht wieder auf sie ein, und wieder lehrt er sie. Er hat Zeit. Er nimmt sich die Zeit. Auch für einen Thomas. Drei Jahre hat er die Machterweise Gottes im Leben seines Meisters studieren können. Er hat die Heilungen gesehen. Er hat die Brotvermehrung erlebt, und er sah mit eigenen Augen, wie der bereits seit Tagen tote Lazarus sein Grab verließ – lebendig! Er müsste die Macht Gottes kennen. Und doch zweifelt er. Und doch will er wieder sichtbare Beweise der Auferstehung Jesu. Er glaubt nicht. Sollte Jesus einen solchen Jünger weiterhin behalten? Sollte er wieder und wieder erklären, verdeutlichen? Er tut es! Anschaulich stellt er sich dem Thomas gegenüber und hilft ihm über seinen Unglauben hinweg (Joh. 20,21ff).

Am Beispiel Jesu wird sich die Lehrkompetenz christlicher Lehrer messen lassen. Gesellschaftsrelevanter Gemeindebau orientiert sich an der Heiligen Schrift. Er kann nicht ohne tief gehende theologische Reflexion betrieben werden. Diese Reflexion ist ein integraler Bestandteil des Praxiszyklus. Nimmt man sie aus dem Prozess des Gemeindebaus heraus, so wird wohl oder übel der gesunde Boden der Offenbarung Gottes verlassen und damit zwar immer noch religiös gebaut, aber sicher nicht mehr das, was sich Gott in seinem Ratschluss gedacht hat.

6.4.1.6 Weniger ist fatal
Missionaler Gemeindebau ist ein hoch kompliziertes Unterfangen. Ohne Leitung geht da nichts. Und nichts wäre so falsch, als dass man die Frage der Leitung einer gewissen Beliebigkeit überließe. Die meisten der heute praktizierten Leitungsmodelle sind Ergebnisse historischer Entwicklungen. Und diese zeichnen sich leider allzu oft durch die Reduktion biblischer Vorlagen aus.

Wir sollten den Mut finden, jene Dienste wiederherzustellen, die so lange von der Gemeinde negiert oder einfach übergangen wurden.[967]

Missionaler Gemeindebau kann nur von einer missionalen Gemeindeleitung garantiert werden. Und diese ist am besten im APEHL-Team reflektiert. Jede Gemeinde, die ihre Verantwortung für die Welt entdeckt, wird nicht umhinkönnen, sich dem Genius und der Herausforderung von APEHL stellen zu müssen. Entsprechende Literatur zum Thema wird hier den Verantwortlichen helfen.[968] Es ist ein großer Trost, wenn Paulus schreibt, dass es Gott selbst ist, der APEHL einsetzt (Eph. 4,11). Er hat das größte Interesse daran, dass die Leitung der Gemeinde seiner Vorstellung nach realisiert wird. Darin liegt die Hoffnung für all diejenigen, die sich im kleinen Kreis ihrer Gemeinde umsehen und weder einen Lehrer, Hirten und Evangelisten noch gar Propheten und Apostel ausmachen. Es ist Gott, der APEHL einsetzt. Er wird auch für die Begabung und Berufung dieser Mitarbeiter sorgen. Man braucht sich also nicht gleich bescheiden mit weniger zufrieden zu geben. Weniger als biblisch ist immer fatal! Die wichtigste Aufgabe der Leitung einer Gemeinde ist nach Eph. 4,11-12 die Hinführung der einzelnen Gemeindeglieder zum Werk ihres Dienstes. Sie sollen ihrer ihnen von Gott zugewiesenen Mission entsprechend leben. Nur so kann missionaler Gemeindebau gestaltet werden. Die Frage ist also, fördert die gewählte Gemeindeleitungsstruktur die Gemeindeglieder zum Werk ihres ihnen von Gott zugewiesenen Dienstes oder nimmt sie diesen ihre Arbeit eher ab und degradiert sie zu bloßen Zuschauern und Bewunderern eines von professionellen Machern gemachten Gottesdienstgeschehens? Das ist eine Falle, in die die Kirche Jesu Christi im Laufe ihrer Geschichte immer wieder getappt ist. Die Gemeinde als Priesterschaft aller Gläubigen, wie sie Martin Luther dachte, blieb eine Kirche zerteilt in Priester und Laien. Ogden rief daher mit Recht dazu auf, das „unfinished business" der Reformation zu Ende zu führen und das Volk Gottes zu seiner eigentlichen Aufgabe, Gott als Leib Christi zu dienen, zu befreien. Er redet hier gar von einer „neuen Reformation"[969].

Eine Gemeindeleitung, die sich nicht am Aufbau der Heiligen zum Werk ihres Dienstes beteiligt, verliert das Recht, sich Gemeindeleitung zu nennen. Ist es doch gerade dieses Aufbauen der Christen zum Dienst am Leibe Christi, für den sie bestimmt und begabt sind, die eigentliche Aufgabe der Gemeindeleitung.[970]

Es scheint, dass das Neue Testament recht skeptisch Leitungen gegenübersteht, die sich auf die Machtfülle Einzelner stützen. Neutestamentlich gesehen ist Gemeindeleitung vor allem im Team geschehen, eine Erkenntnis, die sich auch heute immer mehr durchsetzt.[971]

6.4.2 Ist das Leitungsmodell kulturrelevant?

Gesellschaftsrelevanter Gemeindebau orientiert sich an den Menschen, an der Gesellschaft und ihrer Kultur, für die er betrieben wird. Gemeinde will und

Gemeinde muss in der gegebenen Kultur ihre soziale Gestalt finden, wenn sie sich an den Missionsbefehl Christi hält. Wie sonst will sie Völker zu Jüngern Jesu machen? Hierfür sind Einsichten in sozio-kulturelle Zusammenhänge eines Volkes von größter Bedeutung.[972]

Das gilt auch und vor allem für die Leitung einer Gemeinde. Sie bildet in der Regel die Gemeinde ab. Wird die Leitung nicht verstanden, so ist die Chance groß, dass auch die Gemeinde, die von dieser Leitung geführt wird, den Menschen ein Brief mit sieben Siegeln bleibt. Alle Kulturen besitzen Leitungsstrukturen. Diese bestimmen das soziale Miteinander der Menschen. Sie zu erkennen ist für das Verständnis einer Kultur fundamental wichtig.

Wie wir oben gesehen haben, ist die Welt und damit auch ihre Kultur tripolar zu verstehen. Sie weist sowohl Spuren göttlichen Wirkens, genialer menschlicher Leistungen als auch dämonischer Korruption auf. Das ist in Fragen der Leitung nicht anders. Man wird sich daher hüten müssen, blind Leitungskonzepte aus den Kulturen zu übernehmen. Vielmehr müssen biblische Vorstellungen in die jeweilige Kultur kontextualisiert werden. Dabei kann es nicht darum gehen, dass man an der Wahrheit der göttlichen Offenbarung zugunsten der Kulturrelevanz spart. Die Folgen wären fatal. So hat man im Zuge des Individualismus westlicher Kultur das Ideal des Pastors als kollektive Verwirklichung des APEHL-Teams kultiviert. Die Folgen sind Machtmissbrauch und eine missionarische Flaute in allen Ländern des Westens. Es kann also nicht um die Ersetzung biblischer Leitungsvorstellungen mit kulturellen Vorgaben gehen. Nicht die Gemeinde soll völkischer, sondern die Völker sollen zu Jüngern Jesu gemacht werden. Die Frage ist also, wie wird strategische, analytische, kommunikative, mentorale und lehrmäßige Kompetenz in der jeweiligen Kultur verwirklicht? Wer sind die Träger solcher Verantwortung und wie kommt diese zum Ausdruck? Gesellschaftsrelevanter Gemeindebau wird sich also um Leitungsmodelle bemühen, die den biblischen Anspruch in die Sprache und die Strukturen des jeweiligen Volkes trägt.

Eine besondere Herausforderung für die Gemeindegründung heute stellt der postmodernistische Zeitgeist unserer Tage dar. Dies wird nur langsam erkannt und in Gemeindemodelle umgesetzt.[973] Verlangt wird nach einer Gemeinde auf der anderen Seite der Gesellschaft, einer Seite, die für die Evangelikalen zu einer enormen Herausforderung geworden ist.[974] Der Postmodernismus[975] fordert evangelikale Gemeinden auch deshalb so massiv heraus, weil diese im großen Ganzen immer noch von der modernen Weltanschauung geprägt sind.[976]

Aber die Welt, in der wir heute leben, ist nun mal diese postmoderne Welt. Hier, in dieser sich verändernden Welt, ist die Gemeinde aufgerufen, ein vertrauensvolles Zeugnis (van Gelder 1999) abzulegen. Und sie hat kaum eine Wahl. In der „New Millenium Culture" wird es mit Recht für die Gemeinde Jesu heißen: „Sink or swim" (Sweet 1999). Wie wird da Gemeinde zu leiten sein? Müssen evangelikale Positionen neu bedacht werden, sodass der uralte Glaube des Neuen Testaments Zukunftsperspektive gewinnt, wie es einige fordern?[977] Muss Kirche und Gemeinde neu gedacht werden?[978]

7. Ausblick: Putting the Church on the Map

Gesellschaftsrelevanter Gemeindebau ist darum bemüht, „die Kirche zurück auf die Karte dieser Welt zu setzen"[979], wie Tom Wright das so treffend ausgedrückt hat. Gerade die europäischen Gesellschaften werden immer heidnischer und entfernen sich mit großen Schritten von ihrer christlichen Vergangenheit. Seit Jahren mahnen führende Vertreter des europäischen Christentums die Notwendigkeit einer Neuevangelisierung Europas an.[980] Die Gemeinde Jesu wird einen paradigmatischen Wechsel vollziehen müssen, wenn sie dieser Aufgabe gerecht werden will. Sie muss eine Gemeinde für die Welt werden. Denn hier in der Welt ist ihr von Gott zugewiesener Platz. Die Welt ist der Grund, warum es sie immer noch in der Welt gibt. Der Rückzug aus der Welt ist somit ein Rückzug aus dem Auftrag Gottes, ein Gang in den Ungehorsam Gott gegenüber, die bewusste Verabschiedung von dem, was der bibeltreuen christlichen Gemeinde am teuersten zu sein scheint, der Treue zum Wort Gottes. Ermöglicht wurde dieser Rückzug durch eine dualistische Theologie, die die Transzendenz von der Immanenz, das Wort und den Körper vom Geist, den Christen vom Menschen und die Gemeinde von der Welt getrennt haben.[981]

Auf ihrem Weg aus der Welt ist sie längst selbst weltlich geworden und hat die Denkweisen, Strukturen und Sprache der Moderne übernommen, einer Weltanschauung, die sich längst von der Bühne der Geschichte verabschiedet hat. So ist sie nun weder biblisch noch kulturrelevant, weder Fisch noch Fleisch. Eine grundsätzliche Erneuerung ist deshalb vonnöten. Eddie Gibbs und Ryan K. Bolger fassen folgende zehn Charakteristika der postmodernen Gemeindelandschaft zusammen. Sie formulieren diese aus der Sicht der notwendigen Erneuerung:[982]

- Überwindung einer Theologie, die Transzendenz und Immanenz voneinander trennt;
- Überwindung eines linearen Verständnisses der Glaubenserfahrung;
- Überwindung des Dualismus von Körper und Geist;
- Überwindung der Homogenität;
- Überwindung des Individualismus;
- Überwindung der Weltflucht und der Selbstbeschaulichkeit;
- Überwindung die Spaltung der Gemeinde in Klerikale und Laien;
- Überwindung eines kontrollierenden Leitungsideals;
- Überwindung einer einseitigen Spiritualität;
- Überwindung der Separation zwischen gemeindlichen und kulturell-gesellschaftlichen Lebens.

Der vorliegende Text suchte hierfür einen ersten Ansatz zu formulieren. In den Folgebänden werden diese Vorstellungen vertieft und in die Praxis des Gemeindebaus getragen. So wird Theologie zu Handlungstheorie, eine Theorie, die in die Praxis drängt und hier im Kontext der Praxis ihre eigentliche Quelle der Erneuerung findet. Wer die Welt umarmt, wird diese auch verändern wollen. Wer die Welt liebt, wie Gott sie geliebt hat, der wird am Zustand dieser Welt seinen missionarischen Auftrag erkennen. Und wer seine Berufung findet und beginnt, entsprechend zu leben, der wird schon bald Spuren der Herrlichkeit Gottes in seinem Leben entdecken. Das ist missionale Existenz. Diese bietet die eigentliche Voraussetzung zum Bau einer gesellschaftsrelevanten Gemeinde, einer Gemeinde, die die Welt liebt, die sich für die Welt hingibt, damit Gottes Herrlichkeit in ihr aufleuchten kann und Gottes Königsherrschaft wiederhergestellt ist.

Abkürzungen

AMBS – Association of Mennonite Bible Seminars
APEHL – Apostel, Prophet, Evangelist, Hirte, Lehrer
AT – Altes Testament
ATD – Altes Testament Deutsch
alt – alttestamentlich
CA – Confessio Augustana (Das Augsburgische Bekenntnis)
EKK – Evangelisch-Katholischer Kommentar zum Neuen Testament
ESG – Evangelikale für Soziale Gerechtigkeit
EATWOT – Ecumenical Association of Third World Theologians
GOCN – Gospel and our Culture Network
GWA – Gemeinwesenarbeit
HV – Hoddesdon-Verpflichtung
HUP – Homogenious Unit Principle
KMU – Kirchen-Mitglieder-Umfrage der EKD
LG – Lumen Gentum
LKWE – Lausanner Komitee für Weltevangelisation
LThK – Lexikon für Theologie und Kirche
LV – Lausanner Verpflichtung
LXX – Septuaginta
MM – Manila-Manifest
NPO – Non-Profit-Organisation
NT – Neues Testament
NTD – Neues Testament Deutsch
ntl – neutestamentlich
ÖRK – Ökumenischer Rat der Kirchen
PHE – Prinzip der Homogenen Einheit
RGG – Religion in Geschichte und Gegenwart
RKK – Römisch-Katholische Kirche
ROK – Russisch-Orthodoxe Kirche
SA – Schmalkaldische Artikel Luthers (1537)
THNT – Theologischer Handkommentar zum Neuen Testament
TNICOT – The New International Commentary of the Old Testament
TWNT – Theologisches Wörterbuch zum Neuen Testament
UNISA – University of South Africa
Vaticanum II – Zweites Vatikanisches Konzil
WA – Weimarer Ausgabe der Gesammelten Werke Martin Luthers
WBC – Word Biblical Commentary
WCCC – Willow Creek Community Church
WEA – Weltweite Evangelische Allianz
WSB – Wuppertaler Studienbibel
ZGG – Zyklus gesellschaftsrelevanter Gemeindearbeit
ZThK – Zeitschrift für Theologie und Kirche

Bibliografie

ADAMS, J. 1972. *Befreiende Seelsorge*. Brunnen: Gießen und Basel.
AHLEN, J. Timothy; Thomas, J.V. 1999. *One Church, Many Congregations. The Key Church Strategy*. Nashville: Abingdon.
ALBRECHT, Ludwig. 1982. *Abhandlungen über die Kirche. Besonders ihre Ämter und Gottesdienste*. Marburg: Edel.
ALISCH, Monika. Hrsg. 1998. *Stadtteilmanagement. Voraussetzungen und Chancen für die soziale Stadt*. Opladen.
ALLEN, Roland. 1962. *Missionary Methods. St. Paul´s or Ours?* Grand Rapids: Eerdmans.
APEH, John. 1989. *Social Structure and Church Planting*. Shippensburg, PA: Companion Press (P.O. Box 3561, Shippensburg, PA 17257, U.S.A.).
APPELBY, Jerry L. 1987. *The Urban Christian: Effective Ministry in Today's Urban World*. Downers Grove: InterVarsity.
―――. 1990. *The Church is a Stew: Developing Multicongregational Churches*. Kansas City: Beacon Hill.
ARIAS, Mortimer. 1999. *Announcing the Reign of God. Evangelization and the Subversive Memory of Jesus*. Eugene: Wipf and Stock.
ARN WIN & Arn, Charles und Schwarz, Christian A. 1985. *Gemeindeaufbau: Liebe in Aktion*. Neukirchen-Vluyn: Schriftenmissions-Verlag.
ASCHOFF, Peter. 2006. *Licht der Sonne. Glanz des Feuers. Die Spiritualität Irlands entdecken*. Wuppertal: Brockhaus.
AUNE, David. 1983. *Prophecy in Early Christianity and the Ancient Mediterranean World*. Calisle.
BAKER, Ken. 1990. „Power Encounter and Church Planting" *EMQ* 26:3 (July 1990), pp. 306-312.
BANKS, Robert. 1994. *Pauls Idea of Community. The Early House Churches in their Cultural Setting*. Peabody: IVP.
BARCLAY, W. 1970. *Der König und sein Reich*. Kassel: Oncken.
BARNA, George. 2001. *The Power of Team Leadership*. Colorado Springs: WaterBrook Press.
―――.2003. *Power of Vision*. Regal: Ventura.
BARRETT, David. 2006. Defining Missional Church, in *Evangelical, Ecumenical and Anabaptist Missiologies in Conversation. Essays in Honor of Wilbert Shenk*, ed. By James R. Krabill, Walter Sawatzky and Charles E. Van Engen. Maryknoll: Orbis, pp. 177-183.
BARTH, Markus. 1960. *Ephesians 4-6. A New Translation with Introduction and Commentary*. The Anchor Bible. Volume 32a. New York, London, Toronto, Sydney, Auckland.
BAUER, Walter. 1971. *Wörterbuch zum Neuen Testament*. Berlin: deGruyter.
BAXTER, Richard. The Reformed Pastor. In: http://www.ccel.org/b/baxter7pastor.

BEASLEY-MURRAY, G.R. 1986. *Jesus and the Kingdom of God*. Grand Rapids: Eerdmans.

BECK, Carl C. ed. 1986. *Church Planting Patterns in Japan*. 27th Hayama Men's Missionary Seminar. Tokyo: [s.n.].

BECK, W. 2007. Gottesdienst – die Mitte der missionarischen Gemeinde. Zweitgottesdienst – Entwicklung als Baustein für eine zukünftige Sozialgestalt der evangelischen Landeskirche in Württemberg. Unveröff. MTh Dissertation. Pretoria: Unisa.

BECKER, Paul. 1992. *Dynamic Church Planting: A Complete Handbook*. Vista, CA: Multiplication Ministries.

BEISSER, Friedrich. 1976. *Das Reich Gottes*. Göttingen: Vandenhoeck & Ruprecht.

BENSON, P. 1987. „The Renewal of the Church: The New Community of Witness and Service", in *New Frontiers in Mission*. Hrsg. v. Patrick Sookhdeo. Grand Rapids und Exeter: Baker und Paternoster, S. 76-87.

BERKHOF, Louis. 1993. *Systematic Theology*. 4. revidierte und erweiterte Ausgabe. Grand Rapids: Eerdmans.

BERNEBURG, Erhard. 1997. *Das Verhältnis von Verkündigung und sozialer Aktion in der evangelikalen Missionstheorie*. Diss. Wuppertal: Brockhaus.

–––. 2002 „‚Mit Wort und Werk und allem Wesen' – Ganzheitlichkeit in der Evangelisation", in *Evangelisation im Gegenwind: Zur Theologie und Praxis der Glaubensverkündigung in der säkularen Gesellschaft*. Bericht von der 12. Studienkonferenz des Arbeitskreises für evangelikale Theologie (AfeT) 9. bis 12. September 2001 in Bad Blankenburg. Hrsg. v. Herbert H. Klement. Gießen: Brunnen, S. 162-178.

BESSENECKER, Scott. 1987. „Paul's Short-Term Church Planting: Can it Happen Again?" *EMQ*, 33:3 (July 1987): pp. 326-332.

BETZ, O. 1990. „Prophetie", in *Das große Bibellexikon*. Bd. 3. Hrsg. von H. Burkhardt, F. Grünzweig, F. Laubach, G. Meier. Wuppertal und Gießen.

BEUTEL, Manfred. 1998. *Wie verändere ich meine Gemeinde, ohne sie zu ruinieren? Lernen von Willow Creek*. Wuppertal: Oncken.

BEVANS, Stephen B. 1992. *Models of Contextual Theology*, Faith and Culture Series, ed. R. J. Schreiter. Maryknoll: Orbis Books.

BEYERHAUS, Peter. 1969. Zur Theologie der Religionen im Protestantismus. in: *Kerygma und Dogma* 15/1969, S. 87-104.

–––. 1973. *Bangkok 73 - Anfang oder Ende der Weltmission? Ein gruppendynamisches Experiment*. Bad Liebenzell: Verlag der Liebenzeller Mission.

–––. 1975. „Lausanne zwischen Berlin und Genf", in *Reich Gottes oder Weltgemeinschaft?*, hrsg. von Walter Künneth und Peter Beyerhaus. Bad Liebenzell: Verlag der Liebenzeller Mission, S. 294-313.

–––. 1987. *Krise und Neuaufbruch der Weltmission. Vorträge, Aufsätze und Dokumente*. Bad Liebenzell: Verlag der Liebenzeller Mission.

–––. 1988. „Bekehrung - eine ‚Gehirnwäsche' besonderer Art?", in idea-Dokumentation Nr. 5/1988, S. 9.

———. 1996. *Er sandte sein Wort: Theologie der christlichen Mission. Band 1. Die Bibel in der Mission*. Wuppertal und Bad Liebenzell: Brockhaus und Verlag der Liebenzeller Mission.
BLASER. 1996. Oekumene und Dritte Welt in der heutigen Theologiegeschichte. in *ZMiss* 22/1996, S. 81-92, S. 84.
BLOMBERG, Graig. 2004. „Zenschina", in *Evangel'ski slovar biblijskogo bogoslovia*. Hrsg. von Walter Eluell. St. Petersburg: Biblia dlja vsech, S. 324-330.
BLOUGH, Neal. 2001. „Geschichte und Theologie im Werk John Howard Yoders", in *Jesus folgen in einer pluralistischen Welt. Impulse aus der Arbeit John Howard Yoders*. Hrsg. v. Hanspeter Jecker. Weisenheim: Agape.
BOCKMÜHL, Klaus. 1975. *Evangelikale Sozialethik. Der Artikel 5 der „Lausanner Verpflichtung"*. Gießen und Basel: Brunnen.
———. 2000. *Was heißt heute Mission? Entscheidungsfragen der neueren Missionstheologie*. Hrsg. v. Helmuth Egelkraut. Gießen: Brunnen.
BOER, Harry. 1961. *Pentecost and Mission*. London: Lutterworth.
BOFF, Leonardo. 1982. *Aus dem Tal der Tränen ins gelobte Land*. Düsseldorf: Patmos.
BOFF, Leonardo. 1996. *Schrei der Erde – Schrei der Armen*. Düsseldorf: Patmos.
BOHREN, Rudolf. 1979. „Gemeinde und Seelsorge", in: ders. *Geist und Gericht. Arbeiten zur Praktischen Theologie*. Neukirchner Verlag: Neukirchen-Vluyn, S. 129-142.
BOSCH, David J. 1986. „In Search of a New Evangelical Understanding", in *In Word and Deed. Evangelism and Social Responsibility*. Hrsg. v. Bruce Nicholls. Carlisle: Paternoster; S. 63-84.
———. 1987. „Toward Evangelism in Context", in *The Church in Response to Human Need*. Hrsg. v. Vinay Samuel und Chris Sugden. Grand Rapids: Regnum und Eerdmans. S. 180-192.
———. 1980. *Witness to the World. The Christian Mission in Theological Perspective*. Atlanta: John Knox Press.
———. 1991. *Transforming Mission. Paradigm Shifts in Theology of Mission*. Maryknoll, NY: Orbis.
BOULET, Jaak; Kraus, Jürgen; Oelschlägel, Dieter. 1980. *Gemeinwesenarbeit. Eine Grundlegung*. Bielefeld.
BRADLEY, I. 1996. *Columba: Pilgrim and Pentent*. Glasgow: World Goose Publications.
BRAGG, Wayne G. 1987. „From Development to Transformation", in *The Church in Response to Human Need*. ,Hrsg. v. Vinay Samuel und Chris Sugden. Grand Rapids: Regnum und Eerdmans, S. 20-51.
BRANDT, H. 1986. „Kontextuelle Theologie als Synkretismus? Der ‚neue Synkretismus' der Befreiungstheologie und der Synkretismusverdacht gegenüber der Ökumene", in: *ÖR* 35/1986, S. 144-159.
BRAUER, 2002 XXXXXXX fehlt noch!
BRECKENRIDGE, James & Lillian. 1995. *What Color is your God? Multicultural Education in the Church*. Grand Rapids: Baker.

BREMER, Helmut. 2002. Die sozialen Milieus und ihr Verhältnis zur Kirche. In: *Soziale Milieus und Kirche*, hrsg. von Wolfgang Vögele, Helmut Bremer und Michael Vester. Würzburg: Ergon, S. 109-134.
BRIERLEY, Peter. 1998. *Future Church. A Global Analsis of the Christian Community to the Year 2010*. Crowborogh: Monarch Books.
———. 1999. *Religious Trends*. London: Christian Research.
BROCK, Charles. 1981. *Indigenous Church Planting. A Practical Journey*. Nashville: Broadman.
BROWN, Callum. G. 2000. *The Death of Christian Britain: Understanding Secularisation*. London: Routhledge.
BROWN, Raymond E. 1997. *An Introduction to the New Testament,* Anchor Bible Reference Library. New York: Doubleday.
BRUCE, Frederick F. 1976. *Zeitgeschichte des Neuen Testaments*. Band 2: Von Jerusalem bis Rom. Wuppertal: Brockhaus.
———. 1977. *Paul: Apostel of the Heart Set Free*. Eerdmans: Grand Rapids.
———. 1987. *Comentary on the Book of the Acts*. Grand Rapids: Eerdmans.
BRUCE, S. 2003. „Demise of Christianity in Britain", in *Predicting Religion: Christian, Secular and Alternatives Futures,* ed. by G. Davie, P. Heelas and L. Woodhead. Aldershot: Ashgate, S. 53-63.
BRUNNER, E. 1951. *Vom Missverständnis der Kirche*. Stuttgart: Evangelisches Verlagshaus.
———. 1951a. *The Missunderstanding of the Church*. Philadelphia: Westminster Press.
BRYAN, Philipp R. 22.05.2008. A Problem in Biblical Interpretation: Ekklesia in the Old Testament, in http://www.geocities.com/prbryan.geo/ot-ekk.htm.
BRYANT, Philipp. 1993. Church Planting – A Denominational Prespective, in *Australian Fellowship of Church Growth – Bulletin*. Vol. 1/Juli 1993.
BULTMANN, Rudolf. 1976. *Das Urchristentum im Rahmen der antiken Religionen*. Zürich: Buchclub Ex Libris.
BURRILL, Russel. 1996. Why Plant Apple Trees?, in *Ministry* February 1996.
BYCHKOV, V. V. 1977. *Visantiiskaya estetika*. Moskva: Isskustvo.
CA. „Confessio Augustana 1530", in *Bekenntnisse der Kirche. Bekenntnistexte aus zwanzig Jahrhunderten*. Hrsg. von Hans Streubing in Zusammenarbeit mit J. F. Gerhard Goeters, Heinrich Karpp und Erwin Mülhaupt. Wuppertal: Theologischer Verlag Rolf Brockhaus, S. 38-61.
CALLAHAN, Kennon L. 1990. *Effective Church Leadership. Building on the Twelve Keys*. San Francisco: Harper & Row.
CAMPBELL, W.S. 1997. „Church as Israel, People of God", in *Dictionary of the Later New Testament and its Developments*. Hrsg. von Ralph P. Martin und Peter H. Davids. Downers Grove: IVP, S. 204-219.
CANNISTRACI, David. 1996. *The Gift of the Apostle*. Ventura: Regal Books.
———. 2001. *Apostolische Leidenschaft*. Hassmann: Fürth.
CAPON, Robert Farrar. 1985. *Kingdom, Grace, Judgement. Paradox, Outrag and Vindication in the Parables of Jesus*. Grand Rapids: Eerdmans.

CAREY, George. 1995. *The Church in the Market Place*. Third Edition. Eastbourne: Kingsway.
CHABEY, Charles L. 1982. *Church Planting at the End of the Twentieth Century*. Wheaton: Tyndale.
CHADWICK, W. 2001. *Steeling Sheep. The Church´s Hidden Problems with Transfer Growth*. Downer Grove: IVP.
CLOWNEY, Edmund P. 1995. *The Church*. Leicester: IVP.
COENEN, L. 1972. „Kirche", in *Theologisches Begriffslexikon zum Neuen Testament*. Hrsg. von L. Coenen, E. Beireuther, H. Biedenhard. 3. Auflage. Wuppertal: Brockhaus.
COLLIER, Richard. 1981. *Der General Gottes William Booth. Geschichte der Heilsarmee*. 2. Auflage. Lahr: St. Johannis.
CONN, Harvie M. Hrsg. 1997. *Planting and Growing Urban Churches. From Dream to Reality*. Grand Rapids: Baker.
CONZELMANN, Hans von. 1971. *Geschichte des Urchristentums*. NTD Ergänzungsreihe Bd. 5. Göttingen: Vandenhoeck & Ruprecht.
COOK, Harold R. 1971. *Historic Patterns of Church Growth*. Chicago: Moody Press.
CORDEIRO, Wayne. 2001. *Doing Church as a Team*. Ventura: Regal.
COSTAS, Orlando E. 1974. *The Church and its Mission. A Shattering Critique from the Third World*. Wheaton: Tyndale House Publishers.
———. 1977. „Gemeinden in evangelistischer Partnerschaft", in *Zukunftsperspektiven. Evangelikale nehmen Stellung*. Hrsg. von René Padilla. Wuppertal: Brockhaus, S. 137-154.
———. 1979. *The Integrity of Mission. The Inner Life and Outreach of the Church*. New York: Harper & Row.
———.1982. *Christ Outside the Gate. Mission Beyond Christendom*. Maryknoll: Orbis.
———.1987. „Eröffnungsansprache", in *Der ganze Christus für eine geteilte Welt. Evangelikale Christologien im Kontext von Armut, Machtlosigkeit und religiösem Pluralismus*, hrsg. v. Vinay Samuel und Chris Sugden. Erlangen: Verlag der Ev.-Luth. Mission. S. 15-28.
———.1989. *Liberating News. A Theology of Contextual Evangelization*. Grand Rapids: Eerdmans.
CROFT, Steven. 2002. *Transforming Communities. Re-imagining the Church for the 21st Century*. London: Darton-Longman-Todd.
DAHL, Stephan. 2001. „Einführung in die Interkulturelle Kommunikation". In *http://www.intercultural-network.de/einfuerung/*.
DALE, F., ed. 2003. *Getting Started*. Wheaton: Tyndale.
DAYTON, Edward R. 1987. „Social Transformation. The Mission of God", in *The Church in Response to Human Need*, hrsg. v. Vinay Samuel und Chris Sugden. Grand Rapids: Regnum und Eerdmans, S. 52-61.
DEHN, Ulrich. 1993. Paradigmenwechsel in der Theologie? Auseinandersetzung mit einer Kategorie aus ökumenischer Sicht, in *Zeitschrift für Missionswissenschaft und Religionswissenschaft*, S. 50-63.

DEMINA, N. A. 1972. *Andrei Rublev i chudozhniki yego kruga*. Moskva: Nauka.
DENNISON; Jack. 1999. *City Reaching. On the Road to Community Transformation*. Pasadena: WCL.
DITTMANN, Karsten. 2003. „Diakonie zwischen Kirche und Gesellschaft." In http://www.holmespeare.de.
DITTRICH-JACOBI, Juliane. 1976. Pietismus und Pädagogik im Konstitutionsprozess der bürgerlichen Gesellschaft. Historisch-systematische Untersuchung der Pädagogik August Hermann Franckes (1663–1727). Unveröffentlichte Dissertation. Bielefeld: Universität Bielefeld.
DOCKERY, David S. 1995. *The Challenge of Postmodernism: An Evangelical Engagement*. Grand Rapids: Baker.
DOYLE, Dennis M. 1997. „Journet, Congar, and the Roots of Communion Ecclesiology", in *Theological Studies* 58 (1997). S. 461-479.
———. 2000. *Communion Ekklesiology*. Maryknoll, N. Y.: Orbis.
DUBOSE, Francis M. 1978. *How Churches Grow in an Urban World*. Nashville: Broadman.
DUDLEY, Roger L. und Gruesbeck, Clarence B. 1989. *Plant a Church, Reap a Harvest*. Boise, Idaho: Pacific Press.
DULLES, Avery. 1987. *Models of the Church*. Expanded Edition. NY: Doubleday.
———. 1989. „A Half-Century of Ecclesiology", in *Theological Studies* 50 (1989), S. 419-442.
DUNAEV, Michail. Troica prepodobnogo Andreya Rubleva. In http://www.infonet.ee/~ettnat/Troitsa.html.
DÜRR, Hans. 1951. Die Reinigung der Missions Motive, in *Evangelisches Missions-Magazin*, S. 2-10.
DYCK, Cornelius. 1989. „Church", in *The Mennonite Encyclopedia*. Vol. 5, S. 150-151.
———. 1989a. „Nonconfomity", in *The Mennonite Encyclopedia*. Vol. 5, S. 635-636.
ECKHARDT, John. 1999. *Moving in the Apostolic*. Ventura: GLP.
EICKHOFF, Klaus. 1992. Gemeinde entwickeln für die Volkskirche der Zukunft: Anregungen zur Praxis. Göttingen.
ELLIS, Roger; Mitchell, Roger with Foster, Roger and Millar, Sandy. 1992. *Radikal Church Planting*. Cambridge: Crossway.
ELLIS, Roger and Roger Mitchel. *Radical Church Planting*. Cambridge, England: Crossway Books, 1992.
ELSEN, Susanne. 1998. Gemeinwesenökonomie – eine Antwort auf Arbeitslosigkeit, Armut und soziale Ausgrenzung. Neuwied.
EPP, George K. 1997. *Geschichte der Mennoniten in Russland*. Band I: Deutsche Täufer in Russland. Lage: Logos.
———. 1998. *Geschichte der Mennoniten in Russland*. Band II: Die Gemeinschaft zwischen Fortschritt und Krise. Lage: Logos.
———. 2003. *Geschichte der Mennoniten in Russland*. Band III: Neues Leben in der Gemeinschaft. „Das Commenwealth der Mennoniten". Lage: Logos.

ERDLENBRUCH, Ernst Wilhelm. 1996. *Neue Gemeinden in unserem Land. Erlebnisse und Erfahrungen beim Aufbau neuer Gemeinden*. Witten: Bundes-Verlag.

ERIKSON, Millard J. 1994. *Christian Theology*. 11. edition. Grand Rapids: Baker.

ESCOBAR, Samuel. 1974a. „Evangelisation und die Suche des Menschen nach Freiheit, Gerechtigkeit und Erfüllung", in *Alle Welt soll sein Wort hören. Lausanner Kongress für Weltevangelisation*. Bd. 1. Hrsg. v. Peter Beyerhaus et al. Stuttgart: Hänssler, S. 385-426.

———. 1974b. „Reflections", in *The Chicago Declaration*, hrsg. v. Ronald J. Sider. Carol Stream: Creation House, S. 119-122.

———. 1977. „Die Wiederkunft Christi", in *Zukunftsperspektiven. Evangelikale nehmen Stellung*. Hrsg. v. René Padilla. Wuppertal: Brockhaus, S. 239-247.

———. 2000a. „The Global Scenario at the Turn of the Century", in *Global Missiology for the 21st Century. The Iguassu Dialogue*. Hrsg. v. William D. Taylor. Grand Rapids: Baker, S. 25-46.

———. 2000b. „Evangelical missiology. Peering into the Future at the Turn of the Century", in *Global Missiology for the 21st Century. The Iguassu Dialogue*. Hrsg. v. William D. Taylor. Grand Rapids: Baker. S. 101-122.

———. 2002. *Changing Tides. Latin America and Mission Today*. Maryknoll: Orbis.

EWERT, David. 1983. *The Holy Spirit in the New Testament*. Scottdale: Herald Press.

FAHEY, Michael. 1991. „Church", in *Systematic Theology: Roman Catholic Perspectives*. Vol. 2. Ed. F. S. Fiorenza & J. Galvin. Minneapolis: Fortress, S. 1-74.

FAIRCLOTH, Samuel D. *1991. Church Planting for Reproduction*. Grand Rapids: Baker.

FALKENHEIN, Patrick. 2008. „Kirchliche Gemeinwesenarbeit im Vollzug. Der StadtTeilLaden Grumme." Unveröffentlichte Kursarbeit. Bergneustadt: MBW.

FAST, Heinold. 1962. *Der linke Flügel der Reformation*. Bremen: Carl Schünemann Verlag.

———. 1982. Beiträge zu einer Friedenstheologie. Eine Stimme aus den historischen Friedenskirchen. Maxdorf: Agape.

FEE, Gordon. 2005. *Der Geist Gottes und die Gemeinde*. Erzhausen: Leuchter Verlag.

FEENEY, James H. *1988. Church Planting by the Team Method*. Anchorage, AK: Abbot Loop.

FELDKELLER, Andreas; Sundermeier, Theo. Hrsg. 1999. *Mission in pluralistischer Gesellschaft*. Frankfurt: Lembeck.

FERGUSON, Everett. 1993. *Backgrounds of Early Christianity*. Grand Rapids: Eerdmans.

FISHER Fred. O.J. *The Church – A new Testament Study*. Mill Valey: Golden Gate Theological Seminary.

FLORENSKI, P. 1972. Ikonostas. Bogoslovskiye trudy. Vol. 9. Moskva. Izdatelstvo Moskovskoi Patriarchii.

FLOROVSKI, G. 1982. *Puti russkogo bogoslovia*. Paris: IMKA.
FLÜCKIGER, F. 1983. „Das Wesen biblischer Prophetie", in *Zukunftserwartung in biblischer Sicht*. Hrsg. von Gerhard Meier. Wuppertal, S. 22ff.
FORBES, C. 1995. *Prophecy and Inspired Speech in Early Christianity and the Hellenistic Environment*. Tübingen: Mohr.
FRANCIS, Hozell C. 1999. *Church Planting in the African-American Context*. Grand Rapids: Zondervan.
FREITAG, W. 1950. Vom Sinn der Weltmission, in *EMZ* 1ff.
FROST, Michael und Hirsch, Allan. 2003. *The Shaping of Things to Come. Innovation and Mission for the 21st Century Church*. Peabody, MA.: Hendrickson.
–––. 2008. *Die Zukunft gestalten. Innovation und Evangelisation in der Kirche des 21. Jahrhunderts*. Glashütten: C & P Verlag.
GALLOWAY, Dale and Warren Bird. 2003. *Starting a New Church: How to Plant a High-Impact Congregation* (with CD). Kansas City: Beacon Hill.
GANGEL, Kenneth O., ed. 1997. *Team Leadership in Christian Ministry*. Chicago: Noody Press.
GARIJO-GUEMBE, Miguel. 1994. The *Communion of Saints: Foundation, Nature & Structure of the Church*. Trans. Patrick Madigan, SJ. Collegeville, MN: Liturgical Press.
GARRISON, David. 2004. *Church Planting Movements: How God is Redeeming a Lost World*. Midlothian: Wightake Resource.
–––. *Church Planting Movements*. Richmond, VA: Office of Overseas Operations International Mission Board of the Southern Baptist Convention, n.d. (also available online at http://www.imb.org/CPM/default.htm).
GEHRING, Roger F. 2000. *Hausgemeinde und Mission. Die Bedeutung antiker Häuser und Hausgemeinschaften von Jesus bis Paulus*. Gießen: Brunnen.
GELDBACH, Erich; Burckhardt, Helmut; Heimbucher, Kurt. 1978. *Evangelisches Gemeindelexikon*. Wuppertal: Brockhaus.
GENSICHEN, Hans-Werner. 1971. *Glaube für die Welt. Theologische Aspekte der Mission*. Gütersloh: Mohn.
GERLOFF, Roswith 2005. *Das schwarze Lächeln Gottes. Afrikanische Diaspora als Herausforderung an Theologie und Kirche*. Hrsg. von Gisela Egler und Paul Löffler. Frankfurt/Main: Verlag Otto Lembeck.
GIBBS, Eddie. 2000. *Church Next: Quantum Changes in How We Do Ministry*. Downers Grove: InterVarsity Press.
GIBBS, Eddie und Ryan K. Bolger. 2006. „Post Modern Forms of the Church", in *Evangelical, Ecumenical and Anabaptist Missiologies in Conversation*. Essays in Honor of Wilbert Shenk, ed. by James R. Krabill, Walter Sawatzky and Charles E. Van Engen. Maryknoll: Orbis, pp. 184-195.
GILL, Athol. 1977. „Die soziale Verantwortung des Christen", in *Zukunftsperspektiven. Evangelikale nehmen Stellung*, hrsg. v. René Padilla. Wuppertal: Brockhaus, S. 85-100.
GILLES, Kevin. 1995. *What on Earth is the Church? An Exploration in New Testament Theology*. Downers Grove: IVP.

———. 1997. „Church". In *Dictionary of the Later New Testament and its Developments*. Hrsg. von Ralph P. Martin und Peter H. Davids. Downers Grove: IVP, S. 194-204.

GLADDEN, Ron. 1988. Church Planting: Key to Growth, in *Ministry International Journal for Clergy* Oktober 1988.

GLADIS, George. 1999. *Leading the Team-Based Church*. San Francisco: Jossey-Bass.

GLADWIN, John. 1979. *God´s People in God´s World. Biblical motives for social involvement*. Leicester: IVP.

GLASSER, Arthur F. 2003. *Announcing the Kingdom. The Story of God´s Mission in the Bible*. Grand Rapid: Baker Academic.

GNILKA, Joachim. *Theologie des Neuen Testaments*. Herders theologischer Kommentar zum Neuen Testament. Supplementband. Freiburg, Basel, Wien: Herder.

———1989. *Das Evangelium nach Markus*. EKK II/1. 3. überarbeitete Auflage. Zürich: Benzinger Verlag.

GOGARTEN, Friedrich. 1948. *Der Mensch zwischen Gott und Welt*. Heidelberg: Verlag Lambert Schneider.

GOPPELT, Leonhard. 1978. *Theologie des Neuen Testaments*. Göttingen: Vandenhoeck & Ruprecht.

GORMAN, Julie A. 2002. *Community that is Christian*. 2nd edition. Grand Rapids: Baker.

GORNIK, Mark. 2002. *To live in Peace. Biblical Faith and the Changing Inner City*. Grand Rapids: Eerdmans.

GRAHAM, Billy. 1974. „Warum Lausanne?" in *Alle Welt soll sein Wort hören. Lausanner Kongress für Weltevangelisation*. Bd. 1. Hrsg. v. Peter Beyerhaus et al. Stuttgart: Hänssler, S. 35-38.

GRANT, Robert M. 1977. *Christen als Bürger im Römischen Reich*. Göttingen: Vandehoeck & Ruprecht.

GREEN, M. 1970. *Evangelisation zur Zeit der ersten Christen. Motivation. Methode und Strategie*. Neuhausen-Stuttgart: Hänssler.

———. 1991. *Evangelism Through the Local Church*. London: Hodder & Sloughton.

GREENWAY, Roger S. 1992. *Discipling the City: A Comprehensive Approach to Urban Mission*. Grand Rapids: Baker.

———. 1976. *Guidelines for Urban Church Planting*. Grand Rapids: Baker.

GREINACHER, Norbert. 1966. *Die Kirche in der städtischen Gesellschaft*. Mainz: Matthias-Grünewald-Verlag.

GRENZ, Stanley J. 1996. *A Primer on Postmodernism*. Grand Rapids: Eerdmans.

GRIFFITHS, Michael. 1976. *Gottes herrliches Volk*. Witten: Bundes Verlag.

GRIGG, Viv. 1992. *Cry of the Urban Poor*. Monrovia: MARC.

GRUDEM, Wayne. 1988. *The Gift of Prophecy in the New Testament and Today*. Eastbourne: IVP.

–––. 1994. *Systematic Theology. An Introduction to Biblical Doctrin*. Grand Rapids: Zondervan.

–––. 1994a. *Die Gabe der Prophetie*. Nürnberg: VTR.

GUDER, Darrell L. 1998. *Missional Church: A Vision for the Sending of the Church in North America*. Grand Rapids: Eerdmans.

GRUNDMANN, Walter. 1972. *Das Evangelium nach Matthäus*. THNT Band 1. Dritte Auflage. Berlin: Evangelische Verlagsgesellschaft Berlin.

GUINNESS, Os. 1983. *The Gravedigger File: Papers on Subversion of the Modern Church*. Downers Grove: Intervarsity.

GÜNTHER, W. 1997. In Fragen des Evangeliums kann niemand das letzte Wort haben, in *Jahrbuch Mission 1997*, S. 184-195.

GÜNTHER, Wolfgang. (10.10.2005). Theologie in der Spanne zwischen Kontextualität und Katholizität" . In: URL: http://www.missionsseminar.de/publikationen/Dateien/vision/regensburg4.rtf.

GUTHRIE, Donald. 2005. *New Testament Introduction* (in russischer Übersetzung: *Wwedenie w Nowyj Zawet*. Odessa: OBS).

GUTIERREZ, Gustavo. 1992. *Theologie der Befreiung*. Mit der neuen Einl. des Autors. 10. erw. und neubearb. Aufl. Mainz: Matthias-Grünewald-Verlag, 1973.

HAGNER, Donald A. 1993. *Matthew 1-13*. WBC. Band 33a. Dallas: Word Books.

–––. 1995. *Matthew 14-28*. WBC. Band 33b. Dallas: Word Books.

HAHN, F. 1998. Apostel in *RGG*, 4. Auflage. Bd. 1. Tübingen: Mohr-Siebeck, S. 635-638.

–––. 2002. *Theologie des Neuen Testaments*. Band II. Tübingen: Mohr-Siebeck.

HANSON, Paul D. 1993. *Das berufene Volk. Entstehen und Wachsen der Gemeinde in der Bibel*. Neukirchen-Vluyn: Neukirchener Verlag.

HARDMEIER, Roland. 2006. Radikale Evangelikale. Unveröffentlichte MTh Dissertation. Pretoria: UNISA.

HARTLEY, John E. 1992. *Leviticus*. WBC. Band 4. Dallas: Word Books.

HASE von, Hans Christoph. 1961. *Diakonie der Gemeinde*. Berlin, Stuttgart: Lettner Verlag.

HATCH, M. J. & Schultz, M. 2004. *Organizational Identity: A Reader*. Oxford: Oxford University Press.

HAY, Alexander Rattray. 1947. *The New Testament Order for Church and Missionary*. 4th revised edition. Welland, Ont.: New Testament Missionary Union.

HEADING, John. 1984. *Die Gemeinden des Neuen Testaments*. Dillenburg: Christliche Verlagsanstalt.

HEIMOWSKI, Uwe. 2006. *Die Heilsarmee. Practical Religion – gelebter Glaube*. Schwarzenfeld: Neufeld.

HEMPELMANN, Heinzpeter 1996. *Gemeindegründung. Perspektiven für eine Kirche von morgen*. Gießen: Brunnen.

HENRY, Carl F. 1974. „Reflections", in *The Chicago Declaration*, hrsg. v. Ronald J. Sider. Carol Stream: Creation House, S. 127-131.

———. 1977. „Der Plan Gottes" in *Zukunftsperspektiven. Evangelikale nehmen Stellung*, hrsg. v. René Padilla. Wuppertal: Brockhaus, S. 15-29.
HEPP, Normann. 1971. *Neue Gemeindemodelle*. Wien-Freiburg-Basel: Herder.
HERBST, Michael. 1996. *Missionarischer Gemeindeaufbau in der Volkskirche*. Calw
HERBST, Michael; Ohlenmacher, Jörg; Zimmermann, Johannes. Hrsg. 2005. *Missionarische Perspektiven für eine Kirche der Zukunft*. Beiträge zu Evangelisation und Gemeindeentwicklung. Band 1. Neukirchen-Vluyn: Neukirchner Verlag.
HERTIG, Paul. 1998. *Matthew's Narrative Use of Galilee in the Multicultural and Missiological Journeys of Jesus*. Mellen Biblical Press Series, Vol 46. Lewsiton: Mellen Biblical Press.
HESSELGRAVE, David J. 1980. *Planting Churches Cross-Culturally. A Guide for Home and Foreign Missions*. Grand Rapids: Baker.
———. 2000. *Planting Churches Cross-Culturally: North America and Beyond*. 2nd edition. Grand Rapids: Baker.
HESSELGRAVE, David J.; Rommen, Edward. 1989. *Contextualization - Meanings, Methods, and Models*. Grand Rapids: Baker.
HEUSSI, Karl. 1991. *Kompendium der Kirchengeschichte*. 18. Auflage. Tübingen: Mohr.
HIEBERT, Paul G. 1985. *Anthropological Insights for Missionaries*. Grand Rapids: Baker.
———. 2006. Sociocultural Theories and Mission to the West, in *Evangelical, Ecumenical and Anabaptist Missiologies in Conversation*. Essays in Honor of Wilbert Shenk, ed. by James R. Krabill, Walter Sawatzky and Charles E. Van Engen. Maryknoll: Orbis, pp. 169-176.
HIEBERT, Paul. 2000. „Spiritual Warfare and Worldviews." In: *Direction* 29, no. 2 (2000). S. 114-24.
HILBERATH, B. J. 1994. „Kirche als communio. Beschwörungsformel oder Projektbeschreibung?" in: *ThQ* 174 (1994), S. 45-65.
HINTE, Wolfgang; Karas, Fritz. 1989. *Studienbuch Gruppen- und Gemeinwesenarbeit*. Neuwied.
HOFFMAN, Georg. 1974. „Die soziale Verantwortung in der Evangelisation", in *Alle Welt soll sein Wort hören. Lausanner Kongress für Weltevangelisation*. Bd. 2. Hrsg. v. Peter Beyerhaus et al. Stuttgart: Hänssler. S. 1005-1024.
HOFFMAN, L. A. 1988. *The Art of Public Prayer*. Washington, D.C.: Pastoral Press.
HOLLAND, Joe & Henriot, Peter. 1982. *Social analysis: Linking faith and justice*. Maryknoll: Orbis.
HOPKINS, Bob. 1996. *Gemeinde pflanzen. Church Planting als missionarisches Konzept*. Neukirchen-Vluyn: Aussaat.
HOUSE, Paul R. 1998. *Old Testament Theology*. Downers Grove: IVP.
HOUSTON, Tom. 1990. „Gute Nachricht für die Armen", in *Evangelisation mit Leidenschaft. Berichte und Impulse vom II. Lausanner Kongress für Weltevangelisation in Manila*. Hrsg. v. Horst Marquardt und Ulrich Parzany. Neukirchen-Vluyn: Aussat. S. 107-117.

HUBER, Wolfgang; Friedrich, Johannes; Steinacker, Peter. 2006. *Kirche in der Vielfalt der Lebensbezüge. Die vierte EKD Erhebung über Kirchenmitgliedschaft.* Gütersloh: Gütersloher Verlagshaus.

HUNING, Ralf. 2005. *Bibelwissenschaft im Dienste populärer Bibellektüre. Bausteine einer Theorie der Bibellektüre aus dem Werk von Carlos Mesters.* Stuttgart: Katholisches Bibelwerk.

HUNTER, George G. 1996. *Church for the Unchurched.* Nashville: Abengdon.

———. 1997. *Kirche an Hecken und Zäunen.* Asslar: Projektion J.

———. 2000. *The Celtic Way of Evangelism. How Christianity can reach the West ... again.* Nashville: Abingdon.

HUTTEN, Kurt. 1997. Die Neuapostolische Kirche. In: dslb., Seher, Grübler, Enthusiasten, S. 470-512. Quell Verlag : Stuttgart.

HYBELS, Bill. 1996. *Ins Kino gegangen und Gott getroffen. Die Geschichte von Willow Creek.* Wiesbaden: Projektion J.

———.2002. *Courageous Leadership.* Grand Rapids: Zondervan.

———.2005. *Die Mitarbeiter-Revolution.* Asslar: GerthMedien.

ILYIN, M. A. 1976. *Isskustvo moskovskoi Rusi Feofana Greka und Andreya Rubleva.* Moskva: Isskustvo.

JOHNSON, Arthur. 1984. *Umkämpfte Weltmission.* Neuhausen-Stuttgart: Hänssler.

JOYNER, Rick. 2004. *The Apostolic Ministry.* Willkesboro, NC: MorningStar Publications.

KALLESTAD, Walt. 2002. *Mit offenen Armen. Wie meine Gemeinde für Gäste attraktiv wird.* Basel/Gießen: Brunnen.

KALLISTOS, Ware. 1999. *The Orthodox Way:* New York: St. Vladimir´s Seminary Press.

KÄRKKÄINEN, Veli-Matti. 2002. *An Introduction to Ecclesiology.* Downers Grove: IVP.

KÄSER, Lothar. 1997. *Fremde Kulturen. Eine Einführung in die Ethnologie.* Bad Liebenzell: VLM.

KANE, J. Herbert. 1976. *Christian Missions. Biblical Perspective.* Grand Rapids: Baker.

KASDORF, Hans. 1976. *Gemeindewachstum als missionarisches Ziel.* Bad Liebenzell: VLM.

KASDORF, Hans. 1991. *Flammen unauslöschlich. Mission der Mennoniten unter Zaren und Sowjets 1789-1989.* Beiträge zur osteuropäischen Kirchengeschichte, hrsg. von Johannes Reimer und Peter Penner. Band 2. Bielefeld: Logos.

KELLY, Gerhard. 1999. *RetroFuture: Rediscovering Our Roots. Recharting Our Routs.* Downers Grove: IVP.

KERTELGE. Karl. 1972. *Gemeinde und Amt im Neuen Testament.* München: Kösel Verlag.

KINEAR, Graig. 2005. *Biblejskij kulturno-istoricheskij kommentari.* Band 2: Novyj Savet. St. Petersburg: Mirt.

KIRK, Andrew J. 1999. *What is Mission. Theological Exploration*. London: Darton, Longman & Todd.

KLAIBER, Walter. 1982. *Rechtfertigung und Gemeinde. Eine Untersuchung zum paulinischen Gemeindeverständnis*. Göttingen: Vandenhoeck & Ruprecht.

KLASSEN, Heinrich. 2001. *Mission als Zeugnis. Zur missionarischen Existenz in der Sowjetunion nach dem Zweiten Weltkrieg*. Lage: Logos.

KLAUCK, Hans-Josef. 1981. *Hausgemeinde und Hauskirche im frühen Christentum*. Stuttgart: Verlag Katholisches Bibelwerk.

KLAUSER, Sylvia. 2007. Mennoniten und soziale Verantwortung, in *Mennonitisches Jahrbuch 2007*. Lahr: AMG, S. 24-27.

KNOBLAUCH, J. Hrsg. 1987. *Gemeindeaufbau hat Zukunft*. Neukirchen-Vluyn: Schriftenmissions-Verlag.

KNOBLAUCH, J.; Eickhoff, K.; Aschoff, F. Hrsg. 1992. *Gemeindegründung in der Volkskirche – Modelle der Hoffnung*. Moers: Brendow.

KRABILL, James R.; Sawatsky, Walter; Van Engen, Charles E. (Ed.) 2006. *Evangelical, Ecumenical and Anabaptist Missiologies in Conversation*. Essays in Honor of Wilbert R. Shenk. Maryknoll: Orbis.

KRÄMER, Werner. 1985. *Konzepte kirchlicher Arbeiterbildung*. Mainz: Matthias-Grünewald-Verlag.

KRAUS, C. Norman. 1993. *The Community of the Spirit*. Scottdale: Herald.

KRITZINGER, JNJ. 2001. Who do they say I am?, in *An African Person in Making*. Festschrift für Prof. William Saayman. Pretoria: UNISA Press.

KRITZINGER, J.J.; Meiring, P.; Saayman, W. 1994. *On Being Witnesses*. Halfway House: Orion.

KROCKAUER, R. 1993. *Kirche als Asylbewegung*. Stuttgart: Kohlhammer.

KUEN, Alfred. 1975. *Gemeinde nach Gottes Bauplan*. Frutigen: msd.

KÜMMEL, Werner Georg. 1976. *Die Theologie des Neuen Testaments nach seinen Hauptzeugen. Jesus, Paulus, Johannes*. In: GNT Band 3, Göttingen: Vandenhoeck & Ruprecht.

KÜNG, Hans. 1987. *Theologie im Aufbruch. Eine Ökumenische Grundlegung*. München: Pieper.

———. 1990. *Projekt Weltethos*. München: Pieper.

———. 1991. Das *Judentum. Wesen und Geschichte*. München: Pieper.

———. 1994. *Das Christentum. Wesen und Geschichte*. München: Pieper.

KUNZ-HERZOG, Ralph. 1997. *Theorie des Gemeindeaufbaus. Ekklesiologische, soziologische und frömmigkeits-theoretische Aspekte*. Zürich: TVZ.

KUZMIC, Peter. 1986a. „The Church and the Kingdom of God", in *The Church. God's Agent for Change*. Hrsg. v. Bruce J. Nicholls. Exeter: Paternoster, S. 49-81.

———. 1986b. „History and Eschatology. Evangelical Views", in *In Word and Deed. Evangelism and Social Responsibility*. Hrsg. v. Bruce Nicholls. Carlisle: Paternoster. S. 135-164.

———. 1990. „Die Wahrheit des Evangeliums weitersagen", in *Evangelisation mit Leidenschaft. Berichte und Impulse vom II. Lausanner Kongress für Welt-*

evangelisation in Manila, hrsg. v. Horst Marquardt und Ulrich Parzany. Neukirchen-Vluyn: Aussaat. S. 70-78.

LADD, George Eldon. 1974. *The Gospel of the Kingdom. Scriptural Studies in the Kingdom of God*. Grand Rapids: Eerdmans.

LAZAREV, V. N. 1983. *Russkaya ikonopis*. Vol. 1. Moskva: Isskustvo.

LEAN, Gearth. 1969. *John Wesley – Modell einer Revolution ohne Gewalt*. Gießen und Basel: Brunnen.

–––. 1974. *Wilberforce – Lehrstück christlich-sozialer Reform*.

LIETAER, Bernhard. 2001. *Das Geld der Zukunft. Über die zerstörerische Wirkung unseres Geldsystems und Alternativen hierzu*. Pößneck.

LINDNER, Herbert. 1994. *Kirche am Ort. Eine Gemeindetheorie*. Praktische Theologie heute. Hrsg. von Gottfried Bitter et all. Band 16. Stuttgart, Berlin, Bonn: W. Kohlhammer.

LINGSCHEID, Rainer und Wegner, Gerhard. Hrsg. 1990. *Aktivierende Gemeindearbeit*. Stuttgart, Berlin, Köln: Kohlhammer.

LIVINGSTONE, Greg. 1996. *Gemeindegründung in der islamischen Welt*. Gießsen: Brunnen.

LOGAN, Robert und Steve Ogne. 1981. *Church Planter's Toolkit*. Pasadena: Fuller Institute for Church Growth.

LOGAN, Robert. *Cultivating Church Multiplication Movements* 2001-02, www.coachnet.org.

LOGAN, Robert E. 1991. *Mehr als Gemeindewachstum. Prinzipien und Aktionspläne zur Gemeindeentwicklung*. Frankfurt a. M.: Aquila Verlag.

–––. 1992b. *Eine Tochtergemeinde gründen: Ein Arbeitsbuch zur Multiplikation von Gemeinden*. Wiesbaden: Johannes Institut.

LOHFINK, Gerhard.1982. *Wie hat Jesus Gemeinde gewollt?* Freiburg-Basel-Wien: Herder.

LOHMAN, Ingrid; Weiße, Wolfram. 1994. *Dialog zwischen den Kulturen. Erziehungshistorische und religionspädagogische Gesichtspunkte interkultureller Bildung*. Münster: Waxmann.

LONG, Jimmy. 1997. *Generating Hope: A Strategy for Reaching the Postmodern Generation*. Downers Grove, Il: InterVarsity Press.

LONGENECKER, Richard. Ed. 2002. *Community Formation in the Early Church and the Church Today*. Peabody, Mass.: Hendrickson Publications.

LOSSKY, Vladimir. 1976. *Mystical Theology of The Eastern Church*. Crestwood, N.Y.: St. Vladimir Seminary Press.

–––. 1997a. In the Image and Likeness of God, New York: SVS Press.

–––. 1997b. *The Vision of God*. New York: SVS Press, 1997.

–––. 2001. Orthodox Theology: An Introduction. New York: SVS Press.

–––. 1947. V. W., Uspensky L. *The Meaning of Icons*. London.

LÜCK, W. 1992. *Kirche, Arbeiter und kleine Leute*. Bochum: SWI-Verlag

LÜDKE, Frank. 2003. *Diakonische Eangelisation. Die Anfänge des Deutschen Gemeinschafts-Diakonieverbandes 1899-1933*. Stuttgart: W. Kohlhammer.

LUKASSE, Johan. 1994. *Gemeindebau im nachchristlichen Europa*. Greng-Murten: Verlag für kulturbezogenen Gemeindebau.

LUKASSE, Johan. 1990. *Churches with Roots: Planting Churches in Post-Christian Europe*. Bromley, Kent: STL.

LG (LUMEN GENTIUM). 2. Vatikanischer Konzil. Dogmatische Konstitution über die Kirche. In http://www.stjosef.at/konzil/LG.htm.

LUTZ, Ulrich. 1989. *Das Evangelium nach Matthäus (Mt 1-7)*. EKK Band I/1. Zürich: Benzinger.

———. 2002. *Das Evangelium nach Matthäus (Mt 26-28)*. EKK Band I/4. Zürich: Benzinger

MACDONALD, Margaret. 1996. *Early Christian Women and Pagan Opinion. The Power of the Hysterical Woman*. New York: Cambridge University Press.

MACGAVRAN, Donald A./ Arn, Win C. 1973. *How to Grow a Church?* Glendale: Regal Books.

———.1977. *Ten Steps for Church Growth*. New York: Harper & Row.

MACHEL, Edgar. 1999. „Brauchen wir neue Gemeinden?", in *AdventEcho* 2/1999.

MACLAREN, Duncan. 2004. *Mission Implausible. Restoring Credibility to the Church*. London: Paternoster.

MAIER, Ernst G. O.J. *Handbuch für Gemeindegründung*. Gernsheim: KFG.

MAIER, Gerhard. 1994. *Gemeindeaufbau als Gemeindewachstum. Zur Geschichte, Theologie und Praxis der „church growth"-Bewegung*. Erlanger Monographien aus Mission und Ökumene. Band 22. Erlangen: Verlag der Ev.-Luth. Mission.

———. 1994a. *Das dritte Buch Mose*. WSB. Wuppertal: Brockhaus.

MALPHURS, Aubuery. *Planting Growing Churches for the 21st Century*. Grand Rapids: Baker, 1992.

———. 1999. *The Dynamics of Church Leadership*. Grand Rapids: Baker.

MANNONIA, Keven W. 1994. *Church Planting: The Next Generation*. Indianapolis: Light and Life.

MARSHALL, Howard I. 2004. *New Testament Theology*. Downers Grove: IVP.

MARSHALL, J. Howard. 2000. „Who Were the Evangelists?" In *The Mission of the Early Church to the Jews und Gentiles,* ed. by Jostein Adna and Hans Kvalbein. Mohr Siebeck: Tübingen, S. 251-264.

MARTIN, 1981. *Ein Menschenfischer. Johann Hinrich Wichern, sein Leben, Wirken und seine Zeit*. Hamburg: Agentur des Rauhen Hauses.

MASUCH, H. 1975. *Handbuch für dynamische Gemeindearbeit*. Neuhausen-Stuttgart: Hänssler.

MAUERHOFER, Armin. 1998. *Gemeindebau nach biblischem Vorbild*. Neuhausen-Stuttgart: Hänssler.

MAUERHOFER, Erich. 1999. *Einleitung in die Schriften des Neuen Testaments*. Band 1-2. 2. Auflage. Holzgerlingen: Hänssler.

MAUST, John. 1984. *Cities of Change: Urban Growth and God's People in Ten Latin American Cities*. Latin America Mission.

MBITI, John. 1987. *Bibel und Theologie im afrikanischen Christentum*. Göttingen: Vandenhoeck & Ruprecht.

MCGAVRAN, Donald A. 1955. *Bridges of God. A Study in the Strategy of Mission*. New York: Friedship Press.

———. 1959. *How Churches Grow*. London: World Dominion Press.

———. 1965. *Church Growth and Christian Mission*. New York: Harper & Row.

———. 1980. *Understanding Church Growth*. Grand Rapids: Eerdmans.

———. 1990. *Gemeindewachstum verstehen. Eine grundlegende Einführung in die Theologie des Gemeindeaufbaus*. Lörrach: Simson.

MCGRATH, Alister A. 2008. *Der Wege der christlichen Theologie: Eine Einführung*. Gießen: Brunnen.

MCINTOSH, Gary and Glen Martin. 1992. *Finding Them - Keeping Them: Effective Strategies for Evangelism and Assimilation in the Local Church*. Nashville: Broadman and Holman.

MCLAREN, Brian D. 2000. *The Church on the Other Side. Doing Ministry in the Postmodern Matrix*. Grand Rapids: Zondervan.

———. 2002. *More Ready Than You Realize. Evangelizm as Dance in the Postmodern Matrix*. Grand Rapids: Zondervan.

———. 2004. Bless *This* House? Why efforts to renew the church are often misguided? In: URL: http://www.christianitytoday.com/leaders/newsletter/2004/cin40629.html.

MCMANUS, Erwin R. 2001. *An Unstoppable Force*. Loveland: Group.

MCPHEE, Arthur. 2006. Authentic Witness, Authentic Evangelism, Athentic Church. In In *Evangelical, Ecumenical and Anabaptist Missiologies in Conversation*. Essays in Honor of Wilbert Shenk, ed. By James R. Krabill, Walter Sawatzky and Charles E. Van Engen. Maryknoll: Orbis, pp.130-139.

MCQUILKIN, J. Robertson. 1973. *How Biblical is the Church Growth Movemenet*. Chicago: Moody Press.

MEAD, Loren B. 1994. *Transforming Congregations for the Future*. New York: Alban Institute.

MEIER, Alfred; Slembeck, Tilman. 1998. *Wirtschaftspolitik - Ein kognitiv-evolutionärer Ansatz*. 2. Auflage. München und Wien: Oldenbourg.

MENCK, Peter. 2001. *Die Erziehung der Jugend zur Ehre Gottes und zum Nutzen des Nächsten. Die Pädagogik August Hermann Franckes*. Halle: Verlag der Franckeschen Stiftungen.

MESTERS, Carlos. 1983. *Vom Leben zur Bibel, von der Bibel zum Leben*. Mainz: Matthias Grünewald.

METTE, Norbert. 1978. *Theorie der Praxis. Wissenschaftsgeschichtliche und methodologische Untersuchungen zur Theorie-Praxis-Problematik innerhalb der Praktischen Theologie*. Düsseldorf.

MEYENDORFF, John. 1964. A Study of Gregory Palamas. London: Faith Press, 1964.

MEYER-Mintel. 1986. *Gemeindebilder in Theologie und kirchlicher Praxis*. Frankfurt: Peter Lang.

MICHEL, Otto. 1954. "Oikos". In *TWNT*. Band V. Stuttgart: Kohlhammer, S.122-161.

———. 1983. *Das Zeugnis des Neuen Testaments von der Gemeinde*. Giessen: Brunnen.

MIDDELMANN, Udo W. 2004. *Market Driven Church. The Worldly Influence of Modern Culture on the Church in America*. Wheaton: Crossway.

MIMS, Gene. 2003. *The Kingdom Focused Church*. Nashville: Broadman.

MINEAR, Paul. 1960. *Images of the Church in the New Testament*. Philadelphia: Westminster Press.

MOLEBATSI, Caesar. 1990. „Schalom für die Unterdrückten", in *Evangelisation mit Leidenschaft. Berichte und Impulse vom II. Lausanner Kongress für Weltevangelisation in Manila*, hrsg. v. Horst Marquardt und Ulrich Parzany. Neukirchen-Vluyn: Aussat. S.144-149.

MOLTMANN, Jürgen. 1967. *Theologie der Hoffnung*. München: Kaiser.

———. 1975. *Kirche in der Kraft des Geistes*. München: Kaiser.

———. 1991a. Einführung: Einige Fragen der Trinitätslehre heute. In *In der Geschichte des dreieinigen Gottes. Beiträge zur trinitarischen Theologie*. München: Kaiser, S. 11-21.

———. 1991b. Die einladende Einheit des dreieinigen Gottes. In *In der Geschichte des dreieinigen Gottes. Beiträge zur trinitarischen Theologie*. München: Kaiser, S. 117-128.

MÖLLER, Christian. „Gemeinde" in *TRE*, Bd. 12, S.316-335.

———. 1987. *Lehre vom Gemeindeaufbau*. Bd. 1: Konzepte – Programme – Wege. Göttingen.

———. 1987. *Lehre vom Gemeindeaufbau*. Bd. 2: Durchblicke – Einblicke – Ausblicke. Göttingen.

MONTGOMERY, Jim. 1989. *DAWN 2000: 7 Million Churches to Go*. Pasadena: Wm. Carey Library.

———. 1997. *Then the End Will Come*. Pasadena: Wm. Carey, .

MOORE, Ralph. 2002. *Starting a New Church: The Church Planter's Guide to Success*. Ventura, CA: Regal.

MOREAU, A. Scott; Corwin, Gary R.; McGee, Gary B. 2004. *Introducing World Missions: Biblical, Historical and Practical Survey*. Grand Rapids: Baker.

MURRAY, Stuart. 1998.2001. *Church Planting: Laying Foundations*. Carlisle, Cumbria: Paternoster (1998); Scottdale: Herald (2001).

———. 2004. *Post-Christendom. Church and Mission in a Strange New World*. Carlisle: Paternoster.

MURRAY, Stuart und Wilkinson-Hayes, Anne. 2000. *Hope from the Margins: New Ways of Being Church*. Cambridge: Grove.

MÜLLER, Harry. 1995. *Gemeinde im Umbruch. Was ich von meiner Gemeinde erwarte*. Hänssler: Neuhausen/Stuttgart.

MÜLLER, H.P. 1979. "qahal Versammlung". In *THAT*. Hrsg. von Ernst Jenni unter Mitarbeit von Claus Westermann. Band II. 2. Auflage. München: Kaiser, S. 609-619.

MÜLLER, Peter. 2007. Columbans Revolution. Unveröffentlichte MA Arbeit. Zürich: IGW.

MÜLLER, Wolfgang. 1990. *Dionysios Areopagites und sein Wirken bis heute.* Dornach: Pforte Verlag.

NAETHER, Johannes. 2003. "Neue Gemeinden: Alles frisch?" In *AdventEcho* 9/2003.

NAZIR-ALI, Michael. 2001. *Shapes of the Church to come.* Eastbourne: Kingsway.NEBEL, Tom. *Big Dreams in Small Places: Church Planting in Smaller Communities.* ChurchSmart.

NEGT, Oskar. 1995. *Achtundsechzig. Politische Intellektuelle und die* <u>Macht</u>. Göttingen: Steidl Verlag.

NEUFELD Alfred. 1998. Dogmatische Arbeit im Spannungsfeld zwischen Kulturkontinuität und Kulturwechsel. In Stephan Holthaus und Klaus Müller (Hg.): *Die Mission der Theologie.* Festschrift für Hans Kasdorf zum 70.Geburtstag. Nürnberg: VTR, S.193- 203.

NEUFELD, Silke. 2008. Interview mit Patrick Falkenhain. Missionshaus Bibelschule Wiedenest: Archiv.

NEVIUS, John L. 1993. *Die Gründung und Entwicklung missionarischer Gemeinden.* Bonn: VKW.

NICHOLLS, Bruce J. 1979. *Contextualization. A Theology of Gospel and Culture.* Downers Grove: IVP.

NICOLLS, Michael. 1994. "Missions Yesterday and Today: Charles Haddon Spurgeon (1834-92), Church Planter", in *Fife till Midnight: Church Planting for AD 2000 and Beyond*, hrsg. Von Tony Cupit. Atlanta: Home Mission Board.

NISWONGER, Richard L. 1992. *New Testamnet History. Grand Rapids: Zondervan.*

NOACK, Winfried. 1999. "Gemeindegründung – Missionsarbeit par excellence", in *AdventEcho* 2/1999.

NODDING, Peter. 1994. *Local Church Planting. A Practical Handbook.* London: Marshall Pickering.

NOTH, Martin. 1962. *Das dritte Buch Mose. Leviticus.* NTD 6. Göttingen: Vandehoeck & Ruprecht.

NOTZ, Klaus-Josef. 1995. „Frauen: religionsgeschichtlich", in *Wörterbuch des Christentums*, hrsg. von Volker Drehsen u.a.. München: Orbis Verlag.

NUNEZ, Emilio A.; Taylor, D. William. 1989. *Crisis in Latin America: An Evangelical Perspective.* Chicago: Moody Press.

OETTINGER, Alexander von. 1979. *Kirchliche Gemeinwesenarbeit – Konflikt und gesellschaftliche Strukturbildung. Eine empirische Untersuchung im Kontext der Ekklesiologie Dietrich Bonhoeffers.* Frankfurt am Main: Peter Lang.

OGDEN, Greg. 1990. *Unfinished Business. Returning the Ministry to the People of God.* Grand Rapids: Zondervan.

OLLROG, H.W. 1979. *Paulus und seine Mitarbeiter.* Neukirchen-Vluyn: Neukirchner Verlag.

OSBORNE, Grant R. 2004. *Romans.* Downers Grove: IVP.

OTT, Craig. "Matching the Church Planter's Role with the Church Planting Model" *EMQ* 37:3 (July 2001):338-344.

PADILLA, René. 1974. „Evangelisation und die Welt", in *Alle Welt soll sein Wort hören. Lausanner Kongress für Weltevangelisation*. Bd. 1, hrsg. v. Peter Beyerhaus et al. Stuttgart: Hänssler. S.147-194.

———. 1977a. „Einführung", in *Zukunftsperspektiven. Evangelikale nehmen Stellung*, hrsg. v. René Padilla. Wuppertal: Brockhaus, S. 7-14.

———. 1977b. „Geistliche Auseinandersetzung", in *Zukunftsperspektiven. Evangelikale nehmen Stellung*, hrsg. v. René Padilla. Wuppertal: Brockhaus, S.195-210.

———. 1982. „New Testament Perspective on Simple Lifestyle", in *Lifestyle in the Eighties. An Evangelical Commitment to Simple Lifestyle*, hrsg. v. Ronald J. Sider. Exeter: Paternoster. S. 54-66.

———. 1985. *Mission Between the Times*. Essays on the Kingdom. Grand Rapids: Eerdmans.

———. 1985a. How Evangelicals Endorsed Social Responsibility. Nottingham: Grove Books.

———. 1987. „Christologie und Mission in der Zwei-Drittel-Welt", in *Der ganze Christus für eine geteilte Welt. Evangelikale Christologien im Kontext von Armut, Machtlosigkeit und religiösem Pluralismus*, hrsg. von Vinay Samuel und Chris Sugden. Erlangen: Verlag der Ev.-Luth. Mission. S. 29-44.

———. 2004. „Holistic Mission", in Lausanne Occasional Paper (LOP) Nr. 33, hrsg. vom Lausanne Committee for World Evangelization. (keine Seitenangaben vorhanden)

PADILLA, René und Chris SUGDEN. 1985. *Texts on Evangelical Social Ethics 1974-1983*. Nottingham: Grove Books.

PANNENBERG, Wolfhart. 1974. *Claudius Thesen zur Theologie der Kirche*. 2. Auflage. München: Claudius.

———.1993. *Systematische Theologie*. Band 3. Göttingen: Vandehoeck & Ruprecht.

PARK, Heon-Wook. 1992. *Die Kirche als Leib Christi bei Paulus*. Giessen: Brunnen.

PATTERSON, George and Richard Scoggins. *Church Multiplication Guide*. Pasadena: Wm. Carey, 1993.

PATTERSON, George and Galen Currah. "Church Multiplicationces. : Guidelines and Dangers" *EMQ* 39:2 (April 2003):210-216.

PATTERSON, George; Scoggins, Richard. 1993. *Church Multiplication Guide*. Pasadena: WCL.

PEARCEY, Nancy R. 2004. *Total Truth. Liberating Christianity from Its Cultural Captivity*. Wheaton: Crossway.

PIPER, John. 1993. *Let the Nations be glad! The Supremecy of God in Missions*. Grand Rapids: Baker.

PLOCK, Wilfried. 2004. *Gott ist nicht pragmatisch. Wie Zweckmäßigkeitsdenken die Gemeinde zerstört*. Oerlinghausen: Betanien.

POGANATZ, Herbert. 2005. „Farncisco Penzotti, Pionier evangelischer Missionsarbeit in Peru. Ein Bibelkolporteur und Gemeindegründer als Schnittstelle im Kampf um Toleranz und Religionsfreiheit im Peru des 19. Jahrhunderts." Unveröffentlichte Masterdissertation. Pretoria:UNISA.

POLUNIN, V.A. 1974. *Mirovozreniye Andreya Rubleva*. Moskva: Moscow University Press.

POPKES, Wiard. 1984. *Gemeinde Raum des Vertrauens. Neutestamentliche Beobachtungen und freikirchliche Perspektive*. Wuppertal und Kassel: Oncken.

———. 1986. *Adressaten, Situation und Form des Jakobusbriefes*. Stuttgart: Katholisches Bibelwerk.

POTTER, Philip. 1973. *Das Heil der Welt heute : Ende oder Beginn d. Weltmission?* Dokumente d. Weltmissionskonferenz, Bangkok. 1. Aufl. Stuttgart-Berlin.

PRICE, Paulua A. 1994. *God´s Apostle Revived*. Plainfield, NJ: Evalasting Life Publications.

PRITCHARD, Gregory A. 1996. *Willow Creek Seeker Service: Evaluating a New Way of Doing Church*. Grand Rapids: Baker.

RAMACHANDRA, Vinoth. 1996. *The Recovery of Mission. Beyond the Pluralist Paradigm*. Carlisle: Pternoster Press.

RATZINGER, J. J. 1969. *Das neue Volk Gottes. Entwürfe zur Ekklesiologie*, Düsseldorf: Patmos.

———.1986. „Die Ekklesiologie des Zweiten Vatikanums", *Internationale katholische Zeitschrift „Communio"* 15 (1986) 41-52.

———. 1991. *Zur Gemeinschaft gerufen: Kirche heute verstehen*, Freiburg: Herder.

———.1992. „Communio - ein Programm". In: *IKaZ* 21 (1992), S. 458ff.

———.2000. „Über die Ekklesiologie der Konstitution „Lumen gentium", In Die Tagespost, März 2000, Beilage.

RAUSCHENBUSCH, Walter. 1997. *A Theology for the Social Gospel*. Einführung von Donald W. Shriver, Jr. 1997. Originalausg. 1917. Louisville: Westminster John Knox Press, New York: Macmillan.

RECK, Reinhold. 1991. Kommunikation und Gemeindeaufbau. Eine Studie zur Entstehung, Leben und Wachstum paulinischer Gemeinden in den Kommunikationsstrukturen der Antike. Stuttgart: Katholisches Bibelwerk.

REDEKOP, Calvin. 1989. *Mennonite Society*. Baltimore and London: John Hopkins University Press.

REICHERTZ, Uwe. 1999. „Betreutes Wohnen im Netzwerk als Alternative heißt: das Rad nicht neu erfinden zu müssen". In: *Sozialpsychiatrische Informationen*, 29, Heft 3, S. 8-10.

REIFLER, Hans Ulrich. 1997. *Missionarisches Handeln am Ende des 20. Jahrhunderts. Eine Einführung in die Missionstheologie*. Giessen: Brunnen.

REIMER; Johannes. 1996. *Auf der Suche nach Identität. Russlanddeutsche zwischen Baptisten und Mennoniten nach dem Zweiten Weltkrieg*. Lage: Logos.

———. 1998. Mission zwischen Himmelfahrt und Wiederkunft Jesu. In: *Gott – der Herr der Geschichte*, hrsg. von Ernst Schrupp und Klaus Brinkmann. Wuppertal: Brockhaus, S. 91-114.

———. 2003. Nachfolge – Leben im Gehorsam. In *Mission im Zeichen des Friedens. Beiträge zur Geschichte täuferisch-mennonitischer Mission*, hrsg. von Dr. Heinrich Klassen und Prof. Dr. Johannes Reimer. Edition AfeM – mission academics Band 14. Nürnberg: VTR, S.49-70.

———.2003a. Ein russisches Gebäude mit einer holländischen Fassade. Zu den Anfängen der europäischen mennonitischen Mission. In *Mission im Zeichen des Friedens. Beiträge zur Geschichte täuferisch-mennonitischer Mission*, hrsg. von Dr. Heinrich Klassen und Prof. Dr. Johannes Reimer. Edition AfeM – mission academics Band 14. Nürnberg: VTR, S.141-164.

———. 2004. *Leiten durch Verkündigung. Eine unentdeckte Dimension*. Giessen: Brunnen.

———. 2006. Zwischen Tradition und Auftrag. Historische Wurzeln russlanddeutscher Glaubensvorstellungen. In *Theologisches Gespräch* Heft 4/2006, S. 159-177.

———. 2008. Gesellschaftliche Transformation – Gottes Auftrag für die Gemeinde. In *Mennonitisches Jahrbuch 2008*. Lahr: AMG.

RELLER, Horst, u.a. (Hg.), 2000. Neuapostolische Kirche. In: dslb., Handbuch religiöse Gemeinschaften, S. 338-350. Hrsg. vom VELKD-Arbeitskreis Religiöse Gemeinschaften im Auftrag des Lutherischen Kirchenamtes. Gütersloher Verlagshaus : Gütersloh.

RENGSTORF, Karl H. 1933. „Apostelo", in *TWNT*, Band 1. S. 397-4.

RICHARDS, Lawrence O. und Hoeldtke, Clyde. 1980. *A Theology of Church Leadership*. Grand Rapids: Zondervan.

RIECKER, Otto. 2001. *Das evangelistische Wort. Die Menschen erreichen*. Holzgerlingen.

RIEDLEY, Charles R. 1988.*How to Select Church Planters*. Fuller Evangelistic Association.

RIENECKER, Fritz. 1959. *Das Evangelium des Lukas*. Wuppertaler Studienbibel. Wuppertal: Brockhaus.

RIES, Heinz, u.a. 1997. *Hoffnung Gemeinwesen. Innovative Gemeinwesenarbeit und Problemlösungen in den Bereichen lokaler Ökonomie, Arbeitslosigkeit, Gesundheit und Benachteiligung*. Neuwied.

RIESNER, R. 1978. *Apostolischer Gemeindebau*. Giessen: Brunnen.

RINGE, Sharon H. 1985. *Jesus, Liberation and the Biblical Jubilee: Images for Ethics and Christology*. Philadelphia: Fortress Press.

RITTER, Hans Walter. 2003. "Motive zur Weltmission. Untersuchung zu den Grundlagen der Mobilisation für Weltmissin." Unveröffentlichte MTh Dissertation. Pretoria: Unisa.

ROBINSON, Martin & David Spriggs. *Church Planting: The Training Manual*. Oxford, England: Lynx Communications, 1995 (Sandy Lane West, Oxford OX4 5HG, England).

ROENFELD, Peter. 2003. *Handbuch für Gemeindegründer*. Lüneburg: Advent-Verlag.

ROLOFF, Jürgen. 1978. „Apostel, Apostolat, Apostolizität", *TRE*, Bd. 3, Berlin/New York: De Cruyter, S. 430-445.

–––. 1993. *Die Kirche des Neuen Testaments*. NTD. Ergänzungsreihe 10. Göttingen: Nandehoeck & Ruprecht.

ROMMEN, E. 1987. 1994. *Die Notwendigkeit der Umkehr. Missionsstrategie und Gemeindeaufbauin der Sicht evangelikaler Missionswissenschaftler Nordamerikas*. Giessen: Brunnen.

–––. 2003. *Namenschristentum. Theologisch-soziologische Erwägungen*. Edition afem. Mission scripts 20. Nürnberg: VTR.

ROMO, Oscar I. 1993. *American Mosaic: Church Planting in Ethnic America*. Nashville: Broadman.

ROSENWINK, Andreas. 2007. Gemeinde und ihr Auftrag zu sozialen Verantwortung. In *Mennonitisches Jahrbuch 2007*. Lahr: AMG, S. 19-23.

ROSS, M.G. 1955. *Community Organization. Theory and Principles*. New York.

ROTTMANN, Volker. 1998. *Kirchengemeinde und Stadtteilarbeit. Wirkungen, Chancen und Perspektiven eines spannungsvollen Miteinanders*. Bochum: s.n.

ROXBURGH, Alan J. 1997. *Missionary Congregation, Leadership, & Liminality*. Harrisburg: Trinity Press International.

RUSAW, Rick und Swanson, Eric. 2004. *The Externally Focused Church*. Loveland, CO: Group.

SAAYMAN, Willem. 2000. « Missionary by its very nature ... » : a time to take stock. In *Missionalia* 2000. URL http://www.geocities.com/missionalia/saayman00.htm.

SAMUEL, Vinay. 1990. „Abschlussbericht der Arbeitsgruppe ‚soziale Verantwortung'", in *Evangelisation mit Leidenschaft. Berichte und Impulse vom II. Lausanner Kongress für Weltevangelisation in Manila*, hrsg. v. Horst Marquardt und Ulrich Parzany. Neukirchen-Vluyn: Aussat. S.151-153.

SAMUEL, Vinay und Chris SUGDEN. 1982. „A Just and Responsible Lifestyle - an Old Testament Perspective", in *Lifestyle in the Eighties. An Evangelical Commitment to Simple Lifestyle*, hrsg. v. Ronald J. Sider. Exeter: Paternoster. S. 42-53.

–––. 1986. „Evangelism and Social Responsibility. A Biblical Study on Priorities", in *In Word and Deed. Evangelism and Social Responsibility*, hrsg. v. Bruce Nicholls. Carlisle: Paternoster. S.189-214.

–––. 1987a. „Agenda for Missions in the Eighties und Nineties: A Discussion Starter", in *New Frontiers in Mission*, hrsg. v. Patrick Sookhdeo. Grand Rapids und Exeter: Baker und Paternoster. S. 61-70.

–––. 1987b. „Evangelism and Development", in *New Frontiers in Mission*, hrsg. v. Patrick Sookhdeo. Grand Rapids und Exeter: Baker und Paternoster. S.115-124.

–––. 1987c. „Einleitung", in *Der ganze Christus für eine geteilte Welt. Evangelikale Christologien im Kontext von Armut, Machtlosigkeit und religiösem*

Pluralismus, hrsg. von Vinay Samuel und Chris Sugden. Erlangen: Verlag der Ev.-Luth. Mission. S. 11-14.

———. 1987d. „Dialog mit anderen Religionen - eine evangelikale Sicht", in *Der ganze Christus für eine geteilte Welt. Evangelikale Christologien im Kontext von Armut, Machtlosigkeit und religiösem Pluralismus,* hrsg. v. Vinay Samuel und Chris Sugden. Erlangen: Verlag der Ev.-Luth. Mission. S.134-160.

———. 1987e. „God's Intention for the World", in *The Church in Response to Human Need,* hrsg. v. Vinay Samuel und Chris Sugden. Grand Rapids: Eerdmans.

———. 1987f. *Der ganze Christus für eine geteilte Welt.* Erlangen: Verlag der Ev.-Luth. Mission.

SANCHEZ, Daniel R. 1998. "Strategies for Starting Churches" in *Missiology: an Introduction to the Foundations, History and Strategies of World Missions,* 467-482. John Mark Terry, Ebbie Smith and Justice Anderson, eds. Nashville: Broadman & Holman.

SANNEH, Lamin. 1990. *Translating the Message: The Missionary Impact on Culture. Toward a* **Theology** *of Inculturation.* New York: Orbis Books.

SAPP, Roger. 1995. *The Last Apostles on Earth.* Shippersburg, PA: Companion Press.

SA. Schmalkadischer Artikel Luthers (1537). In: *Bekenntnisse der Kirche. Bekenntnistexte aus zwanzig Jahrhunderten,* hrsg. von Hans Streubing in Zusammenarbeit mit J.F. Gerhard Goeters, Heinrich Karpp und Erwin Mülhaupt. Wuppertal: Theologischer Verlag Rolf Brockhaus, S. 91-113; URL:http://www.glaubensstimme.de/reformatoren/luther/303.htm. (3.01.2006).

SAUCY, Robert L. 1972. *The Church in God´s Programm.* Chicago: Moody Press.

SAWATSKY, Ben. 1991. "What It Takes to be a Church Planter" *EMQ* 27:4 (October 1991): 342-347.

SCHAEFFER, Francis A. 1985. *The Church at the End of the 20th Century.* Wheaton: Crossway.

SCHÄFER, Klaus. 1989. *Gemeinde als „Bruderschaft". Ein Beitrag zum Kirchenverständnis des Paulus.* Frankfurt: Peter Lang.

———. 1999. *Zu einer Hoffnung berufen,* Berichtsband zur 11. Konferenz für Weltmission und Evangelisation in Salvador da Bahia 1996. Hamburg: MBW.

SCHALLER, Lyle E. 1972. *Kirche und Gemeinwesenarbeit: zwischen Konflikt und Versöhnung.* Gelnhausen, Berlin: Burkhardthaus-Verlag.

SCHALLER, Lyle E. 1979. What are the Alternatives? In *Understanding Church Growth and Decline.* New York: Pilgrim Press.

———. 1983. *Growing Plans: Stragegies to Increase Your Churchs Membership.* Nashville: Abingdon.

———. 1991. *44 Questions for Church Planters.* Nashville: Abingdon.

SCHARFFENORTH, Gerta. 1995. "Frau: theologisch-ethisch", in *Wörterbuch des Christetums,* hresg. Von Volker Drehsen, u.a.. München: Orbis Verlag.

SCHENKE, Ludger. 1990. *Die Urgemeinde. Geschichte und theologische Entwicklung.* Stuttgart-Berlin-Köln: Kohlhammer.

SCHERER, James and Bevans, Stephen. Editors. 1992. *New Directions in Mission and Evangelization.* 1: Basic Statements, 1974-1991 Maryknoll: Orbis Books.

SCHILLEBEECKX, Edward. 1985. *The Church With a Human Face. A New and Expanded Theology of Ministry.* London: SCM Press.

SCHIRRMACHER, Thomas. 1999. „Konsequenter als Paulus? Ist ein tripolares Verständnis der Religionen synkretistisch?" In: Ders. Hrsg. *Kein anderer Name. Die Einzigartigkeit Jesu Christi und das Gespräch mit nichtchristlichen Religionen.* Festschrift zum 70. Geburtstag von Peter Beyerhaus. Nürnberg: VTR, S.136-187.

SCHLATTER, Adolf: 1971. *Die Geschichte der ersten Christenheit.* Darnstadt: WBG.

———. 1985. *Paulus der Bote Jesu. Eine Deutung seiner Briefe an die Korinther.* Fünfte Auflage. Stuttgart.

SCHLOTTHOFF, Bernd. 1989. *Gemeindeaufbau provokativ.* Neukirchen-Vluyn: Schriftenmissionsverlag.

SCHMETTER, Oskar. (Hrsg.). 1998. *Johann Hinrich Wichern. Ein Menschenfischer aus Passion.* Neuhausen: Hänssler.

SCHNABEL, Eckard J. 1993. *Das Reich Gottes als Wirklichkeit und Hoffnung. Neuere Entwicklungen in der evangelikalen Theologie.* Wuppertal und Zürich: Brockhaus.

———. 2002. *Urchristliche Mission.* Wuppertal: Brockhaus.

SCHNACKENBURG, Rudolf. 1961. *Die Kirche des Neuen Testaments. Ihre Wirklichkeit und theologische Deutung. Ihr Wesen und Geheimnis.* Freiburg, Basel und Wien.

———. 1982. *Der Brief an die Epheser.* EKK, Band 10. Zürich/Einsiedeln/Köln

SCHÄUFELE, Wolfgang. 1966. *Das Missionarische Bewusstsein und Wirken der Täufer.* Neukirchen-Vluyn: Neukirchner Verlag.

SCHNEE, Renate. 2004. „Gemeindewesenarbeit", in: URL: http://www.telesozial.net/cms/uploads/tx_kdcaseengine(scriptum_Gemeinwesenarbeit_Renate_Schnee_102004.pdf

SCHOBER, Theodor; Thimme, Hans. Hrsg. 1979. *Gemeinde in diakonischer und missionarischer Verantwortung.* Stuttgart: Quell Verlag.

SCHOEPS, Julius H. Hrsg. 2000. *Neues Lexikon des Judentums.* Gütersloh: Gütersloher Verlagshaus.

SCHÖPFER, Hans.1977. *Theologie der Gesellschaft. Interdisziplinäre Grundlagenbibliographie zur Einführung in die befreiungs- und polittheologische Problematik: 1960-1975.* Bern: Peter Lang.

SCHRAGE, W. 1963. „Ekklesia" und „Synagoge". Zum Ursprung des christlichen Kirchenbegriffs. In ZThK 60/1963, S.178-202.

SCHREITER, Robert J. 1992. *Abschied vom Gott der Europäer, Zur Entwicklung regionaler Theologien.* Salzburg: Verlag Anton Pustet.

———.1997. *The new Catholicity,* Theology between the Global and the Local, Faith and Culture Series. Maryknoll: Orbis Books.

―――. 1999. Die neue Kontextualität, in *Jahrbuch Mission 1999*, Ed: Evang. Missionswerk in Deutschland und Verband evang. Missionskonferenzen. Hamburg: Missionshilfe Verlag, S. 29-49.

SCHWARZ, Christian. 1993. *Grundkurs Evangelisation. Leise werden für die Gute Nachricht*. Emmersbühl: C&P Verlag.

―――. 1996. *Die natürliche Gemeindeentwicklung*. Mainz-Kastell: C&P.

―――. 1999. *Paradigm Shifts in the Church. How natural Church development can transform theological thinking*. Emmersbühl: C&P Verlag.

SCHWARZ, Fritz und Schwarz, Christian A. 1984. *Theologie des Gemeindeaufbaus. Ein Versuch*. Neukirchen-Vluyn: Aussat.

SCHWEIZER, Eduard. 1959. *Gemeinde und Gemeindeordnung im Neuen Testament*. Zürich.

SCHWEIZER, Eduard. 1989. *Theologische Einleitung in das Neue Testament*. NTD Ergänzungsreihe Band 2. Göttingen: Vandenhoeck & Ruprecht.

SCOTT, Waldron. 1987. „Mercy and Social Transformation", in *The Church in Response to Human Need*, hrsg. v. Vinay Samuel und Chris Sugden. Grand Rapids: Regnum und Eerdmans, S.206-217.

―――. 1997. *Bring forth Justice*. Originalausgabe Grand Rapids: Eerdmans, 1980. Carlisle: Paternoster.

SEITZ, Manfred. 1985. *Erneuerung der Gemeinde. Gemeindeaufbau und Spiritualität*. Göttingen: Vandenhoeck&Ruprecht.

SELWYN, E. 1949. *The First Epistle of St. Peter*. London: Macmillan.

SENIOR, Donald, C.P.; Stuhlmueller, Carroll, C.P. 1983. *The Biblical Foundations of Mission*. Maryknoll: Orbis.

SHENK; David. W. 1999. *Global Gods. Exploring the Role of Religions in Modern Societies*. Scottdale: Herald.

SHENK, David W. and Ervin R. Stutzman. 1988. *Creating Communities of the Kingdom: New Testament Models of Church Planting*. Scottdale, PA: Herald.

SHENK, David W./Stutzman, Erwin R. 1992. *Neue Gemeinden. Gemeindegründung im Neuen Testament und heute*. Lörrach: Wolfgang Simson.

SHENK, Wilbert R. ,ed. 1973. *The Challenge of Church Growth. A Symposium*. Elkhart, Ind.: Institute of Mennonite Studies.

SHENK, Wilbert R. 1983. *Exploring Church Growth*. Grand Rapids: Eerdmans.

STETZER, Ed. 2003. *Planting New Churches in a Postmodern Age*. Nashville: B&H Publishing Group.

SIDER, Ronald J. 1974. „A Historic Moment for Biblical Social Concern", in *The Chicago Declaration*, hrsg. v. Ronald J. Sider. Carol Stream: Creation House. S. 11-42.

―――. 1982a. *Jesus und die Gewalt*. Maxdorf und Witten: Agape und Bundes-Verlag.

―――. 1982b. „Living More Simply for Evangelism and Justice", in *Lifestyle in the Eighties. An Evangelical Commitment to Simple Lifestyle*, hrsg. v. Ronald J. Sider. Exeter: Paternoster. S. 23-41.

――― und James Parker III. 1986. „How Broad is Salvation in Scripture?", in

In Word and Deed. Evangelism and Social Responsibility, hrsg. v. Bruce Nicholls. Carlisle: Paternoster. S. 85-108.

–––. 1993. *Good News and Good Works. A Theology for the Whole Gospel*. Grand Rapids: Baker. [urspr. veröffentlicht als *One-Sided Christianity? Uniting the Church to Heal a Lost and Broken World*]

–––. 1995. *Denn sie tun nicht, was sie wissen. Die schwierige Kunst kein halber Christ zu sein*. Moers: Brendow.

–––. 1997a. „Why Evangelicals Need a Political Philosophy", in *Transformation 14:3* (July/September 1997), S. 1.

–––. 1997b. „Towards an Evangelical Political Philosophy and Agenda for Christians in the United States", in *Transformation 14:3* (July/September 1997), 1-10.

–––. 1997c. *Rich Christians in an Age of Hunger. Moving from Affluence to Generosity*. 4., überarb. Aufl. Dallas: Word.

–––. 1997d. „As Good as Gold. The Power of Money used for Good", in *Living Lights, Shining Stars. Ten Secrets to Becoming the Light of the World*, hrsg. v. Norvel M. Young und Mary Hollingssworth. West Monroe: Howard Publishing.

–––. 1997e. *Die Jesus-Strategie. Bisher haben wir das Evangelium nur gepredigt, jetzt wird es Zeit, es auch zu leben!* Moers: Brendow.

–––. 1999. *Just Generosity. A New Vision for Overcoming Poverty in America*. Grand Rapids: Baker.

–––. 2001. *Good News and Good Works. A Theology for the Whole Gospel*. Grand Rapids: Baker. (Ursprünglicher Titel: *One-sided Christianity. Uniting the Church to Heal a Lost and Broken World*. Grand Rapids Zondervan, 1993. Deutsch: *Denn sie tun nicht, was sie wissen*. Moers: Brendow.)

SIERSZYN, Armin. 2002. *2000 Jahre Kirchengeschichte*. Bd. 2: Das Mittelalter. Ulm: Hännsler.

SLOAN, Robert B. 1977. *The Favorable Year of the Lord: A Study of Jubilary Theology in the Gospel of Luke*. Austin: Schola.

SMITH, David L. 1996. *All God´s People. A Theology of the Church*. Wheaton: Victor Books.

SNYDER, Howard A. 1977. *The Community of the King*. Downers Grove: InterVarsity.

–––. 1978. *Neues Leben! Alte Formen? Gemeindeaufbau in unserer Zeit*. Witten: Bundes Verlag.

SOOKHDEO, Patrick. 1987. „The Response of the Younger Churches to the Western Missionary Movement", in *New Frontiers in Mission*, hrsg. v. Patrick Sookhdeo. Grand Rapids und Exeter: Baker und Paternoster. S. 16-24.

SPECHT, Walther.Hrsg. 1991.*Zur Bekämpfung der Armut*. Diakonisches Werk der EKD.

STACH, Jakob. 1913. *Die Mennonitischen Kolonien in Süd-Russland*. Prischib.

STADELMANN, H. 1996. Gemeindebau nach dem Neuen Testament als Ziel der Mission, in *Werdet meine Zeugen. Weltmission im Horizont von Theologie und Geschichte,* hrsg. von H. Kasdorf, F. Walldorf. Neuhausen-Stuttgart: Hänssler.

STADELMANN, Helge. 1996. Gemeindeaufbau nach dem Neuen Testament als Ziel der Mission. In *Werdet meine Zeugen. Weltmission im Horizont von Theologie und Geschichte,* hrsg. von H. Kasdorf/ F. Walldorf. Neuhausen-Stuttgart: Hänssler, S.121-144.

–––. 1998. *Bausteine zur Erneuerung der Kirche.* Wuppertal: Brockhaus Verlag.

STEDMAN, Ray C. 1975. *Das Wunderwerk Gottes. Die Gemeinde Jesu – ihre Gaben und Aufgaben gestern und heute.* Wetzlar: Schulte.

STEFFEN, Tom A. 1993. *Passing the Baton. Church Planting That Empowers.* La Habra, CA: Center for Organizational & Ministry Development.

STEINER, F. 1925. *Community Organization. A Study of its Theory and Current Practice.* New York.

–––. 1994. "Selecting a Church Planting Model That Works" *Missiology* 22:3 (July 1994):361-376.

STEINKAMP, Hermann. 1979. „Gemeindestruktur und Gemeindeprozess. Versuch einer Typologie". In: *Gemeindepraxis – Analysen und Aufgaben.* Hrsg. von N Greinacher/N.Mette/W. Möller, Münschen: Kaiser, S. 77-89.

STETZER, Ed. 2003. *Planting New Churches in a Postmodern Age.* Nashville: Broadman and Holman.

STEYNE, Philipp M. 1998. *Schritt halten mit dem Gott der Völker. Weltmission im Alten und Neuem Testament.* Bonn: Verlag für Kultur und Wissenschaft.

STOCKMEIER, P. 1971. "Gemeinde im frühen Christentum – geschichtliche Hinweise zu Strukturen und Modellen", in *Neue Gemeindemodelle,* hrsg. v. Normann Hepp. Wien-Freiburg-Basel: Herder, S. 19-44.

STÖFFLER, Friedemann. 2003. Wird Luthers Kirche zur Seniorenkirche. In *Zitronenfalter* 11/2003, hrsg. von Kirche für Morgen e.V.

STOTT, John R.W. 1975. *Christian Mission in the Modern World.* Downers Grove: InterVarsity.

–––. 1977. „Autorität und Kraft der Bibel", in *Zukunftsperspektiven. Evangelikale nehmen Stellung,* hrsg. v. René Padilla. Wuppertal: Brockhaus, S. 31-45.

–––. 1978. *The Message of the Sermon on the Mount. Christian Counter-Culture.* Leicester: Inter-Varsity.

–––. 1996. *Making Christ Known. Historic Mission Documents From the Lausanne Movement, 1974-1989.* Grand Rapids und Carlisle: Eerdmans und Paternoster Press.

STOTT, John. 1987. *Christsein in den Brennpunkten unserer Zeit.* - Marburg an der Lahn : Verlag der Francke-Buchhandlung.

STRAUCH, Alexander. 1995. *Biblical Eldership.* Littleton, Co: Lewis and Roth.

STRAUCH, Alexander. 1995. *Biblische Ältestenschaft: Ein Aufruf zu schriftgemäßer Gemeindeleitung.* Dillenburg: Christliche Verlagsgesellschaft.

STRUNK, Reiner. Hrsg. 1989. *Schritte zum Vertrauen. Praktische KOnsequenzen zum Gemeindebau*. Stuttgart: Quell.

STURM, Stephan. 2007. *Sozialstaat und christlich-sozialer Gedanke. Johann Hinrich Wicherns Sozialtheologie und ihre neuere Rezeption in systemtheoretischer Perspektive*. Stuttgart: Kohlhammer.

STURM, Stephan. 2004. „Funktion und Leistung. Systemtheoretischen Analysen zur Sozialtheologie von Johann Hinrich Wichern", in URL: http://mitglied.lycos.de/stephan_sturm/marburg2htm.

SUGDEN, Chris. 1975. *Social Gospel or No Gopsel?* Nottingham: Grove Books.

———. 1976. *A Different Dream: Non-Violence as Practical Politics*. Nottingham: Grove Books.

———. 1983. *Radikale Nachfolge. Impulse zu einem zeichenhaften Leben*. Witten: Bundes-Verlag.

———. 1990. „Theological Developments since Lausanne I", *Transformation* 7:1 (Jan./March 1990), S. 9-12.

———. 1996. „Placing Critical Issues in Relief: A Response to David Bosch", in *Mission in Bold Humility: David Bosch's Work considered*, hrsg. v. Willem Saayman und Klippies Kritzinger. Maryknoll: Orbis. S. 162-166.

———. 1999. *Fair Trade as Christian Mission*. Cambridge: Grove Books.

SWEAZEY, George E. 1984. *The Church as Evangelist*. San Francisco: Harper & Row.

SWEET, Leonhard I. 1999. *Soul Tsunami: Sink or Swim in the New Millenium Culture*. Grand Rapids: Zondervan.

TACKE, H. 1975. *Glaubenshilfe als Lebenshilfe*. Neukirchen-Vluyn: Neukirchner Verlag.

TAYLOR, William D. 2000. „From Iguassu to the Reflective Practitioners of the Global Family of Christ", in *Global Missiology for the 21st Century. The Iguassu Dialogue,* hrsg. v. William D. Taylor. Grand Rapids: Baker.

THEIßEN, Gerd. 1977. *Soziologie der Jesusbewegung. Ein Beitrag zur Geschichte des Urchristentums*. München: Kaiser. Im Internet: http://www.1theolexamen.de/nt/spezials/Theissen_Soziologie.pdf (10.11.2008).

———. 1982. *The Social Setting of Pauline Christianity*. Edinburg: Clark.

———. 2000. *Die Religion der ersten Christen. Eine Theorie des Urchristentums*. Gütersloh: Gütersloher Verlagshaus.

THIEN, Ulrich. 1998. *Wohnungsnot im Reichtum. Das Menschenrecht auf Wohnung in der Sozialpatoral,* Mainz: Matthias-Claudius Verlag.

THIESSEN, Werner. 1995. *Christen in Ephesus. Die historische und theologische Situation in vorpaulinischer und* paulinischer *Zeit und zur Zeit der* Apostelgeschichte *und der* Pastoralbriefe. Texte und Arbeiten zum neutestamentlichen Zeitalter 12. Tübingen u.a.: FRancke.

THOMSON, George B., Jr. 1999. *Futuring Your Church. Finding Your Vision and Making It Work*. Cleveland, Otto: United Church Press.

TIDBALL, Derek. 1997. *The Social Context of the New Testament*. Carlisle: Paternoster (Urspr. 1983. *An Introduction to the Sociology of the New Testament*. Carlisle: Paternoster)

———. 1999. *Reizwort Evangelikal. Entwicklung einer Frömmigkeitsbewegung*. Stuttgart: Christliches Verlagshaus.

TINKER, Melvin. 2001. *Evangelical Concerns*. Geanies House: Christian Focus Publications.

TORRES, Sergio. 1990. *Herausgefordert durch die Armen. Dokumente der Ökumenischen Vereinigung der Dritte-Welt-Theologen 1976-1989*. Theologie der Dritten Welt 13. Freiburg-Basel-Wien: Herder.

TOWNS, Elmer. 1985. *Getting a Church Started: A Student Manual for Theological Foundation and Practical Techniques of Planting a Church*. Lynchburg, Va: Church Growth Institute.

TSIRPANLIS, C.N. 1991. *Introduction to Eastern Patristic Thought and Orthodox Theology*. Collegeville, Minn.: Liturgical Press.

TURNER, M. 1996. *The Holy Spirit and Spiritual Gifts Then and Now*. Carlisle.

UHSADEL, Walter. 1963. *Die gottesdienstliche Predigt*. Heidelberg.

ULYANOV, O.G. 2005. Nasha nacionalnaya idea – eto rublevskaya troica. Tri daty Andreya Rubleva. In: http://www.icon-art.info/book_contents.php?book_id=14.

UNDERWOOD, Charles M. 1972. *Planting the independent fundamental church*. Bob Jones University Press.

URRY, James. 1990. *None but Saints: The Transformation of Mennonite Life in Russia 1789-1889*. New York: Hyperion Press.

USTORF, Werner. 1991. „Wie über 'Synkretismus' reden? Eine Anmerkung aus missionswissenschaftlicher Perspektive". In: Hermann P.Siller (Hg.). *Suchbewegungen, Synkretismus-Kulturelle Identität und kirchliches Bekenntnis*, Darmstadt: Wissenschaftliche Buchgesellschaft, S.145-149.

USDORF, Werner. 1991. Mission im Kontext. Beiträge zur Sozialgeschichte der Neue Themen und Zugänge, in: *Zeitschrift für Mission* 19/1991, S. 145-149.

VAN DER VEN, Johannes. 1990. *Entwurf einer empirischen Theologie*. Weinheim: Deutscher Studien Verlag.

VAN ENGEN, Charles. 1981. *The Growth of the True Church*. Amsterdam: Rodopi.

———. 1991. *God´s Missionary People. Rethinking the Purpose of the Local Church*. Grand Rapids: Baker.

———. 2006. „Critical Theologizing. Knowing God in Multiple Global and Local Contexts", in *Evangelical, Ecumenical and Anabaptist Missiologies in Conversation*. Essays in Honor of Wilbert Shenk, ed. by James R. Krabill, Walter Sawatzky and Charles E. Van Engen. Maryknoll: Orbis, pp. 88-97.

VAN GELDER, Graig, ed. 1999. *Confident Witness – Changing World*. Grand Rapids: Eerdmans.

VANHEIDEN, Karl-Heinz. 2004. *Chronik der Gemeinde des ersten Jahrhunderts*. Hammerbrücke: Jota.

VATTER, Stefan. 2007. Magnus – Apostel des Allgäus. Eine missionshistorische Studie zum apostolischen Dienst. Unveröffentlichte MTh Dissertation. Pretoria: UNISA.

VICEDOM, Georg. 2002. *Missio Dei – Actio Dei*. Neu herausgegeben von Klaus W. Müller. Mit Beiträgen von Bernd Brandl und Herwig Wagner. Edition afem – mission classics 4. Nürnberg: VTR.

VOGT, Virgil. 1980. Rediscovering the Apostolic Ministry. In *Mission Focus*, hrsg.v. Wilbert E. Shenk, Scottdale: Herald, S.98-104.

VOLF, Miroslav. 1998. *After Our Likeness. The Church as the Image of the Trinity*. Grand Rapids: Eerdmans.

VOLLMER, Klaus. 1975. *Alte Wege – Neu entdeckt. Handbuch zum geistlichen Gemeindeaufbau*. Wuppertal: Reinhard Kawohl.

VW. 1971. *Die vollständigen Werke Menno Simons*. Aylmer, Ontario: Pathway.

WAGNER, C. Peter. 1971. *Frontiers in Mission Strategy*. Chicago: Moody Press.

–––. 1976. *Your Church Can Grow. Seven Vital Signs of a Healty Church*. Glendale: Regal Books.

–––. 1981. *Church Growth and the Whole Gospel*. New York: Harper & Row.

–––. 1990a. *Church Planting for a Greater Harvest: A Comprehensive Guide*. Ventura: Regal Books.

–––. 1990b. *Gemeindegründung – Die Zukunft der Kirche*. Mainz-Kastel: C&P.

WALDENFELS, Hans. 1997. Kontextuelle Theologie. In Müller, Sundermeier, Bevans, Briese (Hg.): *Dictionary of Mission: Theology, History, Perspectives*.

WALDSCHMIDT, Frank. 2003. „Neue Gemeinden – Zukunftsperspektiven ...", in *AdventEcho* 9/2003.

WALL, Viktor. 1996. Baumeister mit Fundament – zur Stellung der Gemeinde im Lebenswerk Menno Simons. In *Kein anderes Fundament. Beiträge zum Menno-Simons-Symposium*, hrsg. von Johannes Reimer. Lage: Logos, S. 149-188.

WALLDORF, Friedeman. 1999. Mission und Neuevangelisierung in Europa. Grundlinien kontextueller Missionskonzepte (1979-1992). Unveröffentlichte DTh Dissertation. Pretoria: UNISA.

WALLDORF, Friedemann. 2004. *Die Neu-Evangelisierung Europas*. Gießen: Brunnen.

WALLIS, Jim. 1974. „Reflections", in *The Chicago Declaration*, hrsg. v. Ronald J. Sider. Carol Stream: Creation House. S.140-142.

–––. 1983. *Bekehrung zum Leben. Nachfolge im Atomzeitalter*. Moers: Brendow.

–––. 1984. *Wiederbelebung. Meine Pilgerreise*. Moers: Brendow.

–––. 1995. *Die Seele der Politik. Eine Vision zur spirituellen Erneuerung der Gesellschaft*. München: Claudius.

–––. 2001. *Faith works. How Faith-Based Organizations are Changing Lives, Neighborhoods and America*. Berkeley: PageMill Press. (Erweit. Ausg. der urspr. Ausg.: *Faith works. Lessons From the Life of an Activist Preacher*. New York: Random House, 2000.)

WARNER, Rob. 1994. *Kirche im 21. Jahrhundert*. Asslar: Projektion J.
WARREN, Richard. 1995. *The Purpose-Driven Church*. Grand Rapids: Zondervan.
———. 2002. *The Purpose Driven Life: What on Earth am I here for?"* Grand Rapids: Zondervan.
———. 1998. *Kirche mit Vision: Gemeinde, die den Auftrag Gottes lebt*. Asslar: Gerth Medien.
WASEM, Philemon. 2004. "Eine aufbruch-orientierte Kampagne in einer traditionellen Gemeinde." Unveröff. Masterarbeit. Zürich: IGW.
WATSON, David. 1978. I believe in the Church. London: Hodder & Stroughton.
WEBBER, Robert E. 1999. *Ancient-Future Faith: Rethinking Evangelicalism for a Postmodern World*. Grand Rapids: Baker.
WEBSTER, Alexander. 1992. „'Non-Revisionist' Orthodox Reflections on 'Justice, Peace, and the Integrity of Creation,'" In: *Greek Orthodox Theological Review*, XXXVII, Nos. 3-4 (1992), 259-73.
WEGNER, Gerhard. 2002. Was dem einen sein Bach, ist dem anderen sein Baltruweit. Glaube und kulturelle Formen. Ein praktisch-theologischer Problemaufriss. In: *Milieus und Kirche*, hrsg. von Wolfgang Vögele, Helmut Bremer und Michael Vester. Würzburg: Ergon, S. 25-51.
WEHR, Gerhard. 2007. *Herausforderung der Liebe. Johann Hinrich Wichern und die Innere Mission*. Bad Wildbad: Verlag Linea.
WENDLAND, Heinz-Dietrich. 1976. *Die Briefe an die Korinther*. NTD Band 3, Göttingen: Vandenhoeck & Ruprecht.
WENHAM, G. J. 1979. *The Book of Leviticus*. TNICOT. Grand Rapids: Eerdmans.
WESTERMANN, Claus. 1978. *Theologie des Alten Testaments in Grundzügen*. ATD Ergänzungsband 6. Göttingen: Vandehoeck & Ruprecht.
WETH, R. Hrsg. 1896. *Diskussion zur „Theologie des Gemeindeaufbaus"*. Neukirchen-Vluyn: Schriftenmissions-Verlag.
WEYEL, Hartmut. 1997. *So stell´ ich mir Gemeinde vor. Kennzeichen der Gemeinde Jesu Christi. Biblische Strukturen und modernes Profil*. Giessen: Brunnen.
WHITE, James E. 1997. *Rethinking the Church: A Challenge to Creative Redesign in an Age of Transition*. Grand Rapids: Baker.
WIEBE, Gerhard. 2004. "Gemeindewachstum im deutschsprachigen Europa: Eine empirische Untersuchung des Gemeindewachstumsprogramm "Leben mit Vision" von Rick Warren an Hand eines Pilotprojekts und zwei Gemeinden." Unveröffentlichtes Essay. Bergneustadt: MBW.
WILKENS, Ulrich. 2005a. *Theologie des Neuen Testaments*. Band 1: Geschichte der urchristlichen Theologie. Teilband 1: Geschichte des Wirkens Jesu in Galiläa. Neukirchen-Vlyin: Neukirchener Verlag.
———. 2005b. *Theologie des Neuen Testaments*. Band 1: Geschichte der urchristlichen Theologie. Teilband 3: Die Briefe des Urchristentums: Paulus und seine Schüler, Theologen aus dem Bereich judenchristlicher Heidenmission. Neukirchen-Vlyin: Neukirchener Verlag.
———. 2005c. *Theologie des Neuen Testaments*. Band 1: Geschichte der urchristlichen Theologie. Teilband 4: Die Evangelien, die Apostelgeschichte,

die Johannesbriefe, die Offenbarung und die Entstehung des Kanons. Neukirchen-Vlyin: Neukirchener Verlag.

WILLOUGHBY, Robert. 1995. "The Concept of Jubilee and Luke 4,18-30." In: *Mission and Meaning. Essays presented to Peter Cotterell,* hrsg. von Antany Billington, Tony Lane and Max Turner. Carlisle: Paternoster, S. 41-55.

WRIGHT, Christopher J.H, 2000. Old Testament Theology of Mission. In: Evangelical Dictionary of World Mission. Ed. by A. Scott Moreau. Grand Rapids: Baker, S. 706-709.

———. 2006. *The Mission of God. Unlocking the Bible's Grand Narrative.* Downers Grove: IVP.

WRIGHT, Tom. 1992. *Bringing the Church to the World.* Minneapolis: Bethany House.

YANNOULATOS, Anastasios. 1985. *Yannoulatou, Anastasiou: Pamphlets, 1964-1977.* O.O: Arthra.

YODER, John Howard. 1974. „The Biblical Mandate", in *The Chicago Declaration,* hrsg. v. Ronald J. Sider. Carol Stream: Creation House. S. 88-116.

———. 1981. *Die Politik Jesu - der Weg des Kreuzes.* Maxdorf: Agape.

———. 2000. *Nachfolge Christi als Gestalt politischer Verantwortung.* 2., veränd. Aufl. der Originalausgabe von 1964. Basel Agape.

ZIEMER, Jürgen. 2000. *Seelsorgelehre.* Vandenhoeck & Ruprecht: Göttingen.

ZIZIOULAS, John. 1993. „Christ, the Spirit and the Church." In: *Being as Communion.* Crestwood: St. Vladimir's, S. 123-142.

ZUNKEL, C. Wayne. 1987. *Church Growth Under Fire.* Kitchener: Herald Press.

Anmerkungen

[1] Gensichen 1971:11.
[2] Thomson 1999.
[3] Ibd:1-86.
[4] Zunkel 1987:16.
[5] Ibd.
[6] Pearcey 2004.
[7] Walter J. Hollenweger (in Gerloff 2005:9) verlangt daher mit Recht eine theologische Aufarbeitung der Einflüsse, die vor allem über die sogenannten Immigrantenkirchen die in den Westen und hier auch in die DACH Länder kommen. Er schreibt: „Da diese Immigrantenkirchen einen immer dominanter werdenden Typ des Christentums vertreten, müssen wir informiert sein, umso mehr, als unsere Landeskirchen durch Jugendgruppen, internationale Konferenzen, neue Lieder und Gebetspraktiken massiv pentekostalisiert werden". Hollenweger verlangt nach einem theologischen Gespräch, nach einem Fachdialog, der besonders in den theologischen Fakultäten geführt werden müsste. Sollte sich die Theologie auch weiterhin in Ignoranz diesen Themen gegenüber hüllen, so werden die theologischen Fakultäten „belanglos werden" (:9).
[8] Edward Schillebeeck bezeichnender Buchtitel „The Church with a Human Face" (1985) hat mich hierbei wesentlich inspiriert.
[9] Siehe dazu unter anderem Carey 1995:30ff; MacLaren 2004:125-184; Lindner 1994; Rusaw 2004; Frost 2003.
[10] Kallestad 2002:10.
[11] Bremer 2002:58; Siehe auch Beck 2007:14.
[12] Wegner 2002:49f.
[13] Ein gutes Beispiel einer solchen Ängstlichkeit bietet Alfred Kühn in seinem Buch zum Gottesdienst (1975). Er bezeichnet jede Gemeindekonzeption, die sich an einer Verantwortung für die Welt orientiert als ökumenisch und wendet sich als Evangelikaler gegen ein solches Denken.
[14] Frost 2003:xi
[15] Kallestad 2002:11.
[16] McGrath 1998:542
[17] Os Guinness (1983:79) beklagte mit Recht eine solche Befangenheit der Kirche. Seine Aussage die zeitgenössische Kirche ist zwar „privat engagiert, aber sozial irrelevant" gilt nach wie vor.
[18] Schieder in Lingscheid 1990:27.
[19] Middelmann 2004:49.
[20] Zur Kirchensituation in England siehe Brown 2000; Bruce 2003; Brierley 1999; MacLaren 2004:1-3.
[21] Brown 2000:5.
[22] Bruce 2003:53-63.
[23] Brierley 1999 in MacLaren 2004:1.

²⁴ MacLaren 2004:1.
²⁵ Ibd:2.
²⁶ Evangelisches Medienhaus in Beck 2007:35.
²⁷ Ibd.
²⁸ Stöffler 2003; Beck 2007:43..
²⁹ Beck 2007:43.
³⁰ Huber 2006:453.
³¹ Siehe dazu die Auswertung verschiedenener Gottesdienstbesucherzählungen innerhalb der EKD bei Beck 2007:44f.
³² Gerhard Hilbert hatte diese Behauptung für den Raum der Landeskirchen bereits 1916 aufgestellt (Herbst 2005:202). Die Freikirchen hielten an dieser Position von ihrer Entstehung her fest.
³³ Friedemann Walldorf untersucht in seiner 2004 erschienen Dissertation die unterschiedlichen Konzepte zur Neuevangelisierung Europas. Dabei fällt eine gewisse Ratlosigkeit sowohl auf römisch-katholischer, als auch evangelikaler Seite auf. Siehe Walldorf 2004.
³⁴ Erdlenbruch 1996:19ff; Noack 1999:7f.
³⁵ Schwarz in Schlotthoff 1989:112ff; Hempelmann 1996:9; Machel 1999:5.
³⁶ Gemeindegründung als effektivste evangelistische Methode wird von mehreren Autoren reflektiert. Siehe dazu: Wagner 1990:11/1990a:12; Logan 1992b:151; Mauerhofer 1998: 254; Schaller 1991:28; Becker 1992:Sec I-3; Garrison 2004:28.
³⁷ Garrison 2004:24f; Roenfeldt 2003:2; Schaller 1983:165.
³⁸ Berger 2003:7.
³⁹ Gladden 1988:4; Roenfeldt 2003:3.
⁴⁰ Becker 1992:Sec I-2.
⁴¹ Waldschmidt 2003:13.
⁴² Siehe hierzu: Bryant 1993:9-11; Dudley 1989:27; Schaller 1991:14ff; Roenfeldt 2003:3.
⁴³ Frost 2003:17.
⁴⁴ Murray 2000:4-5.
⁴⁵ Frost 2003:18.
⁴⁶ Zu den kritischen Stimmen, siehe Ausführungen bei Murray 2001:15ff; Frost 2003:17ff.
⁴⁷ Frost 2003:xi.
⁴⁸ Gensichen 1971:37. Zur Grundlagenkrise in der Mission siehe: Gensichern1971; Bosch 1991, u.a..
⁴⁹ Frost 2003.
⁵⁰ Murray 2004.
⁵¹ Ibd: 251ff.
⁵² Gibbs 2000.
⁵³ Die School of Church Growth wurde von Donald McGavran (1897-1990) ins Leben gerufen und hat in den 80er und 90er Jahren wesentlich die Gemeindewachstumsbewegung mitbestimmt. Donald McGavrans Buch „Understanding

Church Growth" legte die Grundlagen für eine Reihe von einflussreichen Veröffentlichungen zum Thema Gemeindewachstum. Das Buch ist auch in Deutsch erschienen.

[54] Murray 2001:17. Es erstaunt, wie leichtfüssig auch sonst recht seriöse Autoren mit der theologischen Begründung der Gemeindegründung umgehen. So verwendet Mauerhofer (1998:253-254) gerade etwas mehr als eine Buchseite zur Begründung der Gemeindegründung in seinem Buch mit dem bezeichnenden Titel „Gemeindebau nach biblischem Vorbild". Er verweist auf die evangelistische Tätigkeit der Gemeinde zu Jerusalem und Thessaloniki und folgert dann in größter Selbstverständlichkeit: „Diese biblischen Ausführungen machen deutlich, dass es Aufgabe einer jeden Gemeinde ist, neue Gemeinden zu gründen. Jede Gemeinde ist beauftragt sich organisch zu vermehren" (:254). Fragt sich nur, wo der Autor einen solchen Auftrag her hat. Die von Mauerhofer (1998:255) postulierte Dringlichkeit der Gemeindegründung wird in der Regel pragmatisch begründet. Eine theologische Reflektion bleibt aus. Auch andere Konzepte, ganz besonders aus der Ecke der Praktiker legen recht wenig Wert auf eine theologische Begründung des Vorgehens (siehe zB Nodding 1994).

[55] McLaren 2000.
[56] Guder 1998:3.
[57] Brock 1981:9.
[58] Guder 1998:3.
[59] Gensichen 1971:42.
[60] Mette 1978:210.
[61] Schwarz 1993:83f.
[62] How natural church development can transform theological thinking, Schwarz 1999.
[63] Pritchard 1996:272ff.
[64] Middelmann 2004:197ff.
[65] Ibd.
[66] Gensichen 1971:53.
[67] URL:http://www.gocn.org; Frost 2003:7 (Übersetzung von mir).
[68] Mette 1978:352.
[69] Ibd:109.
[70] Murray 2001.39.
[71] Bohren in Mette 1978:197.
[72] Murray 2001:18.
[73] Beutel 1998:9f.
[74] Murray 2001:37.
[75] Saayman 2000.
[76] Siehe eine Überblick über Konferenzen, Symposien und Projekte der EKD in den den letzten fünf Jahren bei Beck 2007:22ff.
[77] Einen beeindruckenden Überblick zu den Konzepten der Neu-Evangelisierung Europas über alle denominationelle Grenzen hinweg gibt Friedemann Walldorf

in seiner UNISA Dissertation, die unter dem Titel „Die Neu-Evangelisierung Europas" 2004 erschienen ist.

[78] Murray 2001:130ff.
[79] Naether 2003:12.
[80] Ibd.
[81] McLaren 2000:19ff.
[82] Ibd:22.
[83] So verlaufen alle Argumente Schallers 1991:28-36) und Beckers (1992:Sec I-3-8; 15ff) für Gemeindegründung in diese Richtung.
[84] In der heutigen Situation im Westen sieht McLaren aberzunehmend selbstsüchtige Motive, die das Erneurungsgeschehen wesentlich bestimmen. Rs geht letztlich um die Frage, wie kommt die Kirche zu ihrem Segen. Nicht Gott und sein Ziel mit der Gemeinde, sondern die Gemeinde und ihre Ziele mit Gott werden somit verfolgt. Eine Entwicklung, die zwar Erneuerung predigt, jedoch das Gegenteil erreicht. McLaren (2004): „Man sagt, dass das größte Hindernis für das Kommen des Reiches Gottes die Kirche die mit sich selbst beschäftigt ist darstellt. Könnte es sein, dass unsere Überbeschäftigung mit der Verbesserung der Gemeinden statt der Beschäftigung mit der Frage wie wir ein Segen für die Welt sein könnten, unsere eigentliche Herzkrankheit darstellt, die uns quält?" (Übersetzung des Autors).
[85] Middelberg 2004:151ff.
[86] Schaeffer 1985:143.
[87] McLaren 2000:23.
[88] Ibd:24.
[89] Ibd:19.
[90] Der Begriff „Re-imaginning" entstammt dem überaus lesenswerten Buch von Croft (2002), das den bezeichnenden Titel trägt „Transforming Communities". Dabei ist der englische Begriff „Transforming" bewusst zweideutig gewählt, beschreibt er doch beides, die Gemeinschaften die transformiert werden und die zugleich transformieren (:71f).
[91] Lindner 1994:107.
[92] McLaren 2000:53. „Tausche deine Traditionen gegen die Tradition ein" – Übersetzung des Autors.
[93] Ibd:68-69.
[94] Frost 2003:7.
[95] Barna in Rusaw 2004:104.
[96] Strunk 1989:4f.
[97] Siehe unter anderem entsprechende Entwürfe von Ellis 1992; Lindner 1994; Croft 2002; Longenecker 2002; McLaren 2004; u.a.
[98] Frost 2003:14ff.
[99] Ibd:8.
[100] Dennison 1999:103f.
[101] Frost 2003:9ff.
[102] Siehe hierzu die Ausführungen von Gladwin 1979:11-32.

[103] Wagner 1990:11.
[104] Mauerhofer 1998:254; Malphus 1992:40; Ron Gladden (1988:4.
[105] Schaller 1979:35; Burrill in Roenfeldt 2003:3.
[106] Garrison 2004:24.
[107] Herbst 1996:67.
[108] Herbst 1996:56.
[109] Arbeitskreis Neulandmission 1998.
[110] Ibd:8.
[111] Ähnlich verfahren viele Entwürfe zur Gemeindegründung. Siehe unter anderem: Steffen 1993; Schaller 1991; Becker 1992; Patterson 1993; Grigg 1992; Logan 1991; Francis 1999; Underwood 1972; Wagner 1990; Nodding 1994; Conn 1997; Hunter 1996; Garrison 2004.
[112] So bei Romo 1993:63ff; Smith 1989:28ff; Malphurs 1992:21ff; Dale 2003.
[113] Siehe zum Beispiel Murray 2001. Aber auch seine guten Überlegungen zur Theologie der Church Planting leiden darunter, dass er sich keine Mühe macht abzuklären, was er nun unter Gemeinde versteht. Bei aller Betonung der Notwendigkeit der theologischen Reflektion, die allem anderen voran an der Nahtstelle zwischen Missiologie und Ekklesiologie, so Murray (:75ff), bleibt er selbst nur sehr Wage. Ähnlich Brock 1981:15ff.
[114] Costas 1974:8-9; Schwarz 1984:27; Herbst 1996:56.
[115] Siehe in dieser Hinsicht das Beispiel Wagner 1990:31ff.
[116] Luther in Herbst 1996:57.
[117] Die seit den 1970er Jahren in Deutschland vorherrschende Unklarheit in Fragen des Gemeindeverständnisses (siehe Kunz-Herzog 1997:17ff) zeigt hier ihre Früchte, sicher auch und vor allem weil die Diskussion auf dem Hintergrund der volkskirchlichen Wirklichkeit diskutiert wird. „Kontroverse Gemeindetheologie" (Ibd:17) ist auch das Resultat einer historisch gewordenen kirchlichen Landschaft, die sich zwar immer wieder als Kirche und Gemeinde zu verstehen gibt, dieser aber theologisch schon lange nicht mehr entspricht.
[118] Steinkamp 1979:77ff.
[119] Schwarz 1984.
[120] Die Autoren weisen deutlich darauf hin, dass eine Theologie des Gemeindeaufbaus ohne Klärung ekklesiologischer Grundlagen nicht auskommen kann. Siehe: Schwarz 1984:27.
[121] Herbst 1996:57ff.
[122] Siehe dazu die Ausführungen Emil Brunners 1951:7.
[123] Eine in der Gemeindewachstumsbewegung beliebte Methode, Gemeindewachstum und dann aber auch die Frage nach der „rechten" Gemeinde zu erforschen. Beispiele hierfür bieten sowohl der Vater der Bewegung McGavran (1970:17-30) wie auch andere. Siehe: Cook 1971.
[124] Costas 1974:22.
[125] Zu den Bildern, Images mit denen das Neue Testament die Gemeinde Jesu beschreibt, siehe vor allem Minear 1960.

[126] Zu den unterschiedlichen Bildern von der Gemeinde siehe: Schweizer 1959: 3-28; Schnackenburg 1961:52-106.
[127] So zB Murray 2001:68f.
[128] Schweizer 1959:7.
[129] Ibd:148.
[130] Ibd:13.
[131] Einen guten Überblick zu den wichtigsten Ekklesiologien bietet Kärkkäinen 2002. Seine Einführungen in die jeweiligen Ekklesiologien zeichnen sich durch hervorragende theologische Grundlegung aus.
[132] Siehe unter anderem die Ausführungen von Murray 2001:67ff.
[133] Popkes 1984:30ff.
[134] Siehe zB Saucy 1972; Watson 1982; Klaiber 1982; Park 1992; Schäfer 1989.
[135] Gilles (1995:4ff) macht das Problem an Hand mehrerer Begriffe, unter anderem dem für das Gemeindeverständnis so wichtigen Begriff *ekklesia* deutlich. Eine allein auf Wortstudien aufgebaute neutestamentliche Lehre von der Gemeinde würde im Wesentlichen den neutestamentlichen Charakter des Phänomens verfehlen.
[136] Siehe zB entsprechende Arbeiten zur Bedeutung des Hauses in der Urgemeinde: Banks 1994; Gehring 2000; Heading 1984; Klauck 1981; Kertelge 1972; Fee 2005; Lohfink 1982.
[137] Paul D. Hansons Buch: „Das berufene Volk. Entstehen und Wachsen der Gemeinde in der Bibel" (1993) ist hierfür ein gutes Beispiel. Siehe auch: Conzelmann 1971; Schlatter 1971; Schenke 1990; Roloff 1993; Gilles 1995 oder auch eher evangelikal populär: Vanheiden 2004.
[138] So Theißen 2000.
[139] Auch nur ein relativ oberflächlicher Überblick über die ekklesiologische Literatur zeigt, wie prominent soziologische Fragestellungen in der neutestamentlichen Forschung unserer Tage geworden sind. Rainer Riesner wendet beispielsweise in seinem Buch zum „Apostolischen Gemeindebau" (1978) konsequent das soziologische Raster von G. Krüger an, in dem er die paulinischen Gemeinden nach 1. Inspiration; 2. Kommunikation; 3. Institution; 3. Aktion untersucht. Gerd Theißen untersucht die „Soziologie der Jesusbewegung" (1977). Theissens Aufsatzband „The Social Setting of Pauline Christianity" (1982) beschäftigt sich mit Einzelfragen des sozialen Gefüges der paulinischen Gemeinden; Robert Grant (1977) sucht die bürgerliche Rolle des frühen Christentums zu beschreiben, u.s.w.
[140] So Albrecht 1982; Wright 1992.
[141] Ein klassisches Vorgehen der Systematischen Theologie. Siehe hierzu Beispiele in Berkhof 1993:555-603; Grudem 1994:853-1090; Erikson 1994:1025-1148; Pannenberg 1993:115-567; Smith 1996; Volf 1998; u.a. Aus evangelikaler sicht in eher populärer Art geschrieben, siehe:. Kuen 1975.
[142] Wright 2006:33ff.
[143] Ibd:49ff.
[144] „Master Images" sind in der Sprache von Lawrence Hoffman (1988) Bilder,

die Grundlegendes zum Thema verbildlichen. Als ein solches Bild für Gott will Gladis (1999:4ff) das Bild von der Dreieinigkeit Gottes als *perichoresis*, dem Rundtanz der Antike, der von Johannes von Damaskus für die Beschreibung des Wesens der Trinität gebraucht wurde und vom russischen Ikonenmaler Andrej Rublev so ideal ins Bild umgesetzt wurde. Zu den unterschiedlichen Bildern der Bibel für die Gemeinde siehe das grundlegende Werk von Minear 1960.

[145] Dass eine solche Auswahl schwierig ist, bleibt unbestritbar. Wiard Popkes (1984:29-31) weist mit Recht auf die potenzielle Gefahr hin, die Botschaft von der Gemeinde durch eine zu einseitige Festlegung auf das eine oder andere Bild, zu verkennen. Ihm dient der Große Evangelische Kathechismus hierfür als abschreckendes Beispiel, wo zwei der biblischen Bilder, nämlich Volk Gottes und Leib Christi aus der Fülle der Bilder herausgenommen werden und zu den Hauptimages für eine neutestamentliche Ekklesiologie gemacht wurden. Doch so berechtigt die Kritik Popkes ist, so wichtig erscheint mir die neutestamentliche Art über die Gemeinde in Bildern zu reden, für die Ergründung des Wesens der Gemeinde zu sein.

[146] Costas 1974:22ff.

[147] Herbst 1996:74ff.

[148] Sausy 1972:19-56.

[149] Smith 1996:321.

[150] Es geht weniger darum, die Gemeinde historisch-genetisch (Popkes 1984:34ff) oder gar religionsgeschichtlich zu verstehen, auch wenn mein Verfahren Elemente solcher Ansätze verrät. Mir geht es vielmehr darum Gemeinde im Vollzug der *Missio Dei* zu verstehen.

[151] Bosch 1991:15-180.

[152] Mit *synagoge* meint das Neue Testament in der Regel das Synagogengebäude (Schrage 1963:196). In wenigen Fällen wird Synagoge auch für die Versammlung der Chrsten gebraucht, so zB Jak. 2,2. Zum Verhältnis der Begriffe *synagoge* und *ekklesia* siehe Schrage 1963.

[153] Siehe hierzu: Kuen 1975:208; Mauerhofer 1998:20.

[154] Coenen 1972:784.

[155] Ibd: 785. Inwieweit *qahal* die Versammelte Gemeinschaft des Volkes oder eher das Volk Gottes an sich beschreibt, bleibt in der Forschung umstritten. Siehe hierzu zB Bryan, *A Problem in biblical Interpretation: Ekklesia in the Old Testament* (In: http://www.geocities.com/prbryan.geo/ot-ekk.htm). Ich gehe mit Fischer (o.J:19) davon aus, dass *ekklesia* in der Regel das hebräische *qahal* als versammelte Gemeinschaft des Volkes Gottes beschreibt. Siehe dazu auch Müller 1979:609-619.

[156] Müller 1979:609ff.

[157] Ibd; 617.

[158] Eine Reihe von Forschern vertreten eine andere Sicht, die als Synonym für *ekklesia* nicht das hebräische *qahal*, sondern *edah* vermuten. Giles (1995:24-25) hat Recht, wenn er die Ausschließlichkeit der beiden Positionen in Frage

stellt. Beide Begriffe werden in der LXX mit *ekklesia* und *synagoge* übersetzt. Warum die Übersetzer sich für die eine und gegen die andere Variante entscheiden, bleibt ungeklärt. Für unseren Zusammenhang hat aber diese Tatsache eine völlig untergeordnete Bedeutung.

[159] Müller verneint zwar den Gebrauch von qahal als „Herausgerufene Versammlung" (1979:609), wiederspricht sich aber gleich selbst, in dem er behauptet *qahal* stünde für die „Vollversammlung der judischen Kultgemeinde ..., die zusammen gerufen wird" (:617). Tatsache ist, dass der Begriff in der Regel die Tatsache der Versammlung und weniger den Prozess des Versammelns beschreibt. In unserem Zusammenhang ändert aber eine solche Einschrenkung nicht das vorgetragene Argument.

[160] Bezeichnend finde ich den Gebrauch des hebräischen Begriffes *qahal* in der Geschichte des Judentums. Auch hier stellt qahal das gesamte des judischen Lebens, den Ausdruck des sozio-kulturellen Lebensraumes in dem die Juden leben dar. Vergl. Dazu Schoeps 2000:441-442.

[161] Er fehlt auch in den nichtpaulinischen Briefen, so im 1-2 Petrus, 1-2 Johannes, Judas, wie auch im 2Tim und Titus.

[162] Schrage 1963:198.

[163] Siehe hierzu Campbell 1997:194-219.

[164] Steyne 1998:83ff; Senior 1983:83-140; Kane 1976: 26-33.

[165] Bray in Clowney 1995:30.

[166] Was allerdings nicht bedeuten kann, dass in einer geographischen Lokalität nur jeweils eine Ortsgemeinde zu denken war. Siehe zu solchen Vorstellungen die Ausführungen von Riesner 1978:42.

[167] Es ist bezeichnend, mit welcher Vehemenz sich Paulus gegen eine Aufteilung der der Ortsgemeinde zu Korinth in Gruppen, die sich ihre Gründer nennen, vorgeht (siehe dazu 1Kor 1,10ff). Offensichtlich verband er mit dem Ortsbezug der Gemeinde weit mehr als nur eine bloße geographische Identifikation.

[168] Siehe Riesner 1978:82-83.

[169] Ähnlich heißt es in 1Thess 5,15: „Seht zu, dass keinem dem anderen Böses mit Böses vergelte, sondern jagt allezeit dem Guten nach untereinander und gegen jedermann."

[170] Siehe hierzu die gute und detaillierte Diskussion der Texte bei Herbst 1996:76ff.

[171] Michel 1954:134.

[172] Siehe hierzu die Ausführungen Otto Michels (1954:128ff).

[173] Herbst (1996:83) folgert mit Recht, dass der Begriff des Erbauens, griechisch *oikodomein*, mit dem der Evangelisierung, griechisch *evangelzestai*, synonym zu gebrauchen sind..

[174] Herbst 1996:94.

[175] Roloff 1978:430ff.

[176] Hahn 1998:635ff; Reimer 2004:72ff.

[177] Cannistraci 2001:67; Reimer 2004:73.

[178] Herbst 1996:94.
[179] Siehe dazu meine Ausführungen in: Reimer 2004: 72ff; 103ff.
[180] Roxburgh 1997:57ff.
[181] Ibd:63.
[182] Herbst 1996:84.
[183] Der griechische Begriff wurde zur Schiffbarmachung von gestrandeten Schiffen oder auch bei der Einrenkung von Knochen in der Medizin gebraucht.
[184] Herbst 1996:100.
[185] Der Begriff kann Tugend, Wohlverhalten, aber auch Wunder meinen, siehe Bauer 1971:210.
[186] Costas 1974:30.
[187] Ibd:23.
[188] Campbell 1997:210.
[189] Campbell (1997:211ff) arbeitet deutlich diese doppelte Bemühung der neutestamentlichen Schriften auf: zum einen bemühen sie sich um das Recht der Gemeinde Gottes Volk zu sein, zum anderen stellen sie das Existenzrecht des Alten Volkes Gottes nicht grundsätzlich in Frage.
[190] Mehrere Autoren weisen darauf hin, dass dieses Image eine eigene Daseinsberechtigung hat, siehe hier zB Bray in Clowney 1995:33ff
[191] Siehe dazu: Ex. 9,6; Jes. 43,20-21; Hos. 1,6.9; 2,1.
[192] Siehe hier Moltmann 1967:325; Costas 1974:25.
[193] Sausy 1972:22.
[194] Costas 1974:24.
[195] Ibd:25.
[196] Riesner 1978:59f.
[197] Siehe Schweizer 1964:1066ff.
[198] Für einige Autoren stellt das Bild des Leibes für die Gemeinde das zentrale neutestamentliche Image für die Gemeinde dar. An der Verwirklichung dieses Bildes macht Ogden (1990) zum Beispiel, gar das Gelingen des Projektes Gemeinde in der Welt fest. Dagegen stellt das Misslingen dieses Projekts eine potenzielle Gefahr für die Kirche als Ganzes dar, weil die Gemeinde damit in eine institutionelle Falle gerät und damit aufhört Organismus zu sein, jene einzige Form, der dem Wesen der Gemeinde Jesu entspricht (siehe Ogden 1990:41-110).
[199] Schweizer 1964:1071f.
[200] Riesner 1978:32.
[201] Zu der Zusammensetzung des Leitungsteams der Antiochiner Gemeinde siehe:
[202] Sausy 1972:25.
[203] Logan 1992b:2.
[204] Eph. 1,23.
[205] Costas 1974:26.
[206] Mehr zu diesem Bild siehe bei Radmacher 1972:284-293.
[207] Mehr zu diesem Bild siehe Radmacher 1972:291-321.

[208] Mehr zu diesem Bild siehe Radmacher 1972:241-255.
[209] Siehe hierzu Küng 1994:108-109; Niswonger 1992:190.
[210] In der Literatur herrscht diesbezüglich weitgehende Einheit. Siehe zB: Conzelmann 1971:35ff; Niswonger 1988:190-191; u.a.
[211] Theißen 2000:112,
[212] Ibd:101ff.
[213] Niswonger 192ff.
[214] So hatten sie eine gemeinsame Kasse, die Judas führte. Siehe: Joh. 12,6; 13,29.
[215] Bruce 1976:11.
[216] Ibd:15-16.
[217] Zu den Spannungen zwischen den Hebräern und Hellenisten in Jerusalem, siehe Bruce 1976:18ff.
[218] Der Versuch einer Konstruktion besonderer hellenistischer Grundüberzeugungen, wie das beispielsweise Conzelmann (1971:43ff) tut, vermag nicht zu überzeugen, da der Text der Apostelgeschichte selbst, auf den sich Conzelmann stützt, soche Aussagen eher unwahrscheinlich macht. Das Institut der Sieben (Apg. 6) als ein neben dem Apostelkreis existierende Leitung einer angeblich hellenistischen Urgemeinde lässt sich aus dem Text nicht rekonstruieren.
[219] Notz 1988:362-363..
[220] Zur Rolle der Frau in der Urgemeinde, siehe: Blomberg 2004:344-330.; Scharfenorth 1988:363-365; Küng 1994:19ff.
[221] Glasser 2003:269.
[222] Zur Krise in den judaistischen Gemeinden der Urgemeinde, siehe: Theißen 2000:283ff; Küng 1994;
[223] So Hans Küng in seinem monumentalen Werk zur Geschichte des Christentums (Küng 1994:114ff.
[224] Heute liegt die Stadt in der Türkei und heißt Antakya.
[225] Zur Geschichte der Stadt und der christlichen Gemeinde in der Stadt, siehe Bruce 1976:66ff.
[226] Bruce 1976:66.
[227] Einige Forscher vertreten die Meinung, dass die Gemeinde in Antiochien einige Jahre nur aus Gläubigen aus den Juden bestanden habe. Einen eindeutigen Beweis hierfür gibt es alledings nicht. Siehe dazu: Niswonger 1992:197.
[228] Kinear 2005:304.
[229] Siehe zur Begründung Bruce 1976:68ff.
[230] Zu der Geschichte der Stadt in neutestamentlicher Zeit siehe Thiessen 1995.
[231] Okkulte Praktiken, Aberglaube und Angst vor den Geistern waren im römisch-hellenistischen Raum in der Antike weit verbreitet. Siehe hierzu unter anderem Ferguson 1993:220ff.
[232] Giles 1995:52.
[233] Ibd:53.

234 Zur Diskussion siehe: Lutz 1989: 59-77; Hagner 1993:lxivf; Popkes 1984:85; Giles 1996:52; Brown 1997:171ff.
235 Popkes 1984:85.
236 Schweizer 1989:123ff.
237 Giles 1995:55.
238 Popkes 1984:88.
239 Zur Diskusion des Gebrauchs des Begriffes *ekklesia* bei Matthäus, siehe Hagner 1995:471; Grundmann 1972:366ff; u.a. .
240 Grundmann 1972:577; Hagner 1995:886f. Eine Reihe von Exegeten neigen dazu „die Völker" als Heiden zu übersetzen (siehe die Diskussion bei Lutz 2002:449ff). Die Qualifizierung der *ethne* heidnische Völker stellt allerdings ihren grundsützlichen Charakter als Lebensraum der Menschen nicht n Frage.
241 Siehe hierzu Giles 1995:54.
242 Gilles 1995:47.
243 Brown 1996:163. Siehe hier auch die Ausführungen über die Frage des Adressaten.
244 Brown 1996:163; Gnilka 1989:26
245 Gnilka 1989:28f.
246 Ibd:29.
247 In Gilles 1995:48.
248 Bruce 1987:19ff; Guthrie 2005:74ff. Zu alternativen Vorstellungen siehe Brown 1996:269ff.
249 Schweizer 1989:128-129.
250 Schweizer 1989:138ff.
251 Popkes 1984:96.
252 Ganz im Einklang mit der alttestamentlichen Prophetie, die im Kommen des Geistes einen Anfang eines neues Zeitalters erblickt. Siehe zB: Hes. 36,27; 37,14; Jes. 32,15; Sach. 12,10.
253 Lukas gebraucht den Begriff auch als allgemeine Anrede für die Juden (2,29; 7,2; 13,26.38; 28,21). Damit ist eine deutliche Korrelation zwischen dem alten und neuen Volk Gottes angezeigt.
254 Gilles 1995:80.
255 Cadbury 1933: 375-392; Gilles 1995:79f.
256 Gilles 1995:83.
257 Zur Diskussion dieser Stelle, Siehe Gilles 1995:86.
258 Gilles 1995:99.
259 Siehe zB MacDonald 1996.
260 Ibd.
261 Guthrie 2005:450ff; Brown 1996:456ff; u.a.
262 Guthrie 2005:450-451.
263 Popkes 1984:55.
264 Wiard Popkes hat vorgeschlagen in der dreifachen Zielsetzung des Briefes Heilsgeschichte/Eschatologie, Ethik und Mission die Entsprechungen im der Trias Hoffnung, Liebe, Glauben zu sehen (1984:55).

²⁶⁵ Guthrie 2005:333f.341; Zur Abfassung der Briefe an die Korinther und der speziellen Situation der Gemeinde zu Korinth siehe Wendland 1976:1ff;
²⁶⁶ Popkes 1984:60.
²⁶⁷ Brown 1997:565; Hiebert 1981:177f.
²⁶⁸ Ridderbos in Gilles 1995:103.
²⁶⁹ Siehe in diesem Zusammenhang die Stellen im Alten Testament, die Israel als Heilige Nation beschreiben: Ex. 19,6; Lev. 11,44f). Israeliten werden „Heilige" genannt, weil sie von Gott ausgesondert wurden, Ihm zu dienen und seinen besonderen Willen zu verwirklichen. Siehe: Num. 16,3: Dtn. 33,3; Ps. 16,3; 34, 9; 89,5; Jes. 4,3; u.a. Wie der Begriff „Heilige" übernimmt Paulus auch die Begriffe „Erwählte" (siehe 1Chr. 16,13; Ps. 89.3; 105,6; Jes. 41,1; 45,54; u.a.) und „Geliebte" (Ps. 60.5; 108,6; Hos. 11,1-4; u.a.) aus dem Alten Testament. Paulus will damit klar stellen, die Gemeinde Jesu ist jetzt das, was Israel einmal war, ohne jedoch die Existenzberechtigung Israels als Gottes Volk grundsätzlich in Frage zu stellen (9-11). Zum Verhältnis Israel-Gemeinde im Römerbrief siehe: Gilles 1995;110ff; Osborne 2004:232ff.
²⁷⁰ Osborne 2004:402f.
²⁷¹ Ich geh an dieser Stelle nicht auf die Frage der Verfasserschaft näher an und schließe mich der Argumentation von Guthrie 2005:381-406 an, die von der Verfasserschaft des Paulus ausgehen.
²⁷² Was *ekklesia* im Epheser- und Kolosserbrief bedeutet, ist in der neutestamentlichen Forschung umstritten. Während die einen vor allem den universalen Charakter des Begriffs betonen (Bruce 1984:O´Brien, sehen andere auch in diesen Briefen den Ortscharakter der Versammlung nicht verändert, wiederum dritte suchen eine vermittelnde Position (Gilles 1995:135ff), der auch ich mich anschließe.
²⁷³ Bruce 1984:24.
²⁷⁴ Eine solche Entscheidung ist in der Literatur heftig umstritten. Zu den unterschiedlichen Vorschlägen zur Frage des Adressaten des Epheserbriefes, siehe Guthrie 2005:406-412. Auch wenn man den Brief als ein mögliches Rundschreiben ansieht, bleibt die Frage des Bezugs des Textes zu der konkreten Gestalt der Gemeinde vor Ort bestehen. Ich kann nicht sehen, warum man die Aussagen des Epheserbriefes auf die Universale und nicht auf die örtliche Gemeinde beziehen muss, wie das immer wieder gefordert wurde.
²⁷⁵ Siehe hierzu die Arbeit von MacDonald 1996:85-157.
²⁷⁶ Siehe hierzu zB Young 1994.
²⁷⁷ Siehe hierzu die Argumentation bei Gilles 1995:149.
²⁷⁸ Gilles 1990:65-87.
²⁷⁹ Gilles 1995:150.
²⁸⁰ Ibd:161.
²⁸¹ Guthrie 2005:619f; Gilles 1995:161.
²⁸² Guthrie 2005:606ff; Gilles 1995:162.
²⁸³ Brown 1997:683.

[284] Zur Diskussion der Adressaten Frage siehe Brown 1997:697-701; Guthrie 2005:536ff.
[285] Gilles 1995:157. Siehe zu der Rom Theorie Brown 1996:699f.
[286] Brown 1997:684-689.
[287] Popkes 1984:104.
[288] Zu den johanneischen Dualismen, siehe Popkes 1984:105.
[289] Popkes 1984:105.
[290] Siehe zur Diskussion: Brown 1997:725ff; Guthrie 2005:576ff.
[291] Keener 2005:589f.
[292] Popkes 1986:91-103.
[293] Gilles 1995:161.
[294] Maynhard-Reid 1997:17.
[295] Bosch 1991.
[296] Küng 1994.
[297] Ibd:20. Küng baut dabei auf der Arbeit des Wissenschaftstheoretikers Thomas Kuhn und seinem bahnbrechenden Werk auf. Er hat seinen auf die Theologie angewandten Ansatz in seinem Buch „Theologie im Aufbruch" (Küng 1987) breit diskutiert und in seinen Werken zum Weltethos (1990) und der Geschichte des Judentums (1991) konsequent angewandt.
[298] Bosch 1991.
[299] Popkes 1984:14.
[300] Ibd:15.
[301] Siehe hierzu Küng 1994:145ff. Küng spricht hier vom ökumenisch-hellenistischen Paradigma.
[302] Kärkkäinen 2002:17.
[303] Bosch 1991:
[304] Der Vorwurf, die Orthodoxie neige zu einer Überbetonung des Geistes und nehme somit die Christologie des Neuen Testaments nicht genügend ernst, erweist sich beim Studium der patristischen Wurzeln der orthodoxen Ekklesiologie als fraglich, siehe: Tsirpanlis 1991:85. Kirche ist hier weniger ein mystischer Leib, sondern die gestaltgewordene und in der göttlichen Liturgie gestaltwerdende Wirklichkeit des Geistes Gottes.
[305] Lossky 1976:176-177.
[306] Siehe Kallistos 1999:39.
[307] Kärkkäinen 2002:20.
[308] Siehe hierzu: Zizioulas, John. „Christ, the Spirit and the Church." *Being as Communion*. Crestwood: St. Vladimir's, 1993. S. 123-142.
[309] Der Russisch-orthodoxe Theologe V. Florovski vermochte daher die Ekklesiologie auch nur im Rahmen der Christologie zu verstehen (siehe in Kärkkäinen (2002:19).
[310] Kärkkäinen 2002:22
[311] Ibd: :20ff.
[312] Ibd:21.
[313] In Reimer 1994:208.

314 Florovskij 1982:2.
315 Webster 1992.
316 Siehe das Dokument in russischer und englischer Sprache in : URL: http://mospat.ru/index.php?mid=180.
317 Küng 1994:336ff.
318 Zu den unterschiedlichen im Rahmen katholischer Ekklesiologie diskutierten Modelle siehe Dulles (1987) *Modells of the Church.*
319 Siehe als Überblick den Aufsatz von Dulles (1989:419-442) „"A Half-Century of Ecclesiology."
320 Doyle 1997:461-479. Zum Entwurf der Ekklesiologie der Communio, siehe Doyle 2000; Ratzinger 1992:458ff; Hilberath 1994:45-65; u.a.
321 Siehe vor allem LG 2.Von besonderem Interesse ist die Interpretation der Ekklesiologie von LG durch den heutigen Papst, den damaligen Kardinal Josef Ratzinger (1986; 2000). Ratzinger erweist sich darin als jemand, der sehr früh die wichtigsten Gedanken des Konzils in seine Ekklesiologie zu übernehmen wusste. Sein 1969 erschienenes Buch zur Ekklesiologie trägt daher auch den bezeichnenden Titel „Das neue Volk Gottes.".
322 LG 1,1.
323 LG 1,7.
324 Ausdrücklich setzt sich der Text mit der besonderen Aufgabe der Kleriker (LG 3) und des Laien (LG 4) auseinander. Dabei wird deutlich, dass es hierbei nicht um Wesensunterschiede, sondern unterschiedliche Dienste geht. In LG 4,31 heißt es unter anderem: „Wenn auch einige nach Gottes Willen als Lehrer, Ausspender der Geheimnisse und Hirten für die anderen bestellt sind, so waltet doch unter allen eine wahre Gleichheit in der allen Gläubigen gemeinsamen Würde und Tätigkeit zum Aufbau des Leibes Christi."
325 LG 1,7.
326 Zur Ekklesiologie der Kirche als Communio siehe: Garijo-Guembe 1994; Fahey 1991: 1-74; Kärkkäinen 2002:30ff.
327 URL: http://www.vatican.va/roman_curia/congregations/cfaith/documents/rc_con_cfaith_doc_28051992_communionis-notio_ge.html (1.01.2006).
328 LG 1,3.
329 LG 1,8.
330 Ibd.
331 LG 1,5.
332 LG 1,8.
333 LG 2,11.
334 LG 2,13.
335 LG 2,3.
336 LG 2,13.
337 LG 4,31.
338 LG 4,36.
339 Poganatz 2005:13.

340 In Poganatz 2005:14.
341 Siehe entsprechende Literaturhinweise in der Masterarbeit von Herbert Poganatz (2005:15f).
342 Thien 1998:45.
343 Ibd. 45f.
344 URL: http://www.florian-seiffert.de/arbeitsergebnis/node90.html (2.01.2006).
345 Zur Arbeit des Jesuitischen Sozialinstituts weltweit siehe unter:URL: www.hfph.mwn.de/igp/sjsocins.htm - 25k - 29. Dez. 2005.
346 Beispiele solcher Tätigkeit bieten unter anderem Berichte der Katholischen Sozialwissenschaftlichen Zentralstellen (KSZ). Siehe unter anderem den Tätigkeitsbericht der KSZ Mönchengladbach mit einer beeindruckender Liste an Vortrags-, Konferenz-, und Veröffentlichungstätigkeit aus dem Jahre 2001: URL: http://www.ksz.de/bericht2001.rtf.
347 http://www.kbe-bonn.de/fileadmin/Redaktion/PDF/Dokumente_zu_EB/ gemeinde_der_zukunft.pdf (28.12.2005).
348 Ibd:3.
349 Bradley 1996; MacLaren 2004:187f.
350 Das Christentum in Irland geht auf die Predigt von Patrick (ca 390-461) zurück, der selbst keltischer Herkunft war. Patrick kommt als 16jähriger Sklave nach Irland, bekehrt sich hier zu Christus und wird bald zum vollmächtigen Prediger des Evangeliums (vgl. Sierszyn 2002:64).
351 Heussi 1991:153; Vgl. auch Vatter 2007:39.
352 Zur Spiritualität der iroschottischen Mönche vgl. Müller 2007; Vatter 2007:40ff.
353 Bosch 1991:233.
354 Vatter 2007:40.
355 Müller 2007:5; Vatter 2007:44.
356 Aschoff 2006:45.
357 Vatter 2007:44.
358 Hauck 1997:109; Vatter 2007:45.
359 Hauck 1997:107.
360 Die Gastfreundschaft hatte bei den Kelten einen so großen Stellenwert, dass das Fasten jeder Zeit unterbrochen werden konnte, wenn es darum ging, mit einem Gast das Mahl zu nehmen. Vgl. Vatter 2007:44.
361 Vatter 2007:44.
362 Es geht um Columban den Jüngeren (ca 541-615). Zu seinem Wirken, Mission und Gemeindebau siehe: Müller 2007; Vatter 2007; u.a.
363 MacLaren 2004:190ff.
364 Bradley 1996:43.
365 McLaren 2004:197.
366 SA 12.
367 CA 7.
368 WA 39/2, 176.

[369] Walch 16, 2276.
[370] CA 7.
[371] Walch 13, 1176.
[372] Walch 12, 898.
[373] Kärkkäinen 2002:43.
[374] WA 12, 179f. Siehe zB WA 7.56-57; 17.6; u.a.
[375] WA 7.25-26.
[376] WA 10.1-2.
[377] WA 21.346.
[378] In Kärkkäinen 2002:47.
[379] WA 10.1-2.
[380] WA 6: 409.428.
[381] WA 30: 1,136.
[382] WA 15: 44.
[383] WA 15: 46.
[384] WA 30:2,577.
[385] Übrigens, ganz im Widerspruch zu der gängigen Literatur der Zeit.(WA 10:2,293f).
[386] Siehe hierzu Brecht 1990 I:339.
[387] WA 30:2,562-564. 577f.
[388] WA 6:410.
[389] Popkes 1984:17-19.
[390] Ibd:18-19.
[391] Zu Wichern siehe Martin 1981; Schmetter 1998; Sturm 2007; Wehr 2007; u.a.
[392] Institutio IV,1,9.
[393] Popkes 1984:22.
[394] Institutio IV.1,8.
[395] Popkes 1984:21.
[396] Zur Korrelation zwischn der „sichtbaren" und „unsichtbaren" Gemeinde bei Kalvin siehe Kärkkäinen 2002:51f.
[397] Popkes 1984:22.
[398] Fast 1962.
[399] Siehe hierzu Dyck1990:10-151 und die hier aufgeführte Literatur zum Wesen der Gemeinde in täuferischer Perspektive.
[400] Menno Simons, der niederdeutsche Täuferführer sagt, er wäre eher bereit zu sterben als einen Ungläubigen, sprich nicht Wiedergeborenen Menschen zu taufen (VW 1:56). Zu seinem Verständnis von Gemeinde siehe Wall 1996:149-188.
[401] Wall 1996:168-169; Reimer 2003:49ff.
[402] VW II:626.
[403] Fast 1982:17-18.
[404] Wall 1996:182-
[405] VW II:8.

[406] Zur Mission der frühen Täufer, siehe Schäufele 1966.
[407] Kasdorf 1991:20.
[408] Kasdorf 1991:20ff; Reimer 1996:59-60; 2006:172ff.
[409] Redekop 1989. Redekop macht deutlich wie bedeutend die Absonderung von der Welt für die soziale Identität der Gemeinde gewesen ist. Siehe vor allem seine einleitenden Kapitel (1989:3-155).
[410] Das ein solches Experiment nicht ohne großer Spannungen und Fehler zu denken ist, zeigt die Geschichte der Mennoniten in Russland auch überdeutlich. Siehe hierzu vor allem die recht kritische Auseinandersetzung mit der sozialen Geschichte der russlanddeutschen Mennoniten von James Urry (1990).
[411] Siehe in diesem Zusammenhang die *Geschichte der Mennoniten in Russland* von George K. Epp, der in seinen drei Bänden die sozio-kulturelle sowohl als auch die religiöse Genese des russlanddeutschen Mennonitentums nachzeichnet (Epp 1997; 1998; 2003).
[412] Heinrich Klassen (2001) zeigt in seiner Dissertation mit dem bezeichnenden Titel *Mission als Zeugnis* wie stark die soziale Gemeinschaft in der mennonitischen Kolonie das Überleben der Gemeinde in den Verfolgungsmühlen der Sowjetunion sicherte.
[413] Anderslautende Behauptungen, die in dem Täufertum eine Missionsbewegung außerordentlicher Art erblicken (so Kasdorf 1991:23) sind eher nur partiell richtig. Im großen ganzen sind die Täufer bis ins 20. Jahrhundert hinein eher unter sich geblieben. Wenn es um Transformation ging, dann zuerst und vor allem ihres eigenen Lebens, wie es im Untertitel des Werkes von James Urry (1990) „The Transformation of Mennonite Life" treffend zum Ausdruck kommt.
[414] Dyck 1989a:634ff.
[415] Reimer 2008:34-40.
[416] Klauser 2007:25.
[417] Rosenwink 2007:19ff.
[418] Klauser 2007:27.
[419] Epp 1998:59.
[420] Ibd.
[421] Stach 1913:65.
[422] Epp 1998:78ff.
[423] Zur Mennonitischen Mission in Indonesien siehe unter anderem Reimer 2003:141-164.
[424] Popkes 1984:23.
[425] Popkes 1984:23. Ein solches Urteil ist natürlich sehr allgemein gefasst. Die pentekostelen und charismatischen Gemeinden haben eine Fülle eigener ekklesiologischer Entwürfe geschaffen, die jedoch im engen Rahmen dieses Buches nicht besprochen werden können. Zu einer differenzierteren Einordnung charismatisch-pentekosteler Ekklesiologie siehe Kärkkäinen 2002:68-78.
[426] Zu Franckes Beitrag zur Entwicklung der Gesellschaft, siehe unter anderem Dittrich-Jacobi 1976; Menck 2001.

[427] Frost 2003:10. Suart Murray (2004:200) spricht in diesem Zusammenhang über „Christendom Mindset". Die von Murray vorgestellten Charakteristika des Christendom Mindsets ähneln in großen Zügen der hier vorgestellten Position.
[428] Ibd:18ff.
[429] Ibd:13.
[430] Ibd:19.
[431] Banks 1997:50-65.
[432] Zit. nach Frost 2003:20.
[433] Kelly 1999:17; Frost 2003:15; Murray 2004.
[434] Wright 1992:201.
[435] Marshall 2004:36; Wright 2006:50; Schnabel (2002) konzipiert seine Monographie zum Thema „Urchristliche Mission" als eine Theologie des Neuen Testaments. Mission gewinnt hier eine zentrale Rolle.
[436] Wilkens 2005:139ff.
[437] Hahn 2002:290.
[438] Smith 1996:322. Der Vorwurf John Smith betreibe mit seiner gewollten Korrenspondenz zwischen der Trinität und Kirche einen blanken Modalismus, hat Volf (1998:194) deutlich entkräftigt. Siehe zur Diskussion Volf 1998:193ff.
[439] Siehe mehr zur Bedeutung der Taufformel auf die Korrespondenz zwischen der Trinität und dem Gemeindeverständnis in Volf 1998:195.
[440] Miroslav Volf untersucht in seiner Monographie *After Our Likeness. The Church as the Image of Trinity* (1998) im Detail die beiden Konzepte am Beispiel der Werke von Ratzinger (Römisch-Katholisch) (1998:29-72) und John D. Zizioulas, Metropolit von Pergamon (Griechisch Orthodox) (1998:73-123).
[441] Zu den Gründen einer solchen Festlegung, siehe Volf 1998:196ff.
[442] Wright 1992:205.
[443] Fernando 2000:239ff.
[444] Kant in Volf 1998:198.
[445] Siehe in diesem Zusammenhang den gut gelungenen Aufsatz von Roxburgh 2000:179-188, der sich positiv mit einer trinitarischen Konzeption der Missiologie auseinandersetzt.
[446] Zu den Grenzen und Chancen der Korrelation zwischen der Trinität und Gemeinde siehe Volf 1998:192-200.
[447] Ibd:200-204.
[448] Siehe zB Ratzinger (Volf 1998:204).
[449] Volf 1998: 204-205 (Übersetzung von mir).
[450] Ibd:205.
[451] Moltmann 1991a:11-21; 1991b:117-128.
[452] Zu Johannes von Damaskus, siehe: BBKL: http://www.bautz.de/bbkl/j/Johannes_v_dam.shtml.
[453] Gladis 1999:4ff.
[454] Volf 1998:209.
[455] Heute befindet sich die Ikone in der Tretjakowschen Galerie in Moskau.

⁴⁵⁶ Zur spirituellen Sozialisation Rublews und seiner Welt, siehe Demina 1972; Polunin 1974; Ilyin 1976; Losski 1997a; u.a.
⁴⁵⁷ See the discussion on the life dates of St. Sergius in Reimer 1994:161f.
⁴⁵⁸ Tolstoi 1991:177; Reimer 1994:161.
⁴⁵⁹ Zu Theologie und Lebenswerk der Gregor von Palamas siehe das ausgezeichnete Werk von Meyendorff 1964.
⁴⁶⁰ Ulyanov (2005) nennt ihn sogar den Vater der russischen nationalen Idee.
⁴⁶¹ Reimer 1994:162, and darin andere.
⁴⁶² cit. Dunayev: Reimer 1994:164.
⁴⁶³ Reimer 1994:172.
⁴⁶⁴ Ibd:174. Theofikation, oder wie hier Deifikation bedeutet nicht eine Vergötterung der Menschheit, sondern die Rückkehr in das bei der Schöpfung vorgesehene Ebenbild Gottes – eine klassische Orthodoxe Lehre von der Theosis.
⁴⁶⁵ Ibd:176ff.
⁴⁶⁶ Ibd:205.
⁴⁶⁷ Ibd:206ff.
⁴⁶⁸ Zu byzantinischer Ikonographie, siehe: Bychkov 1977.
⁴⁶⁹ Demina 1972; Dunayev.
⁴⁷⁰ Unübetroffen Beschreibt Florenski (1972) den orthodoxen Gottesdienst und die Bedeutung des Ikonostas, den Innenraum des Altars und die Heiligkeit die der orthodoxe Gläubige diesem Raum zumisst. Es ist undenkbar für einen einfachen Gläubigen diesen Raum zu betreten.
⁴⁷¹ Zu Dionysius siehe Müller 1990.
⁴⁷² Siehe zB Ps. 121,1f.
⁴⁷³ Harvey M. Conn (1997:72f) verlangt in diesem Zusammenhang, dass alle strategische Überlegungen zum Thema Gemeindegründung „God-centered in focus" und „Christ-centered in orientation" sein müssen.
⁴⁷⁴ Vicedom 2002:32.
⁴⁷⁵ John Piper hat in seinem 1993 erschienen Buch mit Recht eine deutliche Rückkehr zu einer gottzentrierten Mission der Gemeinde verlangt. Siehe auch Fernando 2000a:191-206; Bosch 1993:89-95; Wright 2006:72ff..
⁴⁷⁶ Escobar 2006:86 (Übersetzung von mir).
⁴⁷⁷ Mit Georg Vicedom (2002:101-102) kann man schon ein Teilziel der Mission im Aufbau der Gemeinde sehen, insofern nämlich sie ein Zeichen des Reiches Gottes.
⁴⁷⁸ Siehe hierzu die entsprechenden Passagen in LG, dargestellt in diesem Buch.
⁴⁷⁹ Brunner 1964:17.
⁴⁸⁰ Ibd;19.
⁴⁸¹ Bosch 1991:403.
⁴⁸² Warren in Murray 2001:40.
⁴⁸³ Zu der Auseinandersetzung zum Thema Missionmotive, siehe: Freitag 1950:1ff.
⁴⁸⁴ Bosch 1980:56.

[485] Zur Diskussion des Doppelgebotes gerade auf dem Hintegrund des Reichsgottes-Theologie Jesu, siehe Wilkens 2002:252ff.
[486] Bosch 1991:208f.
[487] Wilkens 2002:258.
[488] Bosch 1991:236.
[489] Siehe zu den Missionsmotiven in der Kirchengeschichte neben Bosch (1991), Reifler (1997:99-113), die gut gelungene Masterarbeit von Hans Walter Ritter (2003). Ritter setzt sich mit den unterschiedlichen Motiven in der Missionsgeschichte auseinander und ordnet sie entsprechenden Vorstellungen in der Heiligen Schrift zu.
[490] Gensichen 1971:25; Bosch 1991:14f.
[491] Dürr 1951.
[492] Siehe hierzu Bockmühl 1974.
[493] Van Engen 1996:151.
[494] Van Engen 1996:150f; Bosch 1980:180f; Bockmühl 1974:153.
[495] Bosch 1991:392.
[496] Neuere Entwürfe, wie Beyerhaus 1996, Kirk 1999, Ramachnadra 1996 und andere machen das überaus deutlich.
[497] McGavran 1955, 1959, 1965 und dann als Gesamtdarstellung seines Ansatzes 1980.
[498] McGavran 1973, 1977.
[499] Wagner 1971, 1976, 1981, u.a.
[500] McQuilkin 1973.
[501] Siehe in diesem Zusammenhang die Ergebnisse des Symposiums zum Prinzip der Homogenen Einheit, das 1973 am AMBS in Elkhart, Indiana stattfend (Shenk 1973).
[502] Padilla 1976.
[503] Costas 1982.
[504] Zum Beispiel: McGavran 1990; Wagner 1990b, u.a.
[505] Schwarz 1987.
[506] Wilkens 2002:131.
[507] Goppelt 1978:104ff.; Wilkens 2002:131ff.
[508] Wilkens 2002:163-183; siehe auch Capon 1985.
[509] Siehe zum Thema unter anderem: Barclay 1970: 115-167; Reisser 1976: 11-57; Cook 1992; Beasley-Murray 1986; u.a..
[510] Siehe Näheres bei Goppelt 1978:123.
[511] Siehe zB Mr. 2,24/Par.
[512] Die deutliche Abhängigkeit in der Erwartung der kommenden Gottesherrschaft von Texten im sogenannten Deuterojesaja ist sowohl für die spätjudische Literatur als auch für Jesus nachgewiesen. Siehe hierzu: Wilkens 2002:134ff.
[513] Ladd 1974:111. Ganz ähnlich auch Grudem 2004:976.
[514] Grudem 2004:976.
[515] Es kann recht problematisch werden, wenn man wie Grudem (2004:980f) es

macht, eine gewissen Prioritätsordnung der Ziele für die Gemeinde behauptet. Grudem nennt drei: Gottesdienst, Dienst an die Gläubigen und Dienst in der Welt. So richtig diese Punkte sind, so schnell können sie missverstanden werden. Der innere Aufbau der Gemeinde ist wichtig, aber NUR, wenn er der *missio Dei* untergeordnet wird. Geschieht das nicht, so werden ekklesiozentrische Interessen bald überhand gewinnen. Die Kirchengeschichte weiß davon viele Beispiele zu erzählen. Grudem selbst zeigt deutlich, wie groß eine solche Gefahr ist. Er widmet seine Ausführungen über die Gemeinde fast total dem inneren Aufbau der Gemeinde. Auf mehr als 360 Seiten (Grudem 2004:862-1228) findet sich außer dem Hinweis auf das Ziel des Dienstes in der Welt kaum eine Bemerkungen dazu, wie das zu geschehen ist. Dagegen werden die Seiten mit langen Ausführungen zum inneren Aufbau der Gemeinde gefüllt.

[516] Goppelt 1978:254.
[517] Escobar 2006:97.
[518] Fernando 2000b:207.
[519] Samuel Escobar spricht in diesem Zusammenhang über „christological pattern" für die Mission (2006:106ff.
[520] Ibd:109.
[521] Murray 2001:42.
[522] Was nicht bedeutet, das Josef sein leiblicher Vater ist. Er ist es nicht und doch unterstellt sich Jesus seiner väterlichen Autorität. Nirgenwo lässt sich im Neuen Testament eine Rebellion Jesu gegen sein Vaterhaus feststellen. Vielmehr sehen ihr die Leute in Nazareth als Sohn von Maria und Josef.
[523] Hase 1961:22.
[524] Kümmel 1976:49.
[525] TWNT/III:661.
[526] Vergleiche hierzu die deutliche Korrelation zwischen Einheit, Auftrag, Gehorsam und in der Welt bewirkten Glauben im Hohepriesterlichen Gebet Jesu in Joh. 17,20ff.
[527] Murray 2001:45.
[528] Frost 2003:37.
[529] Bosch 1991:190-191. Übersetzung von mir.
[530] Reimer 1998:110.
[531] Frost (2003:38.
[532] Deutsch: Yoder 1981.
[533] Yoder 1981:25-26.
[534] Ibd:21.
[535] Ibd:59-69.
[536] Ibd:67.
[537] Becker (1992:Sec I-2; Ellis 1992:13ff; Roenfeldt 2003:70f.
[538] Siehe hierzu Hans Küng in Sausy 1972:82.
[539] Snyder (in Ellis 1992:25-26 – Übersetzung von mir.
[540] Apg. 2,1ff.
[541] Ewert 1983:200f.

[542] Ewert 1983:201.
[543] Fernando 2000c:223f.
[544] Leonhard Goppelt lässt in seiner Theologie des Neuen Testaments (1978) die Frage nach der Beziehung zwischen Geist und Gemeinde ganz fallen. Werner Georg Kümmel (1976:278-285) behandelt die Frage nur im Zusammenhang mit der johannäischen Christusbotschaft. Wilkens (2005:139) erblickt im lukanischen Doppelwerk eine trinitarische Grundstruktur in der von Lukas erzählten Heilsgeschichte. Einen deutlichen Hinweis auf entsprechende Konsequenzen für die Gemeindelehre fehlen aber auch bei ihm. Schnabel würdigt in seinem monumentalen Werk zur „Urchristlichen Mission" (2002) die Rolle des Heiligen Geistes nur in Nebensätzen. Klaiber (1982:204ff) behandelt die Frage nach dem Geist in seiner Charismenlehre. Ganz anders dagegen Hahn in seiner Theologie des Neuen Testaments (2002). Er widmet der Rolle des Heiligen Geistes ein ganzes Kapitel (Band II:262-288) und Fee (2005) gar eine ganze Monographie.
[545] Siehe hierzu zB das sonst lesenswerte Werk von Wright 2006.
[546] Brunner 1951:17ff.
[547] Escobar (2006:113ff) verweist mit Recht auf den rasanten Erfolg der pentecostalen Mission im 20. Jahrhundert. Die Wiederentdeckung der Rolle des Heiligen Geistes und die bewusste Erfahrung der Kraft des Heiligen Geistes in der Mission scheinen der Mission eine nie dagewesene Ausbreitung beschert zu haben.
[548] Marshall 2004:36.
[549] Grudem (2004:717) schreibt: „Wir haben einen deutlichen Hinweis darauf, dass vom Anbeginn der Schöpfung die Aufgabe des Heiligen Geistes in der Verwirklichung und Unterstützung dessen, was der Gott-Vater beabsichtigt hat ...". Siehe die Argumentation im weiteren Verlauf des Textes bei Grudem 2004:717ff.
[550] Hahn 2002:274.
[551] Fee 2005:129.
[552] Clowney 1995:51.
[553] Lohfink 1982:96.
[554] Roloff 1993:63f.
[555] Hahn 2002:280.
[556] Boer 1961:109f.
[557] Fee 2005.
[558] Marshall 2004:34-37.
[559] Kraus 1993:80.
[560] Chaney 1981:20.
[561] Siehe Bosch 1991:256.
[562] Einer solchen Gefahr verfallen die meisten aus evangelikaler Feder formulierten Entwürfe, die eine deutliche Priorität der Proklamation vor sozialer Verantwortung verlangen, weil sie die Rücksetzung der Verkündigung des Evangeliums (Johnson 1984; Beyerhaus 1996), synkretistische Verunstaltung und inhalt-

liche Entleerung der Heilsabsicht Gottes (Beyerhaus 1987:161ff), eine verfälschte Botschaft (Beyerhaus 1996) befürchten, oder ein entsprechendes Vorverständnis ihre Lektüre des Neuen Testaments einbringen (Stadelmann 1996:121ff).

[563] Kritzinger 1994:36.
[564] Glasser 2003: 17-374.
[565] Spausy 1972:82.
[566] Smith 1996:340.
[567] Glasser 2003:183-258.
[568] Stadelmanns (1996:121ff) Versuch, den Gemeindebau als das eigentliche Ziel der Mission Gottes zu beschreiben, vermag nicht zu überzeugen. Sein Argument, in den Briefen des Neuen Testaments trete die Rede vom Reich Gottes eher auf den zweiten Platz, die Gemeinde sei dafür das alles überragende Thema, spricht zwar für seinen heilsgeschichtlichen Ansatz in Bibelauslegung, nicht aber notwendigerweise für ein theologisches Fundament, von dem aus die *missio Dei* ergründet werden kann. Zum anderen ist es recht zweifelhaft, ob seine Folgerungen zu halten sind. Glasser (2003) weist recht deutlich nach, dass die Proklamation des Reiches Gottes kein jesuanisches Sondergut, sondern eine durchgehende Lehre des Neuen Testaments ist.
[569] Hase 1961:22.
[570] Kritzinger 1994:36.
[571] Mims 2003:75ff.
[572] Bosch 1991:412.
[573] Graham 1997:1204f.
[574] Hase 1961:21.
[575] Bosch in Kritzinger 1994:37.
[576] Bosch 1991:399.
[577] Bonhoeffer 1983:193.
[578] Hase 1961:23.
[579] Ibd.
[580] Gemeint ist die Schlusserklärung der Lausanner Konferenz, die vom 29. September bis 5. Oktober 2005 in Pattaya, Tailand unter dem Thema „Eine neue Welt. Ein neues Herz. Erneuerte Berufung" stattfand.
[581] Autorisierte Übersetzung der Erklärung von Dr. Christof Sauer in www.lausannerbewegung.de.
[582] Casurella 1997:373f.
[583] Beutel 1998:99.
[584] Mette 1978:347.
[585] Piper 1993:11 (Übersetzung von mir).
[586] So versuchte man in der Ökumene die Beziehung zwischen Gottesdienst und Mission auf den Punkt zu bringen. Siehe dazu zB den Schlussbericht der Westeuropäischen Arbeitsgruppe des ÖRK aus dem Jahre 1967 (ÖRK 1967:29). Die Rede von der „Kirche für andere" darf also nicht die Kirche selbst als Welt disqualifizieren.

[587] Osborne 2004:320.
[588] Schwarz 1980:136.
[589] Ibd.
[590] Boer 1961:109-110.
[591] Escobar 2006:133f.
[592] Beyerhaus hat sein Verständnis in einer Fülle von Veröffentlichungen publiziert. Siehe hier Beyerhaus 1969:100-104; oder digital: „Kennen die Religionen den wahren Gott? Das Christuszeugnis in der interreligiösen Begegnung" In: http://www.diakrisis.de/vortr3.pdf. Die tripolare Vorstellung von den Weltreligionen ist 1999 auch in die Erklärung des Theologischen Konvents Bekennender Gemeinschaften „Kein anderer Name" aufgenommen worden. Siehe: http://www.institut-diakrisis.de/listeverlaut.html. Zur kritischen Diskussion, siehe Schirrmacher 1999:136-187.
[593] Gogarten 1948:133.
[594] Siehe unter anderem die Ausführungen von Steyne 1998:50ff.
[595] Zu der Gabe der Geisterunterscheidung, siehe Reimer 2006:101-104.
[596] Zu der Gabe der Dämonenaustreibung, siehe Reimer 2006:19-112.
[597] Escobar 2006:155ff.
[598] Paul Hiebert (2000:114-124) zeichnet in seinem Aufsatz „Spiritual Warfare and Worldviews" den engen Zusammenhang zwischen Weltanschauungen und der Gestalt des Bösen in der Welt auf. Er warnt mit Recht davor sich von den Weltanschauungen leiten zu lassen und diese als Denkrahmen zur Beurteilung des Dämonisches in der Welt heranzuziehen. Weltanschauungen sind korrumpierte Sichtweisen. Und das gilt auch und gerade für die Einordnung des Bösen selbst.
[599] Escobar 2006:134.
[600] Siehe hierzu Allens hervorragende und immer noch aktuelle Buch „Missionary Methods: St. Paul´s or Ours?" (1962).
[601] Dyrness in Escobar 2006:137.
[602] Van Engen 2006:89.
[603] Van der Ven 1990.
[604] Ibd:138ff.
[605] Ibd: 138.
[606] Meier 1998:27.
[607] Käser 1997:37.
[608] Hatch 1985:178.
[609] Spencer-Oatey in Dahl 2002:4.
[610] Ferraro 1998:18.
[611] siehe in Dahl 2002:4.
[612] Van der Ven 1990:143ff.
[613] Hiebert 2006:169ff. zeigt in seinem wohl beachteten Aufsatz zu soziokulturellen Theorien und der Mission, wie notwendig es ist, Gesellschaftskonzepte zu verstehen. Das Fehlen solcher Einsichten haben in Fehlern auf den Missionsfeldern des Westens in der Vergangenheit geführt und die Gefahr ist groß,

dass diese Fehler nun auch im zum Missionsfeld gewordenen Westen selbst wiederholt werden.
[614] Frost 2003:30.
[615] Bosch 1991:425
[616] Van Engen 2006:97.
[617] McPhee 2006:135.
[618] Moreau, A. Scott 2004:12.
[619] Idowu in Günther (10.10.2005).
[620] Ibd.
[621] Appiah-Kubi in Günther (10.10.2005).
[622] Nunez 1989: 312.
[623] Potter 1973:180f.
[624] Torres 1990:16.
[625] Asmus 2004:5.
[626] Boff 1982:184f.
[627] Mesters 1983. Zur kritischen Rezeption des Ansatzes siehe: Huning 2005.
[628] Waldenfels 1987.
[629] So zB Mbiti 1987; Sanneh 1990.
[630] Siehe dazu Brandt 1986:144-159; Usdorf 1991:145-149.
[631] In Schäfer 1996: 168ff.
[632] Günther 1997:184-195.
[633] Siehe dazu unter anderem Neufeld 1998:193-203.
[634] Schreiter 1997.
[635] Asmus 2004:15.
[636] Nicholls, 1979:21, Hesselgrave 1989:28f.
[637] Hesselgrave 1989:33.
[638] Morea 2004:12.
[639] Bevans 1992:1.
[640] Hesselgrave 1989:XI.
[641] Scherer & Bevans 1992:30.
[642] Ibd:31.
[643] Ibd:33.
[644] Ibd:263ff.
[645] Scherer & Bevans 1992:160.
[646] Siehe dazu: Ibd: 235.
[647] Yannoulatos 1985:192.
[648] Kritzinger 2001:147.
[649] Ibd.
[650] Holland und Henriot 1982.
[651] Kritzinger 2001:149.
[652] Scharrer 2002:28f.
[653] Ibd:123ff.
[654] Zunkel 1987:172.
[655] Siehe zu dieser Frage die Frankfurter Erklärung zur Grundlagenkrise der

Weltmission in: http://209.85.135.104/search?q=cache:gais6UfMhP8J:
www.bibubek-baden.de/pdf/Frankfurter%2520Erklaerung_1970.pdf+
Evangelium+Heil+Erl%C3%B6sung&hl=de&ct=clnk&cd=110&gl=de.
[656] Schnabel 1993:28-30.
[657] Tidball 1999:261ff.
[658] Lean 1969; Berneburg 1997: 27f.
[659] Lean 1974, Tidball 1999:259-261.
[660] Stott 1987:15f; Tidball 1999:262.
[661] Berneburg 1997:30-31.
[662] Heimowski 2006; Collier 1981, u.a.
[663] Collier 1981:35.
[664] Sider 1974:40.
[665] Berneburg 1997:45, vgl. auch Sider 1974:13.
[666] Es wäre sicher falsch zu erwarten, die RE hätten die theologischen Konstrukte aus dem frühen Evangelikalismus einfach übernommen. Kritiker weisen mit Recht darauf hin, dass die RE ein viel weiteres Reich-Gottes-Verständnis aufweisen, als das bei den Vätern und Müttern der Erweckungswebegungen in England und USA der Fall war. Auch lässt sich kaum leugnen, dass nicht alle frühen Evangelikalen eine Gleichstellung von Evangelisation und sozialer Verantwortung vertraten. John Wesley sprach der Evangelisation deutlich eine Priorität zu. Zur Kritik siehe: Tinker 2001:147-157.
[667] Sider 1979:164. Übersetzung von mir.
[668] Siehe dazu: Escobar 1974:415; Sider 1982:15,41,49; 1995:37-38).
[669] Deutsch: Yoder 1981.
[670] Yoder 1981:25-26.
[671] Ibd:21.
[672] Ibd:59-69.
[673] Ibd:67.
[674] Costas 1979:70; Samuel 1982: 48-49; Sider 1982:15-20; Wright 2006:289-323.
[675] Wright 2006:289ff.
[676] Sider 2001:9-10.
[677] Costas 1982:127; ganz ähnlich bei Sugden 1983:15; Wallis 1983:73; Scott 1997:241.
[678] Costas 1989:6-9.
[679] Costas 1989.
[680] Costas 1989:8).
[681] Sugden 1983:65-66.
[682] Berneburg 1997:54f,
[683] Johnston 1984:251.
[684] Fraternidad Theologica Latinoamericana.
[685] Sider 1974:12ff.
[686] Padilla 1985:8.
[687] Graham 1974:55.
[688] Padilla 1985:7-11.

[689] Peter Beyerhaus bezeichnet sie so bereits so auf dem Kongress selbst. Er unterscheidet mindestens sechs Gruppen von Evangelikalen, die an dem Kongress teilnahmen (Beyerhaus 1975:307f), wobei er eine dieser Gruppen deutlich als „radikal" identifiziert.
[690] Johnston 1984:319.
[691] Beyerhaus 1996:446.
[692] Gill 1977:87. Siehe auch die Stellungnahmen Siders (in Costas 1979:ix), Padillas 1977:9ff.
[693] Costas 1977:138.
[694] Stott 1975:23.
[695] In Gill 1977:88.
[696] Samuel 1986:190; Hardmeier 2006:16.
[697] Escobar 2000b:105.
[698] Sider 1977 (1978 in Deutsch); Scott 1980; Sider 1979 (1982 in Deutsch); Sugden 1981 (1983 in Deutsch); Wallis 1981 (1983 in Deutsch); Wallis 1983 (1984 in Deutsch); Costas 1974; 1979; 1982; u.a..
[699] Padilla und Sugden 1985:15. Es fällt auf, wie stark das Lima-Papier sich an die Schlussakte der Generalkonferenz der Römisch-Katholischen Bischöfe in Medellin 1969 anlehnt. Siehe den Vergleich bei Hardmaier 2006:16f.
[700] Sugden 1983:147-151.
[701] Berneburg 1997:101.
[702] Ibd:102.
[703] Die Schlussfassung wurde von Orlando Costas, Peter Kuzmic, Andrew Kirk, Vinney Samuel, Ronald Sider und C.L Hilliard verfasst (Costas 1987:15).
[704] Costas 1987:15.
[705] Siehe den Text in Costas 1987:16f.
[706] Es fällt auf die Nähe der Forderungen der Evangelikalen an den Ergebnissen des ökumenischen Weltmissionskongresses in Melbourne, der kurz vor der Konferenz in Pattaya stattfand und an dem einige der Evangelikalen teilnahmen und recht beindruckt von dessen Ablauf nach Pattaya kamen (Beyerhaus 1996:218). Costas weist sogar darauf hin, dass sich die Sondererklärung der Radikalen deutlich den in Melbourne formulierten Herausforderungen stellt (Costas 1982:153).
[707] Berneburg 1997:106.
[708] Siehe den Schlussbericht bei Samuel und Sugden 1987c:12.
[709] Bockmühl 1983:23ff. Hervorhebungen im Original.
[710] Die Berichte wurden von Nicholls (1987) für Track 1, Sookhdeo (1987) für Track 2 und Samuel und Sugden (1987) für Track 3 veröffentlicht.
[711] Kuzmic 1986a.
[712] Samuel und Sugden 1987b.
[713] Ibd.
[714] Samuel und Sugden 1987:123.
[715] Hardmeier 2006:26f.
[716] Siehe den deutschen Berichtsband in Marquardt 1990.

717 Houston 1990:115ff.
718 Kuzmic 1990:74-75.
719 Molebatsi 1990.
720 Berneburg 1997:229f.
721 Taylor 2000:4.
722 Hardmeier 2006:35-36.
723 Siehe dazu: www.micahnetwork.org.
724 Autorisierte Übersetzung der Erklärung von Dr. Christof Sauer in www.lausannerbewegung.de.
725 Siehe den Bericht als LOP No. 33
726 Westermann (1978:30) spricht in diesem Zusammenhang vom „Kern der Tradition" Israels, die an die kommende Generation weiter zu tradieren war. Siehe Dtn. 6; Ri 6,13.
727 Zur Diskussion über die Bedeutung des Exodusnarrativs für die biblische Theologie der Erlösung siehe Wright 2006:265ff.
728 Wright 2006:265ff.
729 Wright 2006:268-269.
730 Wright 2006:273.
731 Siehe zur Diskussion Wright 2006:276-286.
732 Auch Halljahr, Jobeljahr, oder Jubeljahr. Martin Luther führte den Begriff „Halljahr" ein, der ihn vom Hall des Horns ableitete, mit dem das Erlassjahr eröffnet wurde. Jobeljahr entstammt dem hebräischen Wort *jobel*, was Widder oder Widderhorn heißt. Jubeljahr geht auf das Lateinische zurück. Hier wurde das Jobeljahr mit *annus jubilaei* übersetzt (Maier 1994:427). Die Bezeichnung Erlassjahr entstammt der LXX (Maier 1994:429).
733 Für einige Forscher handelt es sich um das 49. Jahr, so Wenham 1979:317. Siehe zur Diskussion in Hartley 1992:434ff; Maier 1994:429.
734 Zum Text in Lev. 25 siehe die Darstellung von Noth 1962:160-169 der den historischen Hintergrund des Erlassjahres erhellt.
735 Wenham 1979:323.
736 Wenham 1979:323; Hartley 1992:443, 445.
737 House 1998:147.
738 Ibd.
739 Hartley 1992:443.
740 Zur Rezeption im AT siehe Hartley 1992:446f; Maier 1994:429f.
741 Wright 2000:708; Hartley 1992:447f.
742 Zu den unterschiedlichen Interpretationen dieses Textes und deren Bedeutung für die Mission, siehe: Willoughby 1995:41-55.
743 Deutsch: Yoder 1981.
744 Yoder 1981:25-26.
745 Ibd:21.
746 Ibd:59-69.
747 Yoder 1981:67. Siehe in diesem Zusammenhang auch die Ausführungen von Fritz Rienecker, der mit anderen Exegeten von der gleichen Tatsache ausgeht,

ja diese sogar als heilsgeschichtliche Voraussetzung für den Beginn der messianischen Tätigkeit Jesu sieht (Rienecker 1959:127).

[748] Mehrere Studien zur Bedeutung der Theologie und der Sprache des Jubeljahres in den Evangelien unterstreichen diese Annahme. Siehe unter anderem: Sloan (1977), der sich intensiv mit der Theologie des Jubeljahres in den Evangelien auseinandersetzt, Ringe (1985), die nach den Spuren der Jubeljahr Sprache in den neutestamentlichen Texten sucht, u.a.

[749]

[750] Hertig 1998:176f (Übersetzung von mir); Siehe auch Wright 2006:301.

[751] CA 7.

[752] Siehe in Yoder 1994:77. Zum Gemeindeverständnis bei Menno Simons siehe Wall 1996:149-187.

[753] Siehe dazu den Aufsatz Yoders „A People of the World" (Yoder 1994:76ff).

[754] Barrett 2006.

[755] Barrett 2006:177.

[756] Siehe hierzu: Bosch 1991:; Barrett 2006:178.

[757] Guder 1998.

[758] Barrett 2006:179.

[759] Ibd:180-183.

[760] Siehe dazu auch die Ausführungen Lindners (1994:128-130).

[761] Lindner 1994:132f

[762] Lindner 1994:132.

[763] Gibbs 2006:184.

[764] Zu den einzelnen Positionen der Sozialdoktrin siehe die offizielle Veröffentlichung in deutscher Sprache: http://orthodoxeurope.org/page/3/16.aspx (30.05.2008); http://www.hamburg-hram.de/de/wp-content/files/Sozialdoktrin_ROK.pdf (30.05.2008).

[765] Roennfeldt 2003:6f.

[766] Logan 1992b:35.

[767] Beutel 1998:104.

[768] Ibd.

[769] McGavran 1970: In Deutsch erschienen 1990.

[770] Zur theologischen und missiologischen Einordnung des Lebenswerkes D. McGavrans siehe: Maier 1994; Kasdorf 1976; Rommen 1987; Zunkel 1987, u.a..

[771] McGavran 1990:199.

[772] Ibd:68.

[773] Ibd:128.

[774] Warren 1998.

[775] Ibd:31.

[776] Ibd:63.

[777] Ibd:167.

[778] Ibd.

[779] Ibd:173.

[780] McGavran 1990:175ff.

[781] Ibd:226.
[782] Warren 1998:177.
[783] Paul Hiebert in Zunkel 1987:66.
[784] Padilla 1985:168. Zur Diskussion der unterschiedlichen Positionen im Bezug auf die Prinzipien des Gemeindewachstums, wie McGavran sie formulierte, siehe Engle 2004. Die hier vorgestellten fünf controverse Standpunkte, fassen sowohl das Diskussionsfeld, als auch die Probleme der wichtigsten Postulate der Gemeindewachstumsbewegung bestens zusammen.
[785] Siehe entsprechende Kritik aus den USA bei DuBose 1978. David Britt (Conn 1997:135ff) gibt einen guten Einblick in die Probleme der Gemeinden, die sich im Kontext der Stadt im Prozess kontinuierlicher Bevölkerungsbewegung befinden.
[786] Mark R. Gornik zeichnet in seinem Buch „To Live in Peace. Biblical Faith and the Changing Inner City" (Gornik 2002) die Entwicklung des Stadtteils Sandtown in Baltimore, USA nach. Innerhalb kürzester Zeit hat sich hier ein Stadtteil in jeder Hinsicht gewandelt (:35-50), Jeder Versuch Gemeindearbeit an einer gomogenen Gruppe zu orientieren, wäre hier zum Scheitern verurteilt gewesen. Gornik spricht von den „Excluded Neighbourhoods" (:35ff), die die Entwicklung urbaner Wohnräume schwierig machen. Er sieht in der Entwicklung solcher Lebensräume gar eine missionarische Verantwortung der Gemeinde für die Innenstadt (:65ff).
[787] Shenk 1983:144ff.
[788] Ibd:153-154.
[789] Costas 1983:85ff.
[790] Zunkel 1987:105ff.
[791] Saucy 1972:69.
[792] Towns in Stetzer 2003:83.
[793] Schwarz 1993:112.
[794] Schwarz 1993:85.
[795] Gibbs 2000:17f.
[796] Frost 2003:6ff.
[797] Ibd:30.
[798] Beutel 1998:11ff.
[799] Deutsche Übersetzung in Hybels 1996:219-232; Beutel 1998:14-15.
[800] Hybels 1996:239ff.
[801] Ibd:242.
[802] Zur aktivierenden Gemeindearbeit im deutschen Kontext, hier vor allem Volkskirchlichen Kontext, siehe Lingscheid 1990.
[803] Sie zur Diskussion des Konzeptes: Murray 2001:131ff.
[804] Croft 20052:33-3. Siehe auch Murray 2001:189.
[805] Croft 20052:33-3.
[806] Müller-Weißner/Volz in Lingscheid 1990:39.
[807] Siehe zur Diskussion in Murray 2001:128ff.

[808] Es handelt sich hierbei um ein gedankliches Konstrukt und keine konkrete Gemeinde.
[809] nach Dittmann 2003.
[810] Siehe hierzu den hervorragenden Band von Harvie M. Conn, *Planting and Growing Urban Churches* (1997).
[811] in Conn 1997:19ff.
[812] Rusaw 2004:16.
[813] Frost 2003:18.
[814] Siehe hierzu: Rusaw 2004:24ff.
[815] Rusaw 2004:28.
[816] In Rusaw 2004:19.
[817] Ibd:29.
[818] Ibd.
[819] in Stadelmann 1998:240-243.
[820] Schnee 2004.
[821] Schnee 2004.
[822] zit. nach Lingscheid 1990:51-52.
[823] Schnee 2004:17.
[824] Unter lokalen Akteuren im Sozialraum versteht die Landesarbeitsgemeinschaft sozialer Brennpunkte Niedersachsen e.V. „Menschen und Organisationen, die in dem Gebiet leben, bzw. arbeiten" (Landesarbeitsgemeinschaft 2004:15).
[825] Gemeinwesenarbeit (GWA) hat sich im vorigen Jahrhundert entwickelt und geht unmittelbar auf die sozialen Missstände infolge der industriellen Revolution und des Frühkapitalismus des 19ten Jahrhunderts zurück.Als hervorragende Beispiele dieser ersten Anfänge können Toynbee-Hall in England und das Hull House in Chicago gelten: Das anglikanischen Pastorenehepaar Barnett gründete 1884 in London die erste „Settlement-Niederlassung" mit Wohnbereich, den sie Toynbee-Hall" nannten. Sie ermutigten vor allem Stundenten und Absolventen von Universitäten unter den Armen des berüchtigten Whitechapel-Viertels zu wohnen. Die Idee war denkbar einfach. Durch die Ansiedlung Angehöriger höher gestellter sozialer Klassen inmitten von Armutsvierteln, die Lage der Armen zu verbessern. Heute gibt es Tausende von solchen Nachbarschaftszentren in der ganzen Welt, die in der „International Federation of Settlements & Neighborhoods Entres" (IFS) zusammengeschlossen sind.Jane Addams, eine christliche Humanistin und Wissenschaftlerin von der Chicagoer Universität gründete zusammen mit einigen Kollegen das Projekt „Hull House" im Jahre 1889, um Hilfe und Dienstleistungen an viele Flüchtlinge und Einwanderer der wachsenden Industriemetropole zu leisten. Hull House war das erste soziale Projekt der Stadt und hat eine Reihe von Verbesserungen für die Arbeiterfamilien erreicht.
[826] Das erste Lehrbuch stammt von F. Steiner (1925).
[827] Rausch 1997; Gllich 2004
[828] Schnee 2004:17.

829 Beck 1986.
830 Aktivierende Befragungen meint eine Befragung im GW mit dem Ziel, durch die Fragen selbst das Gespräch über soziale Brennpunkte zu suchen und somit aktive Beteiligung an der GWA anzuregen. So werden Beteiligungspotenziale unter den Mitmenschen im GW erschlossen und motiviert.
831 Elsen 2004:99.
832 Elsen 1998:62f.
833 Negt 1995:6.
834 Ries 1997:22.
835 Ibd.
836 Lit.: Lüdke. 2003. 72ff. 124 ff
837 Schaller 1972:3.
838 Ibd.
839 Ibd:8.
840 Zur Reflektion, siehe: Lingscheid 1990:48ff.
841 Zu Biographie und seiner Sozialtheologie siehe Sturm 2004.
842 Wichern zit nach Dittmann 2003.
843 Lingscheid 1990:49.
844 Ibd.
845 Siehe hierzu Schaller 1972.
846 Peters in Lingscheid 1990:78.
847 Betz 1969:175ff.
848 in Lingscheid 1990:78.
849 Siehe hierzu den Bericht in Rusaw 2004:159f.
850 Rusaw 2004:104f.
851 Übersetzung von mir. Im Original: „Vision is a picture of the future that produces passion." (Hybels 2002:32).
852 Ibd.
853 Barna 2003:24. Im Original: You might define vision as foresight with insight based on hindsight.
854 Ibd. Im Original: Vision for the ministry is a clear mental image of a preferable future future imparted by God to his chosen servants and is based upon an accurate understanding of God, self and circumstances.
855 URL: http://www.kathluzern.ch/dl.php/de/20040709115942/Leitbild_Inhalt.pdf.
856 Im AT: Dtn. 6,5 und Lev. 19,18.
857 Siehe Bericht in Hepp 1971:171-186.
858 in Hepp 1971:172.
859 Ibd: 173.
860 Ibd: 175f.
861 Ibd: 182.
862 Ibd:185.
863 Hybels 1996:187ff.
864 Ibd: 193.

[865] Hybels 2005:27.
[866] Ibd:49f.
[867] Ibd:75f.
[868] Hybels 1996:194.
[869] Ibd:80.
[870] Ibd.82ff.
[871] Hybels 2005:131ff.
[872] Hybels 1996:195.
[873] Ibd.
[874] Hybels berichtet über seinen Gesinnungswandel, den er als Folge der Lektüre des Buches von Emerson, Kim, Yancey und DeYoung (2003) mit dem Titel *United by Faith* erfahren hat in der April 2005 Ausgabe von *Christianity Today* (Vol. 49, Nr.4, Seite 37ff).
[875] Die Ausführung basieren auf einem Bericht von William Travis (Conn 1997:231ff). Sie sind allerdings bereits im Jahre 1989 niedergeschrieben worden.
[876] Conn 1997: 232f.
[877] Ibd.
[878] Ibd: 237.
[879] Schreiter 1992:2-10; Conn 1997:239.
[880] in Conn 1997:240.
[881] Ibd.
[882] Ibd:241.
[883] Statistisches Jahrbuch der Stadt Bochum 2007:50-51.
[884] Ibd: 55.
[885] Rottmann 1998:9-10.
[886] Ibd: 13.
[887] Rottmann 1998:14.
[888] http://stadtteilweb.de/stadtteil1/konzeption.php (Stand 09.10.2007).
[889] Falkenhein 2008:9.
[890] Neufeld 2008:4.
[891] Falkenhein 2008:11.
[892] Rottmann 1998:10.
[893] Neufeld 2008:4.
[894] Ibd.
[895] http://stadtteilweb.de/stadtteil1/prinzipien.php (Stand 09.10.2007).
[896] Rottmann 1998:11-12.
[897] Rusaw 2004:37f.
[898] Ibd:49.
[899] Ibd.
[900] Ibd:40f.
[901] Ibd:43.
[902] Ibd:43-45.
[903] Ibd:44.

[904] Rusaw 2004:49.
[905] Callahan setzt sich mit der Problematik der nach innengerichteten Leitung der traditionellen Gemeinden auseinander. Seiner Untersuchung nach tendiert fast jedes Gemeindeleitungsmodell, dass mit professioneller Leitung arbeitet heute dazu eher Gemeinde nach innen zu bauen. So geht die Sicht für Mission verloren. Callahan konstatiert: missionarische Gemeinde müssen von Leitern geführt werden, die nach außen denken (Callahan 1990:3ff). Siehe auch Richards 1980:89ff.
[906] Frost 2003:164.
[907] Stetzer 2003:84-85; Saucy 1972:106ff; u.a.
[908] Es handelt sich um die Gaben des Apostels, Propheten, Evangelisten, Hirten und Lehrers. Zum fünffältigen Dienst siehe: Kaldewei . Zur Verkündigung in der Gemeinde, die nach dem fünffältigem Dienst aufgebaut wird siehe Reimer 2004.
[909] Zum Ältestendienst in der Gemeinde, siehe Strauch 1995.
[910] Callahan 1990:37f.
[911] Sehr hilfreich in diesem Zusammenhang sind die Anweisungen des Paulus, die er an die Ältesten der Gemeinde zu Ephesus in Milet gab. Siehe dazu Apg. 20,28.
[912] Es fällt auf, das die hier erwähnten Ältesten nach solchen unterschieden werden, die da lehren und predigen und solche, die es wohl nicht tun. Eine weit verbreitete Meinung, ein Ältester muss lehren können, wie es 1Tim. 3,2 für den Vorsteher erwartet kann daher nicht automatisch auf alle Ältesten übertragen werden. Siehe dazu Stetzer 2003:87.
[913] Van Engen 1996:233.
[914] Bezeichnenderweise versucht Van Engen nicht theologisch, sondern am Beispiel eines persönlichen pastoralen Beispiels, also pragmatisch, seine Forderung zu untermauern, sehr zum Nachteil der richtig aufgestellten Forderung. Studiert man jedoch die Geschichte des beschriebenen Pastors Don Daniel (Van Engen 1996: 233ff), dann kann man sich des Eindrucks nicht erwehren, dass hier apostolische Beispiele, wie das des Paulus Pate gestanden haben. Im Gegensatz dazu verzichtet Cannistraci (2001:107ff) auf Beispiele von Aposteln heute, um die Sache selbst nicht ins Zwielicht zu bringen. Beide fordern den apostolischen Dienst, Cannistracis Vorgangsweise ist jedoch überzeugender.
[915] Barna 2001:18ff.
[916] In seinem Buch „The Power of Team Leadership" entwickelt George Barna (2001) sowohl aus theologischen als auch rein gemeindepragmatischen Gründen eine überaus lesenswerte Theorie der Leitung durch das Team. Siehe zum gleichen Thema auch Cordeiro 2001.
[917] Cannistraci 2001:67. Zur Diskussion des Namens Junia und damit zur Frage ob Frauen Apostel gewesen sind, siehe Cannistraci 2001:100ff.
[918] Grudem 1994:911; dt. Übersetzung in Cannistraci 2001:90.
[919] Siehe unter anderem Lose 1953 und Schmithals 1961.
[920] Geldbach 1978:386.

⁹²¹ Um jeder Verwechslung mit neuapostolischen Vorstellungen aus dem Wege zu gehen, verweise ich hiermit auf die entsprechenden Veröffentlichungen zur Neuapostolischen Kirche. Siehe hierzu: URL: http://www.dioezese-linz.or.at/pastoralamt/weltanschauungsfragen/neuapost.asp; Reller 2000:338-350; Hutten 1997:470ff.

⁹²² TWNT, I:421f; Rengsdorf 1933:397.

⁹²³ TWNT, I:438.

⁹²⁴ Rengstorf (1933:422) bezeichnete den den Kreis der neutestamentlichen Aposteln, ausserhalb der 12, als „Urchristliche Missionare". Es liegt zwar auf der Hand den griechischen Begriff *apostolos* mit dem lateinischen Missionar wiederzugeben. Eine Gleichsetzung des Dienstes des Apostels mit dem heutigen Berufsbild des Missionars scheint mir jedoch zu kurz zu greifen. Der Missionar heute steht für eine Fülle von Beauftragten der Kirche, die allerdings alle über einen gemeinsamen Nenner verfügen – sie sind Menschen, die den Auftrag der Kirche über die Kirchegrenzen hinaus wahrnehmen. Sie tragen demnach alle eine gewisse apostolische Note, Aposteln müssen sie deshalb noch nicht sein.

⁹²⁵ Cannistraci (2001:111.

⁹²⁶ Zum Begriff des Pflanzens siehe im AT: Ex.15,7; 2Sam. 7,10; Ps. 1,3; 80,16; 92,14; Jer. 2,21; 11,17: 42,10; u.a. und im NT: Mt. 15,13; 21,33; Röm. 6,5; Jak. 1,21; u.a. Zum Begriff des Begiessens siehe zB Jes.44,3.

⁹²⁷ So zB Schlatter 1985: 129-130; Wendland 1976: 33.

⁹²⁸ Zu dieser Strategie des Paulus siehe das hervorragende Werk von F.F.Bruce, *Paul: Apostel of The Heart Set Free.* (1979).

⁹²⁹ In seiner vielbeachteten Monographie „The Gift of Prophecy" (Grudem 1988, Deutsch: 1994) bestreitet Grudem eine leitende Funktion für den Propheten in den neutestamentlichen Gemeinden. Seine Argumentation baut auf eine Auswertung entsprechender Perikopen aus der Apostelgeschichte. Grudem missachtet damit einfach Eph.2,20; 4,11. Danach waren Propheten wichtige Leiter der Gemeinde, die mit „Verkündigung, Leitung und Lehre" (Schnackenburg 1982:183) betraut wurden. Siehe auch: Barth 1960:435-436; u.a. Turner (1996:206) schreibt, dass es keinen Grund gibt anzunehmen, dass „die Propheten in der frühen Kirche Leiter gewesen sind, die fähig waren zu predigen und zu lehren."

⁹³⁰ hebr. *nabi* = Berufener, *roaeh* = Seher, oder auch *isch ha aelohim* = Mann Gottes. Siehe hierzu: Betz 1990:1231-1240.

⁹³¹ Grudem 1994:13ff.

⁹³² Zur Prophetie als Offenbarungs-Interpretation der Geschichte siehe Flückiger 1983:22ff.

⁹³³ Turner 1996: 190.

⁹³⁴ Siehe zum Begriff der neutestamentlichen Prophetie: Turner 1996:187ff; Grudem 1988; Aune 1983; Forbes 1995.

⁹³⁵ Croucher 2002:6.

⁹³⁶ Aune 1983:247f, 317f.

[937] Turner 1996:204-205.
[938] Aune 1983:441; Turner 1996:205.
[939] Aune 1983:338; Turner 1996:205.
[940] Siehe hierzu 1Kor.14,24-25 als Konkretion der prophetischen Ermahnung im Kontext des Gemeindegottesdienstes.
[941] Diese Forderung wird in der neueren praktisch-theologischen Literatur immer wieder aufgestellt. Siehe: Mauerhofer 1998:114.
[942] Küng 1968:433.
[943] Siehe hierzu: Bosch 1997, Klaiber 1990 u.a.
[944] Klaiber 1990:34.
[945] Vgl. Jes.61,1; Nah 2:1 und Jes 52:7 siehe hierzu auch Röm 10:15.
[946] Bosch in Müller, Karl. Dictionary of Mission, S. 151.
[947] Der Begriff „Evangelisation" wurde und wird im deutschen Sprachraum unterschiedlich verwendet. Nach Klaiber (1990:24) ist Evangelisation im freikirchlichen Raum eine Verkündigungsveranstaltung in einem Saal oder Zelt, die auf die Bekehrung des Einzelnen abzielt, während es im römisch-katholischen Bereich um eine Neubesinnung der Sendung der Kirche in die Welt handelt. Walldorf (1999:23) unterscheidet in seiner Arbeit zwischen „Evangelisierung" (Prozess und Ausmaß) und „Evangelisation" (Wirksamkeit an sich), verwendet die beiden Begriffe aber theologisch synonym. Auch im englischen Sprachgebrauch wird „ Evangelism „ und „ Evangelization „ unterschieden. Bosch (1991:409) versteht unter *evangelism* „... (a) the activities involved in spreading the gospel, or (b) theological reflections on these activities." Und *evangelization* definiert er als „... (a) the process of spreading the gospel, or (b) the extent to which it has been spread".
[948] Laut J. Howard Marshall (2000: 251ff) war der Evangelist ein in der Urkirche weit verbreitetes Amt, das sich vornehmlich für die direkte Verkündigung des Evangeliums an die Heiden, aber auch für die Ordnung der Gemeindeverhältnisse im Sinne deren Vorbereitung für die Evangelisation einsetzte. Marshall verweist hier ausdrücklich auf den Dienst des Timotheus, der von Paulus als Evangelist bezeichnet wurde.
[949] Graham 1984:12. Das bedeutet nicht, dass hier die Verkündigung als bloße Bekehrungspredigt missverstanden werden muss. Die Gute Nachricht ist eine Nachricht vom allumfassenden Schalom Gottes. So gesehen ist auch die Aufgabe des Evangelisten eine ganzheitliche (siehe dazu die hervorragende Studie von Pedrito U. Maynard-Reid 1997). Evangelisation zielt immer auf Transformation und umfassendes Heilwerden des Menschen und seiner Lebenswelt. Doch während alles christliche Zeugnis eine evangelistische Dimension aufweist (ÖRK 1963: 25f), ist nicht jedes Zeugnis von seiner Intention her Evangelisation. Zur Unterscheidung zwischen missionarischer Dimension und missionarischer Intention siehe: Gensichen 1971.
[950] Riecker 2001:107.
[951] Ibd:114.

[952] Ibd:132f.
[953] Ibd:163.
[954] Ibd:179.
[955] So schon sehr früh in der Reformatorischen Theologie gesehen. Siehe dazu die Zusammenfassung bei Ziemer 2000:62ff.
[956] Siehe hierzu die Ausführungen von Bohren 1979:129-142; Adams 1972:52ff; Ziemer 2000:121f.. Das die Gemeinde der primäre Ort der Seelsorge ist, kann nicht genug betont werden, gerade in Zeiten der zunehmenden Professionalisierung der seelsorgerlichen Dienste der Kirche. Ziemer (2000:123) ist unbedingt recht zu geben, wenn er das Primat der Gemeindeseelsorge jedem anderen Angebot voranstellt. Er schreibt: „Das die Gemeinde der primäre Ort der Seelsorge ist, daran muss auch festgehalten werden, wenn von speziellen Seelsorgediensten – im Krankenhaus, im Gefängnis, bei sozialen und psychologischen Beratungsstellen – die Rede ist. Diese werden sich in der sich immer mehr differenzierenden Gesellschaft zunehmend wichtig, aber sie werden auf Dauer nur gedeihen auf dem Wurzelboden der Gemeindeseelsorge. Wenn hinter den seelsorgerlichen und beraterischen der Kirchen nicht mehr lebendige Koinonia-Erfahrungen in den Gemeinden oder Gemeindegruppen stehen, dann wird diesen über kurz oder lang der Atem ausgehen, weil der ´geistliche Kraftanschluss fehlt. Je mehr dies gegeben ist, je mehr die Seelsorge in der Gemeinde als dem Ort gelebten Glaubens verankert ist, um so aussichtsreicher wird es sein, Seelsorge dort praktizieren zu können, wo Menschen sie brauchen und sich vielleicht sogar danach sehnen, obwohl sie sich innerlich und äußerlich von der Kirche weit entfernt haben. Seelsorge für die Welt setzt die Gemeinde als Ort der Seelsorge voraus."
[957] Ziemer 2000:122.
[958] Siehe hierzu unter anderem Gnilka 1991:103.
[959] Zur Diskussion des Begriffs und seine Bedeutung für Theorie der Seelsorge siehe die Ausführungen bei Adams 1972:39ff.
[960] Ziemer 2000:182.
[961] Eine sehr hilfreiche Diskussion der Beziehung zwischen dem biblischen Konzept des Allgemeinen Priestertums und dem Hirten-Amt in der Kirche findet sich bei Uhsadel 1966:35ff.
[962] Ziemer (2000:182) beschreibt hier die sogenannte Fähigkeitskompetenz, die er bewusst von der Zuständigkeitskompetenz, die einem Hirten durch Ordination oder besondere Geistbegabung angetragen wird.
[963] 2000:182-185. Etwas einfacher drückt es Gangel (1981:168) aus. Er beschreibt die allgemeinen Qualifikationen eines Leiters als Seelsorger in folgenden sieben Kategorien:

2. Er sollte seine Gefühle kontrollieren können;
3. Er sollte hören können;
4. Er sollte sich als guter Freund beweisen;
5. Er sollte lernen katalytische Fragen zu stellen;
6. Er sollte lernen, Sachen in totaler Perspektive zu sehen;

7. Er sollte sich vor der Versuchung hüten als Berater missbraucht zu werden;
8. Er sollte Freund bleiben, egal wie der Seelsorgesuchender verhält.

[964] Tacke 1975:92ff.
[965] Gangel 1981:13.
[966] Ibd:37f.
[967] Murray 2001:213.
[968] Zum Genius des APEHL siehe: Frost 2008. Zu der Notwendigkeit im Gemeindebau: Murray 2001:213ff. Zu den Gaben von APEHL siehe Reimer 2005; 2006:27ff.
[969] Ogden 1990:189f.
[970] Ibd.
[971] Zu Team-Leitung in der Gemeinde und Gemeindegründung siehe: Gangel 1997; Gladis 1999; Malphurs 1999; Cordeiro 2001.
[972] Informationen hierfür bieten: Hiebert 1985.
[973] McLaren 2000; Stetzer 2003; Gibbs 2000 widmen ihre ganzes Werk oder wesentliche Teile der Frage der Gemeindegründung in der vom Postmodernismus beherrschten Welt des Westens.
[974] siehe hierzu Dockery 1995.
[975] Zur Definition und Spielarten siehe Dockery 1995; Grenz 1996.
[976] Stetzer 2003:115.
[977] Siehe dazu unter anderem Webber 1999; White 1997.
[978] Ein solchen kreatives Umdenken fordert zum Beispiel James White in seinem 1997 erschienen Buch (White 1997).
[979] Wright 1992:23.
[980] Zu den unterschiedlichen Konzepten der Neuevangelisierung Europas siehe die hervorragende Arbeit von Friedemann Walldorf (2004).
[981] Tom Wright beschreibt anschaulich, welche Gefahren gerade für den missionarischen Gemeindeaufbau eine solche dualistische Theologie bietet. Eindrücklich plädiert er dafür einen dritten Weg zu suchen, der deutlich den Unterschied zwischen der Welt und Gemeinde unterstreicht und doch dem klassisch dualistischen Denken die Spitze nimmt (Wright 1992:115-122.
[982] Gibbs 2006:187ff.

Bibelstellenverzeichnis

ALTES TESTAMENT

Gen. 1,26	142, 183, 185	Dtn. 15,10-11	239
Gen. 1,27	131	Dtn. 33,3	69, 333
Gen. 1,28	185		
Gen. 4,15	185	2Sam. 7,10	356
Gen. 4,17ff	185		
Gen. 12,1ff	142	1Kön. 11,4	232
Gen. 18,1-2	134	1Kön. 19,11-12	68
Gen. 49,6	37		
		1Chr. 16,13	333
Ex. 1,11-14	215	1Chr. 28,8	36
Ex. 2,1-2	215	1Chr. 29,1.10	36
Ex. 2,23	215, 216		
Ex. 3,7-10	215	2Chr. 29,28.31f	36
Ex. 3,10	216	2Chr. 30,2ff	36
Ex. 4	215		
Ex. 6,6	215	Ps. 1,3	356
Ex. 6,8	215	Ps. 2	102
Ex. 12,12	216	Ps. 8,5-7	87, 185
Ex. 15,17	356	Ps. 16,3	333
Ex. 19,5	47, 69	Ps. 22,23	86
Ex. 19,6	69, 333	Ps. 34,9	333
Ex. 19,16-19	68	Ps. 60,5	333
		Ps. 68,6	239
Lev. 11,44f	333	Ps. 71,10	102
Lev. 19,18	142	Ps. 80,16	356
Lev. 25,1ff	217	Ps. 89,5	333
Lev. 25,10	217	Ps. 92,14	356
Lev. 25,13	217	Ps. 105,6	333
Lev. 25,17	218	Ps. 108,6	333
Lev. 25,18-22	218	Ps. 133,1	232
Lev. 25,23	217, 218		
Lev. 25,38	218	Spr. 27,17	232
Lev. 35-55	218		
		Jes. 4,3	333
Num. 16,3	333	Jes. 5,1ff	52
Num. 22,4	37	Jes. 8,18	86
		Jes. 25,6	145
Dtn. 10,18	239	Jes. 32,15	165, 332
Dtn. 14,28-29	239	Jes. 40	216

Jes. 40,11	52	Neh. 1-2	232
Jes. 41,1	333	Neh. 3	232
Jes. 42,7	150		
Jes. 43,19	145	Mal. 1,6-14	232
Jes. 43,20-21	47		
Jes. 44,3	165, 356	**NEUES TESTAMENT**	
Jes. 45,1	185		
Jes. 45,21-24	215	Mt. 4,17	145
Jes. 45,54	333	Mt. 4,23	284
Jes. 52,7	357	Mt. 4,32	64
Jes. 53,4-6	151	Mt. 5,13ff	64, 147, 161, 238
Jes. 60,4-7	102	Mt. 5,14f	175
Jes. 61,1	69, 145, 218, 357	Mt. 5,15	174
Jes. 65,17-25	145	Mt. 5,16	48, 64, 157, 179
		Mt. 5,21-48	63
Jer. 2,6	216	Mt. 6,33	38
Jer. 2,21	356	Mt. 7,21	64
Jer. 7,22-26	216	Mt. 7,24ff	187
Jer. 11,17	356	Mt. 7,26-27	63, 64
Jer. 23,7-8	216	Mt. 7,29	283
Jer. 42,10	356	Mt. 8,11	145
		Mt. 9,10-14	284
Hes. 11,19	165	Mt. 9,13	64
Hes. 34,11	52	Mt. 9,35	64, 284
Hes. 36,26f	165	Mt. 10,1ff	65
Hes. 36,27	332	Mt. 10,11-15	65
Hes. 37,14	165, 332	Mt. 10,17	64
Hes. 46,17	218	Mt. 10,36	64
		Mt. 12,7	64
Hos. 1,9	47, 165	Mt. 12,9	64
Hos. 2,25	47	Mt. 13,24-30	63, 64
Hos. 11,1-4	216, 333	Mt. 13,47-50	63
		Mt. 13,54	64
Mi 6,4	216	Mt. 15,13	356
		Mt. 16,18	36, 38, 42, 43, 62, 63, 148, 150, 153, 161
Nah. 2,1	357		
		Mt. 16,19f	65
Amos 2,10	216	Mt. 18,1-14	64, 232
Amos 3,1	216	Mt. 18,20	65
		Mt. 18,17	36, 62, 63
Joel 2,28-32	68	Mt. 20,28	156, 174
Joel 3,1f	56, 165	Mt. 21,33	356
		Mt. 21,33-43	52
Sach. 12,10	332		

Mt. 22,1-14	63
Mt. 22,34	157
Mt. 23,24	64
Mt. 24,14	147
Mt. 25,1-13	63, 180
Mt. 25,14-30	63
Mt. 25,25-36	239, 251
Mt. 25,37-39	253
Mt. 25,31ff	64, 157, 175, 238
Mt. 26,39	137
Mt. 28,18ff	160, 282
Mt. 28,19f	38, 41, 63, 64, 65, 175, 181
Mk. 1,1	65
Mk. 1,15.17.20	66
Mk. 1,17	66
Mk 1,16-20	66
Mk. 3,20f.31-35	66
Mk. 4,34	65, 66
Mk. 4,40	66
Mk. 6,7	66
Mk. 6,12-13	66
Mk. 6,31	65
Mk. 6,51f	66
Mk. 7,18	66
Mk. 8,17f	66
Mk. 8,27-29	201
Mk. 8,31	65
Mk. 8,27-32	65
Mk. 9,5-6	66
Mk. 9,28	65
Mk. 9,31	66
Mk. 9,13-14,34	66
Mk. 10,28-31	66
Mk. 10,35-44	67
Mk. 11,12-13	65
Mk. 12,13	284
Mk. 12,28-34	142
Mk. 13,28-30.35-37	65, 67
Mk. 14,17-21	67
Mk. 14,24	66
Mk. 14,25	145
Mk. 14,50	67
Mk. 14,60,72	67
Mk. 14,61	65
Mk. 16,11-13	67
Mk. 16,14	67
Mk. 16,15	67
Mk. 16,16ff	67
Mk. 16,17	187
Lk. 1,3	67
Lk. 1,4	282
Lk. 2,10	68
Lk. 2,29	332
Lk. 3,18	68
Lk. 4,18ff	68, 69, 103, 142, 213
Lk. 4,16-30	219
Lk. 4,19	219
Lk. 4,20	69
Lk. 5,30-32	232
Lk. 6,13	67, 232
Lk. 6,15	67
Lk. 7,2	332
Lk. 7,36-50	69
Lk. 9,2	151, 238
Lk. 9,10	67
Lk. 9,11	151, 238
Lk. 9,45	67
Lk. 10,1	232
Lk. 10,29-37	69
Lk. 11,2b	145
Lk. 13,23	69
Lk. 13,26.38	332
Lk. 14,23	143
Lk. 15	232
Lk. 16,7	68
Lk. 17,5	67
Lk. 18,34	67
Lk. 19,10	103
Lk. 19,17	67
Lk. 22,27	156
Lk. 22,29f	145
Lk. 28,21	332

Joh. 1,1ff	27, 39, 41, 42, 49, 150, 203, 282	Apg. 1,26	273
		Apg. 2,1ff	50, 53, 68
Joh. 1,1-14	89, 154	Apg. 2,2.46	54, 69
Joh. 1,11	49	Apg. 2,5ff	56
Joh. 1,12	42	Apg. 2,37f	165
Joh. 1,14	89, 150	Apg. 2,42	176
Joh. 1,1-16	22	Apg. 2,44	69, 232
Joh. 1,18	151	Apg. 2,47	69
Joh. 2	151	Apg. 4,1ff	54
Joh. 3,1ff	283, 284	Apg. 4,8	68
Joh. 3,5	164	Apg. 4,12	42, 68, 157
Joh. 3,16	140, 142, 182, 239	Apg. 4,24	69
Joh. 4,1ff	177	Apg. 4,32ff	54, 55, 69
Joh. 5,24	88	Apg. 5,12	69
Joh. 6,33	172	Apg. 5,17ff	55
Joh. 8,28	283	Apg. 5,11	70
Joh. 8,31	48	Apg. 5,42	68
Joh. 10,1-10	52	Apg. 6,1	50, 55
Joh. 10,3	112	Apg. 6,5	55, 57, 232
Joh. 10,11	52, 272	Apg. 6,1-6	40
Joh. 13,4ff	156	Apg. 6,7	69
Joh. 13,13f	157	Apg. 7,2	54
Joh. 13,34	89, 232	Apg. 7,6ff	54
Joh. 14,9	151	Apg. 8,1.3	70
Joh. 14,26	163	Apg. 8,6	69
Joh. 15,1-5	52	Apg. 8,10.19	68
Joh. 15,12f	89	Apg. 8,12	147, 279
Joh. 15,17	89	Apg. 9,10.36	69
Joh. 16,7	164	Apg. 9,26.30	69
Joh. 16,8	164	Apg. 9,13-32	69
Joh. 16,33	164	Apg. 9,31	43, 68, 70
Joh. 17,13	154	Apg. 9,33-35	238
Joh. 17,14-16	88	Apg. 10	69
Joh. 17,16-18	39, 88, 89, 153	Apg. 10,1f	184
Joh. 17,17ff	165	Apg. 10,19	68
Joh. 17,21	89, 131, 133, 153	Apg. 10,36-38	151
Joh. 18,36	103	Apg. 11,19ff	58
Joh. 20,11	56, 174, 219	Apg. 11,26	48, 58, 69, 70, 275
Joh. 20,21	38, 40, 88, 89, 150, 239, 284	Apg. 11,28	276
		Apg. 11,29	69
		Apg. 11,29-30	58, 59, 69
Apg. 1,1	67	Apg. 12,12ff	56
Apg. 1,8	54, 68, 153, 164, 173, 181	Apg. 13,1	50, 58, 59, 70, 276, 277

Apg. 13,2	277	Apg. 28,23.31	147
Apg. 13,9-11	277		
Apg. 14,2	68	Röm. 1,1ff	275
Apg. 14,3.4.14	273	Röm. 1,7	77
Apg. 14,27	70	Röm. 1,11	274
Apg. 15,1	54, 68	Röm. 1,18ff	76, 78, 183, 185
Apg. 15,3	70	Röm. 3,23	85
Apg. 15,5	55, 69	Röm. 5,12-21	76
Apg. 15,14	69, 171	Röm. 5,18ff	76
Apg. 15,16	68	Röm. 6,3	77
Apg. 15,22	273	Röm. 6,5	356
Apg. 15,25	69	Röm. 8,1	76
Apg. 15,28	276	Röm. 8,7	158
Apg. 16,1	69, 71	Röm. 8,9	76, 164
Apg. 16,6-13	276	Röm. 8,14-16	164
Apg. 16,7	68	Röm. 8,18-22	77
Apg. 16,34	69	Röm. 8,24	76
Apg. 18,9	277	Röm. 8,27	77
Apg. 18,10	69, 276	Röm. 8,33	47, 77
Apg. 18,11ff	54, 275	Röm. 9,25	47, 77
Apg. 18,26	60	Röm. 10,1-13	76
Apg. 18,27	69	Röm. 10,10	280
Apg. 19,1ff	60	Röm. 10,15	357
Apg. 19,9	275	Röm. 11.25-26	277
Apg. 19,13b	61	Röm. 12,1	179
Apg. 19,18	61, 69, 147	Röm. 12,2	187
Apg. 19,22	273	Röm. 12,4	77
Apg. 19,23	60	Röm. 12,5	50, 77, 78, 101
Apg. 19,31	60	Röm. 12,7	232
Apg. 19,32-39	70	Röm. 12,8	232, 281
Apg. 19,37	61	Röm. 12,9	78
Apg. 20,23	276, 277	Röm. 12,13	77, 78
Apg. 20,28	70	Röm. 12,16	78
Apg. 20,31	275	Röm. 12,20	78
Apg. 20,32	42, 68	Röm. 12,21	78
Apg. 20,33-35	40	Röm. 13,1ff	78
Apg. 21.4.11	276, 277	Röm. 13,3	78
Apg. 21,8	279	Röm. 13,4	78, 185
Apg. 21,9	55, 278	Röm. 13,7	78
Apg. 21,10	278	Röm. 14,1ff	78
Apg. 22,19	69	Röm. 14,17	78
Apg. 21,20	54, 57, 69	Röm. 14,18-19	78
Apg. 22,36	68	Röm. 15,3	78
Apg. 23,11	277	Röm. 15,14	281

Röm. 15,20b	43, 45	1Kor. 12,13	50, 75, 101, 130, 163, 165, 166
Röm. 15,25	77		
Röm. 16,1.2.3.6.7	77	1Kor. 12,26	102
Röm. 16,5	77	1Kor. 12,27	49, 101
Röm. 16,7	273	1Kor. 13	232
		1Kor. 13,3ff	142
1Kor. 1,2	48, 74, 76	1Kor. 14,1ff	75, 179
1Kor. 1,9	74	1Kor. 14,12	44
1Kor. 1,10ff	74	1Kor. 14,23	45
1Kor. 1,11	74	1Kor. 14,24-25	356
1Kor. 1,30	74	1Kor. 14,26f	277
1Kor. 2,5	74	1Kor. 14,29ff	277
1Kor. 2,6	176, 274	1Kor. 14,33	230
1Kor. 2,12	74	1Kor. 14,37-38	277
1Kor. 3,5-9	274	1Kor. 15,10	274
1Kor. 3,9	52, 74	1Kor. 15,51-52	277
1Kor. 3,10f	42, 43, 74	1Kor. 16,17	74
1Kor. 3,11	43, 74		
1Kor. 3,16f	42, 43, 74, 163, 165	2Kor. 1,1	74, 76
1Kor. 4,1	76, 161	2Kor. 1,20ff	74
1Kor. 4,6f	75, 273	2Kor. 3,1ff	48
1Kor. 4,17	36	2Kor. 3,3ff	75
1Kor. 5,7ff	75	2Kor. 3,11ff	75
1Kor. 5,11	75	2Kor. 3,17	75, 130, 163
1Kor. 6,2f	76	2Kor. 5,17	38, 39, 41, 42, 48, 74, 101, 147, 219
1Kor. 6,1-8	76		
1Kor. 6,7.10	75	2Kor. 5,18	75, 140, 148, 157
1Kor. 6,19	165	2Kor. 5,19-20	159
1Kor. 7,1	74	2Kor. 5,21	38, 50, 76, 147, 148, 177
1Kor. 7,17	36		
1Kor. 7,20-24	75	2Kor. 6,14ff	47, 75
1Kor. 9,19-23	41, 75, 154, 186, 232	2Kor. 8,7	232
1Kor. 9,20ff	39	2Kor. 8,9	103
1Kor. 10,14-22	75	2Kor. 10,8	43
1Kor. 10,32f	45	2Kor. 11,8	36
1Kor. 11,5	277	2Kor. 12,9	277
1Kor. 11,18	74	2Kor. 12,19	43
1Kor. 12,1-11	102	2Kor. 13,10	43
1Kor. 12,3	163, 164, 277		
1Kor. 12,4-6	50, 75, 163, 166	Eph. 1,1	79
1Kor. 12,5	75	Eph. 1,3.13.19	79, 158, 165, 178
1Kor. 12,7	44, 161, 224	Eph. 1,4	47, 79, 80, 141
1Kor. 12,10	187	Eph. 1,5.11	47, 79
1Kor. 12,12	102	Eph. 1,11.18	79, 102

Eph. 1,21	52, 79, 102	Eph. 6,11	187
Eph. 1,22	50, 78, 79, 102	Eph. 6,12	79, 186, 187
Eph. 1,23	49, 50, 79, 102, 154, 159, 166	Eph. 6,17	80
Eph. 2,1	182, 183, 186	Gal. 1,19	273
Eph. 2,2-3	39, 80, 183, 187	Gal. 1,22	36
Eph. 2,6	79	Gal. 2,9	42, 54, 58, 240
Eph. 2,10	39, 45, 79, 161, 238	Gal. 2,10	59
		Gal. 3,1	43
Eph. 2,11f	78, 80	Gal. 3,28	158
Eph. 2,13-17	80, 157	Gal. 5,21	277
Eph. 2,15	80	Gal. 6,15	101, 152
Eph. 2,18	166		
Eph. 2,19	42, 45, 80	Phil. 1,6	232
Eph. 2,19-22	52	Phil. 2,5-11	137, 152, 155, 159, 174, 232
Eph. 2,20	43, 44, 356		
Eph. 2,22	42, 130	Phil. 2,6	103
Eph. 2,28	80	Phil. 2,7	150, 157, 174
Eph. 3,10	79	Phil. 2,11	150
Eph. 3,16	80		
Eph. 3,20	79		
Eph. 3,21f	43	Kol. 1,11-13	79
Eph. 4.1ff	49, 79	Kol. 1,18	78, 79, 102
Eph. 4,7-16	44	Kol. 2,10.19	79
Eph. 4,11	79, 81, 272, 278, 280, 281, 283	Kol. 2,11.13	78
		Kol. 3,1	79
Eph. 4,11-16	45, 50, 79, 275	Kol. 3,12	47
Eph. 4,12	48, 79, 272	Kol. 3,16	281
Eph. 4,15	78, 79	Kol. 3,17	232
Eph. 4,17ff	40, 78, 80		
Eph. 4,25	80, 232	1Thess. 1,1	36
Eph. 4,27	187	1Thess. 1,3	71
Eph. 4,28b	40, 80	1Thess. 1,6	72, 73
Eph. 4,29	80	1Thess. 1,8	73
Eph. 5,1ff	80	1Thess. 1,9	71, 72
Eph. 5,11	80	1Thess. 2,1ff	71, 153
Eph. 5,14	80	1Thess. 2,2	73
Eph. 5,15	80	1Thess. 2,6	273
Eph. 5,18	80	1Thess. 2,7	73
Eph. 5,23	78	1Thess. 3,2	279
Eph. 5,25	222	1Thess. 3,12	72, 73
Eph. 5,26	52	1Thess. 3,13	72
Eph. 5,27	80, 158	1Thess. 4,1	72
Eph. 5,29	52	1Thess. 4,10-12	40

1Thess. 4,12	72	Tit. 2,7	157
1Thess. 5,4ff	158	Tit. 2,9-10	82
1Thess. 5,5	71, 72	Tit. 2,11-14	171
1Thess. 5,8-10	71, 72	Tit. 2,14	47, 81
1Thess. 5,11	72	Tit. 3,1	82
1Thess. 5,12	72	Tit. 3,2	82
1Thess. 5,13	72	Tit. 3,3ff	81
1Thess. 5,14	72	Tit. 3,5	164
1Thess. 5,15	72, 73	Tit. 3,8	82, 83
1Thess. 5,16-20	72	Tit. 3,9	83
1Thess. 5,19	72		
1Thess. 5,20-22	276	Hebr. 1,1	150
1Thess. 5,23	72	Hebr. 1,5ff	86
		Hebr. 2,8	87
2Thess. 3,6-12	40, 277	Hebr. 2,10	86
2Thess. 3,7-9	40	Hebr. 2,11	86
		Hebr. 2,12b	86, 87
1Tim. 1,3-4	81	Hebr. 2,13	86, 87
1Tim. 2,1-3	82	Hebr. 2,15	86, 87
1Tim. 2,11-12	81, 82	Hebr. 2,17	87
1Tim. 3,1-13	81, 283	Hebr. 3,1	87
1Tim. 3,8-12	40	Hebr. 3,1-6	42
1Tim. 3,9	177	Hebr. 3,4-6	86
1Tim. 3,15	42, 52, 81, 82	Hebr. 3,6	87
1Tim. 4,1-2	82	Hebr. 4,9	87, 88
1Tim. 5,3ff	82	Hebr. 4,15	89, 150
1Tim. 5,10	40	Hebr. 6,7	87
1Tim. 5,17	272	Hebr. 6,10	87
1Tim. 6,1-3	82	Hebr. 6,12	87
1Tim. 6,16	131	Hebr. 6,13	87
1Tim. 6,18	157	Hebr. 6,20	87
		Hebr. 8,10	87
2Tim. 2,1-2	161, 283	Hebr. 10,10.14	86
2Tim. 2,10	47, 81	Hebr. 10,11	86, 87
2Tim. 2,19	81	Hebr. 10,24	87
2Tim. 2,20	82	Hebr. 10,31	87
2Tim. 2,21	82	Hebr. 11,25	87
2Tim. 2,23-26	82	Hebr. 11,31	185
2Tim. 3,17	232, 238	Hebr. 12,1	87, 232
2Tim. 4,5	279	Hebr. 12,5	87
2Tim. 4,12	273	Hebr. 12,14	87
		Hebr. 12,18ff	88
Tit. 1,5	81, 82	Hebr. 13,2	87
Tit. 2,3-6	82	Hebr. 13,3	87

Hebr. 13,12	87		1Joh. 1,1,3a	89
Hebr. 13,13-14	87		1Joh. 2,3-5	88
Hebr. 13,14	48, 87		1Joh. 2,6	88
Hebr. 13,16	87		1Joh. 2,10	89
			1Joh. 2,12ff	90
1Petr. 1,1-17	84, 85		1Joh. 3,5ff	88
1Petr. 1,2	47, 84		1Joh. 3,7ff	89
1Petr. 1,6	85		1Joh. 4,1ff	88
1Petr. 1,15	84, 86		1Joh. 4,7	89, 142
1Petr. 1,18	86			
1Petr. 1,21	84		2Joh. 7	89
1Petr. 1,2.22	84			
1Petr. 2,2-4.12	84		Jak. 1,18	91
1Petr. 2,4-8	45, 84		Jak. 1,21	91, 356
1Petr. 2,5	42, 45, 161, 163		Jak. 1,22	238
1Petr. 2,9f	45, 47, 84, 85, 147, 148, 171		Jak. 1,23-25	232
			Jak. 1,27	91
1Petr. 2,9.21	84		Jak. 2,1-8	91
1Petr. 2,10	47		Jak. 2,2	328
1Petr. 2,11	85, 86		Jak. 2,7	91
1Petr. 2,12	85, 157		Jak. 2,8	91
1Petr. 2,13ff	85		Jak. 2,17	157, 238
1Petr. 2,15	85		Jak. 2,20	91
1Petr. 2,17	85		Jak. 3,2	91
1Petr. 2,19	85		Jak. 3,14-4.1ff	91
1Petr. 2,21	85		Jak. 4,1ff	91
1Petr. 3,9	84		Jak. 4,4	158, 182
1Petr. 3,13	85		Jak. 4,17	91
1Petr. 3,15	86		Jak. 5,1ff	91
1Petr. 3,21f	84		Jak. 5,8	91
1Petr. 4,4	86			
1Petr. 4,10-11	85		Off. 1,8.17	277
1Petr. 4,12ff	85		Off. 2,4ff	60
1Petr. 4,17	42		Off. 2,10	187
1Petr. 5,4	52, 272		Off. 14,13	277
1Petr. 5,8	187		Off. 19,7	52
1Petr. 5,9	85		Off. 21,3	52
1Petr. 5,10	48, 84		Off. 21,24	103
1Petr. 6,9	84		Off. 22,17	52
2Petr. 1,9	278			
2Petr. 2,1ff	278			

Sachverzeichnis

Absonderung	119, 38
Acker Gottes	52, 74, 105
Akkulturation	198
Akkomodation	198
Älteste	70, 81, 270
Allgemeines Priestertum	126
Anbetung	132, 138, 179
Anpassung	198
Antichrist	88, 89
Antiochien	48, 53, 57, 59, 69, 275, 331
Apartheid	8, 198
APEAL	45, 285, 286
Apostel	43, 44, 45, 51, 55, 56, 62, 67, 79, 102, 159, 272, 273
Apostolischer Gemeindebau	46, 171, 275, 327
Außenperspektive	184, 237, 238
Authentizität	195, 197
Bangkok	195
Barmer Theologische Erklärung	30
Barmherzigkeit	64
Befreiungstheologie	61, 207
Bekehrung	87, 96, 165, 171, 207
Berlin	205, 208
Berufung	74, 77, 79, 81, 82, 83, 85, 87, 142, 158, 171, 188, 279
Braut Christi	34, 52, 130
Bruderliebe	89
Brüder	69
Bund	48, 66, 80, 87, 117, 142, 167, 171
byzantinisch	25
charismatisch	81, 166, 338
Christendom	208
Christendom Mindset	24, 125, 338
Christentumsparadigma	17, 125, 126
Christologie, christologisch	65, 79, 86, 87, 122, 130, 134, 151, 152, 334
Communio	101, 102
Corpus Permixtum	63, 113

Deifikation	96, 99
Dekade der Evangelisation	17
Diakonat	40, 55, 58, 70, 77, 81, 82, 172, 245, 246
diakonisch	150, 174, 175, 246
Dialog	23, 143, 177, 178, 186, 188
dialogisch	176, 177, 178
Dienst	45, 51, 57, 72, 73, 75, 76, 77, 78, 79, 80, 83, 85, 91, 102, 117, 118, 145, 150, 152, 156, 157, 167, 172, 174, 179, 239, 252, 273, 341
Dienstgemeinschaft	82, 111
Dienende Gemeinde	73, 75, 85, 91, 118, 174ff, 232
Die Heiligen	77, 79, 86, 87, 181, 222
Dreieinigkeit	96, 131, 132, 134, 135, 138, 328
Dualismus	125, 126, 130, 359
EATWOT	196
Ebed Jahwe	150
Einzigartigkeit Jesu	178
EKD	323
Ekklesia	34, 36ff, 43, 62, 63, 64, 76, 77, 79, 81, 83, 87, 112, 123, 130, 148, 149, 158, 161, 165, 328, 332
Ekklesial	39, 76, 84, 221
Ekklesiologie	20, 30, 33f, 35, 37, 44, 60, 68, 70, 76, 79, 86, 95, 96, 97, 131, 132, 163, 230, 325, 335
Ekklesiologie Martin Luthers	111
Ekklesiozentrisch	140, 143
Empirische Theologie	189, 192, 193
Entkolonisierung	188, 195
Enzyklika	100
Ephesus	39, 53, 60, 61, 78ff, 80, 275
Erben	68, 79
Erlassjahr	217, 218, 219
Erleuchtung	99, 104, 134
Erlösung	68, 77, 84, 86, 89, 96, 97, 99, 108, 137, 141, 154, 164, 173, 205, 207, 215, 220, 237, 238
Erneuerte Gemeinde	21, 22
Erwählung	47, 117, 141
Erwählte	47, 48, 69, 77, 79, 81, 83, 84, 86, 141
Eschatologisches Volk	48, 49, 165
Eschatologische Gemeinschaft	66
Eucharistie	97, 134, 272

Evangelium	14, 19, 21, 49, 54, 61, 62, 65, 70, 73, 98, 100, 104, 118, 126, 130, 154, 172, 174, 199, 207, 213, 275, 279, 343
Evangelikale für soziale Gerechtigkeit	7, 206, 208, 210, 214
Evangelisation	8, 15, 141, 186, 199, 206, 208, 280, 357
Evangelist	45, 49, 60, 64, 79, 278, 279
Externfokussierte	184, 221, 237, 239, 270
Familie Gottes	80
Flushing, New York	261
Frauen	33, 40, 53, 56, 57, 69, 77, 81, 82
Freiburg-Landwasser	256-258
Fürst der Welt	39
Gaben des Geistes	44, 45, 50, 51, 75, 83, 85, 102, 108, 166, 280
Geist Gottes	26, 43, 44, 50, 54, 56, 60, 68, 72-75, 77, 78, 80, 96, 104, 163ff, 166, 167, 184, 203, 280, 283
Geistlich	49, 76, 78, 84, 98, 99, 103, 164, 166, 215, 252
Gemeinde als Bau	34, 41, 42-46, 73, 74, 130, 147, 166
Gemeinde als Stall für Schafe	52
Gemeinde als Versammlung	34-39, 43, 112, 220
Gemeindeaufbau	11, 15, 17, 18, 20, 21, 24, 26, 27, 32, 41, 60, 80, 139, 140, 143, 155, 164f, 170f, 205, 225, 231, 234
Gemeindebegriff des Pietismus	122
Gemeinde der Gläubigen	66, 67, 77, 112, 118, 122, 144
Gemeinde des Christus	8, 22, 68, 73, 74, 79, 84, 103
Gemeinde des Wortes	116, 118
Gemeindegründung	15, 17, 20, 21, 27, 31, 32, 41, 139, 140, 154, 155, 159, 225, 231, 286, 324
Gemeinde Gottes	75, 76, 82
Gemeindewachstum	15, 17, 26, 143, 225, 326, 351
Gemeindezucht	75
Gemeinschaft der Jünger	26, 36, 48, 63, 65, 131
Gemeinwesenarbeit	241, 242, 243, 245, 246, 247, 248, 250, 352
Generalversammlung der WEA	214
Gerechtigkeit	46, 50, 76, 78, 83, 119, 120, 147, 164, 177, 209, 220
Gesellschaftsrelevanz	10, 24, 32, 34, 41, 49, 51, 52, 57, 60, 71, 83, 88, 92, 108, 116, 122, 162, 203, 204, 233, 234, 286

Gericht Gottes	68, 164, 165, 180
Glaube	59, 67, 68, 69, 71, 76, 77, 82, 84, 85, 89, 91, 98, 112, 114, 118, 152, 164, 177, 220, 247, 280
Glaubenserfahrung	123, 202
Gottesdienst	83, 99, 117, 179, 277, 340, 344
Gott in der Welt	72, 83f
Gottesherrschaft	77, 79, 144, 145, 146, 219, 341
Gottes neues Israel	47, 65, 77, 86
Gottes Reich	9, 17, 38, 57, 65, 67, 70, 73, 97, 101, 104, 108, 116, 119, 122, 144, 145, 146, 151, 157, 159, 167, 172, 176, 182, 186, 207, 212, 225
Grand Rapids	212
Grumme	263-266
Haus Gottes	41, 45, 52, 81, 86, 87, 143, 163
Heil	42, 49, 68, 72, 108, 114, 141, 142, 151, 164, 205, 206, 215, 220, 224, 238
Heilig	22, 48, 51, 63, 68, 72, 80, 84, 85, 86, 89, 112, 113, 116, 181
Heiligung	52, 72, 82, 84, 102, 116
Heilige Gemeinschaft	68, 69, 75, 91
Heilung	151
Heilsgeschichte	65, 68, 71, 343
Hellenisten	55, 56, 156
Herde	52, 65
Herrschaft des Christus	79, 104f
Hirte	79, 90, 272, 281, 282
Hirten	45, 51, 52, 148
Hoddesdon-Verpflichtung	209, 210, 211
Hull-House	352
Humanisierung/Humanismus	143, 186
Identität	25, 65, 76, 95, 108, 146, 165, 195, 231, 232
Indigenisation	198
Inkarnation	27, 49, 50, 51, 89, 150, 154, 156, 194, 198, 234
Inkarnationsprinzip	151, 155
Inkulturation	110, 154, 155, 198, 199, 222
Innere Mission	115
Internfokussierte	224, 237
Islamisierung	22
Israel	27, 37, 47, 62, 64, 65, 68, 84, 86, 87, 141, 142, 150, 215, 218, 239, 276, 333
Iquacu	214

Jerusalem	50, 53, 54, 55, 57, 58, 69, 86, 87, 153, 163, 167
Jubeljahr/Jobeljahr	69, 145, 158, 207, 217, 218, 349
Jünger Jesu	48, 49, 55, 56, 57, 59, 63, 65, 66, 67, 69, 70, 97, 142, 147, 148, 150, 153, 156, 157, 160, 161, 163, 167, 286
Jüngerschaft	65, 66, 69, 152
Kampf	73, 79, 80, 87, 91, 186
Kategoriale GWA	242, 243
Katholische Ekklesiologie	100f, 108, 335
Katholische Sozialwissenschaftliche Zentralstelle	107
Katholizität	197, 198
Keltische Glaubensgemeinschaft	108, 109, 110, 111
Kenosis	134, 150, 222
Kerygmatisch	173, 174, 175
Kinder Gottes	73, 77, 79, 80, 87, 148, 164
Kirche für Andere	11, 175, 344
Kirchenparadigma des Christentums	17
Kirche von England	14
Kirche von Schottland	14
Königliches Priestertum	85, 113
Königsherrschaft	144, 145, 146, 168, 171, 223, 233
Koinonia	172, 173, 176
Koinonitisch	172, 173
Kommunikative Theologie	202
Kontext	34, 42, 51, 82, 125, 126, 154, 155, 170, 177, 188, 189, 194, 196, 221, 223
Kontextualisierung	24, 27, 41, 194, 198, 199, 200
Kontextanalyse	27, 189, 192, 194, 201, 203, 204, 250
Kontextuelle Theologie	194, 195, 196, 197, 198, 200
Kontextrelevante Theologie	196
Konsultation	199, 210, 211, 212, 213, 214
Kontrastgesellschaft	175, 222
Korinth	42, 73, 74, 76, 275
Kultur	9, 10, 18f, 22, 25, 50, 56, 82, 85, 89, 98, 99, 104f, 108, 109f, 126, 154, 155, 176, 188, 189, 190, 198, 233
Kulturebenen	191, 192
Kulturelle Relevanz	10, 48, 51, 52, 225, 232, 234
Kulturfeindlich	127

Lateinamerikanische Theologie	106, 143, 208
Lateinamerikanischer Kongress (CLADE)	208, 209, 210
Laos	69, 81, 85
Lausanner Kongress	143, 208, 209, 210, 213
Lausanner Manifest	143
Lehrer	45, 50, 51, 59, 79, 272
Leib Christi	34, 49, 73, 75, 77, 79, 101, 130, 150, 159, 166, 233, 285, 328
Leid	85
Leitung	44, 58, 75, 77, 81, 82, 126, 232, 270, 272, 273, 274, 278, 280, 282
Licht Gottes	80
Liebe	69, 71, 72, 73, 80, 85, 88, 104, 113, 118, 141, 142, 144, 157, 220, 239, 253
LifeBridge	266
Liturgie	97, 99, 130, 134, 138, 172, 179
Liturgisch	178, 179, 180
LKWE	211, 212
Lobpreis	79, 98, 165, 178
Lumen Gentium	101, 102, 103, 104, 224, 335
LXX	37, 41
Manila	213, 214
Manila Manifest	213
Martyria	150, 153, 172, 173
Märtyrium	109, 153, 173
Medellin	106, 348
Markt getriebene Kirche	19
Melbourne	199, 348
Mennoniten	119, 120, 121, 338
Menschenrechte	224, 225
Methodistische Kirche	14
Messianisches Volk	54, 64
Mission Gottes/Missio Dei	34, 38, 43, 72, 84, 139, 141, 143, 144, 171, 186, 344
Mission des Christus/ Missio Christi	73, 79, 84, 139, 161
Missio Spiritu	84, 139, 163
Mission	17, 20, 27, 33, 41, 71, 83, 85, 95, 109f, 120, 123, 140, 143, 150, 167, 181, 345
Missionarisch	17, 18, 24, 33, 44, 69, 72, 80, 81, 83, 87, 167, 168, 170, 221

Missionarisches Volk	81, 84, 224
Missional	11, 25, 27, 33, 49, 130, 132, 168, 170, 220, 221, 223, 270, 280, 284
Missionsauftrag	27, 41, 63, 66, 78, 120, 126, 143, 149, 150, 152, 177, 180, 181, 199, 205, 211, 275
Missionsmentor	280
Missionsmotive	141, 142, 143, 144
Missionsstrategie	159, 188, 273
Missionstheologie	143, 168, 170, 195
Mönchtum	97, 105, 108, 109f
Multikulturalität	50, 58
Nächstenliebe	91, 113, 116, 142, 157
Neuevangelisierung	323
New Song Community	262, 263
Nonkonformismus	119, 182, 184, 224
Option für die Armen	69, 106, 107, 115, 213
ÖRK/Ökumene	143, 178, 195, 357
Organisch	50, 52, 81, 126
Orthodoxe Ekklesiologie	96f
Orthodoxe Kirchen	25, 96, 130, 199
Ortsgemeinde	39, 50, 64, 77, 79, 82, 97, 99, 148, 155, 222, 247
Paradigmatische Wende	17
Paradigmenwechsel	18, 57, 125, 231
Pattaya	175, 211, 214, 344
Perichoresis	133, 137
Pietismus	122, 123, 245
politisch	40, 48, 83, 89, 119, 145, 148, 158, 180, 187, 209, 215, 276
Postchristentum	24
Postmoderne	11, 23, 24
Praxiszyklus	200, 203, 204
Priesterliche Gemeinschaft	34, 45, 47, 84, 85, 87, 103, 179
Prinzip der Homogenen Einheit	143, 166, 225, 341
Proklamation	174
Prophet	44, 45, 50, 51, 58, 59, 79, 272, 275, 276
Puebla, Mexiko	106, 196
Radikale Evangelikale	207, 208, 209, 211, 212, 213, 214, 348
Raum des Erlebens	123

Raum der Erwählung	117
Raum der Gnade	114
Raum des Friedens	80
Rechtfertigung	76, 220
Re-Evangelisierung	21
Reich Christi	102, 113
Reine Missionsmotive	143
Reinheit	81
Religiöse Kultur	14, 192
Rekonzepierte Gemeinde	21, 22
Restaurierte Gemeinde	21, 22
Reziproke Interiorität	133
Richten	76
Römisch-Katholische Kirche	100, 101, 102, 106, 130, 196, 199, 252, 323
Rolle der Frau in der Gemeinde	
Rom	39, 77, 78, 86, 100, 103, 111, 333
Russische Orthodoxe Kirche	97, 99, 133
Russland	98, 119, 120, 338
Satan/Teufel	73, 82, 87, 91, 178, 186, 187, 193, 345
Schmalkaldische Artikel	112
Sobornost	97
Soteriologie	68
Sozialer Dienst	8, 157
Soziale Doktrin	224, 350
Soziale Gerechtigkeit	91, 107, 186, 207, 209, 217
Soziale Gestalt der Kirche	32, 48, 51, 84, 89, 95, 97, 101, 109, 117, 119, 123, 165, 204, 234
Soziale Kompetenz	176
Soziale Verantwortung	99, 206, 208, 209, 210
Sozialraum	21, 175, 242, 244, 245, 352
Sozialwesen	119
Staat	78, 83, 175, 182, 215, 244
Sünde	39, 41, 45, 76, 87, 89, 90, 91, 112, 164, 207
Synagoge	36, 54, 56, 60, 145, 328
Tag des Herrn	72
Tat-Theologie	196, 208
Täufer	25, 118, 119, 120, 146, 182
Täufertum	119, 120, 206
Tempel	34, 45, 52, 54, 74, 163, 165, 179
Territoriale GWA	242, 243, 247
Text und Kontext	196, 233

Theologie des Gemeindeaufbau	18, 23, 24, 27, 30, 130, 132, 139, 141, 147, 153, 163, 164, 167, 173, 194, 204, 205, 218, 231, 241, 326
Tonbee-Hall	352
Transformation	49, 54, 57, 73, 92, 119, 126, 134, 138, 141, 148, 157, 175, 184, 186, 213, 214, 237, 246, 338
Transforming Mission	184, 325
Transforming Communities	325
Trinität	96, 130, 131, 132, 133, 339
Trinitarisch	74, 84, 130, 131, 132, 343
Tripolares Verständnis	182, 183, 203
TZI	202
Ungerechtigkeit	213, 220
Unisa	18, 200, 325
Urgemeinde	40, 41, 53, 56, 58, 69, 174, 279, 331
Vaticanum II	100
Verantwortung für die Welt	41, 64, 76, 77, 85, 114, 148, 161, 176, 209, 222, 238
Verfolgte Gemeinde	57, 58, 73, 81, 85, 90, 119, 338
Verhalten	45, 46, 71, 78, 80, 81, 84, 158, 191
Verherrlichung Gottes	73, 75, 83, 117, 151, 157, 171, 178, 179
Verkündigung	44, 45, 56, 69, 70, 85, 89, 101, 112, 116, 140, 145, 146, 151, 153, 154, 157, 167, 171, 174, 209, 212, 224, 343
Versammlung Gottes	34, 35ff, 39, 43, 64, 79, 87, 112, 116, 153, 329
Versöhnung	46, 80, 83, 144, 147, 148, 158, 182
Vision	141, 184, 232, 238, 252, 253, 270, 275
Volk des Bruders	48
Volk Gottes	34, 36, 37, 47, 48, 49, 54, 63, 68, 77, 79, 81, 84, 87, 101, 112, 148, 233, 328
Wheaton	205, 208, 210
WEA	212, 214
Welt	8, 14, 23, 25, 38, 39, 44, 49, 62, 64, 67, 76, 80, 87, 89f, 101f, 120ff, 126, 138, 141, 144, 147, 157, 158, 178, 182, 220, 221, 222, 271
Welterneuerung	147, 148
Weingarten	52, 66, 130
Weltanschauung	126, 190, 345

Weltevangelisation	199, 209, 211
Weltreligionen	182
Weltmissionskonferenz	195, 197, 199, 211, 214, 348
Weltverständnis	182, 183, 187
Wiedergeburt	89, 118, 164, 165
Wiederkunft	91
Willow Creek	11, 18, 231, 232, 258-260
Wohl	36, 103, 115, 186
Wohnstätte Gottes	42, 52
Wort und Tat	83, 91, 116, 157, 159, 213, 214, 219, 220, 224, 236, 238
Zeitgeist	178
Zeuge	43, 68, 153, 167, 173
Zeugnis	45, 56, 119, 130, 167, 173, 197, 223, 357
Zwei-Drittel-Welt	107, 188, 195
Zyklisch	133, 135, 137, 189, 203
Zyklus gesellschaftsrelevanter Gemeindearbeit	249, 255

Tobias Faix / Thomas Weißenborn (Hrsg.)
ZeitGeist
Kultur und Evangelium in der Postmoderne
ISBN 978-3-86122-967-4
256 Seiten, Paperback

Die Welt ist anders geworden. Weniger rational. Emotionaler. Suchender. Traditioneller. Offener.
Ein neues Zeitalter ist angebrochen und vieles verändert sich – auch unsere Gemeinden. Das bringt Unsicherheit mit sich.
Die Postmoderne zwingt uns zu einem neuen Nachdenken über das, was wirklich trägt. Neue weltweite Entwicklungen, wie die Emerging Church-Bewegung, versuchen, in diesen Veränderungen Gemeinde neu zu leben.
24 Autorinnen und Autoren beschreiben aus unterschiedlichen Blickwinkeln, wie Christsein in unserem Kontext nicht nur möglich ist, sondern wie wir anfangen können, unsere Gesellschaft zu verändern. Im Zentrum steht dabei die Frage, wie der Geist und die Zeit zusammenzudenken sind.
In vier Kapiteln werden diese Fragen aufgenommen, theoretisch durchdacht und praktisch reflektiert.
Ein Buch, das die richtigen Fragen stellt, zum Mitdenken anregt und mit beispielhaften Initiativen und Projekten aus der Praxis inspiriert.

Die Autoren:
Christina Brudereck
Dr. Peter Aschoff
Gottfried „Gofi" Müller
Burkhard vom Schemm
Bettina Becker
Markus Lägel
uva.

Mit Statements von Thorsten Hebel, Christoph Waffenschmidt und Prof. Dr. Johannes Reimer.

Brian McLaren
Höchste Zeit, umzudenken!
Jesus, globale Krisen und die Revolution der Hoffnung
ISBN 978-3-86827-045-7
256 Seiten, Paperback

Einer Frage konnte Brian McLaren die vergangenen zwanzig Jahre nicht aus dem Weg gehen:
Welche Bedeutung haben das Leben und die Lehren Jesu Christi für die aktuellen globalen Missstände?

Begleiten Sie den Autor auf der Suche nach einer Antwort auf diese spannende Frage. Lassen Sie sich mitnehmen in eine frische und herausfordernde Sicht auf Jesus und seine Lehren. Sie werden erleben, dass seine Botschaft auch uns heute mit einer neuen Vision und Leidenschaft erfüllen kann. Lösen Sie sich von den wohlbekannten Klischees und vorgefertigten Meinungen, und erkennen Sie die revolutionäre Kraft, die schon von Anbeginn in Jesu Botschaft enthalten war.

Die Botschaft Jesu ist mehr als ein Freifahrtschein in den Himmel oder ein Rezept für Wohlstand. Sie ist eine Einladung zu einer persönlichen und auch globalen Transformation. Sie stellt die Normen, die unseren Systemen zugrunde liegen, radikal in Frage.

Es ist höchste Zeit, um zu denken. Fangen wir an umzudenken.

Thomas Weißenborn
Das Geheimnis der Hoffnung
Einführung in den christlichen Glauben
ISBN 978-3-86827-046-4
480 Seiten, Paperback

Zu Beginn des 21. Jahrhunderts steht nicht nur der christliche Glaube vor neuen Herausforderungen. Auch das aufgeklärte Weltbild, in dessen Rahmen das Christentum im vergangenen Jahrhundert gelebt und verstanden wurde, ist im Zuge der Postmoderne in eine tiefe Krise geraten.
Dieses Buch führt daher nicht nur in verständlicher Weise in die grundlegenden Themen des christlichen Glaubens ein, sondern zeigt auch auf, wie er von seinen ursprünglichen Wurzeln her erneuert werden kann.

Spuren des lebendigen Gottes – eine Kirchengeschichte von Klaus Meiß

Diese Kirchengeschichte nimmt den Leser mit auf eine Spurensuche. Sie richtet sich an Pfarrer, Prediger & Seelsorger, Studenten & Bibelschüler, Hauskreisteilnehmer und alle anderen, die an einer knappen, gut lesbaren Überblicksdarstellung interessiert sind. Bei der zeitlichen Einordnung helfen übersichtliche Zeittafeln.

Spuren des lebendigen Gottes
Band 1: Geschichte der Alten Kirche
ISBN 978-3-86122-966-7
192 Seiten, Paperback

1. Einführung in das Zeitalter: Alte Kirche
2. Aufbruch und Nachfolge: Von der Jesus-Bewegung zur Kirche
3. Mission: Glaube überschreitet Grenzen
4. Verfolgung und Sieg: Blutzeugen, Bekenner, Konjunkturchristen
5. Spiritualität: Nähe und Distanz
6. Diakonie: Leben als Dienen
7. Theologie: Wahrheit in Begegnung
8. Veränderungen einer Welt: Bruderliebe, Nächstenliebe, Feindesliebe

Geschichte des christlichen Mittelalters
Spuren des lebendigen Gottes, Band 2
ISBN 978-3-86827-002-0
224 Seiten, Paperback

1. Einführung: Von der Antike zum Mittelalter
2. Kirche im Mittelalter
3. Mission, Christianisierung, Katholisierung?
4. Kaiser und Papst: Wer regiert die Herzen?
5. Spiritualität: Heilige und Ketzer
6. Diakonie im Mittelalter
7. Glauben und Denken
8. Veränderung: Bildung und Kultur
9. Gewalt im Zeichen des Christentums

Eine Einführung in das Neue Testament
von Thomas Weißenborn

In welchem gesellschaftlichen, politischen und kulturellen Umfeld sind die Bücher des Neuen Testaments entstanden?
Wer waren die Autoren? Wann sind die einzelnen Berichte und Briefe geschrieben worden?
Buch für Buch führt Dr. Thomas Weißenborn durch das Neue Testament.
Sein besonderes Plus: Er kommt ganz ohne das übliche „Fachchinesisch" aus, schreibt wissenschaftlich fundiert, spannend und informativ.
Dabei scheut er sich nicht, unterschiedliche Theorien vorzustellen und auf die jeweiligen Thesen samt Antithesen einzugehen.
Über seine Schneisen werden Bibelleser, Hauskreisleiter, Studenten, Mitarbeiter in der Gemeinde – alle, die sich schnell und kompakt Wissen zum NT aneignen wollen – das Buch der Bücher leichter als bisher erobern.

Apostel, Lehrer und Propheten (1)
Evangelien und Apostelgeschichte
ISBN 978-3-86122-676-5
256 Seiten, Paperback

Apostel, Lehrer und Propheten (2)
Leben und Briefe des Apostels Paulus
ISBN 978-3-86122-710-6
288 Seiten, Paperback

Apostel, Lehrer und Propheten (3)
1. Petrusbrief bis Offenbarung
ISBN 978-3-86122-722-9
224 Seiten, Paperback

Volker Kessler
Der Befehl zum Faulenzen
Den Sabbat wiederentdecken
ISBN 978-3-86827-047-1
112 Seiten, gebunden

Wie entrinnt man dem „Fluch der Ruhelosigkeit"? Wir sehnen uns nach Ruhe – und haben dennoch oft Angst vor ihr. Ist es wirklich so erstrebenswert, dass die Grenze zwischen Arbeit und Privatleben durchlässig wird, wie immer wieder behauptet wird?

Die Bibel sagt: „Sechs Tage sollst du arbeiten, am siebten Tag sollst du ruhen." Ein geniales Gebot, es enthält den Befehl zum Faulenzen! Einmalig in der damaligen Zeit. Mit hoher Wirksamkeit – bis heute! Entdecken Sie den Segen des Ruhetags für sich persönlich. Ganz praktisch! Erfahren Sie, wie Sie den Ruhetag in Ihrem Lebensumfeld, im 21. Jahrhundert, so gestalten können, dass er für Sie zu einem Segen wird und Sie sich darauf freuen!

„Gottes Zeitmanagement für uns Menschen ist einfach und perfekt. Das Buch von Volker Kessler zeigt überzeugend auf, warum Gott uns den ‚Befehl zum Faulenzen' gab, wie wir ihn umsetzen können und wie wir in einer Zeit der Ruhelosigkeit wieder den Fokus auf das Wesentliche gewinnen. Eine kurze und prägnante Einführung in ein Zeitmanagement, das nicht aus mehrstufigen Prioritätslisten und komplexen Terminplanern besteht, sondern aus dem Segen des Ruhetages."
Prof. Dr. Steffen Fleßa, Universität Greifswald